全面注册制下
投行 IPO 业务规则解读及实务

中国证券业协会　编

中国财经出版传媒集团
中国财政经济出版社
北京

图书在版编目（CIP）数据

全面注册制下投行 IPO 业务规则解读及实务 / 中国证券业协会编. --北京：中国财政经济出版社，2023.8（2023.11 重印）

ISBN 978-7-5223-2324-4

Ⅰ.①全… Ⅱ.①中… Ⅲ.①投资银行-银行业务-研究-中国 ②上市公司-企业管理-研究-中国 Ⅳ.①F832.33②279.246

中国国家版本馆 CIP 数据核字（2023）第 115194 号

责任编辑：郁东敏　　责任校对：张　凡

封面设计：中通世奥　　责任印制：刘春年

全面注册制下投行 IPO 业务规则解读及实务

QUANMIAN ZHUCEZHIXIA TOUHANG IPO YEWU GUIZE JIEDU JI SHIWU

中国财政经济出版社 出版

URL：http：//www.cfeph.cn

E-mail：cfeph@cfeph.cn

社址：北京市海淀区阜成路甲 28 号　邮政编码：100142

营销中心电话：010-88191522

天猫网店：中国财政经济出版社旗舰店

网址：https：//zgczjjcbs.tmall.com

北京时捷印刷有限公司印刷　各地新华书店经销

成品尺寸：185mm×260mm　16 开　36 印张　665 000 字

2023 年 7 月第 1 版　2023 年 11 月北京第 2 次印刷

定价：88.00 元

ISBN 978-7-5223-2324-4

（图书出现印装问题，本社负责调换，电话：010-88190548）

本社质量投诉电话：010-88190744

打击盗版举报热线：010-88191661　QQ：2242791300

编　委　会

编　写　组

组　长： 黄朝晖

副组长： 王　伟

成　员：（按姓氏笔画排序）

王月雅　王丹丹　王　正　王伟豪　王建龙
王福青　王　霞　史玉文　任天一　刘　丹
刘东红　刘诗娇　刘树芳　刘冠中　刘琬璐
刘　斌　齐玉武　关天强　孙碧思　李纪蕊
李欣静　李　弦　吴小鹏　邱志千　何声焘
何俊莹　余　姣　张　晛　陈海楠　孟祥友
赵　涛　钟　赞　俞　璇　唐雪峰　黄桂勇
龚心宇　章志皓　彭　程　蔡芝明　臧赢鹏
管汝平　黎志辉　颜礼银

前 言

党的二十大提出，要以中国式现代化全面推进中华民族伟大复兴。建设好、发展好中国特色现代资本市场，是中国式现代化的应有之义，也是走好中国特色金融发展之路的内在要求。注册制改革是全面深化资本市场改革的"牛鼻子"工程，是坚持实事求是，坚定走中国特色现代资本市场发展之路的标志性成果。自2018年11月5日习近平总书记宣布在上海证券交易所设立科创板并试点注册制以来，中国证监会坚持市场化、法治化改革方向，先后推进科创板、创业板、北京证券交易所试点注册制改革平稳落地，探索形成尊重注册制基本内涵、借鉴国际最佳实践、体现中国特色和发展阶段特征的注册制改革三原则，资本市场生态持续优化，法治建设取得重大突破，服务实体经济和国家战略的功能显著提升。2023年2月17日，中国证监会发布全面实行股票发行注册制制度规则，将注册制推广到全市场和各类公开发行股票行为，中国资本市场改革发展踏上新征程。

全面实行股票发行注册制是涉及资本市场全局的重大改革，其本质是把选择权交给市场，强化市场约束和法治约束。与核准制相比，注册制不仅是审核主体的变化，更重要的是充分贯彻以信息披露为核心的理念，通过一系列规范、透明、可预期的法规制度和执行机制，要求发行人"讲清楚"，督促中介机构"核清楚"，帮助投资者"看清楚"。证券公司作为资本市场最重要的中介机构，是连接市场投资端和融资端的桥梁。督促证券公司归位尽责、提升执业质量，更好地发挥投资银行的价值发现作用，是全面注册制改革的必然要求，也是建立对发行人质量、发行定价等方面市场化约束机制的关键环节。

全面注册制制度规则体系对证券公司的理念、定位提出了新要求，需要证券公司强化识别选择发行人、充分尽职调查、信息披露把关、合理估值定价、有效内部控制等方面的责任和能力。一是提升保荐能力，以选出真公司、发现好公司为核心目标，聚焦价值发现主责，为资本市场推荐符合国家发展战略、具有良好发展前景的优质企业，并从便于市场进行价值判断的角度，切实提升信息披露质量，着力实现从“可批性”到“可投性”的转变。二是提升定价能力，适应注册制下发行定价市场化变革，结合行业特征、经营模式、科创属性、发展潜力完善风险定价，通过充分的尽职调查、深度的行业研究、合理的市场判断、科学的估值分析、可靠的盈利预测，发挥自身专业优势重构市场估值体系。三是提升承销能力，立足注册制下市场供求关系变化，提高承销工作能动性，强化直接融资“服务商”职能，夯实潜在客户挖掘、优质客户培育、客户网络覆盖等基础，充当好发行人和投资者博弈的“稳定器”，完善价格形成机制，提升资源配置效率。四是提升合规风控水平，夯实注册制下合规展业、行稳致远的制度基础，健全与自身发展战略相适应的风险管理体系，有效发挥内部控制“三道防线”作用，切实加强人员、技术投入，优化投行业务组织架构，不断完善与注册制相适应的责任体系。

积极践行注册制改革理念，切实发挥资本市场“看门人”作用，提升服务国家战略和经济高质量发展的能力，建设好、发展好中国特色现代资本市场，是证券行业共同的使命和责任。为引导相关市场主体积极适应全面注册制改革要求，中国证券业协会依托投资银行专业委员会，组织行业资深专家编写了《全面注册制下投行 IPO 业务规则解读及实务》（以下简称“教材”）。教材内容定位于全面注册制下 IPO 业务，涵盖主板、科创板、创业板首发股票业务，以及具有业务共性的北京证券交易所向不特定合格投资者公开发行股票业务。教材按照全面实行股票发行注册制的规则体系，系统梳理、归纳了投行保荐企业发行上市各流程和环节的主要监管规定、实践运用要求和典型示范案例，帮助证券公司等中介机构及从业人员、发行人和其他市场参与方深入理解注册制改革理念、准确把握监管要求，提高专业能力和执业质量，更好地服务资本市场改革发展。

教材共分三篇十一章。第一部分为理念篇，共一章，主要梳理股票发行制度演变，并汇总监管部门、相关自律组织关于注册制的论述，总结注册制改革的内涵、重要意义、基本原则等理念；第二部分为规则篇，共八章，以业务逻辑为主线，主要对立项、辅导、尽职调查、申报、发行定价、承销、持续督导等各业务环节的监管规定、自律规则等进行梳理和解读；第三部分为实务篇，共两章，主要聚焦现场检查与现场督导、发行审核与注册等环节中介机构归位尽责的重点、难点，结合具体案例，对业务实践中的常见问题进行分析。

在教材编写过程中，各位编写专家克服时间紧、任务重等困难，以高度的责任心和专业精神，多次就教材内容开展研讨，逐字逐句研读、斟酌、校对，努力做到内容完整、结构合理、表述严谨。但由于内容繁多，编写人员能力有限，书中难免有不足甚至疏漏之处，敬请读者提出宝贵意见。

中国证券业协会

2023 年 7 月

目　录

第一部分　理念篇

第二部分　规则篇

第三部分　实务篇

附　录

第一部分

理 念 篇

第一章　注册制概述

第一节　股票发行制度

股票发行制度是资本市场的基础制度，是一国或地区资本市场中政府和市场关系的集中体现，指的是发行人在申请发行股票时必须遵循的一系列程序化的规范，主要包括发行审核制度、发行方式、发行定价等方面。我国资本市场是伴随着中国特色社会主义市场经济体制改革而逐步发展起来的。随着市场的不断发展，股票发行制度由行政主导向不断强化市场约束演进，经历了从审批制、核准制到注册制的改革过程。本节主要围绕发行审核制度，介绍我国股票发行制度的演变。

一、审批制阶段

审批制指的是用行政和计划的办法分配股票发行的指标和额度，由地方政府或行业主管部门根据指标推荐企业发行股票的一种发行制度。1993 年 4 月 22 日，国务院发布了《股票发行与交易管理暂行条例》，标志着审批制的正式确立。审批制包括“额度管理”和“指标管理”两个阶段。

（一）“额度管理”阶段（1993—1995 年）

审批制的第一个阶段是“额度管理”阶段。根据《股票发行与交易管理暂行条例》，“额度管理”的主要做法，是国务院证券监管部门根据国民经济发展需求及资本市场实际情况，先确定融资总额度，然后根据各个省级行政区域和行业在国民经济发展中的地位和需要进一步分配总额度，最后由省级政府或行业主管部门来选择和推荐可以发行股票的企业（主要是国有企业）。额度是以股票面值计算的，在溢价发行条件下，实际筹资额远大于计划额度，在这个阶段共确定了 105 亿元发行额度，共有逾 200 家企业参与发行，筹资 400 多亿元。

在证券市场创建初期，由地方政府或行业主管部门进行审核推荐，有利于进行统筹调节与宏观调控。额度管理只是限定了股票发行的股份数，并未限制发行企业数量，因而为增加上市企业数量，各省级政府和行业主管部门推荐的企业大多规模较小，不能涵盖本地区和本行业的优秀企业。[①]

（二）"指标管理"阶段（1996—2000 年）

为解决"额度管理"导致大量小规模企业涌入资本市场等问题，1996 年 8 月，国务院证券委员会发布《关于 1996 年全国证券期货工作安排意见》，决定将"额度管理"改为"指标管理"，施行"总量控制、限报家数"的指标管理办法，即由国家计划委员会、国务院证券委员会共同制定股票发行总规模，中国证监会在确定的总规模内，根据市场情况向各地区、各部门下达发行企业个数，并对企业进行审核。1997 年 9 月《关于做好 1997 年股票发行工作的通知》要求重点支持关系国民经济命脉、具有经济规模、处于行业排头兵地位的国有大中型企业上市，并对拟上市企业预选材料的内容与格式文件进行规范。这一阶段，企业上市数量较多，仅 1996 年、1997 年就合计有 700 多家企业发行上市，融资超过 4 000 亿元。

指标管理在一定程度上解决了推荐上市企业规模偏小的问题，资本市场涌现出一批具有行业和地区代表性的大中型企业，但由于当时正处于推进国企改革的攻坚期，各地区和行业主管部门推荐的企业大多数是国有企业，一部分地方政府甚至将企业上市作为国企脱困的途径，所以民营企业和外资企业发行上市较少，形成了我国股市早期上市公司群体结构性不平衡的局面。[②]

二、核准制阶段

伴随着社会主义市场经济体制的建立，原有的"指标管理"审批制已经越来越不能适应我国资本市场和国民经济发展的需要，过多依赖行政手段无法合理配置资源，市场中介机构特别是承销商的作用得不到发挥，在当时出现了帮助企业制造数据、"包装"上市的情况，透明度不高，"道德风险"很大，因而改革势在必行。特别是中国加入世界贸易组织后，金融业对外开放也加快了步伐。[③]

2000 年 3 月 16 日，中国证监会发布《中国证监会股票发行核准程序》，标志着我国股票发行体制开始从审批制转变为核准制。在这之前的 1999 年 7 月，《证券法》正

---

① 肖钢：《中国资本市场变革》，中信出版社 2020 年版，第 39 页。
② 肖钢：《中国资本市场变革》，中信出版社 2020 年版，第 40 页。
③ 肖钢：《中国资本市场变革》，中信出版社 2020 年版，第 40－41 页。

式实施，明确“国务院证券监督管理机构依照法定条件负责核准股票发行申请，核准程序应当公开，依法接受监督”，且“应当自受理证券发行申请文件之日起三个月内作出决定；不予核准或者审批的，应当作出说明”；同年9月，中国证监会发布《中国证券监督管理委员会股票发行审核委员会条例》，设立股票发行审核委员会。2001年3月17日，股票发行核准制正式启动，从审批制到核准制的变革，核心是将地方政府和行业主管部门向中国证监会推荐企业改为由证券公司推荐企业，成为当时适应市场经济规律、推进金融业改革开放的现实之举。

（一）“通道制”阶段（2001年3月—2004年12月）

2001年3月29日，为配合证券发行核准制的推行，中国证券业协会发布了《关于证券公司推荐发行申请有关工作方案的通知》，对证券公司推荐企业发行股票实行“自行排队，限报家数”的规定，突破了原有“指标管理”的限制，俗称“通道制”。在“通道制”下，综合类券商只要具有主承销商资格，就可获得2～9个通道，具体通道数主要以2000年该主承销商所承销的项目数为基准，新的综合类券商将有2个通道。主承销商的通道数是其可以在同一时点推荐申报的拟公开发行股票的企业家数。

“通道制”改变了过去行政机制遴选和推荐发行人的做法，调动了证券公司的积极性，同时使证券公司在一定程度上承担起股票发行风险，强化其中介职责，迫使其提高专业水平，关注申请上市企业的质量。然而，“通道制”也带来了一定的弊端，这种模式不利于证券公司的优胜劣汰和规模化经营，承销市场也由买方市场转变为卖方市场，在一定程度上导致发行供给方的积压。[①]

（二）“保荐制”阶段（2004年2月—2023年2月[②]）

2004年2月1日，《证券发行上市保荐制度暂行办法》（本章简称《保荐暂行办法》）正式实施，我国新股发行进入“保荐制”阶段。保荐制下，企业发行上市要有保荐机构进行保荐，并需要指定具有保荐代表人资格的从业人员具体负责保荐工作。具体而言，保荐制下，由保荐机构对发行人及其发起人、大股东、实际控制人进行尽职调查、审慎核查，根据发行人的委托，组织编制申请文件并出具推荐文件；保荐机构应当遵守法律、行政法规、证监会的规定和行业规范，诚实守信，勤勉尽责，尽职推荐发行人证券发行上市，持续督导发行人履行相关义务。

保荐制的核心内容是进一步强化和细化了保荐机构的责任，尤其是以保荐代表人

---

① 肖钢：《中国资本市场变革》，中信出版社2020年版，第41页。

② 2023年2月，全面实行股票发行注册制制度规则发布实施，意味着我国股票发行上市“核准制”阶段的结束，但是“保荐制”阶段所确立的保荐机构及保荐代表人尽职推荐发行人证券发行上市机制仍然适用。

为代表的证券从业人员的个人责任。实施证券发行上市保荐制度是深化发行审核制度改革的重大举措，是对证券发行上市建立市场约束机制的重要制度探索，也是推动证券发行制度从核准制向注册制过渡的重要步骤。

三、注册制阶段

随着股票发行制度改革的持续深化和市场的不断发展，核准制的不足逐渐暴露出来。一方面，由中国证监会对企业进行发行上市审核，客观上形成了政府对新股发行人资产质量和投资价值的背书，不利于投资者形成风险自担的投资意识，也会弱化发行人和中介机构的履职责任。另一方面，核准制下监管部门对新股发行“管价格、调节奏、控规模”，虽然短期有稳定股指和投资者心理的作用，但却不利于市场自我约束机制的培育和形成，甚至可能导致市场供求的扭曲和紧张，削弱市场价格发现和风险释放等功能，不利于充分发挥市场在资源配置中的决定性作用。因此，推进股票发行注册制改革成为资本市场改革的方向。

（一）试点注册制阶段（2019 年 3 月—2023 年 2 月）

注册制改革是一个循序渐进、稳步实施的系统工程。根据党中央、国务院决策部署，中国证监会采取试点先行、先增量后存量、逐步推开的改革路径，先后在科创板、创业板和北京证券交易所试点注册制，推进一揽子改革，打开了资本市场改革发展的新局面。

2013 年 11 月，党的十八届三中全会首次将“推进股票发行注册制改革”写进《中共中央关于全面深化改革若干重大问题的决定》。2018 年 11 月 5 日，习近平总书记在首届中国国际进口博览会开幕式上宣布，在上海证券交易所设立科创板并试点注册制，标志着注册制改革进入启动实施阶段。2019 年 3 月 1 日，科创板试点注册制主要制度规则正式发布。2019 年 7 月 22 日，首批科创板公司上市交易。此后，党中央、国务院决定推进深圳证券交易所创业板改革并试点注册制，2020 年 8 月 24 日正式落地。2021 年 11 月 15 日，北京证券交易所揭牌开市，并试点注册制。

总的来看，经过四年的试点，市场各方对注册制的基本架构、制度规则总体认同，资本市场服务实体经济特别是科技创新的功能作用明显提升，法治建设取得重大突破，发行人、中介机构合规诚信意识逐步增强，市场优胜劣汰机制更趋完善，市场结构和生态显著优化，具备了向全市场推广的条件。

（二）全面注册制阶段（2023 年 2 月至今）

党中央、国务院批准《全面实行股票发行注册制总体实施方案》后，2023 年 2

月，中国证监会发布全面实行股票发行注册制改革主要制度规则，全面注册制改革正式启动。

与核准制相比，注册制具有发行上市条件更加多元化、信息披露要求更加严格、发行承销机制更加市场化、中介机构责任更加强化、法律制度等配套措施更加完善等特点。注册制重新构建了中介机构责任体系、定价体系以及信息披露体系。注册制对市场生态的重塑，要求投资银行实现以下三方面核心能力的变革：

一是保荐能力。投资银行作为资本市场的看门人，是上市公司质量的第一层保证；作为信息披露的背书人，在保护投资者的利益、减少市场主体之间信息不对称上发挥关键作用；作为持续督导的责任人，承担着督促上市公司规范诚信运作、提高治理水平的责任。

二是定价能力。注册制将推动投资银行回归价值发现本源，助力买方机构高效客观决策。注册制下，投资银行对企业估值和市场定价的合理性将直接影响投资银行的市场声誉和行业地位，定价能力成为投资银行的核心竞争力。

三是承销能力。注册制将改变投资银行“重保荐轻承销”的业务生态，承销形势由单纯同质变为复杂严峻。机构投资者资源成为成功承销的基础，着力打通各业务线的客户资源、加强销售网络建设、培育专业的合格机构投资者成为投资银行提高承销能力的重要路径。

第二节 注册制内涵

注册制改革经历了在增量市场试点起步、由增量市场扩展到存量市场，再到稳步推向全市场的过程，这是不断探索并树立适应我国国情的改革理念的过程，也是将注册制从理念转为现实的创新过程。注册制的基本内涵和基本理念是什么？注册制改革有哪些重大意义？我国注册制改革的实现路径和各板块之间的定位是什么？围绕上述理念层面的问题，本节对监管层的相关论述予以梳理摘编，供读者进一步学习领会。

一、如何理解注册制

（一）注册制的基本内涵

注册制是一种不同于审批制、核准制的证券发行监管制度，它的基本特点是以信息披露为中心，通过要求证券发行人真实、准确、完整地披露公司信息，使投资者可以获得必要的信息对证券价值进行判断并作出是否投资的决策，证券监管机构对证券的价值好坏、价格高低不作实质性判断。

注册制起源于美国。美国堪萨斯州在 1911 年州立蓝天法中，确立了“实质监管”的证券发行审批制度，授权注册机关对证券发行人的商业计划是否对投资者公平、公正、合理进行实质性判断。1929 年“大萧条”之后，美国制定了《1933 年证券法》，没有采纳“实质监管”的证券发行制度，而是确立了以“强制信息披露”为基础的证券发行注册制。目前，注册制已经成为境外成熟市场证券发行监管的普遍做法。除美国外，英国、新加坡、韩国、中国香港及台湾地区等都采取具有注册制特点的证券发行制度。由于各个国家或地区发展历史、投资者结构、法治传统和司法保障等方面的情况存在较大差异，不同市场实施注册制的具体做法并不完全相同。

——摘自《证监会有关负责人就设立科创板并试点注册制有关问题答记者问》（中国证监会网站，2019 年 6 月 28 日）

注册制改革当然不是仅仅把审核主体从证监会搬到了证券交易所，实质上是对政府与市场关系的调整，通过充分贯彻以信息披露为核心的理念，使发行上市全过程更加规范、透明、可预期。一是大幅优化发行上市条件。改革后，仅保留了企业公开发行股票必要的资格条件、合规条件，将核准制下的实质性门槛尽可能转化为信息披露要求，审核部门不再对企业的投资价值作出判断。二是切实把好信息披露质量关。实行注册制，绝不意味着放松质量要求，而是审核把关更加严格。审核工作主要通过问询来进行，督促发行人真实、准确、完整披露信息。同时，综合运用多要素校验、现场督导、现场检查、投诉举报核查、监管执法等多种方式，压实发行人的信息披露第一责任、中介机构的“看门人”责任。三是坚持开门搞审核。审核注册的标准、程序、内容、过程、结果全部向社会公开，公权力运行全程透明、严格制衡，接受社会监督，与核准制有根本的区别。

——摘自《全面实行股票发行注册制改革正式启动——访中国证监会有关负责人》（中国政府网，2023 年 2 月 2 日）

（二）注册制的基本理念

随着注册制改革实践的深入，注册制的本质是什么、核心是什么、保障是什么、坐标是什么等相对原则和抽象的基本理念，逐步转化为看得见摸得着的具体实践。改革实践取得的成效，也加深了人们对改革理念的理解和认同。在全面推行注册制的过程中，坚守好注册制的理念，特别是坚守注册制的本质要求，坚持以信息披露为核心，至关重要，具有强烈的现实意义。

1. 注册制的本质：政府和市场的关系

注册制改革核心在于理顺政府与市场的关系，总体目标是建立市场主导、责任到位、披露为本、预期明确、监管有力的股票发行上市制度。注册制是一种更为市场化的股票发行制度，既可以较好解决发行人与投资者信息不对称所引发的问题，又可以规范监管部门职责边界，避免监管部门过度干预。

——摘自《积极稳妥推进股票发行注册制改革》（中国证监会网站，2015 年 12 月 9 日）

2. 注册制的核心：信息披露

证监会从实际出发，初步建立了“一个核心、两个环节、三项市场化安排”的注册制架构。

“一个核心”就是以信息披露为核心，要求发行人充分披露投资者作出价值判断和投资决策所必需的信息，确保信息披露真实、准确、完整。将核准制下发行条件中可以由投资者判断的事项转化为信息披露要求，完善以招股说明书内容与格式准则为主体的信息披露规则体系，提高信息披露的针对性、有效性和可读性。推动市场各参与主体归位尽责，明确发行人是信息披露第一责任人，中介机构对发行人的信息披露资料承担核查验证和专业把关责任，投资者根据披露的信息审慎作出投资决策，自主判断投资价值。

——摘自《国务院关于股票发行注册制改革有关工作情况的报告》（中国证监会网站，2020 年 10 月 15 日）

3. 注册制的基石：法治化

资本市场的市场属性极强，规范要求极高，实施注册制必须加强法治。在全国人大及有关方面的大力支持下，资本市场法治建设取得重大突破，实现了立法决策与改革决策相衔接、相统一。2015 年 12 月，第十二届全国人民代表大会常务委员会第十八次会议通过了授权国务院在实施股票发行注册制改革中调整适用《证券法》有关规定的决定，为在《证券法》完成修订之前推进注册制改革提供了法律依据。2018 年 2 月，第十二届全国人民代表大会常务委员会第三十三次会议决定将上述授权延期两年。在设立科创板并试点注册制落地后，全国人民代表大会常务委员会加快《证券法》修订进程，于 2019 年 12 月完成修订，2020 年 3 月 1 日起施行，与授权决定无缝衔接。新《证券法》确立证券发行注册制度，引入证券集体诉讼制度，大幅提高违法违规成本，为全面实施注册制提供了坚实保障。同时，《刑法》修订也在加快，对欺诈发行、信息披露造假、中介机构提供虚假证明文件等 3 类犯罪的刑罚力度将大幅提高。最高人民法院围绕科创板、创业板改革分别出台专门的司法保障意见，对相关案件实施集中管辖；发布证券纠纷代表人诉讼司法解释，解决了具有中国特色的证券集体诉讼司法实践操作问题。最高人民检察院、公安部、司法部在法治建设方面也给予了大力支持。

——摘自《易会满主席受国务院委托向全国人民代表大会常务委员会报告股票发行注册制改革有关工作情况》（中国证监会网站，2021 年 11 月 30 日）

4. 注册制三原则

关于注册制，各方面讨论比较多。我们认为，有三个原则必须一并坚持：尊重注册制的基本内涵，借鉴国际最佳实践，体现中国特色和发展阶段特征。注册制必须坚持以信息披露为核心，使发行人在符合基本发行条件的基础上，更加注重以投资者需求为导向，真实准确完整地披露信息；投资者根据发行人披露的信息审慎作出投资决策，形成合理价格，从而更有效发挥市场在资源配置中的决定性作用。要把借鉴国际经验和立足国情市情有机结合起来，充分考虑我国的市场情况、投融资平衡、投资者结构以及法治诚信环境，科学把握发行质量以及注册和审核的关系。要坚持市场化法治化的理念，构建起发行承销、交易、持续监管、退市和投资者保护等一整套基础制度安排，同时进一步强化发行人和中介机构责任，实施更加严格的事中事后监管和更加严厉的违法违规惩戒。

——摘自《易会满主席在 2020 年“5·15 全国投资者保护宣传日”活动上的讲话》（中国证监会网站，2020 年 5 月 15 日）

（三）围绕注册制改革的主要讨论

注册制改革，表面上看是发行制度的改革，实际上是涉及整个资本市场生态建设的“牛鼻子”工程，将带动和促进整个资本市场生态变革。在改革实践中，围绕我国股票发行注册制改革的讨论主要聚焦于以下几个方面：一是注册制要不要审？二是在信息披露之外，要不要对企业的投资价值作出实质判断？三是注册制下各参与主体的责权利关系发生了哪些变化？

1. 注册制要不要审

注册制要不要审？由于股票公开发行涉及公众利益，全球主要市场都有比较严格的发行审核及注册的制度机制和流程安排。美国监管机构有庞大的专业团队分行业开展审核工作。我国香港交易所和证监会实行双重存档制度，均有审核，只是侧重点不同。因此，注册制绝不意味着放松审核要求。现在科创板、创业板发行上市，交易所都要严格履行审核把关职责。证监会注册环节对交易所审核质量及发行条件、信息披露的重要方面进行把关并监督。从实践情况看，这些安排行之有效，也很有必要。

——摘自《易会满主席在中国发展高层论坛圆桌会上的主旨演讲》（中国证监会网站，2021 年 3 月 20 日）

2. 在信息披露之外，要不要对企业的投资价值作出实质判断

考虑到我国证券市场发展时间比较短，基础制度和市场机制尚不成熟，市场约束力量、司法保障机制等还不完善，科创板注册制仍然需要负责股票发行注册审核的部门提出一些实质性要求，并发挥一定的把关作用。一是基于科创板定位，对发行申请人的行业类别和产业方向提出要求。二是对于明显不符合科创板定位、基本发行条件的企业，证券交易所可以作出终止发行上市审核决定。三是证监会在证券交易所审核同意的基础上，对发行审核工作以及发行人在发行条件和信息披露要求的重大方面是否符合规定作出判断，对于不符合规定的可以不予注册。今后，随着投资者逐步走向成熟，市场约束逐步形成，诚信水平逐步提高，有关的要求与具体做法将根据市场实践情况逐步调整和完善。

——摘自《证监会有关负责人就设立科创板并试点注册制有关问题答记者问》（中国证监会网站，2019 年 6 月 28 日）

只要信息披露就可以上市吗？注册制强调以信息披露为核心，发行条件更加精简优化、更具包容性，总体上是将核准制下发行条件中可以由投资者判断事项转化为更严格、更全面深入精准的信息披露要求。但中国的市场实际决定了仅仅靠形式上的充分披露信息还不够，中国股市有 1.8 亿个人投资者，这是哪个国家都没有的，我们必须从这个最大的国情市情出发来考虑问题。我们始终强调信息披露的真实准确完整，在审核中对信息披露质量严格把关。同时，我们还要考虑板块定位问题、是否符合产业政策等。我们认为，这是当前阶段的必要务实之举。

——摘自《易会满主席在中国发展高层论坛圆桌会上的主旨演讲》（中国证监会网站，2021 年 3 月 20 日）

3. 注册制下各参与主体的责权利关系发生了哪些变化

（1）如何理解证监会与交易所在科创板实施注册审核中的职能定位？在实行证券发行注册制的国家或地区，受市场环境、行政体制、历史传承等因素的影响，在监管部门与证券交易所之间就证券发行审核职能的划分采取了不同的模式，但普遍认为证券发行的注册权具有公权力的属性，因而有的国家或地区采取由监管部门或专门的公

共机构负责发行审核；有的虽采取由证券交易所负责审核，但为了确保注册权的恰当行使，监管部门常常会通过一定的机制对证券交易所履行注册审核工作加以监督。一般认为，证券交易所经过审核决定是否同意公司证券挂牌上市的权利是民事性质的，由交易所独立行使，监管部门原则上不进行干预。

科创板注册制试点借鉴境外的有关做法及其背后理念，对中国证监会与上海证券交易所在实施股票发行注册中的有关职责作了明确划分。其中，上海证券交易所负责股票发行上市审核。上海证券交易所受理企业公开发行股票并上市的申请后，主要基于科创板定位，审核判断企业是否符合发行条件、上市条件和信息披露要求。审核工作主要通过向企业提出问题、企业回答问题的方式展开。上海证券交易所审核后认为企业符合发行条件、上市条件和信息披露要求的，将审核意见及发行人注册申请文件报送中国证监会履行发行注册程序。

中国证监会主要承担以下三个方面的职责：

一是负责科创板股票发行注册。注册工作不是重新审核、双重审核，证监会重点关注的是交易所发行审核内容有无遗漏、审核程序是否符合规定，以及发行人在发行条件和信息披露要求的重大方面是否符合规定，侧重于对上海证券交易所审核工作的质量控制，使其更符合科创板注册制改革相关要求，其主要目的是督促发行人进一步完善信息披露内容，并不是回到行政审批的老路。

二是对上海证券交易所审核工作进行监督。除了通过注册程序监督交易所发行审核内容有无遗漏，审核程序是否符合规定外，证监会还可以持续追踪发行人的信息披露文件、上海证券交易所的审核意见，定期或者不定期地对上海证券交易所审核工作进行抽查和检查。在科创板试点注册制下，交易所是法定的发行审核主体，依法履行社会公共事务管理职能，但同时交易所又是科创板股票交易的市场组织者，存在社会公共利益与交易所市场角色的冲突，这也是全球交易所监管面临的共性问题。科创板试点注册制通过建立证监会对于交易所的监督机制来解决利益冲突问题。

三是实施事前事中事后全过程监管。在发行上市审核、注册和新股发行过程中，证监会发现发行人存在重大违法违规嫌疑的，可以要求上海证券交易所处理，也可以宣布发行注册暂缓生效，或者暂停新股发行，直至撤销发行注册，并对有关违法违规行为采取行政执法措施。

——摘自《证监会有关负责人就设立科创板并试点注册制有关问题答记者问》（中国证监会网站，2019 年 6 月 29 日）

强调注册制要以信息披露为核心，就要围绕信息披露，重新配置好、调整落实好市场各方的主体责任，要做到“五个清楚”。

具体而言，一是发行人要“讲清楚”，承担第一位主体责任，要对信息披露的真实、准确、完整负责；二是中介机构要“核清楚”，要对信息披露是否真实、准确、完整进行核查验证，承担好把关责任；三是审核机构要“问清楚”，要从投资者需求出发，从信息披露充分、一致、可理解的角度，进行公开化的审核问询，督促发行人和中介机构保证信息披露的合规性，提高信息披露的有效性；四是投资者要“想清楚”，在发行人充分披露与投资决策相关的信息和风险后，自行判断是否要买卖企业发行的股票，以什么价格购买，购买之后要自担风险；五是监管机构和司法机关要“查清楚”，对于欺诈发行、信息披露违法违规行为，要求查清事实、严格执法、依法追究法律责任。

——摘自《科创板注册制实践改变了什么》（上海证券交易所网站，2020 年 7 月 21 日）

（2）中介机构已经适应了吗？从核准制到注册制，保荐机构、会计师事务所等中介机构的角色发生了很大变化，以前的首要目标是提高发行人上市的“可批性”，也就是要获得审核通过；现在应该是要保证发行人的“可投性”，也就是能为投资者提供更有价值的标的，这对“看门人”的要求实际上更高了。最近，在 IPO 现场检查中出现了高比例撤回申报材料的现象。据初步掌握的情况看，并不是说这些企业问题有多大，更不是因为做假账撤回，其中一个重要原因是不少保荐机构执业质量不高。从目前情况看，不少中介机构尚未真正具备与注册制相匹配的理念、组织和能力，还在“穿新鞋走老路”。对此，需要做进一步分析，对发现的问题将采取针对性措施。对“带病闯关”的，将严肃处理，决不允许一撤了之。总体要进一步强化中介把关责任，督促其提升履职尽责能力。监管部门也需要进一步加强基础制度建设，加快完善相关办法、规定。

——摘自《易会满主席在中国发展高层论坛圆桌会上的主旨演讲》（中国证监会网站，2021 年 3 月 20 日）

（3）本次改革在优化发行上市审核注册机制方面有哪些安排？审核注册机制是注册制改革的重点内容。在试点注册制阶段，我们探索建立了交易所审核、证监会注册两个环节的审核注册架构，总体上是符合我国实际的。在充分听取市场意见的基础上，此次改革对发行上市审核注册机制进行了优化。总体思路是，保持交易所审核、证监会注册的基本架构不变，进一步明晰交易所和证监会的职责分工，提高审核注册的效率和可预期性；同时，加强证监会对交易所审核工作的监督指导，切实把好资本市场入口关。

在交易所审核环节：交易所承担全面审核判断企业是否符合发行条件、上市条件和信息披露要求的责任，并形成审核意见。审核过程中，发现在审项目涉及重大敏感事项、重大无先例情况、重大舆情、重大违法线索的，及时向证监会请示报告。证监会对发行人是否符合国家产业政策和板块定位进行把关。

在证监会注册环节：证监会基于交易所审核意见依法履行注册程序，在20个工作日内对发行人的注册申请作出是否同意注册的决定。

证监会将转变职能，加强对交易所审核工作的统筹协调和监督。一是统一审核理念、标准，保持审核尺度一致。二是在交易所审核过程中，按标准选取或按一定比例随机抽取在审项目，关注交易所审核理念、标准的执行情况。三是督促交易所建立健全"防火墙"、加强质控部门和上市委、重组委把关责任等内部制衡机制。四是对交易所发行上市审核工作定期或不定期开展检查。

——摘自《证监会有关部门负责人就全面实行股票发行注册制答记者问》（中国证监会网站，2023年2月1日）

二、注册制改革的重大意义

（一）注册制改革是建设多层次资本市场体系、加强金融服务实体经济的重大举措

在上海证券交易所设立科创板是落实创新驱动和科技强国战略、推动高质量发展、支持上海国际金融中心和科技创新中心建设的重大改革举措，是完善资本市场基础制度、激发市场活力和保护投资者合法权益的重要安排。科创板旨在补齐资本市场服务科技创新的短板，是资本市场的增量改革，将在盈利状况、股权结构等方面作出更为妥善的差异化安排，增强对创新企业的包容性和适应性。

——摘自《证监会负责人就设立上海证券交易所科创板并试点注册制答记者问》（中国证监会网站，2018年11月5日）

在创业板试点注册制改革，是贯彻落实新修订的《证券法》和《国务院办公厅关于贯彻实施修订后的〈证券法〉有关工作的通知》，稳步推行证券发行注册制的重要改革举措，是深化资本市场改革、完善资本市场基础制度、提升资本市场功能的重要安排。

证监会按照党中央、国务院决策部署，坚持稳中求进工作总基调，坚持市场化、法治化方向，借鉴科创板改革经验，在创业板改革并试点注册制，以信息披露为核心

推进创业板各项基础制度改革，着眼于打造一个规范、透明、开放、有活力、有韧性的资本市场，增强对成长型创新创业企业的服务功能，更好促进经济高质量发展，发挥资本市场服务实体经济的能力。

——摘自《证监会有关部门负责人就创业板改革并试点注册制有关问题答记者问》（中国证监会网站，2020 年 4 月 29 日）

加快构建功能互补、有机联系的多层次股权市场体系，满足不同类型、不同发展阶段企业的融资需求，是增强金融对实体经济适配性的内在要求，也是提高直接融资比重的重要基础。近年来，我们进一步厘清科创板、创业板市场服务定位，合并深市主板和中小板，完善差异化制度安排；设立新三板精选层，推出转板机制，股权融资呈加快发展态势。

——摘自《易会满主席在 2021 金融街论坛年会上的主题演讲》（中国证监会网站，2021 年 10 月 20 日）

（二）注册制改革是完善要素资源市场化配置体制机制的重大改革，是推动高质量发展的有力保障

资本市场对于优化资源配置，推动科技、资本和实体经济高水平循环具有枢纽作用。当前，资本市场各项改革开放政策正在逐步落地，注册制改革和交易、常态化退市、投资者保护等各项制度建设正在有序推进，资本市场也从增量改革深化到存量改革，整个市场正在发生深刻的结构性变化。要逐步把上市公司的优胜劣汰交给市场，稳步增加长期业绩导向的机构投资者，回归价值投资的重要理念，推动信息充分披露，全面净化市场生态，建设诚信守法资本市场。同时，更加重视形势研判和主要关联因素分析，努力走在市场曲线前面，创造良性发展预期。“建制度、不干预、零容忍”是统一的、有机联系的整体，要继续坚持市场化、法治化、国际化方向，扎实做好完善资本市场基础性制度各项工作。

——摘自《刘鹤副总理在深交所创业板改革并试点注册制首批企业上市仪式上发表致辞》（中国证监会网站，2020 年 8 月 24 日）

注册制改革是完善要素资源市场化配置体制机制的重大改革，也是发展直接融资特别是股权融资的关键举措。2018 年 11 月 5 日习近平主席宣布设立科创板并试点注册制以来，证监会将试点注册制作为全面深化资本市场改革的头号工程，坚持稳中求进，主动加强与有关方面和市场各方的沟通协作，科创板、创业板试点注册制相继成功落地，取得了重要阶段性成果。总体看来，改革达到了预期目标：支持科技创新的示范效应初步显现；制度改革的“试验田”作用得到较好发挥；市场运行总体保持平稳。

——摘自《易会满主席在 2021 金融街论坛年会上的主题演讲》（中国证监会网站，2021 年 10 月 20 日）

（三）注册制改革是促进科技与资本深度融合，引领经济发展向创新驱动转型的重大改革探索

设立科创板并试点注册制，是全面深化资本市场改革的重要突破口，主要承担着两项重要使命：一是支持有发展潜力、市场认可度高的科创企业发展壮大。通过改革增强资本市场对科创企业的包容性，允许未盈利企业、同股不同权企业、红筹企业发行上市，进一步畅通科技、资本和实体经济的循环机制，加速科技成果向现实生产力转化，引领经济发展向创新驱动转型。二是发挥改革试验田的作用。从中国的国情和发展阶段出发，借鉴成熟市场经验，在发行上市、保荐承销、市场化定价、交易、退市等方面进行制度改革的先试先行，并及时总结评估，形成可复制可推广的经验。

——摘自《易会满主席在第十一届陆家嘴论坛上的讲话》（中国证监会网站，2019 年 6 月 13 日）

新三板改革是全面深化资本市场改革的重要一环，改革的总体思路是：坚持服务中小企业发展的初心，坚持市场化、法治化方向，实现与交易所的错位发展；坚持多层次资本市场有机联系，打通中小企业成长壮大的市场通道，完善基础制度安排，促进融资、交易、定价等市场功能有效发挥；坚持建立健全适合中小企业特点的制度安排，为挂牌企业提供差异化精准服务，提高信息披露质量，严厉查处违法违规行为，防范市场风险，促进中小企业规范发展。

通过改革，有利于新三板市场定位更加清晰，市场结构更加完备，差异化服务和监管机制更加符合中小企业特征和发展需求，市场功能得到有效发挥。促进多层次资本市场体系逐步完善，进一步服务实体经济高质量发展。

——摘自《证监会启动全面深化新三板改革》（中国证监会网站，2019 年 10 月 25 日）

创业板改革并试点注册制是继科创板之后，通过增量带动存量推进注册制改革，完善资本市场基础制度的重大举措，对于支持粤港澳大湾区和深圳中国特色社会主义先行示范区建设、更好服务实体经济高质量发展具有重要意义。希望深交所坚守创业板定位，突出特色、错位发展，在深化金融供给侧结构性改革，推动科技、资本和实体经济高水平循环方面实现更大担当作为。要坚持以创为先，不断改进对创新创业企业的支持和服务；坚持从严监管，把好入口和出口两道关，促进优胜劣汰；坚持稳字当头，守住风险底线，确保各项改革开放措施平稳落地。

——摘自《易会满主席在创业板改革并试点注册制首批企业上市仪式上的致辞》（中国证监会网站，2020 年 8 月 23 日）

（四）注册制丰富了吸引国际资本的方式，有助于中国经济更好地融入国际经济体系

中国资本市场30年来的发展实践充分表明，加强基础制度建设必须牢牢把握服务实体经济和保护投资者合法权益的根本宗旨，坚持市场化法治化国际化的方向，坚持整体设计、突出重点、问题导向的原则，聚焦解决体制机制性障碍，加快构建更加成熟更加定型的资本市场基础制度体系，不断提升我国资本市场的吸引力和国际竞争力。

一是以注册制改革为龙头，带动资本市场关键制度创新。我们将在总结科创板、创业板试点经验的基础上，继续按照尊重注册制基本内涵、借鉴国际最佳实践、体现中国特色和发展阶段三个原则，稳步在全市场推行注册制。完善以投资者需求为导向的信息披露规则体系；设立多元包容的发行上市条件，健全发行承销机制；打造权责清晰、标准统一、透明高效的发行审核注册机制。积极稳妥优化交易结算制度，丰富风险管理工具，优化融资融券和转融通制度，稳步推进货银对付（DVP）结算制度改革。完善常态化、多渠道退市制度安排。

——摘自《易会满主席在2020金融街论坛年会上的致辞》（中国证监会网站，2020 年 10 月 22 日）

开放是资本市场发展的内在要求，也是市场走向成熟的必由之路。从一开始，我们就坚持开门办市场，坚持“引进来、走出去”一体推进，推动境内企业到境外上市，建立健全 QFII、RQFII 制度，不断深化沪深港通等互联互通机制，并抓住“一带一路”倡议重要机遇，开展与境外市场多种形式合作，积极参与国际金融治理。这两年，我们坚决落实国家关于金融对外开放的进度安排，加快推进市场、产品和机构全方位开放。行业机构外资股比限制全面放开，沪伦通、中日 ETF 互通相继落地，A 股纳入国际主流指数的比重稳步提升。境外投资者持股市值不断提升，外资连续 3 年保持净流入。原油、铜、铁矿石等期货品种的国际影响力不断增强。同时，我们加快推进资本市场制度型、系统性开放，看穿式监管等特色制度得到国际同行广泛认可，跨境监管合作、参与全球金融治理的能力进一步提升。

我们将以注册制和退市制度改革为重要抓手，加强基础制度建设。坚持尊重注册制基本内涵、借鉴国际最佳实践、体现中国特色和发展阶段三原则，稳步在全市场推

行注册制。进一步畅通多元化退出渠道，强化优胜劣汰。统筹推进发行承销、交易、持续监管、投资者保护等领域关键制度创新，扎实推进制度型开放。

——摘自《易会满主席在中国资本市场建立30周年座谈会上的讲话》（中国证监会网站，2020年12月28日）

三、我国注册制改革的实现路径

（一）试点先行，探索形成我国注册制的基本架构

注册制是比核准制更加市场化的股票发行制度。从国际上看，成熟市场普遍实行注册制，但没有统一的模式。基本内涵是处理好政府与市场的关系，真正把选择权交给市场，最大限度减少不必要的行政干预。中国证监会从实际出发，初步建立了“一个核心、两个环节、三项市场化安排”的注册制架构。

“一个核心”就是以信息披露为核心，要求发行人充分披露投资者作出价值判断和投资决策所必需的信息，确保信息披露真实、准确、完整。将核准制下发行条件中可以由投资者判断的事项转化为信息披露要求，完善以招股说明书内容与格式准则为主体的信息披露规则体系，提高信息披露的针对性、有效性和可读性。推动市场各参与主体归位尽责，明确发行人是信息披露第一责任人，中介机构对发行人的信息披露资料承担核查验证和专业把关责任，投资者根据披露的信息审慎作出投资决策，自主判断投资价值。

“两个环节”就是将审核注册分为交易所审核和证监会注册两个环节，各有侧重，相互衔接。交易所审核主要通过向发行人提出问题、发行人回答问题的方式来进行，督促发行人“讲清楚”、中介机构“核清楚”，使投资者“看清楚”，就企业是否符合发行上市条件和信息披露要求向证监会报送审核意见。证监会在注册环节对交易所审核质量及发行条件、信息披露的重要方面进行把关并监督。同时，综合运用多要素校验、现场督导、现场检查、监管执法等多种方式，落实信息披露责任，提高信息披露质量。

“三项市场化安排”：一是设立多元包容的发行上市条件。综合考虑预计市值、收入、净利润、研发投入、现金流等因素设置多套上市标准，不要求企业在上市前必须盈利，允许特殊股权结构企业、红筹企业上市。……二是建立市场化的新股发行承销机制。对新股发行价格、规模等不设任何行政性限制，以机构投资者为主体进行询价、定价、配售，真正实现由市场供求决定价格。……三是构建公开透明可预期的审核注册机制。在交易所成立上市委，实行合议制。审核注册全程在线，电子化留痕，标准、

程序、内容、过程、结果公开，各环节都有明确的时限要求，审核注册效率明显提高，企业从受理申请到完成注册平均用时5个多月。

——摘自《易会满主席受国务院委托向全国人民代表大会常务委员会报告股票发行注册制改革有关工作情况》（中国证监会网站，2020年10月16日）

（二）总结经验，全面实行股票发行注册制

全面实行股票发行注册制的主要标志是：制度安排基本定型，覆盖全国性证券交易场所，覆盖各类公开发行股票行为。在改革思路上，把握好“一个统一”“三个统筹”。“一个统一”，即统一注册制安排并在全国性证券交易场所各市场板块全面实行。“三个统筹”：一是统筹完善多层次资本市场体系；二是统筹推进基础制度改革；三是统筹抓好证监会自身建设。

这次改革将总结试点注册制经验，推广实践证明行之有效的制度，进一步完善注册制安排。一是优化注册程序。坚持交易所审核和证监会注册各有侧重、相互衔接的基本架构。进一步压实交易所发行上市审核主体责任，交易所对企业是否符合发行条件、上市条件和信息披露要求进行全面审核。证监会基于交易所的审核意见依法作出是否同意注册的决定。二是统一注册制度。整合上交所、深交所试点注册制制度规则，制定统一的首次公开发行股票注册管理办法和上市公司证券发行注册管理办法，北交所注册制制度规则与上交所、深交所总体保持一致。交易所制定修订本所统一的股票发行上市审核业务规则。三是完善监督制衡机制。证监会加强对交易所审核工作的统筹协调和监督考核，督促交易所提高审核质量。改革完善上市委、重组委（简称“两委”）人员组成、任期、职责和议事规则，对政治素质、专业背景、职业操守提出更高要求，提高专职人员比例，加强纪律约束，切实发挥“两委”的把关作用。另外，全国中小企业股份转让系统（以下简称“全国股转系统”）同步实行注册制，有关安排与交易所保持总体一致。其中，对股东人数未超过200人的股份公司申请在全国股转系统挂牌，或者全国股转系统挂牌公司定向发行股票后股东人数不超过200人的，全国中小企业股份转让系统有限公司审核通过后，证监会豁免注册（目前豁免核准）。

注册制改革的本质是把选择权交给市场，强化市场约束和法治约束。说到底，是对政府与市场关系的调整。与核准制相比，不仅涉及审核主体的变化，更重要的是充分贯彻以信息披露为核心的理念，发行上市全过程更加规范、透明、可预期。一是大幅优化发行上市条件。注册制仅保留了企业公开发行股票必要的资格条件、合规条件，将核准制下的实质性门槛尽可能转化为信息披露要求，监管部门不再对企业的投资价值作出判断。二是切实把好信息披露质量关。实行注册制，绝不意味着放松质量要求，审核把关更加严格。审核工作主要通过问询来进行，督促发行人真实、准确、完整披

露信息。同时，综合运用多要素校验、现场督导、现场检查、投诉举报核查、监管执法等多种方式，压实发行人的信息披露第一责任、中介机构的“看门人”责任。三是坚持开门搞审核。审核注册的标准、程序、内容、过程、结果全部向社会公开，公权力运行全程透明，严格制衡，接受社会监督，与核准制有根本的区别。

这次改革的重中之重是上交所、深交所主板。经过 30 多年的改革发展，我国证券交易所市场由单一板块逐步向多层次拓展，错位发展、功能互补的市场格局基本形成。基于这一实际，改革后主板要突出大盘蓝筹特色，重点支持业务模式成熟、经营业绩稳定、规模较大、具有行业代表性的优质企业。相应地，设置多元包容的上市条件，并与科创板、创业板拉开距离。主板改革后，多层次资本市场体系将更加清晰，基本覆盖不同行业、不同类型、不同成长阶段的企业。主板主要服务于成熟期大型企业。科创板突出“硬科技”特色，发挥资本市场改革“试验田”作用。创业板主要服务于成长型创新创业企业。北交所与全国股转系统共同打造服务创新型中小企业主阵地。

这次改革将进一步完善资本市场基础制度。主要包括：完善发行承销制度，约束非理性定价；改进交易制度，优化融资融券和转融通机制；完善上市公司独立董事制度；健全常态化退市机制，畅通多元退出渠道；加快投资端改革，引入更多中长期资金。同时，支持全国股转系统探索完善更加契合中小企业特点的基础制度。

注册制改革是放管结合的改革。证监会将充分考虑我国资本市场发展尚不充分、中小投资者占比高、诚信环境不够完善的现实国情，加大发行上市全链条各环节监管力度。坚持“申报即担责”原则，压实发行人及实际控制人责任。督促中介机构归位尽责，加强能力建设。加强发行监管与上市公司持续监管的联动，规范上市公司治理。以“零容忍”的态度严厉打击欺诈发行、财务造假等违法违规行为，切实保护投资者合法权益。

注册制改革是一场涉及监管理念、监管体制、监管方式的深刻变革。证监会将坚持把政治建设摆在首位，旗帜鲜明讲政治，主动适应新的形势和任务，深化“放管服”改革，加快监管转型，把工作重心转变到统筹协调、规则制定、监督检查、秩序管理、环境创造上来，切实提高监管能力，加强事中事后监管。

证监会高度重视防范注册制下的廉政风险。建立健全覆盖发行、上市、再融资、并购重组、退市、监管执法等各环节全流程的监督制约机制。强化关键岗位人员廉政风险防控，加强行业廉洁从业监管。中央纪委国家监委驻中国证监会纪检监察组对沪、深证券交易所实行驻点监督，对资本市场领域腐败“零容忍”，一体推进不敢腐、不能腐、不想腐，持之以恒正风肃纪，切实形成严的氛围。

——摘自《中国证监会就全面实行股票发行注册制主要制度规则向社会公开征求意见》（中国证监会网站，2023 年 2 月 1 日）

四、各板块定位

近年来，证监会积极推动多层次资本市场建设，明确各板块定位，坚持突出特色、错位发展。各板块的划分设置以增强市场功能为立足点，意在发挥市场在资源配置中的基础性作用，积极拓展市场覆盖范围，适应企业在不同发展阶段的融资需求和融资特点，满足经济社会发展的客观需要。

在定位上，科创板突出“硬科技”特色，主要服务符合国家战略、突破关键核心技术、市场认可度高的科技创新企业，重点支持新一代信息技术、高端装备、新材料、新能源、节能环保以及生物医药等高新技术产业和战略性新兴产业。根据这个定位，结合科创企业的特点，设立了“50万元资产+2年投资经验”的投资者门槛，制定了科创属性评价指引，明确符合科创板定位和科创属性要求的企业在科创板上市。从已上市公司情况看，科创板公司研发投入与营业收入之比、研发人员占公司人员总数之比、平均发明专利数量等均高于其他市场板块。一批处于“卡脖子”技术攻关领域的“硬科技”企业、具有关键核心技术的标杆企业在科创板上市或已进入审核阶段，产业聚集和品牌效应逐步显现。

创业板改革后，适应发展更多依靠创新、创造、创意的大趋势，定位于主要服务成长型创新创业企业，支持传统产业与新技术、新产业、新业态、新模式深度融合。创业板作为存量板块，充分借鉴了科创板的经验，并在一些制度上做了差异化设计和过渡安排。在投资者适当性要求方面，对新开户投资者设立“10万元资产+2年投资经验”的门槛，已开户投资者签署新的风险揭示书后，可以继续交易创业板股票。为突出板块特色，对申报企业实行负面清单管理。从创业板改革后新申报企业看，多数企业在细分行业处于领先地位，具备较好成长预期。

科创板、创业板总体上处于同一市场层次。我们在两个板块的制度设计上保持总体平衡，坚持错位发展，突出各自特色，推动形成各有侧重、相互补充的适度竞争格局。两个板块改革落地以来，上市资源充足，流动性明显超过其他板块，资本市场服务科技创新和实体经济的能力大幅提升。

——摘自《易会满主席受国务院委托向全国人民代表大会常务委员会报告股票发行注册制改革有关工作情况》(中国证监会网站，2020年10月16日)

建设北京证券交易所的主要思路，是严格遵循《证券法》，按照分步实施、循序渐进的原则，总体平移精选层各项基础制度，坚持北京证券交易所上市公司由创新层公司产生，维持新三板基础层、创新层与北京证券交易所“层层递进”的市场结构，同步试点证券发行注册制。在实施过程中，将重点把握好以下原则：

坚守“一个定位”。北京证券交易所牢牢坚持服务创新型中小企业的市场定位，尊重创新型中小企业发展规律和成长阶段，提升制度包容性和精准性。

处理好“两个关系”。一是北京证券交易所与沪、深证券交易所以及区域性股权市场坚持错位发展与互联互通，发挥好转板上市功能。二是北京证券交易所与新三板现有创新层、基础层坚持统筹协调与制度联动，维护市场结构平衡。

实现“三个目标”。一是构建一套契合创新型中小企业特点的涵盖发行上市、交易、退市、持续监管、投资者适当性管理等基础制度安排，补齐多层次资本市场发展普惠金融的短板。二是畅通北京证券交易所在多层次资本市场的纽带作用，形成相互补充、相互促进的中小企业直接融资成长路径。三是培育一批专精特新中小企业，形成创新创业热情高涨、合格投资者踊跃参与、中介机构归位尽责的良性市场生态。

——摘自《坚持错位发展、突出特色建设北京证券交易所 更好服务创新型中小企业高质量发展》（中国证监会网站，2021 年 9 月 2 日）

深化新三板改革，设立北京证券交易所，打造服务创新型中小企业主阵地，是习近平主席对资本市场服务构建新发展格局作出的新的重大战略部署，我们要深入学习贯彻。要坚持系统观念，扎实细致做好制度、企业和市场各项准备，把大事办稳、好事办好。一是紧紧围绕服务中小企业这个主体。始终坚守服务中小企业的市场定位，进一步突出“更早、更小、更新”，更好体现北京证券交易所的错位发展、特色发展。二是牢牢把握支持创新发展这个关键。围绕创新型中小企业发展需求，积极构建契合中小企业特点的基础制度体系，同步试点注册制，不断增强制度的包容性、普惠性，促进形成科技、创新和资本的聚集效应。三是始终聚焦打造“主阵地”这个方向。北京证券交易所是“龙头”，新三板创新层、基础层是基础，要发挥好北京证券交易所的“龙头”撬动和“反哺”作用，不断做活做强创新层和基础层。同时，加强与沪、深证券交易所以及区域性股权市场互联互通，加快完善服务中小企业的全链条制度体系，形成层层递进的中小企业成长路径和良好的多层次市场发展生态。

——摘自《易会满主席在 2021 金融街论坛年会上的主题演讲》（中国证监会网站，2021 年 10 月 20 日）

改革后主板要突出大盘蓝筹特色，重点支持业务模式成熟、经营业绩稳定、规模较大、具有行业代表性的优质企业。相应地，设置多元包容的上市条件，并与科创板、创业板拉开距离。主板改革后，多层次资本市场体系将更加清晰，基本覆盖不同行业、不同类型、不同成长阶段的企业。主板主要服务于成熟期大型企业。科创板突出“硬科技”特色，发挥资本市场改革“试验田”作用。创业板主要服务于成长型创新创业企业。北交所与全国股转系统共同打造服务创新型中小企业主阵地。

——摘自《中国证监会就全面实行股票发行注册制主要制度规则向社会公开征求意见》（中国证监会网站，2023 年 2 月 1 日）

第二部分

规 则 篇

第二章 业务监管

第一节 保荐职责

保荐制度自2004年2月起施行至今，与我国资本市场的不断发展相辅相成，其核心内容是确立并强化了保荐职责。充分理解保荐职责的内涵，对于行业机构理解我国资本市场的发展和注册制改革的要义至关重要。本节将从保荐职责的确立及完善、保荐职责现行相关法规体系两个方面，介绍保荐职责的内涵。

一、保荐职责的确立及完善

（一）保荐职责的确立

2003年12月，中国证监会发布《证券发行上市保荐制度暂行办法》（本章简称《保荐暂行办法》），于2004年2月起正式施行，初步建立起股票发行上市保荐制度。2005年，我国修订《证券法》，将保荐制度在法律层面予以明确，为以后保荐制度的不断完善奠定法律基础。

在保荐制下，发行人申请首次公开发行股票应当聘请具有保荐资格的机构担任保荐人。保荐机构推荐发行人首次公开发行股票前，应当对发行人进行辅导。保荐机构应当尽职推荐发行人证券发行上市，对相关主体进行尽职调查、审慎核查、独立判断，组织编制申请文件并出具推荐文件；对信息披露质量、勤勉尽责、合法合规等事项进行承诺。保荐机构提交推荐文件后，应当主动配合中国证监会的审核。发行人证券上市后，保荐机构应当持续督导发行人履行规范运作、信守承诺、信息披露等义务。

（二）核准制下保荐职责的强化

保荐制度建立以来，中国证监会陆续修订或发布系列法规，推动证券发行体制不断向市场化、法治化方向发展，同时对于保荐职责相关要求也不断细化与加强。

与保荐职责相关的主要规则更新及监管意见包括：

2008 年，中国证监会大幅修订《保荐暂行办法》，发布《证券发行上市保荐业务管理办法》（本章简称《保荐管理办法》），进一步明确保荐职责内涵，强化保荐机构和保荐代表人的管理，细化保荐业务相关要求，并于 2009 年 5 月修订该办法，将保荐职责的相关要求适用范围扩大至创业板。

2012 年 3 月，中国证监会发布《关于进一步加强保荐业务监管有关问题的意见》，要求在重视保荐代表人责任的同时，进一步增强保荐机构的责任，发挥保荐机构的整体作用，推动实现保荐业务全程有效内控，夯实保荐项目基础，把保荐职责落实到保荐业务全过程和相关业务人员，进一步提升保荐工作质量。

2012 年 4 月，中国证监会发布《关于进一步深化新股发行体制改革的指导意见》，要求强化保荐工作信息披露的真实性、准确性、充分性和完整性，要求全过程、多角度提升信息披露质量，进一步明确了包含保荐机构在内的各中介机构独立的主体责任，推动保荐业务各参与主体提升归位尽责意识。

2012 年 5 月，中国证监会发布《关于进一步提高首次公开发行股票公司财务信息披露质量有关问题的意见》，提出做好财务信息披露工作、提升财务报告信息质量，是深化新股发行体制改革的一项重要工作，要求保荐机构要切实履行对发行人的辅导、尽职调查和保荐职责，并就首次公开发行股票发行人财务信息披露工作中存在的突出问题对保荐机构提出了具体的工作要求。

2013 年 11 月，中国证监会发布《关于进一步推进新股发行体制改革的意见》，重点强调了股票发行审核以信息披露为中心，保荐机构应当严格履行法定职责，审慎核查、专业判断，确保信息披露真实、准确、完整、及时；明确了发行人自取得核准文件之日起至公开发行前，保荐机构应持续履行尽职调查义务；加强了对保荐职责相关主体的市场约束，要求保荐机构应当在公开募集及上市文件中公开承诺如有虚假记载、误导性陈述或者重大遗漏，给投资者造成损失的，将依法赔偿投资者损失；进一步明确了发行人上市后保荐机构持续督导阶段需要审阅、出具的文件和承担的责任。

2015 年底，当时一度暂停的新股发行工作重新启动，中国证监会同步提出了突出信息披露要求、强化中介机构责任、建立包括摊薄即期回报补偿和先行赔付的投资者保护机制等完善新股发行制度改革措施，并相应对主板、创业板招股说明书格式准则进行了更新。

（三）注册制改革以来保荐职责的发展更新

注册制的基本特点是以信息披露为中心，要求保荐机构承担起更多的责任，对发行人的信息披露履行更为严格的把关义务，更有针对性地履行好尽职调查和发行上市推荐责任，从而切实把好资本市场入口关，从源头提升上市公司质量。

2020 年 6 月，中国证监会进一步修订《保荐管理办法》，结合注册制下交易所和中国证监会的监管定位调整和丰富了保荐职责的相关表述，并首次提出了“合理信赖”原则。

2020 年 12 月，中国证券业协会发布《证券公司保荐业务规则》（本章简称《保荐业务规则》），从自律规则层面对于《保荐管理办法》的相关要求作出补充和细化，并重点加强保荐执业规范管理，强化保荐责任和协作。

2021 年 7 月，中国证监会发布《关于注册制下督促证券公司从事投行业务归位尽责的指导意见》，督促证券公司认真履职尽责，更好发挥中介机构“看门人”作用，并提出进一步厘清各中介机构的责任边界，形成各司其职、各负其责、相互制约的机制。

2022 年 5 月，中国证监会修订发布《保荐人尽职调查工作准则》（本章简称《尽调准则》）和《证券发行上市保荐业务工作底稿指引》（本章简称《底稿指引》）。其中，《尽调准则》明确提出以“合理信赖、勤勉尽责”的基本理念和专业标准，作为保荐机构统筹全面核查验证职责和义务的基础；将保荐职责中的“荐”提到了更重要的位置，充分发挥保荐机构在投资价值判断方面的前瞻性作用；要求保荐机构应合理使用第三方外聘机构，不得将法定职责予以外包，保荐职责不因聘请第三方而减轻或免除。《底稿指引》作为《尽调准则》的配套衔接规则，相应增加了对其他证券服务机构专业意见的相关复核资料、内核阶段工作底稿要求、分析验证过程的相关底稿，配套了保荐职责相关的合理信赖要求，进一步明确了保荐机构内核阶段的重要性，要求保荐机构勤勉尽责、言必有据。

2022 年 6 月，中国证券业协会发布《证券公司首次公开发行股票并上市保荐业务工作底稿目录细则》（本章简称《底稿目录细则》），其作为《底稿指引》的配套自律规则，进一步细化了工作底稿要求。

2022 年 9 月，中国证券业协会发布了修订后的《保荐业务规则》，以督促保荐机构归位尽责、发挥资本市场“看门人”作用为导向，进一步明确保荐机构的基本职责和执业标准。

2023 年 2 月，中国证监会发布了全面实行股票发行注册制相关制度规则，交易所、证券业协会等相关配套制度规则同步发布实施。注册制改革的本质是把选择权交给市场，强化市场约束和法治约束。全面注册制将进一步压严压实保荐机构的“看门人”责任，明确“申报即担责”，保荐职责进一步加大，监管机构将通过强化内控建设、监管问责、声誉约束、监管协同等措施，督促保荐机构归位尽责，夯实全面注册制改革基础。

总体来看，随着证券发行制度改革的不断推进和相关法规的陆续出台，随着保荐机构履职的制度体系不断完善，保荐机构“看门人”的职责定位更加明确，全链条、全方位的监管不断压严压实保荐职责，督促保荐机构归位尽责。

二、保荐职责主要规则

（一）《证券法》

现行《证券法》自2020年3月开始施行，其中第十条规定，发行人申请公开发行股票、可转换为股票的公司债券，依法采取承销方式的，或者公开发行法律、行政法规规定实行保荐制度的其他证券的，应当聘请证券公司担任保荐人。保荐人应当遵守业务规则和行业规范，诚实守信，勤勉尽责，对发行人的申请文件和信息披露资料进行审慎核查，督导发行人规范运作。

（二）《关于注册制下督促证券公司从事投行业务归位尽责的指导意见》

《关于注册制下督促证券公司从事投行业务归位尽责的指导意见》于2021年7月发布。该意见关于保荐责任方面的内容主要为厘清中介机构责任，明确各中介机构应对各自出具的专项文件负责，对与本专业相关的业务事项履行特别注意义务，对其他业务事项履行普通注意义务。招股说明书、重组报告书、债券募集说明书等引用会计师事务所、律师事务所、评估机构等其他中介机构专业意见或内容的，出具意见或文件的中介机构依法承担责任。证券公司对注册申请文件和信息披露资料进行全面核查验证，对其他中介机构的专业意见以“合理信赖”为一般原则，对存在“重大异常”“前后重大矛盾”“重大差异”等特殊情形进行调查、复核，对未引用其他中介机构专业意见的内容依法承担责任。证券公司应当复核但未复核，或复核工作未全面到位的，依法承担责任。按照定性与定量相结合原则，细化需要证券公司复核的“重大事项”的标准及程序；研究明确证券公司对注册申请文件和信息披露资料进行“全面核查验证”的标准和程序。根据监管和司法实践，推动完善证券虚假陈述民事赔偿制度规则，为中介机构依法承担民事责任提供制度基础。

（三）《证券公司保荐业务规则》

《证券公司保荐业务规则》于2022年9月发布，旨在加强保荐机构专业标准、专业责任建设，促进保荐机构归位尽责、提升执业质量。该规则细化了保荐机构尽职推荐发行人证券发行上市的职责，要求保荐机构应当：通过查阅、访谈、列席会议、实地调查、网络查询、函证、复核和分析等方法，对证券发行上市相关情况进行合理、必要的调查；明确保荐业务人员履职规范，建立健全内部问责机制，强化保荐业务全链条人员的责任意识；组织协调中介机构做好保荐相关工作，不得将保荐职责及其他法定责任予以外包或转嫁。该规则还进一步提升了合理信赖原则的可操作性，要求保荐机构应采取必要核查手段进行印证，综合判断证券服务机构出具的专业意见内容是否存在重大异常，并从七个方面明确和细化了“重大异常”的情形。

（四）《证券发行上市保荐业务管理办法》

《证券发行上市保荐业务管理办法》于2023年2月修订发布，旨在规范证券发行上市保荐业务。该办法的第三章为保荐职责的专门章节，明确规定，保荐机构应当尽职推荐发行人证券发行上市。发行人证券上市后，保荐机构应当持续督导发行人履行规范运作、信守承诺、信息披露等义务。保荐机构在推荐发行人首次公开发行股票并上市和推荐发行人向不特定合格投资者公开发行股票并在北交所上市前，应当对发行人进行辅导。保荐机构推荐发行人证券发行上市，应当遵循诚实守信、勤勉尽责的原则，按照中国证监会对保荐机构尽职调查工作的要求，对发行人进行全面调查，充分了解发行人的经营状况及其面临的风险和问题。

第二节 执业规范

执业规范是保荐机构及从业人员开展保荐业务时应当遵守的基本要求，执业规范体系的建立和不断完善对规范行业发展、提升执业水平和防范金融风险有重要意义。本节将对执业规范体系的建立和完善过程以及所涉及的法规、文件作简要介绍，并进一步阐述保荐机构及从业人员执业规范要点。

一、执业规范主要规则

（一）中国证监会发布的相关规则

中国证监会发布的与保荐业务执业规范相关的规则主要包括：《保荐管理办法》《证券公司投资银行类业务内部控制指引》（本章简称《投行业务内控指引》）和《关于注册制下督促证券公司从事投行业务归位尽责的指导意见》等。其中，《保荐管理办法》明确了保荐机构及从业人员执业规范的总体要求，规定了对保荐代表人的管理方式，并设置“保荐业务规程”“保荐业务协调”两章，对保荐机构执行保荐业务的内部流程标准和外部协作方式提出规范要求；《投行业务内控指引》对保荐业务执行周期中各关键节点的内部控制作出原则性要求，并对项目收费、从业人员管理、保荐业务开展过程中的独立性及廉洁从业要求等作出规定，从投行业务内部控制的角度对保荐机构提出执业规范要求；在稳步推进全面注册制改革的背景下，《关于注册制下督促证券公司从事投行业务归位尽责的指导意见》进一步强化了保荐业务执业规范要求。

（二）中国证券业协会发布的相关规则

中国证券业协会于 2020 年 12 月发布《保荐业务规则》，并于 2022 年 9 月修订并重新发布。该规则从行业自律的角度对保荐机构及从业人员执业规范作出指引，针对保荐业务重点和薄弱环节补短板、建制度，聚焦于保荐业务的实务层面，对《保荐管理办法》《投行业务内控指引》中的执业规范在执行层面提出细化要求，在 2022 年 9 月修订时进一步健全保荐机构专业责任相关要求，细化规定廉洁从业自律管理，加强持续督导的工作要求，明确内部制衡、问责等相关规定，构建投行业务执业质量声誉约束机制。

（三）其他执业规范具体方面的相关规定

除前述规则外，针对保荐业务执业规范的具体方面，中国证监会、中国证券业协会也出台了若干其他法规和细则，相关规定简要列举如下：

1. 工作底稿规范：《底稿指引》《证券公司投资银行类业务工作底稿电子化管理系统建设指引》《底稿目录细则》。
2. 尽职调查规范：《尽调准则》《证券业务示范实践第 3 号——保荐人尽职调查》。
3. 保荐协议文本规范：《注册制下保荐协议（示范文本）》。
4. 发行承销规范：《首次公开发行证券承销业务规则》。
5. 廉洁从业规范：《证券期货经营机构及其工作人员廉洁从业规定》《关于加强证券公司在投资银行类业务中聘请第三方等廉洁从业风险防控的意见》《证券经营机构及其工作人员廉洁从业实施细则》《关于加强注册制下中介机构廉洁从业监管的意见》等。
6. 职业道德规范：《证券公司董事、监事、高级管理人员及从业人员管理规则》《证券从业人员职业道德准则》等。

7. 执业质量评价：《证券公司投行业务执业质量评价办法（试行）》。

二、保荐机构的执业规范

根据《保荐业务规则》规定，保荐机构及其保荐代表人、其他从事保荐业务的人员应当践行合规、诚信、专业、稳健的行业文化，坚持依法合规、诚实守信、严谨专业、严控风险、廉洁自律开展保荐业务，保荐代表人、其他从事保荐业务的人员应当遵守职业道德准则，珍视和维护职业声誉，保持应有的职业谨慎，严于律己，勤勉尽责。

保荐机构执业规范主要包括业务承揽和收费、保荐业务执行、人员管理、独立性、廉洁从业和“先投资、后保荐”要求等。

（一）承揽和收费

随着拥有保荐业务资格的证券公司、保荐代表人数量的增加，保荐机构及从业人员的项目承揽压力逐渐增大，部分保荐机构及从业人员存在采取低价策略获取业务机会的不正当竞争行为，保荐项目收费甚至无法覆盖项目执行成本，难以保障保荐项目的执行质量。

为防范因收费过低导致的执业质量下降、项目风险上升等问题，《投行业务内控指引》规定，证券公司在开展投资银行类业务时，应当在综合评估项目执行成本基础上合理确定报价；《保荐管理办法》也明确，保荐机构从事保荐业务应当综合评估项目执行成本与风险责任，合理确定报价，不得以明显低于行业定价水平等不正当竞争方式招揽业务。为了规范行业收费水平，营造更为公平的竞争生态，《保荐业务规则》要求，保荐机构应当制定明确且合理的保荐业务收费原则，收费原则的确定应当主要考虑以下因素：

1. 保荐机构、保荐代表人、其他从事保荐业务的人员从事该保荐业务所需要的时间、投入的精力和其他相应成本；

2. 保荐业务的性质、创新性和复杂程度；

3. 根据发行人的要求或实际情况确定的特殊时间限制；

4. 保荐机构、保荐代表人、其他从事保荐业务的人员的经验、声誉和能力；

5. 保荐业务的持续责任和风险；

6. 保荐机构的实际成本支出；

7. 其他应当考虑的合理因素。

此外，保荐机构应与发行人就持续督导工作收费进行明确约定，持续督导费用的确定也应当符合上述收费原则。

为及时掌握各保荐机构对保荐业务收费的规范情况，在行业内形成相对统一、客观的收费标准，《保荐业务规则》同时要求保荐机构在保荐业务收费原则制定或调整后 30 个工作日内向证券业协会报送，并在保荐项目上市之日起 10 个工作日内向证券业协会报送该保荐项目的保荐与承销协议、验资报告及发行上市、持续督导两个阶段的收费等相关信息。

（二）保荐业务执行

根据《保荐管理办法》，保荐机构尽职推荐的职责包括：（1）对发行人开展合理的全面调查并进行辅导；（2）组织编制申请文件并出具推荐文件；（3）发行上市完成后，保荐机构还应当持续督导发行人履行规范运作、信守承诺、信息披露等义务。

为确保保荐机构切实履职，保荐业务的执行规范包括以下方面：（1）对拟推荐发行人开展初步尽职调查及合规审查的项目立项规范；（2）对发行人进行尽职调查和辅导并形成工作底稿的执业规范；（3）对公开披露文件及申报文件、推荐文件的信息披露和文件质量规范；（4）发行承销规范；（5）上市后持续督导规范。

1. 立项规范

根据《保荐业务规则》，保荐项目在召开立项会议前应当根据保荐机构内部立项标准，对拟推荐发行人进行初步的尽职调查，并开展反洗钱、内幕信息知情人管理、利益冲突核查等合规工作。保荐机构应当在立项环节将发行人初步的尽职调查情况及合规审查材料作为立项申请必备文件。

此外，《保荐业务规则》明确要求，保荐机构应当在立项完成后尽快与发行人签订保荐协议，并根据相关规定明确双方在推荐和持续督导期间的权利和义务。保荐协议作为发行人与保荐机构就保荐事项签署的重要协议，对明确各方当事人在保荐业务中的权利义务具有重要作用，有助于厘清各方责任。保荐协议的条款可参考中国证券业协会发布的《注册制下保荐协议（示范文本）》。

2. 尽职调查、辅导与底稿规范

保荐机构应当遵循诚实守信、勤勉尽责的原则，按照中国证监会对保荐机构尽职调查工作的要求，对发行人进行全面调查，充分了解发行人的经营状况及其面临的风险和问题。有关尽职调查的执业规范要求将在本书第五章具体展开。

保荐机构在推荐发行人首次公开发行股票上市或发行人向不特定合格投资者公开发行股票并在北京证券交易所上市前，应当对发行人进行辅导，促进辅导对象具备成为上市公司应有的公司治理结构、会计基础工作、内部控制制度，充分了解多层次资本市场各板块的特点和属性，树立进入证券市场的诚信意识、自律意识和法治意识，并符合中国证监会规定的其他要求。有关辅导的执业规范要求将在本书第四章具体展开。

工作底稿是保荐机构及其保荐代表人在从事保荐业务全部过程中，尤其是尽职调查过程中获取和编写的、与保荐业务相关的各种重要资料和工作记录。有关工作底稿的执业规范要求将在本书第六章第三节具体展开。

《保荐管理办法》要求保荐代表人应当为其具体负责的每一项目建立尽职调查工作日志，作为保荐工作底稿的一部分存档备查；保荐机构应当定期对尽职调查工作日志进行检查。

《保荐业务规则》进一步规范了尽职调查工作日志的编写要求，具体包括：

（1）内容要求。工作日志应当按照时间编制，尽职调查工作期间每周应当至少形成一份工作日志；对于持续时间较长的特定重要事项的尽职调查，也可按照事项编制，就该事项在一段时间内或者整个尽职调查期间的核查情况形成单独的工作日志。

（2）形式规范。保荐代表人应当在尽职调查工作日志中通过签字等形式确认。

3. 申报规范

保荐机构决定推荐发行人证券发行上市的，可以根据发行人的委托，组织编制申请文件并出具推荐文件。保荐机构应当按照中国证监会发布的信息披露内容与格式准则及沪、深证券交易所发布相关业务指引的要求组织编制申请文件，招股说明书等公开披露文件的信息披露应当达到信息披露内容与格式准则规定的最低要求。有关申报的执业规范要求将在本书第六章第二节具体展开。

4. 发行承销规范

根据《保荐业务规则》，保荐机构作为主承销商的，在发行过程中，应当按照相关规定，加强发行承销过程管理，提高投资价值研究报告质量，引导价值投资理念，加强路演推介和询价申购管理，增强信息披露的易读易解性，保护投资者权益。为适应全面实施注册制发展需要，进一步加强行业自律管理，规范证券公司发行承销行为，落实承销商责任，2023 年 2 月，中国证券业协会对原《首次公开发行股票承销业务规范》《注册制下首次公开发行股票承销规范》《北京证券交易所股票向不特定合格投资者公开发行与承销特别条款》《首次公开发行股票配售细则》进行整合优化，制定形成《首次公开发行证券承销业务规则》。有关发行承销的执业规范要求将在本书第七章具体展开。

5. 持续督导规范

实践中，部分保荐机构存在重推荐申报、轻持续督导的情况，未能勤勉尽责地履行保荐机构的持续督导工作。《保荐业务规则》明确要求保荐机构及其保荐代表人应当按照法律法规、监管规定、自律规则等要求，针对发行人的具体情况，确定证券发行上市后持续督导的内容，制订持续督导工作计划和实施方案，就持续督导工作的主要内容、重点、实施方式、步骤作出完整、有效的安排。有关持续督导的执业规范要求将在本书第九章具体展开。

（三）人员管理

加强从业人员管理是提升保荐机构的执业水平的关键。保荐机构一方面要建立健全内部问责机制，穿透式监管、全链条问责，加强对公司主要负责人、相关高管的管理责任落实；另一方面，要完善激励约束机制，通过科学的薪酬体系和长效的激励机制引导保荐代表人及其他从事保荐业务的人员合规展业，同时加强内部制衡和绩效考核，避免短期过度激励。

1. 建立健全内部问责机制

根据《保荐管理办法》，保荐机构应当建立健全内部问责机制，明确保荐业务人员履职规范和问责措施；对于保荐业务人员被采取自律管理措施、纪律处分、监管措施、证券市场禁入措施、行政处罚、刑事处罚等的，保荐机构应当进行内部问责。《保荐业务规则》进一步提出：保荐机构应当强化保荐业务负责人、保荐业务部门负责人、保荐代表人、质控、内核等保荐业务全链条人员的责任意识；保荐业务负责人、保荐业务部门负责人、保荐业务各团队负责人应当加强对其他从事保荐业务的人员的管理，确保其规范执业；保荐代表人及其他项目人员应当有效分工协作，根据具体工作职责承担相应的责任。为确保保荐业务事后追责有据可依，《保荐业务规则》要求保荐项目需在尽职调查工作底稿中详细记录保荐项目的人员配置情况，包括保荐代表人及其他项目人员、项目所在部门/子部门/团队负责人等直接主管人员情况，保荐代表人和其他项目人员所从事的具体工作，相关人员在项目中发挥的作用。

《关于注册制下督促证券公司从事投行业务归位尽责的指导意见》进一步加大问责力度，提出按照穿透式监管、全链条问责的要求，对项目人员、内控部门、公司管理层等全链条上的责任人员进行追责。

2. 完善激励约束机制

保荐机构应当设置科学的薪酬体系和长效的激励机制，综合考量业务人员的专业胜任能力、执业质量、合规情况、业务收入等各项因素确定人员薪酬标准。为避免过度激励，保荐机构不得将业务人员薪酬收入与其承做或承揽的项目收入直接挂钩，不得以业务包干等承包方式开展保荐业务。

为督促保荐业务人员勤勉履职、提高执业质量，同时确保保荐机构内部问责机制切实发挥作用，保荐机构应当建立一系列与薪酬挂钩的约束机制。《关于注册制下督促证券公司从事投行业务归位尽责的指导意见》要求，保荐机构应当建立内控部门对业务人员的执业质量跟踪评价机制，并将评价结果纳入业务人员绩效考核，提升内控部门对业务前台的制衡作用；根据《保荐管理办法》《保荐业务规则》，保荐业务负责人、保荐业务部门负责人、保荐代表人等出现被采取与保荐业务执业相关的自律管理措施、纪律处分、行政监管措施、市场禁入措施、行政处罚、刑事处罚等情形的，保荐机构应当视情节严重程度，根据保荐机构内部制度和劳动合同的规定，经过内部审批程序，要求其退还违规行为发生当年除基本工资外的其他部分或全部薪酬。

（四）独立性

证券公司作为发行人证券发行上市的保荐人，应当保持独立、客观，不存在影响独立专业判断的情形。为防止保荐机构因与发行人存在关联关系而影响独立性，2020年修订前的《保荐管理办法》规定，保荐机构及其控股股东、实际控制人、重要关联方持有发行人的股份合计超过7%，或者发行人持有、控制保荐机构的股份超过7%的（本章统称“持股超过7%”），应当与1家无关联保荐机构联合保荐，共同履行保荐职责，且该无关联保荐机构为第一保荐机构。

在落实注册制改革以信息披露为核心的原则下，2020年修订的《保荐管理办法》（现已失效）将联合保荐的要求修改为相关持股情形“通过披露仍不能消除影响”，即“保荐机构及其控股股东、实际控制人、重要关联方持有发行人股份的，或者发行人持有、控制保荐机构股份的，保荐机构在推荐发行人证券发行上市时，应当进行利益冲突审查，出具合规审核意见，并按规定充分披露。通过披露仍不能消除影响的，保荐机构应联合一家无关联保荐机构共同履行保荐职责，且该无关联保荐机构为第一保荐机构。”现行的《保荐管理办法》仍保持该口径。根据2021年修订的《监管规则适用指引——机构类第1号》，结合注册制推进安排和各板块具体情况，“通过披露仍不能消除影响”的执行标准采取差异化安排，发行人拟公开发行并在上海证券交易所和深圳证券交易所上市的，联合保荐的执行标准仍为“持股超过7%”；拟公开发行并在北京证券交易所上市的，相关保荐安排不适用前述标准，可以不采用联合保荐。

除上述要求外，根据《保荐管理办法》，保荐代表人、保荐业务负责人、内核负责人、保荐业务部门负责人及其他保荐业务人员应当与发行人及其关联方不存在利害关系，不存在妨碍其进行独立专业判断的情形。《保荐业务规则》进一步规定，保荐代表人、项目组其他成员及其配偶有以下情形之一的，不得参与该项目；保荐业务负责人、内核负责人、保荐业务部门负责人有以下情形之一的，不得参与该项目：

（1）担任发行人及其关联方的董事、监事、高级管理人员或核心技术人员；

（2）担任发行人及其关联方的控股股东、实际控制人的董事、监事、高级管理人员；

（3）直接或间接持有发行人股份；

（4）担任发行人聘任的其他证券服务机构的负责人、专家顾问或者项目组成员；

（5）与发行人及其关联方存在其他影响履行保荐职责的利害关系，或存在其他影响独立专业判断的情形。

（五）廉洁从业

廉洁从业是中国证监会、中国证券业协会对证券公司及其从业人员在开展包括投资银行业务在内的证券期货业务及相关活动时的合规要求，证券公司及其从业人员在开展证券期货业务及相关活动中，要严格遵守法律法规、中国证监会的规定和行业自律规则，遵守社会公德、商业道德、职业道德和行为规范，公平竞争，合规经营，忠实勤勉，诚实守信，不直接或者间接向他人输送不正当利益或者谋取不正当利益。

《证券期货经营机构及其工作人员廉洁从业规定》《证券经营机构及其工作人员廉洁从业实施细则》《关于加强注册制下中介机构廉洁从业监管的意见》等规定对证券公司及其从业人员在开展证券期货业务及相关活动中的廉洁从业提出具体要求；《保荐业务规则》具体明确了保荐机构廉洁从业相关要求；《关于加强证券公司在投资银行类业务中聘请第三方等廉洁从业风险防控的意见》针对投资银行业务中聘请第三方的廉洁从业要求作出具体规定。前述规则中针对投资银行业务廉洁从业的要求主要如下：

1. 保荐机构管理要求

（1）将廉洁从业纳入内部控制制度，在保荐业务重要制度中以专门章节明确涵盖保荐业务各环节的廉洁从业要求，建立具体、有效的事前风险防范体系、事中管控措施和事后追责机制；每年至少开展一次保荐业务廉洁从业情况检查，并将检查报告报公司主要负责人。

（2）加强廉洁文化建设，每年开展覆盖全体保荐代表人、其他从事保荐业务的人员的廉洁文化培训，确保保荐代表人、其他从事保荐业务的人员熟悉廉洁从业相关规定。

（3）将保荐代表人、其他从事保荐业务的人员廉洁从业情况纳入人事管理体系，发生人员聘用、保荐代表人登记和后续管理、晋级、提拔、离职以及考核、审计、稽核等情形时，应当考察评估其廉洁从业情况，并将评估结果作为重要考量因素。

（4）按照规定制定营销制度，合理正当开展客户招揽、项目承揽及商务接待等活动。涉及费用支出的，应当严格依照营销费用标准，履行费用审批和报销程序。

（5）加强对聘请各类第三方机构和个人的廉洁风险防范，制定规范聘用第三方的制度，明确资质条件和遴选流程，确保相关聘请行为合法合规，并依据有关规定履行信息披露义务。

2. 项目承揽和执行要求

（1）保荐机构及其保荐代表人、其他从事保荐业务的人员开展客户招揽、项目承揽及商务接待等活动，应当厉行节约、反对铺张浪费，维护保荐机构和行业声誉。

（2）保荐代表人、其他从事保荐业务的人员在与证监会及证券交易所咨询沟通过程中，应当严格遵守有关廉洁从业要求和业务沟通纪律。

（3）根据法规规定和客观需要合理使用第三方服务，不得将法定职责予以外包，禁止利用聘请第三方进行利益输送、商业贿赂等违法行为。

（4）加强投行项目利益冲突审查，将审查机制贯穿投资银行业务全流程，对从业人员及其配偶、利害关系人是否存在违规从事证券、基金和未上市企业股权投资的情形进行审查，建立健全回避制度并严格执行，从源头上防范廉洁从业风险。

（5）在投行项目股东穿透等事项核查中，重点对证券公司高级管理人员和经办人员、证监会系统离职人员不当入股行为进行严格审查，防范突击入股、利益输送、“影子股东”、违规代持等违法违规行为；发现违法违纪线索的，应及时向公司所在地证监局报告。

（6）加强对上市公司并购重组、证券发行询价定价信息等内幕信息和未公开信息的管理，建立健全信息知情人登记管理制度，完善信息隔离墙机制，禁止传播泄露内幕信息、未公开信息，切实防范利用内幕信息、未公开信息从事串通报价、内幕交易、利用未公开信息交易、操纵证券市场等违法违规行为。

3. 禁止性行为

保荐机构及其保荐代表人、其他从事保荐业务的人员在开展保荐业务活动中，不得存在以下行为：

（1）以提供礼金、礼品、旅游、娱乐健身、房产、汽车、有价证券、工作安排等手段向公职人员、客户、正在洽谈的潜在客户及其他利益关系人输送不正当利益，或违规接受客户及其他利益关系人提供的前述利益。

（2）利用内幕信息、未公开信息、客户信息、商业秘密等信息谋取不正当利益。

（3）签署虚构服务主体或者服务内容的协议、利用本机构或者客户资产，向不具备相关专业能力或者未提供相应服务的第三方支付咨询费、顾问费、服务费等费用。

（4）在项目申报、审核、检查、注册、立案调查等过程中，与监管工作人员进行任何正常工作沟通之外的私下接触，干扰或者唆使、协助他人干扰证券发行上市审核、证券监管或自律管理工作，通过利益输送、行贿等方式“围猎”监管或自律工作人员；不得利用证监会系统在职人员或离职人员及其近亲属等关系或身份谋取不正当利益。

（5）以诋毁同行，不合理报价，宣称与监管人员或者其他相关人员熟悉，降低尽职调查标准或信息披露质量，承诺申报时间，承诺获得批复或获得批复时间，签署“抽屉”协议，或者承诺发行价格、利率等不正当手段，招揽项目或索要不当利益。

（6）以非公允价格或者不正当方式，为本人、证监会系统在职人员或离职人员及其利益关系人，获取拟上市公司股权。

（7）泄露证券发行询价和定价信息，操纵证券发行价格，或以代持、信托、违规配售等方式，在证券发行与承销过程中输送、谋取不正当利益。

（8）违规从事营利性经营活动，违规兼任可能影响其独立性的职务，或者从事与保荐机构或者投资者合法利益相冲突的活动。

（9）利用职务或工作便利，侵占保荐业务收入，或向客户或其利益关系人收受好处费、报销与项目无关的费用。

（10）其他违反廉洁从业相关规定的行为。

（六）“先投资、后保荐”要求

为规范保荐机构对发行人的投资行为，防止保荐业务和直投业务间存在利益输送，中国证券业协会于 2016 年发布实施《证券公司私募投资基金子公司管理规范》及《证券公司另类投资子公司管理规范》。根据前述规定，证券公司担任发行人证券发行上市的辅导机构、财务顾问、保荐机构、主承销商的，应当按照签订有关协议或者实质开展相关业务两个时点孰早的原则，在该时点后私募基金子公司及其下设基金管理机构管理的私募基金、另类子公司不得对发行人进行投资。前述规定通常被称为“先投资、后保荐”。

2021 年修订的《监管规则适用指引——机构类第 1 号》放开了保荐机构直接投资拟在北交所上市公司的时点限制。发行人拟公开发行并在北交所上市的，在保荐机构对发行人提供保荐服务前后，保荐机构或者控股该保荐机构的证券公司，及前述机构的相关子公司，均可对发行人进行投资，即可以“先保荐、后直投”。

三、从业人员的执业规范

保荐机构履行保荐职责，应当指定品行良好、具备组织实施保荐项目专业能力的保荐代表人具体负责保荐工作。保荐机构应当指定两名保荐代表人具体负责一家发行人的保荐工作；同时，由于保荐项目需要根据中国证监会的要求对发行人进行全面尽职调查，因此每个保荐项目通常还有一名协办人和多名项目组成员。上述人员的专业能力和执业操守直接影响保荐机构执业水平和项目质量。

（一）保荐代表人管理

保荐制实施以来，保荐代表人资格在较长时期内采用“准入式”管理，注册成为保荐代表人需要参加中国证监会认可的保荐代表人胜任能力考试且成绩合格有效，同时要求在境内证券发行项目中担任过项目协办人。根据2019年修订的《证券法》和国务院“放管服”改革的要求，2020年修订的《保荐管理办法》将保荐代表人准入型考试改为非准入型的专业能力水平评价测试，将保荐代表人事先执业资格的管理改为事后执业登记管理，明确由中国证券业协会制定保荐代表人的自律管理规范。

1. 专业能力水平评价

《保荐管理办法》规定，保荐代表人应当熟练掌握保荐业务相关的法律、会计、财务管理、税务、审计等专业知识，最近5年内具备36个月以上保荐相关业务经历、最近12个月持续从事保荐相关业务，最近12个月内未受到证券交易所等自律组织的重大纪律处分或者中国证监会的重大监管措施，最近36个月内未受到中国证监会的行政处罚。中国证券业协会制定保荐代表人自律管理规范，组织非准入型的水平评价测试，保障和提高保荐代表人的专业能力水平。

根据《保荐业务规则》，中国证券业协会组织保荐代表人专业能力水平评价测试，验证拟任保荐代表人是否熟练掌握保荐业务相关法律、会计、财务管理、税务、审计等专业知识，达到相应专业能力水平。

通过专业能力水平评价测试并非成为保荐代表人的必要条件。对于测试结果未达到基本要求的从业人员，如所在保荐机构出具书面说明并提供验证其专业能力水平的充足材料，亦可登记成为保荐代表人。保荐机构提供的材料应当包括下列中的任意四项：

（1）具备8年以上保荐相关业务经历；

（2）最近3年内在符合《保荐管理办法》第二条规定的两个证券发行项目中担任过项目组成员（发行人、保荐机构、保荐代表人因证券发行上市相关违规行为受到处罚处分措施的项目除外）；

（3）具有金融、经济、会计、法律相关专业硕士研究生以上学历；

（4）取得国家法律职业资格；

（5）取得国家注册会计师资格。

参加专业能力水平评价测试并非验证拟任保荐代表人是否掌握相应专业知识的唯一方式。符合下列条件之一的，可视为熟练掌握保荐业务相关法律、会计、财务管理、税务、审计等专业知识，达到相应专业能力水平，无须参加专业能力水平评价测试：

（1）具备10年以上保荐相关业务经历，且最近2年内在符合《保荐管理办法》

第二条规定的证券发行项目中担任过项目协办人等主要成员（发行人、保荐机构、保荐代表人因证券发行上市相关违规行为受到处罚处分措施的项目除外）；

（2）中国证监会和证券业协会规定的其他条件。

2. 后续培训及动态跟踪管理

根据《保荐业务规则》，保荐代表人应当按照相关规定参加业务培训，培训内容应当包括法律法规、宏观政策、职业道德及保荐业务相关理论、专业技能等。

中国证券业协会对保荐代表人执业过程进行动态管理，持续记录其专业能力水平评价情况、执业情况、业务培训情况、违法违规行为、违反职业道德行为、处罚处分信息等，并予以公示。有关信息可来源于证监会，证券交易所、证券业协会等行业自律组织，保荐机构，以及执业检查、举报投诉等渠道。

3. 保荐代表人名单分类机制

中国证券业协会建立保荐代表人名单分类机制，对保荐代表人实施动态分类管理，根据执业情况、专业能力水平评价情况、诚信情况等，建立并公布保荐代表人分类名单。保荐代表人分类名单具体包括保荐代表人综合执业信息分类名单，应当公示其专业能力水平情况的保荐代表人名单，最近 3 年内受过证监会行政监管措施、行业自律组织纪律处分或自律管理措施的保荐代表人名单等。

4. 证券行业执业声誉激励约束机制

中国证券业协会建立证券行业执业声誉激励约束机制，对保荐机构及其保荐代表人、其他从事保荐业务的人员实施自律管理。

（二）职业道德要求

保荐代表人及其他从事保荐业务的人员应当遵守《证券公司董事、监事、高级管理人员及从业人员管理规则》《证券从业人员职业道德准则》以及《保荐管理办法》《保荐业务规则》中关于从业人员职业道德的相关要求，珍视行业声誉与职业声誉，坚守契约精神，自觉加强职业道德建设，防范道德风险。

1. 诚实守信

保荐代表人应当品行良好，不得为失信被执行人。根据《保荐业务规则》，保荐机构为存在效力期限内负面执业声誉信息的人员进行保荐代表人登记时，应当提供道德品行情况说明，说明其符合品行良好的要求以及针对其负面执业声誉信息有关情况对其加强监督管理的具体举措。

2. 恪守秘密

保荐代表人及其他从事保荐业务的人员应当保守国家秘密，维护发行人的合法利益，对从事保荐业务过程中获知的发行人信息保密。对客户服务结束或者离开所在机构后，仍应按照有关规定或合同约定承担上述保密义务。

3. 客观公正

保荐代表人应当恪守独立履行职责的原则，不因迎合发行人或者满足发行人的不当要求而丧失客观、公正的立场，不得唆使、协助或者参与发行人及证券服务机构等实施非法的或者具有欺诈性的行为。不从事与履行职责有利益冲突的业务。

四、保荐业务协作

保荐项目开展过程中，保荐机构往往需要与会计师事务所、律师事务所、资产评估机构等证券服务机构协同配合，才能做好证券发行上市工作。保荐机构也可以根据相关规定和客观需要聘请第三方提供专业服务。《保荐业务规则》对保荐机构在开展保荐业务过程中如何组织协同其他证券服务机构、合理信赖证券服务机构及其签字人员出具的专业意见，以及合理使用第三方工作进行了规范。

（一）与证券服务机构的工作协调

保荐机构应当组织协调会计师事务所、律师事务所、资产评估机构等证券服务机构，做好证券发行上市相关工作。根据《保荐业务规则》，保荐机构应当按照以下要求开展与证券服务机构及其签字人员的工作协调：

1. 对证券服务机构及其签字人员出具专业意见的内容履行审慎核查义务、进行必要调查和复核后，排除合理怀疑的，可以合理信赖发行人申请文件、证券发行募集文件中由证券服务机构及其签字人员出具专业意见的内容。

2. 如对证券服务机构及其签字人员出具的专业意见存有疑义，保荐机构应当要求其作出解释或者出具依据。如证券服务机构专业意见内容存在重大异常、前后重大矛盾，或者与保荐机构获得的信息存在重大差异，保荐机构应当进一步对有关事项进行调查、复核，并可聘请其他证券服务机构提供专业服务。保荐机构明知证券服务机构专业意见存在重大异常、前后重大矛盾，或者与保荐机构获得的信息存在重大差异，但没有采取上述措施，不能主张其属于合理信赖。

3. 如证券服务机构及其签字人员对保荐机构存有疑义的事项不予解释或出具依据，或经与相关机构及其签字人员协商后仍有疑义或无法达成一致，保荐机构应评估其影响，并在保荐工作报告中说明。如有充分理由确信证券服务机构及其签字人员出具的专业意见存在虚假记载、误导性陈述或者重大遗漏等违法违规或不当情形的，保荐机构应及时发表意见，情节严重的，应当向证监会、证券交易所报告。

4. 如有充分证据证明证券服务机构及其签字人员不能胜任相关工作，保荐机构可以提议发行人更换；若发行人不予更换，应在发行保荐书和保荐工作报告中予以反映。

上述对证券服务机构所出具专业意见的核查验证及合理信赖要求也是《证券业务示范实践第 3 号——保荐人尽职调查》规范和指导保荐人开展尽职调查的原则之一。有关合理信赖的执业规范要求将在本书第五章第四节具体展开。

（二）聘请第三方的执业规范

保荐机构可以根据相关规定和客观需要合理使用第三方机构和个人（本章简称“第三方”）的专业服务，并对其工作结果负责。保荐机构应当坚持主导性原则，通过使用第三方服务为其履行保荐职责提供辅助决策，不得将保荐职责及其他法定责任予以外包或转嫁。

保荐机构在聘请第三方工作时，应当审慎评价其专业胜任能力和客观性；在使用第三方工作结果前，应当履行充分、适当的核查程序，并结合对发行人的了解和实施其他尽职调查程序的结果，综合评价第三方的工作范围和工作结果的适当性。

第三节　内部控制

合理有效的投行业务内部控制有助于督促证券公司强化主体意识、完善自我约束机制，防范和化解投资银行类业务风险；促进投行类业务相关的管理人员、业务人员和其他人员诚实守信、勤勉尽责；提高证券公司经营效率和效果，提升投行类业务质量。随着证券市场的发展、注册制改革的推进，证券公司投行类业务内部控制的要求也逐步完善。本节将介绍投行业务内部控制要求的演变、相关法规，并对投行业务内部控制主要要求展开说明。

一、投行业务内部控制要求演变

证券公司投资银行类业务内部控制，是指证券公司根据法律法规的规定和中国证监会等监管要求，对投资银行类业务经营管理和执业活动过程中的风险进行识别、评价和管理的制度安排、组织体系和控制措施。

随着证券市场的不断发展、改革，证券公司内部控制要求也逐步完善，投行类业务内部控制要求演变主要可以分为三个阶段：2018 年《投行业务内控指引》出台前、2018 年《投行业务内控指引》出台及注册制改革下对投行业务内部控制的新要求。具体如下：

（一）《投行业务内控指引》出台前

2018 年《投行业务内控指引》出台前，证券公司投行类业务内部控制要求主要分布在 2003 年修订实施的《证券公司内部控制指引》（本章简称《证券公司内控指引》）和《保荐管理办法》《关于进一步加强保荐机构内部控制有关问题的通知》《上市公司并购重组财务顾问业务管理办法》《全国中小企业股份转让系统主办券商推荐业务规定》（已废止）等具体业务规则中。

上述规则明确了证券公司内部控制应当贯彻健全、合理、制衡、独立的原则，应当覆盖所有业务、渗透各个环节，确保内部控制有效，并对各业务条线的内部控制提出了一系列具体要求，对推动证券公司提升投行类业务内部控制水平、增强自我约束能力发挥了积极作用。

但是由于其制定时间较早、内容相对原则，且对各类投行业务内部控制的要求较为分散，其针对性和指导性有待进一步提高。特别是随着投行类业务快速发展，行业中存在“重发展、轻质量”“重规模、轻风险”，主体责任履行不到位、执业质量良莠不齐、业务发展与内部控制脱节等现象，影响了投行类业务的健康、可持续发展。

（二）《投行业务内控指引》出台

在梳理行业问题、总结实践经验的基础上，2018 年 3 月 23 日中国证监会颁布了《投行业务内控指引》，并于 2018 年 7 月 1 日起正式施行。《投行业务内控指引》针对投行类业务内部控制进行了专项要求，以统一行业认识、明确相关要求、加强实践指导，切实防范投行类业务风险。

1. 内部控制体系完善

在《证券公司内控指引》要求建立三道业务监控防线基础上，《投行业务内控指引》明确要求证券公司针对投资银行类业务应当建立分工合理、权责明确、相互制衡、有效监管的三道内部控制防线，其中，项目组、业务部门为内部控制的第一道防线，质量控制为第二道防线，内核、合规、风险管理等部门为第三道防线，并明确各道防线的职责分工、责任边界、责任主体、职责范围等。

2. 内部控制标准统一

《投行业务内控指引》在全面考虑不同公司组织架构、业务规模等特性的基础上，归纳、提炼出适用于行业的统一内部控制标准，并参照此前各规则对各类投行业务内部控制的不同要求，将立项、质量控制、内核等内部控制流程，持续督导和后续管理专岗、工作日志、底稿管理等内部控制安排上升为投行业务的统一要求，拉平行业标准。同时，考虑到证券公司的自身情况以及各类投行业务的风险特征不尽相同，《投行业务内控指引》充分尊重公司的自主权，在业务承做管理、内部控制履职部门设置等方面保留了灵活空间，公司可根据自身情况自主安排。此外，《投行业务内控指引》针对公司债券承销、上市公司并购重组财务顾问、资产证券化等业务分别提出了有针对性的内部控制要求。

3. 内部控制制度细化

《投行业务内控指引》对内部控制人员配备、奖金递延发放期限、立项和内核等会议人员构成和比例、表决机制、质量控制现场核查等提出了底线要求，细化内部控制相关制度安排，加强对执行层面的指导，避免在实际执行中因理解不同出现落实不到位、有效性不足的问题。

（三）注册制下对投行业务内控的新要求

注册制改革实施以来，中国证监会陆续出台《保荐管理办法》《关于注册制下督促证券公司从事投行业务归位尽责的指导意见》《关于注册制下提高招股说明书信息披露质量的指导意见》《关于加强注册制下中介机构廉洁从业监管的意见》等；交易所发布《上海证券交易所发行上市审核规则适用指引第 3 号——现场督导》《深圳证券交易所股票发行上市审核业务指引第 4 号——保荐业务现场督导》，对投行类业务内部控制提出了进一步的要求。主要如下：

1.《保荐管理办法》

2020 年 6 月，《保荐管理办法》在《投行业务内控指引》基础上，进一步强化保荐机构内部控制要求，规定保荐机构应当：建立分工合理、权责明确、相互制衡、有效监督的内控机制，将保荐业务纳入公司整体合规管理和风险控制范围；建立健全并执行覆盖全部保荐业务流程和全体保荐业务人员的内部控制制度，定期对保荐业务内部控制的有效性进行全面评估；建立健全内部问责机制，明确保荐业务人员履职规范和问责措施；建立健全廉洁从业风险防控机制，强化对保荐业务人员的管理等。现行的《保荐管理办法》仍保持上述要求。

2.《关于注册制下督促证券公司从事投行业务归位尽责的指导意见》

2021 年 7 月，中国证监会颁布《关于注册制下督促证券公司从事投行业务归位尽责的指导意见》，要求做实“三道防线”，强化机构内部控制。该指导意见明确抓住“关键少数”，压实证券公司主要负责人、相关高管的管理责任，落实对投行业务各环节责任人员穿透式监管和全链条问责；要求证券公司应严格投行业务执业过程管控，提升内控部门对业务前台的制衡作用，建立内控部门对业务人员的执业质量跟踪评价机制，并将评价结果纳入业务人员绩效考核。

3.《关于注册制下提高招股说明书信息披露质量的指导意见》

2022年1月，中国证监会颁布《关于注册制下提高招股说明书信息披露质量的指导意见》，要求证券公司应当建立合理信赖证券服务机构的质量控制制度，充分考虑其执业风险，明确合理信赖的标准、依据、程序等，并严格执行复核程序，取得能支持其形成合理信赖的充分证据。

4.《保荐业务规则》

2022年9月，中国证券业协会发布《保荐业务规则》，在保荐业务内部控制方面，细化了保荐项目承揽、立项、辅导、尽职调查、推荐、持续督导等关键流程的工作要求，明确保荐机构应健全责任体系和内部问责机制，强化保荐机构激励机制、独立性、廉洁从业等方面的内控要求，完善内控部门对保荐业务部门的制衡机制。

5. 现场督导相关指引

2023年2月，沪、深证券交易所在总结前期保荐业务现场督导实践经验的基础上发布《上海证券交易所发行上市审核规则适用指引第3号——现场督导》《深圳证券交易所股票发行上市审核业务指引第4号——保荐业务现场督导》（本章简称《深交所现场督导指引》），强调保荐机构应当制定并严格执行内部控制制度，充分发挥投资银行类业务三道内部控制防线的把关作用，切实提高相关申请文件和问询回复质量。另外，《深交所现场督导指引》将保荐业务内部控制存在重大缺陷、从事保荐业务出现廉洁从业违法违规问题的保荐机构新增纳入风险导向的现场督导情形，再次强调内控的重要性并增加了约束机制。

二、内部控制基本原则

证券公司投资银行类业务内部控制应当遵循健全、统一、合理、独立、制衡的原则，确保内部控制有效。

（一）健全性

内部控制应当覆盖各类投资银行业务活动，贯穿决策、执行、申报、反馈、后续管理等投资银行类业务各个环节，对项目执行质量和风险实施全程监控，确保不存在内部控制空白或漏洞。

证券公司投资银行类业务包括承销与保荐、上市公司并购重组财务顾问、公司债券受托管理、非上市公众公司推荐及资产证券化等其他具有投资银行特性的业务。

（二）统一性

同类投资银行业务应当制定并执行统一的执业、内部控制标准和流程。

针对同类投行业务在公司内部不同业务部门、不同业务条线之间交叉承做的问题，为避免内部标准不同导致项目承做质量良莠不齐，《投行业务内控指引》对相关标准进行了统一。具体包括：一是明确同类投行业务应当建立并执行统一的执业标准，包括尽职调查、持续督导、底稿管理等；二是同类投行业务应当建立并严格执行统一的内控标准，包括立项、质量控制、内核等。

（三）合理性

证券公司投资银行类业务内部控制应当与自身业务规模、组织机构、风险状况和内部文化等相适应，以合理成本实现内部控制目标。

考虑到证券公司的自身情况以及各类投行业务的风险特征不尽相同，《投行业务内控指引》充分尊重证券公司的自主权，在业务承做管理、内部控制履职部门设置等方面保留了灵活空间，证券公司可根据自身情况自主安排。

（四）独立性

质量控制、内核、合规、风险管理等履行内部控制职能的部门、机构或团队（本章合称“内部控制部门”）应当独立履职，与前台业务运作相分离。

《投行业务内控指引》从履职角度强调独立性，不强制要求独立设置各内部控制部门，其中质量控制部门或团队可以独立于投资银行业务条线设立，也可以在投资银行业务条线内部设立，但应当与投资银行业务部门相分离；常设内核机构可以在公司层面的内部控制部门内部设立，也可以在公司层面单独设立，但应当独立于投资银行业务条线和质量控制部门或团队。

（五）制衡性

证券公司应当从组织架构、权责分工、流程设置等方面保证业务部门和内部控制部门、各内部控制部门之间相互制约、相互监督。

证券公司从事投资银行类业务应当树立良好的内部控制和合规风控理念，重视培养员工的风险合规意识，使风险合规意识贯穿于各项业务、各个环节和各个岗位中。

三、内部控制组织架构

健全的内部控制体系架构、清晰合理的职责分工是内部控制能够有效发挥作用的关键。《投行业务内控指引》提出“三道防线”架构，厘清各道防线的职责，确保分工明确、相互制衡。

（一）“三道防线”为基本架构的内部控制体系

《投行业务内控指引》要求证券公司以“三道防线”为基本架构，搭建分工合理、权责明确、相互制衡、有效监督的投行类业务内部控制体系，并对各道防线的职责分工和责任边界作出了原则性的规定。具体包括：

1. 项目组、业务部门为内部控制的第一道防线，项目组应当诚实守信、勤勉尽责开展执业活动，履行相关职责，自觉将合规风险意识落实到执业行为中；业务部门要履行好人员管理、项目风险管控等一线管理职责，确保业务人员规范执业。

2. 质量控制部门或团队为内部控制的第二道防线，应当对投资银行类业务风险实施过程管理和控制，及时发现、制止、纠正和防范项目执行过程中的问题。

3. 内核、合规、风险管理等部门或机构为内部控制的第三道防线，通过介入主要业务环节，把控立项、内核等关键风险节点，实现公司层面对投资银行类业务风险的整体管控职责，对项目进行出口管理和终端风险控制。

（二）内部控制部门的职责范围

针对质量控制、内核、合规、风险管理等部门因分工不清晰导致实际工作中职责虚化或重叠的问题，《投行业务内控指引》对各内部控制部门的责任主体、职责范围等予以明确。具体包括：

1. 质量控制，是指通过设立质量控制部门或独立的质量控制团队，对投行类业务实施贯穿全流程、各环节的动态跟踪和管理，最大限度前置风险控制工作，履行对投行类项目质量把关和事中风险管理等职责。

2. 内核，是指通过设立常设内核机构或非常设内核机构（即内核委员会），在公司层面实施审核，对投资银行类项目进行出口管理和终端风险控制，履行以公司名义对外提交、报送、出具或披露材料和文件的最终审批决策职责。

3. 投行类业务的合规，是指在公司整体合规管理体系下，合规部门和合规管理人员通过进行合规审查、管控敏感信息流动、实施合规检查和整改督导、开展合规培训等措施，履行对投行类业务合规风险的控制职责。

4. 投行类业务的风险管理，是指在公司整体风险管理体系下，风险管理部门通过实施风险监测和评估、开展风险排查、进行风险提示等措施，履行对投行类业务信用、流动性、操作等风险的控制职责。

四、内部控制保障

在强调构建清晰、合理的投行业务内部控制组织架构基础上，《投行业务内控指引》对内部控制的制度与机制保障进行了明确，包括业务承做及项目执行管控、内控人员配备及履职保障、合规风控相关制度安排、内控有效性评估等。

（一）业务承做及项目执行管控

1. 业务承做管控

对业务活动实施清晰、有力的管控是内部控制能够有效发挥作用的前提和基础。为避免投行类业务承做管理较为粗放、松散，《投行业务内控指引》作出了明确规范。具体包括：

（1）投行业务承做集中统一管理。为避免松散的业务管理模式对分支机构，特别是营业部开展承做活动管控不足，出现业务人员专业水平较低、项目质量难以保证等问题，《投行业务内控指引》明确证券公司应当对投行类业务承做实行集中统一管理，明确界定总部与分支机构的职责范围，确保其在授权范围内开展业务活动。

除项目承揽等辅助性业务活动外，证券公司分支机构不得从事各类投行业务的承做活动。但考虑到实践中，部分证券公司存在设立分公司单一开展投行类业务的情况，其性质与总部下设的投行业务部门类似，承做业务的均为专业投行人员，因此《投行业务内控指引》不禁止这类分支机构开展投行类业务活动。

（2）健全业务制度体系。针对部分机构业务制度不健全、更新不及时等问题，《投行业务内控指引》要求证券公司应当建立健全投行类业务制度体系，对各类业务活动制定全面、统一的业务管理制度和操作流程，并及时更新、评估和完善。

（3）合理确定报价。针对行业存在的“价格战”“零收费”等恶性竞争情形，《投行业务内控指引》明确“证券公司在开展投资银行类业务时，应当在综合评估项目执行成本基础上合理确定报价”的底线要求，防范因收费过低导致项目执业质量下降、风险上升等问题。

投行项目前后端费用分配应合理，后端项目管理、质量控制、持续督导等费用应提前测算和预留，确保中后台运营部门有足够资源支持前端业务，避免因费用不足影响业务质量。

（4）高级管理人员分工。证券公司应当建立健全合理的高级管理人员分工制度，严格防范利益冲突。分管投行类业务的高级管理人员不得同时管理与投行类业务存在或可能存在利益冲突的部门或机构。

2. 项目执行管控

作为内部控制的第一道防线，项目组和业务部门承担着从项目源头防范风险的重要职责。为督促项目组人员和业务部门在执业过程中切实履责，《投行业务内控指引》对人员配备、项目和人员管理、薪酬考核等方面作出了明确要求。具体包括：

一是强调业务部门应当为每个投资银行类项目配备具备相关专业知识和履职能力、数量适当的业务人员，保证投资银行类项目的执行质量。

二是要求业务部门建立项目和业务人员管理制度，及时掌握项目情况和业务人员的执业活动，同时加强对业务人员行为的管理。

三是强调建立科学、合理的业务人员薪酬考核机制。为了避免业务人员过度追求短期收益、缩短业务执行成本、忽视项目风险进而影响项目质量，《投行业务内控指引》对投行人员的收入机制进行了改革：（1）禁止证券公司采用投资银行业务团队自担项目执行成本、直接享有大部分项目收入的薪酬激励机制或以其他形式实施过度激励，明确业务人员收入不得与项目收入直接挂钩，应当综合考虑其专业胜任能力、执业质量、合规情况、业务收入等各项因素；（2）建立收入递延支付机制，主要针对管理和执行投资银行类项目的主要人员且收入递延支付年限原则上不得少于3年，实现责任和义务的更好匹配且在收入上赋予基层投行人员一定的灵活性。

（二）内控人员配备及履职保障

1. 内控人员配备

足够的人员配备是保证内部控制有效执行的重要条件，《投行业务内控指引》明确要求证券公司应当为投行类业务配备与其规模相适应，具备相应专业知识和履职能力的内部控制人员，独立开展投行类业务内部控制工作。从事投行类业务质量控制、内核、合规、风险管理等内部控制职能为主要职责的从业人员数量不得低于投行类业务人员总数的1/10。

证券公司应当建立内部控制人员回避制度，明确回避的情形。内部控制人员不得参与存在利益冲突等可能影响其公正履行职责的项目审核、表决工作。

为保证内部控制人员独立、有效地履行内部控制职责，证券公司应建立科学合理的投行类业务内部控制人员薪酬考核体系。一方面，内部控制人员的薪酬收入不得与单个投行类项目收入挂钩，避免影响其履职独立性；另一方面，内部控制人员薪酬收入总额应当不低于公司同级别人员的平均水平，明确了内部控制人员的薪酬底线，为内控建设提供人才保障。

2. 质控履职保障

作为内部控制的第二道防线，提高质量控制的相对独立性，避免相关工作形式化是发挥其全流程风险控制和质量把关作用应当重点解决的问题。对此，《投行业务内控指引》从组织管理、工作内容、控制手段等方面作出了细化规定。具体包括：

一是要求设立独立的质量控制部门或团队。质量控制部门可以独立于业务部门设立，考虑到贴近业务条线有利于质量控制工作开展，故也可以在投行业务条线内部设立，但应与投资银行业务部门相分离。

二是要求质量控制人员应就所开展现场核查项目编写现场核查报告并存档，改变现场核查“重形式”的倾向。

三是提升质量控制话语权，同时督促项目组切实履行尽职调查和工作底稿的归集工作，明确启动内核审议程序应当以质量控制对尽职调查阶段工作底稿的验收通过为前提。

3. 内核履职保障

作为内部控制的第三道防线，公司层面的内核、合规、风险管理等内控职能部门由于离一线业务较远，能否切实发挥风险管控作用关键在于是否实质性介入业务活动。对此，《投行业务内控指引》从职责内容、履职形式等方面提出了细化要求。其中，内核职责内容、履职形式如下：

一是明确证券公司应当设立独立于投行业务条线和质量控制部门或团队的内核机构。

《投行业务内控指引》明确证券公司应当设立常设或非常设内核机构履行对投资银行类业务的内核审议决策职责，对投资银行类业务风险进行独立研判并发表意见。常设内核机构可以在公司层面的内部控制部门内部设立，也可以在公司层面单独设立，但应当独立于投资银行业务条线和质量控制部门或团队。

内核委员会作为非常设内核机构，一方面其委员应包括合规、风险控制等部门人员，因为合规、风险管理人员参与决策根据各自职责独立发表意见有助于发挥其实质性的风险管控作用；另一方面，为了提高内核工作的独立性和专业性，内核委员可以包括来自业务部门、其他相关部门及外部聘请的专业人士。证券公司应当对所聘请外部内核委员的专业性和独立性进行审慎调查和评估。

二是明确应设置 1 名内核负责人，且内核负责人不得兼任与其职责相冲突的职务，不得分管与其职责相冲突的部门。内核负责人有且只有 1 人，应当同时牵头负责内核委员会与常设内核机构的工作。

三是明确所有以公司名义对外提交、报送、出具或披露的文件和材料均应当履行内核程序，确保公司层面从出口对投行类项目进行有效管控。内核程序可以由内核部门等常设内核机构书面审核通过或由内核委员会等非常设内核机构集体表决通过，其中同意保荐、推荐挂牌等重大事项须执行更加严格的内核会议审议程序。

四是明确内核会议的履职方式、表决机制，保证内控部门对内核决议具有绝对影响力。

五是要求证券公司建立内核工作考核评估机制，对内核委员进行考核。同时，对于兼职的内核委员，证券公司可以通过薪酬考核等方式予以奖励，鼓励其勤勉尽责地履行相关职责。

六是加强后续管理阶段的内核工作，明确对外披露持续督导等报告均应当履行内核程序。

4. 合规履职保障

一是为投资银行类业务配备专职合规管理人员。《证券公司和证券投资基金管理公司合规管理办法》规定证券基金经营机构应当为合规部门配备足够的、具备与履行合规管理职责相适应的专业知识和技能的合规管理人员，且合规风险管控难度较大的部门和分支机构应当配备专职合规管理人员；《证券公司合规管理实施指引》明确证券公司从事投资银行等业务部门、证券公司异地总部等，应当配备专职合规管理人员。《投行业务内控指引》细化专职合规管理人员的具体职责，强调其对业务承做过程的参与和风险管控，对投行类项目合规风险进行主动识别、报告和控制。

二是明确合规管理人员应当作为内核委员会委员，参与内核会议并独立行使表决权。

三是要求专职合规管理人员对投行类终止项目数据库运行情况开展定期检查，加强以问题为导向的管理。

5. 风险管理履职保障

一是明确风险管理人员应当作为内核委员会委员，参与内核会议并独立行使表决权。

二是强调风险管理对包销风险的控制，要求风险管理部门委派代表参加包销决策过程，独立发表意见。

三是强化对存续期项目的风险管理力度，明确风险管理部应当对处于后续管理阶段项目进行持续风险管理。

（三）其他相关制度安排

除建立健全投资银行类业务质量控制制度、内核制度，明确目标、机构设置及其职责、标准和程序等内容外，证券公司应当通过建立健全投行类业务风险事项报告制度、应急处理机制、内部问责机制、利益冲突审查机制、信息隔离墙制度、未公开信息知情人管理制度、反洗钱制度、合规检查制度等细化合规、风险控制相关制度安排，为有效内部控制提供制度保障。具体如下：

1. 风险事项报告制度

明确各类投资银行业务和各业务环节可能存在的报告情形、报告主体、路径和时限等要求，保证投资银行业务负责人、内部控制部门能够及时掌握相关业务风险。

2. 应急处理机制

风险事项报告制度基础上，应搭配对应的应急处理机制，在投资银行类业务开展过程中出现或可能出现风险事件时，成立应急处理小组，制订应急处理方案，牵头组织具体处置工作。证券公司合规、风险管理等内部控制部门应当作为小组成员参与应急处理工作。

3. 内部问责机制

明确问责范围、问责形式和种类、问责程序等内容，落实责任追究。

4. 利益冲突审查机制

证券公司应当建立健全利益冲突审查机制，对拟承做的投资银行类项目与公司其他业务和项目之间、拟承做项目的业务人员与该项目之间等存在的利益冲突情形进行审查，并对利益冲突审查结果发表明确意见。

《投行业务内控指引》要求对“拟承做的投资银行类项目”进行审查，即一般需在投行项目立项前完成利益冲突审查。但鉴于投行项目通常时间跨度较大，为避免因项目情况发生变化或项目组人员变动而遗漏潜在的利益冲突情形，根据风险为本原则，利益冲突的审查次数可以根据项目的进展相应增加。

5. 信息隔离墙制度

证券公司应当针对投资银行类业务不同类型和业务环节的特点，细化信息隔离墙制度，防范利益冲突。

《证券公司信息隔离墙制度指引》明确证券公司应当将信息隔离墙制度纳入公司内部控制机制，采取有效措施，健全业务管理流程，加强对工作人员的培训和教育，对违规泄露和使用敏感信息的行为进行责任追究。证券公司应当定期评价信息隔离墙制度的有效性，并根据情况的变化及时调整和完善。为防止敏感信息的不当流动和使用，证券公司应当采取与公司工作人员签署保密文件、建立内幕信息知情人管理制度等保密措施。

6. 未公开信息知情人管理制度

对接触未公开信息的业务人员及相关人员进行登记备案，防止未公开信息被泄露或滥用。

7. 反洗钱制度

根据反洗钱法律法规及相关监管要求，证券公司在与客户建立业务关系时以及在业务关系存续期间，应采取客户身份识别措施，了解客户及其交易目的和交易性质；同时，对客户进行洗钱风险分类管理。《投行业务内控指引》强调证券公司应当根据投资银行业务类型和业务环节的不同，细化反洗钱要求，加强对客户身份的识别、可疑报告、客户资料及交易记录保存、反洗钱培训与宣传等工作。

8. 合规检查制度

证券公司应当建立健全投资银行类业务合规检查制度，明确合规检查的范围、频次、内容、程序等要求，并形成书面检查报告存档备查。

（四）内控有效性评估

内部控制有效性评估是内部控制中重要且必要的系统性活动，通过评估、反馈、再评估的动态过程，能够促进内部控制的有效实施和持续改善。

《投行业务内控指引》明确证券公司应当根据监管要求、业务发展等情况的需要，建立内部控制执行效果定期评估机制。投资银行类业务内部控制有效性评估可以证券公司自行评估也可以委托外部专业机构进行，每年至少进行一次全面评估。

对于因投资银行类业务涉嫌违法违规而被中国证监会立案调查的证券公司，应当在45日内对内部控制执行效果进行评估，并于评估工作完成后30日内向中国证监会相关派出机构报送评估报告。

五、各业务环节主要控制内容

《证券公司内控指引》规定，证券公司应建立投资银行项目管理制度，完善各类投资银行项目的业务流程、作业标准和风险控制措施，加强项目的承揽立项、尽职调查、改制辅导、文件制作、内部审核、发行上市和保荐回访等环节的管理，加强项目核算和内部考核，完善项目工作底稿和档案管理制度。

《投行业务内控指引》进一步对各业务环节的内部控制具体要求进行了明确，避免在实际执行中因理解不同出现执行不到位、有效性不足的问题。

（一）承揽至立项阶段的内部控制

1. 立项流程

为从源头保证投资银行类项目质量，证券公司应当建立投资银行类业务立项制度，明确立项机构设置及其职责、立项标准和程序等内容。

（1）立项审议机构：证券公司应当设立立项审议机构，履行立项审议决策职责，对投资银行类项目是否予以立项作出决议。

立项审议机构应当聘任一定数量的立项委员，独立发表意见和行使表决权。《投行业务内控指引》明确了立项委员的人数及构成，要求每次参加立项审议的委员人数不得少于5人，其中来自内部控制部门的委员人数不得低于参会委员总人数的1/3。立项委员不得参与其负责或可能存在利益冲突项目的表决。

（2）立项表决机制：立项审议机构应当以现场、通讯、书面表决等方式履行职责，以投票方式对投资银行类项目能否立项作出决议。同意立项的决议应当至少经

2/3 以上的参会立项委员表决通过。立项决议应当制作书面或电子文件，并由参与表决委员确认。

（3）投资银行类项目未经立项审议通过前，证券公司不得与客户签订正式业务合同。

2. 利益冲突审查

立项阶段应对拟承做的投资银行类项目与公司其他业务和项目之间、拟承做项目的业务人员与该项目之间等存在的利益冲突情形进行审查，并对利益冲突审查结果发表明确意见。

3. 工作考评评价

考虑到立项审议的频次较高，会议组织、召集协调的现实难度，立项审议可以采取现场、通讯、书面表决等方式，未硬性要求召开会议，以保证立项工作效率。考虑效率的同时，配套了相关工作考核评价制度，《投资银行内控指引》明确证券公司应当建立立项工作考核评价制度，从参会频率、履职效果等方面对立项委员的履职情况进行考核评价。对于兼职的立项委员，证券公司可以通过薪酬考核等方式予以奖励，鼓励其勤勉尽责地履行相关职责。

（二）立项至报送阶段的内部控制

1. 尽职调查制度

证券公司应当根据各类投资银行业务风险特性，有针对性地建立尽职调查制度，规范项目组在实施尽职调查过程中的行为，确保项目组勤勉尽责地履行尽职调查职责。

2. 工作日志制度

项目组应为每个投资银行类项目编制单独的工作日志。工作日志应当按照时间顺序全面、完整地记录尽职调查过程，并作为工作底稿一部分存档备查。

3. 现场核查制度

证券公司应当建立质量控制现场核查制度，明确现场核查的标准、内容和程序等要求。

（1）现场核查比例：《投行业务内控指引》未限制各类投行类业务现场核查的最低比例，要求质量控制部门或团队根据具体执业要求和风险特征合理确定各类投资银行业务现场核查项目的比例，针对存在重大风险的项目应当指派专人进行必要的现场核查。基于 IPO 项目的复杂性、高风险，实践中通常证券公司会约定其担任保荐人的 IPO 项目原则上需全部进行现场核查。

（2）现场核查报告：开展现场核查的投资银行类项目，质量控制人员应当形成书面或电子形式的现场核查报告并存档备查。现场核查报告应当如实记录、反映现场核查情况，分析、判断项目风险和项目组执业情况，形成明确的现场核查结论。

（3）现场核查时间：现场核查是书面审核工作的有效补充，有助于质量控制人员进一步了解、判断项目风险和项目组执业情况，提升审核的针对性和有效性，应保证足够的进场时间。

4. 现场合规检查

增加合规人员的现场检查权限，是对质控部门主导的现场核查工作的补充和制衡。《投行业务内控指引》明确，发现投资银行类项目存在合规风险隐患的，专职合规管理人员应当主动及时向合规负责人报告。如有必要，合规负责人可授权专职合规管理人员或其他合规人员开展现场合规检查。现场合规检查应当形成明确检查意见，经检查人员确认并提交合规负责人。

5. 底稿验收制度

《投行业务内控指引》明确质控职责，对质控部门提出了更高的工作要求并增加了很多实质性工作，包括审阅尽调工作底稿、出具验收意见、制作验收通过的项目质量控制报告、要求验收未通过的项目进行解释或补充工作底稿等。关于底稿验收规定如下：

业务部门申请启动内核会议审议程序前，应当完成对现场尽职调查阶段工作底稿的获取和归集工作，并提交质量控制部门或团队验收。质量控制部门或团队应当出具明确的验收意见。

质量控制部门或团队应当认真审阅尽职调查工作底稿，对相关专业意见和推荐文件是否依据充分，项目组是否勤勉尽责出具明确验收意见。验收通过的，质量控制部门或团队应当制作项目质量控制报告，列示项目存疑或需关注的问题提请内核会议讨论。验收未通过的，质量控制部门或团队应当要求项目组作出解释或补充相关工作底稿后重新提交验收。

工作底稿未验收通过的，不得启动内核会议审议程序。

6. 问核制度

《投行业务内控指引》明确，证券公司应当建立针对各类投资银行类业务的问核制度，明确问核人员、目的、内容和程序等要求。问核内容应当围绕尽职调查等执业过程和质量控制等内部控制过程中发现的风险和问题开展。问核情况应当形成书面或者电子文件记录，由问核人员和被问核人员确认，并提交内核会议。

7. 内核表决

（1）内核会议前置条件：申请内核前，项目组应配合质控验收尽调阶段底稿、完成问核工作；质控报告、工作底稿验收意见及经确认的问核记录等提交内核流程后，方可安排内核会议。

（2）内核会议审议事项：内核委员会应当以现场、通讯等会议方式履行职责，以投票表决方式对下列事项作出审议：①是否同意保荐发行人股票、可转换债券和其他证券发行上市；②是否同意出具上市公司并购重组财务顾问专业意见；③是否同意承销债券发行；④是否同意推荐申请挂牌公司股票挂牌；⑤是否同意设立专项计划、发行资产支持证券；⑥规章和其他规范性文件、行业规范和自律规则以及公司认为有必要的事项。

（3）内核会议审议重点：《投行业务内控指引》明确了内核会议审议重点，引导执业和内控重点由“过会导向”转向执业本身的勤勉尽责。

内核审议应当在对项目文件和材料进行仔细研判的基础上，结合项目质量控制报告，重点关注审议项目是否符合法律法规、规范性文件和自律规则的相关要求，尽职调查是否勤勉尽责。发现审议项目存在问题和风险的，应提出书面反馈意见。

（4）内核会议表决机制：证券公司应当明确内核会议的具体规则和表决机制。内核会议应当制作内核决议和会议记录等书面或电子文件，并由参会的内核委员确认。

内核会议应当形成明确的表决意见。同意对外提交、报送、出具或披露材料和文件的决议应当至少经 2/3 以上的参会内核委员表决通过。

有效的内核表决应当至少满足以下条件：①参加内核会议的委员人数不得少于 7 人；②来自内部控制部门的委员人数不得低于参会委员总人数的 1/3；③至少有 1 名合规管理人员参与投票表决。

（5）内核意见跟踪复核机制：《投行业务内控指引》明确由内核机构把关内核意见的跟踪落实情况，避免内核程序走过场。

证券公司应当建立内核意见的跟踪复核机制。内核机构应当对内核意见的答复、落实情况进行审核，确保内核意见在项目材料和文件对外提交、报送、出具或披露前得到落实。

证券公司应当为内核机构独立履行职责创造必要的条件，确保内核委员独立行使表决权。

8. 中介机构评价机制

《证券公司内控指引》明确，证券公司应建立与投资银行项目相关的中介机构评价机制，加强同律师事务所、会计师事务所、评估机构等中介机构的协调配合。

（三）报送至发行上市或挂牌阶段的内部控制

1. 项目跟踪管理机制

证券公司应当建立健全投资银行类项目跟踪管理机制，确保项目组对与项目有关的情况进行持续关注和尽职调查，避免项目材料和文件对外提交、报送、出具或披露后可能出现的新情况、新问题未能及时报告或披露。

2. 反馈意见报告制度

证券公司应当建立反馈意见报告制度，项目组应当将中国证监会和证券交易场所、行业协会等自律组织在反馈意见中提出的问题向相关业务负责人、质量控制部门或团队报告。质量控制部门或团队认为有必要的，应当将反馈意见及时告知合规、风险管理等部门。

《投行业务内控指引》未明确要求向内核机构报告反馈意见，为及时了解项目进展、把控风险，实践中通常要求项目组将上述反馈意见汇报内核机构。

3. 文件修改报送机制

实务中，项目组未经内核程序擅自出具、报送相关文件的问题较为突出，《投行业务内控指引》进一步予以明确禁止。

对项目材料和文件提交、报送、出具或披露后进行补充或修改的，证券公司应当明确需履行的内核程序，避免项目组人员擅自出具项目相关意见、修改项目材料和文件。

4. 承销业务制度和决策机制

证券公司应当建立健全承销业务制度和决策机制，加强对定价、发行等环节的决策管理，明确具体的操作规程，切实落实承销责任。证券公司应当设立相应的职能部门或团队，专门负责证券发行与承销工作。

5. 定价配售集体决策机制

证券公司应当建立定价配售集体决策机制，以现场、通讯、书面表决等方式对定价配售过程中的重要事项进行集体决策。重要事项包括但不限于：（1）发行利率或者价格的确定；（2）配售及分销安排。决策结果应当制作书面或电子文件，并由参与决策的人员确认。

6. 包销风险评估与处理机制

证券公司应当建立完善的包销风险评估与处理机制，通过事先评估、制定风险处置预案等措施有效控制包销风险。

证券公司应当对存在包销风险的投资银行类项目实行集体决策，以现场、通讯、书面表决等方式对包销事宜作出决议。

证券公司应当制定包销决策的具体规则，明确参与决策的人员、决策流程和表决机制等内容。包销决议应当制作书面或电子文件，并由参与决策人员确认。

证券公司风险管理部应当委派代表参与包销决策过程，独立发表意见。

《证券公司内控指引》明确证券公司应建立对分销商分销能力的评估监测制度。

（四）后续管理阶段的内部控制

1. 建立健全相关制度

证券公司应当针对保荐业务在持续督导阶段的特性，建立健全相关制度和工作规程，确保相关人员诚实守信、勤勉尽责地开展持续督导工作，避免由此引发的违规风险。

证券公司应当指定专门部门或人员协助、督促持续督导项目责任人认真履行后续管理义务。《投行业务内控指引》不强制要求质量控制人员进行后续管理协助、督促，证券公司可根据情况指定专门部门或人员履职。

证券公司对外披露持续督导报告应当履行内核程序。

2. 持续风险管理

证券公司风险管理部门应当加强对处于后续管理阶段项目的风险进行持续风险管理，具体职责包括但不限于以下内容：（1）对存续期项目风险实行动态监测，对重大风险事件进行评估；参与对重大风险事件的处置工作。（2）牵头业务部门制订存续期项目风险排查方案，每年对存续期项目开展全面风险排查，并完成排查工作报告。

证券公司应当建立后续管理阶段重大风险项目关注池制度，明确入池标准、程序等内容。投资银行业务部门应当指定专人及时将风险项目名单上报风险管理部门。风险管理部门负责关注池的日常管理和维护，并将入池名单定期提交投资银行业务负责人、首席风险官和合规总监。

六、项目管理和工作底稿

《投行业务内控指引》对投行类项目签字审批、终止项目管理、工作底稿管理等进行了明确。具体如下：

（一）签字审批制度

证券公司应当建立健全投资银行类项目提交、报送、出具、披露等材料和文件签字审批制度，明确项目相关材料、文件的编制要求和签字审批程序，确保证券公司对外提交、报送、出具、披露的材料和文件均履行了内部审批程序。

（二）终止项目管理

证券公司应当加强对投资银行类终止项目的管理，建立投资银行类终止项目数据库，对终止项目进行统一归集、集中管理。

1. 终止项目类型

纳入投资银行类终止项目数据库的项目包括但不限于下列类型：(1) 立项、内核等环节被否决的项目；(2) 向中国证监会、证券交易场所和行业协会等自律组织报送被否决或备案未通过的项目；(3) 终止审查的项目；(4) 变更业务类型的项目；(5) 双方协议终止的项目；(6) 其他类型的项目。

2. 数据库信息要求

投资银行类终止项目数据库应当清晰记录项目的主要情况，包括但不限于项目名称、承做时间、入库原因、主要问题和当前状态。

3. 数据库管理

项目组及时报送、质量控制部门或团队负责日常更新维护、专职合规管理人员定期检查。

(1) 投资银行类项目终止后，项目组应当将终止项目信息于20个工作日内报送质量控制部门或团队入库。

(2) 证券公司应当指定质量控制部门或团队负责投资银行类终止项目数据库的日常更新和维护工作。

(3) 专职合规管理人员应当对投资银行类终止项目数据库的运行情况开展定期检查。如发现相关工作存在问题，应当及时向投资银行业务负责人和合规部门负责人报告。

4. 重新立项

存在下列情形的投资银行类项目应当重新履行立项、内核等内部控制程序：(1) 发行条件发生实质性改变的项目；(2) 曾被公司立项、内核审议否决的项目；(3) 向中国证监会和证券交易场所、行业协会等自律组织报送被否决或备案未通过的项目；(4) 终止审查的项目；(5) 公司认为有必要的其他项目。项目组就 (1) (2) (3) (4) 规定的投资银行类项目再次申请立项、内核时，应当向立项、内核机构提交专项报告，对项目前后差异作出充分比较、说明。

（三）工作底稿制度

证券公司应当建立健全投资银行类业务工作底稿制度，明确工作底稿的整理、验收、移交、保管、借阅、保密和检查等要求。

工作底稿是证券公司出具相关专业意见和推荐文件的基础，是评价证券公司及有关人员是否诚实守信、勤勉尽责的重要依据。工作底稿应当真实、准确、完整地反映证券公司及有关人员履行相关义务所开展的主要工作。对证券公司及有关人员履行职责有重大影响的文件资料及信息，均应当作为工作底稿予以留存。

质量控制部门或团队应当监督项目组按照相关要求完成工作底稿的整理归档，并对归档工作进行验收。

第四节　质量评价

2021 年 7 月，中国证监会发布了《关于注册制下督促证券公司从事投行业务归位尽责的指导意见》，提出为完善激励约束机制、促进证券公司主动归位尽责，需要推动建立投行业务质量评价体系。为促进证券公司进一步建立健全与注册制相匹配的理念、组织和能力，切实提升投行业务执业质量，明确以提高上市公司质量为执业导向，2022 年 12 月，中国证券业协会制定并发布《证券公司投行业务质量评价办法（试行）》，本节重点介绍该办法的主要内容。

一、质量评价的背景及意义

《证券公司投行业务质量评价办法（试行）》发布前，与证券公司投行业务相关的执业质量评价主要包括投行业务负面执业记录机制、上市公司并购重组财务顾问业务执业能力和专业评价、公司债券业务执业能力评价和全国中小企业股份转让系统有限责任公司（简称“全国股转公司”）主办券商执业质量评价。

（一）投行业务负面执业记录机制

对于股票类、债券类投资银行项目，监管部门建立了投行业务负面执业记录机制，对于执业质量不佳的项目将计入负面执业记录。根据中国证监会 2020 年 7 月修订发布的《证券公司分类监管规定》，较多的投行业务负面执业记录将影响证券公司整体评价计分，并可能进一步影响整体分类评价结果。

（二）上市公司并购重组财务顾问业务执业能力和专业评价

2022 年 5 月，中国证券业协会修订发布《证券公司重大资产重组财务顾问业务执业质量评价办法》，规定评价期内从事上市公司重大资产重组财务顾问业务并出具独立财务顾问报告的证券公司，应当接受证券业协会组织的财务顾问业务执业质量评价。评价指标分为基础指标和附加指标，其中基础指标为项目质量指标、业务规模指标、业务管理指标、合规诚信指标，附加指标为业务创新指标。

（三）公司债券业务执业能力评价

公司债券业务执业能力评价主要依据为中国证券业协会 2019 年 10 月发布、2021 年 9 月修订的《证券公司公司债券业务执业能力评价办法（试行）》。公司债业务执业能力评价包括证券公司公司债券业务的人员与制度保障、业务能力、合规展业、风控实效、市场秩序维护和服务国家战略六类指标。

（四）全国股转公司主办券商执业质量评价

全国股转公司主办券商执业质量评价主要依据为全国股转公司 2016 年 1 月发布、2018 年 1 月修订的《全国中小企业股份转让系统主办券商执业质量评价办法》。该评价主要针对主办券商的执业质量，评价指标包括执业质量负面行为记录、被采取自律监管措施、纪律处分、行政监管措施和行政处罚情况、对市场发展的贡献以及其他对评价有重要影响的事项。

上述评价各有侧重，有助于证券公司从不同业务角度提高执业质量，但缺乏对于保荐业务全流程的针对性评价。注册制改革以来，以信息披露为核心的注册制得到市场各方认同，市场主体归位尽责意识明显增强。但从监管实践来看，部分证券公司未能适应注册制改革的要求，执业质量有待进一步提高。例如，在 IPO 现场检查中高比例撤回申报材料现象、招股说明书不严谨、各项申报材料拖沓冗长、对重大事项不及时报告等问题，均是执业质量不过关的表现。

为促进证券公司进一步建立健全与注册制相匹配的理念、组织和能力，压实执业责任，切实提升投行业务执业质量，中国证券业协会于 2022 年 12 月发布了《证券公司投行业务质量评价办法（试行）》。该评价办法以主板、创业板、科创板首次公开发行股票或存托凭证并上市、上市公司再融资等保荐项目为试点，建立了涵盖投行业务执业全流程以及相对应的多层面内部控制、业务管理情况的评价体系。

二、评价范围

根据《证券公司投行业务质量评价办法（试行）》，投行业务范围包括证券公司承销与保荐、上市公司并购重组财务顾问、公司债券受托管理、非上市公众公司推荐以及其他具有投行特性的业务。为适应当前资本市场发展的迫切需要，投行业务质量评价采取试点方式，试点期间评价范围为主板、创业板、科创板首次公开发行股票或存托凭证并上市、上市公司再融资等保荐项目。因此，在目前试点阶段，被评价机构范围为对首发和再融资项目承担保荐责任的证券公司，不包括只承担承销责任的证券公司以及评价期内无项目的证券公司。试点阶段不对项目承销及持续督导环节评价。

三、评价指标与方法

《证券公司投行业务质量评价办法（试行）》建立的评价指标体系包括执业质量评价（基准分 60 分）、内部控制评价（基准分 20 分）、业务管理评价（基准分 20 分）三类指标，并可根据监管需要对评分进行必要调整。

（一）执业质量评价

执业质量评价主要反映证券公司投行项目尽职调查、信息披露、问询回复等执业质量情况。主要根据项目审核结果、审核（含注册）环节、受理环节等方面触发的负面事项轻重程度进行评价。受理环节的负面事项主要针对申报文件齐备性、规范性和补正情况。审核（含注册）环节的负面事项主要针对申报文件和保荐机构执业的质量问题。其中，申报文件质量问题包括申报文件信息披露不符合准则要求、一致性或及时性存在问题、申报后进行差错更正、不恰当采用会计政策或会计估计、重大性选择标准不恰当、存在较多低级错误等；保荐机构执业质量问题包括问询回复不到位、未按规定履行程序或执行相关规定等。保荐项目审核结果负面事项主要包括项目或相关主体被采取行政监管措施、被证券交易所采取自律监管措施或纪律处分、项目未通过审核或不予核准/注册、项目撤回申请等，其中在撤回申请和监管措施中都根据不同的情形对扣分程度进行了进一步细分。

中国证监会、证券交易所等根据审核、注册等过程中掌握的各个投行项目的负面事项情况，形成执业质量相关信息，并由中国证监会通过信息系统向证券业协会提供。

（二）内部控制评价

内部控制评价针对证券公司投行业务内部控制和治理体系的整体建设运行情况，主要根据《投行业务内控指引》的要求，设定了统一管理、有效制衡、充分保障、合理激励、严格问责、廉洁从业、其他等七个方面的指标要求，并将证券公司因内控和治理问题受到行政处罚/行政监管措施/纪律处分/自律监管措施情况作为最重要的扣分项。

中国证监会及其派出机构等审阅证券公司投行内控评估报告，并根据日常监管和现场检查掌握的负面事项情况，形成内部控制相关信息，并由中国证监会通过信息系统向证券业协会提供。

（三）业务管理评价

业务管理评价包括投行业务内部管理、工作底稿电子化管理两个维度。其中，投行业务内部管理的指标设计主要参照《投行业务内控指引》中对项目层面的内部控制各个环节的具体要求，工作底稿电子化管理的指标设计主要参照《投行业务内控指引》和《证券公司投资银行类业务工作底稿电子化管理系统建设指引》对底稿归档和电子化底稿的相关要求。

业务管理评价由证券公司对各个投行项目业务管理及工作底稿电子化管理过程中触发负面事项的情况进行自评，证券业协会复核、调整后确认。

（四）调整项

评分调整主要反映证券公司落实专项工作情况和投行业务发展情况，可以包括但不限于证券公司投行内控机制创新、投行信息系统建设、配合监管部门和自律组织开展工作、投行业务规模等。

评分调整建议由证券业协会提出，经专家评审会通过后实施。

四、评价结果与应用

（一）评价结果

评价范围内的证券公司投行业务质量评价结果分为A类、B类、C类三个等级。

得分排序前20%且不存在重大负面事项的列为A类，排序后20%的列为C类，其余列为B类。执业质量评价、内部控制评价、业务管理评价单项评价得分排序后20%的，不得列为A类。评价期内无项目的证券公司不参与评价，统一确定为N类。

在整体原则的基础上，分类原则中还设定了重大负面事项的调整机制，包括：

第一，评价期内证券公司及相关责任主体因投行业务违法违规被追究刑事责任、被中国证监会或其他金融监管部门行政处罚、存在严重损害投资者利益或社会公共利益情形，或者证券公司被中国证监会暂停、撤销业务资格的，评价分类不得确定为A类。

第二，评价期内证券公司因投行业务被中国证监会立案调查，或发行人、上市公司因投行业务被中国证监会行政处罚、立案调查、且其违法违规或涉嫌违法违规的行为与证券公司构成重大关联的，证券公司评价分类不得确定为A类。

评价期结束后、评价结果公布前，证券公司出现上述情形的，评价分类参照执行，下一评价期不再重复考虑。评价结果公布后3个月内，证券公司出现上述情形的，证券业协会可下调该证券公司评价分类，下一评价期不再重复考虑。

（二）评价结果应用

按照《关于注册制下督促证券公司从事投行业务归位尽责的指导意见》中关于“奖优惩劣”的指导精神，《证券公司投行业务质量评价办法（试行）》规定，评价结果的应用体现在以下的日常监管中：第一，证券业协会可以根据投行业务质量评价结果对证券公司在保荐代表人管理、现场检查和非现场检查频率等方面实行区别对待；第二，将投行业务质量评价结果纳入证券行业执业声誉激励约束机制；第三，将评价结果报送中国证监会，同时抄送中国证监会各派出机构及证券交易所，供监管机构在日常监管工作中参考使用。

第五节　法律责任

经历了 30 余年的探索和发展，我国股票发行相关法律责任体系不断完善，法律责任边界不断明晰，目前已经在法律法规层面，形成了较为全面且完善的股票发行法律责任体系。股票发行相关证券违法违规行为的法律责任追究力度也不断提升，与全面实行股票发行注册制的环境相适应。本节主要介绍我国股票发行法律责任环境的具体演变情况，并结合相关法律法规体系，介绍股票发行主要违法违规行为及相应法律责任。

一、整体法律环境演变情况

（一）法律

目前与股票发行违法违规行为法律责任相关的法律依据主要为《刑法》和《证券法》。随着我国证券市场的持续发展，相应法律在股票发行违法违规行为的责任主体、适用情形、处罚力度等方面经历了持续的演变。

1.《证券法》

1998 年首次发布的《证券法》在法律层面对股票发行过程中的违法违规行为需要承担的责任类型进行了明确，包括行政责任、民事责任和刑事责任。其中主要以行政责任为主，若违法违规行为构成犯罪的，需要依法追究刑事责任。另外，因虚假陈述行为致使投资者在证券交易中遭受损失的，相应责任主体应当承担赔偿责任。《证券法》在1998年首次发布后经历了多次修正或修订，从处罚力度来看，违法成本相较于证券违法行为可能带来的收益而言并不算高，多为警示作用。

我国金融市场的不断开放、注册制试点的落地等，迫切需要市场主体进一步树立诚信、合规意识，切实加强投资者权益保护。在此背景下，2019年修订的《证券法》大幅提高了对违法违规行为的行政处罚力度，进一步扩大了民事责任主体范围，优化了民事责任落实方式等；同时，明确了中介机构“看门人”的角色定位和责任，实现了对证券市场违法活动“追首恶”的目标，为我国全面实行注册制打下基础。

2.《刑法》

1997年3月修订的《刑法》首次纳入了“欺诈发行股票、债券罪”“擅自发行股票、公司、企业债券罪”“提供虚假证明文件罪、出具证明文件重大失实罪”等与股票发行相关的罪名。2006年6月发布的《中华人民共和国刑法修正案（六）》新增了“违规披露、不披露重要信息罪”。2020年12月《中华人民共和国刑法修正案（十一)》发布前，上述罪名在罪刑方面均未进行过修正。随着证券市场的快速发展，特别是试点注册制落地后，原有罪刑在责任主体、适用情形和量刑上限等方面亟待更新。

为了与以信息披露为核心的证券发行注册制改革相适应，维护证券市场秩序和投资者利益，《中华人民共和国刑法修正案（十一)》大幅提高了“欺诈发行股票、债券罪”和“违规披露、不披露重要信息罪”的刑罚，明确控股股东、实际控制人的刑事责任，同时加大对保荐机构等中介机构在证券发行、重大资产交易中提供虚假证明文件等犯罪的惩治力度，提高资本市场违法违规成本。

（二）党中央、国务院相关政策文件

2020年10月5日，《国务院关于进一步提高上市公司质量的意见》发布，其中，要求提高上市公司及相关主体违法违规成本，包括：（1）加大执法力度。严格落实《证券法》等法律规定，加大对欺诈发行等违法违规行为的处罚力度；加强行政机关与司法机关协作，严厉查处违法犯罪行为等。（2）推动增加法制供给。推动修订相关法律法规，加重财务造假等违法违规行为的行政、刑事法律责任，完善证券民事诉讼和赔偿制度，大幅提高相关责任主体违法违规成本；支持投资者保护机构依法作为代表人参加诉讼等。

2021年7月6日，中共中央办公厅、国务院办公厅发布《关于依法从严打击证券违法活动的意见》。该意见是我国历史上首个由中共中央办公厅、国务院办公厅联合印发的打击证券违法活动的专门文件，表明了国家对于打击证券违法活动、进一步推动资本市场高质量发展的决心。该意见要求完善资本市场违法犯罪法律责任制度体系，包括加大刑事惩戒力度、完善行政法律制度、健全民事赔偿制度等，建立健全依

法从严打击证券违法活动的执法司法体制机制。

以上两项文件均要求完善股票发行相关证券违法活动的法律责任制度体系建设，提升对于股票发行相关证券违法活动的法律责任的追究力度。

（三）司法解释

与股票发行违法违规行为法律责任相关的司法解释主要包括审理因虚假陈述引发的民事赔偿案件相关司法解释和为试点注册制板块提供司法保障的相关司法解释。

在司法实践中，对于民事赔偿责任的性质、适用情形、受理与管辖、虚假陈述的认定、责任承担方式、损失认定等，需要依赖对民法、侵权法等相关法律中的一般规则进行演绎推理。为了提高司法实践中的可操作性，最高人民法院从 2002 年开始陆续发布多项司法解释。随着中国证券市场的发展、股票发行制度的变化以及相关法律制度的完善，最高人民法院于 2020 年 7 月发布《最高人民法院关于证券纠纷代表人诉讼若干问题的规定》，于 2022 年 1 月发布《最高人民法院关于审理证券市场虚假陈述侵权民事赔偿案件的若干规定》（本章简称《虚假陈述若干规定》）。上述司法解释进一步完善了证券集体诉讼制度，为正确审理证券市场虚假陈述侵权民事赔偿案件提供了法规依据，也为进一步保护投资者合法权益，维护公开、公平、公正的证券市场秩序提供了制度保障。

此外，随着 2019 年以来科创板、创业板和北交所试点注册制落地，为充分发挥人民法院审判职能作用，保障试点注册制的顺利推进，最高人民法院先后发布《关于为设立科创板并试点注册制改革提供司法保障的若干意见》《最高人民法院关于为创业板改革并试点注册制提供司法保障的若干意见》《最高人民法院关于为深化新三板改革、设立北京证券交易所提供司法保障的若干意见》，加大对涉及行政处罚案件和民事赔偿案件的司法执行力度，提高资本市场违法违规成本，厘清不同责任主体的责任边界，并充分发挥证券集体诉讼保护投资者的制度功能和对证券违法违规行为的威慑力。

（四）部门规章

在部门规章层面，股票发行相关法律责任主要依据中国证监会发布的相关规定，包括《保荐管理办法》《首次公开发行股票注册管理办法》（本章简称《首发注册办法》）和《北京证券交易所向不特定合格投资者公开发行股票注册管理办法》（本章简称《北交所注册办法》）等股票发行相关办法。

上述部门规章主要依据《证券法》及我国注册制的推进制定，现有规则体系全面贯彻了《关于依法从严打击证券违法活动的意见》，建立健全从严打击证券违法活动的执法司法体制机制，扩大了法律责任的适用情形、承担主体范围，并提升了处罚上限，严厉打击欺诈发行、财务造假等严重违法行为，严肃追究发行人、中介机构及相关人员责任，形成强有力震慑。

（五）自律规则

在自律规则层面，股票发行相关法律责任主要依据包括交易所层面的审核规则和证券业协会的自律规则。交易所层面，具体包括《上海证券交易所股票发行上市审核规则》《深圳证券交易所股票发行上市审核规则》，以及2023年修订的《北京证券交易所向不特定合格投资者公开发行股票并上市审核规则》等。中国证券业协会制定发布的《保荐业务规则》《注册制下首次公开发行股票承销规范》《证券公司投资银行类业务工作底稿电子化管理系统建设指引》等规则，在细化保荐机构工作要求的基础上，明确了违反自律规则需要承担的责任。

二、股票发行主要违法违规行为及相应法律责任

股票发行违法违规行为的法律责任类型包括刑事责任、民事责任、行政责任（含行政处罚和行政监管措施）、自律监管措施及纪律处分等。通过虚假陈述进行欺诈发行的违规行为涉及刑事责任、行政责任和民事责任；其他违规情形，例如股票发行相关文件存在瑕疵但未达到虚假陈述标准、干扰监管审核、中介机构未勤勉尽责等，通常仅涉及行政责任、自律监管措施及纪律处分。以下对主要的违规情形及相应法律责任进行具体介绍。

（一）通过虚假陈述行为进行欺诈发行

虚假陈述，指信息披露义务人违反法律、行政法规、监管部门制定的规章和规范性文件关于信息披露的规定，在披露的信息中存在虚假记载、误导性陈述或者重大遗漏，虚假陈述行为最常见的情况包括财务造假等。通过虚假陈述行为进行欺诈发行的，相关主体面临的各类法律责任如下：

1. 刑事责任

（1）发行人及相关责任人员。《中华人民共和国刑法修正案（十一）》之“欺诈发行股票、债券罪”规定：

在招股说明书、认股书等发行文件中隐瞒重要事实或者编造重大虚假内容，发行股票、存托凭证或其他证券，数额巨大、后果严重或者有其他严重情节的，处5年以下有期徒刑或者拘役，并处或者单处罚金；数额特别巨大、后果特别严重或者有其他特别严重情节的，处5年以上有期徒刑，并处罚金。

控股股东、实际控制人组织、指使实施前款行为的，处 5 年以下有期徒刑或者拘役，并处或者单处非法募集资金金额 20% 以上 1 倍以下罚金；数额特别巨大、后果特别严重或者有其他特别严重情节的，处 5 年以上有期徒刑，并处非法募集资金金额 20% 以上 1 倍以下罚金。

单位犯前两款罪的，对单位判处非法募集资金金额 20% 以上 1 倍以下罚金，并对其直接负责的主管人员和其他直接责任人员，依照第一款的规定处罚。

（2）证券服务机构。《中华人民共和国刑法修正案（十一）》之“提供虚假证明文件罪”规定：

承担资产评估、验资、验证、会计、审计、法律服务、保荐、安全评价、环境影响评价、环境监测等职责的中介组织的人员故意提供虚假证明文件，情节严重的，处 5 年以下有期徒刑或者拘役，并处罚金；有下列情形之一的，处 5 年以上 10 年以下有期徒刑，并处罚金：

①提供与证券发行相关的虚假的资产评估、会计、审计、法律服务、保荐等证明文件，情节特别严重的；

②提供与重大资产交易相关的虚假的资产评估、会计、审计等证明文件，情节特别严重的；

③在涉及公共安全的重大工程、项目中提供虚假的安全评价、环境影响评价等证明文件，致使公共财产、国家和人民利益遭受特别重大损失的。

有前款行为，同时索取他人财物或者非法收受他人财物构成犯罪的，依照处罚较重的规定定罪处罚。

《中华人民共和国刑法修正案（十一）》之“出具证明文件重大失实罪”规定：

第一款规定的人员（承担资产评估、验资、验证、会计、审计、法律服务、保荐、安全评价、环境影响评价、环境监测等职责的中介组织的人员），严重不负责任，出具的证明文件有重大失实，造成严重后果的，处 3 年以下有期徒刑或者拘役，并处或者单处罚金。

2. 民事责任

结合 2019 年修订的《证券法》《虚假陈述若干规定》和《代表人诉讼若干规定》的相关条款，因虚假陈述行为进行欺诈发行，给投资者造成损失的，相应责任主体应当承担民事赔偿责任。关于虚假陈述行为的民事责任主体、追究民事责任前提、归责原则、过错认定及抗辩事由、损失认定及责任比例划分等内容介绍如下：

（1）民事责任主体。《证券法》第八十五条、第一百六十三条规定，股票发行违法违规行为的民事责任主体包括发行人及其控股股东、实际控制人、董事、监事、高级管理人员和其他直接责任人员，保荐人、承销的证券公司及其直接责任人员，以及受发行人委托出具专业意见的证券服务机构。

《虚假陈述若干规定》第二十条规定，发行人的控股股东、实际控制人组织、指使发行人实施虚假陈述，致使原告在证券交易中遭受损失的，可以直接判令控股股东、实际控制人对原告的损失承担赔偿责任。同时，如果发行人承担了赔偿责任，可诉请组织、指使其实施虚假陈述行为的控股股东、实际控制人赔偿实际支付的赔偿款、合理的律师费和诉讼费用等损失。该条规定明确了控股股东、实际控制人的直接责任，强调其终局责任，体现了“追首恶”原则。此外，《虚假陈述若干规定》新增为发行人财务造假提供帮助的“帮凶”的赔偿责任，帮助者在明知造假仍配合或故意隐瞒的情况下，应与发行人共同承担赔偿责任。

（2）追究民事责任前提：存在虚假陈述、重大性和因果关系。《证券法》第八十五条规定，发行人公告的证券发行文件存在虚假记载、误导性陈述或者重大遗漏，致使投资者在证券交易中遭受损失的，应当承担赔偿责任，其他责任主体承担连带赔偿责任。《证券法》第一百六十三条规定，证券服务机构制作、出具的文件有虚假记载、误导性陈述或者重大遗漏，给他人造成损失的，应当与委托人承担连带赔偿责任。即发行人、证券服务机构出具的发行文件、专业意见等存在虚假陈述，且与投资者遭受损失存在因果关系时，相应责任主体需要承担赔偿责任。

根据《虚假陈述若干规定》，追究民事责任需要具备“存在虚假陈述行为”“虚假陈述的内容具有重大性”“虚假陈述行为与交易存在因果关系”“虚假陈述行为与损失存在因果关系”四个条件。

“存在虚假陈述行为”包括虚假记载、误导性陈述或者重大遗漏。其中：①“虚假记载”，指信息披露义务人披露的信息中对相关财务数据进行重大不实记载，或者对其他重要信息作出与真实情况不符的描述；②“误导性陈述”，指信息披露义务人披露的信息隐瞒了与之相关的部分重要事实，或者未及时披露相关更正、确认信息，致使已经披露的信息因不完整、不准确而具有误导性；③“重大遗漏”，指信息披露义务人违反关于信息披露的规定，对重大事件或者重要事项等应当披露的信息未予披露。

“虚假陈述的内容具有重大性”是指：①虚假陈述的内容属于《证券法》第八十条第二款、第八十一条第二款规定的重大事件；②虚假陈述的内容属于监管部门制定的规章和规范性文件中要求披露的重大事件或者重要事项；③虚假陈述的实施、揭露或者更正导致相关证券的交易价格或者交易量产生明显的变化；④前款①②所列情形，被告提交证据足以证明虚假陈述并未导致相关证券交易价格或者交易量明显变化的，人民法院应当认定虚假陈述的内容不具有重大性。

“虚假陈述行为与交易存在因果关系”包括：①信息披露义务人实施了虚假陈述；

②原告交易的是与虚假陈述直接关联的证券；③原告在虚假陈述实施日之后、揭露日或更正日之前实施了相应的交易行为。

"虚假陈述行为与损失存在因果关系"是指：①人民法院应当查明虚假陈述与原告损失之间的因果关系，以及导致原告损失的其他原因等案件基本事实，确定赔偿责任范围；②被告能够举证证明原告的损失部分或者全部是由他人操纵市场、证券市场的风险、证券市场对特定事件的过度反应、上市公司内外部经营环境等其他因素所导致的，对其关于相应减轻或者免除责任的抗辩，人民法院应当予以支持。

（3）归责原则、过错认定及抗辩事由。民事责任主体的归责原则经历了从过错责任到过错推定责任的变化，2019 年修订的《证券法》将所有股票发行虚假陈述行为的民事责任主体的归责原则均调整为过错推定原则。归责原则的调整，大幅减轻投资者就行为是否存在过错的举证难度。

关于民事责任主体过错的认定，《虚假陈述若干规定》第十三条规定，《证券法》第八十五条、第一百六十三条所称的过错包括以下两种情形：①行为人故意制作、出具存在虚假陈述的信息披露文件，或者明知信息披露文件存在虚假陈述而不予指明、予以发布；②行为人严重违反注意义务，对信息披露文件中虚假陈述的形成或发布存在过失。即，一般过错或轻度过错不构成《证券法》下的"过错"情形，但需由相应责任主体承担举证责任，证明不存在"故意"或者"重大过失"的情况。此外，《虚假陈述若干规定》第十八条第一款规定，会计师事务所、律师事务所等其他证券服务机构出具的文件存在虚假陈述的，人民法院应当按照法律法规，参考行业执业规范规定的工作范围和程序要求等内容，结合其核查、验证工作底稿等相关证据，认定其他证券服务机构是否存在过错。

关于发行人相关责任人员过错的审查认定，《虚假陈述若干规定》第十四条第一款及第十五条规定，发行人的董事、监事、高级管理人员和其他直接责任人员主张对虚假陈述没有过错的，人民法院应当根据其工作岗位和职责、在信息披露资料的形成和发布等活动中所起的作用、取得和了解相关信息的渠道、为核验相关信息所采取的措施等实际情况进行审查认定。发行人的董事、监事、高级管理人员无法保证发行文件的真实性、准确性、完整性或者有异议的，且以书面方式发表附具体理由的意见并依法披露的，可以认定其主观上没有过错。

发行人独立董事、外部监事和职工监事，保荐机构、承销机构等机构及其直接责任人员和其他证券服务机构等主体存在《虚假陈述若干规定》规定的各类抗辩事由的，可以进行抗辩。

（4）损失认定及责任比例划分。《虚假陈述若干规定》第二十五条规定，股票发行虚假陈述行为民事赔偿责任的范围，以投资者因虚假陈述而实际发生的损失为限，投资差额损失、投资差额损失部分的佣金和印花税。

《证券法》第八十五条、第一百六十三条规定了除发行人外，其他责任主体均承担“连带赔偿责任”。对于“连带赔偿责任”的承担形式，是“部分承担”还是“全部承担”，《虚假陈述若干规定》未进行明确规定，继续交由司法实践细化判断。从目前最新的司法实践案例，例如“中安科案”“康美药业案”等，司法前沿与审判趋势对“连带赔偿责任”的解读为：既包括“全额连带责任”，也包括“部分连带责任”（又称“比例连带责任”）。

（5）代表人诉讼。《证券法》第九十五条规定了代表人诉讼制度，投资者可以通过个人诉讼、共同诉讼与普通代表人诉讼等传统诉讼方式维护个人权益，也可通过特别代表人诉讼方式维护自身权益，即投资者保护机构受50名以上投资者委托，可以作为代表人参加诉讼，投资者将按照“默示加入、明示退出”的方式参与诉讼。

3. 行政责任

结合2019年修订的《证券法》《保荐管理办法》《首发注册办法》等法律法规，发行人通过虚假陈述行为进行欺诈发行的，相应主体的行政处罚和行政监管措施情况如下：

（1）发行人及相关责任人员。

第一，在行政处罚方面，根据《证券法》规定，发行人在其公告的证券发行文件中隐瞒重要事实或者编造重大虚假内容，尚未发行证券的，处以200万元至2 000万元的罚款；已经发行证券的，处以非法所募资金金额10%以上1倍以下的罚款。对直接负责的主管人员和其他直接责任人员，处以100万元至1 000万元的罚款。发行人的控股股东、实际控制人组织、指使从事前述违法行为的，没收违法所得，并处以违法所得10%以上1倍以下的罚款；没有违法所得或者违法所得不足2 000万元的，处以200万元至2 000万元的罚款。对直接负责的主管人员和其他直接责任人员，处以100万元至1 000万元的罚款。

第二，在行政监管措施方面，根据《首发注册办法》[①]：①发行人在证券发行文件中隐瞒重要事实或者编造重大虚假内容的，或者在注册申请文件存在虚假记载、误导性陈述或者重大遗漏，证监会可以对有关责任人员采取证券市场禁入的措施；②发行人的控股股东、实际控制人违反《首发注册办法》规定，致使发行人所报送的注册申请文件和披露的信息存在虚假记载、误导性陈述或者重大遗漏，或者组织、指使发行人进行财务造假、利润操纵或者在证券发行文件中隐瞒重要事实或编造重大虚假内容

---

① 《北交所注册办法》第47条规定：发行人在发行股票文件中隐瞒重要事实或者编造重大虚假内容的，中国证监会可以视情节轻重，对发行人及相关责任人员依法采取责令改正、监管谈话、出具警示函等监管措施；情节严重的，可以对相关责任人员采取证券市场禁入的措施。其他行政监管措施与《首发注册办法》类似，不再赘述。

的，证监会可以对有关责任人员采取证券市场禁入的措施；③发行人的董事、监事和高级管理人员及其他信息披露义务人违反《首发注册办法》规定，致使发行人所报送的注册申请文件和披露的信息存在虚假记载、误导性陈述或者重大遗漏的，证监会视情节轻重，可以对有关责任人员采取责令改正、监管谈话、出具警示函等监管措施；情节严重的，可以采取证券市场禁入的措施。

（2）保荐机构及相关责任人员。

第一，在行政处罚方面，根据《证券法》规定，保荐机构出具虚假陈述的保荐书，或者不履行其他法定职责的，责令改正，给予警告，没收业务收入，并处以业务收入 1 倍以上 10 倍以下的罚款；没有业务收入或者业务收入不足 100 万元的，处以 100 万元至 1 000 万元的罚款；情节严重的，并处暂停或者撤销保荐业务许可。对直接负责的主管人员和其他直接责任人员给予警告，并处以 50 万元至 500 万元的罚款。

第二，在行政监管措施方面，根据《首发注册办法》[①] 的规定：保荐人及其保荐代表人等相关人员违反《首发注册办法》规定，未勤勉尽责的，证监会视情节轻重，按照《保荐管理办法》规定采取措施。

根据《保荐管理办法》，保荐机构存在以下情形，包括：①向证监会、证券交易所提交的与保荐工作相关的文件存在虚假记载、误导性陈述或者重大遗漏；②保荐工作底稿存在虚假记载、误导性陈述或者重大遗漏；③唆使、协助或者参与发行人及证券服务机构提供存在虚假记载、误导性陈述或者重大遗漏的文件。证监会可以视情节轻重，暂停保荐业务 3 个月到 36 个月，并可以责令保荐机构更换董事、监事、高级管理人员或者限制其权利；情节特别严重的，撤销其保荐业务资格。

根据《保荐管理办法》，保荐代表人存在以下情形，包括：①唆使、协助或者参与发行人及证券服务机构提供存在虚假记载、误导性陈述或者重大遗漏的文件；②参与组织编制的与保荐工作相关文件存在虚假记载、误导性陈述或者重大遗漏。证监会可以依法采取认定为不适当人选的监管措施；情节严重的，对其采取证券市场禁入的措施。

（3）证券服务机构及相关责任人员。

第一，在行政处罚方面，根据《证券法》的规定，证券服务机构未勤勉尽责，制作、出具的文件有虚假陈述的，责令改正，没收业务收入，并处以业务收入 1 倍以上 10 倍以下的罚款，没有业务收入或者业务收入不足 50 万元的，处以 50 万元至 500 万元的罚款；情节严重的，并处暂停或者禁止从事证券服务业务。对直接负责的主管人员和其他直接责任人员给予警告，并处以 20 万元至 200 万元的罚款。

---

① 《北交所注册办法》的规定与《首发注册办法》一致，不再赘述。

第二，在行政监管措施方面，根据《保荐管理办法》的规定，证券服务机构及其签字人员出具的专业意见存在虚假记载、误导性陈述或重大遗漏，证监会可以对有关责任人员采取证券市场禁入的措施，并将处理结果予以公布。

根据《首发注册办法》① 等规定，证券服务机构未勤勉尽责，致使发行人信息披露资料中与其职责有关的内容及其所出具的文件存在虚假记载、误导性陈述或者重大遗漏的，证监会可以对证券服务机构及相关责任人员采取责令改正、监管谈话、出具警示函等监管措施；情节严重的，可以对有关责任人员采取证券市场禁入的措施。

4. 自律监管措施及纪律处分

以《上海证券交易所股票发行上市审核规则》为例，发行人通过虚假陈述行为进行欺诈发行的，相应主体的自律监管措施及纪律处分情况包括：

（1）发行人及相关责任人员。

第一，发行人被认定在发行上市申请文件、信息披露文件中隐瞒重要事实或者编造重大虚假内容的，上交所对发行人给予5年内不接受发行人提交的证券发行上市申请文件纪律处分。对相关责任人员，视情节轻重，给予公开认定3年以上不适合担任发行人董事、监事、高级管理人员等纪律处分。

第二，发行人报送的发行上市申请文件、信息披露文件被认定存在虚假记载、误导性陈述或者重大遗漏，上交所对发行人给予3年至5年内不接受其提交的发行上市申请文件的纪律处分。

第三，发行人的控股股东、实际控制人、董事、监事、高级管理人员、其他信息披露义务人存在以下情形的，包括：①违反《上海证券交易所股票发行上市审核规则》规定，致使发行人报送的发行上市申请文件、信息披露文件被认定存在虚假记载、误导性陈述或者重大遗漏的；②组织、指使发行人进行财务造假、利润操纵或者在发行上市申请文件、信息披露文件中隐瞒重要事实或编造重大虚假内容的。上交所视情节轻重对相关主体给予公开认定3年以上不适合担任发行人董事、监事、高级管理人员或者1年至5年内不接受控股股东、实际控制人及其控制的其他发行人提交的发行上市申请文件等纪律处分②。

（2）保荐人及保荐代表人。保荐人未勤勉尽责，致使发行上市申请文件、信息披露文件被认定存在虚假记载、误导性陈述或者重大遗漏的，上交所视情节轻重，自确

---

① 《北交所注册办法》的规定与《首发注册办法》一致，不再赘述。

② 《上海证券交易所股票发行上市审核规则》规定：发行人及其控股股东、实际控制人、董事、监事、高级管理人员、保荐人、证券服务机构及其相关人员、其他信息披露义务人等机构和个人，被其他证券交易所、国务院批准的其他全国性证券交易场所采取暂不接受文件、认定为不适当人选等自律监管措施和纪律处分的，上交所按照业务规则，在相应期限内不接受其提交或者签字的相关文件，或者认为其不适合担任发行人董事、监事、高级管理人员，并对该监管对象提交或者签字且已受理的其他文件中止审核，或者要求相关证券发行人解聘相关人员等。

认之日起，可以对保荐人、保荐代表人及相关责任人员给予 1 年至 3 年内不接受其提交或签字的发行上市申请文件、信息披露文件的纪律处分。

（3）证券服务机构及其责任人员。证券服务机构未勤勉尽责，致使发行上市申请文件、信息披露文件中与其职责有关的内容及其所出具的文件被认定存在虚假记载、误导性陈述或者重大遗漏的，上交所视情节轻重，自确认之日起，可以对相关机构及其责任人员给予 3 个月至 3 年内不接受其提交或签字的发行上市申请文件、信息披露文件的纪律处分。

（二）保荐机构、证券服务机构及相关责任人员其他未勤勉尽责情形、发行人及其他证券服务机构未配合保荐机构开展工作

对于保荐机构及相关责任人员其他未勤勉尽责情形、发行人及其他证券服务机构未配合保荐机构开展工作的，主要涉及行政责任、自律监管措施及纪律处分，具体如下：

1. 行政责任

（1）根据《保荐管理办法》规定，发行人、保荐机构、证券服务机构及其相关责任人员存在相关情形的，可能受到的主要行政监管措施情况如下：

①保荐机构、保荐代表人、保荐业务负责人、内核负责人、保荐业务部门负责人及其他保荐业务相关人员违反《保荐管理办法》，未诚实守信、勤勉尽责地履行相关义务的，证监会可以对其采取重点关注、责令进行业务学习、出具警示函、责令公开说明、责令改正、责令增加内部合规检查的次数并提交合规检查报告、监管谈话、责令处分有关责任人员并报告结果、依法认定为不适当人选等监管措施；依法应给予行政处罚的，依照有关规定进行处罚；情节严重涉嫌犯罪的，依法移送司法机关，追究其刑事责任。

②保荐机构存在以下情形，包括：Ⅰ. 重大事项未报告及披露；Ⅱ. 内部控制制度存在重大缺陷或者未有效执行；Ⅲ. 尽职调查制度、内部核查制度、持续督导制度、保荐工作底稿制度等保荐业务制度存在重大缺陷或者未有效执行；Ⅳ. 廉洁从业管理内控体系、反洗钱制度存在重大缺陷或者未有效执行；Ⅴ. 伪造或者变造签字、盖章；Ⅵ. 严重违反诚实守信、勤勉尽责、廉洁从业义务的其他情形。证监会可以视情节轻重，暂停保荐业务 3 个月到 36 个月，并可以责令保荐机构更换董事、监事、高级管理人员或者限制其权利；情节特别严重的，撤销其保荐业务资格。

此外，保荐机构及保荐代表人存在未及时报告或者未及时披露重大事项的，或者保荐机构存在指定不符合要求的人员具体负责保荐工作、采取业务包干等承包方式或其他形式进行过度激励、以显著低于行业定价水平等不正当竞争方式招揽业务，违反公平竞争、破坏市场秩序，证监会可以视情节轻重，对保荐机构、保荐代表人采取出具警示函、责令改正、监管谈话等监管措施；情节严重的，证监会可以采取暂停保荐机构的保荐业务、依法认定保荐代表人为不适当人选 3 个月到 12 个月的监管措施。

③保荐代表人存在以下情形，包括：Ⅰ. 尽职调查工作日志缺失或者遗漏、隐瞒重要问题；Ⅱ. 未完成或未参加辅导工作；Ⅲ. 重大事项未报告或披露；Ⅳ. 未参加持续督导工作，或者持续督导工作未勤勉尽责；Ⅴ. 因保荐业务或其具体负责保荐工作的发行人在保荐期间内受到证券交易所、中国证券业协会公开谴责；Ⅵ. 伪造或者变造签字、盖章；Ⅶ. 严重违反诚实守信、勤勉尽责、廉洁从业义务的其他情形。证监会可以视情节轻重，依法采取认定为不适当人选 3 个月到 36 个月的监管措施。

此外，保荐代表人在与保荐工作相关文件上签字推荐发行人证券发行上市，但未参加尽职调查工作，或者尽职调查工作不彻底、不充分，明显不符合业务规则和行业规范，证监会可以依法采取认定为不适当人选的监管措施；情节严重的，对其采取证券市场禁入的措施。

④证券服务机构及其签字人员违反《保荐管理办法》规定的，证监会可以对相关机构和责任人员采取重点关注、出具警示函、责令公开说明、责令改正、监管谈话等监管措施，情节严重的可以对有关责任人员采取证券市场禁入的措施。

证券服务机构及其签字人员因不配合保荐工作而导致严重后果的，证监会可以对有关责任人员采取证券市场禁入的措施，并将处理结果予以公布。

⑤发行人及其控股股东、实际控制人、董事、监事、高级管理人员未有效配合保荐机构及其保荐代表人开展尽职调查和其他相关工作的，证监会可以对相关单位和责任人员采取重点关注、出具警示函、责令公开说明、责令改正、监管谈话等监管措施。情节严重的，对有关责任人采取证券市场禁入的措施。

（2）根据《首发注册办法》[①] 的规定，发行人、保荐机构、证券服务机构及其相关责任人员存在相关情形的，可能受到的主要行政监管措施情况如下：

①发行人存在重大事项未报告、未披露，或者发行人及其董事、监事、高级管理人员、控股股东、实际控制人的签字、盖章系伪造或者变造的，证监会可以对有关责任人员采取证券市场禁入的措施。

此外，发行人存在未及时报告或者未及时披露重大事项的，证监会视情节轻重，可以采取责令改正、监管谈话、出具警示函等监管措施；情节严重的，可以对有关责任人员采取证券市场禁入的措施。

---

① 《北交所注册办法》的规定与《首发注册办法》不存在实质性差异，不再赘述。

②保荐人及其保荐代表人等相关人员违反《首发注册办法》规定，未勤勉尽责的，证监会视情节轻重，按照《保荐管理办法》规定采取措施。

③证券服务机构及其相关人员存在伪造或者变造签字、盖章，重大事项未报告、未披露以及不履行其他法定职责，证监会可以对有关责任人员采取证券市场禁入的措施。

此外，证券服务机构存在未及时报告或者未及时披露重大事项的，证监会视情节轻重，可以采取责令改正、监管谈话、出具警示函等监管措施；情节严重的，可以对有关责任人员采取证券市场禁入的措施。

2. 自律监管措施及纪律处分

以《上海证券交易所股票发行上市审核规则》为例，发行人及其董事、监事、高级管理人员、发行人的控股股东及实际控制人、保荐人、证券服务机构及其相关责任人员（以下统称“责任主体”）存在相关情形的，可能受到的自律监管措施及纪律处分如下：

（1）上述责任主体存在以下情形，包括：①未在规定时限内回复审核问询，且未说明理由；②未及时报告相关重大事项或者未及时披露；③上交所认定的其他情形。上交所可以视情节轻重，对上述责任主体采取口头警示、书面警示、监管谈话、要求限期改正等监管措施，或者给予通报批评、公开谴责、3 个月至 1 年内不接受保荐人、证券服务机构及相关人员提交或签字的发行上市申请文件及信息披露文件、6 个月至 1 年内不接受发行人提交的发行上市申请文件等纪律处分。

（2）发行人存在以下情形，包括：①重大事项未报告或者未披露；②发行上市申请文件中发行人或者其董事、监事、高级管理人员、控股股东、实际控制人的签字、盖章系伪造、变造。上交所对发行人给予 3 年至 5 年内不接受其提交的发行上市申请文件的纪律处分。

发行人的控股股东、实际控制人、董事、监事、高级管理人员、其他信息披露义务人存在组织、指使、直接从事上述两项违规情形的，上交所视情节轻重对相关主体给予公开认定 3 年以上不适合担任发行人董事、监事、高级管理人员或者 1 年至 5 年内不接受控股股东、实际控制人及其控制的其他发行人提交的发行上市申请文件等纪律处分。

（3）保荐人、证券服务机构及其相关人员存在以下情形，包括：①伪造、变造发行上市申请文件中的签字、盖章；②重大事项未报告或者未披露；③内部控制、尽职调查等制度存在缺陷或者未有效执行；④不履行其他法定职责。上交所视情节轻重，可以给予 3 个月至 3 年内不接受其提交或者签字的发行上市申请文件、信息披露文件的纪律处分。

(4) 发行人及其控股股东、实际控制人、董事、监事、高级管理人员未有效配合保荐人及其保荐代表人、证券服务机构及从业人员开展尽职调查和其他相关工作的，上交所可以对相关责任主体采取口头警示、书面警示、监管谈话等监管措施。情节严重的，采取1年至5年内不接受相关责任主体及其控制的其他发行人提交的发行上市申请文件、公开认定3年以上不适合担任发行人董事、监事、高级管理人员等纪律处分。

(三) 股票发行相关文件存在瑕疵但未达到虚假陈述标准

对于股票发行相关文件存在瑕疵但未达到虚假陈述标准的，通常涉及行政责任、自律监管措施及纪律处分。具体瑕疵情形及责任情况如下：

1. 行政责任

根据《保荐管理办法》的规定，保荐机构、证券服务机构及其相关责任人员存在相关情形的，可能受到的主要行政监管措施情况如下：

(1) 保荐机构、保荐代表人存在以下情形，包括：①制作或者出具的文件不齐备或者不符合要求；②擅自改动申请文件、信息披露资料或者其他已提交文件；③申请文件或者信息披露资料存在相互矛盾或者同一事实表述不一致且有实质性差异；④文件披露的内容表述不清，逻辑混乱，严重影响投资者理解；⑤未通过内核程序，以公司名义对外提交或披露保荐业务项目文件。证监会可以视情节轻重，对保荐机构、保荐代表人采取出具警示函、责令改正、监管谈话等监管措施；情节严重的，证监会可以采取暂停保荐机构的保荐业务、依法认定保荐代表人为不适当人选3个月到12个月的监管措施。

(2) 证券服务机构及其签字人员违反《保荐管理办法》规定的，证监会可以对相关机构和责任人员采取重点关注、出具警示函、责令公开说明、责令改正、监管谈话等监管措施，情节严重的可以对有关责任人员采取证券市场禁入的措施。

根据《首发注册办法》[①] 的规定，发行人、保荐机构、证券服务机构及其相关责任人员存在相关情形的，可能受到的主要行政监管措施情况如下：

(1) 保荐人及其保荐代表人等相关人员违反《首发注册办法》规定，未勤勉尽责的，证监会视情节轻重，按照《保荐管理办法》规定采取措施。

(2) 发行人、证券服务机构存在以下情形，包括：①制作或者出具的文件不齐备或者不符合要求；②擅自改动注册申请文件、信息披露资料或者其他已提交文件；③注册申请文件或者信息披露资料存在相互矛盾或者同一事实表述不一致且有实质性

---

① 《北交所注册办法》的规定与《首发注册办法》不存在实质性差异，不再赘述。

差异；④文件披露的内容表述不清，逻辑混乱，严重影响投资者理解。证监会视情节轻重，可以采取责令改正、监管谈话、出具警示函等监管措施；情节严重的，可以对有关责任人员采取证券市场禁入的措施。

2. 自律监管措施及纪律处分

以《上海证券交易所股票发行上市审核规则》为例，发行人及其董事、监事、高级管理人员、发行人的控股股东及实际控制人、保荐人、证券服务机构及其相关责任人员存在以下情形，包括：①制作、出具的发行上市申请文件不符合要求，或者擅自改动招股说明书等发行上市申请文件；②发行上市申请文件、信息披露文件内容存在重大缺陷，文件披露的内容表述不清，逻辑混乱，严重影响投资者理解和审核工作开展；③发行上市申请文件、信息披露文件未做到真实、准确、完整，但未达到虚假记载、误导性陈述和重大遗漏的程度；④发行上市申请文件存在相互矛盾或者同一事实表述不一致等实质性差异且无合理理由。上交所可以视情节轻重采取口头警示、书面警示、监管谈话、要求限期改正等监管措施，或者给予通报批评、公开谴责、3个月至1年内不接受保荐人、证券服务机构及相关人员提交或签字的发行上市申请文件及信息披露文件、6个月至1年内不接受发行人提交的发行上市申请文件等纪律处分。

（四）干扰监管审核、阻碍或拒绝交易所检查

对于发行人、保荐机构及证券服务机构等干扰监管审核、阻碍或拒绝交易所检查，通常涉及行政责任、自律监管措施及纪律处分，具体如下：

1. 行政责任

行政处罚方面，根据《证券法》规定，拒绝、阻碍证监会及其工作人员依法行使监督检查、调查职权，由证监会责令改正，处以10万元以上100万元以下的罚款，并由公安机关依法给予治安管理处罚。

行政监管措施方面，根据《保荐管理办法》的规定，保荐机构、保荐代表人等唆使、协助或者参与发行人干扰监管机构审核注册工作，证监会可以视情节轻重，对保荐机构采取暂停保荐业务3个月到36个月，并可以责令保荐机构更换董事、监事、高级管理人员或者限制其权利；情节特别严重的，撤销其保荐业务资格；对保荐代表人采取认定为不适当人选3个月到36个月的监管措施。

根据《首发注册办法》的规定，发行人、证券服务机构及其相关责任人员存在相关情形的，可能受到的主要行政监管措施情况如下：

（1）发行人存在以下情形，包括：①发行人阻碍或者拒绝证监会、交易所依法对发行人实施检查、核查；②发行人及其关联方以不正当手段严重干扰发行上市审核或

者发行注册工作。证监会可以对有关责任人员采取证券市场禁入的措施。

（2）证券服务机构存在以不正当手段干扰审核注册工作，证监会可以对有关责任人员采取证券市场禁入的措施。

2. 自律监管措施及纪律处分

以《上海证券交易所股票发行上市审核规则》为例，发行人、保荐人、证券服务机构及其相关责任人员存在相关情形的，可能受到的自律监管措施及纪律处分如下：

（1）发行人存在以下情形，包括：①发行人拒绝、阻碍、逃避检查，谎报、隐匿、销毁相关证据材料；②发行人及其关联方以不正当手段严重干扰发行上市审核工作。上交所对发行人给予3年至5年内不接受其提交的发行上市申请文件的纪律处分。

发行人的控股股东、实际控制人、董事、监事、高级管理人员、其他信息披露义务人存在组织、指使、直接从事上述两项违规情形的，上交所视情节轻重对相关主体给予公开认定3年以上不适合担任发行人董事、监事、高级管理人员或者1年至5年内不接受控股股东、实际控制人及其控制的其他发行人提交的发行上市申请文件等纪律处分。

（2）保荐人、证券服务机构及其相关人员存在以下情形，包括：①拒绝、阻碍、逃避现场检查或现场督导，谎报、隐匿、销毁相关证据材料；②以不正当手段干扰发行上市审核工作。上交所视情节轻重，可以给予3个月至3年内不接受其提交或者签字的发行上市申请文件、信息披露文件的纪律处分。

（五）其他违规情形

其他股票发行相关违规情形包括谋取不正当利益、上市当年存在重大不利变化（包括：上市当年即亏损且选取的上市标准包含净利润指标的、主板上市公司上市当年营业利润同比下降50%以上、上市之日起12个月内控股股东或实际控制人发生变更、上市之日起12个月内累计50%以上资产或者主营业务发生重组、证券上市当年累计50%以上募集资金的用途与承诺不符等，以下统称“重大不利变化”）、利润实现数未达盈利预测等，该部分违规情形主要涉及行政责任、自律监管措施及纪律处分。具体如下：

1. 行政责任

根据《保荐管理办法》的规定，保荐机构、证券服务机构及其相关责任人员存在相关情形的，可能受到的主要行政监管措施情况如下：

（1）保荐机构、保荐代表人通过从事保荐业务谋取不正当利益，保荐代表人本人及其配偶持有发行人的股份，证监会可以视情节轻重，对保荐机构采取暂停保荐业务3个月到36个月，并可以责令保荐机构更换董事、监事、高级管理人员或者限制其权利；情节特别严重的，撤销其保荐业务资格；对保荐代表人采取认定为不适当人选的监管措施；情节严重的，对其采取证券市场禁入的措施。

（2）发行人公开发行证券上市当年即存在前述重大不利变化情形的，或者实际盈利低于盈利预测达 20% 以上，证监会可以根据情节轻重，对保荐机构及其相关责任人员采取出具警示函、责令改正、监管谈话、对保荐代表人依法认定为不适当人选、暂停保荐机构的保荐业务等监管措施。

根据《首发注册办法》的规定：①发行人披露盈利预测，利润实现数如未达到盈利预测的 80% 的，除因不可抗力外，其法定代表人、财务负责人应当在股东大会以及交易所网站、符合证监会规定条件的媒体上公开作出解释并道歉；证监会可以对法定代表人处以警告。②利润实现数未达到盈利预测的 50% 的，除因不可抗力外，证监会可以采取责令改正、监管谈话、出具警示函等监管措施。③注册会计师为上述盈利预测出具审核报告的过程中未勤勉尽责的，证监会视情节轻重，对相关机构和责任人员采取监管谈话等监管措施；情节严重的，给予警告等行政处罚。

2. 自律监管措施及纪律处分

以《上海证券交易所股票发行上市审核规则》为例，保荐人、证券服务机构及其相关人员存在通过相关业务谋取不正当利益，上交所视情节轻重，可以给予 3 个月至 3 年内不接受其提交或者签字的发行上市申请文件、信息披露文件的纪律处分。

发行人披露盈利预测的：（1）利润实现数未达到盈利预测 80% 的，除因不可抗力外，上交所可以对发行人及其董事长、总经理、财务负责人给予通报批评、公开谴责或者 1 年内不接受发行人提交的发行上市申请文件的纪律处分；对签字保荐代表人给予通报批评、公开谴责或者 3 个月至 1 年内不接受其签字的发行上市申请文件、信息披露文件的纪律处分。（2）利润实现数未达到盈利预测 50% 的，除因不可抗力外，上交所可以对发行人及其董事长、总经理、财务负责人给予公开谴责或者 3 年内不接受发行人提交的发行上市申请文件的纪律处分；对签字保荐代表人给予公开谴责或者 1 年至 2 年内不接受其签字的发行上市申请文件、信息披露文件的纪律处分。（3）注册会计师在对前两款规定的盈利预测出具审核报告的过程中未勤勉尽责的，上交所可以对签字注册会计师给予通报批评、公开谴责或者 1 年内不接受其签字的发行上市申请文件、信息披露文件的纪律处分。

此外，上述违规情形情节严重的，证券业协会可以对协会会员、证券业从业人员采取各项自律管理措施或纪律处分。

三、典型案例

（一）康美药业财务造假案

1. 案例背景

康美药业股份有限公司（简称“康美药业”）于2001年3月在上海证券交易所上市。2018年底中国证监会日常监管发现，康美药业财务报告真实性存疑，涉嫌虚假陈述等违法违规，决定对康美药业进行立案调查。2018年财务造假案曝光前，康美药业的实际控制人为马某。

2. 存在问题

2019年5月，中国证监会在新闻发布会中表示，已初步查明康美药业披露的2016年至2018年财务报告存在重大虚假。康美药业主要财务造假及违规事项包括：

（1）虚增巨额营业收入。康美药业2016年、2017年、2018年上半年及2018年累计虚增收入金额分别约为90亿元、100亿元、85亿元和16亿元。

（2）通过财务不记账、虚假记账，伪造、变造大额定期存单或银行对账单等方式虚增货币资金。2016年末、2017年末及2018年上半年末，康美药业分别虚增货币资金225亿元、299亿元和362亿元。

（3）将不满足会计确认和计量条件工程的项目纳入报表。2018年末康美药业将不满足会计确认和计量条件的6个工程项目调整纳入表内，虚增固定资产等合计约36亿元。

（4）未披露控股股东及其关联方非经营性占用资金情况。2016年至2018年，康美药业在未经过决策审批或授权程序的情况下，累计向控股股东及其关联方提供非经营性资金116亿元用于购买股票、替控股股东及其关联方偿还融资本息、垫付解质押款或支付收购溢价款等用途，康美药业未对上述事项进行审批及披露。

上述行为导致康美药业披露的2016—2018年年度报告存在虚假记载和重大遗漏。

3. 处罚结果

（1）行政责任。2020年5月13日，中国证监会对康美药业及马某等21名责任人员作出行政处罚决定，对马某等6名主要责任人员作出市场禁入决定。同时，中国证监会将康美药业及相关人员涉嫌犯罪行为移送司法机关。

康美药业2014年非公开发行优先股项目、2015年公司债券项目、2016年非公开发行股票项目、2018年公司债券项目和康美药业控股股东2017年可交换公司债券项目的保荐和承销机构，在上述项目过程中未勤勉尽责，尽职调查环节基本程序缺失，缺乏应有执业审慎，内部质量控制流于形式，未按规定履行持续督导与受托管理义务。2020 年 7 月 20 日，广东证监局对该保荐和承销机构及相关责任人员采取行政监管措施。

康美药业 2016—2018 年的年审会计师，未按照《中国注册会计师审计准则》等相关要求，执行恰当的审计程序，获取充分适当的审计证据，形成真实客观的审计结论，发表正确的审计意见，出具的财务报表审计报告存在虚假。2021 年 2 月 18 日，中国证监会对该会计师事务所、签字会计师、项目经理等作出行政处罚决定，并对签字会计师、项目经理等作出市场禁入决定。

（2）刑事责任。2021 年 11 月，广东省佛山市中级人民法院对马某等 12 人操纵证券市场案公开宣判，其中：①康美药业因单位行贿罪被判处罚金 500 万元；②马某因操纵证券市场罪，违规披露、不披露重要信息罪以及单位行贿罪数罪并罚，被判处有期徒刑 12 年，并处罚金 120 万元；③许某及其他责任人员 11 人，因参与相关证券犯罪被分别判处有期徒刑并处罚金。2022 年 1 月，广东省高级人民法院作出终审裁定，裁定驳回马某和温某的上诉，维持原判。

（3）民事责任。2020 年 5 月，中国证监会作出对康美药业及相关责任人员的行政处罚决定后，康美药业投资者启动了对康美药业等相关责任单位和人员的民事索赔程序。

2020 年 12 月 31 日，广州市中级人民法院（简称“广州市中院”）受理了顾某、刘某等 11 名原告共同起诉康美药业证券虚假陈述责任纠纷一案。顾某、刘某经 11 名原告共同推选为拟任代表人，同时请求代表具有相同种类诉讼请求并申请加入该案诉讼的其他投资者，提起普通代表人诉讼，广州市中院经审查决定适用普通代表人诉讼程序审理本案。2021 年 4 月 8 日，中证中小投资者服务中心有限责任公司接受了黄某等 56 名权利人的特别授权，向广州市中院申请作为代表人参加诉讼。根据《证券法》相关条款，经最高人民法院指定管辖，广州市中院决定适用特别代表人诉讼程序审理康美药业案，并发布特别代表人诉讼权利登记公告，本案从普通代表人诉讼转为特别代表人诉讼，该案也是 2019 年修订的《证券法》实施后，我国首单证券纠纷特别代表人诉讼。

2021 年 11 月 12 日，广州市中院作出一审判决，其中：①康美药业向原告顾某、黄某等 52 037 名投资者赔偿投资损失 24. 58 亿元；②马某、许某等 6 人承担连带赔偿责任；③时任康美药业董事（含独立董事）、监事、高级管理人员的林某等 13 人在 5% ~20% 范围内承担连带赔偿责任；④康美药业年审会计师事务所、签字会计师杨某与康美药业承担连带赔偿责任。

4. 总结

康美药业财务造假案系一起上市公司系统性财务造假典型案件。2016—2018 年，康美药业实际控制人、董事长等通过虚开和篡改增值税发票、伪造银行单据，累计虚增货币资金 887 亿元，虚增收入 275 亿元，虚增利润 39 亿元。本案显示，上市公司财务信息披露的真实、准确和完整是市场健康发展的基础，大股东、实际控制人和董事、监事、高级管理人员要讲真话、做真账，维护信息披露制度的严肃性。

（二）蓝山科技欺诈发行案

1. 案例背景

北京蓝山科技股份有限公司（简称“蓝山科技”）2014 年 6 月在新三板挂牌。2020 年 4 月，蓝山科技拟申请向不特定合格投资者公开发行股票，2020 年 9 月，蓝山科技撤回公开发行股票申请文件。

2. 存在问题

在全国股转公司对蓝山科技的公开发行股票申请实施自律审查及证监会现场检查过程中，发现蓝山科技信息披露真实性存疑，涉嫌违反《证券法》《非上市公众公司监督管理办法》等相关规定，中国证监会按程序对蓝山科技启动立案调查。调查发现蓝山科技主要财务造假和违规事项如下：

（1）2017—2019 年度通过虚增银行存款、虚构销售业务、虚构研发支出、虚列运费支出以虚增收入、资产和利润

①虚增银行存款余额。蓝山科技 2017 年、2018 年公告的存款余额分别为 8 864.99 万元、4 743.07 万元。经查，2017 年、2018 年实际银行存款余额分别为 630.05 万元、333.87 万元，蓝山科技通过虚假记账方式虚增银行存款。

②虚构循环购销业务，虚增收入、资产和利润。蓝山科技通过未如实披露的关联方以及外部客户、供应商虚构无实际生产、无实物流转的采购销售循环业务，在采购、生产、销售、库管、物流运输、财务记账等各个环节实施全链条造假。2017—2019 年，蓝山科技及其全资子公司通过虚构采购销售循环业务虚增收入共计 81 092.26 万元，虚增销售利润共计 24 588.96 万元，虚增存货共计 10 610.68 万元，虚增应收账款共计 6 303.33 万元。

③蓝山科技虚构研发业务和研发支出，虚增资产和研发费用。根据公司披露，2017—2019 年，蓝山科技研发支出共计 44 237.03 万元，均采取合作研发方式，主要研发服务供应商为蓝山科技关联方。经查，蓝山科技存在自身不具备实际研发能力、项目研发人员及验收专家未实际参与研发和验收工作、研发成果未与生产对接、伪造现场应对中介机构走访、编造研发资料应对全国股转公司审查问询等情况，无真实研

发业务。2017—2019 年，蓝山科技虚构与关联方的研发合同及付款，虚构研发支出共计 24 858. 80 万元，从而虚增资产和虚增管理费用。

④蓝山科技虚列运费支出。蓝山科技对外销售的货物均由蓝山科技安排运输并承担运费。经查，蓝山科技唯一物流商从未实际向蓝山科技提供过物流运输服务，蓝山科技也未实际发生运费支出，所有发出货物均为虚假。根据蓝山科技财务账簿，2017—2019 年，蓝山科技虚列对物流商的运费支出共计 4 146. 75 万元。

综上，2017—2019 年，蓝山科技通过上述手段虚增销售收入共计 81 092. 26 万元，虚增利润总额共计 8 848. 32 万元。

（2）蓝山科技虚构处置出售资产。2019 年 12 月，蓝山科技及下属子公司因调整生产模式处置出售生产设备，销售金额为 4 383. 18 万元。经查，蓝山科技虚构该处置出售生产设备业务，购买方实际为蓝山科技关联方且蓝山科技未实际收到出售款项，蓝山科技虚构处置出售生产设备 4 383. 18 万元。

（3）蓝山科技公开发行文件编造重大虚假内容。蓝山科技公开发行文件“财务会计信息”“业务和技术”和“公司治理与独立性”等部分编造重大虚假内容，未能如实披露前述信息。

3. 处罚结果

中国证监会依据《证券法》对蓝山科技、相应中介机构及相应责任人员进行了严厉处罚：

（1）蓝山科技 2017 年、2018 年、2019 年年度报告存在虚假记载，且依据虚假信息实施欺诈发行。2021 年 11 月，证监会依据《证券法》第一百八十一条第一款和第一百九十七条第二款的规定，对蓝山科技责令改正，给予警告，并处以 400 万元罚款。2022 年 7 月，证监会依据《非上市公众公司监督管理办法》《证券法》等规定，对蓝山科技实际控制人、直接负责的主管人员谭某、赵某二人，给予警告、罚款、终身证券市场禁入等处罚措施；对其他责任人员陈某等 4 人给予警告、罚款。

（2）蓝山科技公开发行股票的保荐机构及保荐代表人，在蓝山科技项目中未勤勉尽责、核查程序存在缺陷，导致出具的发行文件中存在虚假记载。2021 年 11 月，证监会依据《证券法》第一百八十二条的规定，对该保荐机构责令改正，给予警告，没收业务收入 150 万元，并处以 300 万元罚款；对保荐代表人给予警告，并分别处以 50 万元罚款。此外，由于该保荐机构存在：①投资银行类业务内部控制不完善，内控制度体系不健全、落实不到位，内控组织架构混乱，“三道防线”关键节点把关失效等；②存在廉洁从业风险防控机制不完善，未完成廉洁从业风险点的梳理与评估，聘请第三方廉洁从业风险防控不到位等情形。2022 年 6 月，证监会对该保荐机构及其合规负责人、投行业务负责人、时任分管投行业务负责人、时任内核和质控部门负责人等采取监管谈话的行政监管措施。

（3）蓝山科技公开发行股票的审计机构及签字会计师，审计程序设计和执行存在重大缺陷，未获取充分、适当的审计证据，未保持职业怀疑，导致其未能发现蓝山科技严重财务造假行为，进而导致其最终出具的2017年度至2019年度审计报告、公开发行申请文件中披露的审计机构关于2017年度至2019年度审计声明文件均存在虚假记载。2021年11月，证监会依据《证券法》第二百一十三条第三款的规定，责令该会计师事务所改正，没收业务收入55万元，并处以110万元罚款；对签字会计师给予警告，并分别处以30万元和20万元不等的罚款。

（4）蓝山科技公开发行股票的法律服务机构及项目签字律师，执业过程中未勤勉尽责，导致出具的《法律意见书》存在虚假记载。2021年11月，证监会依据《证券法》第二百一十三条第三款的规定，对该律所采取责令改正，并处以50万元罚款；对签字律师给予警告，并分别处以20万元罚款。

4. 总结

蓝山科技欺诈发行及相关中介机构未勤勉尽责案是一起欺诈发行的典型案件，被选入证监会《2021年证监稽查20起典型违法案例》。随着2019年修订的《证券法》《刑法修正案（十一）》等法律法规的实施和资本市场改革的不断推进，财务造假等证券违法违规成本大幅提升。各市场参与主体当“以案为鉴”，增强合规、诚实意识，严格遵守各项法律法规和市场规则，归位尽责，勤勉履职，共同维护好资本市场“三公”秩序。

第三章　发行上市条件

第一节　主　板

根据《首次公开发行股票注册管理办法》等规则，发行人在主板发行上市，应当符合主板定位要求，并应当符合持续经营时间、会计与内控、稳定性、业务完整、规范运行等条件。本节主要介绍主板定位、发行条件、上市条件等内容。

一、主板定位

发行人申请首次公开发行股票并在主板上市，应当符合主板定位，突出“大盘蓝筹”特色，重点支持业务模式成熟、经营业绩稳定、规模较大、具有行业代表性的优质企业。

二、发行条件

根据中国证监会 2023 年 2 月发布的《首次公开发行股票注册管理办法》，发行人在主板发行上市的，应当符合持续经营时间、会计与内控条件、稳定性条件、业务完整条件、规范运行条件等五个方面条件。

（一）持续经营时间

发行人应是依法设立且持续经营 3 年以上的股份有限公司，具备健全且运行良好的组织机构，相关机构和人员能够依法履行职责。

有限责任公司按原账面净资产值折股整体变更为股份有限公司的，持续经营时间可以从有限责任公司成立之日起计算。

（二）会计与内控条件

发行人应当会计基础工作规范，财务报表的编制和披露符合企业会计准则和相关信息披露规则的规定，在所有重大方面公允地反映了发行人的财务状况、经营成果和现金流量，最近三年财务会计报告由注册会计师出具无保留意见的审计报告。

发行人应当内部控制制度健全且被有效执行，能够合理保证公司运行效率、合法合规和财务报告的可靠性，并由注册会计师出具无保留结论的内部控制鉴证报告。

关于财务内控不规范情形的认定与处理，参见本书第十一章第二节财务问题之“一、财务内控不规范情形的整改要求”。

（三）稳定性条件

发行人应当主营业务、控制权和管理团队稳定，最近三年内主营业务和董事、高级管理人员均没有发生重大不利变化。

发行人应股份权属清晰，不存在导致控制权可能变更的重大权属纠纷，最近三年实际控制人没有发生变更。

1. 关于董事、高级管理人员是否发生重大变化的认定

根据《监管规则适用指引——发行类第 4 号》（本章简称《适用指引第 4 号》），对董事、高级管理人员是否发生重大变化的认定，应当本着实质重于形式的原则，综合两方面因素分析：一是最近 36 个月内的变动人数及比例，在计算人数比例时，以董事和高级管理人员合计总数作为基数；二是上述人员离职或无法正常参与发行人的生产经营是否对发行人生产经营产生重大不利影响。

如果最近 36 个月内发行人的董事、高级管理人员变动人数比例较大，或董事、高级管理人员中的核心人员发生变化，对发行人的生产经营产生重大不利影响的，保荐机构及发行人律师应当重点关注、充分核查论证并审慎发表意见。

变动后新增的董事、高级管理人员来自原股东委派或发行人内部培养产生的，原则上不构成人员的重大变化。发行人管理层因退休、调任等原因发生岗位变化的，不轻易认定为重大变化，但发行人应当披露相关人员变动对公司生产经营的影响。

2. 关于控股股东、实际控制人支配的发行人股权出现质押、冻结或诉讼仲裁的处理

根据《适用指引第 4 号》，对于控股股东、实际控制人支配的发行人股权出现质押、冻结或诉讼仲裁的，发行人应当按照招股说明书准则要求予以充分披露；保荐机构、发行人律师应当充分核查发生上述情形的原因，相关股权比例，质权人、申请人或其他利益相关方的基本情况，约定的质权实现情形，控股股东、实际控制人的财务状况和清偿能力，以及是否存在股份被强制处分的可能性、是否存在影响发行人控制权稳定的情形等。对于被冻结或诉讼纠纷的股权达到一定比例或被质押的股权达到一定比例且控股股东、实际控制人明显不具备清偿能力，导致发行人控制权存在不确定性的，保荐机构及发行人律师应充分论证，并就是否符合发行条件审慎发表意见。

对于发行人的董事、监事及高级管理人员所持股份发生被质押、冻结或发生诉讼纠纷等情形的，发行人应当按照招股说明书准则的要求予以充分披露，并向投资者揭示风险。

3. 关于“实际控制人没有发生变更”的认定

参见本书第十一章第三节法律问题之“二、实际控制人”。

（四）业务完整条件

发行人应资产完整，业务及人员、财务、机构独立，与控股股东、实际控制人及其控制的其他企业间不存在对发行人构成重大不利影响的同业竞争，不存在严重影响独立性或者显失公平的关联交易。

发行人应不存在涉及主要资产、核心技术、商标等的重大权属纠纷，重大偿债风险，重大担保、诉讼、仲裁等或有事项，经营环境已经或者将要发生重大变化等对持续经营有重大不利影响的事项。

1. 关于资产完整性的核查

根据《适用指引第 4 号》，发行人租赁控股股东、实际控制人房产或者商标、专利来自控股股东、实际控制人授权使用的，保荐机构和发行人律师通常应关注并核查以下方面：相关资产的具体用途、对发行人的重要程度、未投入发行人的原因、租赁或授权使用费用的公允性、是否能确保发行人长期使用、今后的处置方案等，并就该等情况是否对发行人资产完整性和独立性构成重大不利影响发表明确意见。如发行人存在以下情形之一的，保荐机构及发行人律师应当重点关注、充分核查论证并发表意见：一是生产型企业的发行人，其生产经营所必需的主要厂房、机器设备等固定资产系向控股股东、实际控制人租赁使用；二是发行人的核心商标、专利、主要技术等无形资产是由控股股东、实际控制人授权使用。

2. 关于“构成重大不利影响的同业竞争”的理解和适用

参见本书第十一章第三节法律问题之“三、同业竞争”。

3. 关于关联交易的认定及关注要点

参见本书第十一章第三节法律问题之“四、关联方及关联交易”。

4. 关于发行人相关诉讼、仲裁

参见本书第十一章第三节法律问题之“十二、发行人诉讼或仲裁事项”。

（五）规范运行条件

发行人生产经营应符合法律、行政法规的规定，符合国家产业政策。

最近三年内，发行人及其控股股东、实际控制人不存在贪污、贿赂、侵占财产、挪用财产或者破坏社会主义市场经济秩序的刑事犯罪，不存在欺诈发行、重大信息披露违法或者其他涉及国家安全、公共安全、生态安全、生产安全、公众健康安全等领域的重大违法行为。

董事、监事和高级管理人员不存在最近三年内受到中国证监会行政处罚，或者因涉嫌犯罪正在被司法机关立案侦查或者涉嫌违法违规正在被中国证监会立案调查且尚未有明确结论意见等情形。

关于对“涉及国家安全、公共安全、生态安全、生产安全、公众健康安全等领域的重大违法行为”的理解与适用，参见本书第十一章第三节法律问题之“十、发行人及其控股股东、实际控制人的合法合规性”。

三、上市条件

主板上市条件主要由《上海证券交易所股票上市规则（2023 年 2 月修订）》《深圳证券交易所股票上市规则（2023 年修订）》《试点创新企业境内发行股票或存托凭证并上市监管工作实施办法》等规定（见表 3 -1 -1 和表 3 -1 -2）。

表 3 -1 -1　　境内发行人主板上市财务指标及要求

<table>
<tr><td>股本总额条件</td><td colspan="3">发行后股本总额不低于 5 000 万元</td></tr>
<tr><td rowspan="2">公开发行比例</td><td colspan="3">发行后股本总额不高于 4 亿元，公开发行比例不低于 25%</td></tr>
<tr><td colspan="3">发行后股本总额高于 4 亿元，公开发行比例不低于 10%</td></tr>
<tr><td></td><td>标准</td><td>预计市值</td><td>财务指标</td></tr>
<tr><td rowspan="3">一般企业市值及财务指标条件（至少符合右侧标准中的 1 项）</td><td>标准一</td><td>—</td><td>最近 3 年净利润均为正，且最近 3 年净利润累计不低于 1.5 亿元，最近一年净利润不低于 6 000 万元，最近 3 年经营活动产生的现金流量净额累计不低于 1 亿元或营业收入累计不低于 10 亿元</td></tr>
<tr><td>标准二</td><td>不低于 50 亿元</td><td>最近一年净利润为正，最近一年营业收入不低于 6 亿元，最近 3 年经营活动产生的现金流量净额累计不低于 1.5 亿元</td></tr>
<tr><td>标准三</td><td>不低于 80 亿元</td><td>最近一年净利润为正，最近一年营业收入不低于 8 亿元</td></tr>
<tr><td rowspan="2">存在表决权差异安排的企业</td><td>标准一</td><td>不低于 200 亿元</td><td>最近一年净利润为正</td></tr>
<tr><td>标准二</td><td>不低于 100 亿元</td><td>最近一年净利润为正，最近一年营业收入不低于 10 亿元</td></tr>
</table>

注：表中所称“净利润”以扣除非经常性损益前后的孰低者为准，净利润、营业收入、经营活动产生的现金流量净额均指经审计的数值。所称“预计市值”，是指股票公开发行后按照总股本乘以发行价格计算出来的发行人股票名义总价值。

表 3－1－2　　符合规定的红筹企业主板上市财务指标及要求

股份总数/存托凭证总份数	发行股票的，发行后的股份总数不低于 5 000 万股		
	发行存托凭证的，发行后的存托凭证总份数不低于 5 000 万份		
公开发行比例	发行股票的，公开发行（含已公开发行）的股份达到公司股份总数的 25% 以上；公司股份总数超过 4 亿股的，公开发行（含已公开发行）股份的比例为 10% 以上		
	发行存托凭证的，公开发行（含已公开发行）的存托凭证对应基础股份达到公司股份总数的 25% 以上；发行后的存托凭证总份数超过 4 亿份的，公开发行（含已公开发行）的存托凭证对应基础股份的比例为 10% 以上		
	标准	预计市值	财务指标
已在境外上市的红筹企业市值及财务指标条件（至少符合右侧标准中的 1 项）	标准一	不低于 2 000 亿元	—
	标准二	不低于 200 亿元	拥有自主研发、国际领先技术，科技创新能力较强，在同行业竞争中处于相对优势地位
尚未在境外上市的红筹企业市值及财务指标条件（至少符合右侧标准中的 1 项）	标准一	不低于 200 亿元	最近一年营业收入不低于 30 亿元
	标准二	—	拥有自主研发、国际领先、能够引领国内重要领域发展的知识产权或专有技术，具备明显的技术优势的高新技术企业，研发人员占比超过 30%，已取得与主营业务相关的发明专利 100 项以上，或者取得至少 1 项与主营业务相关的一类新药药品批件，或者拥有经有权主管部门认定具有国际领先和引领作用的核心技术；依靠科技创新与知识产权参与市场竞争，具有相对优势的竞争地位，主要产品市场占有率排名前三，最近三年营业收入复合增长率 30% 以上，最近一年经审计的主营业务收入不低于 10 亿元，且最近三年研发投入合计占主营业务收入合计的比例 10% 以上。对国家创新驱动发展战略有重要意义，且拥有较强发展潜力和市场前景的企业除外
	标准三	不低于 100 亿元	营业收入快速增长*，拥有自主研发、国际领先技术，在同行业竞争中处于相对优势地位
	标准四	不低于 50 亿元	营业收入快速增长，拥有自主研发、国际领先技术，在同行业竞争中处于相对优势地位；最近一年营业收入不低于 5 亿元
存在表决权差异安排的企业	标准一	不低于 200 亿元	最近一年净利润为正
	标准二	不低于 100 亿元	最近一年净利润为正，最近一年营业收入不低于 10 亿元

注：* 尚未在境外上市红筹企业适用“营业收入快速增长”规定时，应当符合下列标准之一：

（1）最近一年营业收入不低于人民币 5 亿元的，最近 3 年营业收入复合增长率 10% 以上；

（2）最近一年营业收入低于人民币 5 亿元的，最近 3 年营业收入复合增长率 20% 以上；

（3）受行业周期性波动等因素影响，行业整体处于下行周期的，发行人最近 3 年营业收入复合增长率高于同行业可比公司同期平均增长水平。

处于研发阶段的红筹企业和对国家创新驱动发展战略有重要意义的红筹企业，不适用“营业收入快速增长”上述要求。

第二节　科创板

根据《首次公开发行股票注册管理办法》等规则，发行人在科创板发行上市，应当符合科创板定位及科创属性的要求，并应当符合持续经营时间、会计与内控、稳定性、业务完整、规范运行等条件。本节主要介绍科创板定位、发行条件、上市条件等内容。

一、科创板定位

科创板在定位上突出“硬科技”特色。2020 年 3 月 20 日，为进一步落实科创板定位，更好地支持和鼓励“硬科技”企业在科创板上市，中国证监会发布了《科创属性评价指引（试行)》，明确了科创属性的具体指标，并于 2021 年 4 月 16 日、2022 年 12 月 30 日两次对《科创属性评价指引（试行)》进行修订。同时，上交所配套发布《上海证券交易所科创板企业发行上市申报及推荐暂行规定》，进一步明确科创板定位把握标准，引导和规范发行人申报和保荐机构推荐工作，促进科创板市场持续健康发展。

（一）科创板定位

根据《首次公开发行股票注册管理办法》，科创板面向世界科技前沿、面向经济主战场、面向国家重大需求。优先支持符合国家战略，拥有关键核心技术，科技创新能力突出，主要依靠核心技术开展生产经营，具有稳定的商业模式，市场认可度高，社会形象良好，具有较强成长性的企业。

（二）行业清单

申报科创板发行上市的发行人，应当属于下列行业领域的高新技术产业和战略性新兴产业：

1. 新一代信息技术领域，主要包括半导体和集成电路、电子信息、下一代信息网络、人工智能、大数据、云计算、软件、互联网、物联网和智能硬件等；

2. 高端装备领域，主要包括智能制造、航空航天、先进轨道交通、海洋工程装备及相关服务等；

3. 新材料领域，主要包括先进钢铁材料、先进有色金属材料、先进石化化工新材料、先进无机非金属材料、高性能复合材料、前沿新材料及相关服务等；

4. 新能源领域，主要包括先进核电、大型风电、高效光电光热、高效储能及相关服务等；

5. 节能环保领域，主要包括高效节能产品及设备、先进环保技术装备、先进环保产品、资源循环利用、新能源汽车整车、新能源汽车关键零部件、动力电池及相关服务等；

6. 生物医药领域，主要包括生物制品、高端化学药、高端医疗设备与器械及相关服务等；

7. 符合科创板定位的其他领域。

限制金融科技企业、模式创新企业在科创板发行上市。禁止房地产和主要从事金融、投资类业务的企业在科创板发行上市。

其中，金融科技企业是指利用新兴前沿技术创新金融产品和服务、收入主要来源于金融产品和服务的企业，不包括为金融企业提供技术及技术产品，收入主要来源于提供的技术及技术产品的企业。

模式创新企业主要指应用互联网技术从事线上获客、销售、交易或提供服务而改变经营模式的企业，不包括用上述模式销售自身研发生产的技术及技术产品，不包括为模式创新企业提供技术及技术产品的企业。

（三）科创属性认定标准

科创板优先支持符合国家科技创新战略、拥有关键核心技术等先进技术、科技创新能力突出、科技成果转化能力突出、行业地位突出或者市场认可度高等的科技创新企业发行上市。

上交所发行上市审核中，按照实质重于形式的原则，关注发行人的自我评估是否客观，保荐机构的核查把关是否充分，并作出综合判断。

1. 常规指标

支持和鼓励科创板定位规定的相关行业领域中，同时符合下列 4 项指标的企业申报科创板发行上市：

（1）最近三年研发投入占营业收入比例 5% 以上，或最近三年研发投入金额累计在 6 000 万元以上；

（2）研发人员占当年员工总数的比例不低于10%；根据审核问答，本条研发人员指最近一年末研发人员；

（3）应用于公司主营业务的发明专利5项以上；

（4）最近三年营业收入复合增长率达到20%，或最近一年营业收入金额达到3亿元。

采用《上海证券交易所科创板股票上市规则》第2.1.2条第一款第（五）项规定的上市标准申报科创板的企业，或按照《关于开展创新企业境内发行股票或存托凭证试点的若干意见》等相关规则申报科创板的已境外上市红筹企业，可不适用上述第（4）项指标中关于“营业收入”的规定；软件行业不适用上述第（3）项指标的要求，研发投入占比应在10%以上。

2. 例外指标

支持和鼓励科创板定位规定的相关行业领域中，虽未达到常规指标，但符合下列情形之一的企业申报科创板发行上市：

（1）拥有的核心技术经国家主管部门认定具有国际领先、引领作用或者对于国家战略具有重大意义；

（2）作为主要参与单位或者核心技术人员作为主要参与人员，获得国家科技进步奖、国家自然科学奖、国家技术发明奖，并将相关技术运用于主营业务；

（3）独立或者牵头承担与主营业务和核心技术相关的国家重大科技专项项目；

（4）依靠核心技术形成的主要产品（服务），属于国家鼓励、支持和推动的关键设备、关键产品、关键零部件、关键材料等，并实现了进口替代。

“进口替代”概念的补充解释：①相关产品收入占发行人营业收入的30%以上；②国家部委的文件中有明确列示，“关键”的内涵为具有极其重要的作用或地位，不是宽泛地表述为“国家鼓励、支持和推动”等；③技术突破后能打破国外产品的垄断地位，客观上具有在相同领域替代原有产品的性能或效用且在国内相同产品中处于领先地位。

（5）形成核心技术和应用于主营业务的发明专利（含国防专利）合计50项以上。

（四）科创属性其他注意事项

1. 发行人自我评估的考虑因素

发行人进行自我评估时，应当尊重科技创新规律、资本市场规律和企业发展规律，并结合自身和行业科技创新实际情况，准确理解、把握科创板定位，重点考虑以下因素：

（1）所处行业及其技术发展趋势与国家战略的匹配程度；

（2）企业拥有的核心技术在境内与境外发展水平中所处的位置；

（3）核心竞争力及其科技创新水平的具体表征，如获得的专业资质和重要奖项、核心技术人员的科研能力、科研资金的投入情况、取得的研发进展及其成果等；

（4）保持技术不断创新的机制、技术储备及技术创新的具体安排；

（5）依靠核心技术开展生产经营的实际情况等。

2. 科创属性核查注意事项

保荐机构应当严格按照规则要求，全面核查申报企业科创属性，并充分说明对发行人技术先进性、符合科创板支持方向、符合科创行业领域、符合科创属性相关指标的核查情况。具体包括：核查发行人先进技术应用形成的产品（服务）以及产业化情况，核心技术人员的科研能力和研发投入情况，在境内与境外发展水平中所处的位置和在细分行业领域的排名情况；根据相关权威产业分类目录、规划或指南的规定，核查发行人所属行业领域是否符合规则要求；根据报告期内发行人的研发投入归集、营业收入确认、研发人员认定、发明专利情况、营业收入增长、例外标准适用等，核查发行人是否符合科创属性相关指标。

保荐机构不得简单转引发行人《关于发行人科创属性符合科创板定位要求的专项说明》的内容，应充分说明核查方式、核查过程及核查证据，并在此基础上发表明确核查意见。

3. 发明专利认定的规范性

发明专利权自公告之日起生效，仅取得《授予发明专利通知书》不得认定为已取得发明专利。发行人发明专利如有尚未取得发明专利证书、因涉诉冻结或存在权属纠纷，以及与其他方合作研发、共同持有、授权使用等特殊情形，应在专利数量披露处明确说明。同时，在招股说明书、关于符合科创板定位的要求的专项说明、关于发行人符合科创板定位要求的专项意见等申报文件中，发行人及保荐机构应明确形成应用于公司主营业务收入的发明专利的具体数量，不能仅做“相关专利数量超过 5 件”等笼统陈述。相关案例分析参见本书第十一章第一节板块定位之“二、科创板定位及审核关注要点”。

二、发行条件

根据《首次公开发行股票注册管理办法》规定，科创板发行条件包括持续经营时间、会计与内控条件、稳定性条件、业务完整条件、规范运行条件五个方面，其中除稳定性条件与主板有差异外，其他四个方面均一致。科创板稳定性条件为：发行人主营业务、控制权和管理团队稳定，最近两年内主营业务和董事、高级管理人员均没有发生重大不利变化，核心技术人员应当稳定且最近两年内没有发生重大不利变化。发行人的股份权属清晰，不存在导致控制权可能变更的重大权属纠纷，最近两年实际控制人没有发生变更。

关于核心技术人员是否发生重大变化的认定，根据《适用指引第 4 号》，发行人申请在科创板上市的，应当按照董事、高级管理人员的变动的相关要求披露核心技术人员的变动情况。保荐机构及发行人律师按照董事、高级管理人员的变动核查要求对核心技术人员的变化进行核查论证并发表意见。

三、上市条件

科创板上市条件主要由上交所于 2020 年 12 月修订发布的《上海证券交易所科创板股票上市规则》、中国证监会于 2023 年 2 月修订发布的《试点创新企业境内发行股票或存托凭证并上市监管工作实施办法》等规定。

（一）财务指标及要求

具体内容见表 3－2－1 和表 3－2－2。

表 3－2－1　　境内发行人科创板上市财务指标及要求

<table>
<tr><td>股本总额条件</td><td colspan="3">发行后股本总额不低于 3 000 万元</td></tr>
<tr><td rowspan="2">公开发行比例</td><td colspan="3">发行后股本总额不高于 4 亿元，公开发行比例不低于 25%</td></tr>
<tr><td colspan="3">发行后股本总额高于 4 亿元，公开发行比例不低于 10%</td></tr>
<tr><td></td><td>标准</td><td>预计市值</td><td>财务指标</td></tr>
<tr><td rowspan="5">一般企业市值及财务指标条件（至少符合右侧标准中的 1 项）</td><td>标准一</td><td>不低于 10 亿元</td><td>最近两年净利润均为正且累计净利润不低于 5 000 万元，或者最近一年净利润为正且营业收入不低于 1 亿元</td></tr>
<tr><td>标准二</td><td>不低于 15 亿元</td><td>最近一年营业收入不低于 2 亿元，且最近三年累计研发投入占最近三年累计营业收入不低于 15%</td></tr>
<tr><td>标准三</td><td>不低于 20 亿元</td><td>最近一年营业收入不低于 3 亿元，且最近三年经营活动产生的现金流量净额累计不低于 1 亿元</td></tr>
<tr><td>标准四</td><td>不低于 30 亿元</td><td>最近一年营业收入不低于 3 亿元</td></tr>
<tr><td>标准五</td><td>不低于 40 亿元</td><td>主要业务或产品须经国家有关部门批准，市场空间大，目前已取得阶段性成果。医药行业企业需至少有一项核心产品获准开展二期临床试验，其他符合科创板定位的企业需具备明显的技术优势并满足相应条件</td></tr>
<tr><td rowspan="2">存在表决权差异安排的企业</td><td>标准一</td><td>不低于 100 亿元</td><td>—</td></tr>
<tr><td>标准二</td><td>不低于 50 亿元</td><td>最近一年营业收入不低于 5 亿元</td></tr>
</table>

注：表中所称“净利润”以扣除非经常性损益前后的孰低者为准，所称净利润、营业收入、经营活动产生的现金流量净额均指经审计的数值。

表 3-2-2　　　　符合规定的红筹企业科创板上市财务指标及要求

股份总数/存托凭证总份数	发行股票的，发行后的股份总数不低于 3 000 万股		
	发行存托凭证的，发行后的存托凭证总份数不低于 3 000 万份		
公开发行比例	发行股票的，公开发行的股份达到公司股份总数的 25% 以上；公司股份总数超过 4 亿股的，公开发行股份的比例为 10% 以上		
	发行存托凭证的，公开发行的存托凭证对应基础股份达到公司股份总数的 25% 以上；发行后的存托凭证总份数超过 4 亿份的，公开发行存托凭证对应基础股份达到公司股份总数的 10% 以上		
	标准	预计市值	财务指标
已在境外上市的红筹企业市值及财务指标条件（至少符合右侧标准中的 1 项）	标准一	不低于 2000 亿元	—
	标准二	不低于 200 亿元	拥有自主研发、国际领先技术，同行业竞争中处于相对优势地位
尚未在境外上市的红筹企业市值及财务指标条件（至少符合右侧标准中的 1 项）	标准一	不低于 200 亿元	最近一年营业收入不低于 30 亿元
	标准二	—	拥有自主研发、国际领先、能够引领国内重要领域发展的知识产权或专有技术，具备明显的技术优势的高新技术企业，研发人员占比超过 30%，已取得与主营业务相关的发明专利 100 项以上，或者取得至少 1 项与主营业务相关的一类新药药品批件，或者拥有经有权主管部门认定具有国际领先和引领作用的核心技术；依靠科技创新与知识产权参与市场竞争，具有相对优势的竞争地位，主要产品市场占有率排名前三，最近三年营业收入复合增长率 30% 以上，最近一年经审计的主营业务收入不低于 10 亿元，且最近三年研发投入合计占主营业务收入合计的比例 10% 以上。对国家创新驱动发展战略有重要意义，且拥有较强发展潜力和市场前景的企业除外
	标准三	不低于 100 亿元	营业收入快速增长*，拥有自主研发、国际领先技术，在同行业竞争中处于相对优势地位
	标准四	不低于 50 亿元	营业收入快速增长，拥有自主研发、国际领先技术，同行业竞争中处于相对优势地位；最近一年营业收入不低于 5 亿元
存在表决权差异安排的企业	标准一	不低于 100 亿元	—
	标准二	不低于 50 亿元	最近一年营业收入不低于 5 亿元

注：* 尚未在境外上市红筹企业适用“营业收入快速增长”规定时，应当符合下列标准之一：

（1）最近一年营业收入不低于人民币 5 亿元的，最近 3 年营业收入复合增长率 10% 以上；

（2）最近一年营业收入低于人民币 5 亿元的，最近 3 年营业收入复合增长率 20% 以上；

（3）受行业周期性波动等因素影响，行业整体处于下行周期的，发行人最近 3 年营业收入复合增长率高于同行业可比公司同期平均增长水平。

处于研发阶段的红筹企业和对国家创新驱动发展战略有重要意义的红筹企业，不适用“营业收入快速增长”上述要求。

为进一步细化明确科创板第五套上市标准的适用情形，支持尚未形成一定收入规模的“硬科技”医疗器械企业在科创板发行上市，2022 年 6 月 10 日，上海证券交易所制定了《上海证券交易所科创板发行上市审核规则适用指引第 7 号——医疗器械企业适用第五套上市标准》。具体内容如下：

1. 发行人的核心技术产品应当属于国家医疗器械科技创新战略和相关产业政策鼓励支持的范畴，主要包括先进的检验检测、诊断、治疗、监护、生命支持、中医诊疗、植入介入、健康康复设备产品及其关键零部件、元器件、配套件和基础材料等。

2. 发行人的核心技术产品研发应当取得阶段性成果，至少有一项核心技术产品已按照医疗器械相关法律法规要求完成产品检验和临床评价且结果满足要求，或已满足申报医疗器械注册的其他要求，不存在影响产品申报注册和注册上市的重大不利事项。

3. 发行人应当满足主要业务或产品市场空间大的标准。发行人应当结合核心技术产品的创新性及研发进度、与已上市或在研竞品的优劣势比较、临床需求和细分行业的市场格局、影响产品销售的有关因素等，审慎预测并披露是否满足主要业务或产品市场空间大的标准，相关预测应当充分、客观，具有合理的依据。

4. 发行人应当具备明显的技术优势。发行人应当结合核心技术与核心产品的对应关系，核心技术获取方式，核心技术形成情况，核心技术先进性衡量指标，与境内外竞争对手比较情况，技术储备和持续研发能力，创业团队和核心技术人员学历背景、研发成果、加入发行人的时间、是否具有稳定性预期等方面，披露是否具备明显的技术优势。

5. 发行人应当不存在核心技术产品研发失败、主要业务或产品商业化生产销售预期明显不足等可能对企业持续经营能力产生重大不利影响的事项。

6. 发行人应当客观、准确披露研发的核心技术产品及其先进性、研发进展及其阶段性成果、审批注册情况、预计市场空间、未来生产销售的商业化安排等信息，并充分揭示可能面临的研发失败、未能如期获得注册、产品销售达不到预期等风险因素。

7. 保荐机构、证券服务机构应当对发行人的科创属性、取得的阶段性成果、主要业务或产品市场空间大、具备明显的技术优势、商业化生产销售安排、相关信息披露等进行审慎核查，并发表明确意见。

（二）转板上市条件

2022 年 3 月 4 日上交所发布《北京证券交易所上市公司向上海证券交易所科创板转板办法（试行）》，明确了北京证券交易所上市公司转板至上交所的转板条件（见表

3－2－3）。

表 3－2－3 北交所上市公司向科创板转板上市条件

基本条件	在北交所连续上市 1 年以上，转板公司在北交所上市前，已在全国中小企业股份转让系统原精选层挂牌的，原精选层挂牌时间与北交所上市时间合并计算
	符合相关规则规定的科创板的发行条件
	转板公司及其控股股东、实际控制人不存在最近三年受到中国证监会行政处罚，因涉嫌违法违规被中国证监会立案调查且尚未有明确结论意见，或者最近 12 个月受到北交所、全国股转公司公开谴责等情形
板块定位条件	符合科创板定位和科创属性
股本总额、股东人数及股权结构	股本总额不低于 3 000 万元
	股东人数不少于 1 000 人
	公众股东持股比例达到转板公司股份总数的 25% 以上；转板公司股本总额超过 4 亿元的，公众股东持股的比例为 10% 以上
	董事会审议通过转板相关事宜决议公告日前连续 60 个交易日（不包括股票停牌日）通过竞价交易方式实现的股票累计成交量不低于 1 000 万股
市值及财务指标	市值及财务指标符合《上海证券交易所科创板股票发行上市审核规则》规定的上市标准，具有表决权差异安排的转板公司申请转板上市，表决权差异安排应当符合《上海证券交易所科创板股票发行上市审核规则》的规定
	相关市值指标中的预计市值，以转板公司向交易所提交转板上市申请日前 20 个、60 个和 120 个交易日（不包括股票停牌日）收盘市值算术平均值的孰低值为准

第三节 创业板

根据《首次公开发行股票注册管理办法》等规则，发行人在创业板发行上市，应当符合创业板定位要求，并应当符合持续经营时间、会计与内控、稳定性、业务完整、规范运行等条件。本节主要介绍创业板定位、发行条件、上市条件等内容。

一、创业板定位

2020 年 6 月，深交所发布《深圳证券交易所创业板企业发行上市申报及推荐暂行规定》，对创业板定位及行业负面清单作出相关规定。为更好地坚守创业板定位，支持更多优质创新创业企业发行上市，深交所于 2022 年 12 月对《深圳证券交易所创业板企业发行上市申报及推荐暂行规定》进行修订，细化创业板定位的要求，更清晰、更准确地展现并突出创业板支持科技创新和战略性新兴产业的优势和特色，更好地服务创新驱动发展战略、支持现代产业体系加快发展，支持更多优质创新企业在创业板上市。

（一）创业板定位

根据《首次公开发行股票注册管理办法》，创业板定位于深入贯彻创新驱动发展战略，适应发展更多依靠创新、创造、创意的大趋势，主要服务成长型创新创业企业，并支持传统产业与新技术、新产业、新业态、新模式深度融合。

（二）“三创四新”判断标准

《深圳证券交易所创业板企业发行上市申报及推荐暂行规定》（2022 年修订）中列示了三套量化指标，从定性和定量两个维度将“三创四新”标准进一步量化，创业板支持和鼓励符合下列标准之一的成长型创新创业企业申报在创业板发行上市：

（1）最近三年研发投入复合增长率不低于 15%，最近一年研发投入金额不低于 1 000 万元，且最近三年营业收入复合增长率不低于 20%；

（2）最近三年累计研发投入金额不低于 5 000 万元，且最近三年营业收入复合增长率不低于 20%；

（3）属于制造业优化升级、现代服务业或者数字经济等现代产业体系领域，且最近三年营业收入复合增长率不低于 30%。

最近一年营业收入金额达到 3 亿元的企业，或者按照《关于开展创新企业境内发行股票或存托凭证试点的若干意见》等相关规则申报创业板的已境外上市红筹企业，不适用前款规定的营业收入复合增长率要求。

（三）行业清单

属于上市公司行业分类相关规定中下列行业的企业，原则上不支持其申报在创业板发行上市：

（1）农林牧渔业；

（2）采矿业；

（3）酒、饮料和精制茶制造业；

（4）纺织业；

（5）黑色金属冶炼和压延加工业；

（6）电力、热力、燃气及水生产和供应业；

（7）建筑业；

（8）交通运输、仓储和邮政业；

（9）住宿和餐饮业；

（10）金融业；

（11）房地产业；

（12）居民服务、修理和其他服务业。

但以上所列行业中与互联网、大数据、云计算、自动化、人工智能、新能源等新技术、新产业、新业态、新模式深度融合的创新创业企业，支持其申报在创业板发行上市。相关案例分析参见本书第十一章第一节板块定位之“三、创业板定位及审核关注要点”。

禁止产能过剩行业、《产业结构调整指导目录》中的淘汰类行业，以及从事学前教育、学科类培训、类金融业务的企业在创业板发行上市。

二、发行条件

根据《首次公开发行股票注册管理办法》规定，创业板发行条件包括持续经营时间、会计与内控条件、稳定性条件、业务完整条件、规范运行条件五个方面，其中除稳定性条件与主板存在差异外，其他四个方面与主板一致。创业板稳定性条件为：发行人主营业务、控制权和管理团队稳定，最近两年内主营业务和董事、高级管理人员均没有发生重大不利变化。发行人的股份权属清晰，不存在导致控制权可能变更的重大权属纠纷，最近两年实际控制人没有发生变更。

三、上市条件

创业板上市条件主要由深交所于2023年2月修订发布的《深圳证券交易所创业板股票上市规则》、中国证监会于2023年2月修订发布的《试点创新企业境内发行股票或存托凭证并上市监管工作实施办法》等规定。

（一）财务指标及要求

具体内容见表3－3－1和表3－3－2。

表3－3－1　境内发行人创业板上市财务指标及要求

股本总额条件	发行后股本总额不低于3 000万元
公开发行比例	发行后股本总额不高于4亿元，公开发行比例不低于25%
	发行后股本总额高于4亿元，公开发行比例不低于10%

续表

	标准	预计市值	财务指标
一般企业市值及财务指标条件（至少符合右侧标准中的1项）	标准一	—	最近两年净利润均为正，且累计不低于5 000万元
	标准二	不低于10亿元	最近一年净利润为正且营业收入不低于1亿元
	标准三	不低于50亿元	最近一年营业收入不低于3亿元 属于先进制造、互联网、大数据、云计算、人工智能、生物医药等高新技术产业和战略性新兴产业的创新创业企业可适用
存在表决权差异安排的企业	标准一	不低于100亿元	—
	标准二	不低于50亿元	最近一年营业收入不低于5亿元

注：表中所称“净利润”以扣除非经常性损益前后的孰低者为准，所称“净利润”“营业收入”均指经审计的数值。所称“预计市值”，是指股票公开发行后按照总股本乘以发行价格计算出来的发行人股票名义总价值。

表3－3－2　符合规定的红筹企业创业板上市财务指标及要求

股份总数/存托凭证总份数	发行股票的，发行后的股份总数不低于3 000万股		
	发行存托凭证的，发行后的存托凭证总份数不低于3 000万份		
公开发行比例	发行股票的，公开发行的股份达到公司股份总数的25%以上；公司股份总数超过4亿股的，公开发行股份的比例为10%以上		
	发行存托凭证的，公开发行的存托凭证对应基础股份达到公司股份总数的25%以上；发行后的存托凭证总份数超过4亿份的，公开发行存托凭证对应基础股份达到公司股份总数的10%以上		
	标准	预计市值	财务指标
已在境外上市的红筹企业市值及财务指标条件（至少符合右侧标准中的1项）	标准一	不低于2 000亿元	—
	标准二	不低于200亿元	拥有自主研发、国际领先技术，同行业竞争中处于相对优势地位
尚未在境外上市的红筹企业市值及财务指标条件（至少符合右侧标准中的1项）	标准一	不低于200亿元	最近一年营业收入不低于30亿元
	标准二	—	拥有自主研发、国际领先、能够引领国内重要领域发展的知识产权或专有技术，具备明显的技术优势的高新技术企业，研发人员占比超过30%，已取得与主营业务相关的发明专利100项以上，或者取得至少1项与主营业务相关的一类新药药品批件，或者拥有经有权主管部门认定具有国际领先和引领作用的核心技术；依靠科技创新与知识产权参与市场竞争，具有相对优势的竞争地位，主要产品市场占有率排名前三，最近三年营业收入复合增长率30%以上，最近一年经审计的主营业务收入不低于10亿元，且最近三年研发投入合计占主营业务收入合计的比例10%以上。对国家创新驱动发展战略有重要意义，且拥有较强发展潜力和市场前景的企业除外

续表

	标准	预计市值	财务指标
尚未在境外上市的红筹企业市值及财务指标条件（至少符合右侧标准中的 1 项）	标准三	不低于 100 亿元	营业收入快速增长*，拥有自主研发、国际领先技术，同行业竞争中处于相对优势地位
	标准四	不低于 50 亿元	营业收入快速增长，拥有自主研发、国际领先技术，在同行业竞争中处于相对优势地位，最近一年营业收入不低于 5 亿元
存在表决权差异安排的企业	标准一	不低于 100 亿元	—
	标准二	不低于 50 亿元	最近一年营业收入不低于 5 亿元

注：* 尚未在境外上市红筹企业适用“营业收入快速增长”规定时，应当符合下列标准之一：

（1）最近一年营业收入不低于人民币 5 亿元的，最近 3 年营业收入复合增长率 10% 以上；

（2）最近一年营业收入低于人民币 5 亿元的，最近 3 年营业收入复合增长率 20% 以上；

（3）受行业周期性波动等因素影响，行业整体处于下行周期的，发行人最近 3 年营业收入复合增长率高于同行业可比公司同期平均增长水平。

处于研发阶段的红筹企业和对国家创新驱动发展战略有重要意义的红筹企业，不适用“营业收入快速增长”上述要求。

（二）转板上市条件

2022 年 3 月 4 日深交所发布《深圳证券交易所关于北京证券交易所上市公司向创业板转板办法（试行）》，明确了北交所上市公司转板至深交所的转板条件（见表 3 - 3 - 3）。

表 3 - 3 - 3　　北交所上市公司向创业板转板上市条件

基本条件	在北交所连续上市 1 年以上，转板公司在北交所上市前，已在全国中小企业股份转让系统原精选层挂牌的，原精选层挂牌时间与北交所上市时间合并计算
	符合相关规则规定的创业板发行条件
	公司及其控股股东、实际控制人不存在最近三年受到中国证监会行政处罚，因涉嫌违法违规被中国证监会立案调查且尚未有明确结论意见，或者最近 12 个月受到全国中小企业股份转让系统有限责任公司、北交所公开谴责等情形
板块定位条件	符合创业板定位
股本总额、股东人数及股权结构	股本总额不低于 3 000 万元
	股东人数不少于 1 000 人
	社会公众持有的公司股份达到公司股份总数的 25% 以上；公司股本总额超过 4 亿元的，社会公众持股的比例达到 10% 以上
	董事会审议通过转板相关事宜决议公告日前 60 个交易日（不包括股票停牌日）通过竞价交易方式实现的股票累计成交量不低于 1 000 万股

续表

市值及财务指标	市值及财务指标符合《深圳证券交易所创业板股票发行上市审核规则》规定的上市标准，具有表决权差异安排的转板公司申请转板上市，表决权差异安排应当符合《深圳证券交易所创业板股票发行上市审核规则》的规定
	相关市值指标中的预计市值，以转板公司向交易所提交转板上市申请日前20个、60个和120个交易日（不包括股票停牌日）收盘市值算术平均值的孰低值为准

第四节　北交所

根据《北京证券交易所向不特定合格投资者公开发行股票注册管理办法》等规则，发行人在北交所发行上市，应当符合北交所定位要求，并应当符合主体资格、持续经营、规范运行等条件。本节主要介绍北交所定位、发行条件、上市条件等内容。

一、北交所定位

2021年11月，北交所揭牌开市，同步试点注册制。中国证监会以及北交所发布了系列规则，明确北交所定位和负面行业清单，打造服务创新型中小企业主阵地。随着注册制试点工作的持续推进，为进一步优化机制，2023年2月中国证监会及北交所分别发布了修订后的《北京证券交易所向不特定合格投资者公开发行股票注册管理办法》《北京证券交易所向不特定合格投资者公开发行股票并上市业务规则适用指引第1号》，对北交所定位及行业负面清单作出进一步明确。

（一）北交所定位

北交所主要服务创新型中小企业，重点支持先进制造业和现代服务业等领域的企业，推动传统产业转型升级，培育经济发展新动能，促进经济高质量发展。

（二）行业负面清单

发行人属于金融业、房地产业企业的，不支持其申报在北交所发行上市。

发行人生产经营应当符合国家产业政策。发行人不得属于产能过剩行业（产能过剩行业的认定以国务院主管部门的规定为准）、《产业结构调整指导目录》中规定的淘汰类行业，以及从事学前教育、学科类培训等业务的企业。

相关案例分析参见本书第十一章第一节板块定位之“四、北交所定位及审核关注要点”。

二、发行条件

北交所发行条件主要由2023年2月发布的《北京证券交易所向不特定合格投资者公开发行股票注册管理办法》规定，发行人在北交所发行上市的，应当符合主体资格、持续经营条件、规范运行条件等三个方面条件。

（一）主体资格

发行人应当为在全国股转系统连续挂牌满12个月的创新层挂牌公司。

（二）持续经营条件

发行人申请公开发行股票，应当符合下列规定：

1. 具备健全且运行良好的组织机构；
2. 具有持续经营能力，财务状况良好；
3. 最近三年财务会计报告无虚假记载，被出具无保留意见审计报告；
4. 依法规范经营。

关于“持续经营能力”的理解与适用，《北京证券交易所股票上市规则（试行）》第2.1.4条第（六）项规定了发行人不得存在对直接面向市场独立持续经营的能力有重大不利影响的情形。根据《北京证券交易所向不特定合格投资者公开发行股票并上市业务规则适用指引第1号》（本章简称《北交所适用指引第1号》），关于“直接面向市场独立持续经营的能力”，发行人应满足下列要求：（1）发行人业务、资产、人员、财务、机构独立，与控股股东、实际控制人及其控制的其他企业间不存在对发行人构成重大不利影响的同业竞争，不存在严重影响发行人独立性或者显失公平的关联交易。（2）发行人或其控股股东、实际控制人、对发行人主营业务收入或净利润占比超过10%的重要子公司在申报受理后至上市前不存在被列入失信被执行人名单且尚未消除的情形。（3）不存在其他对发行人持续经营能力构成重大不利影响的情形。

发行人存在以下情形的，保荐机构及申报会计师应重点关注是否影响发行人持续经营能力，具体包括：（1）发行人所处行业受国家政策限制或国际贸易条件影响存在重大不利变化风险；（2）发行人所处行业出现周期性衰退、产能过剩、市场容量骤减、增长停滞等情况；（3）发行人所处行业准入门槛低、竞争激烈，相比竞争者发行人在技术、资金、规模效应等方面不具有明显优势；（4）发行人所处行业上下游供求关系发生重大变化，导致原材料采购价格或产品售价出现重大不利变化；（5）发行人因业务转型的负面影响导致营业收入、毛利率、成本费用及盈利水平出现重大不利变化，且最近一期经营业绩尚未出现明显好转趋势；（6）发行人重要客户本身发生重大不利变化，进而对发行人业务的稳定性和持续性产生重大不利影响；（7）发行人由于工艺过时、产品落后、技术更迭、研发失败等原因导致市场占有率持续下降、重要资产或主要生产线出现重大减值风险、主要业务停滞或萎缩；（8）发行人多项业务数据和财务指标呈现恶化趋势，短期内没有好转迹象；（9）对发行人业务经营或收入实现有重大影响的商标、专利、专有技术以及特许经营权等重要资产或技术存在重大纠纷或诉讼，已经或者未来将对发行人财务状况或经营成果产生重大影响；（10）其他明显影响或丧失持续经营能力的情形。

保荐机构及申报会计师应详细分析和评估上述情形的具体表现、影响程度和预期结果，综合判断是否对发行人持续经营能力构成重大不利影响，审慎发表明确核查意见，并督促发行人充分披露可能存在的持续经营风险。

（三）规范运行条件

发行人及其控股股东、实际控制人存在下列情形之一的，发行人不得公开发行股票：

1. 最近三年内存在贪污、贿赂、侵占财产、挪用财产或者破坏社会主义市场经济秩序的刑事犯罪；

2. 最近三年内存在欺诈发行、重大信息披露违法或者其他涉及国家安全、公共安全、生态安全、生产安全、公众健康安全等领域的重大违法行为；

3. 最近一年内受到中国证监会行政处罚。

关于“其他涉及国家安全、公共安全、生态安全、生产安全、公众健康安全等领域的重大违法行为”的适用与处理，根据《北交所适用指引第 1 号》，最近 36 个月内，发行人及其控股股东、实际控制人在国家安全、公共安全、生态安全、生产安全、公众健康安全等领域，存在以下违法行为之一的，原则上视为重大违法行为：被处以罚款等处罚且情节严重；导致严重环境污染、重大人员伤亡、社会影响恶劣等。

有以下情形之一且保荐机构及发行人律师出具明确核查结论的，可以不认定为重大违法：违法行为显著轻微、罚款数额较小；相关规定或处罚决定未认定该行为属于情节严重；有权机关证明该行为不属于重大违法。但违法行为导致严重环境污染、重大人员伤亡、社会影响恶劣等并被处以罚款等处罚的，不适用上述情形。

三、上市条件

北交所上市条件主要由 2021 年 10 月发布的《北京证券交易所股票上市规则（试行）》规定。发行人申请公开发行并上市，应当符合表 3－4－1 所列条件。

表 3－4－1　北交所上市条件

主体资格	发行人为在全国股转系统连续挂牌满 12 个月的创新层挂牌公司；符合中国证监会规定的发行条件
净资产	最近 1 年期末净资产不低于 5 000 万元
股权分散	（1）公开发行的股份不少于 100 万股，发行对象不少于 100 人 （2）公开发行后，公司股东人数不少于 200 人，公众股东持股比例不低于公司股本总额的 25% （3）公司股本总额超过 4 亿元的，公众股东持股比例不低于公司股本总额的 10%
股本总额	公开发行后股本总额不低于人民币 3 000 万元
负面情形	（1）最近 36 个月内，发行人及其控股股东、实际控制人，存在贪污、贿赂、侵占财产、挪用财产或者破坏社会主义市场经济秩序的刑事犯罪，存在欺诈发行、重大信息披露违法或者其他涉及国家安全、公共安全、生态安全、生产安全、公众健康安全等领域的重大违法行为 （2）最近 12 个月内，发行人及其控股股东、实际控制人、董事、监事、高级管理人员受到中国证监会及其派出机构行政处罚，或因证券市场违法违规行为受到全国中小企业股份转让系统有限责任公司（以下简称“全国股转公司”）、证券交易所等自律监管机构公开谴责 （3）发行人及其控股股东、实际控制人、董事、监事、高级管理人员因涉嫌犯罪正被司法机关立案侦查或涉嫌违法违规正被中国证监会及其派出机构立案调查，尚未有明确结论意见 （4）发行人及其控股股东、实际控制人被列入失信被执行人名单且情形尚未消除 （5）最近 36 个月内，未按照《证券法》和中国证监会的相关规定在每个会计年度结束之日起 4 个月内编制并披露年度报告，或者未在每个会计年度的上半年结束之日起 2 个月内编制并披露中期报告 （6）中国证监会和北交所规定的，对发行人经营稳定性、直接面向市场独立持续经营的能力具有重大不利影响，或者存在发行人利益受到损害等其他情形
其他	发行人具有表决权差异安排的，该安排应当平稳运行至少一个完整会计年度，且相关信息披露和公司治理应当符合中国证监会及全国股转公司相关规定

续表

	标准	预计市值	财务指标
市值及财务指标条件（至少符合右侧标准中的1项）	标准一	不低于2亿元	最近2年净利润均不低于1 500万元；最近2年加权平均净资产收益率平均不低于8%
		不低于2亿元	最近1年净利润不低于2 500万元；最近1年加权平均净资产收益率不低于8%
	标准二	不低于4亿元	最近2年营业收入平均不低于1亿元；最近1年营业收入增长率不低于30%；最近1年经营活动产生的现金流量净额为正
	标准三	不低于8亿元	最近1年营业收入不低于2亿元，最近2年研发投入合计占最近2年营业收入合计比例不低于8%
	标准四	不低于15亿元	最近2年研发投入合计不低于5 000万元

注：表中所称“预计市值”是指以发行人公开发行价格计算的股票市值。所称“净利润”，是指归属于上市公司股东的净利润，不包括少数股东损益，并以扣除非经常性损益前后孰低者为计算依据。

附：主板、科创板、创业板、北交所的主要发行及上市条件对比（见附表 1、附表 2）

附表 1　　主板、科创板、创业板、北交所的主要发行条件对比

<table>
<tr><th>项目</th><th>主板</th><th>科创板</th><th>创业板</th><th>北交所</th></tr>
<tr><td>板块定位</td><td>突出“大盘蓝筹”特色，重点支持业务模式成熟、经营业绩稳定、规模较大、具有行业代表性的优质企业</td><td>面向世界科技前沿、面向经济主战场、面向国家重大需求。优先支持符合国家战略，拥有关键核心技术，科技创新能力突出，主要依靠核心技术开展生产经营，具有稳定的商业模式，市场认可度高，社会形象良好，具有较强成长性的企业</td><td>深入贯彻创新驱动发展战略，适应发展更多依靠创新、创造、创意的大趋势，主要服务成长型创新创业企业，并支持传统产业与新技术、新产业、新业态、新模式深度融合</td><td>服务创新型中小企业，重点支持先进制造业和现代服务业等领域的企业，推动传统产业转型升级，培育经济发展新动能，促进经济高质量发展</td></tr>
<tr><td>持续经营</td><td colspan="3">依法设立且持续经营 3 年以上的股份有限公司，具备健全且运行良好的组织机构</td><td>发行人为在全国股转系统连续挂牌满 12 个月的创新层挂牌公司，具备健全且运行良好的组织机构</td></tr>
<tr><td>会计与内控</td><td colspan="3">会计基础工作规范，最近 3 年审计报告无保留意见；内部控制制度健全且被有效执行，被出具无保留结论的内部控制鉴证报告</td><td>最近 3 年财务会计报告无虚假记载，被出具无保留意见审计报告</td></tr>
<tr><td>业务完整*</td><td colspan="3">业务完整，具有直接面向市场独立持续经营的能力</td><td>不得存在对直接面向市场独立持续经营的能力有重大不利影响的情形</td></tr>
<tr><td>主营业务和管理团队稳定性</td><td>最近 3 年内主营业务和董事、高级管理人员均没有发生重大不利变化</td><td>最近 2 年内主营业务和董事、高级管理人员均没有发生重大不利变化，核心技术人员应当稳定且最近两年内没有发生重大不利变化</td><td>最近 2 年内主营业务和董事、高级管理人员均没有发生重大不利变化</td><td>最近 24 个月内主营业务未发生重大变化；最近 24 个月内董事、高级管理人员未发生重大不利变化</td></tr>
<tr><td>控制权稳定性</td><td>最近 3 年实际控制人没有发生变更</td><td colspan="2">最近 2 年实际控制人没有发生变更</td><td>最近 24 个月内实际控制人未发生变更</td></tr>
</table>

续表

项目	主板	科创板	创业板	北交所
合规性	(1) 最近3年内，发行人及其控股股东、实际控制人不存在贪污、贿赂、侵占财产、挪用财产或者破坏社会主义市场经济秩序的刑事犯罪，不存在欺诈发行、重大信息披露违法或者其他涉及国家安全、公共安全、生态安全、生产安全、公众健康安全等领域的重大违法行为 (2) 董事、监事和高级管理人员不存在最近3年内受到中国证监会行政处罚，或者因涉嫌犯罪正在被司法机关立案侦查或者涉嫌违法违规正在被中国证监会立案调查且尚未有明确结论意见等情形			发行人及其控股股东、实际控制人存在下列情形之一的，发行人不得公开发行股票： (1) 最近3年内存在贪污、贿赂、侵占财产、挪用财产或者破坏社会主义市场经济秩序的刑事犯罪； (2) 最近3年内存在欺诈发行、重大信息披露违法或者其他涉及国家安全、公共安全、生态安全、生产安全、公众健康安全等领域的重大违法行为； (3) 最近1年内受到中国证监会行政处罚

注：* 关于业务完整、主营业务和管理团队稳定性、控制权稳定性三项条件，主板、科创板、创业板在《首次公开发行股票注册管理办法》予以规定，北交所在《北京证券交易所向不特定合格投资者公开发行股票并上市业务规则适用指引第1号》予以规定。

附表 2　　主板、科创板、创业板、北交所的主要上市条件对比

项目	主板	科创板	创业板	北交所
非红筹、无差异表决权的一般企业	标准一：最近 3 年净利润均为正，且最近 3 年净利润累计不低于 1.5 亿元，最近 1 年净利润不低于 6 000 万元，最近 3 年经营活动产生的现金流量净额累计不低于 1 亿元或营业收入累计不低于 10 亿元 标准二：预计市值不低于 50 亿元，且最近 1 年净利润为正，最近 1 年营业收入不低于 6 亿元，最近 3 年经营活动产生的现金流量净额累计不低于 1.5 亿元 标准三：预计市值不低于 80 亿元，且最近 1 年净利润为正，最近 1 年营业收入不低于 8 亿元	标准一：预计市值不低于人民币 10 亿元，最近两年净利润均为正且累计净利润不低于人民币 5 000 万元，或者预计市值不低于人民币 10 亿元，最近 1 年净利润为正且营业收入不低于人民币 1 亿元 标准二：预计市值不低于人民币 15 亿元，最近 1 年营业收入不低于人民币 2 亿元，且最近 3 年累计研发投入占最近 3 年累计营业收入的比例不低于 15% 标准三：预计市值不低于人民币 20 亿元，最近 1 年营业收入不低于人民币 3 亿元，且最近 3 年经营活动产生的现金流量净额累计不低于人民币 1 亿元 标准四：预计市值不低于人民币 30 亿元，且最近 1 年营业收入不低于人民币 3 亿元 标准五：预计市值不低于人民币 40 亿元，主要业务或产品须经国家有关部门批准，市场空间大，目前已取得阶段性成果。医药行业企业需至少有一项核心产品获准开展二期临床试验，其他符合科创板定位的企业需具备明显的技术优势并满足相应条件	标准一：最近两年净利润均为正，且累计净利润不低于 5 000 万元 标准二：预计市值不低于 10 亿元，最近 1 年净利润为正且营业收入不低于 1 亿元 标准三：预计市值不低于 50 亿元，且最近 1 年营业收入不低于 3 亿元	标准一：预计市值不低于 2 亿元，最近 2 年净利润均不低于 1 500 万元且加权平均净资产收益率平均不低于 8%，或者最近 1 年净利润不低于 2 500 万元且加权平均净资产收益率不低于 8% 标准二：预计市值不低于 4 亿元，最近 2 年营业收入平均不低于 1 亿元，且最近 1 年营业收入增长率不低于 30%，最近 1 年经营活动产生的现金流量净额为正 标准三：预计市值不低于 8 亿元，最近 1 年营业收入不低于 2 亿元，最近 2 年研发投入合计占最近 2 年营业收入合计比例不低于 8% 标准四：预计市值不低于 15 亿元，最近 2 年研发投入合计不低于 5 000 万元

续表

<table>
<tr><th>项目</th><th>主板</th><th>科创板</th><th>创业板</th><th>北交所</th></tr>
<tr><td>已在境外上市的红筹企业</td><td colspan="3">标准一：市值不低于2 000亿元
标准二：市值200亿元以上，且拥有自主研发、国际领先技术，科技创新能力较强，同行业竞争中处于相对优势地位</td><td>—</td></tr>
<tr><td>尚未在境外上市的红筹企业</td><td colspan="3">标准一：预计市值不低于200亿元，且最近1年营业收入不低于30亿元
标准二：拥有自主研发、国际领先、能够引领国内重要领域发展的知识产权或专有技术，具备明显的技术优势的高新技术企业，研发人员占比超过30%，已取得与主营业务相关的发明专利100项以上，或者取得至少1项与主营业务相关的一类新药药品批件，或者拥有经有权主管部门认定具有国际领先和引领作用的核心技术；依靠科技创新与知识产权参与市场竞争，具有相对优势的竞争地位，主要产品市场占有率排名前三，最近3年营业收入复合增长率30%以上，最近1年经审计的主营业务收入不低于10亿元，且最近3年研发投入合计占主营业务收入合计的比例10%以上。对国家创新驱动发展战略有重要意义，且拥有较强发展潜力和市场前景的企业除外
标准三：营业收入快速增长，拥有自主研发、国际领先技术，在同行业竞争中处于相对优势地位，且预计市值不低于100亿元
标准四：营业收入快速增长，拥有自主研发、国际领先技术，同行业竞争中处于相对优势地位，且预计市值不低于50亿元，最近1年营业收入不低于5亿元</td><td>—</td></tr>
<tr><td>存在表决权差异安排的企业</td><td>标准一：预计市值不低于200亿元，且最近1年净利润为正
标准二：预计市值不低于100亿元，且最近1年净利润为正，最近1年营业收入不低于10亿元</td><td colspan="2">标准一：预计市值不低于100亿元
标准二：预计市值不低于50亿元，且最近1年营业收入不低于5亿元</td><td>具有表决权差异安排的，安排应当平稳运行至少一个完整会计年度，且相关信息披露和公司治理应当符合中国证监会及全国股转公司相关规定</td></tr>
</table>

第四章 辅 导

第一节 辅导工作概述

辅导工作对于提高拟上市企业规范运作水平，促进拟上市企业及其董事、监事、高级管理人员等全面掌握发行上市、规范运作等方面的法律法规和规则，知悉信息披露和履行承诺等方面的责任和义务，树立进入证券市场的诚信意识、自律意识和法治意识等方面发挥着重要作用。本节主要介绍辅导工作的历史沿革、目标和内容、工作要求及常见实务问题等。

一、辅导工作历史沿革

（一）辅导工作的最早规定

1995 年 9 月 5 日，中国证监会发布《中国证监会关于对公开发行股票公司进行辅导的通知》，这是关于上市辅导工作的最早规定。该通知要求，为了保证公开发行股票公司按照《公司法》和《股票发行与交易管理暂行条例》的规定，建立规范的组织制度和运行机制，促进上市公司转换经营机制，提高上市公司的质量，取得国家股票发行计划额度的公司，在其股票发行与上市过程中，应聘请承销机构进行辅导工作，并在签订承销协议的同时签订辅导协议。辅导业务是承销和上市推荐业务的一项重要内容。承销机构（包括上市推荐人）应当为企业制定辅导计划。公司辅导计划包括辅导的目的、内容、方式、步骤、要求。随后，在很长的一段时间内，辅导相关工作都按照上述通知予以执行。

（二）辅导制度基本形成

2001 年 10 月 16 日，为保障股票发行核准制的实施，提高首次公开发行股票公司的素质及规范运作的水平，中国证监会发布《首次公开发行股票辅导工作办法》，规定拟申请首次公开发行股票的公司，在提出首次公开发行股票申请前，应按本办法规定聘请辅导机构进行辅导。工作办法要求，辅导工作的总体目标是促进辅导对象建立良好的公司治理，形成独立运营和持续发展的能力，督促公司的董事、监事、高级管理人员全面理解发行上市有关法律法规、证券市场规范运作和信息披露的要求，树立进入证券市场的诚信意识、法治意识，具备进入证券市场的基本条件；同时，促进辅导机构及参与辅导工作的其他中介机构履行勤勉尽责义务。

至此，辅导制度基本形成，辅导工作的目的、内容与相关要求以制度的形式予以明确。

（三）辅导工作进一步细化

2008 年 10 月 17 日，中国证监会发布《证券发行上市保荐业务管理办法》（简称《保荐管理办法》），自 2008 年 12 月 1 日起施行，《首次公开发行股票辅导工作办法》同时废止。《保荐管理办法》规定，保荐机构在推荐发行人首次公开发行股票并上市前，应当对发行人进行辅导，对发行人的董事、监事和高级管理人员、持有 5% 以上股份的股东和实际控制人（或者其法定代表人）进行系统的法规知识、证券市场知识培训，使其全面掌握发行上市、规范运作等方面的有关法律法规和规则，知悉信息披露和履行承诺等方面的责任和义务，树立进入证券市场的诚信意识、自律意识和法治意识。同时，明确保荐机构辅导工作完成后，应当由发行人所在地的中国证监会派出机构（简称“派出机构”或“验收机构”）进行辅导验收，即由发行人所在地的派出机构发挥属地优势对辅导工作进行监管。

此后，中国证监会多次修订《保荐管理办法》，关于辅导工作的要求，随着法规体系的完善逐渐得以优化。

（四）统一辅导监管规定，提高辅导工作质量

为落实《国务院关于进一步提高上市公司质量的意见》相关要求，进一步规范辅导相关工作，从源头提高上市公司质量，2021 年 9 月 30 日中国证监会制定并发布《首次公开发行股票并上市辅导监管规定》（本章简称《辅导监管规定》），吸收派出机构在辅导监管工作中形成的成熟做法，对确有必要作出统一规定的事项予以明确，并规定辅导验收应当对辅导机构辅导工作的开展情况及成效作出评价，但不对辅导对象是否符合发行上市条件作实质性判断。中国证监会建立辅导监管系统，满足辅导材料提交、辅导公文出具、信息共享等工作的需要，并通过中国证监会政务服务平台向社会公开辅导监管信息。辅导监管信息包括辅导备案报告、辅导工作进展情况报告、

辅导情况报告以及其他与辅导对象相关的基本信息。

2022年6月17日，中国证券业协会发布《证券业务示范实践第3号——保荐人尽职调查》，明确了保荐人作为首次公开发行股票公司的辅导机构的辅导目标、工作职责、具体的工作内容、参与辅导工作的实施程序以及辅导要实现的效果等。

二、辅导目标和内容

（一）辅导工作的目标

根据《辅导监管规定》，辅导应达到以下目标：

1. 对于辅导对象：应促进辅导对象具备成为上市公司应有的公司治理结构、会计基础工作、内部控制制度，充分了解多层次资本市场各板块的特点和属性，树立进入证券市场的诚信意识、自律意识和法治意识。

2. 对于辅导对象的董事、监事、高级管理人员及持有5%以上股份的股东和实际控制人（或其法定代表人）：应督促其全面掌握发行上市、规范运作等方面的法律法规和规则、知悉信息披露和履行承诺等方面的责任和义务。持有5%以上股份股东为法人或其他形式的，辅导机构应当督促其法定代表人、基金管理人的法定代表人、执行事务合伙人等全面掌握发行上市、规范运作等方面的法律法规和规则、知悉信息披露和履行承诺等方面的责任和义务。

3. 中国证监会及其派出机构提出的其他辅导应达到的要求。

（二）辅导工作的内容

《证券业务示范实践第3号——保荐人尽职调查》梳理了保荐机构辅导工作的应包含的内容，具体包括：

1. 针对发行人的具体情况，根据相关法律、法规要求，确定辅导的具体内容，制订辅导计划及实施方案。

2. 督促辅导对象的董事（包括独立董事）、监事和高级管理人员、持有5%以上股份的股东和实际控制人（或者其法定代表人）进行全面的法规知识学习，由辅导小组成员或内部、外部的专业人员进行必要的授课，确信其理解发行上市有关法律、法规和规则，知悉作为公众公司规范运作、信息披露和履行承诺等方面的责任和义务。

3. 督促辅导对象按照有关规定初步建立符合现代企业制度要求的公司治理结构，促进辅导对象的董事（包括独立董事）、监事和高级管理人员、持有5%以上股份的股东和实际控制人（或者其法定代表人）增强法治观念和诚信意识。

4. 核查辅导对象在公司设立、改制重组、股权设置和转让、增资扩股、资产评估、资本验证等方面是否合法、有效，产权关系是否明晰，股权结构是否符合有关规定。

5. 督促辅导对象实现独立运营，做到业务、资产、人员、财务、机构独立完整，主营业务突出，形成核心竞争力。

6. 核查辅导对象是否按规定妥善处置了商标、专利、土地、房屋等法律权属问题。

7. 督促规范辅导对象同业竞争问题，以及与控股股东及其他关联方的关联交易。

8. 督促辅导对象建立和完善规范的内部决策和控制制度，形成有效的财务、投资以及内部约束和激励制度。

9. 督促辅导对象建立健全财务会计管理体系。

10. 督促辅导对象设立明确的业务发展目标和未来发展计划，并制定可行的募集资金投向及其他投资项目的规划。

随着全面注册制的实施，各板块定位更加明确清晰，辅导机构在辅导工作过程中，应在对辅导对象的总体情况进行详细的尽职调查基础上，充分结合国家产业政策和各板块定位，科学审慎地选择符合辅导对象定位的上市板块。

第二节　辅导工作各环节要求

《辅导监管规定》《证券业务示范实践第 3 号——保荐人尽职调查》等规则，对辅导工作各环节提出了具体要求。本节主要结合上述规则，从签署辅导协议、辅导备案、工作开展、辅导验收等各环节介绍辅导工作的具体要求。

一、签署辅导协议

辅导机构和辅导对象应当签订书面辅导协议，明确约定协议双方的权利义务。辅导协议可以包括以下内容：

（1）辅导人员的构成；

（2）辅导对象接受辅导的人员范围；

（3）辅导内容、计划及实施方案；

（4）辅导方式、辅导期间及各阶段的工作重点；

（5）辅导费用及付款方式；

（6）双方的权利、义务；

（7）辅导协议的变更与终止；

（8）违约责任。

辅导对象可以在辅导协议中约定，辅导机构保荐业务资格被撤销、被暂停保荐业务资格、因其他原因被监管部门认定无法履行保荐职责期间，辅导对象可以解除辅导协议。

二、辅导备案

签订辅导协议后 5 个工作日内，辅导机构应当向验收机构进行辅导备案。辅导机构办理辅导备案时，应当提交下列材料：

（1）辅导协议；

（2）辅导机构辅导立项完成情况说明；

（3）辅导备案报告；

（4）辅导机构及辅导人员的资格证明文件；

（5）辅导对象全体董事、监事、高级管理人员、持股 5% 以上股东和实际控制人（或其法定代表人）名单；

（6）中国证监会要求的其他材料。

验收机构应当在收到齐备的辅导备案材料后 5 个工作日内完成备案，并在完成备案后及时披露辅导机构、辅导对象、辅导备案时间、辅导状态。

辅导期内辅导协议终止的，辅导机构应当于辅导协议终止后 5 个工作日内，向验收机构提出撤回辅导备案。

三、开展辅导工作

（一）各阶段辅导工作

保荐人应针对发行人的具体情况，根据相关法律、法规要求，确定辅导的具体内容，制订辅导计划及实施方案，并可根据辅导对象的具体情况及验收机构的有关要求，设定辅导的若干阶段，在各个阶段予以充分辅导。

保荐人可根据辅导对象的具体情况来确定不同阶段的辅导重点及实施手段：

1. 辅导前期重点在于摸底调查，形成辅导方案并开始实施；

2. 辅导中期重点在于集中学习和培训，诊断问题并加以解决；

3. 辅导后期重点在于完成辅导计划，进行考核评估，做好首次公开发行股票申请文件的准备工作。

以某实操项目为参考，主要阶段辅导内容举例参考如下：

第一阶段：（1）辅导机构组织召开中介协调会，对于申报板块、时间进度安排、项目主要问题等上市相关事项进行逐一讨论，并达成一致意见，制订辅导计划；（2）协助辅导对象进一步完善法人治理结构，增强经营独立性，筹划募集资金投向等；（3）辅导机构进一步了解辅导对象的内部控制制度及其执行情况，协助辅导对象建立和完善内部决策和控制制度；（4）辅导机构对辅导对象进行财务初步尽调，了解财务重点问题，制订财务核查计划，对重点客户及供应商制订走访计划、设计走访问卷，确定资金流水、收入成本、期间费用等重要循环的核查方案等。

第二阶段：（1）明确辅导对象设立、改制重组、股权设置和转让、增资扩股、资产评估、资本验证等方面的合法性、有效性，明确产权关系，保证股权结构清晰，认定相关资产法律权属；协助辅导对象实现独立运营，做到业务、资产、人员、财务、机构独立完整，主营业务突出，形成核心竞争力。（2）全面开展财务核查工作，完成穿行测试、控制测试与细节测试，完成资产盘点，完成报告期内主要客户、供应商的实地走访和函证工作；取得辅导对象以及主要关联方、关键少数人员的银行对账单，对重要资金流水进行全面核查。（3）督促辅导对象规范其与控股股东及其他关联方的关系与交易。（4）辅导机构定期举行工作协调例会，利用现场会议和电话会议相结合的方式讨论辅导工作中的相关问题的整改落实情况和新发现的问题及其解决方法。（5）安排集中授课，对辅导对象的董事、监事、高级管理人员及持有5%及以上股份的股东和实际控制人（或者其法定代表人）进行集中培训。（6）针对募投项目投资金额、明细计划、实施主体、募投用地及环评等问题，辅导机构与辅导对象召开专题讨论会，反复沟通论证募投项目的合理性、必要性与可行性，最终确定募集资金金额和投资项目计划等。

第三阶段：（1）辅导机构与辅导对象召开中介协调会，对完辅导计划完成情况进行考核评估，讨论辅导过程中发现问题的解决落实情况，对申报计划进行充分的沟通和磋商，商定申报时间；（2）辅导对象相关人员准备验收机构的验收测试，辅导对象准备向验收机构提交验收申请；（3）辅导机构与辅导对象及其相关人员共同全面审阅招股说明书，对招股说明书等申报文件内容进行充分的核对，确保招股说明书等申报文件信息披露内容的真实、准确、完整、及时。

（二）辅导工作要求

1. 辅导工作人员

辅导机构、证券服务机构及其相关人员应当勤勉尽责，诚实守信，按照有关法律、行政法规、规章和规范性文件的要求开展工作。保荐人作为辅导机构应针对每一个辅导对象成立专门的辅导小组进行辅导工作。辅导机构指定参与辅导工作的人员中，保荐代表人不得少于两人。

2. 辅导期

辅导期自完成辅导备案之日起算，至辅导机构向验收机构提交齐备的辅导验收材料之日截止。辅导期原则上不少于 3 个月。辅导期内，增加、减少或更换辅导机构的，变更后的辅导机构书面认可原辅导机构辅导工作，并重新辅导备案后，辅导期可以连续计算。

3. 辅导方式

保荐人可采取灵活有效的辅导方式，包括组织辅导对象自学、进行集中授课与考试、问题诊断与专业咨询、中介机构协调会、经验交流会、案例分析等。保荐人和其他作为辅导成员的证券服务机构进行辅导工作应制定辅导教程。

4. 辅导工作报告

辅导期内，辅导机构应在每季度结束后 15 日内更新辅导工作进展情况报告，辅导备案日距最近一季末不足 30 日的，可以将有关情况并入次季度辅导工作进展情况报告。辅导期内，辅导机构未按期更新辅导工作进展情况报告超过两次的，视为撤回辅导备案。

5. 辅导工作底稿

保荐人应建立健全辅导工作底稿，并将其作为保荐工作底稿的重要组成部分。

四、辅导验收

保荐机构辅导工作完成后，应当由发行人所在地的中国证监会派出机构进行辅导验收。发行人所在地在境外的，应当由发行人境内主营业地或境内证券事务机构所在地的中国证监会派出机构进行辅导验收。

（一）提交辅导验收材料

辅导机构完成辅导工作，且已通过首次公开发行股票并上市的内核程序的，应当向验收机构提交下列辅导验收材料：

1. 辅导情况报告，包括重点辅导工作开展情况、辅导过程中发现的问题及改进情况等；

2. 辅导机构内核会议记录（或会议决议）及关注事项说明；

3. 辅导对象近 3 年及一期财务报表及审计报告、经内核会议审定的招股说明书；

4. 辅导工作相关底稿；

5. 辅导对象的律师、会计师向辅导机构就辅导工作中遇到的问题所出具的初步意见；

6. 中国证监会要求的其他材料。

其中，辅导情况报告内容应至少包括：发行人基本情况（包括辅导对象的历史沿革、股权结构、主要股东和实际控制人、主营业务及主要产品、所属行业概况及在行业中的地位、经营情况及财务状况等内容）、辅导工作开展情况、核查重点、辅导过程中发现发行人存在的问题及发行人整改规范情况等。辅导情况报告不能照搬模板、流于形式、避重就轻，应如实反映相关工作开展情况。

辅导机构保荐业务资格被撤销、被暂停保荐业务资格、因其他原因被监管部门认定无法履行保荐职责期间，不得提交辅导验收材料。辅导机构未按规定提交辅导验收材料的，验收机构可以要求其补充。

（二）验收机构验收

1. 验收内容

辅导验收应当对辅导机构辅导工作的开展情况及成效作出评价，但不对辅导对象是否符合发行上市条件作实质性判断。验收机构主要验收以下事项：

（1）辅导机构辅导计划和实施方案的执行情况；

（2）辅导机构督促辅导对象规范公司治理结构、会计基础工作、内部控制制度情况，指导辅导对象对存在问题进行规范的情况；

（3）辅导机构督促辅导对象及其相关人员掌握发行上市、规范运作等方面的法律法规和规则、知悉信息披露和履行承诺等方面的责任、义务以及法律后果情况；

（4）辅导机构引导辅导对象及其相关人员充分了解多层次资本市场各板块的特点和属性，掌握拟上市板块的定位和相关监管要求情况。

2. 验收方式

验收机构进行辅导验收，应当采取下列方式：

（1）审阅辅导验收材料；

（2）现场走访辅导对象、查阅公司资料、约谈有关人员等；

（3）检查或抽查保荐业务工作底稿；

（4）其他必要方式。

验收机构约谈人员范围包括辅导对象的实际控制人、董事、监事、高级管理人员、核心技术人员和其他关键人员。验收机构可以合理安排现场工作时间，并结合辅导验收过程中发现的问题，检查或抽查证券服务机构工作底稿。

验收机构进行辅导验收，可以组织辅导对象的董监高、持有 5% 以上股份的股东和实际控制人（或其法定代表人）参加证券市场知识测试。辅导对象相关人员已经取得独立董事、董事会秘书资格，可以申请豁免参加证券市场知识测试。

3. 验收结果

（1）要求辅导机构进行规范。辅导验收过程中，发现存在下列情形之一的，验收机构应当要求辅导机构予以规范：

①辅导机构未有效督促辅导对象规范公司治理结构、会计基础工作、内部控制制度；

②辅导机构未能勤勉尽责，诚实守信，未能按照有关法律、行政法规、规章和规范性文件的其他要求开展工作。

验收机构要求辅导机构进行规范的，应当通知辅导机构并说明理由。规范要求只提一次。

（2）出具验收工作完成函。辅导验收材料符合齐备性标准的，验收机构应当自收到齐备的辅导验收材料之日起 20 个工作日内出具验收工作完成函。辅导机构根据要求补充、修改材料及进行规范工作时间不计算在内。出具验收工作完成函时，验收机构认为辅导机构工作仍存在问题的，应将相关问题移送发行上市审核机构以及辅导机构所在地派出机构，在后续审核、日常监管中重点关注。验收工作完成函有效期为 12 个月。

（3）终止验收。因辅导对象、辅导机构及其相关人员不配合导致无法开展辅导验收工作，或辅导机构自收到规范通知后 6 个月内无法完成规范工作的，验收机构应当终止辅导验收。

五、验收后特殊情形处理

1. 辅导对象在验收工作完成函有效期内变更拟上市板块的，辅导机构在对辅导对象就更换板块进行差异化辅导后，应当重新提交辅导验收材料，履行辅导验收程序。辅导机构进行差异化辅导时间不适用关于辅导期的相关规定。

2. 在验收工作完成函有效期内变更辅导机构的，如变更后的辅导机构认可变更前辅导机构的辅导工作，向验收机构提交说明并取得同意后，原辅导验收仍然有效。验收机构应向辅导机构重新出具验收工作完成函，有效期截止日与原验收工作完成函一致。变更后的辅导机构认可变更前辅导机构的辅导工作的，不免除其依法开展尽职调查工作的义务。

3. 辅导对象未在验收工作完成函有效期内提交首次公开发行股票并上市申请的，需要重新履行辅导及辅导验收程序。

4. 在验收工作完成函有效期内，辅导对象提交首次公开发行股票并上市申请前，辅导对象、辅导机构发生可能影响辅导验收结论情况的，应当及时向验收机构报告。

第三节　辅导工作常见实务问题解答

辅导机构在实际辅导工作中，会遇到一些具体实务问题。本节结合相关规定、验收机构要求及辅导机构工作经验，梳理、总结实践中常见问题的处理。

一、辅导细节注意事项

（一）辅导申报工作的主要环节

辅导申报工作主要涉及辅导备案、辅导接管、辅导验收三大阶段，主要包括以下九个环节，需要关注辅导过程中对举报与舆情的处理及验收环节对问询函的回复（具体见图4－3－1）。

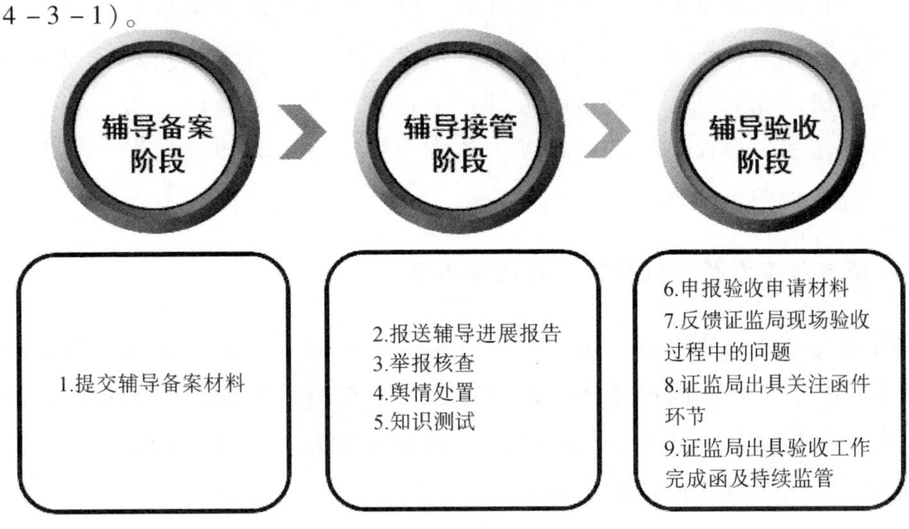

图4－3－1　辅导申报工作的主要环节

1. 辅导备案阶段

辅导机构向当地验收机构报送辅导备案材料（见辅导监管系统中的格式模板）。

2. 辅导接管阶段

辅导期内，辅导机构在每季度结束后 15 日内更新辅导工作进展情况报告。辅导过程中，如果涉及对辅导对象的举报事项，辅导机构应当对举报事项进行专项核查并向验收机构出具辅导工作报告。如果涉及辅导对象的负面舆情，辅导机构应当对舆情所涉事项进行核查并在辅导工作报告中进行专项说明。辅导机构对辅导对象予以集中培训，并可提前组织模拟测试，提升培训效果。

3. 辅导验收阶段

辅导机构向验收机构提交验收申请材料。验收机构根据现场验收检查情况，向辅导机构下发问询函，辅导机构予以反馈回复。验收机构根据辅导机构的反馈回复情况可做进一步的关注问询。通过辅导验收后，验收机构出具验收工作完成函。

（二）辅导对象中的持股 5% 以上股东的委派代表人选

辅导对象中持股 5% 以上的股东，可以为委派代表。参考各验收机构要求，持股 5% 以上的非自然人股东，委派参加上市辅导和证券市场知识验收测试的代表，通常应当为该股东的特定人员，即法定代表人、基金管理人的法定代表人、执行事务合伙人等，不能随意委派其他工作人员。股东为国资委或者其他组织形式的，可以由其向辅导对象委派的最高职级的人员或者其他能够对外代表该股东的人员参加。

（三）企业 IPO 项目被否或者终止申报后再次启动注意事项

IPO 项目被否或者终止申报后再次启动，辅导机构需要重新履行辅导及辅导验收程序。同时，需要关注辅导机构是否已经就前次项目被否或者终止进行原因梳理，是否已经全部解决了相关问题，是否已经针对上述情况进行了整改完善，相关问题是否已经全部解决落实。建议辅导机构在妥善落实上述问题后再申请辅导，并在相应辅导工作报告中分析说明上述事项。

（四）辅导对象为新三板挂牌公司注意事项

如辅导对象系新三板挂牌公司，辅导对象需要根据《非上市公众公司信息披露管理办法》《全国中小企业股份转让系统挂牌公司信息披露规则》等规定，按照辅导进程及时进行信息披露并注意充分提示风险。辅导对象如未能遵照相关规定注意信息披露的合规性，将被采取相应监管措施。

【案例4－1】 该案例为新三板挂牌公司申请北京证券交易所上市过程中，存在信息披露违规情形。

案例背景：发行人A为新三板挂牌公司，公司于2022年1月19日向当地验收机构报送了首次公开发行股票并上市辅导备案登记相关资料，并在股转公司进行了公告。在风险提示部分，公司仅公告："公司公开发行股票并在北交所上市的申请存在无法通过北交所发行上市审核或中国证监会注册的风险，公司存在因公开发行失败而无法在北交所上市的风险。挂牌公司符合《北京证券交易所向不特定合格投资者公开发行股票注册管理办法（试行）》规定的公开发行股票条件，且不存在《上市规则》第2.1.4条规定的不得在北交所上市情形。"

违规事项：2022年1月19日发行人A尚未披露2021年财务报告，根据公司已经披露的2019年、2020年扣除非经常性损益后的净利润，公司尚不符合《北京证券交易所股票上市规则（试行）》第2.1.3条规定的在北交所上市的财务条件，但发行人A未予以披露。

监管措施：2022年1月27日全国股转公司认定发行人A第一次披露的信息不完整、不充分，其行为违反了《全国中小企业股份转让系统信息披露规则》第三条的规定，构成信息披露违规。全国股转公司对发行人A及相关责任主体采取出具警示函的自律监管措施。

整改措施：发行人A于2022年1月20日对上述公告进行了更正，补充披露了上述风险：公司尚未披露最近1年年度报告，最近2年的财务数据可能存在不满足公开发行股票并在北京证券交易所上市条件的风险。根据公司已披露的《2019年年度报告》《2020年年度报告》，尚不符合《北京证券交易所股票上市规则（试行）》第2.1.3条规定的在北交所上市的财务条件，请投资者关注风险。

（五）辅导机构在提交辅导验收前还应完成的其他工作

根据《关于提供证监会系统离职人员信息查询比对服务的通知》的要求，辅导机构通常应在提交辅导验收申请前向当地验收机构提交查询申请，并取得验收机构的查询结果。

另外，根据各地验收机构的相关要求，针对辅导对象的诚信事项，有些验收机构要求辅导机构补充出具《公司实际控制人、董监高和持股5%以上股东口碑声誉核查的专项报告》，针对公司实际控制人、董监高和持股5%以上股东，需要就公安、工商、税务、社保等方面核查其是否存在违法违规情形；通过中国裁判文书网、全国法院被执行人信息查询、中国证券监督管理委员会系统等网络核查，核查实际控制人、董监高、持股5%以上股东是否存在处罚、诉讼或仲裁事项；通过实地访谈、公开搜索信息等形式了解报告期内公司实际控制人、董监高的声誉口碑是否存在负面消息。辅导机构出具专项核查报告于申请辅导验收时一并提交。

二、辅导流程注意事项

（一）辅导报告注意事项

证监会及各地派出机构已就辅导备案报告、辅导工作进展报告以及辅导情况报告等辅导材料均规定了相关的格式模板，辅导机构应在辅导监管系统里下载相关模板，并按照统一的要件要求编写，不应随意删减。

辅导机构应深入了解辅导对象的公司治理和经营情况，有针对性地挖掘和发现问题，并对辅导对象存在的问题进行规范工作。辅导报告中应详细描述规范过程与规范效果等。辅导机构提交的报告内容应有针对性和具体实质内容，不能提交模板格式报告。

（二）辅导培训注意事项

辅导机构应更多采用现场集中培训的方式授课，从而达到有效的培训目的。辅导机构要将培训资料、培训课件、培训对象签到表等作为底稿留存。辅导机构应遵照各验收机构的具体要求，确保应接受培训的人员都参加了足够时长的培训。

在培训内容方面应尽量涵盖《证券法》《公司法》《首次公开发行股票注册管理办法》《监管规则适用指引》、相应板块的上市规则以及《上市公司信息披露管理办法》等一些主要的、基础性的制度规则，还应包括《刑法（修正案）》等司法知识以及股票交易等交易规则。辅导对象通过辅导培训达到应知应会，树立进入证券市场的诚信意识、自律意识和法治意识。培训内容中建议还应当包含一些违法违规的典型案例教育的内容，以达到警示的作用。

（三）辅导验收申请时间注意事项

建议辅导机构给验收机构更充裕的审核时间予以验收，避免耽误项目申报时间。根据规定，辅导验收材料符合齐备性标准的，验收机构自收到齐备的辅导验收材料之日起20个工作日内出具验收工作完成函。考虑到辅导机构需要在报告期基准日后6个月内完成申报，因此建议辅导机构尽量避免在临近截止日前才向验收机构提交验收申请，给项目最终顺利申报预留出充裕的时间。但验收申请提交的前提是辅导机构已经实质上完成了尽职调查必要工作及辅导规范工作，不能为了抢时间在没有实质完成相关工作的情况下进行验收申请。

（四）辅导验收准备注意事项

辅导小组特别是保荐代表人，应保证有充裕的时间和精力履行好辅导的职责，应全程参与项目执行，并按照相关规定对辅导对象申请文件和信息披露资料进行尽职调查、审慎核查，包括但不限于参与重大事项讨论、编制尽职调查计划、制订尽职调查问题的解决方案、上市辅导培训、重要或异常客户及供应商走访、银行流水核查或复核核查记录、复核工作底稿等，保证辅导工作取得实效。保荐代表人参与尽职调查的过程应及时记录在尽职调查工作日志中，并作为保荐工作底稿的一部分。验收机构在现场验收过程中，会对辅导机构的工作情况进行现场问答，并查验相关尽调底稿。现场验收时，辅导小组应提前准备全套项目辅导底稿及对应目录供验收机构查验。

如果现场验收的沟通中，验收机构发现辅导小组及项目保荐代表人难以准确、清晰地回答验收机构关注的问题，或者通过现场验收发现辅导对象的内控存在较大缺陷，则可能影响验收进度甚至不予通过辅导验收。辅导机构、证券服务机构及其相关人员辅导工作过程中存在违反法律、行政法规和中国证监会规章规定情形的，验收机构可以依法采取责令改正、监管谈话、出具警示函等行政监管措施。

【案例 4 – 2】该案例为科创板 IPO 项目，首次申请辅导验收时未获通过。

案例背景：2020 年 12 月，当地验收机构公告关于发行人 B 的辅导工作总结报告，报告披露 2020 年 3 月 24 日至 25 日，验收机构对发行人 B 进行了首次辅导验收。此次辅导验收暴露出发行人 B 内部控制制度的设计及执行方面存在缺陷、发行人 B 在辅导效果检验过程中的态度不够严谨等问题。

具体问题：辅导机构在申请辅导验收时，辅导对象仍存在以下内控重大缺陷问题：

（1）公司内部控制制度设计及执行方面存在的缺陷：主要体现在内控制度设计与公司实际情况不匹配及公司未严格按照内控制度执行相关程序两方面。包括由于部分货物发货着急或者操作人员意识问题，在发货单未经复核的情况下擅自打单，内控执行不到位；公司内控制度对仓库发货与审核不相容职务未建立分离制度，实际执行中标准不统一；研发领料内控制度与实际执行流程差异等。

（2）公司部分独立董事仍未取得独董资格证书。

（3）2017 年、2018 年，发行人 B 为了便捷使用银行贷款资金，存在通过关联方及供应商取得银行贷款的“转贷”行为，金额上千万元。

（4）2017 年、2018 年、2019 年，发行人 B 为满足资金流动性需求，存在将收取客户的承兑汇票向个人贴现的行为，用于贴现的承兑汇票金额累计千万元。

（5）2017 年、2018 年、2019 年，发行人 B 在收取客户承兑汇票时，偶尔发生接受票据的金额大于实际的货款，发行人 B 存在将收取的其他客户的票据找回给客户对冲差额的情况；2018 年、2019 年，发行人 B 将票据背书转让给供应商用于支付货款时，偶尔发生背书转让的票据金额大于应支付的货款，供应商使用承兑汇票或现金找回差额的情况。发行人 B 存在无真实交易背景使用票据问题。

（6）国有股东向发行人 B 增资，其持有发行人的股权比例由 0 变动至 8%，未按照相关规定履行评估、备案手续，存在瑕疵。

监管措施：当地验收机构对辅导机构在辅导发行人 B 过程中出现的问题下发了《关于责成对发行人 B 的 IPO 辅导工作有关问题进行整改的通知》，责令辅导机构对此次辅导中暴露的问题进行整改，并决定首次辅导验收不通过。

整改措施：辅导机构对辅导工作予以全面整改。针对当地验收机构提出的公司内部控制制度的设计及执行方面存在的缺陷，辅导机构对内部控制制度中存在的设计漏洞进行了汇总并建议发行人 B 进行相关内控制度的修订，对发行人 B 内部控制制度具体执行情况进行了抽样核查，对内控制度执行层面的缺失和不足进行了汇总并督促发行人 B 进行内部整改。发行人 B 召开总经理办公会，会议审议调整了高管分管职责，讨论并修订了内部控制制度；同时，强调了内部控制执行负责人员的责任，对在辅导验收中发现的问题进行了整改。此外，辅导机构会同申报律师再次组织发行人 B 全体董监高进行培训。培训内容包括章程（草案）及主要制度、首发业务若干问题解答等，尤其强化对诚信意识、自律意识、法律意识的培训。在培训过程中对违法违规案例进行着重讲解，并在培训后重新进行闭卷考试。辅导机构对辅导小组相关责任人进行了内部问责，并要求全体投行人员做到对监管部门的要求熟知、真知，切实增强责任意识，提高履职能力，切实压实自身作为保荐机构的责任，配合监管部门把好资本市场入口关。

第五章　尽职调查

第一节　基本要求

保荐机构推荐发行人证券发行上市，应当遵循诚实守信、勤勉尽责的原则，按照中国证监会对保荐机构尽职调查工作的要求，对发行人进行全面调查，充分了解发行人的经营状况及其面临的风险和问题。本节将通过尽职调查的含义、基本要求、工作原则及主要手段四个维度，对尽职调查进行概括性描述，以形成对尽职调查的整体印象。

一、尽职调查的含义

2005 年，我国修订《证券法》，将保荐制度在法律层面予以明确。为了贯彻落实《证券法》的相关规定，提高保荐业务质量，规范保荐人的尽职调查工作，中国证监会于 2006 年 5 月出台了《保荐人尽职调查工作准则》（简称《尽调准则》），明确《尽调准则》是衡量保荐人、保荐代表人是否勤勉尽责、诚实守信的基本标准。

随着注册制在科创板及创业板落地，以及《证券法》等规定相继修订出台，为落实相关规定及适应注册制改革发展需要，中国证监会于 2022 年 5 月发布了修订后的《尽调准则》。根据《尽调准则》第二条，《尽调准则》所称尽职调查是指保荐人对拟推荐境内公开发行股票、可转换债券、存托凭证等公司（以下简称“发行人”）进行的尽职调查，通过执行合理、必要的尽职调查程序，以合理确信发行人符合《证券法》等法律法规的相关规定，符合中国证监会及证券交易所规定的发行条件、上市条件和信息披露要求，以及合理确信公开披露文件已结合发行人实际情况进行有针对性的风险提示，充分披露了投资者作出价值判断和投资决策所必需的信息，信息披露真实、准确、完整。

相较于 2006 年《尽调准则》，2022 年《尽调准则》更新了尽职调查的含义，在程序上进一步明确要求保荐人“执行合理、必要的尽职调查程序”；在目的上，为了更好地贯彻注册制以信息披露为核心的理念，明确要求保荐人通过尽职调查合理确信发行人满足“信息披露要求”、合理确信发行人公开披露文件已结合发行人实际情况进行“有针对性的风险提示”、合理确信发行人充分披露了“投资者作出价值判断和投资决策所必需的信息”。

二、尽职调查的基本要求

（一）尽职调查的范围

1. 调查涉及发行条件和上市条件或对投资者作出投资决策有重大影响的信息

根据《尽调准则》第三条规定，《尽调准则》是以保荐人对拟保荐境内首次公开发行股票、存托凭证的发行人进行充分尽职调查为基础，制定的尽职调查程序的一般要求。不论《尽调准则》是否有明确规定，凡涉及发行条件和上市条件或对投资者作出投资决策有重大影响的信息，保荐人均应当在职责范围内勤勉尽责地进行尽职调查。此外，注册制实施以来，尽职调查事项范围也发生了一些新的变化，体现在 2022 年《尽调准则》较原 2006 年《尽调准则》补充的尽职调查事项，如红筹架构、特别投票权、协议控制、在其他证券市场上市/挂牌、契约型资管产品和契约型私募投资基金入股、发行人未实现盈利或最近一期存在累计未弥补亏损、业务高度依赖信息系统、投资者保护、估值、板块定位等需要核查的事项。

2. 尽职调查核查程序的替代措施需要充分且适当

根据《尽调准则》第四条规定，尽职调查过程中若存在确实无法执行的核查程序，保荐人应详细说明情况、具体原因、合理性以及所采取的替代措施，并评估替代措施的充分适当性。

3. 持续履行尽职调查义务

根据《尽调准则》第八十五条规定，尽职推荐受理后、证券发行上市前，保荐人应当参照《尽调准则》的规定，持续履行尽职调查义务。如果发生对投资者作出投资决策有重大影响的信息，保荐人应当及时履行相关的尽职调查义务，并在此基础上对发行人公开发行募集文件做相应修改。

（二）相关人员能力与素质

1. 具备良好的职业道德和专业胜任能力

根据《尽调准则》第五条规定，保荐人尽职调查时，应当考虑自身专业胜任能力和独立性，并确保参与尽职调查工作的相关人员能够恪守独立、客观、公正、审慎的原则，具备良好的职业道德和专业胜任能力。

2. 保持职业怀疑

根据《尽调准则》第六条规定，保荐人开展尽职调查工作，应当保持职业怀疑，以获取充分和适当的证据为基础出具对相关事项的明确核查结论，核查的方法和结论能够通过工作底稿进行验证。

3. 具备独立判断和审慎核查的能力

根据《证券发行上市保荐业务管理办法》（简称《保荐管理办法》）第二十二条及第二十三条规定，对发行人申请文件、证券发行募集文件中有证券服务机构及其签字人员出具专业意见的内容，保荐机构可以合理信赖，对相关内容应当保持职业怀疑、运用职业判断进行分析，存在重大异常、前后重大矛盾，或者与保荐机构获得的信息存在重大差异的，保荐机构应当对有关事项进行调查、复核，并可聘请其他证券服务机构提供专业服务。对发行人申请文件、证券发行募集文件中无证券服务机构及其签字人员专业意见支持的内容，保荐机构应当获得充分的尽职调查证据，在对各种证据进行综合分析的基础上对发行人提供的资料和披露的内容进行独立判断，并有充分理由确信所作的判断与发行人申请文件、证券发行募集文件的内容不存在实质性差异。

4. 不得向他人输送不正当利益或者谋取不正当利益

根据《尽调准则》第七条规定，保荐人在尽职调查工作中，应当严格遵守法律法规、中国证监会的规定和行业自律规则，遵守社会公德、商业道德、职业道德和行为规范，公平竞争，合规经营，忠实勤勉，诚实守信，不得直接或者间接谋取不正当利益或者向他人输送不正当利益。

（三）内部制度建立与要求

1. 建立尽职调查工作制度

根据《证券公司投资银行类业务内部控制指引》第五十一条规定，证券公司应当根据各类投资银行业务风险特性，有针对性地建立尽职调查制度，规范项目组在实施尽职调查过程中的行为，确保项目组勤勉尽责地履行尽职调查职责。

2. 建立保荐工作底稿及尽职调查工作日志

根据《保荐管理办法》第四十条规定，保荐机构应当为每一项目建立独立的保荐工作底稿。保荐代表人必须为其具体负责的每一项目建立尽职调查工作日志，作为保荐工作底稿的一部分存档备查；保荐机构应当定期对尽职调查工作日志进行检查。保荐工作底稿应当真实、准确、完整地反映保荐工作的全过程，保存期不少于20年。《证券公司保荐业务规则》（简称《保荐业务规则》）第三十一条规定，保荐代表人应当为其具体负责的每一项目建立尽职调查工作日志，按照时间顺序全面、完整地记录尽职调查过程，并作为保荐工作底稿的一部分存档备查。工作日志应当按照时间编制，尽职调查期间每周应当至少形成一份工作日志；对于持续时间较长的特定重要事项的尽职调查，也可按照事项编制，就该事项在一段期间内或者整个尽职调查期间的核查情况形成单独的工作日志。保荐代表人应当在尽职调查工作日志中通过签字等形式确认。

3. 尽职调查后需形成保荐业务相关文件

根据《尽调准则》第六条规定，除另有规定的，同次发行的证券，其发行保荐和上市保荐应由同一保荐人担任，保荐人应在尽职调查基础上形成发行保荐书、上市保荐书和发行保荐工作报告。

4. 填写尽职调查情况问核表

《关于进一步加强保荐机构内部控制有关问题的通知》要求，保荐机构应在《发行保荐工作报告》中详细说明问核的实施情况、问核中发现的问题，以及在尽职调查中对重点事项采取的核查过程、手段及方式，并要求保荐项目的两名签字保荐代表人填写“关于保荐项目重要事项尽职调查情况问核表”。

（四）接受监管及自律管理

根据《尽调准则》第八条规定，中国证监会依照法律、法规、规章和《尽调准则》的规定，对保荐人的尽职调查工作进行监管，中国证券业协会和证券交易所对保荐人尽职调查工作实施自律管理。

三、尽职调查的工作原则

（一）全面性原则

为达到尽职调查的目的和基本要求，保荐人应对发行人进行全面的尽职调查。在《尽调准则》中，分八个章节明确规定了风险因素调查等八个方面的尽职调查基本要求，但同时强调不论《尽调准则》中是否有明确规定，凡涉及发行条件和上市条件或对投资者作出投资决策有重大影响的信息，保荐人均应当在职责范围内勤勉尽责地进行尽职调查。在《尽调准则》基础上，中国证券业协会发布了《证券业务示范实践第3号——保荐人尽职调查》，规范和指导保荐人对重要事项的尽职调查工作，提高尽职调查工作质量。

（二）针对性原则

由于发行人所处的行业情况及业务特点等方面存在不同，保荐人应结合发行人的特点设计具有针对性的尽职调查的核查程序。例如，如发行人存在经销模式的，根据《监管规则适用指引——发行类第5号》（简称《适用指引第5号》），应重点关注其收入实现的真实性，详细核查经销商模式商业合理性，内控制度合理性及运行有效性，经销收入确认、计量原则是否符合《企业会计准则》规定，是否与同行业可比公司存在显著差异，经销商构成及稳定性，经销商与发行人关联关系及其他业务合作，并对经销商模式经营情况进行分析。

（三）重要性原则

重要性原则是指在全面性原则和针对性原则的基础上，凡影响投资者作出价值判断和投资决策所必需的信息的事项或材料，应认定为重大事项或材料，进行重点核查。保荐人应当明确自身尽职调查职责，结合发行人自身业务、财务等特点设计适合的核查程序，依据重要性原则进行合理判断，适当选取核查方式、厘定相应情形下适用的重要性水平。

（四）可验证性原则

保荐人尽职调查结论需要有相应的证据支撑，且尽职调查证据应当与尽职调查目标、内容相关联，并能如实反映客观事实。工作底稿是评价保荐机构及其保荐代表人从事保荐业务是否诚实守信、勤勉尽责的重要依据。因此，凡对保荐机构及其保荐代表人履行保荐职责有重大影响的文件资料及信息，均应作为工作底稿予以留存。在开展尽职调查工作过程中，保荐机构及其保荐代表人应当保持职业怀疑，以获取充分和适当的证据为基础来出具对相关事项的明确的核查结论，核查的方法和结论能够通过工作底稿来进行验证。

（五）全周期原则

尽职调查应贯穿项目的整个周期。在保荐项目召开立项会议前，保荐人就应对拟推荐发行人进行初步的尽职调查，并开展反洗钱、内幕信息知情人管理、利益冲突核查等合规工作。尽职推荐受理后、证券发行上市前，保荐人应持续履行尽职调查义务。此外，在证券发行上市后，保荐人应在持续督导期内，持续督导发行人履行规范运作、信守承诺、信息披露等义务。

四、尽职调查的主要手段

保荐机构对发行人进行尽职调查采用的主要手段包括：查阅企业内部文件资料、查询外部信息、函证、企业实地调查、关键人员访谈、走访、聘请第三方协助以及数据勾稽比对等。

（一）查阅企业内部资料

通过对发行人市场主体登记资料、验资报告、发行人股东信息及其与发行人签署的协议或安排的审阅，比较相关协议或安排与其他内部类似合同或交易，调查发行人历史沿革、股权结构、关联交易情况及股东出资情况；通过核查发行人股东身份证件、工作经历等资料，调查发行人股东是否存在中国证监会系统离职人员入股情形；通过审阅发行人业务许可证书及相关证明，调查发行人是否具备业务资质；通过审阅发行人内部组织设置文件、"三会"文件、总经理办公会纪要等文件，调查发行人组织结构、规范运行情况和内部控制情况；通过查阅发行人董监高人员个人履历资料、调查表、曾任职的其他公众公司财务及公告文件，调查发行人董监高人员的经历、行为操守及合规情况。

查阅发行人财务报告、主要资产的权属凭证与合同、诉讼仲裁文件、银行账户开户资料和流水、历次募集资金验资与使用相关资料、对外担保合同文件及相关决策文件、估值报告等，调查发行人独立性、重要资产权属情况、募集资金使用情况、担保程序的完备性与合法合规性、公司市值估值的合理性；收集发行人会计管理的相关资料，核查发行人会计管理内部控制的完整性、合理性及有效性；对重要财务核算科目执行核查程序，评估发行人采购、生产和销售等环节存在的经营风险，分析发行人获取经常性收益的能力，识别潜在的财务风险。

通过查阅发行人中长期发展战略的相关文件、发行人经营理念和经营模式的相关资料、承诺事项履行情况、信息披露制度、股利分配政策等，调查发行人的发展战略与规划，发展目标的可实现性，对承诺履行的约束措施，是否认真履行信息披露义务，现金分红的必要性、合理性和合规性，是否有利于保护中小股东的利益。

（二）查询外部信息

通过查询公开网站、政府文件、行业杂志、研究报告及同行业公司公开披露信息，了解发行人所在行业的政策、竞争格局与发展方向、技术水平及技术特点或构成关键经营要素的情况，调查发行人的业务经营与技术情况、在行业中的竞争优势、所在行业是否存在重大变化、是否存在经营风险、评估方法是否恰当合理，检索发行人及其实际控制人、董监高是否存在负面舆情评价、违法违规行为，检索发行人股权出质或其他经营异常情况。

（三）函证

通过对银行、供应商、客户等进行函证，以进一步核查财务、业务及其他重要信息的准确性与真实性。函证过程中需重点关注以下方面：

1. 函证发、收程序的独立性

采取邮寄方式函证的，核查发、收单据的齐备性，核实寄件人/地址和收件人/地址是否独立于发行人，以及地址是否与函证对象的注册地址、办公地址等公开查询的地址一致；采取亲函方式的，需关注亲函的程序，确认被询证方经办人员的身份及其处理函证的适格性，确认函证是否从被询证方经办人员独立取得、相关程序是否监控下获取；采用电子邮件方式函证的，通过官网核实相关邮箱后缀、邮件显示的电话回访等方式确认。

2. 函证内容的齐备性

除了包含报告期内的发生额及各报告期末余额外，还需要根据发行人的特点决定是否需要在函证中包括主要合同条款、货物明细、验收时间等信息。

3. 函证样本选择的具体标准及合理性

例如，函证样本是否包含了报告期内所有重要的客户及供应商、是否包含了销售金额变动较大的客户及供应商等。

4. 函证的回函情况

需关注未回函或回函差异的原因及合理性、采用的替代性措施及采用替代措施是否可以消除合理性怀疑、回函的盖章是否存在异常等。

（四）企业实地调查

保荐机构可通过对发行人实地考察，核查发行人各项信息的真实性并评估企业生产经营情况：通过实地查看发行人各部门、生产线及环保设备，调查发行人产供销系统的控制与运行情况、安全生产和环境保护的日常监测情况及发行人各机构的独立性；对主要资产进行盘点，调查发行人主要资产的使用状况；实地查看发行人的员工工作场所、工作情况，了解员工的工作面貌、工作热情及工作满意度。

（五）关键人员访谈

保荐机构可通过与发行人内部各层级、各职能人员进行充分沟通，了解发行人的基本情况。

通过与发行人董监高人员、核心人员交谈，组织董监高人员学习、参加监管机构考试，了解董监高与核心人员的胜任能力和勤勉尽责等信息；与发行人各部门负责人、员工等人员进行访谈，了解发行人管理、采购、生产、销售、研发等各部门运行模式，调查发行人的组织机构构成运行情况、经营情况以及是否合法合规经营，并识别相关风险；与发行人高级管理人员、内部审计、注册会计师等部门和人员交谈，了解发行人内部控制的监督和评价制度。发现异常财务事项或财务报表被出具非无保留意见审计报告时，可通过向董事会、监事会、业务人员和经办人员询问等多种形式进行专项核查，必要时，就会计师的审计或审核意见、财务报表附注中重要或异常内容与会计师进行沟通，或请会计师作出书面解释，但应对会计师所作解释的真实性、准确性、完整性进行核查，并做出独立判断。

（六）走访

可通过走访相关市场监督管理部门、税务部门、海关、土地管理局、环保局、人力资源和社会保障局、司法部门，调查公司的业务是否合法合规、是否存在重大违法违规的情况；通过走访发行人供应商、客户以调查发行人经营的真实性、稳定性和合规性；通过走访商业银行，调查银行流水情况，调查发行人商业信用评估情况、财产独立性以及对外担保和融资情况。

政府部门的证明文件仅是必要情况下的辅助核查手段，不应将政府部门的证明文件作为尽职调查工作底稿的必备内容。

（七）聘请第三方协助

对于重大财务异常事项，应当对有关事项进行调查、复核，必要时可聘请其他中介机构提供专业服务。

在互联网销售及信息系统的核查过程中，核查互联网销售的业务流程、信息系统支撑业务开展程度、管理情况和用户数量及交易量级，必要时，在确保外部专家胜任能力和独立性的基础上，合理利用外部专家的工作对互联网销售或信息系统的可靠性、有效性进行核查。

在调查发行人存货时，如存货具有一定特殊性的，如其性质、价值、数量难以判断，在确保外部专家胜任能力和独立性的基础上，可以合理采用外部专家意见，并对外部专家意见履行审慎关注和必要复核程序。

保荐人应恪守独立履责、勤勉尽责义务，根据法律规定和客观需要合理使用第三方服务，不得将法定职责予以外包，保荐人依法应当承担的责任不因聘请第三方而减轻或免除。保荐人需要调查第三方机构的基本情况、资质、执业记录，了解所聘请的第三方和具体参与人员是否具备执业所需要的资质，是否存在不良执业记录，保荐人应明确第三方机构和人员的具体工作内容，并复核其工作成果和结论。

（八）数据勾稽比对

通过研究不同财务数据之间、财务数据与非财务数据之间、不同非财务数据之间的内在关系，对财务和业务信息作出评价；以人工或计算机辅助方式对文件中数据计算的准确性进行核对或分析性复核。

保荐人在采用以上主要尽职调查手段获取尽调证据时，应特别注意尽调证据的可靠性、有效性，加强对获取核查资料的必要控制。若尽职调查的方式是取得相关文件或凭证，应当确认所取得资料的真实性；如果是书面说明文件，则需由提供者盖章或签字；如果采取开会讨论的形式，则原则上应该形成会议纪要；如有其他不便形成文字或复印件的内容，可以采取拍摄等方式。

第二节　尽职调查事项

本节根据《尽调准则》《证券业务示范实践第 3 号——保荐人尽职调查》等相关规定，全面介绍了推荐阶段尽职调查事项的主要内容，对其中重要或特殊事项的核查方法和要点（包括但不限于）进行了列示。

一、风险因素调查

保荐人应结合发行人业务、行业特征和竞争情况、所处产业链地位，有针对性地分析其相关风险因素，总结、提炼重要风险因素，并充分了解对发行人的影响，对发行人影响重大的风险应进行专项核查。保荐人应尽量对上述风险因素作定量分析，对导致风险的变动性因素作敏感性分析；无法进行定量分析的，应有针对性地作出定性描述。

发行人风险因素调查的具体内容包括：

调查发行人所在行业的发展涉及的主要国家政策，包括财政、金融、税收、土地使用、产业政策、行业管理、环境保护等，调查发行人主要产品和业务涉及的主要国际贸易条件和政策，分析国内和国际政策环境的变化情况，评价其对发行人所处行业是否有重大影响。

调查发行人产品（服务）的市场前景、行业经营环境的变化、商业周期或产品生命周期、市场饱和或市场分割、市场骤减或增长停滞、过度依赖单一市场、过度依赖某些客户和供应商、市场占有率下降等情况，评价其对发行人经营是否产生重大影响。

调查发行人生产经营模式是否发生变化、经营业绩是否稳定、主要产品或主要原材料价格波动情况、是否过度依赖某一些重要原材料或产品，评价其对发行人生产经营是否产生重大影响，是否影响发行人持续经营能力。

评估发行人采购、生产和销售等环节存在的经营风险，分析发行人获取经常性收益的能力。

调查发行人是否存在资金周转能力较差导致的流动性风险、现金流状况不佳或债务结构不合理导致的偿债风险、主要资产减值准备计提不足的风险、主要资产价值大幅波动的风险、非经常性损益或合并财务报表范围以外的投资收益金额较大导致净利润大幅波动的风险、重大担保或诉讼等或有事项导致的风险情况，评价其对发行人经营是否产生重大影响。

调查发行人是否存在技术升级迭代而被替代、研发失败、技术专利许可或授权不具排他性、技术未能形成产品或实现产业化、技术缺乏有效保护或保护期限短以及缺乏核心技术或核心技术依赖他人等情况，重要资产或主要生产线是否出现重大减值风险，评价其对发行人经营是否产生重大影响。

调查发行人投资项目在市场前景、技术保障、产业政策、环境保护、土地使用、融资安排、与他人合作等方面存在的问题，是否存在因营业规模、营业范围扩大或者业务转型而导致的管理风险、业务转型风险，因固定资产折旧大量增加而导致的利润下滑风险，因产能扩大而导致的产品销售风险，因业务转型导致营业收入、毛利率、成本费用及盈利水平恶化等风险情况，评价其对发行人经营是否产生重大影响。

调查发行人是否存在重大专利、技术、产品纠纷，诉讼或仲裁的风险，以及资产权属瑕疵、股权纠纷、行政处罚等方面的风险，评价其对发行人经营是否产生重大影响。

调查发行人是否存在因内部控制有效性不足导致的风险、依赖个别管理人员或核心技术人员的风险。

对于红筹企业，应调查境内外法律制度、监管环境差异可能引发的风险；对于存在不同投票权结构、协议控制架构、投票协议或其他公司治理特殊安排的红筹企业，应调查红筹企业因此类安排可能导致的管理风险、经营风险、法律风险等；对拟在境内发行存托凭证的红筹企业，应调查存托凭证持有人在分红派息、行使表决权等方面的特殊安排可能引发的风险，境内外市场交易规则差异、基础股票价格波动等因素造成存托凭证市场价格波动的风险，增发基础股票可能导致的存托凭证持有人权益被摊薄的风险。

发行人未实现盈利或最近一期存在累计未弥补亏损的，应结合行业特点分析该情形的成因，结合未实现盈利的原因充分调查公司核心竞争力和经营活动面临的重大风险，以及对公司现金流、业务拓展、人才吸引、团队稳定性、研发投入、战略性投入、生产经营可持续性等方面的影响。未盈利状态持续存在或累计未弥补亏损继续扩大的，应调查发行人收入无法按计划增长、研发失败、产品或服务无法得到客户认同、资金状况、团队稳定和研发投入受限的风险，并分析判断触发退市条件的风险。

调查发行人是否存在可能严重影响持续经营和财务状况的其他因素，如自然灾害、安全生产、环境保护、汇率变化、外贸环境、担保等，分析和判断其对发行人经营影响。保荐人应该了解以往发行人针对相关风险的主要应对措施以及这些措施实际发挥作用情况，核查发行人是否针对曾经发生和可能发生的主要风险制定了相关制度或规程，是否已经形成了重大风险防范机制。

二、发行人基本情况调查

（一）历史沿革情况

核查发行人设立、历次增资、减资、股东变动的合法、合规性，核查发行人股本总额、股东结构是否发生重大变动。

若发行人存在其他证券市场的上市/挂牌情况，应核查在其他证券市场的上市/挂牌期间在信息披露、股权交易、董事会或股东大会决策等方面的合法合规性，摘牌或退市程序的合法合规性，外汇流转及使用的合法合规性（如涉及境外退市、境外分红或者境外上市公司资产出售的），上市/挂牌期间受到处罚的情况，本次发行与在其他证券市场的上市/挂牌信息披露差异等。

历史沿革核查中相关事项的核查方法和要点如下：

1. 增资或股权转让（非突击入股）

通过调阅工商登记资料、内部审批决策文件、投资协议、股权转让价款支付凭证或情况说明、转让方缴税凭证、访谈相关人员等，核查发行人相关股东的基本情况、股权转让或增资的原因及合理性、价格及定价依据，股东增资款或股权转让款是否实际支付及资金来源，是否履行了相应的决策程序和法律规定的核准程序，涉及国有产权变动的，是否履行了相应的审批、评估、备案等法定程序，是否存在法律瑕疵，相关瑕疵是否已经补救，有关股权变动是否是双方真实意思表示，是否存在争议或潜在纠纷，是否已完成纳税义务，出资方式及出资程序是否符合当时公司法的相关规定，相关股东与发行人其他股东、董事、监事、高级管理人员、本次发行中介机构及其负责人、高级管理人员、经办人员是否存在亲属关系、关联关系、委托持股、信托持股或其他利益输送安排，相关股东是否具备法律、法规规定的股东资格。

2. 突击入股

重点关注申报前 12 个月内通过股权转让、增资入股发行人的新股东。对突击入股的新股东进行重点核查。

除常规核查外，还可重点关注引入新股东的原因、股权转让或增资的价格及定价依据，有关股权转让是否是双方真实意思表示，是否存在纠纷或潜在纠纷，新股东与发行人其他股东、董事、监事、高级管理人员、本次发行中介机构负责人、高级管理人员及其经办人员是否存在亲属关系、关联关系、委托持股、信托持股或其他利益输送安排，新股东是否具备法律、法规规定的股东资格。

红筹企业（指注册地在境外、主要经营活动在境内的企业）拆除红筹架构以境内企业为主体申请上市，如该境内企业直接股东原持有红筹企业股权、持有境内企业股权比例为根据红筹企业持股比例转换而来，且该股东自持有红筹企业股权之日至 IPO 申报时点满 12 个月，原则上不视为新股东。

发行人直接股东如以持有发行人重要子公司（置换时资产、营业收入或利润占比超过 50%）股权置换为发行人股权的，如该股东自持有子公司股权之日至 IPO 申报时点满 12 个月，原则上不视为新股东。

核查新引入股东锁定期承诺是否符合当时法律法规的规定。

根据监管要求，按照实质重于形式和重要性原则，结合实际情况对股东进行进一步穿透核查，避免免责式、简单化不良倾向。

3. 红筹架构

（1）私有化（已上市）、回购境外投资者股权（未上市）。

私有化主体引入财务投资者股东的，结合增资协议等约定，核查此类股东身份和资金来源的合法性；核查股东权利义务约定，是否存在对赌、一票否决、特别表决权、股东之间其他特殊利益安排，并结合上述情况核查发行人的股权是否清晰，是否存在潜在争议。

私有化主体向金融机构融资的，结合融资相关的协议，核查融资资金来源及合法性，融资金额、利率、资金出入境的审批程序；核查融资款项偿还情况，是否存在尚未偿还的款项，融资人的偿债能力情况；核查是否存在发行人直接间接股权的已质押和承诺上市后质押的情况、对股权结构及公司治理结构的影响；核查是否存在发行人经营性资产的质押情况、对资产权属的影响。

核查私有化过程是否符合境内外法律法规、境外交易所监管要求、公司章程、私有化方案的约定，是否有潜在法律风险；是否存在境外上市主体与境外股东之间的诉讼或其他纠纷，进一步核查对发行人、主要股东和实际控制人及董事、监事、高级管理人员、核心技术人员的影响。

已境外融资但未上市的，应关注实际控制人回购境外投资者股权以及纳税等情况，对实际控制人引入投资者、举债融资、与境外投资者利益冲突解决等方面参照上述内容核查。

（2）红筹架构的搭建、拆除。

核查红筹架构搭建、历次股权变动和拆除（如有）过程是否符合商务、税务、外汇、市场监督等有关规定，是否存在违法违规情形；核查红筹架构拆除是否彻底，是否存在未了结的债权债务及其他潜在纠纷；核查红筹架构中境内外相关股东情况、相关协议执行情况、拆除后标的资产股权权属是否清晰、拆除前后的控制关系、是否存在诉讼等法律风险；核查红筹、VIE 架构中所有境外主体的存续和处置情况，是否存在重大违法违规情形。

若红筹架构拆除过程中及拆除后涉及资产重组，核查重组后发行人是否具备业务独立性、是否存在同业竞争或潜在同业竞争、关联交易是否显失公允；核查红筹架构拆除后，标的资产的生产经营是否符合国家产业政策相关法律法规等规定；核查红筹架构拆除是否导致标的资产近 3 年或 2 年主营业务、实际控制人以及董事、高级管理人员（及核心技术人员）发生重大变化，是否符合《首次公开发行股票注册管理办法》等规定。

若红筹企业的对赌协议中存在优先权利安排的，核查发行人和投资机构是否约定并承诺在申报和发行过程中不行使优先权利，并于上市前终止优先权利、转换为普通股，了解转股安排和转股前后股东权利的变化，转股对发行人的具体影响，相关承诺及股份锁定期是否符合相关要求。

（3）在境内发行存托凭证。

对拟在境内发行存托凭证的红筹企业，保荐人应核查《存托协议》和《托管协议》对本次境内发行的存托托管安排和相关主体的主要权利与义务，存托凭证持有人权利实行和保护的相关事宜等；核查本次发行前该红筹企业境外已发行的股票和存托凭证的情况，调查境内存托凭证持有人在分红派息、行使表决权等方面的特殊安排可能引发的风险，境内外市场交易规则差异、基础股票价格波动等因素造成境内存托凭证市场价格波动的风险，增发基础股票可能导致的境内存托凭证持有人权益被摊薄的风险，核查境内存托凭证持有人实际享有的权益与境外股东和境外存托凭证基础证券持有人的权益是否相当。

（4）股权激励计划。

若境外主体存在股权激励，核查境外主体股权激励授予、变更和终止的方式和履行程序是否合法合规，是否符合公司章程及股权激励计划的约定，股权激励对利润的影响，以及个税缴纳情况；核查股权激励的定价依据、资金来源，是否存在股份代持。

若为落实到境内上市主体进行员工持股激励的，核查境外激励计划与境内激励计划的差异，是否符合股东人数不超 200 人的情况，是否符合三会决议、职工大会决议，是否存在潜在股权纠纷。

（5）尚存境外持股架构。

对于控股股东、实际控制人设立在国际避税地区且持股层次复杂的，核查控股股东、实际控制人的国籍，保留此类架构的理由，持股的真实性，是否存在委托持股、信托持股，是否有各种影响控股权的约定，股东的出资来源等，必要时应取得拥有设立地区执业资格的律师出具专业分析意见。

（6）对于已上市红筹公司，保荐人可根据发行人的上市地监管规定、上市期间过往表现、上市地与 A 股市场的差异等实际情况，进行专业判断，依据《证券业务示范实践第 3 号——保荐人尽职调查》的指导精神，对尽职调查工作可采取适当的简化或替代手段，包括但不限于由发行人相应出具承诺等。

（二）企业改制与设立情况

调查改制完成后原企业或主要发起人的资产构成和业务构成情况、改制前原企业的业务流程、改制后发行人的业务流程，以及原企业和发行人业务流程间的联系。

调查发行人成立以来，在生产经营方面与主要发起人的关联关系及演变情况，分析判断发行人改制是否清晰、彻底，是否已将与发行人业务有关的生产经营性资产及辅助设施全部投入股份公司，是否保证了发行人供应系统、生产系统、销售系统等方面的独立性和完整性，以及与原企业或主要发起人在法律关系、产权关系、业务关系（如现实的或潜在的关联交易和同业竞争等）、管理关系（如托管等）等方面是否存在重大瑕疵。

企业改制与设立中相关事项的核查方法和要点如下：

1. 有限责任公司整体变更为股份有限公司

取得发行人整体变更相关的会议资料、发起人协议、审计报告、资产评估报告、验资报告、营业执照等资料，核查是否按照原账面净资产折股，整体变更是否存在程序瑕疵，或者股改发起人资格、人数、出资等不符合相关法律法规的情况。

2. 改制时存在未弥补亏损

发行人如在有限责任公司按原账面净资产值折股整体变更为股份有限公司时存在

未弥补亏损，或者整体变更时不存在未弥补亏损，但因会计差错更正追溯调整报表而致使整体变更时存在未弥补亏损，了解其由有限责任公司整体变更为股份有限公司的基准日未分配利润为负的形成原因，该情形是否已消除，整体变更后的变化情况和发展趋势，与报告期内盈利水平变动的匹配关系，对未来盈利能力的影响，整体变更的具体方案及相应的会计处理、整改措施（如有），整体变更是否经董事会、股东会表决通过，相关程序是否合法合规，改制中是否存在侵害债权人合法权益情形，是否与债权人存在纠纷，是否已完成工商登记注册和税务登记相关程序，整体变更设立股份有限公司相关事项是否符合《公司法》等法律法规规定。

3. 国有企业、集体企业改制而来的或历史上存在挂靠集体组织经营的企业

取得发行人改制的相关资料，包括改制前原企业（或主要发起人）的相关财务资料及审计报告、资产和业务构成情况、上级主管部门同意改制的批复文件等，以及发行人的改制方案、人员安置方案、审计报告、评估报告等，并通过与发行人董事、监事、高级管理人员及其员工谈话，咨询中介机构等方法，核查发行人在改制时业务、资产、债务、人员等重组情况，分析判断是否符合法律、法规，是否符合证券监管、国有资产管理、税收管理、劳动保障等相关规定。如改制过程中法律依据不明确、相关程序存在瑕疵或与有关法律法规存在明显冲突，原则上还应取得有权部门关于改制程序的合法性、是否造成国有或集体资产流失的意见。国有企业、集体企业改制过程不存在上述情况的，可结合当时有效的法律法规等，分析说明有关改制行为是否经有权机关批准、法律依据是否充分、履行的程序是否合法以及对发行人的影响等。

（三）内部职工股等情况

内部职工股相关事项的核查方法和要点如下：

通过查阅内部职工股的审批文件、募股文件、缴款证明文件及验资报告等，必要时走访审批机构、收款银行、验资机构等，调查发行的合法性、真实性；就内部职工股形成过程和原因，查阅相关法律法规，分析判断是否符合当时的法律规定，是否经过有关部门确认为合格股东，是否符合行业主管部门相关规定（如《关于规范金融企业内部职工持股的通知》）。

通过调阅工商登记资料、发行人三会文件、相关股份形成及演变的法律文件，并与发行人员工和董监高人员谈话，调查发行人是否存在工会持股、职工持股会持股、信托持股或股东数量超过 200 人的情况；上述股份进行过清理的，调查是否存在潜在问题和风险隐患，是否已明确有关责任承担主体；核查内部职工股的实际权益人的历次变动情况及原因，转让是否损害职工利益。

存在托管情形的，取得及查阅内部职工股历年托管证明文件，必要时走访托管机

构，调查内部职工股的托管、转让情况；存在清理规范情形的，取得相关的协议文件、决策文件、价款支付凭证等，调查是否存在潜在问题和风险隐患，是否已明确有关责任承担主体；通过查阅决策程序文件、相关部门审批文件，核查是否就托管、清理情况履行工会和职工持股会的成员大会表决程序，是否经过上级、行业主管部门的核准。调查发行人控股股东或实际控制人存在职工持股会或工会持股情形的，是否按照相关要求予以清理。

通过与相关人员访谈、查阅发行相关文件、内部审批文件等，调查内部职工股发行过程中是否存在违法违规情况，包括超范围、超比例发行，通过增发、配股、国家股和法人股转配等形式变相增加内部职工股，内部职工股转让和交易中的违法违规，法人股个人化等情况。

通过与相关人员访谈、查阅发行相关文件、查询网站等方式，分析是否存在现时或潜在的诉讼、纠纷，以及重大风险隐患对发行人的影响；对于存在现时或潜在的诉讼、纠纷的，应核查是否提出明确、可行的解决措施，核查相关纠纷对发行人股权清晰稳定的影响、核查解决措施的可行性。

（四）报告期内重大重组情况

若发行人报告期内发生过或报告期外发生但对报告期有重大影响的合并、分立、收购或出售资产、资产置换、重大增资或减资、债务重组等重大重组事项的，调查发行人重组动机、内容、程序和完成情况。核查资产收购完成后的发展状况，包括但不限于人员整合、公司治理运行情况、盈利预测或业绩对赌实现情况。

报告期内重大重组情况相关事项的核查方法和要点如下：

1. 总体要求

通过访谈、获取有关的协议文件、支付凭证、过户登记文件等了解历次重组的有关情况，包括股权收购及转让（注销）、合并分立、资产收购及出售、资产置换、债务重组等引起发行人业务经营情况变化的非日常经营事项。

分析发行人的历次重大重组行为，包括但不限于交易标的名称、报告期经营情况、收购或出售股权比例、收购或出售的具体原因、交易价格、定价依据及价格公允性、过渡期间的损益处理、是否依法纳税、是否依法履行内外部审批程序、国资管理程序、会计处理及是否符合企业会计准则的规定；重组过程中各项资产的交接手续是否办理完毕；重组过程中涉及的款项是否付清；重组后的资产权属关系是否明晰，对发行人业务、控制权、董监高人员、财务状况和经营业绩等方面的影响进行分析。

核查是否对发行人的发行条件构成影响，区分同一控制下的重组和非同一控制下的重组，分析标的公司的资产总额、营业收入、利润总额及占企业合并时发行人相关指标比例，根据监管规定和审核政策判断重组行为是否导致发行人主营业务和经营性资产发生实质变更。核查交易分步并购原因及合理性，分步并购是否属于一揽子协议，多次交易差价较大的原因，是否符合商业逻辑，是否存在规避重大资产重组的情形。

2. 交易价格

核查交易的定价金额、依据及公允性，是否已支付相应款项，评估方法及评估增值的原因，交易价格除已支付对价外有无其他安排，是否存在损害发行人、其他股东、债权人利益的情形。以评估值定价的，分析交易标的估值合理性。此外，应关注交易标的估值的市盈率或市净率等指标与目前 A 股市场同类型收购是否存在较大差异。关注重大资产重组中无形资产、商誉等的会计处理。

3. 转让、注销

若通过转让、注销等方式进行重组的，应核查注销或转让的原因、转让的价格、受让方是否与发行人存在关联关系、注销或转让的法律程序是否合法合规。核查此类主体的股东是否存在重大违法违规行为或不符合上市公司股东要求的情况。对于拟注销或转让主体，应核查处置前期间是否存在重大违法违规行为，是否存在重大诉讼或纠纷。

对于注销的主体，核查其经营性资产及人员的后续处理情况。

（五）控股子公司和重要参股公司情况

保荐人应将发行人存续及报告期内注销及转让的控股子公司和重要参股公司纳入核查范围。发行人存在 VIE 架构的，应将 VIE 公司及其下属子公司纳入核查范围。

控股子公司和重要参股公司相关事项的核查方法和要点如下：

1. 控股子公司、重要参股公司的设立及存续、注销及转让

（1）通过调阅各控股子公司、重要参股公司的工商登记资料、内部审批决策文件，访谈相关人员等，核查设立及存续是否合法合规，设立各控股子公司、重要参股公司的商业合理性，各子公司之间的业务关系、发展定位、与发行人主营业务的对应关系，各子公司企业所得税税率是否存在差异，结合各子公司之间的关联交易情况，分析转移定价价格是否公允，是否存在通过子公司之间不公允交易定价规避税负的情况。

（2）通过调阅各控股子公司、重要参股公司的工商登记资料、内部审批决策文件、合规证明、访谈相关人员等，核查注销或转让控股子公司、重要参股公司的原因及合理性，相关方是否存在违法违规行为，是否构成控股股东、实际控制人的重大违法行为，是否影响发行人董事、高级管理人员的任职资格；已注销控股子公司、重要参股公司的注销程序是否合规；已注销企业注销后资产、人员去向；已转让企业股权

受让方的基本情况、转让是否真实、转让价格是否公允、与发行人或发行人的主要客户及供应商是否存在可能导致利益输送的特殊关系。

（3）核查境外子公司设立是否履行境内相关审批程序，设立及运营是否符合当地法律法规；利润分配是否受当地法律法规限制。

（4）获取发行人存续及报告期内注销的控股子公司及重要参股公司最近三年及一期的审计报告或财务报表等资料，了解相关主体的财务状况。

2. 发行人控股子公司、重要参股公司的主要合作方

通过取得发行人控股子公司、重要参股公司的主要合作方相关资料、网络查询等方式了解其基本情况，可以对主要合作方进行访谈，了解合作原因、合作情况、关联关系等。发行人如存在与其控股股东、实际控制人、董事、监事、高级管理人员及其亲属直接或者间接共同设立公司情形，还应了解发行人与上述主体共同设立公司的背景、原因和必要性，发行人出资是否合法合规、出资价格是否公允；如发行人与共同设立的公司存在业务或资金往来的，还应了解关联交易的真实性、合法性、必要性、合理性及公允性；如公司共同投资方为董事、高级管理人员及其近亲属，还应了解是否符合《公司法》第 148 条规定。

核查发行人对控股子公司的有效管控情况。关注发行人与从外部并购的控股子公司是否存在业绩对赌及相关业绩承诺的实现情况，发行人能否对外部并购的子公司进行有效管控，控股子公司的内部控制是否健全，是否与母公司内部控制存在较大差异等，以防范子公司的舞弊风险。

（六）股东出资情况

核查发起人人数、住所、出资比例等是否符合法律、法规和其他有关规定；核查自然人发起人直接持股和间接持股的有关情况，关注其在发行人的任职情况，并关注其亲属在发行人的投资、任职情况；核查发起人是否合法拥有出资资产的产权，资产权属是否存在纠纷或潜在纠纷，以及有关发起人投入资产的计量属性；核查发起人股份转让情况。

调查发行人股份权属是否清晰、发行人股东的出资是否及时到位、出资方式是否合法，是否存在出资不实、虚假出资、抽逃出资等情况，相关股东是否因出资瑕疵受到过行政处罚或承担过刑事责任、是否构成重大违法违规行为；发行人股东出资瑕疵是否导致发行人股权存在纠纷或者潜在纠纷；存在出资瑕疵的，核查采取的补救措施；调查股东入股价格及定价依据，了解入股价格是否存在明显异常；调查股东出资资产的来源及合法性。核查股东出资资产（包括房屋、土地、车辆、商标、专利等）的产权过户情况。

非现金出资情况相关事项的核查方法和要点如下：

1. 实物、土地使用权出资

取得用于出资的实物清单、权属证书、发票、评估报告、国有资产评估结果核准或备案文件（如有）、资产交割凭证等资料，分析评估值的合理性、权属转移的合规性等，并核查出资相关土地的性质，是否存在权属上的纠纷或瑕疵，是否需要补缴地价款，是否足额合规地缴纳了相关税款，是否符合土地管理相关法律法规等。

2. 技术出资

取得技术出资的权属证书、评估报告、专家评审意见等，核查评估报告中的相关盈利预测是否实现，评估技术估值的合理性。详细核查是否属于职务成果，权属是否清晰，是否存在争议或潜在纠纷，相关技术出资的程序是否合法合规，出资专利与公司主营业务是否相关，是否有效转化为技术成果、实现技术效益。技术出资作价是否合理，后续是否出现减值迹象。

重点关注控股股东、实际控制人是否还拥有与发行人业务相关的技术，未进入发行人是否适当。

3. 债转股

查阅债权、股权形成的相关资料及决策程序等，调查债权债务形成的真实性、定价公允性、债转股的合法合规性。债转股股东系依据对发行人业绩的定期考核逐步转股的，应当核查转股依据的充分性。

4. 上述出资方式是否涉及出资不实

关注实物、土地使用权和技术出资的作价是否合理，是否存在出资不实。如果存在出资不实，应取得补缴的相关资料，并对出资瑕疵事项的影响及发行人或相关股东是否因出资瑕疵受到过行政处罚、是否构成重大违法行为及本次发行的法律障碍、是否存在纠纷或潜在纠纷进行核查。

（七）股东情况

调查或了解以下事项：主要股东的主营业务、股权结构、生产经营等情况；主要股东之间关联关系或一致行动情况及相关协议；主要股东所持发行人股份的质押、冻结和其他限制权利的情况；是否存在法律法规禁止持股的主体持有发行人股份的情形；控股股东和受控股股东、实际控制人支配的股东持有的发行人股份重大权属纠纷情况和变化情况。

调查主要股东是否存在影响发行人正常经营管理、侵害发行人及其他股东的利益、违反相关法律法规等情形；核查违规入股、入股交易价格明显异常等情形；调查是否存在中国证监会离职人员等违规入股情形。

股东情况相关事项的核查方法和要点如下：

1. 员工持股

通过调阅工商登记资料、内部制度文件、内部审批决策文件、员工名册、劳动合同、社会保障费用明细表，与相关人员访谈等方式，核查员工持股平台的股权结构变更及相关历史沿革、业务经营情况；核查员工持股平台出资人是否均为发行人员工，出资人的入职时间、职务以及任职年限，是否在控股股东及实际控制人持股；核查出资人范围、选定依据、出资定价依据及其合理性，是否经过全体职工或股东（大）会确认；如员工以科技成果出资入股的，核查所有权属证明，是否评估作价，是否及时办理了财产权转移手续；核查国有企业职工持股、管理层持股是否符合相关规定。

通过调阅工商登记资料、内部审批决策文件、缴款证明文件、员工持股相关合同协议、与相关人员访谈等方式，核查员工持股是否涉及与发行人及实际控制人存在资金往来的情形，是否存在股东权利受限制情形；核查出资人的认缴金额、资金来源合理性，是否存在委托持股、信托持股或其他利益安排；核查员工离职或退出持股平台的原因、退出份额的定价依据、受让方的资金来源合理性、是否实际取得退出价款、对已离职未退出份额的员工有何安排、是否存在纠纷或潜在纠纷等。

如发行人在首发申报前实施员工持股计划的，了解员工持股计划的设立背景、具体人员构成、价格公允性、是否涉及股份支付及其会计处理情况、员工持股计划章程或协议约定情况、员工减持承诺情况、员工持股的流转和退出机制、规范运行情况及备案情况。

如发行人存在首发申报前制定或实施股权激励、期权激励情况，了解激励对象是否符合相关上市板块的规定，查阅激励计划、激励实施文件、内部审批决策文件、劳动合同/服务协议、缴款证明文件等资料，核查激励具体情况，包括数量、涉及金额、授予时间、授予比例、行权时间、人数等；历次股票期权行权价格确定的依据及合理性，期权的行权价格是否低于最近一年经审计的净资产或评估值；发行人全部在有效期内的期权激励计划所对应股票数量占上市前总股本的比例是否超过 15%；是否设置预留权益；是否经过全体职工或股东大会确认；是否签订合理的服务协议，协议是否存在影响股权转让公允价值确定的相关条款；是否足额缴纳、真实到位；以上安排是否可能对员工权益产生损害，是否存在相关诉讼纠纷或潜在法律风险；激励计划对公司经营状况、财务状况、控制权变化等方面的影响；存在股份支付的情形的，核查相关股权定价的依据及其合理性，公允价值与最近一次外部投资者入股价格的差异，涉及股份支付费用的会计处理；上市后行权认购的股票减持承诺情况。

2. 外资股东

通过查阅外资股东工商登记资料、公司章程、股东间协议等文件，与相关人员访谈，核查外资股东的股权结构、治理结构；核查股份权属是否清晰，是否存在类别股份、类别股份的权利内容及差异，分析该等情况对发行人股权结构的影响；核查外资股东是否存在委托持股、信托持股等情形；通过查阅境外监管机构或境外律师的意见，确认外资股东是否符合境外所在地的设立经营和投融资的法律要求。

通过查阅发行人业务经营相关的详细资料，包括但不限于工商登记文件、业务资质、业务合同等，核查发行人所从事行业是否存在外资准入限制，是否存在规避外资产业政策的情形；核查外资股东的入股历史是否符合当时有效的《指导外商投资方向规定》《外商投资产业指导目录》《中西部地区外商投资优势产业目录》《商务部实施外国投资者并购境内企业安全审查制度的规定》《外商投资安全审查办法》等相关规定。

通过查阅外资股东的工商登记文件、公司章程和合资合同、相关主管部门出具的文件等，核查外资股东是否已办理发改、商务、外管、市场监督等主管机构对外资企业设立、变更事项的审批、备案、报告等程序；查阅内部决策文件、监管部门审批文件、银行单据、缴税文件、验资报告、评估报告等，核查外资股东的设立出资、增资的出资来源及合法性，出资程序、出资比例、期限是否符合商务批复、外汇管理、相关公司章程和合资合同的有关规定，实物出资是否完税、评估并实际交付或办理权属变更登记，注册资本是否真实、充实。对于经营期未满 10 年从外资转内资的企业，还需要调查和了解发行人纳税情况是否符合相关规定。

发行人外资股东的实际控制人为境内自然人的，应核查保留境外公司间接持股发行人的必要性、合理性、持股的真实性，是否存在委托、信托持股，是否有各种影响控股权的约定。返程投资是否按规定办理了境外投资外汇登记和外资外汇登记、境外投资核准登记手续等。

通过查阅相关银行缴款凭证、外汇管理部门出具的文件等，核查境内自然人汇款到境外的具体方法和途径，是否经过有关外汇管理部门的批准，是否存在被相关外汇管理部门处罚的风险。

3. 契约型资产管理产品、契约型私募投资基金

若发行人的股东中存在契约型资产管理产品、契约型私募投资基金，要结合相关法律法规，核查上述股东作为发行人股东的适格性，特别关注公司控股股东、实际控制人、第一大股东是否为契约型资产管理产品、契约型私募投资基金，是否符合相关规定的要求。

核查证券公司、基金公司、资管公司、信托公司、保险公司等金融机构直接或间接持股的资金来源是否为自有资金，是否符合相关的行业监管规定。核查作为发行人股东的契约型资产管理产品、契约型私募投资基金是否纳入国家金融监管部门有效监

管，且已按照规定履行审批、备案或报告程序，其管理人是否已依法注册登记，是否符合《关于规范金融机构资产管理业务的指导意见》等相关监管要求，特别是关于资产管理产品杠杆、分级和嵌套的要求。

对于通过协议转让、特定事项协议转让和大宗交易方式形成的契约型资产管理产品、契约型私募投资基金股东，通过访谈、获得调查问卷、最终股东的身份证明文件等方式，核查发行人控股股东、实际控制人、董事、监事、高级管理人员及其近亲属，本次发行的中介机构及其负责人、高级管理人员、经办人员是否直接或间接在该等契约型资产管理产品、契约型私募投资基金中持有权益。

核查契约型资产管理产品、契约型私募投资基金股东的存续期及续期，是否符合现行发行人股份锁定期和减持规则要求。

4. 自然人股东

通过填写调查函、访谈、查询公开信息、检查身份证明文件及境外居留权证明文件、了解工作经历等方式核查自然人股东的适格性，包括是否具备完全民事行为能力，是否为服刑人员或被剥夺政治权利的自然人，是否存在市场禁入者、党政机关干部职工及其配偶子女、国有企业干部职工及其配偶子女、现役军人、银行工作人员、中国证监会离职人员等各类根据相关规定禁止或限制持股的情况，重点核查入股时以及申报前是否违反禁止性规定，关注入股资金来源，关注入股背景，是否存在利用职务便利低价入股或利益交换的情况。

对于是否存在股权争议的核查，抽取一定比例的自然人股东进行访谈，特别是对信托持股、委托持股等情形的当事人访谈确认是否存在争议或纠纷。鼓励尽量提高自然人股东访谈覆盖比例，抽样时考虑重要性和异常性标准。

5. 股东是否存在代持、委托持股、关联关系及对赌等其他利益关系

通过取得并查看出资凭证、出资协议、入股价格、分红去向、支付方式、股东调查函、访谈等核查股东是否存在代持、委托持股及对赌等其他利益关系；通过取得身份证明资料、调查函、客户及供应商清单及进行网络查询等方式，核查发行人股东之间及股东与发行人其他关联方、客户、供应商、本次发行中介机构及其负责人、高级管理人员、经办人员等是否存在关联关系。重点核查事项包括：

（1）是否存在委托、信托持股或其他代持等情况核查。

①核查代持形成的原因、代持方与被代持方的基本情况、二者之间的关系，结合被代持人的工作经历和收入情况判断其委托他人代为持股的真实性。

②核查代持之初的代持协议签署、原始出资情况；核查代持存续期间的历次分红和代持变动情况，并分析说明界定代持关系依据是否充分，代持关系是否真实、有效。

③核查代持清理情况：核查清理过程中内部决策程序是否合法有效，核查清理/退

出原则确定，核查退出协议和对价支付情况，核查股权收购方的资金来源，核查清理过程是否程序合法有效，律师是否出具核查意见，最终判断代持清理过程是否会造成发行人的潜在股权纠纷或影响其股权稳定。

特别关注员工持股清理的真实性和彻底性，结合股东收购方家庭背景、任职/创业经历等判断其收购款是否为自有资金，并分析说明其股权转让的真实有效性，是否存在“假清理、真代持”的情况。

④核查代持清理过程中，发行人股权结构是否发生重大变化，是否影响实控人判断，通常不应以股东间存在代持关系为由，认定公司控制权未发生变化。

（2）对赌协议等类似安排的核查。

①核查发行人与投资机构存在的对赌协议，关注发行人是否为协议当事人、对赌协议是否存在可能导致控制权变化的约定、是否与市值挂钩、是否存在严重影响发行人持续经营能力或者其他严重影响投资者权益的情形；

②核查对赌协议终止情况，相关决策程序及签署情况等；

③核查相关工商登记信息，特别关注备查协议中是否存在交易对价、支付方式、估值调整等权利义务安排。

解除对赌协议应关注以下方面：

①约定“自始无效”，对回售责任“自始无效”相关协议签订日在财务报告出具日之前的，可视为发行人在报告期内对该笔对赌不存在股份回购义务，发行人收到的相关投资款在报告期内可确认为权益工具；对回售责任“自始无效”相关协议签订日在财务报告出具日之后的，需补充提供协议签订后最新一期经审计的财务报告。

②未约定“自始无效”的，发行人收到的相关投资款在对赌安排终止前应作为金融工具核算。

（3）股东与其他方的关联关系核查。

①核查是否与发行人其他股东（包括控股股东和实际控制人）、发行人的董监高存在亲属或关联关系；

②核查是否与发行人的经销商、供应商、主要客户存在亲属或关联关系；

③核查是否与本次发行的中介机构及其负责人、高级管理人员、经办人员存在亲属或关联关系；

④对于存在关联关系的，应当核查关联方之间的交易真实性和价格公允性，核查并分析是否存在利益倾斜或输送、操纵利润的情况，以及该等关系是否对发行人业务独立性、交易公允性以及业绩真实、稳定性构成影响。

（八）实际控制人情况

实际控制人相关事项的核查方法和要点如下：

1. 实际控制人认定核查

调查发行人对其自身控制权认定是否合理，是否符合发行人实际情况。

若实际控制人为法人，应调查或了解实际控制人的主营业务或主要职能、股权结构、生产经营等情况；若实际控制人为自然人的，了解和取得实际控制人的国籍、身份证信息、住址等资料。

发行人股权较为分散但存在单一股东控制比例达到 30% 的情形的，若无相反证据，原则上应将该股东认定为控股股东或实际控制人。存在下列情形之一的，保荐人应核查是否通过实际控制人认定而规避发行条件或监管：（1）公司认定存在实际控制人，但其他股东持股比例较高与实际控制人持股比例接近的；（2）第一大股东持股接近 30%，其他股东比例不高且较为分散，公司认定无实际控制人的。

发行人存在红筹架构的，关注公司章程中多倍投票权，股东特殊权利，关于股东会、董事会权利分配等约定可能对实际控制人认定产生的影响。

2. 实际控制人的稳定性核查

核查实际控制人是否存在影响发行人正常经营管理、侵害发行人及其他股东的利益、违反相关法律法规等情形。

核查实际控制人最近三年是否存在贪污、贿赂、侵占财产、挪用财产或者破坏社会主义市场经济秩序的刑事犯罪，最近三年是否存在尚处于追诉期内的上述刑事犯罪和其他严重损害社会公共利益的重大违法行为。

核查实际控制人、发起人及主要股东持有发行人股份是否存在质押或权属争议。核查实际控制人的对外担保和大额债务情况，是否具有偿债能力，是否会影响发行人股权的稳定性。

如实际控制人设立在国际避税区且持股层次复杂的，应核查发行人设置此类架构的原因、合法性及合理性，持股的真实性，是否存在委托持股、信托持股，是否有各种影响控股权的约定，股东的出资来源，发行人控股股东和受控股股东、实际控制人支配的股东所持发行人的股份权属是否清晰，发行人治理和内控的有效性。

3. 多人共同控制的核查

（1）在股权比较分散，认定多人共同控制公司的，需要取得充分的事实和证据证明多人共同拥有公司控制权的真实性、合理性和稳定性，如一致行动人协议，并综合对发行人股东大会、董事会决议的实质影响、对董事和高级管理人员的提名及任免所起的作用等因素进行分析判断。

（2）在股权并不分散但是第一大股东与其他股东之间存在近亲属、一致行动协议等关联关系的情况下，是否认定为共同控制，要结合其他股东对公司实际经营的影响及对发行人股东大会、董事会决议的实质影响，对董事和高级管理人员的提名及任免所起的作用等因素进行分析判断。通过一致行动协议主张共同控制的，核查是否存在排除第一大股东为共同控制人的情况，如有，是否有合理理由。实际控制人的配偶、直系亲属，如其持有公司股份达到5%以上或者虽未超过5%但是担任公司董事、高级管理人员并在公司经营决策中发挥重要作用，保荐人应核查上述主体是否为共同实际控制人。

4. 无实际控制人的核查

发行人不存在拥有公司控制权的人或者公司控制权的归属难以判断的，核查发行人的股权及控制结构、经营管理层和主营业务在首发前3年内是否发生重大变化，发行人的股权及控制结构是否影响公司治理有效性，相关股东是否采取股份锁定等有利于公司股权稳定措施。

5. 实际控制人是否发生变化的核查

（1）多名自然人为实际控制人，实际控制人之一去世的，保荐人应结合股权结构、实际控制人及继承人之间是否存在亲属关系、去世自然人在股东大会或董事会决策中的作用、对发行人持续经营的影响等因素综合判断。

（2）实际控制人认定中涉及股权代持情况的，核查存在代持的原因，股东之间是否知晓代持关系的存在、是否存在纠纷或争议、是否属于依规定需要清理的情况。

（3）多人共同控制发行人的情况下，核查发行人最近3年内持有、实际支配公司股份表决权比例最高的人是否发生变化，变化前后的股东是否属于同一实际控制人。

（4）应关注报告期内变更的实际控制人，并结合对发行人业务的影响、资金流水往来等情况落实对该等人员的核查。

（5）发行人存在共同控制人的或无实际控制人的，相关股东的锁定是否符合规定，并关注报告期内发行人实际控制人的变化情况。若发行人存在实际控制人的变更或存在导致控制权可能变更的重大权属纠纷情形的，判断是否符合相关的发行上市条件，发行人是否已针对保持控制权稳定作出相关安排。

（九）董监高人员及其他核心人员

调查董监高人员的任职情况及任职资格、经历、行为操守及合规情况、胜任能力和勤勉尽责情况。

调查发行人为董监高人员和其他核心人员制订的薪酬方案、股权激励方案。

调查董监高人员和其他核心人员在发行人内部或外部的兼职情况，分析董监高人员和其他核心人员兼职情况是否会对其工作效率、质量产生影响。关注董监高人员和其他核心人员最近一年从发行人及其关联企业领取收入的情况，以及所享受的其他待遇、退休金计划等。

了解报告期董监高人员和其他核心人员的变动情况，内容包括但不限于变动经过、变动原因、是否符合公司章程规定的任免程序和内部人事聘用制度、程序，控股股东或实际控制人推荐高管人选是否通过合法程序，是否存在控股股东或实际控制人干预发行人董事会和股东大会已经作出的人事任免决定的情况等，并分析董监高人员和其他核心人员的变动情况对发行人的影响。

调查董监高人员和其他核心人员及其近亲属以任何方式直接或间接持有发行人股份的情况、近三年所持股份的增减变动以及所持股份的质押或冻结情况。

调查董监高人员和其他核心人员的其他对外投资情况，包括持股对象、持股数量、持股比例以及有关承诺和协议；核查董监高人员及其直系亲属是否存在自营或为他人经营与发行人同类业务的情况，是否存在与公司利益发生冲突的对外投资，是否存在重大债务负担。

董监高及其他核心人员相关情况的核查方法和要点如下：

1. 任职资格

（1）通过对董监高及核心技术人员访谈，查阅有关董监高的个人履历资料，查询董监高曾担任董监高、执行事务合伙人等的其他公众公司的财务及公告文件或者非公众公司、主体的国家企业信息公示系统的记录，与其他中介机构和发行人员工谈话，取得董监高调查函，查询中国裁判文书网等方法，调查了解董监高的教育经历、专业资历、任职经历及其是否存在《公司法》第 146 条规定不得担任公司董监高的情形，是否与之前任职单位存在竞业禁止、劳动纠纷等。

（2）查询中国裁判文书网、国家信用信息公示系统等公开网站，取得董监高户籍所在地和/或经常居住地公安局/派出所出具的无犯罪记录证明，必要时，走访司法机关、政府部门，访谈相关人员，调查董监高最近 3 年内是否存在受到中国证监会行政处罚，或因涉嫌犯罪正在被司法机关立案侦查或涉嫌违法违规正在被中国证监会立案调查，是否存在作为一方当事人可能对发行人产生重大影响的民事纠纷或诉讼仲裁事项，是否存在违法犯罪记录，是否与之前任职单位存在竞业禁止、劳动纠纷等情况。

（3）查询董监高曾担任董监高、执行事务合伙人、主要负责人的主体所披露的信息，查询国家企业信用信息公示系统，判断董监高过往的任职经历和履历的真实性，调查董监高是否担任过破产清算的公司、企业的董事或者厂长、经理，或因违法被吊销营业执照、责令关闭的公司、企业的法定代表人，同时判断董监高的履职胜任能力。

（4）通过网络、证监会市场诚信信息查询平台、调取董监高个人征信报告等方式调查董监高的诚信记录，是否被证监会、交易所等有关部门采取监管措施。

（5）某些特殊行业（如证券业、银行业、矿业等）或企业性质（如国有企业）法规对董监高任职资格有特别规定的，逐条调查公司董监高人员任职资格是否符合特别规定；如董监高及核心技术人员任职资格需经监管部门核准或备案的，取得相关的批准或备案文件。

（6）取得公司章程、三会制度、内部人事聘用制度，以及董监高任免的三会文件，了解董监高及核心技术人员的任职是否符合法律、法规规定的任职资格、任免程序，董监高任职是否合法有效。

（7）通过与董监高人员谈话、组织董监高人员学习、参加监管机构考试等方法，调查董监高人员是否已掌握进入证券市场应具备的法律、行政法规和相关知识，是否已知悉上市公司及其董监高人员的法定义务和责任，是否具备足够的诚信水准和管理上市公司的能力及经验。

（8）调查董监高及核心技术人员相互之间是否存在亲属关系。

（9）取得发行人与董监高所签订的协议或承诺文件，关注董监高作出的重要承诺，以及有关协议或承诺的履行情况。

2. 胜任能力

通过查询有关资料，与董监高人员、其他中介机构、发行人员工访谈等方法，了解发行人董监高人员曾担任董监高人员的其他公司的规范运作情况以及该公司经营情况，分析董监高人员管理公司的能力，是否切实履行忠实义务和勤勉义务。

通过与高级管理人员分别谈话、与发行人员工谈话等方法，了解发行人员工对高级管理人员的评价，发行人高级管理人员是否团结，关键管理人员之间是否存在重大分歧和矛盾，是否会对发行人经营产生现实或潜在的重大影响。

通过与高级管理人员分别谈话、与发行人员工谈话、查阅三会及总经理办公会纪要等方法，了解每名高级管理人员投入发行人业务的时间，分析高级管理人员是否有足够时间和精力勤勉尽责地管理公司。

分别与董事长、总经理、财务负责人和董事会秘书（包括但不限于上述人员）就公司现状、发展前景等方面问题进行交谈，了解高级管理人员的胜任能力和勤勉尽责情况。这些问题包括但不限于：

（1）发行人所处行业的基本情况及发展趋势；

（2）发行人的发展战略、经营理念和经营模式、业务发展目标以及历年发展计划的执行和实现情况；

（3）与竞争对手比较，发行人的竞争优势和劣势；

（4）发行人经营中存在的主要问题和风险，有何解决措施；

（5）对公司治理结构及内部控制情况的评价；

（6）在扩大市场份额、开拓客户方面有何措施；

（7）如何保证经营计划及财务计划的有效实施；

（8）如何使用募集资金；

（9）发行人上市的主要目的。

3. 与离职相关的核查

应关注报告期内离职董监高及关键岗位人员的离职原因，并结合对发行人业务的影响、资金流水往来等情况落实对该等人员的核查。

（十）员工情况

调查发行人员工的年龄、教育、专业等结构分布情况及报告期内的变化情况，分析其变化的趋势；了解发行人员工的工作面貌、工作热情和工作的满意程度；调查发行人在执行国家用工制度、劳动保护制度、社会保障制度、住房制度和医疗保障制度等方面是否存在违法违规情况。

了解员工工资水平与所在地区平均水平或同行业上市公司平均水平之间是否存在显著差异；关注员工的数量、人员结构和工资水平是否与发行人的生产经营相匹配。

三、业务与技术调查

（一）行业情况及竞争状况

根据发行人的主营业务，确定发行人所属行业，判断发行人是否符合国家战略支持产业或具体产业政策。比较分析发行人和主要竞争对手在业务模式、发展路径等方面的区别。通过在细分行业中选取可比公司，比较分析发行人在经营情况、市场地位、技术实力或关键经营要素、衡量核心竞争力的关键业务数据、指标等方面的情况。调查发行人所处行业的技术水平及技术特点或构成关键经营要素的情况，分析行业的周期性、区域性或季节性特征。根据适用情况，调查发行人采用的主要商业模式或盈利模式、销售模式、采购模式、生产或服务模式、研发或开发模式等；对照发行人所采用的模式，判断其主要风险及对未来的影响；对报告期内已经或未来将发生经营模式转型的、经营环境已经或将要发生重大变化的，应予以重点核查。

分析发行人所在行业在产品（服务）价值链的作用。对于行业业态或发行人业务新颖、抽象、复杂、稀缺的，有针对性地调查发行人所在行业及商业模式变化、主要技术路线或关键经营要素创新等方面的个性化、差异化表征，在充分、审慎核查的基础上，发挥保荐工作对于投资者价值判断的前瞻、推荐作用。

如发行人为电商企业、互联网信息服务企业、互联网营销企业、互联网游戏企业等，其业务主要通过互联网开展，业务高度依赖信息系统，信息系统运行的可靠性、有效性对其日常经营活动及财务数据的真实性、准确性和完整性至关重要。针对该类企业，保荐机构应对其信息系统的可靠性、有效性进行核查，尽职调查时应关注：

第一，了解发行人的业务流程、信息系统运行和管理情况，必要时，在确保外部专家胜任能力和独立性的基础上，应合理利用外部专家（如 IT 审计团队）的工作对信息系统的可靠性、有效性进行核查；

第二，获取发行人正在应用或报告期内曾经应用过的信息系统的详细情况，包括系统名称、开发人、基本架构、主要功能、应用方式、各层级数据浏览或修改权限等，并要求发行人开放足够的系统权限，以保证核查的充分性；

第三，针对信息系统进行一般控制测试及一般应用控制测试，确认相关信息系统是否在所有重大方面保持了有效的财务报告内部控制，内部控制设计是否合理并得到有效执行，数据传输过程是否存在人工干预，经营数据是否完整、准确；

第四，执行数据验证工作，获取发行人报告期内信息系统的业务数据，核查信息系统业务数据的完整性和准确性，与财务数据的一致性、匹配性，以及是否存在被篡改的风险；

第五，进行用户行为分析，结合客户地域分布、活跃用户数量、月活用户数量、僵尸用户情况、购买频次、购买时间分布、购买金额区间、注册时间等，核查业务数据的真实性和可靠性。

发行人所处行业相关事项的核查方法和要点如下：

1. 行业分类

发行人可以按照《国民经济行业分类》《战略性新兴产业分类（2018）》等确定发行人所属行业类型。

2. 行业政策

通过与发行人访谈或查阅行业相关信息取得行业主管部门、行业协会及其制定的发展规划、行业管理方面的法律法规及规范性文件，了解行业监管体制和政策趋势，判断行业监管政策变化是否对发行人持续经营能力产生重大不利影响。

3. 行业竞争环境和发展趋势

（1）核查发行人所处行业的市场环境、市场容量、市场细分、市场化程度、进入壁垒、供求状况、竞争状况、行业集中度、行业利润水平和未来变动情况。

（2）通过访谈发行人、供应商或客户、行业专家，查询行业协会公开信息、竞争对手（如有）公开信息等相关行业信息，获得权威的行业研究报告，了解发行人所处行业的主要企业及其市场份额，发行人所处行业的技术水平及技术特点，结合国内外经济形势和国家产业政策，判断行业的发展前景及行业发展的有利和不利因素。了解竞争对手的概况、市场份额、优势劣势等情况，以及发行人在行业中所处的竞争地位及竞争地位的变动情况。

（3）通过访谈行业专家、供应商、客户、发行人的主要负责人和销售部门的负责人，并结合取得的发行人销售收入各季度分布情况和按地域的分布情况，了解发行人所处行业的周期性、区域性或季节性特征。

（4）通过访谈发行人的主要负责人和销售部门的负责人，查询竞争对手的公开信息、网站、访谈行业专家、供应商和客户，了解行业内企业采用的主要商业模式、销售模式、盈利模式，是否存在该行业特有的经营模式，了解报告期发行人的经营模式的变化情况及未来是否存在经营模式转型的计划，发行人所采用的模式存在的主要风险及对发行人未来生产经营的影响。

（5）对行业与其上下游行业的关联度、上下游行业的发展前景、上下游供求情况、产品用途的广度、产品替代趋势等进行分析论证，并了解上下游行业变动及变动趋势、上下游产品价格变动趋势对发行人所处行业的有利和不利影响。

（6）若发行人存在出口业务的情况，针对出口型企业，若出口比例较大，需调查国家战略或产业政策、地缘政治、相关产品进口国的有关进口政策、贸易摩擦、汇率变动对产品进口的影响，以及进口国同类产品的竞争格局等情况，并分析出口市场的变动对发行人的影响。

（7）若有发行人聘请第三方咨询机构提供有关行业研究服务的，保荐人应当通过公开渠道或咨询机构的说明了解其是否具有相应研究能力；针对在招股说明书等文件中引用并对投资者价值判断产生重大影响的关键行业数据、排名等信息，应当充分了解咨询机构形成相关数据的主要口径和依据，获取咨询机构形成相关数据的基本底表，并判断所引用资料的可信赖程度。

（二）销售情况

结合发行人的行业属性和企业规模等情况，了解发行人的销售模式，分析特殊销售模式（如有）商业逻辑的合理性，关注行业特点及同行业企业的通行销售模式，调查发行人销售管理制度是否健全，包括销售业务内部控制制度、客户档案管理制度等，获取对主要客户的销售退换货政策、销售返利政策等，销售岗位和人员的设置情况；调查发行人销售模式是否与行业其他公司存在差异，分析其采用该种模式的原因和可能导致的风险；查阅发行人产品的注册商标，了解其市场认知度和信誉度，评价产品的品牌优势。了解市场上是否存在假冒伪劣产品，如有，调查发行人的打假力度和维权措施实施情况。

调查发行人产品（服务）的市场定位、客户的市场需求状况，是否有稳定的客户基础等。搜集行业产品定价普遍策略和行业龙头企业的产品定价策略，了解发行人主要产品的定价策略，评价其产品定价策略合理性；调查报告期发行人产品销售价格的变动情况，分析价格变动的合理性。调查发行人产品（服务）的销售区域及其合理性，分析发行人销售区域局限化现象是否明显，产品的销售是否受到地方保护主义的影响。结合发行人的商业模式和产品（服务）优势、目前市场占有率和竞争情况、整个行业的发展情况等因素，关注发行人业务成长性及核心技术运用情况。关注发行人主营业务的变化情况，分析和判断其对发行人持续经营和盈利能力的影响。

调查发行人销售维护和售后服务体系的建立及其实际运行情况，分析客户诉讼和产品质量纠纷对未来销售的影响及销售方面可能存在的或有负债。对产品大量出口的，调查其销售方式、销售途径和客户回款情况，确认销售的真实性，判断收入确认标准的合理性。

保荐人需要结合发行人的业务特点制定符合发行人销售模式的调查方案，充分理解发行人的销售模式，并按照发行人不同的盈利模式来对销售情况进行调查。

销售情况相关事项的核查方法和要点如下：

1. 主要客户核查

（1）调查了解主要客户及其基本情况，报告期内各年度主要客户交易金额、建立合作关系时间、定价方式、结算方式、最终销售实现情况等，并分析业务指标与销售收入的变动是否相符。获取或编制发行人报告期对主要客户的销售额占年度销售总额的比例及回款情况，是否对某一客户（属于同一实际控制人控制的销售客户，应合并计算销售额）存在重大依赖（来自单一大客户主营业务收入或毛利贡献占比超过50%以上）；存在客户集中度较高情形的，应核查该情形的合理性、客户的稳定性和业务的持续性，分析客户集中度较高可能带来的风险；分析其主要客户的回款情况，是否存在以实物抵债、现金汇款、第三方回款个人卡回款或债权债务互抵的现象。分析主要客户经营规模、行业地位与销售金额的匹配关系，主要客户经营范围与采购内容是否匹配，是否具有商业合理性，合同条款是否存在异常；与前述客户存在长期合同的，应取得相关合同，分析长期合同的交易条款及对发行人销售的影响。如果存在会计期末销售收入异常增长的情况，需追查相关收入确认凭证，关注销售回款和期后退货情况，判断是否属于虚开发票、虚增收入的情形。

（2）保荐人可以根据发行人的经营特点、客户集中度、销售地域等综合因素来制定核查范围，原则上要核查报告期各期的前十大客户或根据发行人具体情况确定的主要客户。若发行人前十大的客户占比较低，可扩大核查范围，并保证样本选取的全面性、代表性，覆盖不同类型及不同地域的客户，其中存在关联关系的重要客户应进行走访。

（3）保荐人可以执行抽样测试，即通过重点查阅销售订单、合同审批程序、销售合同、出库单、发货单、记账凭证等内部凭证，及验收单据、结算单（对账单）、运输单、销售发票、银行收款回单等外部凭证，至少要覆盖报告期各期的前十大客户或根据发行人具体情况确定的主要客户，必要时以抽样等恰当方法扩大核查范围，核查销售交易是否存在异常。

（4）对于报告期各期主要客户发生较大变化的、客户新增或减少变动异常的，以及对同一客户销售金额存在重大变化的，关注变化的原因及合理性，执行访谈、函证或抽样测试等恰当的尽职调查程序。

（5）对其他客户异常的情况，如客户的地域分布，报告期内新增/注销主要客户、非法人实体客户、主要客户为发行人前员工、业务高度依赖发行人的客户、既是客户又是供应商、名称相似、注册地址相近、工商登记电话、邮箱相同、成立时间较短、销售规模和客户生产能力及行业地位不匹配的主要客户、客户不具备相关资质文件或者资质文件过期（如所在行业有特殊要求）等特殊情形，保荐人要充分关注合理性，关注上述主体是否与发行人及关联方存在潜在关联关系和异常资金流转，确定恰当的尽调方式核查销售的真实性。

（6）如发行人销售采用经销模式，保荐人可以通过核查发行人报告期内的前十大经销商情况或根据发行人具体情况确定的主要经销商，并对其他经销商客户进行随机抽样核查，充分关注经销商的库存情况及最终销售实现情况，核查经销商构成及稳定性、经销商与发行人关联关系及是否存在其他业务合作。

保荐人具体核查方法包括但不限于：

①内部控制测试：了解、测试并评价与经销商相关内控制度的合理性和执行有效性。

②实地走访：实地走访所选取经销商及其终端客户，察看其主要经营场所，发行人产品在经营场所的库存状态，了解进销存情况。了解经销商实际控制人和关键经办人相关信息、向发行人采购的商业理由，了解经销商经营情况、财务核算基础、信息管理系统等。核查经销商财务报表，了解经销商资金实力。

③分析性复核：核查发行人、经销商相关合同、台账、销售发票、发货单、验收单/报关单/代销清单、回款记录等，核查发行人经销收入与经销商采购成本的匹配性、销货量与物流成本的匹配性，相互印证销售实现过程及结果真实性；核查发行人与经销商相关的信息管理系统可靠性、经销商信息管理系统进销存情况，与发行人其他业务管理系统、财务系统、资金流水等数据是否匹配。

④函证：函证发行人主要经销商，函证内容包括各期销售给经销商的产品数量、金额、期末库存和对应应收款等。

⑤抽查监盘：对经销商的期末库存进行抽查监盘，核实经销商期末库存真实性。

⑥资金流水核查：核查发行人及其控股股东、实际控制人、董事、监事、高管、关键岗位人员及其他关联方与经销商之间的资金往来。发现异常情况应扩大资金流水核查范围。

由于行业特征、经销商结构和数量等原因导致部分核查程序无法有效实施的，中介机构应充分说明原因，并使用恰当的替代程序。确保能合理地对经销商最终销售的真实性发表明确意见。

保荐人应按照以上要求进行逐一核查，说明核查程序、核查方法、核查比例、核查证据并得出核查结论，对经销商模式下收入真实性发表明确意见。

（7）如发行人存在境外销售，保荐人可以通过核查发行人报告期内的境外销售前十大客户或根据发行人具体情况确定的主要客户情况，并对其他境外客户进行随机抽样核查，关注境外销售的实现情况，并对此采取适当、合理的核查程序。

2. 关联销售

调查主营业务收入、其他业务收入中是否存在重大的关联销售，保荐人应重点关注重大关联销售的合理性和必要性。关注董监高人员和核心技术人员、主要关联方或持有发行人5%以上股份的股东在主要客户中所占的权益；抽查不同时点的关联销售合同，分析不同时点销售价格的变动，并与同类产品当时市场公允价格比较；调查上述关联销售合同中，产品最终实现销售的情况。如果存在异常，分析其对收入的影响，分析关联销售定价是否合理，是否存在大股东或其他关联方与发行人之间的利益输送或资金转移现象。原则上要覆盖报告期各期前五大关联客户。如发行人关联销售占比较大，保荐人可结合发行人关联交易的特点，科学调整核查范围。

3. 销售退回

保荐人可以通过查阅销售合同、销售部门对销售退回的处理意见等资料，核查是否存在大额异常的销售退回，判断销售退回的真实性，原则上要核查营业收入占比超过1%的单笔销售退回。如销售退回占比较高，可相应扩大核查范围。

4. 函证

对客户的函证，保荐人可以结合发行人的重要性水平、客户分布特点、业务类别、往来余额和占比等具体情况，分析函证比例的恰当性，并与会计师讨论函证情况是否可以有效防止重大错报的发生。

保荐人可以合理信赖会计师的函证工作结果，但应结合客户性质、规模、回款等情况及销售模式等因素，对主要客户通过实地走访、访谈、追查销货合同、销货发票、产品出库单、运输单、银行进账单或补充函证等方法对销售业务发生的真实性和准确性进一步核查。

如采用自行函证的方式，保荐人可以采用以下方式对函证过程实施控制：

（1）采用邮寄方式函证的，核实发行人提供的被询证方的联系方式，核查被询证方地址的真实性，通过核对被询证方企业信用信息公示系统或官网等方式确保发函地址的真实性。后续对询证函予以跟进，注意保留发函快递单原件，并确保回函直接寄回保荐人，必要时再次向被询证者寄发询证函。

（2）采用现场函证的形式，确认被询证方经办人员的身份，确认其有合适的资格、授权进行函证处理；并在处理函证的全程保持高度关注，确保直接从被询证方经办人员处获得回函。

（3）采用电子函证的形式，注意核实被询证方回复人身份，采用通过官网核实相关邮箱的后缀、通过邮件显示的电话信息访谈回复人是否发送了回函并做好记录等方式，必要时可考虑聘请信息系统专家协助确认电子回函的有效性。

核对回函，保荐人可以注意以下事项：

（1）与发函数据核对，验证回函是否与发出函证的数据一致；

（2）确认回函地址，是否从被函证方直接寄出或由被函证方的邮箱直接发出，与发函记录的地址、收件人是否一致；

（3）询证函回函信息是否清晰，回函盖章是否清楚；

（4）就回函不符的情况，进一步了解不符的原因和合理性，并做好记录；

（5）对未回函的情况，执行替代程序，核实相关销售与采购业务的真实、准确、完整；

（6）将收到的回函形成记录，并汇总统计函证结果。

5. 访谈

获取发行人报告期内客户名单，结合主要客户的性质、规模等因素，分析是否需要对主要客户采取访谈的核查程序，对销售业务发生的真实性和准确性进一步核查。

如需采用访谈的核查程序，应根据定量或定性的标准，独立地从客户的名单中选择要访谈的对象，编制对客户的走访计划，确定走访的对象和范围，选择发行人最近三年主要的或具有特殊、异常特征的客户进行访谈。可按以下原则选取客户：

（1）报告期各期前十大客户或根据发行人具体情况确定的主要客户；

（2）重要关联方客户；

（3）以经销商模式为主的，可选取报告期各期前十名经销商或根据发行人具体情况确定的主要经销商；

（4）报告期内交易金额变化较大的客户；

（5）销售价格与其他客户相比存在明显异常的；

（6）收款模式与其他客户相比存在明显差异的；

（7）通过调阅工商资料和公开查询相关信息，客户的经营范围与发行人的产品不相关，购买相关产品用途或销售相关产品的合理性不明的。

获取受访单位的相关信息及详细联系方式，包括工商登记信息、办公地址、与发行人最近三年的交易量与交易额、与发行人是否存在关联关系、受访对象的姓名及在受访单位的职务等。根据实际情况，可选取实地走访或电话、视频访谈等多种访谈形式，并可会同发行人会计师、律师一并参与访谈。

对于一些特殊原因无法安排走访的情形，如客户不可抗力、涉密客户、客户地位强势等，应结合实际情况，分析未能走访的原因和合理性，并可以采用函证、视频访谈、抽样、网络查询等恰当的方式来执行替代性程序，进一步核查相关销售业务发生的真实性和准确性。实施替代性程序时，考虑替代程序的有效性和独立性，如视频访谈中需要对访谈人的身份进行验证。

在对受访对象进行访谈时，需注意以下事项：

（1）直接与受访对象在受访单位进行访谈，尽量减少让发行人参与其中。

（2）在访谈开始前，应确认受访对象的真实身份，并要求受访对象提供名片、身份证或在受访单位的工作证等身份证明进行进一步的对照检查；结合被访谈人的职位、职责等，判断其是否具备确认访谈内容的权责。

（3）根据事先编制好的访谈提纲对受访对象就业务往来、商业条款、交易数据等情况进行逐项提问，就提出的问题取得充分和令人满意的回答，并就不完整、未达预期的回应或尚待处理的事项作出跟进。

（4）在访谈过程中获取受访单位提供的营业执照复印件、与发行人相关的业务合同等相关资料，进一步核查发行人销售业务的真实性和准确性。

（5）识别在访谈过程中发现的异常情况（例如并非在受访单位的注册或办公地址进行访谈、受访单位及受访人员不愿合作等），并确保异常情况均获得充分解释及解决。

（6）对于对某一客户存在重大依赖的情况（来自单一大客户主营业务收入或毛利贡献占比超过50%以上），在访谈过程中应关注该客户是否为关联方，与发行人的合作关系是否具有一定的历史基础，发行人的业务获取方式是否影响独立性，发行人与客户是否已建立长期稳定的合作关系，相关的业务是否具有稳定性以及可持续性，相关交易的定价原则及公允性，该客户在其行业中的地位及经营状况、是否存在重大不确定性风险。

（7）询问受访单位及受访单位的主要股东、实际控制人、董事、监事、高级管理人员（包括其关系密切的家庭成员）与发行人及其主要股东、实际控制人、董事、监事、高级管理人员（包括其关系密切的家庭成员）是否存在关联关系、亲属关系或者其他除正常商业往来的利益关系。

（8）访谈结束后，就访谈记录与受访对象进行逐项确认，在受访单位标志处访谈人员与被访谈人员合影（电话、视频访谈可采用录音或录屏等形式），并采用签字或盖章等形式与受访对象或受访单位进行书面确认，确保访谈记录在所有重大方面均合理、准确、完整及可靠。

（9）在实地走访的过程中，可通过参观受访单位的办公场所、生产经营场所、仓库等进一步核查发行人销售业务的真实性。

（三）采购情况

调查发行人采购部门与生产计划部门的衔接情况、原材料的安全储备量情况，关注是否存在严重的原材料缺货风险。计算报告期原材料类存货的周转天数，判断是否存在原材料积压风险，原材料采购数量、消耗情况与生产情况是否匹配，实地调查是否存在残次、冷背、呆滞的原材料。

保荐人需要结合发行人的业务特点制订符合发行人采购模式的调查方案，充分理解发行人的采购模式和营业成本的构成。

采购情况相关事项的核查要点和方法如下：

1. 原材料、重要辅助材料、所需能源动力等情况

保荐人可以根据发行人的业务特点制定核查范围，通过与公司采购部门及主要供应商沟通、查阅相关研究及统计资料等方法，原则上要核查发行人主要原材料、重要辅助材料、所需能源动力的市场供求情况。若发行人的原材料、辅助材料、所需能源动力集中度不高或采购金额大幅波动，核查范围可扩大到其他次要原材料。

保荐人原则上要核查发行人的采购模式，分析特殊采购模式（如有）商业逻辑的合理性，核查发行人产品成本计算单，定量分析发行人主要原材料及所需能源动力的价格变动及合理性、可替代性、供应渠道变化等情况，及前述因素对发行人生产成本的影响，调查其采购是否受到资源或其他因素的限制。若发行人的原材料、所需能源动力集中度不高或采购金额大幅波动，核查范围可扩大到其他次要原材料。

2. 主要供应商核查

（1）调查了解主要供应商及其基本情况，采购的主要内容、定价方式、结算方式，是否与供应商签订采购协议及协议有效期限等。取得发行人主要供应商的相关资料，计算报告期发行人向主要供应商的采购金额、占发行人同类原材料采购金额和总采购金额比例（属于同一实际控制人控制的供应商，应合并计算采购额），判断是否存在严重依赖个别供应商的情况；存在供应商集中度较高情形的，应核查该情形的合理性、供应商的稳定性和业务的持续性，判断对发行人持续经营能力的影响，是否对重要原材料的供应作出备选安排；取得发行人同前述供应商的长期供货合同（如有），

分析交易条款及实际履行情况，判断发行人原材料供应及价格的稳定性。保荐人可以合理信赖会计师的函证工作结果，但应结合供应商性质、规模及采购模式等因素，对主要供应商通过实地走访，访谈，追查采购合同、采购发票、产品入库单、运输单、银行回单或补充函证等方法对采购业务进一步核查。

（2）保荐人可以根据发行人的经营特点、供应商集中度、采购地域等综合因素来制定核查范围，原则上要核查报告期各期的前十大供应商或根据发行人具体情况确定的主要供应商。若发行人前十大的供应商占比较低，可扩大核查范围，并保证样本选取的全面性、代表性，覆盖不同类型及不同地域的供应商，其中存在关联关系的重要供应商应进行走访。

（3）保荐人可以通过重点查阅采购申请或招投标审批单、采购合同或采购订单、记账凭证，及结算单、产品验收单（如有）、产品入库单、运输单、采购发票、银行回单等内外部凭证，原则上要覆盖报告期各期的前十大供应商或根据发行人具体情况确定的主要供应商，核查采购交易是否存在异常。若发行人前十大的供应商占比较低，可扩大抽样样本，设定科学的抽样原则。

（4）对于报告期各期主要供应商发生较大变化的、供应商新增或减少变动异常的、发行人未直接向供应商支付采购款的，以及对同一供应商采购金额存在重大变化的，关注变化的原因及合理性，执行访谈、函证或抽样测试等恰当的尽职调查程序。

（5）对其他供应商异常的情况，如供应商的地域分布，报告期内新增/注销主要供应商，非法人实体供应商，主要供应商为发行人前员工，业务高度依赖发行人的供应商，名称相似，注册地址相近，工商登记电话、邮箱相同，成立时间较短，主要供应商是否存在注册资本与交易规模不匹配，供应商不具备相关资质文件或者资质文件过期（如所在行业有特殊要求），以及报告期内采购内容、规模、时点是否明显不符合发行人生产销售需求、生产周期、投入产出规律、原材料保质期及产品技术更新迭代周期的情况及合理性等特殊情形，保荐人要充分关注合理性，关注上述主体与发行人及关联方是否存在潜在关联关系和异常资金流转，确定恰当的尽调方式核查采购的真实性。

（6）对于劳务外包，保荐人要重点分析劳务外包的合理性及必要性，通过查阅劳务外包合同、结算单据等，关注主要服务内容、服务定价、用工风险安排以及费用结算等条款，并核查劳务外包公司是否与发行人存在关联关系，核查劳务外包合法合规性。

3. 关联采购

调查发行人董监高人员、核心技术人员、主要关联方或持有发行人5%以上股份的股东在主要供应商中所占的权益情况，是否发生关联采购。对于重大关联采购，保荐人要重点关注重大关联采购的合理性及必要性，通过查阅双方报告期内的关联交易合同，对比不同时点的关联采购价格与当时同类采购产品的市场公允价格，判断关联采购的定价是否合理，信用期是否合理，是否存在大股东与发行人之间的利润输送或资金转移情况，原则上要覆盖报告期各期前五大关联供应商。如发行人关联采购占比较大，保荐人可结合发行人关联交易的特点，科学调整核查范围。

4. 函证

对供应商的函证，保荐人可以结合发行人的重要性水平、供应商分布特点、业务类别、往来余额和占比等具体情况，分析函证比例的恰当性，并与会计师讨论函证情况是否可以有效防止重大错报的发生。

保荐人可以合理信赖会计师的函证工作结果，但应结合供应商性质、规模及采购模式等因素，对主要供应商通过实地走访、访谈、追查采购合同、采购发票、产品入库单、运输单、银行回单或补充函证等方法对采购业务进一步核查。

5. 访谈

获取发行人报告期内供应商名单，结合主要供应商的性质、规模等因素，分析是否需要对主要供应商采取访谈的核查程序，对采购业务发生的真实性和准确性进一步核查。

如需采用访谈的核查程序，应根据定量或定性的标准，独立地从供应商的名单中选择要访谈的对象，编制对供应商的走访计划，确定走访的对象和范围，选择发行人最近三年主要的或具有特殊、异常特征的供应商进行访谈。供应商的选取可参照客户的选取原则。

（四）生产情况

保荐人需要结合发行人的业务特点制定符合发行人生产模式的调查方案，充分调查了解发行人产品或技术的生产过程，分析成本构成中不同的成本要素对发行人销售和利润的影响。

如发行人主要采用外协模式生产产品的，分析发行人采用外协加工模式是否符合行业惯例，调查报告期内主要外协供应商基本情况、是否与发行人存在关联关系，外协加工价格定价依据、定价是否存在显著异常，外协供应商是否存在为发行人代垫成本、费用的情形，是否存在与发行人、实际控制人、关系密切的家庭成员的大额异常资金往来。

分析发行人业务与产品是否符合相关标准的规定，调查报告期内是否存在因产品质量瑕疵导致的退换货或补偿赔偿、有无因产品质量问题导致的重大纠纷或事故。

调查对主要业务有重大影响的主要固定资产、无形资产或耗用的资源等要素的构成，是否存在瑕疵及瑕疵资产占比，是否存在纠纷和潜在纠纷，是否存在重大偿债风险、重大担保、诉讼和仲裁等或有事项，并分析和判断对发行人持续经营的影响；分析各要素与所提供产品（服务）的内在联系，并关注各项要素与产量及销量的配比关系，如固定资产与产量配比、能源消耗量与产量配比、运费与销量配比、生产人员数量与产量配比等，分析是否存在异常。分析产能利用率和产销率波动的原因及合理性。

生产情况相关事项的核查方法和要点如下：

1. 生产模式

（1）保荐人可以采取访谈生产部门的管理层及负责人、实地查看并取得相关资料等方式，了解发行人的生产布局、生产或服务模式、影响该模式的关键因素、生产或服务模式及影响因素在报告期内的变化情况及未来变化趋势。发行人的业务及其模式具有创新性的，了解并分析评价其独特性、创新内容及持续创新机制。

（2）取得生产流程资料，结合生产核心技术或关键生产环节，与发行人所处行业的技术水平及技术特点相对比，分析评价发行人生产工艺、技术在行业中的领先程度。

（3）保荐人可以采取访谈生产部门负责人、取得发行人相关生产项目立项的文件和生产的相关资料等方式，了解发行人主要产品的设计生产能力、产量及销量，或服务能力和服务量，分析各生产环节是否存在瓶颈制约。计算报告期产能利用率和产销率，分析产能利用率和产销率波动的原因及合理性。如特殊行业存在无法定义产能情况的，结合访谈对生产流程进行分析，了解无法定义产能的原因。

（4）保荐人可以通过现场观察、查阅财务资料等方法，核查发行人主要资产的情况，包括主要设备、房产等资产的成新率和剩余使用年限，在发行人及其下属公司的分布情况；关注是否存在闲置，是否对闲置资产作出安排；涉及租赁的，取得租赁合同，分析相关条款和实际执行情况；涉及关联方租赁的，分析租赁的必要性、合理性和租赁价格的公允性。调查发行人是否存在设备抵押贷款的情形。如有，查阅借款合同的条款及还款情况，分析预期债务是否会对发行人的生产保障构成影响。取得发行人关键设备、厂房等重要资产的保险合同（如有）或其他保障协定，判断发行人对重要财产是否实施了必要的保障措施。调查发行人是否存在使用或租赁使用集体建设用地、划拨地、农用地、耕地、基本农田及其上建造的房产的情形。如有，分析发行人取得和使用是否符合《土地管理法》等法律法规的规定、是否依法办理了必要的审批或租赁备案手续、有关房产是否为合法建筑、是否可能被行政处罚、是否构成重大违法行为。发行人使用或租赁的土地及其上建造的房产存在不规范情形且短期内无法整改的，评估其对于发行人的重要性。重点核查因土地问题被处罚的责任承担主体、搬迁的费用及承担主体、有无下一步解决措施等，以及不规范事项是否对发行人持续经营构成重大影响。

取得发行人专利、非专利技术、土地使用权、水面养殖权、探矿权、采矿权等主要无形资产的明细资料，分析其剩余使用期限或保护期情况，关注其对发行人生产经营的重大影响。取得发行人许可或被许可使用资产的合同文件，关注许可使用的具体资产内容、许可方式、许可年限、许可使用费，分析未来对发行人生产经营可能造成的影响；调查上述许可合同中，发行人所有或使用的资产存在纠纷或潜在纠纷的情况。取得发行人拥有的特许经营权的法律文件，分析特许经营权的取得、期限、费用标准等，关注对发行人持续生产经营的影响。发行人与他人共享特许经营权等资源要素的，分析共享的方式、条件、期限、费用等。

2. 境外生产

（1）保荐人可以通过实地走访、查阅第三方公开资料、访谈相关负责人员等方式核查发行人境外经营的总体情况，分析其境外的生产经营规模、盈利状况、境外生产经营所在国/地区的政治和经济环境及主要风险。

（2）保荐人可以采取查阅发行人境外生产经营所在国家或地区的法律法规的规定、聘请境外律师或其他专业机构出具专业意见等方式来调查和了解发行人的境外生产是否符合当地国家和地区的法律法规的规定。

3. 生产质量

（1）保荐人可以通过查阅或取得生产质量控制相关的制度和报告期内关于生产质控的有关资料、访谈发行人负责生产质量相关人员或政府主管部门、现场实地考察等方式了解发行人质量管理的组织设置、质量控制制度和实施情况、取得的质量认证情况，分析主要产品和服务的质量控制标准、措施等。

（2）保荐人可以通过取得发行人获得的产品质量的认证文件以及报告期内因产品质量问题而受到处罚的相关文件（如有）等方式，了解发行人产品（服务）的质量控制是否符合行业标准，报告期是否因产品质量问题受过质量技术监督部门的处罚。结合相关法律法规的规定、与政府主管部门访谈或取得专项意见的方式，了解产品质量问题受到的处罚是否属于重大违法违规行为，对发行人持续经营能力是否构成重大不利影响，是否合理且充分计提了质量保证金。

4. 安全生产

（1）保荐人可以通过实地查看发行人的安全生产设施、访谈安全部门的相关人员等方式，查阅或取得发行人报告期内安全生产的相关制度等方式，了解发行人的生产是否存在重大安全隐患，以及采取保障安全生产的措施是否有效。

（2）保荐人可以通过访谈会计师、取得发行人提供的安全生产投入的相关资料等方式，了解报告期内发行人在安全生产方面的投入及未来可能的投入情况。

（3）保荐人可以通过了解发行人报告期内发生过的安全事故或因为安全生产受到

处罚的情况，并根据安全生产的相关法律法规和实际的影响，来判断是否构成重大的安全事故和发生的原因、整改情况是否已完成、相关因素是否已消除。若相关事项不构成重大违法违规，保荐人仍需要适当关注整改情况及安全事故对发行人生产经营、经营业绩可能产生的影响。

5. 环境保护

（1）保荐人可以通过实地查看发行人的环保设备、查阅环保部门对发行人生产的环保要求和生产工艺是否符合环境保护相关法规、取得发行人报告期污染废弃物排放的相关资料或其他第三方出具的关于发行人环保排放的有关文件等方式，了解生产经营中涉及环境污染的具体环节、主要环境污染物名称及排放量、主要处理设施及处理能力，以及发行人的环境保护的设备设置是否符合相关规定和环保设备实际运转是否正常。

（2）保荐人可以通过访谈会计师、取得发行人提供的环保投入的相关资料等方式，了解发行人报告期在环境保护方面的投入及未来可能的投入情况、环保设施实际运行情况、报告期内环保投入及环保相关成本费用是否与处理公司生产经营所产生的污染相匹配。

（3）保荐人可以通过独立网上查询发行人和全部子公司所在地环保部门及生态环境部网站的行政处罚信息、查询有关发行人环保情况的媒体报道、查询第三方环评机构出具的相关报告（如有）、访谈发行人相关负责人或实地走访环保部门等方式，了解报告期是否存在因环保问题而受到处罚的情况，是否发生环保事故或重大群体性的环保事件。如果存在，保荐人还需要进一步了解和关注具体情况、整改措施和整改结果，调查整改后是否符合环保法律法规的有关规定，是否构成重大违法行为。核查发行人已建项目和已经开工的在建项目是否履行环评手续，调查发行人排污达标检测情况和环保部门现场检查情况，如最近三年改装或拆除有关防止污染设施、设备，调查是否取得有关环保部门的批准验收文件。

（五）核心技术人员、技术与研发情况

核心技术人员、技术与研发情况相关事项的核查方法和要点如下：

1. 核心技术人员的认定

保荐人应根据企业生产经营需要和相关人员对企业生产经营发挥的实际作用，核查核心技术人员的认定情况和认定依据，并核查全部核心技术人员的任职岗位、学历背景、科研成果、专业资质、获得奖项等相关情况及对公司研发的具体贡献、核心技术人员的任职是否违反曾经签订的竞业禁止协议等。保荐人可根据企业特点，适当扩大核查样本，关注未被认定为核心技术人员但任职重要研发岗位或作为专利发明人等

情形的技术人员。

2. 技术先进性及技术创新能力

取得发行人研发体制、研发机构设置、激励制度等资料，调查发行人的研发模式和研发系统的设置和运行情况，调查发行人保持技术不断创新的机制、技术储备及技术创新的安排，储备技术产业化的计划、进展及市场前景。分析发行人是否存在良好的技术创新机制，是否能够满足发行人未来发展的需要。调查发行人拥有的专利、非专利技术、技术许可协议、技术合作协议、自主知识产权的数量与质量、技术储备、科研设施等情况，对发行人的研发能力进行分析。

取得发行人正在从事的重要研发项目的相关资料，包括研发项目所处阶段及进展情况、相应人员、经费投入、拟达到的目标；结合行业技术发展趋势，分析相关科研项目与行业技术水平的比较情况。

调查发行人主要产品生产技术所处的阶段（如基础研究、中试、小批量生产或大批量生产阶段）。分析发行人主要产品（服务）的核心技术，考察其技术水平、技术成熟程度。调查行业内主要技术路径及发行人的技术路径选择、行业内的关键核心技术及发行人的掌握情况等。结合同行业技术发展水平、技术进步情况和发行人对行业的贡献，分析发行人的技术先进性及具体表征。

保荐人需获取发行人所有重要奖项，重大科研项目，核心学术期刊发表论文，参与制定的国家、地区、行业标准等科研成果。保荐人可对科研成果和发行人核心技术的印证关系进行额外关注。对于重要奖项，了解奖项的颁发机构、社会及行业对奖项的认可程度、发行人是否单独获得等。若属于共同获奖，了解发行人在奖项中所起的作用。对于重大科研项目，了解发行人是否独立承担。若属于与其他方共同承担，了解发行人在项目中所起的作用，了解科研经费的来源、自筹经费与财政拨款的比例等。

3. 核心技术对发行人的贡献

调查核心技术在主营业务及产品（服务）中的应用和贡献情况。对发行人未来经营存在重大影响的关键技术，应当予以特别关注和专项调查。结合发行人的核心技术的成熟程度和应用水平、相对同类技术的优势、核心技术的未来发展趋势及其相应产品前景等因素，对发行人核心技术对生产经营的影响程度进行分析。

4. 核心技术的保护

取得发行人核心技术人员的奖励制度、股权激励计划等资料，调查发行人对关键技术人员是否实施了有效的约束激励措施，是否有效避免了关键技术人才的流失和技术秘密的外泄。分析报告期内核心技术人员的主要变动情况及对发行人的影响。核查核心技术是否取得专利或其他技术保护措施。

调查专利技术和非专利技术许可方式、允许使用期限及到期的处理方法，考察主要产品的技术含量和可替代性；对于专利技术，应关注专利的有效期及到期后对发行人的影响，并核查侵权情况及发行人具体的保护措施与效果；对于非专利技术，应取得发行人相关保密制度及其与核心技术人员签订的保密协议等，调查发行人具体的技术保护措施和实际的保护状况。

5. 研发项目及合作研发情况

通过访谈发行人，并取得发行人研发项目清单，核查研发项目的研发内容、立项、审批、研发资金来源、委外研发协议、技术成果归属等文件，核查是否存在合作研发项目，核查研发阶段性工作记录、测试报告或会议纪要等。

调查发行人正在从事的重要研发项目，包括研发项目所处阶段及进展情况、相应人员、经费投入、拟达到的目标；结合行业技术发展趋势，分析相关科研项目与行业技术水平的比较情况。对于重大科研项目，了解发行人是否独立承担，若属于与其他方共同承担，了解发行人在项目中所起的作用，了解科研经费的来源、自筹经费与财政拨款的比例等。

与其他单位合作研发的，调查合作研发的内容和范围、权利义务划分约定、风险责任的承担方式、成果分配和收益分成约定，以及采取的保密措施等。在以上核查内容的基础上，保荐人可以与律师一起，论证该等合作研发的重要性及其对发行人生产经营的具体影响。

6. 专利纠纷的核查

对于发行人的部分专利系继受取得或与他人共有的，核查继受取得或与他人共有专利的重要性、与所提供产品（服务）的内在联系；继受取得或与他人共有专利的背景、过程，是否存在瑕疵、纠纷和潜在纠纷；原权利人、共有人的基本信息，共有人使用或许可专利的具体情况。核查核心技术的取得方式及使用情况，是否来源于核心技术人员在之前单位的职务发明，是否为独立研发，判断是否存在纠纷或潜在纠纷及侵犯他人知识产权的情形。

四、财务会计调查

（一）财务报告及相关财务资料

对经注册会计师审计或发表专业意见的财务报告及相关财务资料的内容进行审慎核查。审慎核查时，不仅需关注财务信息各构成要素之间是否相匹配，还需关注财务信息与相关非财务信息之间是否相匹配，特别是应将财务分析与发行人实际业务情况相结合，关注发行人的业务发展、业务管理状况，了解发行人业务的实际操作程序、相关经营部门的经营业绩，对发行人财务状况作出总体评价。关注会计师、管理层与财务报告相关的重大事项和重要性水平的判断标准。在此基础上，对重要的财务事项进行重点核查[①]。

发现异常财务事项或财务报表被出具非无保留意见审计报告时，应进行专项核查。必要时，就会计师的审计或审核意见、财务报表附注中重要或异常内容与会计师进行沟通，或请会计师作出书面解释，但应对会计师所作解释的真实性、准确性、完整性进行核查，并作出独立判断；对于重大财务异常事项，应当对有关事项进行调查、复核，必要时可聘请其他中介机构提供专业服务。

对于发行人财务报表中包含的分部信息，应获取相关分部资料，进行必要的核查。对纳入合并范围的重要控股子公司的财务状况应同样履行充分审慎的核查程序。对发行人披露的参股公司，应获取最近一年及一期的财务报告及审计报告（如有）。

发行人最近一年及一期内收购兼并其他企业资产（或股权），且被收购企业资产总额或营业收入或净利润超过收购前发行人相应项目 20%（含 20%）的，应获得被收购企业收购前一年的利润表、资产负债表以及前一年与发行人关联交易情况（如有），并核查其财务情况。对前一年度发生多次的重组行为，合并考虑相关影响。

发行人已境外上市或拟同时境外上市的，由于在境内外披露的财务会计资料所采用的会计准则不同，导致财务报表与本次发行的财务报表存在差异的，取得境内外报表差异调节表，核查境内外差异的原因和合理性。

（二）会计政策、会计估计和会计差错

核查发行人的会计政策和会计估计的合规性和稳健性。如发行人会计政策或会计估计与同行业可比公司存在差异的，核查该差异产生的原因、合理性及对发行人的影响，并结合业务模式分析相关会计政策的合规性。

发行人报告期内存在会计政策或会计估计变更或会计差错更正的，了解审批程序的合规性，重点核查变更内容、理由及对发行人财务状况、经营成果的影响；涉及会计差错更正的，核查会计差错更正的原因、性质、重要性及对发行人财务状况、经营成果的影响。

---

① 重要性水平是指会计师根据《中国注册会计师审计准则第 1221 号——计划和执行审计工作时的重要性》《中国注册会计师审计准则问题解答第 8 号——重要性及评价错报》等相关规定制定的。重要性水平是保荐人对财务事项执行尽调工作的重要参考，但并非要求保荐人按照会计师的审计标准在所有财务方面执行与会计师重复性的核查工作。保荐人应向会计师了解审计过程中重点关注的事项以及执行的主要审计程序，并结合发行人的业务特点、规范治理情况等，有针对性地设计尽调程序。

（三）评估报告

结合行业发展和物价变动等情况，核查评估机构是否履行了必要的评估程序、评估假设是否合理、评估方法是否恰当、评估参数设置是否合理、评估依据是否充分、评估结果是否合理、评估值大幅增减变化原因是否合理，关注评估中的特殊说明事项及评估资产的产权是否明确。

（四）财务比率分析

计算发行人各年度毛利率、资产收益率和扣除非经常性损益前后的净资产收益率、每股收益等，分析发行人各年度盈利能力及其变动情况，分析母公司报表和合并报表的利润结构和利润来源，判断发行人盈利能力的持续性。

计算发行人各年度资产负债率、流动比率、速动比率、利息保障倍数等，结合发行人的现金流量状况、在银行的资信状况、可利用的融资渠道及授信额度、表内负债、表外融资及或有负债等情况，分析发行人各年度偿债能力及其变动情况，判断发行人的偿债能力和偿债风险。

计算发行人各年度资产周转率、存货周转率和应收账款周转率等，结合市场发展、行业竞争状况、发行人生产模式及物流管理、销售模式及赊销政策等情况，分析发行人各年度营运能力及其变动情况，判断发行人经营风险和持续经营能力。

通过上述比率分析，与同行业可比公司的财务指标比较，综合分析发行人的财务风险和经营风险，判断发行人财务状况是否良好，是否存在持续经营问题。

（五）销售收入

销售收入相关事项的核查方法和要点如下：

1. 收入确认政策

通过询问会计师，查阅银行存款、应收账款、销售收入及其他相关科目等方法，结合发行人的业务模式、交易惯例、销售合同关键条款、同行业可比公司收入确认政策等，核查：

（1）发行人确认收入的具体标准以及同行业可比上市公司收入确认的一般原则，判断收入确认具体标准是否符合会计准则的要求及行业惯例，与发行人的业务是否匹配，相关内部控制制度是否有效。尽职调查中应关注以下要点：

①询问管理层、会计师，了解发行人的收入确认政策，结合发行人业务特点、交易的惯例、业务模式等，核查对收入确认政策的影响；

②查阅销售合同，分析重大合同条款，关注合同条款中的验收、付款、退换货、

质保金、返利政策等条款对收入确认的影响；

③查询同行业可比上市公司年报、招股说明书等资料，对比发行人的收入确认政策与同行业可比公司是否一致；

④检查出库单、物流凭证、验收单、记账凭证等业务和财务凭证，关注业务单据流转与合同约定是否一致，收入确认的证据是否充分。

如发行人的收入确认政策与同行业可比公司存在较大差异的，通过结合会计准则的具体条款，与会计师、管理层讨论，论证发行人收入确认政策的合理性，并分析该差异对发行人财务报表的影响。

如报告期内，发行人的收入确认会计政策和会计估计发生变更或收入确认存在重大会计差错调整的，通过了解变更及会计差错调整的原因，分析对发行人财务报表的影响，并评价发行人收入确认相关内控的有效性，是否存在对利润调节的情形。

（2）发行人存在为客户提供信贷担保的（如客户采用由发行人向银行提供担保的银行票据回款），结合销售合同、融资或担保协议等，询问管理层或会计师。必要时，走访相关的客户、银行等机构，核查相关交易的真实性，分析相关会计处理的合理性。

2. 销售收入的真实性、准确性

（1）分析性复核程序。根据发行人的业务特点、行业惯例等，取得发行人的季度销售收入分布、产品构成、地域构成等销售明细资料及变动情况的详细资料，分析收入及其构成变动情况是否符合行业和市场同期的变化情况。具体执行可参考以下尽调方式：

①结合季度销售收入明细表，必要时，获取月度销售收入明细表，分析销售收入时间分布的合理性；并结合抽样测试、截止性测试以及查阅销售合同、函证、走访等程序，核查是否存在提前或延迟确认收入或虚计收入的情况，是否存在会计期末突击确认销售收入的情况。

②发行人收入存在季节性波动或存在强周期波动的，分析季节性因素或周期性因素对经营成果的影响。

③结合产品销售明细表，分析产品销售结构的变动情况及合理性，是否与下游客户的需求匹配，是否与行业和市场同期变化趋势一致。

④结合销售地域构成明细表，分析地域构成的变动情况，是否与发行人的子公司、经销商、下游产业结构、目标消费人群等分布一致。

⑤分析发行人收入的变动情况与成本、费用等财务数据之间的配比关系是否合理，是否与同行业公司情况一致，如销售收入变动与运输费用、业务推广费等之间的匹配关系是否合理。

⑥分析销售商品、提供劳务收到的现金的增减变化情况是否与发行人销售收入变

化情况相符，关注交易产生的经济利益是否真正流入企业。

⑦取得发行人主要产品报告期价格变动的资料，了解报告期内的价格变动情况，分析发行人主要产品价格变动的基本规律及其对发行人收入变动的影响。

⑧搜集市场上相同或相近产品的价格信息和近年的走势情况（如有），与发行人产品价格的变动情况进行比较，分析是否存在异常。

⑨取得发行人报告期主要产品的销量变化资料，了解报告期内主要产品销售数量的变化情况，分析发行人主要产品销量变动的基本规律及其对发行人收入变动的影响，存在异常变动或重大变动的，应分析并追查原因。

⑩取得发行人产品的产量、销量、合同订单完成量、价格政策等业务执行数据，核查与财务确认数据的一致性。

⑪报告期内收入爆发式增长或最近一年收入同比大幅增长的，应分析其合理性，判断波动是否与下游客户的需求匹配和行业变化趋势一致；报告期营业收入、净利润等经营业绩指标大幅下滑的，应结合行业和市场变化趋势分析合理性，判断是否存在影响发行人持续经营的情形。

⑫结合发行人的产品构成、价格资料等，了解发行人是否存在异常、偶发或交易标的不具备实物形态（如技术转让合同、技术服务合同、特许权使用合同等）、交易价格明显偏离正常市场价格、交易标的对交易对手而言不具有合理用途的交易，核查该等交易的真实性、公允性、可持续性及上述交易相关损益是否应界定为非经常性损益。

（2）对客户的走访、函证。关注发行人销售模式、销售区域（如经销商模式、加盟商模式或境外销售收入占比较高等）对其收入确认的影响及是否存在异常，可以在合理信赖会计师收入核查工作的基础上，合理利用实地走访、访谈、合同调查、发询证函等手段核查相应模式下的收入真实性。

保荐人对函证的过程控制、核对回函、访谈客户等核查工作可参照本节“三、业务与技术调查”之“（二）销售情况”的要求执行。

（3）对销售执行抽样测试。抽样测试主要是通过查阅银行存款、应收账款、销售收入及其他相关科目等方法，复核相关的合同、出库单、验收单、发票、收款单等，核查收入确认依据的充分性，并关注是否存在第三方回款、以实物抵债、现金回款、个人卡回款或债权债务互抵的情形。选择抽样测试样本时应关注：

①会计期末集中确认收入的销售凭证；

②报告期内新增的主要客户；

③销售期后的回款情况，是否在正常的信用期之内，是否符合行业惯例；

④期末收到销售款项是否存在期后不正常流出的情况；

⑤单笔销售收入金额重大的销售记录；

⑥报告期后冲回的大额销售。

（4）销售收入的截止性测试。对于按照履约进度确认收入的，结合销售相关内部控制流程、业务特点、履约进度的确认方式等，核查履约进度确认的准确性；对于属于在某一时点履约的销售交易，关注报告期末商品的控制权是否已经转移；结合销售合同条款、交易习惯等，核查是否通过将单项履约义务拆分为多项履约义务从而提前确认收入。

截止性测试需要结合发行人的收入确认政策，选取发行人资产负债表日前后若干天且金额大于一定金额以上的发运凭证、验收单等与收入确认相关的业务单据，与应收账款和销售收入明细账进行核对；同时，从应收账款和销售收入明细账选取在资产负债表日前后若干天且金额大于一定金额以上的凭证，与发运凭证、验收单等与收入确认相关的业务单据核对，以检查销售收入是否记录在恰当的会计期间。截止性测试中可参考以下因素：

①资产负债表日前后销售和发货水平，确定业务活动水平是否异常（如与正常水平相比），是否存在突击确认收入的迹象；

②资产负债表日后的销售退回记录，检查是否存在提前确认收入的情况；

③结合对资产负债表日应收账款和收入的函证程序，检查是否存在未取得对方认可的大额销售；

④对于重大跨期销售，收集并核查长期合同及其交易条款及对发行人销售的影响，核查履约进度是否准确，收入确认时间是否准确；

⑤核查发行人的验收单、发票和银行流水等是否真实且在所属期间。

（5）其他需要关注方面。

对于销售退回业务，通过访谈销售人员和财务人员的方式，了解一般情况下销售退回的比例和账务处理；核查销售退回的原因及相关手续是否符合规定，是否存在销售款项不正常流出；对于重大金额的销售退回，应当取得客户的书面确认文件，并考虑前期收入确认是否谨慎。

检查发行人报告期内仍在履行的主要客户（至少前十大客户或根据发行人具体情况确定的主要客户）的销售合同，通过访谈发行人董监高、律师或发行人客户，了解是否存在重大合同纠纷。

取得报告期主要客户销售收入回款清单、前十大应收账款期后回款清单，结合发行人收款政策、应收账款周转情况、现金流量情况，对发行人销售收入的回款情况进行分析，关注报告期应收账款增幅是否存在明显高于收入增幅的情形。

3. 几种特定情形下销售收入的尽调要点

（1）经销商模式下的收入尽调要点（见表 5－2－1）。

表 5－2－1　经销商模式销售收入尽调要点

主要目的	收入尽调要点
了解内控是否完善	取得发行人的经销商管理制度（包括结算制度、核算制度、返点制度、退货制度等）及经销商网络的组织结构图，作为经销商调查的起点
真实性	①了解采用经销商或加盟商模式的必要性，是否符合发行人自身的特点和行业惯例 ②了解主要经销商或加盟商的定价机制、物流方式、退换货机制、信用政策、返利政策等，了解主要经销商或加盟商的资金实力、销售网络、所经销产品最终销售和回款情况，核查发行人的产品销售核算与经销商或加盟商的核算是否存在重大不符 ③了解主要经销商或加盟商的布局合理性、经销商或加盟商存续情况以及对经销商或加盟商的管理方式 ④核查主要经销商或加盟商的经营情况、经销商或加盟商频繁开业及退出（如有）的原因和合理性 ⑤统计经销商的销售收入、经销商数量的增减变化情况、新增经销商对发行人收入和利润的影响；核查经销商退出的比例及基本情况 ⑥通过访谈管理层、销售人员或经销商，查阅销售合同、结算单据等方式，核查向经销商的销售是否为卖断式；关注转移商品所有权凭证或交付实物后，其控制权是否转移 ⑦核查经销商是否专营发行人产品、发行人主营产品的市场占有率情况 ⑧核查经销商的退换货政策，退换货的品种、数量、金额、会计处理和后续处理 ⑨采取合理和恰当的手段对终端客户走访和尽调，以核实收入的最终实现情况
关联关系	①核查发行人主要经销商与公司董监高、其他核心人员及持有公司 5% 以上股份股东是否存在关联关系 ②查阅主要或交易异常等经销商的工商登记资料，核查是否与发行人及其主要关联方存在关联关系 ③对于主要、交易异常或存在潜在关联关系的经销商进行走访
其他	核查具体的结算方式，是否存在个人账户收款或现金收款的情形
	经销商返点的会计处理是否符合会计准则的规定

（2）采用按履约进度确认收入的尽调要点。发行人按照履约进度确认收入的，通过检查发行人的内部控制度完善情况和有效性，查阅销售合同、结算单据等方式，核查收入的核算是否准确。按履约进度确认销售收入的尽调要点如表 5－2－2 所示。

表 5－2－2　按履约进度确认销售收入的尽调要点

主要目的	尽调要点
适用条件	结合发行人的业务模式、合同条款、同行业上市公司的会计处理方式以及会计准则等，判断发行人的合同履约义务是否属于某一时段内履行的履约义务

续表

主要目的	尽调要点
内控体系是否完善的评估	①核查发行人的履约进度确认是否建立了相应的内部控制制度，如履约进度的确认方式及在报告期是否得到一贯执行、履约进度的确认依据和合理性以及是否有第三方或客户等外部证据支持 ②核查发行人与客户之间关于履约进度及付款安排是否符合合同或协议的约定 ③了解发行人成本归集的内容和方法，关注预计总成本和预计毛利率的确定依据以及历史期间的预计总成本是否合理恰当；将预计总成本与成本预算进行核对，对于存在重大变化的，核查预计总成本的合理性
收入的真实、准确	①合同收入包括合同的初始收入和因合同变更、索赔、奖励等形成的追加收入两部分，核查合同收入的处理是否满足会计准则的相关条件，及合同变更是否经过适当审批 ②分析收入与经营性现金流净额是否匹配，结合结算进度分析履约进度是否合理；根据发行人的业务特点、内部控制制度有效性、客户特点及分布情况等，查阅主要项目或异常项目的合同、结算凭据、监理报告等资料，核查履约进度确认依据的合理性和充分性，收入、成本核算是否准确，结算进度是否符合合同约定，是否存在利用履约进度调节利润的情形 ③结合收入与其他科目之间的勾稽关系是否异常，如通过应收账款、合同资产、经营性现金流等分析发行人的收入质量
可持续盈利能力	①核查发行人已取得但是尚未执行完毕的合同情况，预计未来的经济利益流入 ②获取发行人已中标但是尚未开工的合同情况、预计每年带来的收入，判断其业务的可持续性

（3）出口收入的尽调要点。发行人境外销售收入金额较大或占比较高的，了解发行人境外销售主要地区的贸易政策、销售模式、获取订单的方式、外贸交易条款，分析其对境外销售收入真实性和准确性的影响。

结合海关出口数据、出口退税金额、物流运输记录、发货验收单据、中国出口信用保险公司数据等，核查是否与发行人境外销售收入相匹配，对比分析相同或同类产品在境内、境外销售的毛利率情况。

除上述情形外，其他关注事项如表 5－2－3 所示。

表 5－2－3　　出口销售收入的其他尽调要点

主要目的	尽调要点
准确性	结合发行人的贸易条款（FOB、CIF、CFR、DDP 等），确定发行人的收入确认的时点和收入确认依据
真实性	①可通过函证或走访海关等相关机构，将其与销售收入金额进行核对 ②收集发货单、报关单、提单、外汇核销单据等外部证据，并与收入进行核对 ③对海外主要客户应当进行走访并采取恰当的手段进行核查 ④核查发行人与控股股东及其关联方之间是否存在贸易代理、外汇代收代付等情形，其定价是否合理，是否符合税务、外汇管理等相关规定

（4）互联网销售及信息系统的核查。发行人的业务主要通过互联网销售或其客户主要采用互联网销售发行人产品（服务）的，保荐人应结合客户地域分布、活跃度，购买频次和金额、注册时间等，核查业务数据的真实性和可靠性。

对于直接向用户收取费用的此类企业，如互联网线上销售、互联网信息服务、互联网游戏等，保荐人核查中应关注：

①经营数据的完整性和准确性，是否存在被篡改的风险，与财务数据是否一致；

②用户真实性与变动合理性，包括新增用户的地域分布与数量、留存用户的数量、活跃用户数量、月活用户数量、单次访问时长与访问时间段等，系统数据与第三方统计平台数据是否一致；

③用户行为核查，包括但不限于登录 IP 或 MAC 地址信息、充值与消费的情况、重点产品消费或销售情况、僵尸用户情况等，用户充值、消耗或消费的时间分布是否合理，重点用户充值或消费是否合理；

④系统收款或交易金额与第三方支付渠道交易金额是否一致，是否存在自充值或刷单情况；

⑤平均用户收入、平均付费用户收入等数值的变动趋势是否合理；

⑥业务系统记录与计算虚拟钱包（如有）的充值、消费数据是否准确；

⑦互联网数据中心（IDC）或带宽费用的核查情况，与访问量是否匹配；

⑧获客成本、获客渠道是否合理，变动是否存在异常。

对用户消费占整体收入比较低，主要通过向用户展示或用户点击后，向广告主或广告代理商等收取费用的发行人，尽职调查中应关注：

①经营数据的完整性和准确性，是否存在被篡改的风险，与财务数据是否一致；

②不同平台用户占比是否符合商业逻辑与产品定位；

③推广投入效果情况，获客成本是否合理；

④用户行为真实性核查，应用软件的下载或激活的用户数量、新增和活跃的用户是否真实，是否存在购买虚假用户流量或虚构流量情况；

⑤广告投放的真实性，是否存在与广告商串通进行虚假交易；

⑥用户的广告浏览行为是否存在明显异常。

如因核查范围受限、历史数据丢失、信息系统缺陷、涉及商业秘密等原因，导致无法获取全部或部分运营数据，无法进行充分核查的，保荐人应考虑该等情况是否存在异常并就信息系统可靠性分析对财务报表的影响。

发行人主要经营活动并非直接通过互联网开展，但其客户主要通过互联网销售发行人产品或服务，如发行人该类业务营业收入占比或毛利占比超过 30%，保荐人应核查该类客户向发行人传输交易信息、相关数据的方式、内容，并以可靠方式从发行人获取该等数据，核查该等数据与发行人销售、物流等数据是否存在差异，互联网终端客户情况（如消费者数量、集中度、地域分布、活跃度、购买频次和金额、注册时间等）是否存在异常。对无法取得客户相关交易数据的，保荐人应充分核查原因并谨慎评估该情况对财务报表的影响。

发行人日常经营活动高度依赖信息系统的，应向发行人了解报告期应用的信息系统情况，包括系统名称、开发人、基本架构、主要功能、应用方式、各层级数据浏览或修改权限、信息系统运行和管理情况等，核查信息系统业务数据与财务数据的一致性、匹配性。

互联网销售及信息系统的核查过程中，必要时，在确保外部专家胜任能力和独立性的基础上，保荐人可以合理利用外部专家的工作对互联网销售或信息系统的可靠性、有效性进行核查。了解发行人业务运营、信息系统以及数据体量，认为以传统手段开展实质性核查存在覆盖范围等方面的局限性时，应考虑引入信息系统专项核查工作。

（5）其他情况。发行人存在其他特殊交易模式或创新交易模式的，了解交易模式的特点、商业实质等，查阅合同条款，询问管理层、会计师，分析盈利模式、交易模式等对交易实质和收入确认的影响。

4. 异常销售情况或特殊客户核查关注内容（见表 5－2－4）

表 5－2－4　　异常销售情况或特殊客户核查关注内容

异常或需重点关注情况	核查中需关注的内容
发行人对某一客户存在重大依赖	（1）关注形成原因，是否符合行业特点，以及同行业上市公司客户分布情况 （2）重点关注该客户的市场地位和行业情况，该客户的持续经营是否存在重大不确定性 （3）了解发行人在客户体系中的地位，通过走访等恰当的方式予以验证，关注销售关系的稳定性，是否属于相互依存的关系，而非单方面的依赖 （4）核查与该客户签订的合作协议、销售合同等；若有限制与其他客户合作的条款，或者同时存在采购等情况，关注是否符合持续经营的发行条件 （5）了解发行人新客户的开发情况
发行人的客户集中于国外某一地区	（1）关注形成原因、是否符合行业特点，以及同行业上市公司客户分布情况 （2）收集中国出口信用保险公司等对该地区客户的资料，关注该等客户的主营业务、财务状况等基本情况，并通过走访等恰当的方式予以验证 （3）关注该地区的政治稳定、进口政策和贸易摩擦影响，及进口国同类产品的竞争格局等情况 （4）了解其他地区客户的开发情况

续表

异常或需重点关注情况	核查中需关注的内容
客户可能是发行人董监高、核心技术人员及持股5%以上股东的关联方或关系密切人士；报告期新进股东的关联方或关系密切人士、员工的家属或前员工	（1）核查客户姓名（或名称）、身份证（或工商登记资料），并通过走访等恰当的方式予以验证 （2）若确实存在关联关系的，应核查形成原因、报告期内交易的真实性和公允性，及获得确凿证据，并关注对发行人独立性的影响
客户原属发行人关联方，后转让股权，成为非关联方	（1）核查受让方的身份、股权价款的支付，核查是否通过股权代持等方式进行"去关联化"处理，并通过走访等恰当的方式予以验证 （2）核查报告期内交易的真实性和公允性，及获得相应的证据 （3）关注去关联化后的交易情况，分析其商业逻辑、具体条款是否正常
经销商、加盟店无纳税申报表及相关财务资料，比如个体户	（1）关注对报表可信度的影响，并重点关注内部控制及税务方面的风险，并对重要客户通过走访、实地查看等方式予以验证 （2）关注形成原因是否为行业普遍现象
经销商、加盟店等进货情况与其所在区域或经营规模严重不匹配	了解该客户进货量大幅超越其所在区域同等规模客户平均水平的原因，通过走访、实地查看等方式予以验证
关联方与发行人存在客户重合	（1）关注该情况形成的原因，了解对发行人持续经营、独立性等方面的影响 （2）了解发行人和关联方的产品在该客户销售额中的占比情况，关注客户的日常管理、关系维护、销售返利等支出在发行人、关联方之间分担的情况，核查是否通过分担费用等手段影响发行人业绩的真实性

5. 销售中存在大额现金收款

大额现金收款原则上是指采用现金方式收取销售款占报告期任意一期的销售比例高于10%。发行人销售过程中，存在大额现金收款的，尽职调查中应关注：

（1）了解发行人的商业模式、现金收支产生的主要原因，判断发行人现金收支的商业合理性。

（2）核查发行人是否建立了完善的现金收支制度、销售制度等，相关内控制度的运行是否有效。

（3）核查报告期内的现金流水明细账和银行明细账，核对现金流水明细的金额、时点是否与银行明细账是否存在时点的逻辑关系（关注是否将收取的现金及时缴存银行、是否存在坐支现金的情形）。

（4）核查与主要客户之间的销售合同是否真实、合法、有效，与客户是否存在关联关系，是否可能存在通过不当方式来操纵或影响公司利润情形。

（5）取得现金收款交易的支持性文件，如销售环节的出库单、运输单、销售客户的签收单。

（6）对主要客户的经营能力、经营场所、经营范围、下游客户进行分析和核查，核查其与发行人存在大量现金交易商业逻辑的合理性和真实性；如果主要客户属于经销商，应进一步核查最终销售的实现情况。

6. 大额自然人银行卡代收销售款

大额自然人银行卡代收销售款原则上是指累计代收销售款占报告期任意一期的销售比例高于 10%。发行人销售过程中，存在大额自然人银行卡代收销售款的，保荐人在尽调调查中采取：

（1）了解自然人银行卡代收销售款形成的原因、金额，是否符合行业惯例，以及报告期内的整改情况；

（2）了解上述自然人是否在公司担任职务，判断现金收款是因为其职务、或其所涉及的交易活动特性所造成，还是由于其特殊的身份所造成（例如，该自然人为发行人的实际控制人或其近亲属）；

（3）检查发行人内部是否对于上述自然人账户的使用设立了完善的内控制度，如是否专卡专用，是否纳入发行人的日常财务管理中，相关内控制度是否有效运行；

（4）取得代收款账户的银行对账单，核查相关账户的资金的流入和流出是否与发行人的销售收款有对应关系，是否在收款后及时转存在发行人的银行账户；

（5）核查是否存在坐支现金的情形，是否存在与个人收支混同的情形，是否存在替发行人承担成本费用的情形；

（6）核查上述自然人账户的开户人与发行人及其控股股东、实际控制人、董监高是否存在关联关系；

（7）核对资金流入的时点、资金流入的频次、单笔发生金额是否存在固定规律，对于上述规律是否存在合理的解释。

7. 销售中存在第三方回款

销售中存在第三方回款的，需进一步核查第三方回款的必要性、合理性、可验证性，以及对应收入确认的真实性。

核查中应关注：

（1）第三方回款的原因及必要性，是否具备合理的商业理由，是否符合行业惯例；

（2）回款的第三方与客户之间的关系，并取得相应支持性文件；

（3）第三方回款的金额及占销售回款的比例；

（4）销售合同中是否已约定第三方的名称及付款账户。

对于发行人存在大额第三方回款的，必要时，通过走访、函证等核查手段向客户及第三方核实委托关系，进一步核查交易的真实性。

（六）营业成本与销售毛利

营业成本与销售毛利相关事项的核查方法和要点如下：

1. 了解成本的核算方法

取得发行人各类主要产品的生产流程图，向生产人员、财务人员了解生产的关键节点，实地察看主要产品的生产流程。

取得发行人成本核算的制度文件，了解成本核算的具体方法，生产过程中原材料领用、人工费用和制造费用等各类成本的归集和分摊方式，产成品和在产品的成本结转方法；分析发行人的成本核算方法是否符合其业务特点，成本核算方法是否合理。

查阅报告期内主要产品的成本分配、分摊、结转计算明细表，测算成本的计算是否准确和完整，核查成本核算方法是否与现有制度规定保持一致、报告期成本核算的方法是否保持一致。

2. 营业成本的分析

获取报告期营业成本明细表、营业成本分部信息（如有），了解产品单位成本及构成情况，包括直接材料、直接人工、燃料和动力、制造费用等，分析主要产品单位成本的构成情况。报告期内主要产品单位成本大幅变动的，应进行因素分析，并结合市场和同行业企业情况判断其合理性。

通过询问管理层、生产人员，实地查看生产线，查阅可研报告、产量统计表等方式，了解发行人主要产品的产能、产量情况，分析发行人产能、产量信息统计的准确性及合理性。

保荐人对营业成本进行分析时，可参考以下方面：

（1）抽取主要产品的物料清单（BOM单），了解主要产品的主要原料构成情况，并结合访谈生产人员、实地查看等方式，分析主要物料比例构成的合理性；

（2）分析主要产品的直接材料、直接人工、燃料及动力、制造费用等的构成及变动原因及合理性；

（3）分析主要原材料、包装物及单位能耗等与主要产品的产能、产量和销量是否匹配，报告期内发行人料工费波动情况及合理性，是否符合行业惯例；

（4）分析单位产品的燃料动力用量的变动情况；

（5）分析主要原材料的价格及与公开市场价格走势的比较情况；

（6）对照工艺流程、生产周期和在产品历史数据，分析期末在产品余额的合理性，关注期末在产品是否存在余额巨大等异常情况，判断是否存在应转未转成本的情况。

3. 毛利率分析

查阅发行人历年产品（服务）成本计算单，计算主要产品（服务）的毛利率、贡献毛利占当期主营业务利润的比重指标，与同类公司数据比较，分析发行人较同行业公司在成本方面的竞争优势或劣势；根据发行人报告期上述数据，分析发行人主要产品的盈利能力，分析单位成本中直接材料、直接人工、燃料及动力、制造费用等成本要素的变动情况，计算发行人产品的主要原材料、动力、燃料的比重；存在单一原材料所占比重较大的，分析其价格的变动趋势，并分析评价可能给发行人销售和利润所带来的重要影响。

计算发行人报告期的综合毛利率、分产品（服务）的毛利率、营业利润率等利润率指标，结合发行人行业及市场变化趋势、产品（服务）的价格和成本因素，分析其报告期内的变化情况并判断其未来变动趋势；与同行业可比公司进行比较分析，判断发行人的综合毛利率、分产品（服务）毛利率、营业利润率等是否正常，存在重大异常的应进行多因素分析并进行重点核查。

结合发行人所从事的主营业务、采用的经营模式及所处行业竞争情况，分析报告期利润的主要来源、可能影响发行人盈利能力连续性和稳定性的主要因素。如发行人主要产品的销售价格或主要原材料、燃料价格频繁变动且影响较大的，分析价格变动对利润影响的敏感性，以及报告期后、招股书签署日前主要产品销售价格或主要原材料、燃料价格的变化情况。

4. 其他几种需关注的情形

核查发行人的投入产出比是否具有稳定的勾稽关系，核查发行人是否利用体外资金支付货款，少计原材料采购数量及金额，虚减当期成本，虚构利润。

核查是否存在关联方或其他利益相关方代发行人支付成本，或采用无偿或不公允的交易价格向发行人提供经济资源。

核查是否压低员工薪金或体外支付员工薪酬，阶段性降低人工成本粉饰业绩；核查时应结合发行人的人员结构进行分析，并核查发行人是否存在通过滥用劳务派遣规避正常劳务支出。

查阅存货的领料凭证，并结合成本倒轧表等，核查是否将本应计入当期成本的支出混入在建工程、固定资产等资产项目的归集和分配过程以达到少计当期成本的目的。

（七）期间费用

期间费用的核查方法和要点如下：

1. 销售费用和管理费用

（1）对销售费用和管理费用进行分析，确定重点核查范围。

①取得发行人报告期销售费用的明细表，结合行业销售特点、销售操作流程、销售网络、回款要求、售后承诺（如无条件退货）、同行业可比公司费用水平等事项，分析发行人销售费用的完整性、合理性。对照各年营业收入的环比分析，核对与营业收入直接相关的销售费用变动趋势是否与前者一致。两者变动趋势存在重大不一致的，应进行重点核查。

②取得管理费用明细表，分析是否存在异常的管理费用项目。如存在，可通过核查相关凭证、对比历史数据、同行业可比公司比较等方式予以重点核查。

（2）对人力成本的核查。

①了解发行人奖金、提成的核算制度，结合当年计提余额、次年一季度费用项目异常增长等情况，核查年终奖金、销售业务提成是否存在延后确认的情况。

②取得发行人各业务板块人员数量、工薪数额，对年均人力成本进行计算分析，与同行业或同地区市场人力成本水平进行比较，分析是否存在重大差距，是否存在压低员工薪金或体外支付员工薪酬、阶段性降低人工成本粉饰业绩的迹象；结合发行人的人员结构，核查发行人是否存在通过滥用劳务派遣规避正常劳务支出的情形。

③核查发行人五险一金的规范情况，以及对发行人成本费用的影响程度，对于劳动密集型企业应尤为关注。

（3）对支付销售佣金返利的核查。

医药保健品行业、经销商制企业，通常均存在较大的佣金返利。该等佣金返利有通过发票/白条冲账、产品折扣、下游中间商间接承担等多种形式兑现。

结合发行人行业特点，了解发行人佣金返利内控制度、销售合同的佣金返利条款，结合其佣金返利政策测算相应数据并与报表数据进行核对，核查佣金记录的准确性、完整性。对于佣金返利采用产品折扣方式兑现的，由于存在业绩考核期，往往存在延后确认的情况，采取询问会计师、管理层等方式了解其影响金额及会计确认期间的合理性。对于发票/白条冲账的，核查对企业所得税费用税前扣除金额以及税务合规性的影响等。

根据企业会计准则的要求，佣金返利等未在销售费用中列示的，保荐人也应根据参考上述要求进行相应的核查。

（4）广告费、专利使用费/特许经营费等重要项目的核查。

取得发行人的广告费用明细表和重要广告合同，根据合同条款测算应列支的广告费用的完整性。查阅广告监播表、广告投放记录等，分析不同媒体间广告投放的价格及主要广告商的收费明细表，核查广告费用发生的真实性、公允性。关注是否存在与关联方联合进行广告宣传以及广告费用分摊的合理性。

取得发行人的专利使用费/特许经营费明细表和相关重要合同，根据合同条款测算费用确认的完整性；同时，应结合对公司产品技术情况，核查公司可能需要使用的他方专利以及是否已取得对方授权许可。

（5）股份支付的核查。通过查阅发行人报告期内与股权变动相关的董事会、股东大会等会议文件，了解报告期内制定或实施的股权激励、期权激励计划等情况，询问管理层或会计师，了解股权激励、期权激励的公允价值确定的合理性，会计处理是否符合会计准则的规定。

2. 研发费用

取得研发费用明细表，结合研发项目整体预算、实施进度、费用构成等资料，分析是否存在异常的研发费用支出。如存在，可考虑通过核查相关凭证、对比历史数据、同行业可比公司费用水平比较等方式予以重点核查。

了解研发人员的构成，获取研发人员工时记录表，结合发行人的研发及生产的特点，核查是否存在非研发人员的薪酬计入研发费用的情形，研发人员是否存在从事生产活动的情形。

实地查看研发场所，向研发人员了解研发的流程、研发成果的载体及形成的知识产权情况。了解研发活动是否形成研发样机，是否销售样机。如有，了解相关会计处理是否符合会计准则规定。

核查研发费用时，可考虑核查与纳税申报时加计扣除的研发费用、高新技术企业申请材料的研发费用是否存在差异，以及了解具体的差异原因。

了解研发的项目预算、立项、结项等管理流程，核查研发费用归集、分配的内控措施及有效性，分析研发费用的归集是否准确完整，研发费用是否与成本混淆，研发费用规模是否与发行人当期研发行为及工艺进展匹配。

如报告期内存在研发投入资本化的，询问管理层或会计师，核查开发支出资本化的内控情况、会计处理以及同行业可比公司的处理方式，核查资本化的具体研发项目、依据、时间、金额以及是否符合会计准则的规定。

结合发行人的研发特点、重要性水平、研发费用的明细构成等，有针对性地抽取适当的样本，检查研发费用相关的领料单、工资单、员工花名册，以及固定资产折旧分摊明细表等业务和财务凭证，核查研发费用发生的真实性、准确性。

3. 财务费用

取得财务费用明细表（含利息资本化部分），对发行人存在较大银行借款或付息债务的，测算利息支出记录的准确性，结合对固定资产、在建工程、存货等科目的调查，确认大额利息资本化的合理性，是否符合会计准则的规定。

关注控股股东、实际控制人或关联方占用资金的相关费用情况，以及占用控股股东、实际控制人或关联方资金的相关费用情况，对于无偿占用金额较大的，通过按照同期贷款基准利率测算对损益的影响。

发行人存在大额汇兑损益的，结合发行人收付款条件、主要结算币种、汇率走势等，分析汇兑损益金额的合理性以及相应的外汇波动风险。

4. 抽样测试

结合发行人的业务特点、重要性水平、期间费用的明细构成特点等，有针对性地抽取样本，检查期间费用相关的合同、付款凭证、成果验收单、发票等业务和财务凭证，验证费用发生的真实性、是否记录在恰当的会计期间。

（八）非经常性损益

取得经注册会计师验证的发行人报告期净资产收益率和非经常性损益明细表，逐项核查是否符合相关规定，调查非经常性损益的来源、取得依据和相关凭证以及相关款项是否真实收到、会计处理是否合规，并分析其对发行人财务状况和经营业绩的影响；结合业务背景和业务资料，判断重大非经常性损益项目发生的合理性和计价的公允性；计算非经常性损益占当期利润比重，分析由此产生的风险。

了解政府补助的性质、目的等，核查重大政府补助会计处理和披露是否符合会计准则的规定。结合政府补助的性质，分析重大政府补助是否属于非经常性损益，区分与收益相关或与资产相关，分析政府补助对发行人报告期及未来期间的影响。

（九）货币资金

在资金流水核查时，应采用可靠手段获取核查资料，在确定核查范围、实施核查程序方面保持应有职业谨慎，核查相关方是否与发行人客户、供应商存在异常交易。

货币资金相关事项的核查方法和要点如下：

1. 银行账户的核查

取得发行人基本户开户行或中国人民银行出具的银行账户开立清单，检查发行人货币资金明细账账户记录的完整性。

对于发行人报告期内新开立的银行账户，了解开户原因、用途及合理性；对报告期内注销的银行账户，了解销户的原因以及是否纳入核查范围；对于报告期内频繁开户、销户以及账户开立不久后即销户的情况，关注其是否与实际生产经营需要相关。

对于发行人在异地开立的银行账户，关注其开立原因，是否与实际生产经营需要相关。发行人存在外汇账户的，核查是否经外汇管理部门批准，并抽查大额资金流水与原始凭证是否相符，是否符合国家外汇管理有关规定。

保荐人应关注发行人及相关自然人外汇账户及境外账户的完整性情况，结合发行人涉外业务、境外经营等情况核查外汇账户、境外账户的完整性，并关注银行账户资金来源和流向。

发行人存在定期存款账户、保证金账户、非银行金融机构账户等非日常结算账户的，了解该类账户形成的原因和当前状况，该类账户的使用用途是否受限（如抵押、质押），核查发行人对该类账户资金是否拥有自由支配权。

发行人存在与控股股东或其他关联方联合或共管账户，在集团财务公司开设银行账户、资金池业务等情形的，与管理层、控股股东或其他关联方的相关人员访谈，了解该类业务形成的原因和必要性、账户的监督管理机制及有效性，是否会存在存放资金无法兑付或被冻结的情况。取得相关的协议、合同、账户管理制度等资料，并结合日常资金实际使用情况，核查发行人是否可以自由支取该类账户中的资金，以及该情形对发行人财务的独立性和货币资金真实性的影响。

结合发行人实际情况，判断资金流水核查范围是否还需包括控股股东、实际控制人、发行人主要关联方、董事、监事、高级管理人员、关键岗位人员等开立或控制的银行账户资金流水，以及与上述银行账户发生异常往来的发行人关联方及员工开立或控制的银行账户资金流水，并采用独立的方式获取相关主体的银行账户资金流水。

2. 银行余额的核查

在合理信赖会计师银行函证工作的基础上，通过询问管理层或会计师，查阅货币资金明细账、定期存单、借款合同、企业信用报告或独立补充银行函证等，核查大额银行存款是否真实存在，是否存在担保、质押等限制用途等情形。

发行人的银行账户余额期末存在大额未达账项的，取得银行账户余额调节表，了解大额未达账项形成的原因，检查期后的入账情况，分析是否需要对未达账项调整财务报表。

查阅货币资金明细表，关注报告期货币资金的期初余额、本期发生额和期末余额，分析货币资金余额与银行借款余额的匹配性，是否存在“存贷”双高等异常的情形。

3. 银行交易额的核查

根据银行账户开立清单，结合发行人业务性质、行业特征、重要业务流程，以及与货币资金相关的内部控制等因素，确定对发行人银行账户的重点核查范围，如：

（1）基本户；

（2）日常经营中频繁使用的账户；

（3）资金往来频繁或往来金额重大的账户；

（4）期末余额重大或期初期末余额发生重大变化的账户；

（5）异地开立的账户；

（6）持有大额定期存款的账户；

（7）报告期内已销户但符合上述特征的账户。

对纳入重点核查范围的银行账户，应独立地获取报告期内的银行账户资金流水，获取方式包括：

（1）亲自从银行营业场所取得，同时应观察账户打印过程的合规性；

（2）通过企业网上银行获取，但应观察网上银行调取资金流水的过程，核实网上银行地址的真实性。

对纳入重点核查范围的银行账户，结合重要性水平确定核查标准，进行高估（从货币资金明细账上抽取大额交易，追查至银行对账单）以及低估（从银行对账单上抽取大额交易，追查至货币资金明细账）测试，核查货币资金明细账记录的完整性、准确性，核查交易是否经过了适当的审批，是否具备合理的业务背景，并判断其中是否存在风险。

对于未纳入重点核查范围的银行账户，结合项目的风险水平、重要性水平等情况，可采用复核会计师工作或查阅发行人日常保管的对账单的方式进行分析性核查。

4. 对现金交易的核查

发行人存在现金交易或以大额现金支付薪酬、报销费用、垫付各类款项的，核查现金交易的原因和合理性，判断大额现金交易对发行人销售、采购真实性的影响，相关收入确认及成本核算的原则与依据，是否涉及体外循环或虚构业务。

对现金交易进行核查时，应关注：

（1）现金交易是否符合发行人的业务特性及行业惯例，未使用微信、支付宝等快捷支付方式代替现金交易的原因和合理性；

（2）核查现金管理制度是否与业务模式、内部管理制度匹配，与现金交易、现金支付相关的内部控制制度是否完备、合理并执行有效；

（3）现金交易流水的发生与相关业务发生是否真实一致，是否存在异常分布，现金交易原始交易单据保管情况及可追溯性；

（4）现金交易的客户或供应商情况，是否涉及发行人关联方；

（5）现金交易比例及其变动情况是否处于合理范围及对发行人经营成果的重要性；

（6）现金交易的改善情况及解决措施。

对于大额现金交易的客户、供应商，采取实地走访、函证等核查程序，并结合发行人的业务特点及行业惯例（如农业企业的采购环节、餐饮业的销售环节），抽查现金交易的原始交易单据及支持性单据，进一步判断大额现金交易对发行人销售、采购业务真实性的影响。

5. 对于理财产品的核查

发行人存在大额资金用于购买理财产品的，应核查相关产品的发行主体、产品类型，是否涉及定制化理财产品以及是否存在资金流向实际控制人、客户、供应商及关联方等情形。

6. 对异常或非经常性的资金往来的核查

获取货币资金明细账，检查是否存在性质异常或非经常性的大额交易，如：

（1）向供应商收取款项或向客户支付款项；

（2）与关联方之间的非交易性往来，及与客户、供应商之外主体的款项往来；

（3）与自然人之间大额款项往来；

（4）收取款项后的又将款项退回，及相反的款项往来操作；

（5）年初发生的大额、频繁款项收支；

（6）发行人大额购买无实物形态的资产或服务；

（7）发行人同一账户或不同账户之间存在金额、日期相近的异常大额资金进出；

（8）实际控制人个人账户存在较多大额资金往来，或者频繁出现大额取现、存现情形；

（9）控股股东、实际控制人、董事、监事、高级管理人员、关键岗位人员从发行人获得大额现金分红、薪酬或资产转让款、转让发行人股权获得大额股权转让款，主要资金流向或用途存在重大异常；

（10）控股股东、实际控制人、董事、监事、高级管理人员、关键岗位人员与发行人关联方、客户、供应商存在异常大额资金往来。

针对前述的交易，保荐人通过查阅该类交易相关的支持文件，如合同、发票、出/入库记录、收/付款单据等，询问管理层、会计师，核查交易是否具有合理的商业理由，是否经过恰当的审批，以验证交易的真实性。

7. 其他货币资金的核查

其他货币资金主要包括信用证保证金存款、票据保证金存款、信用卡存款、银行汇（本）票存款、存出投资款和外埠存款等。除前述核查要求外，其他货币资金尽职调查中采取：

（1）了解其他货币资金的用途，核查是否符合发行人的业务活动及是否具备合理性；

（2）查阅银行回函或查阅相关协议，核查货币资金的受限情况；

（3）查阅保证金存款协议，分析缴存比例合理性及与相关财务报表科目的勾稽关系；

（4）了解其他货币资金的期后转回情况（如有）。

8. 第三方支付平台结算的核查

第三方支付平台结算主要指发行人在日常交易中频繁、大量地采用微信、支付宝等第三方支付平台进行款项结算。保荐人可以结合发行人的业务模式，尽职调查中采取以下措施：

（1）了解并评价与采用第三方支付平台结算相关的内控管理制度及其运行的有效性，如账户建立及绑定流程、转账业务管理、定期对账管理等；

（2）核查第三方支付平台账户的完整性，如采用询问、查询发行人账簿、登录第三方支付平台管理后台等方式；

（3）获取第三方支付平台账户的流水，核对账户的收支情况与日记账是否相符；

（4）根据企业经营规模以及第三方平台支付账户流水单笔金额、频次等制定对第三方支付平台账户资金流水细节性测试的核查程序。

（十）应收款项、合同资产

了解发行人大额应收款形成原因、债务人状况、催款情况和还款计划。

了解发行人长期未回款的原因，判断其可回收性；分析其他应收款发生的业务背景，核查其核算依据的充分性，判断其收回风险；核查大额预付账款产生的原因、时间和相关采购业务的执行情况。结合成本费用完整性核查情况，判断其他应收款、预付账款中是否存在已发生成本费用但未及时结转的情况。调查应收票据取得、背书、抵押和贴现等情况，关注由此产生的风险。

核查重大合同资产确认的准确性；核查合同资产确认的会计处理是否符合会计准则的规定。

了解应收款项转让的背景、成本、转让双方的权利义务，分析应收款项所有权风险和报酬的转移情况；核查应收款项终止确认的会计处理是否符合会计准则的规定。

核查发行人应收账款、合同资产账龄计算方法是否符合实际情况，核查预期信用损失的确认方法及相关参数的确认依据是否合理、合规，对应收账款坏账准备、合同资产减值计提政策及计提依据是否符合会计准则规定；结合发行人特点与同行业上市公司进行比较分析等，判断坏账准备、合同资产减值计提是否充分，是否符合会计准则的规定，是否存在操纵经营业绩的情形。

关注对关联方应收款形成的原因和合理性，重点核查报告期内是否存在资金被控股股东、实际控制人及其控制的其他企业占用情况。

结合发行人收款政策、应收账款周转情况、现金流量情况，对发行人销售收入的回款情况进行分析，关注报告期应收账款增幅明显高于主营业务收入增幅的情况，判断由此引致的经营风险和对持续经营能力的影响。

（十一）存货

存货相关事项的核查方法和要点如下：

1. 存货的分析

取得发行人的存货明细表、库龄明细表，了解存货的构成，结合业务模式、生产情况、存货管理政策、经营风险等因素，核查存货余额和结构在报告期内大幅变动的原因，分析存货库龄结构的合理性并核查存货的期后结转情况。

存货余额较大的，了解存货余额较大的原因，并结合原料的采购周期、生产周期、产品特点及同行业可比公司的状况等，分析存货余额较大的合理性。

计算发行人的存货周转率，并与同行业可比公司进行比较，分析报告期内存货周转率变动的原因和合理性。如存货周转率较低的，分析原因和合理性，判断存货是否存在滞销的风险以及存货跌价准备计提的充分性。

通过询问管理层、生产主管等人员，查阅行业资料，实地查看生产线等方式，了解发行人产品的种类、各类主要产品的生产流程、生产周期、产能和产量、主要原料投入产出比等信息；通过查阅制度文件、现场实地考察等方法，调查发行人的存货管理制度及其实施情况，如存货入库前是否经过验收、存货的保管是否安全以及是否建立存货短缺、毁损的处罚或追索等制度。

询问管理层、生产计划人员等，了解发行人的生产模式，分析生产模式是否符合发行人的产品特点、行业特点及下游客户的使用习惯。

了解各类存货的发出计价方式，分析计价方式是否与发行人的生产流程及产品特点匹配。如存在异常的，测算发出存货成本的计量方法是否合理，确认存货计价的准确性。

存在大额无实物形态存货的，了解该存货形成的原因，结合成本构成、成本归集方法、抽样测试等，核查账面成本记录的准确性、真实性。必要时，在确保外部专家胜任能力和独立性的基础上，可以合理利用外部专家对该类存货的功能、价值等进行判断或评估，并对外部专家意见履行审慎关注和必要复核程序。

2. 存货的抽盘

存货抽盘指保荐人观察发行人的存货盘点，并对已盘点存货抽取一定的样本进行适当检查的程序，也包括保荐人在非存货盘点日，对存货抽取一定样本进行适当检查的程序。

询问管理层或会计师，了解发行人的存货盘点制度，查阅发行人报告期历史期间的存货盘点资料，检查存货盘点是否存在重大差异、重大差异的原因和处理方式，核查发行人存货盘点内控措施的有效性。

在合理信赖会计师监盘工作的基础上，结合原材料及产品特性、生产需求、存货库存时间长短，实地抽盘大额存货，确认存货计价的准确性，核查是否存在大量积压或冷背情况。

保荐人应确定抽盘的范围，并编制存货抽盘计划。计划存货抽盘的相关事项包括：

（1）与存货相关的内部控制情况；

（2）存货抽盘的时间、人员安排；

（3）发行人是否采用永续盘存制；

（4）存货的仓库分布情况，包括不同存放地点的存货的重要性和风险情况，以选择恰当的抽盘地点；

（5）特殊存货抽盘是否需要专家的协助。

询问管理层、营销人员、生产人员、仓库人员等，查阅固定资产清单、租赁合同等资料，查看出/入库单中记录的仓库名称等方式，核查发行人提供的仓库清单的完整性。

存货抽盘原则上应安排在资产负债表日，若有特殊原因使得存货抽盘日并非资产负债表日的，则应执行“前推”或“后推”程序，并确保存货抽盘日与资产负债表日期间执行的实质性核查程序充分、适当。

存货盘点日，保荐人可跟随发行人安排的存货盘点人员进行抽盘，并注意观察发行人事先制订的存货盘点计划是否得到了贯彻执行，盘点人员是否准确无误地记录了被盘点存货的数量和状况，并已经恰当地区分所有毁损、陈旧、过时及残次的存货；核实是否已执行相关程序以避免重复盘点或遗漏任何存货，并解决任何的盘点差异。

发行人盘点过程中，观察存货的流转是否已得到适当控制，盘点期间发行人正在盘点的存货应避免发生移动，以充分保证存货移动带来的存货盘点、抽盘风险。

观察不同地点、分支机构、部门或合并范围内子公司之间转移的存货是否已被适当记录，以避免重复盘点或在盘点时遗漏任何项目。对于并非属于发行人的项目（如委托代销存货），确定其已被识别且排除在发行人自有存货的盘点之外。如果该等项目是重大的，可考虑执行抽盘程序。

对存货执行抽盘，考虑以下各项因素：

（1）高价值的项目；

（2）其性质导致存在盘点困难的项目；

（3）尚未完工的项目；

（4）同时进行高估（即将根据发行人记录执行的抽盘与实地存货相比较）和低估（即将根据实地存货执行的抽盘与发行人记录相比较）测试。

对于使用罐储存的或者堆积或成卷存放的存货，了解此类存货的计量方法，并采用适当的方法将其计算转换为账面记录的数量单位。如果存货的性质或状况不易被识别且存货价值重大的，则可能有必要利用专家的工作。同时，可考虑将未开封包装物打开或将存货挪动位置以观察存货的实际状态，并留意是否存在白条抵库、销售人员外借等情况。

实地查看存放重大存货的所有区域以识别是否存在表明存货积压、冷背、过剩或损毁的迹象（如灰尘积聚、存货堆放在其他存货的后面或不易进入的地方）。询问负责存货日常处理的管理人员哪些存货被视为过时、积压、冷背、损毁或过剩，就已终止的存货产品线及可能导致现有存货过时的新产品询问销售、生产和仓储部门的关键人员。

对于存货抽盘过程中出现的误差（如盘盈、盘亏等）或者特殊（如残次品、白条抵库、销售人员外借）情况，查找原因并应妥善保存好所有相关的原始证据。如出现该等异常的情况，可根据实际情况另抽取一定比例的存货进行抽盘或者复盘。

存货抽盘完成后，可通过获取发行人的存货盘点报告，分析盘点差异及其他异常情况的原因，检查盘点报告是否经过适当的复核。

保荐人可编制存货抽盘汇总表和抽盘总结报告，记录抽盘范围、时间人员、抽盘中重点关注的事项以及抽盘结果是否发现存货的数量和状况存在异常等。对于异常的存货状况进行特定分析，判断发行人的该等存货特征是否可能产生重大风险。

如因不可抗力等因素使得存货盘点现场实施存货抽盘不可行，执行替代程序，并评估替代程序的有效性。如，远程视频抽盘、检查盘点日后出售/使用盘点日之前已取得的特定存货的文件记录等。

3. 特殊事项抽盘

对于存放于公共仓库的存货、委托代销存货、发出商品、置放于寄售仓、质押并存放于第三方仓库等各种形式存放于异地的存货，可通过获取相应的存货权属文件，并通过现场走访、寄发异地存货函证的方式确认存货的数量、金额、权属及状态等信息。

对于存货具有一定特殊性的，如其性质、价值、数量难以判断的，例如黄金珠宝、煤炭、粮食仓库、水产等，在确保外部专家胜任能力和独立性的基础上，可以合理采用外部专家意见，并对外部专家意见履行审慎关注和必要复核程序，并充分考虑存货价值的状态。

保荐人应重点关注部分可能增加发行人存货风险的情况，并充分考虑利用专家及专用的设备及手段进行存货抽盘，并在相应的工作底稿中充分记录：

（1）对制造过程漫长的企业（如飞机制造和酒类产品酿造企业）应当重点关注递延成本、预期发生成本以及未来市场波动可能对当期损益的影响等事项；

（2）与时装相关的服装行业，由于服装产品的消费者对服装风格或颜色的偏好容易发生变化，因此，存货是否过时是重要的关注事项；

（3）鲜活、易腐商品存货，因为物质特性和保质期短暂，此类存货变质的风险很高；

（4）具有高科技含量的存货，由于技术进步，此类存货易于过时；

（5）单位价值高昂、容易被盗窃的存货，例如珠宝存货；

（6）存货体积、质量及形态较大，无法通过直接盘点的方式确认，如钢材、粮仓中的粮食等；

（7）特殊材质，需要借助专家才能判断是否确为存货，如化工企业的原材料、沼气类原料等；

（8）确定存货数量的难易程度，若发行人对存货的实际数量进行估计，如估计一堆煤、矿石的数量，应当评价所采用的估计方法是否合理。

对于在产品存货金额较大的发行人，了解发行人的盘点程序。如果有关在产品的完工程度未明确列出，考虑采用其他有助于确定完工程度的措施，如获取零部件明细清单、标准成本表以及作业成本表，与工厂的有关人员进行讨论等，并可以根据存货生产过程的复杂程度考虑利用专家的工作。

存货抽盘已结束又发现重大问题或异常事项的，保荐人可结合问题实质判断存货风险，进行突击盘点，重点抽盘问题部分存货，并通过扩大样本量、增加不可预见性等方式核实存货的情况。

4. 存货跌价准备

结合对存货抽盘情况、存货库龄分布、在手订单或合同情况、存货自身特点（如保质期、生命周期）等，对比同行业可比上市公司的存货跌价准备政策和计提情况，核查存货跌价准备的计提方法是否合理、提取数额是否充分。

在分析存货是否存在跌价时，可从以下情况予以考虑：

（1）该存货的市场价格持续下跌，并且在可预见的未来无回升的希望；

（2）企业使用该项原材料生产的产品的成本大于产品的销售价格；

（3）企业因产品更新换代，原有库存原材料已不适应新产品的需要，而该原材料的市场价格又低于其账面成本；

（4）因企业所提供的商品或劳务过时或消费者偏好改变而使市场的需求发生变化，导致市场价格逐渐下跌；

（5）其他足以证明该项存货实质上已经发生减值的情形。

（十二）对外投资

了解报告期发行人股权投资的变化情况；了解主要被投资公司经营状况，判断投资减值准备计提方法是否合理，计提金额是否充分，投资收益核算、资本公积及其他综合收益等科目是否准确。对于依照法定要求需要进行审计的被投资公司，应该取得相应的审计报告。

分析报告期发行人购买或出售被投资公司股权的公允性和会计处理的合理性。

了解发行人重大财务性投资会计处理的合理性，分析财务性投资目的、期限、管控方式、可收回性以及对发行人资金安排或流动性的影响；了解财务性投资标的资产或主体的经营状况、风险等级等，判断减值准备计提方法或公允价值计量方法的合理性，减值准备计提金额是否充分。取得重大委托理财的相关合同及发行人内部的批准文件，分析该委托理财是否存在违法违规行为。

了解发行人购买衍生金融产品的目的、品种、期限、金额等交易信息，分析持有衍生产品的品种、规模是否与发行人正常的生产经营需求相匹配。了解重大衍生工具的会计处理方法，衍生金融工具估值所使用的评估方法及重要参数的合理性。

核查重大项目的投资合同及发行人内部批准文件的合法性、有效性，结合项目进度情况，分析其影响及会计处理的合规性。

（十三）固定资产、在建工程、无形资产、开发支出

分析报告期末固定资产的分布特征与变动原因。取得在建工程明细表，了解主要在建工程项目的建设周期、投资预算、施工进度和预计完工时间等，报告期内存在大额在建工程转入固定资产的，核查其内容、依据及对财务报表的影响。

核查固定资产的使用状况、在建工程的施工进度，确认固定资产的使用状态是否良好，在建工程是否达到结转固定资产的条件，了解是否存在已长期停工或长期无进展的在建工程、长期未使用的固定资产等情况。分析固定资产折旧政策确定的稳健性，与同行业可比公司是否存在重大差异，以及在建工程和固定资产减值准备计提是否充分，根据固定资产的会计政策对报告期内固定资产折旧计提进行测算。

关注新增大额固定资产、在建工程、无形资产及开发支出的合理性及真实性，是否符合发行人的生产经营需求。了解无形资产、开发支出增减变动的原因，分析重要无形资产、开发支出对发行人业务和财务的影响。对照无形资产的有关协议、资料，了解重要无形资产的取得方式、入账依据、初始金额、摊销年限及确定依据、账面价值及剩余摊销年限。无形资产的原始价值是以评估值作为入账依据的，应该重点关注评估结果及会计处理是否合理。了解无形资产的用途和状态，是否存在重大的使用寿命不确定的无形资产，分析无形资产减值测试的计提方法是否合理、计提金额是否充分。

（十四）商誉

了解商誉形成的原因、报告期内的增减变动情况以及确认过程是否符合会计准则

的规定；结合商誉对应资产组或资产组组合的所处行业状况、经营状况、预计未来现金流等，核查商誉减值测试方法是否合理，减值提取数额是否充分。

（十五）投资性房地产

核查重要投资性房地产的种类和计量模式，采用成本模式的，核查其折旧或摊销方法以及减值准备计提依据；采用公允价值模式的，核查其公允价值的确定依据和方法。了解重要投资性房地产的转换及处置的确认和计量方法，判断上述会计处理方法是否合理，分析其对发行人的经营状况的影响程度。

（十六）主要债务

了解银行借款的用途和合规状况，结合发行人及其子公司的信用报告，分析银行借款账面记录的完整性。了解发行人是否存在逾期借款，有逾期未偿还债项的，应了解其未按期偿还的原因、预计还款期等。核查应付款项及合同负债具体内容和业务背景、是否真实支付、账龄和逾期未付款原因及合理性，核查应交税费欠缴情况及原因；了解对内部人员和关联方的负债，主要合同承诺的债务金额、期限、利率。

了解发行人主要债项产生的原因，分析可预见的未来需偿还的负债金额及利息金额，结合现金流、融资能力与渠道等情况，分析发行人的偿债能力。结合可转债、永续债等主要金融工具的合同条款、财务费用、债权人参与公司治理和管理等情况，了解发行人主要金融工具的会计处理是否符合《企业会计准则》的规定。

（十七）现金流量

综合考虑发行人的行业特点、规模特征、销售模式等，结合资产负债表和损益表相关数据勾稽关系，对发行人经营活动、投资活动和筹资活动产生的现金流量进行全面分析；核查发行人经营活动产生的现金流量及其变动情况，判断发行人资产流动性、盈利能力、偿债能力及风险等；结合长短期债务配置期限、影响现金流量的重要事件或承诺事项以及风险管理政策，分析发行人的流动性已经或可能产生的重大变化或相关趋势，以及发行人应对流动性风险的具体措施。

发行人经营活动产生的现金流量净额持续为负或远低于同期净利润的，应进行专项核查，并判断其真实盈利能力和持续经营能力。对报告期经营活动产生的现金流量净额的编制进行必要的复核和测算。

（十八）或有负债

调查担保决策过程是否符合有关法律法规和公司章程等的规定，分析一旦发生损失，对发行人正常生产经营和盈利状况的影响程度，调查被担保方是否具备履行义务的能力、是否提供了必要的反担保；核查发行人是否存在其他未披露的担保。

调查发行人是否存在重大仲裁、诉讼和其他重大或有事项，并分析该等已决和未决仲裁、诉讼与其他重大或有事项对发行人财务状况、盈利能力及持续经营的重大影响。

（十九）合并报表的范围

调查发行人合并范围是否完整、合规。对于报告期内合并报表范围发生重大变化的，应了解其变化原因，分析该变化对发行人经营状况和财务状况的影响。

（二十）纳税情况

调查发行人及其控股子公司所执行的税种、税基、税率是否符合现行法律、法规的要求及报告期是否依法纳税。

核查发行人享有的税收优惠是否符合税收管理部门的有关规定，调查税收优惠的来源、归属、用途及会计处理等情况，关注税收优惠期及其未来影响，分析发行人对税收政策的依赖程度、税收优惠政策的可持续性，以及对未来经营业绩、财务状况的影响。

（二十一）盈利预测

根据发行人编制盈利预测所依据的资料和盈利预测假设，结合境内外经济形势、行业发展趋势、市场竞争状况，判断发行人盈利预测假设的合理性。

对比以前年度计划与实际完成情况，参照发行人发展趋势、市场情况及发行人的促销措施，评价发行人预测期间经营计划、投资计划和融资计划安排是否得当。根据了解的发行人生产规模和现有的生产能力，分析评价预测计划执行的可行性。

发行人本次募集资金拟用于重大资产购买的，核查是否编制了假设按预计购买基准日完成购买的盈利预测报告及假设发行当年 1 月 1 日完成购买的盈利预测报告。需要编制合并财务报表的，发行人是否分别编制了母公司盈利预测表和合并盈利预测表，盈利预测报告的编制是否符合相关要求。

（二十二）其他重要事项

核查资产负债表日后事项、或有事项、其他重要事项以及重大担保、诉讼等事项在招股说明书签署日的进展情况，分析该等事项对发行人未来财务状况、盈利能力及持续经营的影响。

财务报表截止日之后事项的核查方法和要点如下：

通过取得财务截止日后未审计财务报表、主要客户供应商名单、大额业务合同、行政处罚及诉讼仲裁文书等发行人的资料，检索财务截止日后发布的产业政策、发行人业务相关法律法规、行业及可比公司的公开披露信息，访谈发行人管理层等方式核查发行人生产经营的内外部环境是否发生或将要发生重大变化，如产业政策重大调整，进出口业务受到重大限制，税收政策出现重大变化，行业周期性变化，业务模式及竞争趋势发生重大变化，主要原材料的采购规模及采购价格或主要产品的生产、销售规模及销售价格出现大幅变化，新增对未来经营可能产生较大影响的诉讼或仲裁事项，主要客户或供应商出现重大变化，信用状况发生重大变化，重大合同条款或实际执行情况发生重大变化，重大安全事故，重大投融资或并购事项，以及其他可能影响投资者判断的重大事项等。

五、募集资金运用和未来发展规划调查

（一）前次募集资金使用情况

调查发行人募集资金是否真实投入股东大会决议的项目，核查募集资金投资项目所形成的资产情况。比较历次募集资金实际效益和预期的使用效益是否存在差异，并分析差异原因。

核查历次募集资金剩余情况。未全部使用的，需核查其未使用的资金数额、占所募集资金总额的比例、未全部使用的原因以及发行人是否已作出相关的安排。

核查募集资金投向变更的原因及其是否符合国家法律法规和产业政策，是否经发行人股东大会审议通过，变更后的项目效益是否良好。

（二）本次募集资金使用情况

调查发行人募集资金是否用于主营业务，调查发行人的现有主营业务、生产经营规模、财务状况、技术条件、管理能力、发展目标与募集资金投资项目是否匹配，是否存在盲目扩张，是否存在导致发行人未来经营模式发生重大变化的风险。在募集资金投资项目实施后，是否与发行人的控股股东或实际控制人新增同业竞争或者对发行人的独立性产生不利影响。跨行业投资的，应调查发行人在人员、技术和管理等方面所具备的条件及项目实施面临的风险和问题。

对发行人本次募集资金项目是否符合国家法律法规和产业政策、技术和市场的可行性以及项目实施的确定性等进行分析；调查募集资金具体用途的可行性及其与发行

人现有主要业务、核心技术之间的关系。

调查投资概算情况、相关投资项目的具体预算和资金使用计划，募集资金测算的合理性，募集资金具体用途所需的时间周期和时间进度；募集资金运用涉及履行审批、核准或备案程序的，调查相关的履行情况。募集资金运用涉及环保问题的，调查可能存在的环保问题、采取的措施及资金投入情况。

募集资金运用涉及新取得土地或房产的，应调查取得方式、进展情况及未能如期取得对募集资金具体用途的影响。募集资金运用涉及与他人合作的，调查合作方基本情况、合作方式、各方权利义务关系。

募集资金运用涉及重点投向科技创新领域的，应调查其与主营业务的关系和区别，是否会导致发行人的业务种类和业务模式发生变化，结合发行人的业务规划、技术储备及未来行业发展趋势等，调查其必要性、合理性和可行性。

募集资金向实际控制人、控股股东及其关联方收购资产，如对被收购资产有效益承诺，应调查是否明确效益无法完成时的补偿责任。

分析本次募集资金对发行人财务状况和经营成果的影响。项目能独立核算的，结合达产前后的效益情况、预计达产时间，分析判断预测基础、依据是否合理，项目效益预测是否审慎；项目不能独立核算的，核查发行人对募集资金投入后对发行人财务状况及经营成果所产生影响的分析是否合理。

募集资金用于扩大现有产品产能的，应结合对发行人现有各类产品在报告期内的产能、产量、销量、产销率、销售区域，项目达产后各类产品年新增的产能、产量、销售区域，以及行业的发展趋势、有关产品的市场容量、主要竞争对手等情况的调查结果，对发行人投资项目的市场前景作出独立判断。

募集资金用于研发投入、科技创新、新产品开发生产的，应调查其在研技术、核心技术人员储备及其他相关安排，以及募投项目与发行人现有主要业务、核心技术之间的关系，是否会导致发行人的业务种类和业务模式发生变化，调查其必要性、合理性和可行性，结合对发行人新产品的市场容量、主要竞争对手、行业发展趋势、业务规则、技术保障、项目投产后新增产能等情况的调查结果，对发行人投资项目的市场前景作出独立判断。

发行人原固定资产投资和研发支出很少、本次募集资金将大规模增加固定资产投资或研发支出的，调查发行人固定资产变化与产能变动的匹配关系，并分析新增固定资产折旧、研发支出对发行人未来财务状况和经营成果的影响。

募集资金拟用于向其他企业增资或收购其他企业股份的，应调查增资资金折合股份或收购股份的评估、定价情况，增资或收购前后持股比例及控制情况，增资或收购行为与发行人业务发展规划的关系。调查被收购对象资产质量和效益水平情况，分析相关业务是否与发行人业务发展目标相一致，发行人是否有能力管理、控制收购对象。

募集资金拟用于合资经营或合作经营的，应了解合资或合作方的基本情况，包括名称、法定代表人、住所、注册资本、主要股东、主要业务，与发行人是否存在关联关系，投资规模及各方投资比例，合资或合作方的出资方式，合资或合作协议的主要条款以及可能对发行人不利的条款。组建的企业法人的基本情况，包括设立、注册资本、主要业务、组织管理和控制情况。不组建企业法人的，应了解合作模式。

募集资金拟用于收购资产的，应调查拟收购资产的评估、定价情况，以及拟收购资产与发行人主营业务的关系。

若收购的资产为在建工程的，应了解已投资情况、还需投资的金额、负债情况、建设进度、计划完成时间等。

核查发行人是否已于募集资金到账前银行开立了募集资金专项账户。

对本次募集资金使用情况，确实无法事先确定募集资金投资项目的，保荐人应对募集资金的投资方向进行调查，分析募集资金数量是否与企业规模、主营业务、实际资金需求、资金运用能力及业务发展目标相匹配，分析募集资金对企业财务状况及经营成果影响。

（三）募集资金投向产生的关联交易

发行人募集资金投向涉及与关联方合资或与关联方发生交易的，应判断其对发行人的影响。涉及评估、审计的，应予以核查；涉及项目合作或设立公司的，应调查发行人对该项目或公司是否具备控制能力和经营能力，以及有关协议、合同的订立情况及已履约情况和审批手续；涉及收购资产或购买股权的，应调查交易的定价依据是否充分、交易价格是否公允，判断收购资产或购买股权的必要性和合理性。

（四）发展战略

分析发行人是否已经建立清晰、明确、具体的发展战略，包括战略目标，实现战略目标的依据、步骤、方式、手段及各方面的行动计划；调查发行人报告期内为实现战略目标已采取的措施及实施效果、未来规划采取的措施等。

将发行人与竞争对手的发展战略进行比较，并对发行人所处行业、市场、竞争等情况进行深入分析，调查发行人的发展战略是否合理、可行。

（五）业务发展目标

了解发行人的经营理念和经营模式，分析发行人经营理念、经营模式对发行人经营管理和发展的影响。

调查各年计划的执行和实现情况，分析发行人经营计划的可行性和实施计划的能力。

调查发行人未来发展目标是否与发行人发展战略一致；分析发行人在管理、产品、人员、技术、市场、投融资、并购、国际化等方面是否制订了具体的计划，这些计划是否与发行人未来发展目标相匹配，是否具备良好的可实现性，是否会对投资者的投资决策造成重大误导；分析未来发展目标实施过程中存在的风险，如是否存在不当的市场扩张、过度的投资等；分析发行人未来发展目标和具体计划与发行人现有业务的关系；分析发行人业务发展计划与现有业务之间的关系。如果发行人实现上述计划涉及与他人合作的，核查发行人的合作方及相关合作条件。

核查发行人对其产品（服务）或者业务所作出的发展趋势预测是否采取了审慎态度，以及有关的假设是否合理。

六、公司治理与独立性调查

（一）公司章程及其规范运行情况

调查公司章程是否符合《公司法》《证券法》及中国证监会和证券交易所的有关规定。关注股东大会、董事会授权情况是否符合规定。发行人存在特别表决权股份或类似安排的，关注股份权属是否清晰，差异化表决安排对公司治理、规范运行的风险，以及发行人是否制定相关投资者保护措施。

调查公司章程历次修改情况、修改原因，每次修改是否经过法定程序，是否履行了登记机关备案程序。

了解发行人报告期内经营的合法合规性，包括但不限于税务、外汇、土地、市场监督、海关、环保、安全及社保等方面。核查发行人 3 年内是否存在违法违规行为，若存在违法违规行为，应详细核查违规事实及受到处罚的情况；若不存在违法违规行为，应取得发行人明确的书面声明。

规范运行相关事项的核查方法和要点如下：

（1）通过公开信息查询，核查发行人是否存在重大违法、违规或不诚信行为；

（2）在必要时获取发行人相关政府部门出具的报告期内的合规证明，实地走访市场监督管理、税务、海关、土地管理、环保、应急管理、人社、司法、银行等各类政府部门进一步访谈确认；

（3）查阅发行人供销合同，同时走访及访谈发行人主要客户及供应商，确认发行人在日常购销活动中是否存在不规范行为；

（4）访谈发行人管理人员及员工，同时查阅发行人完税凭证、工商登记、社保及公积金缴纳情况、无形资产权属文件，获取报告期内营业外收入及营业外支出的明细，内部了解发行人经营的合法合规性。

各类公开信息查询事项及网站参考如表5－2－5所示。

表5－2－5　　公开信息查询事项及网站汇总

查询事项	网站名称
基本信用信息	信用中国
	第三方信息查询系统，如天眼查、启信宝、企查查等
工商登记信息	国家企业信用信息公示系统
涉诉信息	中国裁判文书网
	各省级高院网站，如北京法院网、上海法院网、浙江法院网等
	全国法院被执行人信息查询系统
	全国法院失信被执行人名单信息查询系统
土地信息	自然资源部网站
	中国土地市场网
	国家土地督查
专利信息	国家知识产权局“专利检索系统”
商标信息	中国商标网
著作权信息	中国版权保护中心
董监高任职资格	证监会网站
	上交所网站
	深交所网站
	北交所网站
	搜索引擎
环境保护信息	各级环保部门网站
税务信息	各级税务部门网站
海关信息	中国海关企业进出口信用信息公示平台
外汇管理信息	各级外汇管理局的平台
涉及公众公司信息	上交所网站
	深交所网站
	北交所网站
	巨潮资讯网
	股转公司网站
	联交所披露易
	中国债券信息网
	区域股权市场网站

续表

查询事项	网站名称
香港公司信息	公司注册处综合资讯系统
其他信息	建筑业务资质查询
	国家食品药品监督管理总局网站
	人民法院诉讼资产网
	全国组织机构代码管理中心
	中国人民银行征信中心

（5）如发行人存在违法行为的，通过获取其整改资料和罚款缴纳凭证、检索公开媒体报道、访谈相关人员、咨询发行人律师等，核查其违法行为是否未导致严重环境污染、重大人员伤亡或社会影响恶劣，如有需要可获取相关主管部门的专项说明。

（二）组织结构和“三会”运作情况

了解发行人的内部组织结构，考察总部与分（子）公司、董事会、专门委员会、总部职能部门与分（子）公司内部控制决策的形式、层次、实施和反馈的情况，分析评价发行人组织运作的有效性；调查各机构之间的管理、分工、协作和信息沟通关系，分析其设计的必要性、合理性和运行的有效性。根据公司章程，结合发行人组织结构，核查发行人组织机构是否健全、清晰，其设置是否体现分工明确、相互制约的治理原则。

存在协议控制架构的，核查发行人设置此类架构的原因、主要合同的核心条款是否符合境内外法规规定，是否能确保发行人公司治理和内控有效性，是否符合充分保护投资者的要求。

核查发行人是否依法建立了健全的股东大会、董事会、监事会、独立董事、董事会秘书制度，了解发行人董事会、监事会，以及战略、审计、提名、薪酬与考核等专门委员会的设置情况，及公司章程中规定的上述机构和人员依法履行的职责是否完备、明确。关注报告期内发行人公司治理存在的缺陷及改进情况。

核查发行人“三会”和董监高人员的职责及制衡机制是否有效运作，发行人建立的决策程序和议事规则是否民主、透明，内部监督和反馈系统是否健全、有效。

核查发行人以下情况：

1. 是否依据有关法律法规和公司章程发布通知并按期召开“三会”；

2. 董事会和监事会是否按照有关法律法规和公司章程及时进行换届选举；

3. 会议文件是否完整，会议记录中时间、地点、出席人数等要件是否齐备，会议文件是否归档保存；

4. 会议记录是否正常签署；

5. 对重大投资、融资、经营决策、对外担保、关联交易等事项的决策过程中，是否履行了公司章程和相关议事规则规定的程序；

6. 涉及关联董事、关联股东或其他利益相关者应当回避的，该等人员是否回避了表决；

7. 监事会是否正常发挥作用，是否具备切实的监督手段；

8. 董事会下设的专门委员会是否正常发挥作用，是否形成相关决策记录；

9. “三会”决议的实际执行情况，未能执行的会议决议，相关执行者是否向决议机构汇报并说明原因。

（三）独立董事制度及其执行情况

核查发行人是否已经建立了独立董事制度，根据有关制度规定，判断发行人独立董事制度是否合规。核查发行人独立董事的任职资格、职权范围等是否符合中国证监会的有关规定。

核查独立董事是否知悉发行人的生产经营情况、财务情况，是否在董事会决策和发行人经营管理中实际发挥独立作用。

（四）内部控制

1. 内部控制环境

分析评价发行人是否有积极的控制环境，包括考察董事会及相关的专门委员会是否负责批准并定期审查发行人的经营战略和重大决策、确定经营风险的可接受水平；考察董监高人员是否执行董事会批准的战略和政策，以及董监高人员和董事会、专门委员会之间的责任、授权和报告关系是否明确；考察董监高人员是否促使发行人员工了解公司的内部控制制度并在其中发挥作用。

2. 业务控制

了解销售与收款、采购与付款、生产与存货、研发、货币资金、投资与筹资等各类业务循环过程和其中的控制标准、控制措施，包括授权与审批、复核与查证、业务规程与操作程序、岗位权限与职责分工、相互独立与制衡、应急与预防等措施。评价发行人的内部控制措施是否有效实施。

调查发行人是否接受过政府审计及其他外部审计，如有，核查该审计报告所提问题是否已得到有效解决。调查发行人报告期及最近一期的业务经营操作是否符合监管部门的有关规定，是否存在因违反市场监督管理、税务、审计、环保、劳动保护等部门的相关规定而受到处罚的情形及对发行人业务经营、财务状况等的影响，并调查该事件是否已改正，不良后果是否已消除。

对发行人已发现的由于风险控制不力所导致的损失事件进行调查，了解事件发生过程及对发行人财务状况、经营业绩的影响，了解该业务环节内部控制制度的相关规定及有效性，事件发生后发行人所采取的紧急补救措施及效果，追踪发行人针对内控的薄弱环节所采取的改进措施及效果。保荐人应就发行人经营合规事项依法独立核查并发表意见，但注意不应将政府部门的证明文件作为尽职调查工作底稿的必备内容。

对发行人已发现的由于风险控制不力所导致的损失事件进行调查，了解事件发生过程及对发行人财务状况和经营成果的影响，了解该业务环节内部控制制度的相关规定及有效性、事件发生后发行人所采取的紧急补救措施及效果，追踪发行人针对内控的薄弱环节所采取的改进措施及效果。

3. 信息系统控制

了解发行人信息系统建设情况、管理制度、操作流程和风险防范制度。评价信息沟通与反馈是否有效，包括是否建立了能够涵盖发行人的全部重要活动并对内部和外部的信息进行搜集和整理的有效信息系统，是否建立了有效的信息沟通和反馈渠道，确保员工能充分理解和执行发行人政策和程序，并保证相关信息能够传达到应被传达到的人员。在此基础上，评价发行人信息系统内部控制的完整性、合理性及有效性。

4. 会计管理控制

核查发行人的会计管理是否涵盖所有业务环节，是否制订了专门的、操作性强的会计制度，各级会计人员是否具备了专业素质，是否建立了持续的人员培训制度，有无控制风险的相关规定，会计岗位设置是否贯彻“责任分离、相互制约”原则，是否执行重要会计业务授权规定，是否按规定组织对账等，分析评价发行人会计管理内部控制的完整性、合理性及有效性。发行人报告期内财务总监或会计负责人离职的，关注具体原因及离职后去向，核实离任财务总监或会计负责人是否对其任职期间发行人财务数据情况存在异议的情形，发行人会计管理及与财务报表相关的内部控制是否持续稳定运行。

5. 内部控制的监督

了解发行人的内部审计队伍建设情况，核查其人数是否与业务规模相当，是否具备胜任能力，核查内部审计是否涵盖各项业务、分支机构、财务会计、数据系统等各类别，调查了解近年来发行人通过内部审计避免或减少损失的情况，并综合分析发行人内部审计及监督体系的有效性。

了解发行人内部控制的监督和评价制度，考察发行人内部控制的监督和评价制度的有效性。

6. 内控鉴定

取得发行人管理层对内部控制完整性、合理性及有效性的自我评价书面意见。报告期内内部控制存在缺陷的，核查有关情形发生的原因及性质、时间及频率、金额及比例等因素，是否对内控制度有效性构成重大不利影响，是否属于舞弊行为，是否构成重大违法违规，是否存在被处罚情形或风险，是否满足相关发行条件。如涉及资金占用或往来，需充分关注相关会计核算是否真实、准确，判断是否通过体外资金循环粉饰业绩或虚构业绩。

核查发行人是否已通过收回资金、纠正不当行为、改进制度、加强内控等方式积极整改，是否已针对性建立内控制度并有效执行，且未发生新的不合规行为；核查有关行为是否存在后续影响，是否存在重大风险隐患。发行人已完成整改的，应结合对此前不规范情形的轻重或影响程度的判断，全面核查、测试，判断测试样本量是否足够支撑其意见，并核查发行人整改后的内控制度是否已合理、正常运行并持续有效，不存在影响发行条件的情形。关注发行人报告期存在财务内控不规范情形是否属于主观故意或恶意行为并构成重大违法违规，是否存在被处罚情形或风险，提交申报材料的审计截止日前是否已整改完毕。

核查首次申报审计截止日后，发行人是否存在内控不规范或不能有效执行的情形。

取得注册会计师关于发行人内部控制的鉴证报告，与发行人聘请的注册会计师进行沟通，核查发行人内部控制制度是否完整、合理和有效。如会计师提出了改进建议，应对不足的方面进行特别关注，跟踪发行人改进的措施及效果。

7. 内部控制相关事项的核查方法和要点

（1）了解内部控制：

①与发行人董监高人员及员工访谈，查阅发行人组织架构、各项业务及管理制度、管理层会议记录等资料，分析评价发行人的控制环境。

②与发行人相关业务部门进行访谈，查阅各类业务管理、流程的相关制度文件，了解销售与收款、采购与付款、生产与存货、研发、货币资金、投资与筹资等各类业务循环过程和内部控制流程。

（2）内部控制测试：

①与会计师进行沟通，结合对发行人内部控制的了解，确定各类业务循环的关键控制点。

②与会计师进行沟通，了解会计师进行内部控制测试范围、样本选取方法及数量；并对内部控制执行穿行测试，复核评价发行人的内部控制运行是否有效。

（3）信息系统。若发行人主要采用互联网销售（取得相关业务营业收入或成本占比、毛利占比或相关费用占期间费用超过30%）或其客户主要采用互联网销售、日常经营活动高度依赖信息系统，通过了解信息系统运行情况及管理情况，专项核查信息系统的可靠性、有效性。必要时保荐人和申报会计师可聘请第三方专家参加核查工作；

在确保第三方专家胜任能力和独立性的基础上，可以合理采用第三方专家意见，并对第三方专家意见履行审慎关注和必要复核程序。

保荐人对 IT 系统控制的核查工作要求包括但不限于系统开发、访问逻辑、权限管理、系统运维、数据安全、数据备份等流程控制情况；重点关注是否存在过度授权，是否存在录入信息系统应用层数据或篡改信息系统后台数据库等数据造假舞弊的风险，是否发生过导致数据异常的重大事件；结合发现的缺陷，判断是否对信息系统存储数据的真实性、准确性及完整性产生影响，是否存在补偿性控制，并明确其性质是否属于重大缺陷以及对内部控制有效性的影响程度。

核查方法和要点包括：

①了解发行人系统开发、测试、上线、变更、运维、安全、备份、逻辑访问等情况，评估发行人信息系统内部控制的管理体系。

②对发行人业务人员、IT 人员、财务人员及 IT 审计机构相关人员进行访谈，了解发行人的主要信息系统、经营数据在各个系统的流转过程。

③获取并查阅发行人组织架构图、IT 管理制度，了解信息系统建设规划、信息系统外包服务商的选择与评估方式、信息安全风险评估及安全检查情况；了解信息系统立项申请及审批流程、项目测试及验收流程、报告期内信息系统的历次更新、升级等程序变更情况，并对程序变更的操作日志进行抽查。

④实地察看机房（如有），关注对信息系统物理安全的防范措施与设备情况，同时了解各系统用户角色与权限及超级用户的情况；抽查超级用户操作日志记录，关注是否存在未经授权的异常操作行为等。

⑤与 IT 审计机构进行沟通，通过穿行相关业务及管理流程，对其中支撑流程各个环节的信息系统功能进行穿行测试和分析，梳理主营业务在系统中各环节的数据流转过程，并结合系统功能和管控特点，设计相应的应用控制测试点，核查发行人经营数据的真实性、准确性。

⑥取得 IT 审计机构对信息系统出具的专项核查意见或报告。

⑦保荐人在核查信息系统的基础上，关注经营数据的真实性以及经营数据与财务数据的匹配性。

⑧如客户通过互联网销售发行人产品且该类业务模式占比超过 30%，应根据客户情况适当获取客户交易数据并核查是否与发行人数据匹配。

⑨鼓励保荐人以风险导向为原则，针对发行人主要风险点执行实质性程序，包括但不限于经营数据、财务数据一致性核查、收入数据真实性核查、用户行为核查、综合数据分析等，并可以结合实地走访或电话访谈平台方、物流公司或终端客户等方式，进一步验证经营数据的真实性。

基于信息系统对日常业务运营的重要性，鼓励对非上述三类业务模式的发行人同样执行信息系统可靠性专项核查。

（4）评估内部控制有效性。

①与发行人高级管理人员、内部审计、注册会计师等部门和人员交谈，了解发行人内部控制的监督和评价制度。取得会计师关于发行人内部控制的鉴证报告、发行人内部审计报告、监事会报告，对报告期内的风险事项进行实证分析。

②取得发行人的内部审计人员的任职履历、专业资格证书、岗位职责等，核查其人数是否与业务规模相当，是否具备胜任能力。

③结合发行人内审部门、外部审计机构以及保荐人发现的内部控制缺陷，评估风险的影响，持续追踪发行人针对内控的薄弱环节所采取的改进措施及效果。内部审计是否涵盖各项业务、分支机构、财务会计、数据系统等各类别，调查了解近年来发行人通过内部审计避免或减少损失的情况，并综合分析发行人内部审计及监督体系的有效性。

④取得发行人管理层对内部控制完整性、合理性及有效性的自我评价书面意见。结合内部控制核查，关注是否存在财务内控不规范情形及整改、运行情况，信息披露充分性，不规范行为的合法合规性，是否影响财务核算的真实、准确，不规范行为的整改措施及内控制度，不规范行为的后续影响。

鼓励基于不规范情形的影响和重要性，核查报告期存在财务内控不规范情形是否属于主观故意或恶意行为并构成重大违法违规，是否存在被处罚情形或风险、提交申报材料的审计截止日前是否已整改完毕。

（五）商业信用情况

关注发行人是否存在重大违法、违规或不诚信行为，评价发行人的商业信用。如发行人存在违法行为的，核查其违法行为是否导致严重环境污染、重大人员伤亡或社会影响恶劣。

（六）独立情况

保荐人对独立性的尽职调查主要集中在资产、人员、财务、机构和业务五个方面。保荐人应当获取发行人控股股东、实际控制人关于保持发行人资产、人员、财务、机构和业务独立的承诺。

调查发行人是否具备完整、合法的财产权以及是否实际占有；调查商标权、专利权、版权、特许经营权、非专利技术等的权利期限情况，核查这些资产是否存在法律纠纷或潜在纠纷。

调查发行人董监高人员是否在控股股东、实际控制人及其控制的其他企业中担任除董事、监事以外的其他职务，发行人财务人员是否在控股股东、实际控制人及其控制的其他企业中兼职，董监高人员及其他核心人员是否在发行人领取薪酬，是否在控股股东、实际控制人及其控制的其他企业领取薪酬。

调查发行人是否设立独立的财务会计部门，建立独立的会计核算体系，具有规范的财务会计制度和对分公司、子公司的财务管理制度；是否独立进行财务决策，独立在银行开户，独立纳税；是否存在发行人的货币资金被控股股东、实际控制人及其控制的其他企业共用银行账户、货币资金被自动归集，或以借款、代偿债务、代垫款项或者其他方式被占用的情况；是否存在发行人为该等企业提供担保等，判断其财务独立性。

调查发行人的机构是否与控股股东或实际控制人及其控制的其他企业完全分开且独立运作，是否存在混合经营、合署办公的情形，是否完全拥有机构设置自主权等，判断其机构独立性。

调查分析发行人是否具有完整的业务流程、独立的生产经营场所以及独立的采购、销售系统，调查分析其对产供销系统和下属公司的控制情况；核查是否存在同业竞争，如申报板块明确同业竞争以构成重大不利影响为前提的，计算竞争方的同类收入或毛利占发行人该类业务收入或毛利的比例，分析是否存在对发行人构成重大不利影响的同业竞争；计算发行人关联采购额和关联销售额分别占其同期采购总额和销售总额的比例，分析是否存在严重影响独立性或者显失公平的关联交易。

若发行人或发行人部分资产来自上市公司，调查上市公司分拆或转让所属资产过程是否符合法律法规、公司章程以及中国证监会和证券交易所的监管和信息披露要求；是否存在损害投资者合法利益的情形，是否存在诉讼、争议或潜在纠纷；发行人与上市公司之间的独立性方面是否存在其他严重缺陷。

独立情况相关事项的核查方法和要点如下：

1. 资产独立

（1）通过查阅相关会议记录、资产购买合同、银行回单、发票、入账凭证、权属凭证、固定资产及无形资产台账等，核查发行人固定资产及无形资产的权属情况；

（2）通过查阅产权证书、招拍挂公示信息、房产管理、土地管理、知识产权管理等部门的缴费纳税记录，必要时进行实物资产盘点等方法，调查发行人资产的完整性及真实性；

（3）通过公开渠道及主管单位查询，核查发行人资产是否存在法律纠纷或潜在纠纷，关注发行人正在申请注册的商标、专利、版权是否存在异议申请的情形；

（4）通过访谈、走访的方式了解核实发行人是否具备与生产经营有关的主要生产系统、辅助生产系统和配套设施，或者是否具备与经营有关的业务体系及主要相关资产，了解发行人在经营中的核心商标、专利、主要技术情况，核查是否存在生产经营所必需的资产向控股股东、实际控制人租赁，核心商标、专利、主要技术等无形资产是由控股股东、实际控制人授权使用的相关情况；

（5）如发行人存在租赁控股股东、实际控制人资产或发行人的专利、商标来自控股股东、实际控制人授权的情形，应核查相关资产的具体用途、对发行人的重要程度、未投入发行人的原因、租赁或授权使用费用的公允性、是否能确保发行人长期使用、今后的处置方案等，判断该等情况对发行人资产完整性和独立性的影响；

（6）了解报告期内金额较大、期限较长的其他应收款、其他应付款、预收及预付账款、合同资产、合同负债、关联方应收款项产生的原因及交易记录、资金流向等，核查发行人是否存在资产被控股股东或实际控制人及其关联方控制和占用的情况。

2. 人员独立

保荐人通过核查发行人员工的劳动、人事、工资报酬以及相应的社会保障是否独立管理，从而判断其人员独立性。具体可采取措施包括：

（1）获取发行人控股股东、实际控制人出具的人员独立确认文件，鼓励保荐人获取报告期各期发行人控股股东、实际控制人及其控制的其他企业员工名册及劳动/劳务合同，将其名册与发行人报告期各期的员工名册进行对比；

（2）抽查报告期各期发行人员工明细表，核查发行人员工工资是否存在异常；

（3）核查前述材料记录与发行人实际用工情况是否相符，关注获取的员工记录材料的完整性；

（4）访谈发行人董监高、财务人员及员工，了解相关人员是否在发行人控股股东、实际控制人及其控制的其他企业任职及领薪。

3. 财务独立

（1）查阅发行人财务会计制度、银行开户资料、征信报告、银行流水、货币资金明细账、纳税资料，必要时可函证开户银行；

（2）实地查看发行人会计核算体系及财务系统；

（3）访谈发行人董监高人员及财务人员。

4. 机构独立

保荐人一般通过实地调查、访谈董监高人员和员工、查阅股东大会和董事会相关决议、查阅各机构内部规章制度等方法，判断发行人机构独立性。

5. 业务独立

保荐人通过核查发行人是否具有完整的业务流程、独立的生产经营场所以及独立的采购、销售系统等，判断发行人的业务独立性。可采取措施包括：

（1）查阅发行人和根据重要性原则查阅控股股东、实际控制人及其控制的其他企业组织机构文件，实地了解各主体的生产、采购、销售情况，走访相关的生产经营地点，并查看产、供、销系统。

（2）计算报告期内发行人关联采购和关联销售金额及比例，了解关联交易的定价是否公允，发行人对关联交易是否存在依赖；鼓励定价公允性核查充分考虑市场交易价格、发行人与独立第三方交易价格、对手方与第三方交易价格等多维度情形。

（3）访谈发行人管理层及员工。

（七）同业竞争情况

同业竞争情况相关事项的核查方法和要点如下：

1. 保荐人通过获取发行人股东名册，全面核查发行人控股股东、实际控制人及其近亲属控制的企业的名单，核查是否存在从事与发行人主营业务相同或相似业务。如发行人控股股东或实际控制人是自然人，核查控股股东、实际控制人亲属所控制企业是否与发行人完全独立，报告期内与发行人是否存在交易或资金往来，销售渠道、主要客户及供应商是否存在潜在利益关系，以及发行人未来有无收购安排。

2. 保荐人针对上述名单进行公开信息系统查询其相关工商信息，针对工商资料列明的经营范围，核查是否存在同业竞争情况；针对上述名单，鼓励保荐人可通过获取调查问卷、获取客户供应商名录、获取财务报表、获取董监高及员工名单、网络信息检索、实地走访等方式识别与发行人可能存在同业竞争的企业。保荐人应关注是否存在利用近亲属范围以外的亲属关系，以解除婚姻关系、转让或注销相关企业等方式来规避同业竞争的情形。

3. 调查发行人控股股东或实际控制人及其控制的企业实际业务范围、销售区域、业务性质、客户对象、供应商、核心技术、商标商号、与发行人产品的可替代性、竞争性等情况，按照实质重于形式的原则判断是否构成同业竞争，分析和判断同业竞争情况对发行人的影响。

保荐人在认定该相同或相似的业务是否与发行人构成“竞争”时，按照实质重于形式的原则，结合相关企业历史沿革、资产、人员、主营业务，论证是否与发行人构成竞争；不能简单以产品销售地域不同、产品的档次不同等认定不构成同业竞争。

考虑因素包括但不限于：关联方产品服务的具体特点、技术、商标商号、客户、供应商等方面与发行人的关系，以及业务是否有替代性、竞争性，是否有利益冲突，是否在技术和知识产权上存在同一来源，是否在同一市场范围内销售，是否在同一场所生产经营，发行人主要人员是否在关联方兼职，推广营销渠道是否相同等。

4. 如存在同业竞争情形的，保荐人应分析核查同业竞争对发行人的影响，结合竞争方与发行人的经营地域、产品或服务的定位，核查同业竞争是否会导致发行人与竞争方之间的非公平竞争，是否会导致发行人与竞争方之间存在利益输送，是否会导致发行人与竞争方之间相互或者单方让渡商业机会情形，以及对未来发展的潜在影响等方面。保荐人通过取得竞争方报告期内的财务数据，分析竞争方的同类收入或毛利占与发行人相关收入或毛利的比例关系（如是否达到30%），分析竞争方与发行人的单价、毛利率的差异，核查竞争方收入的合理性和公允性。

5. 核查发行人控股股东或实际控制人是否对避免同业竞争作出承诺以及承诺的履行情况。如存在同业竞争情形的，保荐人应取得发行人控股股东或实际控制人、竞争方就同业竞争情况的利益冲突解决方案及相关承诺。保荐人对相关承诺及同业竞争解决措施的合理性及可行性进行评估分析，是否有证据表明承诺不可履行，是否制定不能履约时的制约措施，关注报告期及报告期后的承诺履行情况，是否出现违反承诺或承诺无法有效履行的迹象。

（八）关联方及关联交易情况

关联方及关联交易情况相关事项的核查方法和要点如下：

1. 保荐人可通过与发行人的主要股东、董事、监事、高级管理人员访谈，获取调查问卷，查阅发行人及其控股股东或实际控制人的股权结构和组织结构，查阅发行人重要会议记录和重要合同，调档查阅关联方的工商登记资料，网络检索等方法，确认发行人的关联方及关联关系。

2. 保荐人根据《公司法》《证券法》《企业会计准则》，以及证监会和交易所颁布的法规的相关规定，结合发行人的实际情况，按照“实质重于形式原则”作为判断关联方的基本原则，确定发行人关联方的核查对象范围。

关联方认定范围还应当包括在报告期内及报告期前后12个月内与发行人存在本条所列示关系的法人或其他组织、自然人。

3. 保荐人可通过获取发行人主要客户、供应商的成立时间、注册资本、注册地址、股权结构、董监高人员等信息，并以访谈以及交叉信息比对等方式，调查发行人主要供应商、客户是否存在关联关系。

4. 核查是否存在关联交易非关联化的情况。对于缺乏明显商业理由的交易，实质与形式明显不符的交易，交易价格、条件、形式等明显异常或显失公允的交易予以重点关注。报告期内存在由关联方变为非关联方的，建议审慎核查关联方非关联化的真实性、合理性、后续交易，以及相关资产、人员的去向情况，关注已转让资产或业务的受让方的基本情况、股权转让是否真实、转让价格是否公允、受让方与发行人及其主要客户和供应商是否存在特殊关系等。关注非关联方主体是否曾经或仍然存在重大违法违规行为、财务指标是否存在异常情况。与曾经的关联方持续发生的交易，与非正常业务关系单位或个人发生的偶发性或重大交易等，当予以重点关注，分析是否为虚构的交易，是否实质上是关联交易，调查交易背后是否还有其他安排。

5. 保荐人可通过与发行人董监高人员、财务部门和主要业务部门负责人交谈，查阅账簿、相关合同、会议记录、独立董事意见，发函询证，咨询律师及注册会计师意见，查阅同类交易的市场价格数据等方法，从关联交易规模、交易规模变动趋势、关联交易必要性、关联交易公允性，对发行人独立性和盈利能力的影响、关联交易内控制度及实际执行情况等方面，判断关联交易事项对发行审核的影响。除关注直接交易外，保荐人可适当关注主要关联方与发行人的主要供应商或客户是否存在交易，是否存在发生利益输送的间接交易行为。

6. 保荐人可通过获取与关联交易相关的管理制度和会议资料，判断是否按照公司章程或其他规定履行了必要的批准程序，决策过程是否与章程相符，关联股东或董事在审议相关交易时是否回避表决，独立董事对关联交易履行的审议程序的合法合规性及交易价格的公允性是否发表了明确意见，以及独立董事和监事会成员是否发表不同意见等。

7. 保荐人获取关联交易合同等交易资料，核查关联交易合同条款的履行情况，以及有无大额销售退回情况及其对发行人财务状况的影响；核查交易内容、交易金额、交易背景以及相关交易与发行人主营业务之间的关系是否合理；结合可比市场公允价格、第三方市场价格、关联方与其他交易方的价格等，关注市场交易价格或独立第三方价格是否有较大差异及其原因，是否存在明显属于单方获利性交易，是否存在利益输送情形。

8. 保荐人可通过核查向关联方销售占发行人主营业务收入的比例、向关联方采购额占发行人采购总额的比例，分析关联交易对发行人经营独立性的影响。存在比例较高的情形时，应结合关联方财务状况和经营情况等，分析是否影响发行人业务独立性，是否构成对关联方的重大依赖，是否存在通过关联交易调节发行人收入利润或成本费用、对发行人利益输送的情形；对于购销商品、提供劳务等经常性关联交易，分析增减变化的原因及是否仍将持续进行，关注关联交易合同重要条款是否明确且具有可操作性，以及是否切实得到履行；对于偶发性关联交易，分析对当期经营成果和主营业务的影响，关注交易价格、交易目的和实质，评价交易对发行人独立经营能力的影响。保荐人通过审核关联交易条款内容，分析交易是否令发行人获益，对比剔除关联交易或按独立第三方交易条款交易对发行人报告期的报表影响。

鼓励就关联交易的利润占比、对发行人业绩的影响，进行严格的压力测试。

9. 保荐人通过分析关联交易产生的利润占发行人利润总额的比例是否较高，判断是否对发行人业绩的稳定性产生影响。计算关联方的应收、应付款项余额分别占发行人应收、应付款项余额的比例，获取发行人与关联方资金往来明细表等资料，关注关联交易的真实性和关联方应收款项的可收回性。保荐人可进一步复核发行人主要关联交易的会计处理是否符合企业会计准则的规定。

10. 调查发行人董监高人员及其他核心人员是否在关联方单位任职、领取薪酬，是否存在由关联方单位直接或间接委派等情况。

11. 核查重要子公司少数股东与发行人是否存在其他利益关系。

12. 对于发行人制定的未来减少、规范与控股股东、实际控制人之间发生关联交易的具体措施，保荐人应关注控股股东、实际控制人作出的承诺以及承诺的履行情况。

13. 保荐人应关注重要人员离职后的去向，以及其控制、持股或担任重要职务的企业，核查相关企业与发行人是否存在利益输送或潜在关联关系。

14. 核查关联方及关联交易披露的真实性、准确性、完整性。

七、投资者保护调查

（一）保护投资者合法权益规定的各项措施

调查发行人存在红筹架构、特别表决权架构、协议控制架构或类似特殊安排等情况下，是否制定具体的投资者保护措施，包括但不限于下列内容：

核查发行人是否建立健全了信息披露管理制度、投资者关系管理制度等相关制度；对于发行人报告期内的股利分配政策以及上市后的股利分配政策及分红回报规划、发行前滚存利润在上市后的分配政策，发行人是否建立健全了累计投票制、中小投资者单独计票等保护中小股东利益的相关制度；发行人、发行人股东及其董监高人员关于相关重要事项限售安排、稳定股价、欺诈购回、避免同业竞争、减少关联交易等的承诺及履行情况。

发行人存在红筹架构的，调查能否在法律框架下充分保障境内公众股东与企业发生民事诉讼时相关司法判决得到执行，是否能够降低因涉及跨境司法协调问题而导致的司法判决认可与执行风险。调查企业注册地与跨境司法判决承认、执行相关的司法制度、法律规定、双边条约等，结合企业资产境内外分布情况，分析企业是否因红筹架构导致存在境内投资者权益保护方面的风险，投资者保护措施及承诺是否落实。

发行人存在特别表决权股份等特殊架构的，调查其持有特别表决权的股东是否按照所适用的法律以及公司章程行使权利，是否滥用特别表决权，是否损害投资者的合法权益，是否落实投资者保护措施及承诺。损害投资者合法权益的，调查发行人及持有特别表决权的股东是否改正，是否依法承担对投资者的损害赔偿责任。

目前各板块均允许存在设置差异表决权的公司上市，保荐机构在尽职调查中应关注差异表决权设置是否符合《公司法》等相关法律法规规定，关于特别表决权设置的股东大会程序、持有人资格、公司章程，关于表决权差异安排的具体规定、锁定安排及转让限制等是否符合相应上市板块股票上市规则等规范性文件的规定，设置差异表决权的原因、必要性及合理性，差异表决权安排的运行时间，该种特殊公司治理结构是否稳定、有效，特别表决权的设置及其他类似安排是否存在导致少数人控制等公司治理问题，是否存在通过公司自治方式突破股票上市规则及侵犯其他普通股东权利的情形，是否在公司章程及其他配套制度中作出相应安排，能够切实、有效地保护中小股东权益。

当发行人存在协议控制架构时，保荐机构需对协议控制进行深入核查，确保该协议控制架构符合境内外相关法律的要求，符合充分保护投资者权益的要求。具体而言，需要取得协议控制相关合同，查阅涉及各方法律主体的工商登记资料及三会的会议文件等，并核查发行人设置此类架构的原因，保荐机构需要取得控制权实际归属认定相关的充分事实证据和合理性依据。此外，保荐机构在尽调过程中需关注相关合同的核心条款是否符合境内外法规规定，以及协议控制下发行人公司治理与内控的有效性；关注上市章程与境内《公司法》等相关法律制度是否存在差异及对投资者保护的影响。

发行人的股权结构、公司治理、运营规范等事项适用境外注册地公司法等法律法规规定的，核查其投资者权益保护水平，包括资产收益、参与重大决策、剩余财产分配等权益，总体上是否符合不低于境内法律、行政法规以及中国证监会规定的要求，境内存托凭证持有人实际享有的权益与境外基础证券持有人的权益是否相当。

核查发行人注册地公司法律制度及其公司章程或章程性文件的主要规定与境内《公司法》等法律制度的主要差异，以及该差异对其在境内发行、上市和投资者保护的影响。发行人公司章程及相关协议中是否存在反收购条款等特殊条款或类似安排，该等条款对投资者权益的影响。

发行人为控股型公司的，应当核查主要控股子公司的章程和财务管理制度中利润分配条款内容，以及能否有效保证发行人未来具备现金分红能力；发行人利润分配能力是否受外汇管制、注册地法规政策要求、债务合同约束、盈利水平、期末未弥补亏损等方面限制，相关因素对利润分配的具体影响、解决或改善措施。

尚未盈利或存在累计未弥补亏损的情况下，调查尚未盈利或存在累计未弥补亏损的形成原因，是否影响发行人持续经营能力，投资者保护措施及承诺是否落实，存在的风险是否充分披露。

（二）承诺事项履行情况

调查发行人、股东、实际控制人、董监高人员、核心技术人员以及本次发行的保荐人及证券服务机构等人员未能履行承诺的约束措施，调查已触发履行条件的承诺事项的履行情况。前述承诺事项主要包括：

1. 本次发行前股东所持股份的限售安排、自愿锁定股份、延长锁定期限以及股东持股及减持意向等承诺；
2. 稳定股价的措施和承诺；
3. 股份回购的措施和承诺；
4. 对欺诈发行上市的股份购回承诺；
5. 填补被摊薄即期回报的措施及承诺；
6. 利润分配政策的承诺；
7. 依法承担赔偿或补偿责任的承诺；
8. 其他承诺事项。

（三）信息披露制度的建设和执行情况

调查相关人员是否了解监管部门制定的信息披露规定，发行人是否建立了相应信息披露和维护投资者关系的制度，公司是否具备认真履行信息披露义务的条件。

（四）股利分配政策

调查发行人在审期间现金分红、分派股票股利或资本公积转增股本情况，是否履行了必要审批程序，是否存在争议，是否有利于保护中小股东利益；调查发行人现金分红的必要性、合理性和合规性。

（五）发行前滚存利润分配安排

调查发行人利润分配决策程序、发行前滚存利润分配安排、滚存利润审计情况和实际派发情况。

（六）股东投票机制

调查发行人股东投票制度，包括不限于累积投票制、中小投资者单独计票制、法定事项采取网络投票方式召开股东大会进行审议表决、征集投票权的相关安排等。

八、其他重要事项调查

（一）重大合同

核查对发行人报告期经营活动、财务状况或未来发展等具有重要影响的已履行、正在履行和将要履行的重大合同是否真实，是否均已提供；并核查合同条款是否合法，是否存在潜在风险。核查合同的订立是否履行了内部审批程序，是否超越权限决策；分析重大合同履行的可能性，关注因不能履约、违约等事项对发行人产生或可能产生的影响。

（二）担保情况

核查发行人所有对外担保（包括抵押、质押、保证等）合同；核查发行人对外担保履行程序的完备性和合法合规性，分析判断发行人履行担保责任的可能性，是否存在重大偿债风险及主要资产的重大权属纠纷；核查对发行人业务经营与财务状况的影响；核查是否符合内部控制制度要求，是否存在利益输送情况。

（三）诉讼仲裁情况

调查发行人是否存在对其财务状况、经营成果、声誉、业务活动、未来前景等可能产生较大影响的诉讼或仲裁事项，发行人及其控股股东或实际控制人、控股子公司、发行人董监高人员和核心技术人员是否存在作为一方当事人可能对发行人产生影响的刑事诉讼、重大诉讼或仲裁事项，分析其是否涉及主要资产、核心技术、知识产权的重大权属纠纷，是否导致经营环境已经或将要发生重大变化，评价其对发行人持续经营、财务指标、股权及控制结构、员工权益保障等是否产生重大影响。

（四）相关人员合法合规情况

调查董监高人员和核心技术人员最近三年内是否存在受到行政处罚、刑事处罚，或者因涉嫌犯罪正在被司法机关立案侦查或者涉嫌违法违规正在被中国证监会立案调查且尚未有明确结论意见的情形。

调查发行人控股股东、实际控制人最近三年内是否存在违法行为。如存在，分析违法行为的行为性质及情节严重程度，核查是否构成贪污、贿赂、侵占财产、挪用财产或者破坏社会主义市场经济秩序的刑事犯罪或重大违法行为。

（五）评估价值

对于发行人采用市值指标申请上市的，核查公司市值估值的合理性。

发行人在提交发行上市申请时，应当明确所选择的具体上市标准，保荐机构应当对发行人的市值进行预先评估，并在《关于发行人预计市值的分析报告》中充分说明发行人市值评估的依据、方法、结果，以及是否满足所选择上市标准中的市值指标的结论性意见等。保荐机构应当根据发行人特点、市场数据的可获得性及评估方法的可靠性等，谨慎、合理地选用评估方法，结合发行人报告期外部股权融资情况、可比公司在境内外市场的估值情况等进行综合判断。

（六）板块定位

我国境内由沪深主板、科创板、创业板、北交所、新三板和区域股权市场构成定位清晰、协同互补、错位发展、有机互联的多层次资本市场格局。根据中国证监会和证券交易所有关板块定位的规定和要求，结合发行人所处行业领域、主营业务构成、业务模式、核心技术、主要资产、人员构成以及主要财务指标等情况，在逐项分析发行人的基础上，按照实质重于形式的原则，确定板块适配性，判断发行人是否符合拟申报的板块定位和要求。

板块定位相关事项的核查方法和要点如下：

1. 主板定位

（1）核查发行人采用的主要商业模式、销售模式、采购模式、生产或服务模式等，比较同行业的业务模式，结合发行人经营情况，核查发行人业务模式是否成熟。

（2）了解发行人经营规模、收入及盈利情况；结合发行人所属行业利润水平、市场容量及未来发展前景，核查发行人的经营业绩是否稳定。

（3）通过选取行业可比公司、主要竞争对手，比较发行人在经营情况、市场地位、经营规模的关键业务数据、指标等方面的情况，了解行业内主要企业及其市场份额情况，调查竞争对手情况，分析发行人在行业中所处的竞争地位，核查发行人是否属于规模较大、具有行业代表性的优质企业。

2. 科创板定位

（1）核查发行人是否属于符合科创板支持方向。

①符合国家科技创新战略。一是查阅《国民经济行业分类》《国民经济行业分类注释》《战略性新兴产业分类（2018）》等产业分类的规定，核查发行人所属行业的划分依据；二是查阅发行人所属行业的产业相关政策性、行业研究报告和主要竞争对手公开披露的信息，核查发行人所属行业领域支持的发展方向是否符合国家科技创新战

略；三是查阅相关的政府主管部门网站及相关行业政策，核查发行人的相关产品是否在国家发改委、工信部、科技部等相关部委文件中有明确列示，是否具有重要作用或地位（如适用）。

②拥有关键核心技术等先进技术或产品。一是查阅发行人所属行业的产业政策、行业研究报告、期刊杂志以及主要竞争对手公开披露的信息，与发行人管理层、核心技术人员、客户或供应商访谈，了解发行人核心技术是否在国际和国内具有原创性、前沿性和引领性；二是通过获取发行人核心技术的相关奖项证书、研究项目、研究课题及研究成果，咨询行业专家等方式，核查发行人的技术或产品是否属于关键核心技术；三是获取发行人报告期内知识产权清单及相关权利证书，通过国家知识产权局的官方网站、中国裁判文书网等相关网站查询发行人所拥有的技术是否存在权属纠纷；四是访谈发行人主要下游客户，通过下游客户对发行人技术和产品的评价侧面了解发行人核心技术和产品是否拥有关键技术。

③科技创新能力突出、科技成果转化能力突出。一是查阅行业研究报告及同行业公司公开披露的信息，了解发行人的技术在境内与境外发展水平中所处的位置和在所属细分行业领域的排名情况，保持技术不断创新的机制、安排和技术储备，发行人取得的研发进展及其成果、获得的专业资质和重要奖项等情况，核查发行人的科技创新能力；二是获得与发行人核心技术相关的《技术查新报告》，了解发行人所拥有技术的创新性；三是查阅发行人研发队伍的资质、学历、专业背景，并核查研发队伍的年龄结构以及研发费用明细账，了解发行人在研发人员数量、结构及研发投入与同行业公司相比是否符合其行业地位；四是通过与同行业公司进行对比分析，了解发行人核心技术及产品的相关指标、与同行业公司相比在先进性方面的具体表征。

科技成果转化能力突出的核查方法可以参见本部分“（3）核查发行人技术产品商业化应用情况”。

④行业地位突出或者市场认可度高。一是查阅行业研究报告、主要竞争对手公开披露的信息、专业第三方出具的报告以及取得行业协会或专家的意见，从技术、产能、产量、销量等多个方面了解发行人是否行业地位突出或者市场认可度高；二是访谈主要客户及供应商，了解发行人产品的具体生产及应用情况、发行人所处行业上下游的经营情况，以及发行人产品的质量情况、市场口碑、认可度和未来的市场容量和发展前景。

（2）核查发行人是否符合《上海证券交易所科创板企业发行上市申报及推荐暂行规定》（本章简称《科创板申报暂行规定》）等规定所列行业领域。保荐人应参考国家高新技术产业和战略性新兴产业规划及政策，判断发行人所属行业领域范围及相关领域技术产品先进性；结合发行人技术产品对应的营业收入情况，判断相关行业领域划分的理由和依据是否充分；并严格核查发行人是否属于科创板限制、禁止的行业领域。对于未归入六大行业领域的“其他领域”，保荐人应检索是否有国家政策文件明确支持发行人的技术产品，结合科创板支持方向、发行人技术产品实际情况充分论证。

（3）核查发行人技术产品商业化应用情况。保荐人应核查发行人技术产品的商业化应用领域是否符合国家产业政策、商业化应用范围及其前景、取得的收入及其增长潜力，以及相关技术产品的研发应用是否符合国家安全、反垄断、特定行业数据安全、科技伦理等相关国家法律法规和产业政策。

了解发行人经营模式、核心技术产业化情况以及发展规划，了解发行人技术先进性、模式创新性、研发技术产业化情况以及未来发展战略、科研成果与产业深度融合等具体情况。

访谈发行人管理层及研发部门负责人，询问核心技术、专利等知识产权的形成过程、具体内容及应用领域，与发行人产品的对应关系，在主营业务中的体现和作用，核查发行人核心技术和知识产权形成主营业务收入的情况和产业化情况。

（4）核查发行人是否符合《科创板申报暂行规定》的科创指标要求。保荐人应核查发行人所选择的科创属性相关具体指标，确保发行人符合该项指标的具体情况、计算基础和计算方法。

①取得申报会计师出具的审计报告，了解发行人研发支出水平。查阅发行人报告期内研发费用明细账、研发项目立项文件及研发进度资料，对发行人研发费用归集、分配、付款等情况进行复核，核查研发费用支出的真实性及列报的准确性。查阅发行人研发人员员工花名册、劳动合同、研发工时统计表，就研发人员认定进行复核，就发行人研发人员占比进行重新计算。

②查阅发行人拥有的发明专利清单及证书，核查发明专利取得时间、取得方式、发明专利与主营业务的关系，访谈发行人管理层，了解各项发明专利在经营过程中的使用情况及对发行人形成主营业务收入的发明专利数量情况。

③关于营业收入复合增长率和金额，结合销售收入的尽调程序，复核发行人营业收入复合增长率和金额是否符合科创属性的指标要求。

④关于核心技术经国家主管部门认定具有国际领先、引领作用的，获取国家主管部门技术鉴证相关文件；确认相关鉴证单位是否具有科技成果/技术水平鉴定职能；查阅国家主管部门相关认定的法律法规、实施细则和办法；查阅发行人申请认定的相关资料；查看相关的国家产业发展规划政策核实发行人所在领域是否符合国家科技创新战略。

⑤作为主要参与单位或者核心技术人员作为主要参与人员，获得国家自然科学奖、国家科技进步奖、国家技术发明奖，并将相关技术运用于主营业务的，获取发行

人的相关证书，从公开信息核实获奖情况，访谈发行人核心技术人员，了解发行人/核心技术人员对获奖技术的贡献、产业化程度与发行人主营业务的关系等信息。

⑥关于独立或者牵头承担与主营业务和核心技术相关的“国家重大科技专项”项目，查询公开资料核查发行人“国家重大科技专项”项目立项是否符合国家重大科技专项的政策、文件、规则、通知等规定；查阅发行人科技重大专项立项文件、课题验收文件、科学技术成果鉴定证书、专利证书、公开发表的论文等；获取发行人研发费用投入明细资料等，核查发行人重大科技专项中研发投入、人员的情况；访谈相关研发人员，了解重大科技项目的具体情况，了解“国家重大科技专项”项目的具体情况，了解发行人在其中的任务、贡献、形成的技术成果、产业化程度与发行人主营业务的关系等信息。

⑦关于依靠核心技术形成的主要产品（服务），属于国家鼓励、支持和推动的关键设备、关键产品、关键零部件、关键材料等，并实现了进口替代的，查询相关法律法规、国家产业政策、政府指导文件、产品目录等资料，核实发行人所属行业和产品是国家鼓励、支持、推动的行业和产品，论证相关产品是否符合“4 个关键”的要求；结合产品与核心技术的对应关系、产品销售收入占比及增长情况，分析相关产品是否属于发行人的主要产品；结合技术指标、进口替代实现时间、所处产业链地位等信息，多方面分析相关产品是否具备技术先进性；结合相关产品国产化率提升变化情况、发行人市场份额、产品应用领域等信息，分析相关产品市场空间情况等。

3. 创业板定位

（1）核查发行人所属行业领域是否属于《深圳证券交易所创业板企业发行上市申报及推荐暂行规定》等规定中原则上不支持申报创业板发行上市的情形。保荐人应根据高新技术产业和战略性新兴产业的行业领域划分，以及发行人拥有和应用的核心技术、提供的相关产品（服务）、技术应用的具体领域等，核查发行人是否符合创业板的行业要求。

①了解发行人的主营业务和产品（服务）、拥有和应用的核心技术，结合产业目录、政策文件、查阅相关行业研究报告，核查发行人的行业分类和定位；

②查阅可比公司公开披露的信息，核查发行人的行业分类和定位与可比公司的行业分类是否一致。

（2）核查发行人自身的创新、创造、创意特征。保荐人应核查发行人主要产品（服务）、核心技术及其功能性能、研发进展及其成果、获得的专业资质和重要奖项等，核查发行人主要产品（服务）、核心技术的创新、创造、创意特征。

①访谈发行人管理层、研发部门负责人等相关人员，询问发行人主要产品（服务）的构成情况，核心技术、专利等知识产权的形成过程、具体内容及应用领域，与

发行人产品（服务）的对应关系、在主营业务中的体现和作用；获取发行人关于主要产品（服务）、核心技术先进性的相关书面说明，核查发行人的创新、创造、创意特征。

②获取发行人专利证书、软件著作权证书、商标证书以及境外法律意见书、主要产品（服务）获得的重要奖项等资料，查询国家知识产权局网站，走访国家知识产权局实地调取专利清单，核查发行人的专利数量和技术特点。

③获取发行人研发团队的资质、学历、专业背景、年龄结构，访谈发行人研发部门并查阅研发规章制度，了解发行人研发体系、研发流程的具体执行情况、技术发展路径及核心技术储备情况，获取相关研发项目、研发投入的资料，核查发行人的研发实力和创新机制。

④访谈行业专家，查阅行业研究报告及同行业公司公开披露的信息，了解所属行业的竞争格局、特点和发展趋势，发行人主要产品（服务）、核心技术水平及行业地位情况；通过与同行业公司进行对比分析，了解发行人核心技术及产品的相关指标及具体表征。

（3）核查发行人的科技创新、模式创新、业态创新和新旧产业融合情况。保荐人应结合行业监管政策、特点、发展趋势，发行人主要经营性资产、生产（服务）工艺流程，核心技术应用以及产业化情况，核查发行人的新旧产业融合情况。

①查阅行业研究报告、相关产业政策文件，了解发行人所属行业监管体制和政策趋势、竞争格局、特点和发展趋势，核查发行人所属领域是否符合产业政策支持的发展方向；

②了解发行人主要产品（服务）特点、经营模式、生产（服务）的工艺流程、核心技术产业化情况以及发展规划，了解发行人与新技术、新产业、新业态、新模式的深度融合情况。

（4）核查发行人的成长性。保荐人应结合发行人的行业前景、市场地位、业务模式、技术水平和研发能力、产品（服务）的质量及市场前景、营销能力等因素，核查发行人的成长性。

①查阅行业研究报告及同行业公司公开披露的信息，了解所属行业的发展前景，发行人主要产品（服务）、业务模式、核心技术水平及行业地位情况；

②访谈主要客户及供应商，了解发行人产品（服务）的具体生产及应用情况、发行人所处行业上下游的经营情况以及发行人产品的质量情况、市场口碑及市场认可度；

③查阅发行人主要产品（服务）的采购、生产、销售和研发情况，结合发行人营业收入和净利润变动情况，核查发行人是否具有持续经营能力；

④结合营业收入和研发投入金额情况，计算发行人的研发投入复合增长率、营业

收入增长率，核查发行人的成长性是否符合要求。

4. 北交所定位

（1）通过访谈发行人高管人员和查阅资料、公开信息，了解发行人的业务和研发模式、主要技术和产品的发展过程、核心技术的优势，核查发行人技术创新、模式创新和科技成果转化等情况。发行人的业务模式具有创新性的，还应核查发行人的独特性、创新内容及持续创新机制。

（2）通过查阅发行人所处行业的研究报告、同行业可比公司的公开披露资料，访谈发行人核心技术人员、行业专家等方式，了解行业技术水平及技术特点、主要技术门槛和技术壁垒，衡量核心竞争力的关键指标、行业技术的发展趋势。

（3）通过审阅发行人研发费用明细表、报告期内研发项目以及核心技术的相关文件资料，了解核心技术的独特性和突破点，以及对主要产品关键性能的影响。通过公开渠道查阅同行业可比公司产品的关键性能指标，与发行人同类产品进行比较分析，了解发行人与同行业可比公司在经营情况、市场地位、技术实力、衡量核心竞争力的关键业务数据、指标等方面的比较情况。现场查看发行人的场地、人员、设备等情况，核查是否与发行人的技术相匹配。

第三节　特定行业或业务模式的尽职调查事项

本节根据《尽调准则》《适用指引第 5 号》《证券业务示范实践第 3 号——保荐人尽职调查》等相关规定，介绍了针对工程、互联网、消费、医药四个特点鲜明且相对常见的行业，保荐人在尽职调查中除遵守《尽调准则》等规定的一般性要求外，还需要关注的与特定行业或业务模式相关的主要风险和重点问题，以及应履行的尽职调查程序。

一、工程类企业

环保工程、园林、装饰、设计、通信工程、系统集成、建筑等工程类企业尽职调查中的重点调查事项包括经营资质、业务获得和执行的合规性、销售收入、销售成本和毛利等方面。

（一）经营资质

1. 通过取得发行人及其子公司各个法律主体及特定岗位人员所需要的资质文件

（包括报告期内已到期或更换），并结合查询相关法律法规、走访主管部门和客户、发行人报告期签订和履行的合同条款等方式，调查和了解发行人及其子公司是否具备生产经营所必要的全部业务资质。

2. 关注发行人及其子公司取得的业务资质的相应审批主体、资质或证书的有效期，分析和判断是否存在到期后无法续期的风险，并结合相关资质和证书对发行人生产经营的影响和重要程度判断若无法续期对发行人的影响。

3. 了解发行人及其子公司所拥有的资质需要具备的条件，关注发行人在获取相关资质的过程中是否实际符合相关申请条件，业务资质取得是否存在重大风险。

4. 取得发行人报告期签订和履行的主要合同，关注发行人是否存在超越资质核准范围获取或履行业务的情形。若存在超越资质经营的，关注是否构成违法违规，是否受到或可能受到相关主管部门的处罚，是否取得了资质颁发部门对超资质经营的意见。了解所涉业务已确认收入和合同的履行情况，是否存在可能的诉讼、纠纷及导致合同无效或被撤销的情形。

（二）业务获得和执行的合规性

1. 通过查阅发行人及其子公司经营资质范围、签订和履行的主要业务合同、招投标文件及项目执行管理文件，实地走访项目现场及人员、访谈主管部门人员等方式，调查和了解发行人业务合规的相关情况。若发行人及子公司在报告期内存在受到处罚的情形，保荐人需要通过取得相关的处罚文件、访谈相关人员等方式调查了解处罚原因，是否构成重大违法违规行为，并了解处罚涉及事项的解决措施及影响的消除情况。

2. 通过查阅相关的法律法规、查阅发行人主要/重要业务取得的过程文件、访谈发行人和客户相关人员了解发行人客户的采购制度和规定等方式，核查发行人业务的获得是否合规，是否存在应投标而未投标的情形。发行人的业务获得方式采用招投标方式的，还需要调查了解招投标程序是否存在违反《招标投标法》《招标投标法实施条例》等法律法规和客户内部规定的情形，存在上述情形的，应分析原因及对发行人经营的影响，关注是否取得其客户或主管部门的确认文件。

3. 通过与发行人客户进行访谈、互联网查询、查阅同行业公司公开披露的信息等方式，调查和了解发行人提供的招投标文件是否真实和完整，以及发行人采取的招投标方式是否与同行业存在差异。

4. 发行人在招投标过程中存在和关联方或是其他第三方共同参与投标或联合参与同一项目投标并签订合同的情形，保荐人应了解共同投标的第三方拥有资质的情况，调查相关方是否存在陪标或借用资质的情形，了解发行人与其他各方具体权责划分、工作内容及合同金额分配情况，核查发行人是否对其他各方存在重大依赖。

5. 保荐人通过互联网查询、访谈相关人员，调查报告期内的销售费用明细以及发行人、实际控制人、董监高及关键岗位人员等主体或人员的银行账户大额或异常资金往来等方式，核查发行人是否存在商业贿赂或不正当竞争的情形。

6. 发行人在业务的实施和开展过程中若存在将部分专业工程分包给第三方实施的，了解专业分包是否属于行业普遍行为。通过取得相关主要/重要专业工程分包合同、查阅相关法律法规以及访谈相关人员的方式，调查和了解发行人与分包商责任的划分，是否存在违法分包或转包的情形，是否存在将专业工程分包给不具备相应资质的单位来实施，以及是否存在建设工程总承包合同中未有约定、又未经建设单位认可的情况下，将其承包的部分工程交由其他单位完成的情形。若存在上述情形的，保荐人需要了解上述情形对应的销售收入的金额及对发行人业务的影响。

7. 调查和了解发行人工程施工的全部用工方式，若存在劳务分包的，需要调查和了解发行人与劳务分包商发生业务交易的背景及是否存在重大风险、劳务分包商是否专门为发行人提供劳务或对发行人存在重大依赖、劳务分包商是否具备相关业务资质，以及发行人与劳务分包商的合作模式、具体权利义务关系、施工项目管理的内部控制措施，包括但不限于合同签署、施工质量、施工项目工程量增减变动、工程量计量与结算、项目验收等内容。

8. 通过取得发行人施工质量控制制度文件、访谈相关人员、实地查看和互联网查询等方式，调查和了解发行人施工质量的控制措施是否健全、有效，是否能够保障安全施工和施工质量；工程施工是否存在重大质量纠纷或潜在纠纷，是否存在群体性质量纠纷事件，以及是否存在安全生产事故、是否存在安全生产方面的行政处罚，是否构成重大违法行为。

（三）销售收入

1. 保荐人通过询问管理层或会计师，结合发行人的业务模式、交易惯例、工程施工合同条款等方式，分析发行人的履约义务是属于在某一时段内履行的履约义务还是属于在某一时点履行的履约义务。了解同行业可比公司销售收入确认的一般原则，并结合发行人确认收入的具体标准，判断收入确认是否符合会计准则的要求，如发行人的收入确认政策与同行业可比公司存在较大差异的，了解该差异产生的原因及对发行人的影响。

了解发行人履约进度的确认方法，结合内控措施、合同约定、业务特点、外部依据等，分析履约进度确认方法的可靠性和准确性；了解报告期内主要项目的履约进度确认依据，分析采用不同履约进度确认方法的可能性以及对收入确认的影响，核查是否存在通过调整履约进度方法调节收入的情形。

2. 通过获取报告期内主要项目的明细表，包括项目名称、合同起始时间、预计完工时间、合同主要内容、合同总收入、预计合同总成本、累计确认收入、累计确认成本、当期确认收入、当期确认成本、履约进度、合同结算、合同资产、合同负债等，了解主要项目的收款情况或工程结算情况、验收周期、实施周期，分析主要项目的收入确认与履约进度是否匹配，项目的进展情况是否与合同约定一致，是否存在突击确认收入或长期无进展的项目，项目是否存在纠纷。

3. 通过取得发行人主要项目报告期各季度收入确认、成本结转情况表等方式，核查发行人是否存在第四季度履约进度明显高于其他季度的情形，是否存在通过人为操控工程进度跨期调节业绩的情形，与履约进度确认相关的内控制度是否健全并有效执行。工程施工中，合同金额、施工方案等合同条款发生变更的，询问会计师，了解合同变更的会计处理是否符合会计准则的规定，分析合同变更对预算总成本、收入和成本确认的影响。

结合主要工程项目的收入确认、工期跨度、履约进度情况等，实地察看主要工程项目的状态，检查是否存在中止、暂停的情形，结合合同条款、未来施工计划、会计准则等，分析减值准备计提的合理性，提取数额是否充分；与项目经理、工程师等施工管理人员进行交谈，了解工程项目的主要施工流程、项目进展、履约进度确认流程和方法等；必要时与监理单位（如有）或业主单位的项目负责人员进行访谈，了解施工的工程质量情况、工程进度、是否存在纠纷等。

发行人采用产出法确认履约进度的，查阅主要项目业主单位或监理单位出具的工作量确认单等资料，检查工作量确认单签字、盖章、工作量确认截止日等要件的齐备性，分析瑕疵事项（如有）对收入真实性和准确性的影响；计算并对比发行人投入法下的履约进度，核查与产出法下的履约进度是否存在重大差异，如存在，分析差异的原因和合理性，以及已投入的成本是否可以收回。

发行人采用投入法确认履约进度的，需要结合业主单位或监理单位的工作量确认单（如有），分析与发行人投入法确认的履约进度是否匹配。业主单位或监理单位未出具工作量确认单，或报告期末工作量确认单的确认数与履约进度存在重大差异的，了解原因和合理性，判断收入确认的充分性和准确性。

查阅施工合同、工程结算等资料，询问管理层，了解实际结算进度和合同结算进度是否一致，存在重大差异的、核查差异的原因、双方是否存在纠纷、已发生成本的可回收性以及对收入确认的影响。

走访主要工程项目的业主方，了解结算的方法和依据、对账频率、结算进度、履约进度等情况，实地查看工程施工的项目现场，核查业主确认的履约进度与发行人的收入确认是否保持一致。因不可抗力（如疫情）、涉及国家秘密、业主方过于分散等因素，造成无法实施实地走访或走访比例无法满足前述要求的，应慎重判断无法实地走访的风险，以及采用替代性措施是否可以有效核查项目的实施情况。

4. 在合理信赖会计师已执行的函证的基础上，对未回函或回函不符的，应进一步核查原因和合理性，并审慎判断采用替代性措施是否可以有效验证销售收入的真实性和准确性。

5. 发行人存在与其他方组成联合体共同施工的，了解联合施工的原因和合理性。查阅工程承包合同、招投标文件等资料，询问管理层或业主方，了解联合施工的工作量、合同金额的分配方式，工作量和合同金额的匹配性，分析是否存在利益交换的情形。对于重大的联合施工工程，通过实地察看施工现场，询问监理人员、现场施工人员，查阅施工日志等资料，了解联合施工双方的施工现场是否有明确的界限，联合施工双方的工作量是否可区分，核查是否存在代为施工、混同施工等利益交换的情形。了解联合施工双方工作量的确认方法，查阅工作量确认单，访谈业主方或监理单位，分析工作量是否可明确区分，核查发行人收入确认的准确性。

6. 发行人存在大额工程变更的，查阅变更前后的合同，询问会计师，了解合同变更的会计处理是否符合会计准则的规定，分析合同变更对收入确认、毛利率的影响。项目合同存在大额奖励的，结合合同条款，询问会计师，分析会计处理是否符合会计准则的规定。

7. 发行人存在未签订合同即开工情况的，了解是否符合行业惯例、是否符合招投标等相关规定，核查后续合同签订情况、存货或合同资产以及销售收入的确认情况，询问会计师、管理层，了解会计处理是否符合会计准则的规定。

（四）销售成本和毛利

1. 根据发行人主要项目的实施流程。取得主要工程项目管理文件，了解发行人各类成本的归集及核算流程，核查发行人报告期成本核算的方法是否保持一致。当企业采用投入法中成本法确认履约进度时，了解发行人合同预计总成本的估计方式、调整方法及调整频率。报告期主要项目的预计总成本频繁调整或已执行完毕项目实际成本与初始预计成本存在重大差异的，分析原因和合理性，分析是否存在操纵利润的情形。

获取报告期营业成本明细表，了解主要项目成本及构成情况，包括直接材料、直接人工、分包成本等。存在大额分包成本的，核查分包的定价是否公允，分包的工作量或劳务数量与发行人的业绩是否匹配，是否存在跨期核算情形。

2. 计算发行人报告期主要项目的毛利率情况，分析不同项目毛利率、同一项目不同年度毛利率、已完工项目的实际毛利率与预计毛利率的比较情况，毛利率存在重大异常的应进行重点核查。

3. 取得发行人的分包情况明细表和与主要劳务外包公司签订的合同，分析报告期内发行人与主要分包商的交易变化情况，如存在重大变动的，了解变动的原因和合理性。

发行人业务分包成本较大的，了解业务分包的具体情况，包括报告期内各期分包采购金额、分包内容、分包商、开工时间、完工时间（或报告期末完工进度）、款项支付情况、报告期末应付账款余额等，并结合业务分包商的成立时间、建立合作时间、注册资本、注册地址、办公电话、主要管理人员构成等情况，核查报告期主要的分包商是否与发行人存在关联关系，业务分包对发行人独立性的影响。

（五）其他重点事项

1. 获取合同资产、合同负债、合同履约成本明细表，询问会计师，结合主要工程项目结算条款、履约进度、收入确认方法等，了解合同资产、合同负债、合同履约成本确认是否符合会计准则的规定。

了解合同资产、合同负债的账龄情况，如存在长期未结转的，分析长期未结转的原因和合理性，核查是否与业主方存在纠纷。结合工程的进展情况，核查合同资产的可回收性，减值准备计提方法是否合理，提取数额是否充分，是否存在操纵经营业绩的情形。了解合同履约成本的库龄情况，如长期未结转的，分析长期未结转的原因，核查减值准备计提方法是否合理，提取数额是否充分。

2. 了解发行人是否存在已竣工并实际交付的工程项目的合同资产余额未及时结转情形；若存在该情形，进一步了解合同规定的结算条件与结算时点、施工记录与竣工支付资料，按履约进度确认的收入、成本与毛利情况，以及合同资产与应收账款的权利区别与风险差异；调查合同资产与应收账款的分类是否正确。同时，应充分考虑相关风险特征分别确定并披露合同资产和应收账款的减值准备计提方法，核查相关减值准备计提是否充分。

3. 若发行人报告期内存在 BOT 项目的，询问会计师、管理层，了解建造阶段、运营阶段等不同阶段的会计处理以及是否符合会计准则的规定。查阅 BOT 合同的具体条款，了解公司在项目建造过程中承担的义务及是否能从合同授予方取得确定的收费金额，通过访谈相关人员等方式，了解发行人在实施建造活动中从事的具体内容、拥有的技术和资质，评估管理层对项目建造业务所作的判断。

通过查阅项目公司与政府有关的收入结算资料，现场观察项目的运营情况以及与发行人相关人员进行访谈，评估项目减值迹象确定标准，了解报告期各个项目的减值情况。存在减值的，需要了解减值的原因、相关减值准备的计量方式以及在无形资产和金融资产之间的分配方式。

通过查阅项目立项资料、重大的工程建设及采购合同、采购付款记录、工程竣工结算书、对特许经营权摊销年限及摊销金额进行复核与验算等方式，了解特许经营权的初始确认和计量依据，分析和判断各项目对应特许经营权的会计核算是否符合企业会计准则的规定，与同行业可比公司是否一致。调查和了解主要项目的运营、试运营、在建等状态情况，以及报告期各期对应的特许经营权金额、特许经营项目的运营期限、剩余摊销期限、账面原值及账面价值。

4. 了解发行人是否与自然人、关联方等存在大额资金往来。若存在该情形，进一步核查控股股东、实际控制人、发行人主要关联方、董监高、关键岗位人员等开立或控制的银行账户资金流水，关注发行人是否存在资金占用、体外资金循环形成销售回款或承担成本费用等情形。

二、互联网企业

互联网行业企业普遍具有业务渠道广泛、科技与创新性强、用户覆盖面广、交易密集且交易数据量巨大、主要经营业务依赖信息系统等主要特点。互联网类企业包括互联网接入及相关服务企业、互联网信息服务企业、互联网平台企业、互联网安全服务企业、互联网数据服务企业及其他互联网服务企业等。主要通过互联网开展业务的企业，如存在报告期任意一期通过互联网取得的营业收入占比或毛利占比超过30%的情形，原则上也应参照互联网企业进行相应内容的尽职调查。

互联网企业尽职调查中的重点调查事项包括经营资质、信息系统、经营数据与财务数据匹配性等方面。

（一）经营资质

1. 经营资质的完整性

保荐人通过了解发行人业务模式、发行人所属行业模式，取得发行人母子公司各个法律主体的资质文件，并结合发行人母子公司所从事的全部业务，调查和了解发行人是否已取得当时有效的法律法规规定的全部资质，是否已履行了必要的审批或备案程序，是否存在应取得未取得或超越资质经营的情况，是否存在后续被要求整改或行政处罚等影响业务持续运行的风险。

2. 经营资质的合法合规性

保荐人通过调查发行人母子公司所从事的全部业务，并对照《电信业务经营许可管理办法》《电信业务分类目录》《互联网信息服务管理办法》《专网及定向传播视听节目服务管理规定》《互联网视听节目服务管理规定》《互联网新闻信息服务许可管理实施细则》《互联网文化管理暂行规定》《网络出版服务管理规定》《出版管理条例》《互联网新闻信息服务管理规定》《互联网新闻信息服务许可管理实施细则》《中华人民共和国网络安全法》《关于移动游戏出版服务管理的通知》《关于进一步加强网络剧、微电影等网络视听节目管理的通知》等法律法规的要求，核查是否应取得增值电信业务经营许可证、互联网信息服务增值电信业务经营许可证、信息网络传播视听节目许可证、网络文化经营许可证、互联网出版服务许可证、互联网新闻信息服务许可证、出版物经营许可证及游戏版号等；结合发行人通过互联网开展业务的具体业务内容，核查是否相应取得营业性演出许可证、广播电视节目制作经营许可证、出版物经营许可证、互联网药品信息服务资格证书、网络预约出租汽车经营许可证、支付业务许可证、中国民用航空运输销售代理业务资格认可证书等资质证书。

3. 核查未取得资质经营情形

保荐人可通过查询网站、走访有关监管部门、与相关人员谈话等多渠道，调查和了解发行人是否存在未获得相关资质的情况下提供相关服务的情形，是否存在相关业务被关停、被处罚的风险及对发行人持续经营能力、业务稳定性和经营合规性的影响。通过取得相关监管部门的合法合规证明、走访相关监管部门等，进一步核查上述情况。

4. 经营资质持续性

保荐人应通过访谈发行人相关人员、查阅发行人书面记录资料或会计资料、发行人及相关人员出具书面声明等方法，调查和了解报告期内是否持续拥有各项资质，资质续期是否存在障碍。

（二）信息系统

1. 信息系统的关键控制环节

发行人信息系统的建设至少应该包括以下关键控制环节：

（1）信息系统的访问安全管理（如各层级数据浏览或修改权限）、系统变更管理、运行与维护管理、数据中心及网络管理等及信息系统的自动控制及接口测试等内部控制环节；

（2）经营数据与财务数据对接过程中数据及数据来源、数据生成的相关内部控制；

（3）信息系统在防止虚假流量、刷单、反舞弊等方面的系统控制；

（4）信息系统对防止数据泄露和保障网络安全等方面的内部控制管理措施。

2. 信息系统内部控制管理体系

保荐人通过了解发行人系统开发、测试、上线、变更、运维、安全、备份、逻辑访问等情况，评估发行人信息系统内部控制的管理体系，对相关内部控制是否可以实现信息系统运行的可靠性进行分析判断。

保荐人通过对发行人业务人员、IT 人员、财务人员及 IT 审计机构相关人员（如有）进行访谈，了解发行人支撑互联网业务运营和数据处理的主要信息系统，梳理经营数据在各个系统的流转过程。

对于各个流程的控制情况，保荐人可执行但不限于以下核查程序：获取发行人组织架构图；查阅 IT 管理制度；了解信息系统建设规划、信息系统外包服务商的选择与评估方式、信息安全风险评估及安全检查情况；了解信息系统立项申请及审批流程、项目测试及验收流程、报告期内信息系统的历次更新、升级等程序变更情况，并对程序变更的操作日志进行抽查；实地察看机房（如有），关注对信息系统物理安全的防范措施与设备情况，同时了解各系统用户角色与权限及超级用户的情况；抽查超级用户操作日志记录，关注是否存在未经授权的异常操作行为等。

保荐人通过文档审阅及系统查询等方法，了解发行人 IT 治理与管理、系统开发、程序变更、计算机运行和程序与数据访问等流程的控制情况，评估发行人信息系统管理水平及主要信息系统对业务运行的支撑能力和存在的风险，确定信息系统的稳定性和可靠性。

3. 应用控制测试

保荐人基于对发行人业务运营模式的理解，从对其业务运营、财务报告有较大影响的业务和管理流程出发，通过穿行相关业务及管理流程，对其中支撑流程各个环节的信息系统功能进行穿行测试和分析，梳理主营业务在系统中各环节的数据流转过程，并结合系统功能和管控特点，设计相应的应用控制测试点，核查发行人经营数据的真实性、准确性。

4. 信息系统控制缺陷

针对发行人信息系统曾经或现存的控制缺陷，保荐人通过评估其影响程度，关注是否构成对发行人信息系统总体控制有效性及财务报表的真实性、准确性的不利影响，同时关注发行人整改、完善措施及其实施情况。

5. 业务流程中的风险点

梳理发行人通过互联网开展的业务流程，识别各个环节中可能存在的风险点，有针对性地设计分析指标和分析维度，关注经营数据真实性、准确性、合理性及与财务数据的匹配性。对在数据分析过程中发现的疑似异常情况执行进一步的分析和测试，关注差异形成原因是否合理，是否存在舞弊造假行为。

若发行人基于第三方互联网平台开展业务的，通过抽查方式，将发行人信息系统存储的数据与第三方平台直接获取的数据进行交叉核对，确保数据真实、准确，未经篡改。

6. 信息系统专项核查

发行人日常经营活动高度依赖信息系统的，如业务运营、终端销售环节通过信息系统线上管理，相关业务运营数据由信息系统记录并存储，且发行人相关业务营业收入或成本占比、毛利占比或相关费用占期间费用的比例超过30%的，原则上，保荐人应对开展相关业务的信息系统可靠性进行专项核查，并发表明确核查意见。

执行信息系统专项核查，保荐人核查团队应以风险防控为导向，结合发行人业务模式、盈利模式、系统架构、数据流转等情况，充分考虑舞弊行为出现的可能性，识别业务流程中可能存在的数据造假风险点，合理设计核查方案，运用大数据分析和内部控制测试等手段逐一排查风险点，全面验证发行人信息系统中业务和财务数据的完整性、准确性、一致性、真实性和合理性。

7. 聘请其他机构开展信息系统专项核查工作

聘请其他机构开展信息系统专项核查工作或参考其核查结论的，保荐人应考虑其他机构的独立性、可靠性及其核查工作的充分性，并就借助他人开展信息系统专项核查工作的必要性与有效性谨慎发表意见。

（三）经营数据与财务数据匹配性

1. 经营数据与财务数据的一致性

保荐人在核查信息系统的基础上，关注经营数据的真实性以及经营数据与财务数据的匹配性。保荐人通过独立查阅发行人各类业务信息系统等可靠方式从发行人获取经营数据，并结合发行人采购、出库、物流、退换货发生额、返利及促销数据、支付及结算凭据等评估业务与财务数据匹配性。

如发行人通过第三方平台销售，保荐人可通过现场访谈、函证第三方平台、分析性复核平台交易数据与支付平台使用费等方式验证收入真实性。

保荐人通过结合发行人业务模式，深入分析用户数量及变动情况、访问时长、充值和消费情况、消费频率、复购率、地域分布等关键指标，对指标异常情况进行进一步核查，以判断发行人的经营数据和财务数据是否真实、准确、完整。

存在销售返利的，保荐人可以核查发行人报告期内返利金额与销售量、销售价格、销售收入、为品牌方提供的营销服务等是否与品牌方的合同约定相匹配，是否存在超过品牌方授权范围的营销，以及是否存在合同约定之外的销售返利行为。存在促销政策的（包括但不限于返点、折扣、积分、赠送、优惠券等），保荐人通过获取发行人报告期内的促销明细等，核查促销政策的具体内容、计算方法、结算方式、会计处理方法、享受促销政策的客户类型和结构，并应核查促销政策的商业合理性，促销政策是否发生重大变动。

2. 销售收入

鼓励保荐人以风险导向为原则，针对发行人主要风险点执行实质性程序，包括但不限于经营数据、财务数据一致性核查，收入数据真实性核查，用户行为核查，综合数据分析等，并可以结合实地走访或电话访谈平台方、物流公司或终端客户等方式，进一步验证经营数据的真实性。保荐人可以区分以下互联网业务开展方式，有针对性地制订并执行核查计划：

（1）主要经营活动直接通过互联网开展，并以直接向用户收取费用为主，如互联网线上销售、互联网信息服务、互联网游戏等企业；

（2）主要经营活动直接通过互联网开展，但用户消费占整体收入比较低，主要通过展示和用户点击转化收入，如用户点击广告后向广告主或广告代理商收取费用等企业。

3. 直接收取费用形成收入

对于直接向用户收取费用的发行人，保荐人可关注并核查以下事项：

（1）经营数据的完整性和准确性，是否存在被篡改的风险，与财务数据是否一致；

（2）用户真实性与变动合理性核查，包括新增用户的地域分布与数量、留存用户的数量、活跃用户数量、月活用户数量、单次访问时长与访问时间段等，系统数据与第三方平台数据是否一致；

（3）用户行为核查，包括但不限于登录IP或MAC地址信息、充值与消费的情况、重点产品消费或销售情况、僵尸用户情况等，充值与消费的时间分布是否合理，重点用户充值或消费是否合理；

（4）系统收款或交易金额与第三方支付渠道交易金额是否一致；

（5）平均用户收入、平均付费用户收入等数值的变动趋势是否合理；

（6）业务系统记录与计算虚拟钱包（如有）的充值、消费数据是否准确；

（7）互联网数据中心或带宽费用的核查，与访问量是否匹配；

（8）获客成本、获客渠道是否合理，变动是否存在异常。

4. 展示或用户点击转化为收入

对于用户消费占整体收入比较低，主要通过展示或用户点击转化收入的发行人，保荐人可以关注并核查以下事项：

（1）经营数据的完整性和准确性，是否存在被篡改的风险，与财务数据是否一致；

（2）不同平台用户占比是否符合商业逻辑与产品定位；

（3）推广投入效果情况核查，获客成本是否合理；

（4）用户行为真实性核查，应用软件的下载或激活的用户数量、通过新增和活跃用户的行业特征（包括登录时间、频率等）分析判断用户是否真实，是否存在购买虚假用户流量或虚构流量情况；

（5）广告投放的真实性核查，是否存在与广告商串通进行虚假交易；

（6）用户的广告浏览行为是否存在明显异常。

5. 系统漏洞

保荐人可以关注发行人是否存在如下系统漏洞或舞弊情况：

（1）后台伪造数据。关注发行人是否存在蓄意伪造、变造、删除或篡改系统数据或系统日志的舞弊行为。

（2）模拟刷单行为。关注发行人是否存在通过机器人等方式伪造用户，进行用户登录或购买订单，形成虚假用户数据和交易数据。

（3）客户异常大额购买或充值、异常重复购买或充值的情形是否存在合理解释，是否存在发行人及关联方“刷单”及“自充值”情形。

6. 不同业务模式下的不同核查方式

保荐人可以根据业务模式等具体情况采取包括但不限于以下核查方式：

（1）针对第三方平台的核查。通过对第三方平台进行实地走访、函证或其他替代方式，了解业务系统的运行维护、访问安全情况，验证经营数据的完整性和准确性。

（2）针对终端用户的核查。根据获取的经营数据，采取抽样方式对终端用户进行实地走访或电话访谈，核查用户消费的真实性；对于异常客户，可以进一步结合收款记录、付款方、付款时间等展开核查。

（3）针对业务流程的核查。业务流程应保持信息流、资金流、物流的一致性。保荐人可以通过交易订单与收款流水一致性核对、交易订单与物流信息一致性核对等方式核查业务流程的真实性；关注发行人实物的出入库痕迹、收货地址、物流单据等信息。

（4）针对可比公司的比较。关注发行人关键业务指标与可比公司相比是否存在明显异常，异常情况是否存在合理的解释。

7. 核查受限

如因核查范围受限、历史数据丢失、信息系统缺陷、涉及商业秘密等原因，导致无法获取全部或部分运营数据，无法进行充分核查的，保荐人需考虑该等情况是否存在异常，信息系统是否可靠，并综合评估该情况是否会对核查结论造成实质性不利影响。

8. 证券服务机构

保荐人在履行相关评估和复核工作后，在合理信赖基础上，可以借鉴证券服务机构的核查资料和专业意见。

（四）其他重点事项

1. 研发费用

针对发行人信息系统研发投入情况，保荐人通过调查和了解发行人报告期内相关研发人员的教育背景、年龄构成、主要研发经历、薪酬水平等情况；报告期各期研发人员的数量及占比情况，与同行业可比公司的情况是否存在较大差异；结合研发管理、研发人员数量、研发团队构成及核心研发人员背景、研发投入、研发设备、技术储备等，核查报告期研发费用中直接投入和委外研究开发费的具体构成情况，关注发行人现有研发体系是否具备对其信息系统持续更新迭代的能力。

2. 市场定位

保荐人结合发行人的品牌知名度、市场占有率、议价能力等对其市场进行定位，从而有效地进行市场竞争分析、财务指标比对分析，开展适当的尽职调查等工作。

3. 发行人客户通过互联网销售

对于主要经营活动并非直接通过互联网开展，但其客户主要通过互联网销售的发行人，如发行人该类业务营业收入占比或毛利占比超过 30%，保荐人应关注并核查以下事项：

（1）该类客户向发行人传输交易信息、相关数据的方式、内容，并以可靠方式从发行人获取该等数据，核查该等数据与发行人销售、物流等数据是否存在差异；

（2）互联网终端客户情况（如消费者数量、集中度、地域分布、消费频率、单次消费金额分布等）是否存在异常；

（3）对无法取得客户相关交易数据的，保荐人应充分核查原因并谨慎评估该情况对发表核查意见的影响。

三、消费类企业

消费类企业的主要特点是以品牌的形式建立与终端消费者的关系，拥有较为复杂多样的供应链体系及销售渠道网络。消费类企业尽职调查中的重点调查事项包括销售情况及销售收入、采购情况、生产情况、存货、销售费用、劳务用工、商业信用、商标等方面。

（一）销售情况及销售收入

1. 关于销售模式，收集相关行业资料，并与发行人董监高人员及行业专家进行访谈，了解发行人所属行业特有的经营模式，调查行业企业采用的主要销售模式。针对消费类企业涉及的线上及线下直销、经销、代销、加盟、电商入仓等经营模式，结合发行人的行业属性和企业规模等情况，了解发行人采用的具体销售模式及与同行业可比公司的差异情况，调查各销售模式的管理制度是否健全，分析其采用该种模式的商业逻辑合理性和可能引致的风险，分析发行人对销售模式披露的准确性、完整性，以及发行人对相关销售模式划分依据及合理性。关注相关销售模式收入确认是否符合企业会计准则的规定。了解发行人销售模式变动的原因及主要风险，以及对发行人持续盈利能力的影响。

2. 关于线上直营模式，通过取得发行人涉及的各平台的名称、收入金额、交易频次、平均单次交易金额、客户数量、人均消费金额等明细，分析发行人是否存在刷单情形，发行人的运营数据与同行业可比公司比较是否合理，是否存在单个账户大额采购的情形，单个账户大额采购的原因及合理性；关注发行人运费与销售额或销售量的匹配性，关注发行人单件运费、单位重量运费的变化情况的合理性。对部分规范性不足的线上平台，无法完整获取前述数据信息的，需论述发行人通过该平台开展业务的必要性，访谈平台方以确认其无法完整提供前述数据信息的原因和合理性，并通过发行人可以掌握的物流收件方信息、开票信息等数据信息进行替代分析。

对于主要通过线上模式开展业务的发行人，应核查发行人报告期应用的信息系统情况，包括系统名称、开发人、基本架构、主要功能、应用方式、各层级数据浏览或修改权限等，分析经营数据的完整性、准确性及是否存在被篡改风险，并与财务数据进行比对，核查发行人信息系统可靠性；对线上销售业务环节进行控制测试、抽样测试、电话回访及获得 IT 审计报告等方式对发行人线上直销收入真实性进行核查。应尽量获取客户交易数据并核查是否与发行人数据匹配。基于信息系统对日常业务运营的重要性，鼓励对线上模式收入占比小于 30% 的发行人，同样执行信息系统可靠性专项核查。

3. 关于线下直营模式，取得线下直营店增加和减少的数量、各直营店的经营年限及对应的销售额及销售量、营业面积、租金水平、租赁期限、装修费用、员工人数等基本信息，分析上述指标是否符合行业惯例和经营特点。对于关闭门店的情况，分析相关门店基本情况、关店的原因，了解发行人线下直营店扩展计划、经营网点关闭情况，是否存在因管理不善、各直营店未遵守公司内部管理制度等因素而导致对发行人品牌和日常经营产生重大不利影响的情况。

关注线下直营店的消费频次、次均消费金额、单店销售额、单店销量、坪效等主要运营指标变化情况的合理性，是否存在异常情形。核查店铺现金收款情况，是否已配备现代化收银信息系统并建立相关管理制度，以及相关系统运行情况等。对于线下直营模式已建立信息系统的发行人，适当参考线上模式的核查方法对其信息系统进行核查。

通过访谈发行人管理层、查阅销售原始凭证、实地查看线下直营店经营情况、客流量及现金收款情况等方式，分析是否与财务数据存在明显差异。

4. 关于经销（加盟）模式，分析经销商（含加盟商）进入、退出及存续情况，与发行人持续存在业务往来的经销商数量及销售收入情况，大额经销商退出的主要原因，经销商与发行人是否存在关联关系，经销商是否为行业专业的经销商，其是否专门销售发行人产品，经销商具体业务模式及采取经销商模式的必要性，经销商选取标准及日常管理情况，核查经销商整体变动及稳定性情况；分析经销/加盟终端门店的新开、关闭及转让情况，是否存在区域或门店所属加盟商频繁变动的情况，分析直营门店与加盟门店是否存在相互转换的情况及其主要原因与合理性。

关于发行人经销模式相关财务指标：分析发行人通过经销商模式实现的销售比例和毛利是否显著大于同行业可比公司；经销模式毛利率和其他销售模式是否存在较大差异；发行人对经销商的信用政策是否显著宽松于其他销售模式；发行人对经销商的销售收入分布情况、地区分布情况、平均销售收入，是否存在销售金额变动较大的情况；发行人对经销商销售指标的设置政策、返利政策的设置原则，前十大经销商客户或根据发行人具体情况确定的主要经销商客户销售金额变动较大的原因及合理性；经销商返利金额与销售额的匹配性；经销商是否存在期末突击采购的情况；发行人经销主要合同条款，如回款方式、市场价格体系、乱价及窜货处罚、品牌授权、运费归属、退换货条款（包括终端用户退换货责任归属）、是否缴纳保证金等以及退换货、罚款会计处理是否符合企业会计准则相关要求；核查发行人经销模式销售收入的真实性、准确性、完整性。

关于经销商终端销售的实现情况：了解发行人是否存在信息管理或业务管理系统可以查看经销商存货、销售情况，是否存在退换货条款及报告期实际退换货情况。通过发询证函、走访代表性客户、进行电话访谈、抽样查看经销商对外销售原始凭证、查看经销商库存等方式了解经销商终端销售情况，对其进行穿透核查。针对经销商下游销售网络较为复杂、终端客户较为分散的情况，可通过聘请第三方中介机构进行终端访谈等工作，确认经销商向下游客户销售是否真实发生，经销商向下游客户销售规模是否与对发行人采购规模匹配等。对于销售数量庞大、单件货值较低、难以辨认终端客户的商品，终端核查执行到能够通过有效手段追溯到的末端（如经销商出货后下游渠道无法追溯的，以经销商销售出货环节作为核查终端）。通过核查合同内容，对客户进行访谈，分析退换货政策及历史退换货数据（例如是否约定非质量问题不能退换货且报告期内退换货比例极低）、信用政策（例如是否先款后货或账期非常短）等方式，从实质上区分经销商和贸易类客户。对于不构成经销模式的贸易类客户，以贸易类客户销售出货环节作为核查终端。

对于任意一期经销收入或毛利占比超过30%的发行人，保荐人应对发行人经销模式商业合理性、经销模式内控制度合理性及运行有效性、经销收入确认、计量原则、经销商构成及稳定性、经销商与发行人关联关系及其他业务合作、经销商模式经营情况等进行专项核查并出具专项说明。

5. 关于未开票收入情况，通过访谈，取得报告期内发行人的增值税纳税申报表、所得税纳税申报表以及税务系统的开票明细等资料，并与发行人的账面收入进行核对，核查是否存在未开票销售的情况。取得报告期内未开票收入的明细，并分析其客户特征及消费习惯，除终端消费客户、个人客户等因消费场景和交易习惯等合理原因而未开具发票外，是否存在其他无合理原因而未开票的异常交易客户；分析发行人未开票收入的金额及比例情况是否符合行业惯例，与同行业可比公司相比是否存在显著差异；抽查发行人及重要子公司的纳税申报表，将未开票收入明细与增值税纳税申报表、所得税纳税申报表进行核对，核查是否将该部分收入作为无票收入进行申报；针对未开票的客户，选取样本进行控制测试，核查合同、订单、出库单、运输单、收款单据等主要凭证，核查发行人针对无票收入客户的内部控制是否有效执行；通过走访主管税务机关、取得报告期内纳税情况合规证明等方式，核查发行人是否存在税务重大违法违规行为；分析主要客户各期开票金额与销售收入的匹配情况，在考虑跨期开票差异情况后，分析主要客户是否存在开票金额与实际销售金额不匹配的情况。

6. 关于返利及折扣，取得报告期内发行人的返利计提政策及商业折扣政策，取得报告期内发行人计提的返利金额明细及商业折扣明细，复核其金额计算是否与相关政策相符；将报告期各期发行人返利计提金额及其占相应收入的比例进行计算，并分析返利金额占比是否存在异常变化且无合理原因的情形，返利计提金额及其占相应收入的比例与同行业可比公司相比是否存在显著异常且无合理原因；核查发行人返利的会计处理方式，是否与同行业可比公司存在显著差异，是否符合企业会计准则的规定；应重点关注公司前十大客户或根据发行人具体情况确定的主要客户中返利及商业折扣金额与公司既定政策存在显著差异的客户，核查该客户与发行人是否存在潜在关联关系、是否存在利益输送等情形。

7. 关于现金销售，通过访谈、查看发行人报告期内现金日记账，核查发行人是否存在现金销售的情形；针对报告期内的发行人现金销售明细，通过访谈等方式了解通过现金进行交易的原因，并分析其合理性，是否符合行业经营特点或经营模式（如线下商业零售、向农户采购、日常零散产品销售或采购支出等）；分析报告期内现金交易比例及其变动情况是否整体处于合理范围内，近三年及一期一般不超过同行业平均水平或与类似公司不存在重大差异（如能获取可比数据）；存在现金交易的客户是否为发行人的关联方；对存在现金交易的客户进行控制测试，核查其合同、订单、出库单、运输单、现金收款单、发票、现金存款单等单据，核查发行人对现金交易内部控制的有效性及现金交易的可验证性，应重点关注收取的现金是否在账面明确、完整记录并及时入账，是否及时存入银行，是否存在坐支现金等情形；在选取走访、函证、抽样测试等实质性程序的样本时，应重点选取存在现金交易的客户，适当增加现金交易客户的样本数量，验证交易的真实性。

8. 关于经销商（加盟商）广告宣传，通过访谈、网络核查等方式核查发行人的经销商（加盟商）是否存在使用发行人商号的情形，双方是否签订相关的授权协议（特许经营协议）并在协议中明确双方的权利和义务；关注使用发行人商号或商标的经销商（加盟商）是否存在重大违法违规行为，是否对发行人的品牌形象及商誉存在重大损害，是否影响发行人日常经营业务的正常开展；抽查发行人与前十大经销商（加盟商）或根据发行人具体情况确定的主要经销商（加盟商）签订的相关协议，了解双方就授权区域内的品牌营销费用推广的责任和费用承担的约定，相关费用金额是否在账面完整和准确地记录，经销商（加盟商）使用发行人商号或商标开展的营销活动、制作的广告宣传制品是否超过双方协议的相关规定，是否符合广告法规的相关规定。

9. 关注经销商（加盟商）是否为发行人前（现）员工开立的，取得报告期内各期公司的员工名册，以及报告期各期发行人主要客户（原则上建议覆盖各期前十大客户或根据发行人具体情况确定的主要客户及采取科学的抽样方法抽取的其他客户）及其股东、董监高名单，并将两者进行比对，核查是否存在公司前员工或现员工成为发行人客户的情况；针对报告期内的前（现）员工客户，分析发行人对其销售金额变化、销售公允性及信用政策情况，是否存在销售金额快速增长而无合理原因、销售毛利率及单价与其他客户存在重大差异、信用政策与其他客户存在显著不同等异常情形；对金额较大的前（现）员工客户进行实地走访，了解其离职及成为发行人客户的原因、背景，其自身经营情况、对外销售规模、库存情况，是否实质上受发行人控制，是否与发行人存在潜在关联关系，发行人对该客户销售的产品是否能够实现最终销售。

（二）采购情况

1. 对于涉及现金采购或向个人采购的，了解现金采购或向个人采购时成本核算的原则和依据，是否符合行业经营特点或经营模式，分析是否具有必要性和合理性；了解相关交易的供应商是否为发行人关联方，分析是否与实际控制人、董监高等主要关联方存在资金往来；了解现金采购或向个人采购对发行人内部控制有效性的影响，审计机构是否已对现金采购和向个人供应商采购的相关内部控制有效性发表明确核查意见；核查现金采购或向个人采购比例及其变动情况是否整体处于合理范围；了解发行人为减少现金采购和向个人供应商采购所采取的改进措施及进展情况。

2. 对于企业存在的涉农采购，通过访谈发行人相关人员以及涉农采购的主要供应商，了解发行人是否取得农户的自产自销证明文件和身份证明文件，核查发行人是否取得税务局代开的相关发票或开具农产品收购发票。

3. 核查消费类企业是否存在客户指定相关供应商的情形，了解报告期内涉及客户的名称、项目名称、指定供应商、指定原材料种类、采购数量及价格等；分析指定供应商涉及的采购金额及占比，是否属于受托加工业务，是否涉及来料加工业务；了解涉及的采购、销售的会计处理情况，收入是总额法还是净额法确认，是否符合《企业会计准则》相关规定。核查供应商是否存在同为发行人客户的情况，获取相关采购、销售的具体金额、交易数量及单位价格，核查相关交易的具体背景及其合理性、公允性。

（三）生产情况

对于存在外协生产的，了解发行人主要外协供应商基本情况，包括名称、设立时间、股权结构、董监高情况、主营业务、外协内容、发行人采购金额和大致占比；了解发行人向主要外协供应商采购占外协供应商销售金额比重，分析是否存在成立时间较短或业务主要依赖发行人的外协供应商（若存在此类外协供应商，重点核查其与发行人的关联关系情况）。调查外协加工的具体工序及采用外协加工的原因，分析外协模式是否符合行业惯例，以及是否涉及关键工序或关键技术；调查主要委外加工商采购金额及占比、外协加工的定价依据及交易价格的公允性，外协厂商是否与公司存在关联关系，是否存在对外协厂商的严重依赖；结合外协加工产品数量、外协加工费单价以及公司产品工艺变化情况等分析报告期内外协加工费的变动原因及合理性；核查外协厂商的实际控制人及关联方是否为发行人前（现）员工的情况，核查相关厂商的具体合作背景及其合理性、公允性；调查外协供应商是否存在为发行人代垫成本、费用的情形，是否存在与发行人、实际控制人、关系密切的家庭成员的大额异常资金往来。

（四）存货

1. 关于存货，取得报告期各期末的存货构成情况、库龄分布情况，计算存货周转率及存货占资产总额的比例情况，分析存货库龄结构的合理性，核查存货的期后结转情况，并与同行业可比公司进行比较是否存在显著差异；核查存货跌价准备的计提方法是否合理，提取数额是否充分，发出存货的成本计量方法是否合理，存货计价是否准确。

针对产品存在明显时效性的企业（如品牌服饰、短保质期食品）的存货，对于与加盟商存在退换货约定的企业，通过抽样分析其退回商品的后续销售情况，核查是否存在大额滞销情形。应当了解该类企业过期、过季商品的处理，包括过期、过季商品处理的方式及不同方式的销售金额、价格策略、过季商品处理产生的收益/损失。

发行人存在大额异地存放或由第三方保管或控制的存货的，可采取函证、实地检查等适当的方式进行确认或抽盘。发行人存货具有一定特殊性的，如其性质、价值、数量难以判断的，在确保外部专家胜任能力和独立性的基础上，可以合理采用外部专家意见，并对外部专家意见履行审慎关注和必要复核程序。

2. 因发行人与电商平台、大型商超等代销渠道进行交易而可能导致的存在大额发出商品的情形，应通过抽查发行人的送货单、与交易对手方的对账单、向发行人客户发出函证等方式确认期末发出商品金额的准确性。

（五）销售费用

1. 关于广告宣传费用，取得报告期内发行人的广告费用明细，结合发行人主要品牌推广模式及相关协议约定，通过核查发行人主要的广告、宣传投放情况及其对应的费用归集对报告期内广告宣传费用各期间分摊金额的准确性进行核查。

2. 关于电商费用，取得报告期内发行人在电商销售平台、互联网营销的相关服务协议，了解其计费规则及计费标准，根据销量、销售收入的数据进行计算，复核账面记录电商费用金额是否与相关规则及标准计算出的金额相一致；对报告期各期发行人电商费用金额及其占网络销售收入的比例进行分析复核，是否存在比例发生异常变化而无合理原因的情形；对主要电商平台、互联网营销供应商、电商代运营服务供应商等进行走访和函证，验证相关费用是否真实准确。

（六）劳务用工情况

1. 对于发行人涉及劳务外包情形的，取得劳务外包单位的营业执照、经营许可证等资料，核查是否具备专业资质，劳务公司经营和人员管理是否合法合规，是否为独立经营实体，发行人与其发生业务交易的背景及是否存在重大风险。核查劳务公司是否专门或主要为发行人服务，如存在，关注是否具有合理性及必要性，关联关系的认定及披露是否真实、准确、完整。应遵从实质重于形式的原则对是否存在关联方进行判定和核查。取得发行人与主要劳务外包单位签订的相关合同、向劳务外包单位的费用支付凭证等资料，核查劳务公司的构成、变动情况及其合理性、劳务外包合同的主要内容是否合法合规、劳务外包人员数量和费用变动是否与发行人经营业绩相匹配、定价是否公允、是否存在跨期核算等情形。对比同行业公司，发行人劳务外包模式是否与行业相符。

鼓励基于劳务外包对发行人的重要性程度，对劳务外包公司按照合理的抽样原则进行访谈、函证等程序。

2. 对于发行人涉及劳务派遣情形的，取得劳务派遣单位的营业执照、经营许可证等资料，核查其是否具备专业资质。通过访谈和现场实地考察等方式，了解生产经营方式及用工需求，核查发行人是否只在临时性、辅助性或者替代性的工作岗位上使用被派遣劳动者。取得员工花名册，核查发行人使用的被派遣劳动者数量是否超过用工总量的10%。取得发行人与劳务派遣单位签订的相关合同、被派遣劳动者社保费用的缴纳凭证等资料，抽样访谈劳务派遣员工，核查被派遣劳动者社保费用是否缴纳，以及其他合同条款是否符合《劳务派遣暂行规定》的相关要求。

（七）商业信用情况

1. 对于消费类企业，通过登录相关主管部门网站、相关搜索网站及特定信息查询网站，了解发行人报告期内是否存在产品质量问题或食品安全事故，是否存在媒体重大负面报道、消费者关注投诉等问题，是否存在因产品质量问题引发的纠纷或诉讼，相关产品质量问题是否损害消费者健康，是否对发行人的生产经营产生重大不利影响。

2. 对于涉及直营或加盟门店的消费类企业，保荐人应通过访谈发行人管理层，取得门店管理相关制度，查阅加盟店相关合同，并走访主要门店，与相关店员谈话，以了解其经营情况，了解报告期内门店数量和销售金额的变化情况及其稳定性，了解发行人对直营店或加盟店的管控情况，关注其是否存在重大违法、违规或不诚信行为，评价其商业信用，了解报告期内门店数量和销售金额的变化情况及其稳定性。

（八）商标

关于商标，取得发行人拥有的商标明细、被授权使用的商标明细、授权他人使用的商标明细，核查发行人是否拥有其日常产品销售所需要的主要商标；取得发行人控股股东、实际控制人拥有的商标明细，核查发行人是否存在主要商标由发行人控股股东、实际控制人持有的情形，是否对发行人的独立性存在重大不利影响；核查公司的核心商标是否存在诉讼或仲裁的情形，是否可能对发行人生产经营造成重大影响；关注是否存在因商号、商标混同或相似的情形及对发行人生产经营的影响。如果存在主要商标由控股股东、实际控制人或其他方授权发行人使用，核查该等商标对发行人的重要程度、未投入发行人的原因、租赁或授权使用费用的公允性、是否能确保发行人长期使用、今后的处置方案等，是否对发行人资产完整性和独立性构成重大不利影响。

四、医药类企业

医药类企业包括医药企业、医疗器械企业、研发服务企业、医疗服务企业等。医药企业和医疗器械企业的主要特点是产品研发投入高，获得认证到上市销售耗时长并且不确定性高，具有长周期、高投资、高风险的特征，行业受到严格监管，部分细分领域存在准入限制；研发服务企业的主要特点是企业研发及运营高度依赖核心技术、专业人才及知识产权保护，产品/服务与企业自身技术研发相互交叉，业务发展受政策影响较大；医疗服务企业的主要特点是资质壁垒与人才壁垒高，盈利周期和品牌培育期长，业务开展具有一定的季节性与区域性特征，受到较强的行业监管。

医药类企业尽职调查中的重点调查事项包括行业情况及竞争状况、主营业务与主要产品、销售、采购、生产、核心技术与研发等方面。

（一）行业情况及竞争状况

1. 通过收集行业主管部门制定的发展规划、行业管理方面的法律法规及规范性文件，了解行业监管体制和政策趋势；结合采购谈判、医保/商业保险支付、注册评审等产业政策改革变化趋势，结合发行人现有产品进入医疗保险的情况、医疗保险报销价格的变化及未来趋势，分析对发行人经营模式及财务状况的影响，审慎评估发行人产品未来的市场空间、竞争格局等。

2. 通过查询医药与医疗器械相关行业政策法规，包括但不限于“两票制”、药物一致性评价、集中采购（“集采”）等，了解上述行业政策对发行人报告期内生产、经营与销售的影响，现有销售模式，与同行业企业的差异情况。分析是否存在地区或全国集中采购的情况或趋势，分析发行人可能的应对策略。

3. 通过查阅国家及行业相关法律法规、行业相关资料，结合发行人的业务模式，核查发行人是否具备相应的经营及管理能力。针对医疗服务行业发行人，核查发行人是否具备独立面向市场的能力，分析其业务开展是否需遵循特定的国家相关法律法规，进而导致发行人业务开展与其他竞争对手适用不同的监管制度、面对不同的竞争壁垒等。

（二）主营业务与主要产品

1. 通过取得发行人（医药企业、医疗器械企业、研发服务企业、医疗服务企业）销售收入及知识产权明细，分析主营业务收入分类及来源，调查发行人主要产品的技术应用情况；针对现金收款，通过收集发行人的相关内控措施，核对收款金额，核查存现金额与当日收现金额的一致性。针对研发和销售产生的会务费、研讨费、销售推广费，核查相关费用的真实性、是否存在商业贿赂。

2. 通过收集公开材料、访谈发行人（医药企业、医疗器械企业、研发服务企业、医疗服务企业）管理层、走访销售推广主体，核查发行人是否出现过医疗事故或药品不良反应的情况；调查发行人诉讼情况、创始人及核心技术人员任职经历，分析发行人主要产品销售是否有侵权风险，相关风险对销售收入的影响，必要时可请第三方出具自由实施分析报告（FTO 报告）。

3. 通过访谈发行人管理层、收集行业专家意见或行业公开信息及公开学术文献、获取发行人（医药企业、医疗器械企业）主要产品重要临床试验数据等方法，了解发行人主要产品的获批时间、研发周期、商业化前景、准入壁垒，是否存在新产品迭代风险等。医疗器械企业常见描述自身产品可实现“进口替代”，该表述需要有相关支撑，一般可从技术角度、市场份额变化等角度核查。

4. 针对医药企业与研发服务企业，通过核查发行人房产、设备、人员、专利及著作权情况，按临床试验（例如临床试验运营服务、临床试验现场管理服务）等服务类型划分，了解发行人如何承载上述业务，业务场景如何，包括但不限于：每种业务涉及的房产情况、服务区域、设备数量、人员数量、人员岗位职能划分，采购的外部研发服务情况，涉及的客户类型；关注发行人为客户提供定制化临床试验运营服务时，是否已包含上述其他服务内容，签订合同时是否可自主选择具体服务项目。

5. 通过收集医疗服务企业发行人服务项目开展情况，分析发行人经营业务范围是否与主管部门批准范围一致，是否存在批准范围、时间段与实际经营情况不一致的情形；核查业务与产品分类是否具备合理性，是否能够向投资者提供充分的信息。通过取得医保局的扣款处罚情况及相关的会计处理方法，核查发行人是否存在重大违法违规情况。

（三）关于销售情况

1. 通过收集发行人（医药企业、医疗器械企业、研发服务企业、医疗服务企业）董监高人员、核心技术人员的专业背景、任职背景情况，核查发行人何时及如何进入当前行业、大客户资源获得方式、与大客户稳定开展业务合作方式，分析发行人获客方式是否符合行业惯例，针对客户为国企、事业单位、政府机关类发行人，分析获客方式是否通过招投标或直接委托方式获取业务合同；通过函证、实地走访、信息系统核查、查阅合同及交易凭证、管理层访谈等方式，调查经销商销售模式、收入确认政策及会计处理、终端销售实现情况；通过收集报告期内发行人向前十大客户提供的产品或服务内容、涉及的合同数量、金额及占比，分析是否存在应履行公开招投标程序而未履行的情形；通过了解发行人收入确认时点，分析应收款项的变化趋势与同行业是否一致，合同条款是否存在与收入确认原则违背情况；核查发行人是否存在境外业务，关注境外客户基本情况，包括时间、形式、对象、结论等；针对医药研发服务企业，通过调查行业内企业定价模式，核查发行人定制化业务定价模式的合理性。

2. 针对医药企业与医疗器械企业，通过访谈发行人管理层、函证、实地走访销售推广主体等方法，核查销售推广的主要供应商情况及费用的真实性等；针对医疗服务企业，通过访谈发行人管理层、函证、实地走访销售推广主体等方法，核查主要的获客渠道、获客方式及其合规性等。

3. 医疗器械行业常见经销模式，须重点关注核查。通过收集发行人主要客户（通常应涵盖前十大客户）的变动情况，分析新增和减少重要客户的具体原因；通过访谈发行人管理层、查阅合同及交易凭证等方法，调查发行人与主要客户的定价机制、结算模式、退换货政策、退换货产品的处理，分析是否存在购销关系以外的其他商业和利益安排，分析发行人与客户的返利政策是否明确、返利政策是否具有合理性等。通过分析与经销商签订的经销合同，分析商品所有权转移时点及发行人确认收入的时点是否恰当。获取发行人对经销商的遴选、管控机制及措施。核查发行人与经销商的具体合作方式以及在报告期内的变动情况，如物流安排、退换货约定、定价机制（价格管控）、信用账期、折扣、返利、库存管理等。核查报告期内经销商变动情况，关注是否与发行人建立长期合作，是否更换频繁，报告期新增经销商是否具备适配的注册资本金，报告期内退出的经销商是否与发行人存在纠纷；核查经销商与发行人的关联关系；通过走访等形式抽查经销商终端销售的实现情况，其库存量是否与其销售金额匹配，核查经销商是否存在期末大规模退货情况（当期退货金额超过向该客户销售金额 5% 的，通常应认定为“大规模退货”）。核查发行人是否能获取经销商最终销售情况，是否符合行业对于问题产品质量问题追溯要求的管理。核查发行人是否需要对经销商的最终医院的医生进行培训以确保其可正确使用发行人产品。核查经销商及直销客户是否具备资质，如发行人同时存在经销及直销模式，则须结合不同地区或客户类型情况，分析采用不同销售模式的原因，分析直销及经销的定价差异、毛利率差异及合理性。

4. 针对医疗服务企业发行人，通过查阅发行人的医疗信息化系统，调取病人明细、日结、月结报表、病例病案系统以及 Lis 及 Pacs 系统中的检查、检验报告，比对医保系统数据，抽样访谈客户，前往银行导出 POS 刷卡数据，分析 POS 刷卡金额、频次是否异常，分析第三方回款情况（如学校学生体检教育局付款，政府公务员等公务人员体检地方财政局付款等），核查业务的真实性与运营数据的合理性，并就异常波动进行分析。如发行人客户主要为个人，通过收集报告期现金收款情况及内控措施，分析发行人是否与同行业可比公司水平存在明显差异。

（四）关于采购情况

1. 结合发行人（医药企业、医疗器械企业、研发服务企业）原材料及服务采购，通过管理层/专家访谈、实地走访，调查发行人是否掌握核心生产技术或生产环节，发行人持续经营能力是否依赖于供应商。梳理发行人生产所需要的核心物料，属于自行生产还是外部采购；外部采购为进口供应商还是国内供应商；若为进口供应商，是否受到国际政治经济局势动荡的影响；核心物料的供应商是否存在稀缺性，是否有备选供应商。核查发行人是否存在采购推广服务情况，分析采购推广服务的原因、主要服务商情况。

2. 通过管理层/专家访谈、实地走访，核查发行人（医药企业、医疗器械企业、研发服务企业）采购临床试验专业服务的提供商是否合法持有开展业务所需全部资质及证照，是否完整覆盖其主营业务及经营时间；分析与供应商签署合同的主要条款，包括服务内容、定价依据、结算方式和成果交付等，是否与发行人在研产品的研究进展相匹配，是否存在通过服务供应商进行商业贿赂等违规费用支付的情况；调查发行人对供应商的筛选和管理，对核心物料及研发服务的采购，是否可有效保证合规性及药品研发要求，是否建立了内部控制措施，相应措施的执行情况；核查发行人采购内容，根据不同采购类型关注发行人是否存在外协采购，关注是否存在供应商依赖；核查发行人成本构成情况。

3. 针对医疗服务企业发行人，通过查阅国家及行业相关法律法规、了解发行人的采购定价机制、对比同行业可比公司，分析发行人采购定价机制的合理性；通过查阅发行人返利政策、采购明细、银行账户、访谈供应商等方式，核查采购返利的类型、金额、返利政策与同行业公司是否存在重大差异及合理性，以及采购返利的会计处理方式是否符合《企业会计准则》的规定；针对主要供应商为经销商或贸易商的情形，核查供应商资质、采购价格波动情况、与发行人的关联关系等方式。

（五）关于生产情况（经营情况）

1. 通过实地走访、查阅相关协议、与相关主体进行访谈等方式，核查发行人（医药企业、医疗器械企业、研发服务企业、医疗服务企业）生产经营物业的租赁情况及其真实性及合规性。

2. 通过了解发行人（医药企业、医疗器械企业、研发服务企业）的生产工艺流程、生产资质要求，分析评价发行人生产工艺、技术在行业中的领先程度；通过取得发行人经营所需的全部资质，查询发行人所在行业是否存在强制性标准或行业标准、发行人日常接受主管部门监督的情况、飞行检查情况，分析发行人业务与产品是否符合相关标准的规定；了解发行人的核心生产工艺是否存在外协加工的情况，是否属于行业惯例，发行人对外协供应商的管控措施及实施情况等。

3. 针对医药企业、研发服务企业发行人，通过了解发行人从事业务是否需要特定资质，核查临床试验运营服务的业务实质、具体服务内容、服务流程，分析发行人开展业务与特定资质取得的时间匹配情况、临床试验服务之间是否属于包含或并列关系；关注在同一药品申报审批过程中，临床试验运营服务的重要性，是否属于该流程中不可替代的环节；分析发行人向客户提供的临床试验运营服务是否均包含了向医疗机构采购临床试验的费用；核查在医药研发过程中是否出现临床研发事故、医药纠纷，或者受到行政处罚等情况；核查发行人的风险隔离措施、与客户签署的关于赔偿的合同约定情况，分析上述情况发生时，发行人是否面临民事赔偿责任、行政处罚或刑事责任，发行人是否存在向客户或第三方赔偿的风险，是否披露经营风险。

（六）关于核心技术与研发情况

1. 通过收集发行人（医药企业、医疗器械企业、研发服务企业、医疗服务企业）董事、监事、高级管理人员及核心技术人员的从业经历、入职时间、对发行人研发的具体贡献等情况，调查是否存在违反竞业禁止和保密协议的情况，是否存在将职务发明投入发行人的情形，是否存在纠纷或潜在纠纷。

2. 针对医药企业、医疗器械企业、研发服务企业发行人，通过收集发行人现有主要技术的来源、保护措施和专利保护情况，分析与其他厂商是否存在专利和技术纠纷；通过访谈发行人管理层、收集行业专家意见、查阅相关研究资料等方式，调查发行人所处行业的主要技术路线和产品代际，分析发行人产品的技术优势、研发壁垒和行业地位；调查与竞争对手相比，发行人产品的差异化能力和核心竞争力、与行业内头部企业的技术差距情况；调查行业内最新的技术方向和研发热点，分析发行人是否进行了跟进和布局。

3. 调查发行人（医药企业、医疗器械企业、研发服务企业）在合作研发、研发外包、引进授权等与第三方合作的商业模式中参与环节、承担角色及相关权利义务的约定，发行人是否可以独家申请注册证书（等类似成果），是否拥有完整的知识产权和所有权，与第三方合作协议的主要条款、履行进展、会计处理方式等。通过访谈、查阅资料（如临床试验各阶段数据）的形式，了解相关主管部门及主要研究者对发行人主要产品临床结果的重大沟通及解决情况。

4. 针对医药企业、研发服务企业发行人，通过公开信息检索、实地访谈等方式，了解合作、授权等协议的主要条款、履行进展、会计处理方式等，分析发行人与客户间关于技术权属方面的约定是否清晰。

5. 通过收集医疗服务企业发行人的创始人、核心管理层、核心技术人员的教育背景、从业经验、业务资质、学术科研成果、多点执业的第一执业地点，分析是否具备开发核心技术的能力，是否与过往从业单位存在技术纠纷或者侵权的风险，是否与过往单位尚处于竞业禁止期；通过公开信息检索、实地访谈等方式核查发行人的核心技术是否存在纠纷或者侵权的情况；结合发行人的技术特点，分析发行人的医疗服务质量、主要经营设备等情况，核查发行人核心技术先进性、合规性与稳定性。

第四节　合理信赖与核查验证

保荐制度的实施、注册制的有序推进，需要厘清中介机构之间职责边界。合理信赖是中介机构职责边界的核心。本节主要梳理我国境内合理信赖与责任划分相关机制，并以案例分析方式比较我国香港地区和美国的合理信赖机制，为从业人员在实践中探索更好地处理与其他证券服务机构的协作关系、提升核心执业能力提供参考。

一、我国合理信赖机制与责任划分

（一）合理信赖与责任划分概述

保荐机构责任不清是一个长期存在的问题。2004 年我国证券市场建立保荐制度的同时，即通过监管规则、监管实践确立了“保荐人牵头责任”模式，要求保荐人对本属于会计师、律师等业务范围内的事项也需独立审查并承担责任。

2004 年实施的《证券发行上市保荐制度暂行办法》（现已废止）规定，保荐机构对发行人公开发行募集文件中有中介机构及其签名人员出具专业意见的内容，“应当进行审慎核查，对发行人提供的资料和披露的内容进行独立判断。保荐机构所作的判断与中介机构的专业意见存在重大差异的，应当对有关事项进行调查、复核，并可聘请其他中介机构提供专业服务”；对于无中介机构及其签名人员专业意见支持的内容，“应当进行充分、广泛、合理的调查，对发行人提供的资料和披露的内容进行独立判断，并有充分理由确信所作的判断与发行人公开发行募集文件的内容不存在实质性差异”。该规则是当时保荐业务的主要监管规则，其虽然根据是否存在其他中介机构出具专业意见对保荐职责进行了不同表述，但总体看均要求保荐机构对相关内容审慎核查和独立判断，较难提炼出不同情形下的职责差异。之后的《保荐管理办法》在2020年之前也基本延续了上述要求。

在实践中，监管部门、司法部门也倾向于认为保荐机构应对其他中介机构出具专业意见的内容无差别地承担核查责任。例如，中国证监会在某行政处罚决定书中列明的保荐机构违法事实包括“在发行人相关产品大量出口的情况下，保荐机构对境外客户的销售收入未执行独立函证程序”“报告期内未勤勉尽责地实地抽盘大额存货，相关材料全部引用了会计师的存货盘点文件”等。保荐机构申辩称其与发行人及证券服务中介机构的责任独立，对发行人和其他中介机构出具的专业意见内容的虚假陈述行为不应承担；而监管部门认为保荐机构在申报文件存在虚假记载的情况下担责毋庸置疑。

该种责任模式与我国当时各领域未形成成熟的行业惯例、法律法规对不同中介机构的损害赔偿责任划分机制尚不清晰等背景相适应。但随着注册制改革的稳步推进和金融法治环境的完善，中介机构责任划分不清的弊端逐步显现。责任边界不清在一定程度上弱化了其他中介机构专业性，削弱了其他中介机构履职尽责的积极性和独立性。同时，由于责任边界不清，缺乏清晰的问责标准，在项目出现问题后保荐机构要承担过多责任，导致保荐机构不得不花费更多的精力去处理会计、法律等具体事务，影响保荐机构充分发挥发现企业价值等核心功能，不利于投行专业能力建设和提高。

注册制改革以来，监管部门、司法部门、行业组织发布了一系列规则、文件，为厘清中介机构责任边界做了大量积极探索。

（二）我国合理信赖制度体系

合理信赖机制是区分中介机构过错程度和责任大小的基础，是厘清中介机构职责边界的核心。2020年6月中国证监会修订发布的《证券发行上市保荐业务管理办法》，首次提出保荐机构对证券服务机构专业意见的合理信赖原则。之后，中国证监会发布的《关于注册制下督促证券公司从事投行业务归位尽责的指导意见》《关于注册制下提高招股说明书信息披露质量的指导意见》《保荐人尽职调查工作准则》，最高人民法院发布的《最高人民法院关于审理证券市场虚假陈述侵权民事赔偿案件的若干规定》，以及中国证券业协会发布的《证券公司保荐业务规则》《证券业务示范实践第3号——保荐人尽职调查》等规则，逐步明确合理信赖的适用要求。

1.《证券发行上市保荐业务管理办法》

2020年6月中国证监会修订发布的《证券发行上市保荐业务管理办法》首次提出合理信赖原则，规定“对发行人申请文件、证券发行募集文件中有证券服务机构及其签字人员出具专业意见的内容，保荐机构可以合理信赖，对相关内容应当保持职业怀疑、运用职业判断进行分析，存在重大异常、前后重大矛盾，或者与保荐机构获得的信息存在重大差异的，保荐机构应当对有关事项进行调查、复核，并可聘请其他证券服务机构提供专业服务”。

2.《关于注册制下督促证券公司从事投行业务归位尽责的指导意见》

2021 年 7 月 9 日，中国证监会发布《关于注册制下督促证券公司从事投行业务归位尽责的指导意见》，明确各中介机构对各自出具的专项文件负责，对与本专业相关的业务事项履行特别注意义务，对其他业务事项履行普通注意义务；强调证券公司对其他中介机构的专业意见以“合理信赖”为一般原则，对存在“重大异常”“前后重大矛盾”“重大差异”等特殊情形进行调查、复核，证券公司应当复核但未复核，或复核工作未全面到位的，依法承担责任。该意见提出，按照定性与定量相结合原则，细化需要证券公司复核的“重大事项”的标准及程序；研究明确证券公司对注册申请文件和信息披露资料进行“全面核查验证”的标准和程序。

3.《最高人民法院关于审理证券市场虚假陈述侵权民事赔偿案件的若干规定》

2022 年 1 月 22 日起实施的《最高人民法院关于审理证券市场虚假陈述侵权民事赔偿案件的若干规定》明确，保荐机构、承销机构等对证券服务机构出具的专业意见，以及证券服务机构对保荐机构或其他证券服务机构的基础工作或专业意见，经过审慎核查和必要的调查、复核，有合理理由排除职业怀疑并形成合理信赖的，人民法院应当认定其没有过错。

4.《关于注册制下提高招股说明书信息披露质量的指导意见》

2022 年 1 月 28 日，中国证监会发布《关于注册制下提高招股说明书信息披露质量的指导意见》，进一步对合理信赖作出系统规定：

（1）规定了双向合理信赖原则。在保持职业怀疑，履行了审慎核查和必要的调查、复核工作的基础上排除了职业怀疑的，保荐人对会计师事务所、律师事务所等证券服务机构出具专业意见的内容可以合理信赖，证券服务机构对于保荐人或者其他证券服务机构的基础工作或者专业意见可以合理信赖。

（2）明确保荐人合理信赖的五个前提条件。①全面阅读证券服务机构出具的专业意见。②评估证券服务机构及其参与人员的专业资质、经验、胜任能力及独立性；评估出具专业意见的前提及假设是否公平、合理、完整，是否符合证券服务机构所在行业的工作惯例；评估其核查范围是否与其所出具的专业意见相符，有无限制；评估其为出具专业意见获取的核查资料是否充分、可靠；评估其已履行的核查程序及取得的关键性证据是否充分、恰当，能否有效支持其出具的专业意见。③保持职业怀疑，运用职业判断进行分析，并采取必要的手段进行印证，如询问证券服务机构、查阅相关文件资料、进行必要的实地走访、采取必要的补充函证、抽盘等程序。如对证券服务机构及其签字人员出具的专业意见存有异议的，保荐人应当要求其作出解释或者出具依据；证券服务机构应当予以配合。如证券服务机构专业意见存在重大异常、前后重大矛盾，或者与保荐人获得的信息存在重大差异的，保荐人应当进一步调查、复核，并可聘请其他证券服务机构提供专业服务。保荐人经过审慎核查后，不能排除合理怀疑的，应当拒绝信赖证券服务机构的专业意见；有充分理由认为证券服务机构专业能力存在明显缺陷的，可以建议发行人更换。保荐人明知证券服务机构专业意见内容存在重大异常、前后重大矛盾，或者与保荐人获得的信息存在重大差异，但没有采取上述措施的，不能主张合理信赖。④保荐人应当就其形成合理信赖的具体依据和全部工作过程制作详实的工作底稿等记录，在保荐工作报告中披露所有“重大异常”“前后重大矛盾”“重大差异”等特殊情形的确定方法、论证过程及结论，证明其合理信赖证券服务机构专业意见具有充分、可靠的基础，不得简单复制证券服务机构的工作底稿等资料。⑤保荐人应当建立合理信赖证券服务机构的质量控制制度，充分考虑其执业风险，围绕前述四个方面，明确合理信赖的标准、依据、程序等，并严格执行复核程序，取得能支持其形成合理信赖的充分证据。

（3）关于合理信赖的责任，提出保荐人及证券服务机构能够证明其符合合理信赖条件的，可以依法免除行政法律责任。

5.《保荐人尽职调查工作准则》

2022 年 5 月 27 日，中国证监会修订发布《保荐人尽职调查工作准则》。该准则在吸纳合理信赖五个前提条件的基础上细化了合理信赖的适用情景，在规定销售情况、采购情况、销售收入、货币资金、存货等五个方面尽职调查要求时，明确保荐人可以在符合规定的情况下合理信赖会计师函证工作、监盘工作结果，并采取进一步核查措施。

（1）销售情况：保荐人可以合理信赖会计师的函证工作结果，但应结合客户性质、规模、回款等情况及销售模式等因素，对主要客户通过实地走访、访谈、追查销货合同、销货发票、产品出库单、运输单、银行进账单或补充函证等方法对销售业务发生的真实性和准确性进一步核查。

（2）采购情况：保荐人可以合理信赖会计师的函证工作结果，但应结合供应商性质、规模及采购模式等因素，对主要供应商通过实地走访、访谈、追查采购合同、采购发票、产品入库单、运输单、银行回单或补充函证等方法对采购业务进一步核查。

（3）销售收入：关注发行人销售模式、销售区域（如经销商模式、加盟商模式或境外销售收入占比较高等）对其收入确认的影响及是否存在异常，可以在合理信赖会计师收入核查工作的基础上，合理利用实地走访、访谈、合同调查、发询证函等手段核查相应模式下的收入真实性。

（4）货币资金：在合理信赖会计师银行函证工作的基础上，通过查阅发行人主要银行账户资金流水、货币资金明细账、报告期末货币资金明细表、银行账户资料或向银行补充函证等方式进行核查。

（5）存货：在合理信赖会计师监盘工作的基础上，结合原材料及产品特性、生产需求、存货库存时间长短，实地抽盘大额存货，确认存货计价的准确性，核查是否存在大量积压或冷背情况。

6.《证券公司保荐业务规则》

2022 年 9 月，中国证券业协会修订发布《证券公司保荐业务规则》，在吸纳合理信赖五个前提条件的基础上，进一步扩展、细化了需要排除合理怀疑的七种“重大异常”情形。保荐机构应当根据发行人所处行业及发行人自身特点等情况，结合发行条件、上市条件、拟上市板块定位、信息披露要求等情况，对照《尽调准则》等规定，采取必要核查手段进行印证，综合判断证券服务机构出具的专业意见内容是否存在重大异常，包括但不限于以下情形：

（1）证券服务机构关于对发行人财务状况和经营成果有重大影响的会计政策、会计估计、会计处理及表外事项核查与披露的专业意见，以及关于发行人财务报告公允性与内控制度健全及有效性等方面的专业意见的内容，与发行人业务实质相背离。

（2）证券服务机构关于发行人主体资格完备、股权清晰稳定、组织机构健全、公司治理有效、生产经营合规、符合产业政策要求、资产业务完整独立、重大风险揭示充分、投资者保护有效等方面专业意见的内容，与发行人实际情况相背离。

（3）发行人存在重大无先例事项导致无法确定能否合理信赖证券服务机构专业意见的内容，或证券服务机构出具专业意见的内容自身含有重大无先例事项。

（4）证券服务机构出具专业意见所采用的基础数据及底层资料不具备可查、可复核的特性。

（5）证券服务机构专业意见与发行人同行业可比公司同类事项被出具的相关专业意见存在差异或者与行业惯例存在差异；证券服务机构针对同一事项前后出具的专业意见存在差异，或就同一事项不同证券服务机构出具的意见不一致或存在矛盾。

（6）证券服务机构专业意见的内容不符合法律法规、监管规定、自律规则等要求。

（7）其他可能存在的重大异常情形。

7.《证券业务示范实践第 3 号——保荐人尽职调查》

2022 年 6 月 17 日，中国证券业协会发布的《证券业务示范实践第 3 号——保荐人尽职调查》，吸纳了合理信赖五个前提条件以及合理信赖在核查销售情况、采购情况、销售收入、货币资金、存货等五个方面的具体适用情景，并规定持续督导阶段的尽职调查可以在合理信赖会计师出具的审计报告、募集资金专项鉴证报告等基础上，采取其他核查方式。

目前，我国关于合理信赖的监管规则基本成型，但实践中对合理信赖机制的适用仍存在一些问题。例如，某一事项是否属于该中介机构的专业领域，仍主要依赖司法判断；《尽调准则》和《证券业务示范实践第 3 号——保荐人尽职调查》在逐项规定保荐人核查职责的同时仅规定了 5 项核查事项可合理信赖证券服务机构工作成果。合理信赖机制在实践中的落实，尚需市场主体对监管规则的深入理解与实践、监管机构的监管示范与实践，甚至司法机构的司法适用等。

（三）我国司法实践中的责任划分

司法实践在证券市场虚假陈述侵权民事赔偿案件中对保荐机构与会计师事务所、律师事务所等证券服务机构的责任如何划分，是行业关注的焦点。很长一段时间以来，我国虚假陈述相关司法裁判往往直接套用《证券法》相关规定，要求中介机构不分过错程度地与发行人承担全部连带赔偿责任。近年来，随着注册制改革的推进，越来越多的虚假陈述案件中，不同中介机构试图以职责分工不同为依据提出申诉与抗辩。实践中，部分法院开始探索根据责任主体过错程度的不同确定具体责任范围。

1. 相关规定

《证券法》第八十五条规定，信息披露义务人未按照规定披露信息，或者公告的相关文件存在虚假记载、误导性陈述或者重大遗漏，致使投资者在证券交易中遭受损失的，信息披露义务人应当承担赔偿责任；保荐人、承销的证券公司及其直接责任人员，应当与发行人承担连带赔偿责任，但是能够证明自己没有过错的除外。第一百六十三条规定，证券服务机构制作、出具的文件有虚假记载、误导性陈述或者重大遗漏，给他人造成损失的，应当与委托人承担连带赔偿责任，但是能够证明自己没有过错的除外。上述规定明确了虚假陈述中，中介机构如果无法证明自己没有过错，应承担连带责任，但未明确该连带责任为全部损失的连带责任，还是按过错程度和责任大小确定的比例连带责任。

2022 年《最高人民法院关于审理证券市场虚假陈述侵权民事赔偿案件的若干规定》虽未明确提出比例连带责任，但对过错认定作出详细规定，将《证券法》中提到的“过错”分为故意和重大过失，规定“《证券法》第八十五条、第一百六十三条所称的过错，包括以下两种情形：（一）行为人故意制作、出具存在虚假陈述的信息披露文件，或者明知信息披露文件存在虚假陈述而不予指明、予以发布；（二）行为人严重违反注意义务，对信息披露文件中虚假陈述的形成或者发布存在过失。”这为司法实践中要求中介机构按过错程度承担比例连带责任预留了空间。

2. 典型案例

(1) 华泽钴镍案。“华泽钴镍案”是现行《最高人民法院关于审理证券市场虚假陈述侵权民事赔偿案件的若干规定》发布前，中介机构在提供证券服务过程中未勤勉尽责，进而判决中介机构对上市公司、发行人的赔偿义务承担连带赔偿责任的代表案例之一。

2019 年 12 月，成都中院对华泽钴镍案作出一审判决，认定独立财务顾问和会计师事务所均需要对投资者损失的赔偿义务承担连带赔偿责任，其中，财务顾问在 40% 范围内承担连带赔偿责任，审计机构在 60% 范围内承担连带赔偿责任。随后投资者提出上诉，2021 年 6 月，四川高院作出终审判决，改判财务顾问、审计机构向投资者承担 100% 的连带赔偿责任。四川高院认为，作为专业的上市公司保荐人和审计机构，如果按照执业规则勤勉尽责，尽到必要的注意义务，那么华泽钴镍虚假陈述行为应当被发现，因此其过错并非一般疏失，而当属重大过错，符合《最高人民法院关于审理证券市场因虚假陈述引发的民事赔偿案件的若干规定》(现已废止)第二十七条“知道或者应当知道”的情形，构成共同侵权，需承担连带责任。

(2) 中安科案。“中安科案”是我国证券虚假陈述责任纠纷案件中第一起以“比例连带责任”确定中介机构赔偿责任的生效裁判。该案例突破性地实现了“过错与责任相适应”原则在此类纠纷中的适用，具有较强的示范作用。

2020 年 11 月，上海金融法院就该案作出一审判决，要求财务顾问、审计机构等中介机构就全部赔偿承担连带责任。财务顾问和审计机构提出上诉。2021 年 5 月，上海高院二审判决财务顾问和审计机构分别对中安科公司的付款义务在 25% 和 15% 范围内承担连带责任。上海高院在判决中对比例连带责任的正当性进行了论证，指出尽管在 2005 年修改后的《证券法》中不再区分中介机构故意或过失等情况，但根据 1998 年《证券法》以及《最高人民法院关于审理证券市场因虚假陈述引发的民事赔偿案件的若干规定》来看，连带赔偿责任并非仅限于全额连带赔偿，部分连带赔偿责任仍是法律所认可的一种责任形式。证券服务机构的注意义务和应负责任范围，应限于各自的工作范围和专业领域，其制作、出具的文件有虚假记载、误导性陈述或者重大遗漏，应当按照《证券法》及相关司法解释的规定，考量其过错程度、造成投资者损失的原因力等因素，分别确定其应当承担的法律责任。

二、境外市场合理信赖机制

(一) 中国香港地区合理信赖机制

2012 年 12 月，香港证券及期货事务监察委员会（以下简称“香港证监会”）发布了《有关监管首次公开招股保荐人的咨询总结》，强调保荐人须就招股章程内的不实陈述（包括重大遗漏）负民事及刑事法律责任。随后，香港交易所按照《有关监管首次公开招股保荐人的咨询总结》及配套新规的要求，同步修改了保荐人相关制度，对尽职审查、底稿记录、保荐人应当投入的资源等均进行了规定，明确了保荐人勤勉尽责要求。

香港证监会及香港交易所的相关规定对保荐人能否合理信赖、合理信赖的程度作出了明确的要求。对于专家材料，保荐人认为能够合理信赖的，则允许其利用其他专业机构的意见，但依赖专家材料应当执行必要程序，确认“合理信赖”的前提是否充分；对于非专家材料，保荐人则应在合理进行审查后，合理相信上市文件“非专家部分所载的资料在所有重大方面均属真实、准确及完整，以及在任何重大方面没有误导或欺骗成分”。另外，香港证监会发布的《证券及期货事务监察委员会持牌人或注册人操守准则》明确了对于申报会计师根据适用的专业准则对从上市申请人收取的资料进行审计程序的这部分资料，香港证监会不要求保荐人进行任何进一步的尽职审查，除非保荐人对会计师资料存疑。该条特别规定在一定程度上减轻了保荐人对按照审计准则已执行审计程序的资料的尽职审查义务。我国香港地区近年来因虚假陈述而产生的监管处罚案例也进一步丰富了“合理信赖”的制度内涵。

1. 中国森林案

中国森林案对合理信赖专家材料的适用条件、发现“危险信号”时保荐机构的进一步核查要求作了司法层面的解释。中国森林控股有限公司于 2009 年 12 月在香港交易所上市，2011 年 1 月，审计机构在年审时指出其公司账目可能违规，随后香港证监会介入调查。2017 年 2 月该公司被取消上市地位后，清算人以虚假陈述起诉保荐机构。该案件中，保荐机构多次以“律师及森林专家在内的其他专业人士参与了部分的实地考察工作”等专家资料进行免责抗辩，但是均未被采纳。保荐机构对专家材料的合理信赖存在两处问题：一是专家材料的确证明专家对相关事项进行了核查，但是在信息披露中专家并未对该事项发表明确意见。保荐机构未对发行人的森林进行实地考察，声称包括律师及森林专家在内的其他专业人士参与了部分实地考察工作，但其他专家表示并未收到要求其核实招股章程披露的森林资产是否存在的信息。二是专家核查资料与招股章程存在不一致。招股说明书披露的森林名称与相关林权证书所载名称不符，保荐机构未就此进行进一步调查。香港证监会最终对保荐机构及相关责任人作出处罚。

2. 御峰集团案

御峰集团案是一起以“合理信赖”会计师意见为保荐机构勤勉尽责进行抗辩的案例。香港证监会发现保荐机构在呈交御峰集团上市申请前并未对御峰集团进行充分尽职审查。御峰集团在2014年至2016年通过第三方收取了多名客户的付款，这些第三方付款占当期收入比重分别为67.5%、67.8%和39.7%，保荐机构并未向御峰集团客户核实其与第三方付款人的关系及第三方付款的理由，未就多个与第三方付款有关的预警迹象进行适当的跟进查询。保荐机构以第三方支付属于御峰集团上市申请前即采用的结算方式，就公司本身而言并非异常情况，保荐机构已按照非重大存疑事项执行核查程序，以及保荐机构有权依赖会计师报告为由进行抗辩，但均未被采纳。香港证监会认为，第三方结算属于非正常方式，对于御峰集团以第三方支付为主要结算方式，保荐机构本应进行更加深入的调查；同时，保荐机构也不能"以申报会计师没有发现任何需对其报告持保留意见的情况为由，拒绝就此承担责任"。2021年10月，香港证监会对保荐机构及相关负责人作出处罚。

（二）美国合理信赖机制

美国《1933年证券法》确立了证券发行中"合理勤勉"或"合理注意"概念。《1933年证券法》第11条（a）款规定，发行人、发行人董事和注册说明书的签署人、承销商、会计师和其他专业人士应对注册说明书中的虚假陈述承担法定的连带赔偿责任；第11条（b）款明确了过错推定责任，并设置了免责事由。其中，第11条第（b）（3）款规定的"勤勉尽责抗辩"机制，区分了不同主体对重大虚假陈述的勤勉尽责标准。该机制将注册报告书的内容分为专家陈述和非专家陈述。其中，专业人士（会计师、律师、评估师等）对自己出具的专家陈述，必须证明其已经通过客观上的"合理调查"，就相关陈述的真实性和准确性形成内心确信；非专业人士（发行人董事、承销商等）对专家陈述的真实性并无作为义务，只需证明没有合理理由相信并且确实不相信相关陈述存在重大虚假或遗漏情况，就可能免于责任，即"合理信赖"。

《1933年证券法》对承销商勤勉尽责作了原则性要求，但具体到实务中，承销商尽职调查义务的边界更多还是通过相关司法判例予以明确。

1. John Nuveen & Co. v. Sander 案

John Nuveen公司是在美国证券交易委员会（SEC）注册的经纪商和交易商，其在1969年承销了Winter & Hirsch公司（W&H）的无担保短期票据，并根据公司经审计的财务报表以及其他简要审查等，发布了一份商业报告。W&H公司当时已陷入严重财务困境，公司管理人员与会计师事务所合谋篡改了公司的财务报表，但John Nuveen公司（以下简称"承销商"）对此并不知情。1970年该公司宣布无力履行兑付义务，投资者以注册文件存在虚假陈述为由提起诉讼。

地区法院认为，由于本案承销商发布了误导性的报告，且口头建议其客户购买W&H公司的商业票据时缺乏"合理的审慎"，因此，应根据《1933年证券法》第12

条第（2）款负有责任。第七巡回上诉法院维持了原判，理由是承销商并没有对 W&H 公司的财务健康状况进行合理调查，而是主要依赖经审计的财务报表。本案承销商采取的独立调查包括对银行的询问和对公司记录的一天抽查，但上诉法院认为，其还应审查该公司的纳税申报单、会议记录和独立审计师的工作文件。

联邦最高法院的 Powell 法官对此提出了签发调卷令的异议。他认为，承销商信赖经审计的财务报表是一种行业合理的惯例，这种做法对证券市场的正常运作、证券交易、银行和金融机构的借贷业务以及依赖公司报告的股东来说至关重要。大多数情况下，会计师都忠实地履行了他们的职责。如果发生会计违规行为，那是会计师自身的问题，而不是诚信地依赖他们职业技能的人的问题，"谁有过错谁负责任"。

该案例第一次在司法领域对合理信赖的标准进行了讨论，并提出了比较有影响力的观点，即为保护市场效率，应保护中介机构在《1933 年证券法》第 11 条下的合理信赖专家意见的权利。

2. Software Toolworks 案

Software Toolworks 于 1990 年公开发行证券，3 个月后股价下跌逾 80%。投资者对发行人、承销商及会计师事务所提起诉讼，并声称，承销商是否履行尽职调查义务，尤其是对 Software Toolworks 在财务报表中对原始设备制造商收入的确认，存在重大失实问题。

原告指控承销商的信赖是盲目的，因为存在"危险信号"表明会计师事务所对原始设备制造商收入的确认是错误的。其中一个"危险信号"是原始设备制造商发送给公司的一份备忘录指出，其将软件授权合同倒填日期，以便公司能够在 1990 年度而不是 1991 年度确认合同收入。法院认为，虽然承销商看到了备忘录，但这一"危险信号"并没有使承销商的信赖变得不合理。在发现合同倒填日期的情况后，承销商通过向其他会计师事务所咨询该审计师所使用的会计方法适当性、对发行人的上下游及工厂进行调查等多种方式对审计报告的准确性进行了验证，并从会计师事务所那里获得了保证。

另一个"危险信号"是公司与原始设备制造商签订的有些合同是虚假合同，公司不会从中获得任何收入。然而法院认为，承销商审查这些合同"是为了核实招股说明书中提到的每份 OEM 合同都有书面协议，而不是为了分析收入确认的适当性"。法院指出，承销商已通过从供货商处获得确认函、咨询其他会计师事务所意见等手段验证了收入的真实性，而确认公司的具体收入是会计师的责任。由于会计问题的复杂性，承销商有权依赖会计师的专业知识。

本案是承销商尽到审慎核查义务而对审计错误免责的经典案例。由于美国证监会并未制定具体的尽职调查检查指引，法院在论证承销商达到合理信赖的过程中，实际回答并总结了承销商排除合理怀疑的一般手段与做法。

第六章 推荐与申报

第一节 审核规则

注册制下发行上市审核的主要流程包括发行人提交申请、证券交易所受理及审核、中国证监会注册等，主要法规依据包括中国证监会制定的《首次公开发行股票注册管理办法》《北京证券交易所向不特定合格投资者公开发行股票注册管理办法》《监管规则适用指引——发行类第 8 号：股票发行上市注册工作规程》，上交所、深交所、北交所制定的《上海证券交易所股票发行上市审核规则》《深圳证券交易所股票发行上市审核规则》《北京证券交易所向不特定合格投资者公开发行股票并上市审核规则》等。对于北交所上市公司向科创板、创业板转板的申请、受理、审核等相关事宜，《深圳证券交易所关于北京证券交易所上市公司向创业板转板办法（试行）》《北京证券交易所上市公司向上海证券交易所科创板转板办法（试行）》已作规定的，适用其规定；未作规定的，参照适用科创板、创业板审核规则及上交所、深交所其他相关规定。

一、发行上市审核基本流程

发行人在主板、科创板、创业板首次公开发行股票或北交所公开发行并上市，应当依法经过交易所审核并报中国证监会履行注册程序，主要流程如图 6 - 1 - 1 所示。

二、提交申请

（一）发行人内部决策程序

发行人董事会应当依法就公开发行股票并上市的具体方案、募集资金使用的可行

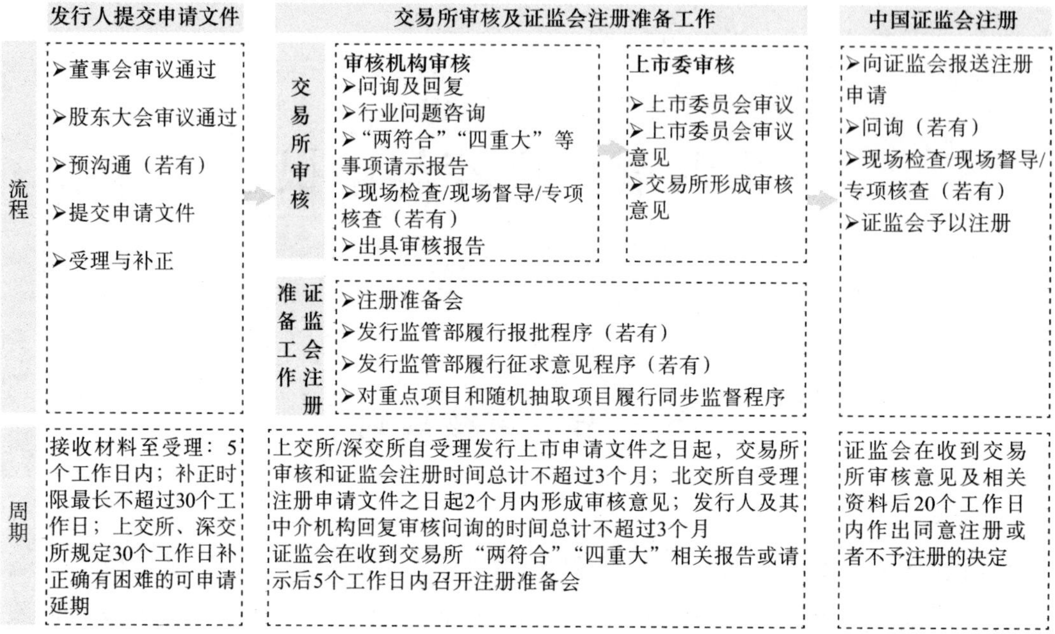

图 6－1－1　上市审核主要流程

注 1：“两符合”指是否符合国家产业政策、是否符合拟上市板块定位；“四重大”指项目是否涉及重大敏感事项、重大无先例情况、重大舆情、重大违法线索。

注 2：关于审核时限的具体要求可参考本章第一节/四、交易所审核过程及注意事项/（三）审核时限规定。

性及其他必须明确的事项作出决议，并提请股东大会批准。发行人股东大会就公开发行股票并上市作出决议，必须经出席会议的股东所持表决权的 2/3 以上通过。

（二）申请基本规则

发行人申请股票发行上市，应当聘请保荐机构进行保荐，并委托保荐机构通过审核系统报送申请文件。

（三）预沟通机制

上交所、深交所、北交所均建立了预沟通机制，在提交发行上市申请文件或转板申请文件前，对于重大疑难、无先例事项等涉及业务规则理解与适用的问题，发行人、转板公司、保荐人和证券服务机构可以向审核机构咨询沟通。

1. 预沟通的范围

预沟通的范围主要包括：涉及发行条件、上市条件、板块定位和信息披露等要求，按照现有规则难以作出判断的重大问题；发行上市审核中尚未有案例支持的重大无先例事项；因产业政策调整涉及发行上市审核标准适用的相关问题；确需咨询沟通的其他问题。

以下情形不属于申报前咨询沟通的范围：无实质咨询沟通内容，属于礼节性拜访的；属于保荐人和证券服务机构应自行核查把关的问题；未按规定要求提交咨询沟通材料的；不适合申报前咨询沟通的其他情形。

2. 预沟通的方式

预沟通的方式包括书面、电话、现场和视频等。根据沪、深证券交易所的规定，保荐人和证券服务机构一般应选择电话、书面咨询方式，问题复杂、确需当面沟通的，保荐人可以通过审核系统提交咨询沟通材料，并预约现场或视频咨询。

3. 注意事项

保荐人应当履行内部质控程序，对咨询沟通适用范围、需解决的重大疑难问题、无先例事项及咨询沟通材料质量予以把关。咨询沟通材料应当由发行人、保荐人加盖公章。

三、受理环节

（一）基本规则

审核机构收到发行上市申请文件后 5 个工作日内，对文件进行核对，作出是否受理的决定，告知发行人及其保荐人，并在交易所网站公示。

发行上市申请文件不齐备或者不符合要求的，审核机构将向保荐人发出补正通知告知需要补正的事项，发行人应当予以补正，补正时限最长不超过 30 个工作日。此外，上交所、深交所规定发行人在 30 个工作日内提交补正文件确有困难的，可以提交延期补正的书面申请并说明理由，经交易所认可的，可适当延期。

发行人补正发行上市申请文件的，审核机构收到发行上市申请文件的时间以发行人最终提交补正文件的时间为准，并按照收到发行人发行上市申请文件的先后顺序予以受理。

（二）常见的受理补正情形

从交易所定期发布的发行上市审核动态所总结的受理环节常见补正情形看，实务中需要补正的，主要是遗漏申请文件、财务报告和审计报告不符合要求、专项核查报告未按要求进行核查和披露、文件缺少相关负责人签名、签字盖章不规范、申请文件中表述不规范等细节问题，应在实务中格外注意避免。常见的受理补正情形如表 6－1－1 所示。

表 6-1-1　　常见的受理补正情形

主要问题	具体情形举例
遗漏申请文件或内容不完整	(1) 保荐人声明承诺不齐全或内容不完整。发行保荐书未附保荐代表人《专项授权书》。保荐人关于签字保荐代表人项目签字有关情况的说明与承诺中，未对该项目的签字保荐代表人是否符合《证券发行上市保荐业务管理办法》第四条的规定进行说明与承诺，或未对保荐代表人在审项目情形进行说明 (2) 遗漏申请文件、内容不齐全。包括未报送发行人保证不影响和干扰审核的承诺函；未提交会计师事务所关于信息披露豁免相关核查意见，以及保荐人、发行人律师关于证监会系统离职人员入股情况的专项说明等材料；未报送股东信息相关专项承诺或专项核查报告；重要商务合同未上传；未在其他文件中报送《关于财务报表有效期延长的申请》等 (3) 发行人财务报表不完整。最近 3 年及一期合并口径和母公司口径的比较式财务报表不完整，缺少个别财务报表。报送的经注册会计师核验的发行人非经常性损益明细表所属会计年度不完整 (4) 发行人纳税情况证明不完整。在发行人报送的首发项目申请文件中，发行人及其重要子公司或主要经营机构的纳税证明中缺少主管税务机关公章，或者未按要求报送完整的最近 3 年及一期的纳税证明 (5) 缺少发行人及相关责任主体声明。财务报告审计截止日至招股说明书签署日之间超过 4 个月的，未提供发行人及其董事、监事、高级管理人员和发行人单位负责人、主管会计工作负责人及会计机构负责人出具的专项声明（北交所）
财务报告和审计报告不符合要求	提交的最近一期财务报告未在法定期限内披露；报告期内存在会计差错更正事项的，未将更正前的审计报告和财务报告与会计差错更正专项鉴证报告汇总为一个文件提交（北交所）
专项核查报告未按要求进行核查和披露	(1) 关于发行人符合板块定位要求的专项意见，未说明相关核查内容、核查方法、核查过程及核查取得的证据 (2) 关于发行人符合板块定位要求的专项说明、关于发行人符合板块定位要求的专项意见，未按照最新修订的参考示范格式进行撰写 (3)《股东信息披露专项核查报告》文件，未按照《关于科创板/创业板落实首发上市企业股东信息披露监管相关事项的通知》的要求进行核查和披露
申请文件缺少签名盖章或签字盖章不规范	(1) 发行保荐书、保荐工作报告等缺少保荐人董事长、总经理签名；股东信息披露专项核查报告缺少保荐人法定代表人签名 (2) 发行人财务报表及审计报告中财务报表页缺少发行人公司负责人、主管会计业务主要负责人、会计机构负责人签名及发行人公章 (3) 部分发行人的大股东或控股股东为境外机构，财务报表签章不完整，但未就签章不完整的原因进行说明 (4) 发行人律师关于本次发行上市的文件签章不齐全。法律意见书、律师工作报告、律师事务所出具的相关鉴证意见等，缺少律师事务所负责人签名。律师事务所关于公司股东信息披露专项核查报告缺少律师事务所负责人、签字律师签名及律师事务所公章 (5) 发行人会计师事务所分所出具的文件缺少总所盖章。发行人的历次验资报告或出资证明、验资报告为会计师事务所分所出具的，缺少会计师事务所总所盖章。验资报告注册会计师签名不完整 (6) 股东大会决议缺少参会董事签名 (7) 签章不规范，以签名章代替签名或缺少相关人员签名

续表

主要问题	具体情形举例
申请文件表述不规范、不适用情况说明与实际报送情况不一致	（1）承诺内容表述不规范，未对不影响和干扰审核机构及相关人员作出承诺，未使用上市委员会的规范表述。签字保荐代表人项目签字有关情况的说明与承诺前后表述矛盾 （2）部分保荐人在填报受理关注要点时，存在要点全选“是”，但与实际情况不一致的情形 （3）发行人关于申请文件不适用情况的说明与实际报送申请文件的情况不一致。这类不一致的情形主要包括两种：一种情形是发行人没有报送相关文件，但未在不适用情况的说明中进行解释说明；另一种情形是发行人已报送了相关文件，却在不适用情况的说明中说明未报送该文件
其他	（1）未准确选择上市标准 （2）申报文件为修订模式、显示比例过大或过小 （3）验资报告、合同等文件页数与律师鉴证页数不符，存在缺页情况等 （4）《法律意见书》首页发行人公司名称错误；股东大会决议签署日期与股东大会召开日期不一致等 （5）发行保荐书专项授权书中授权的保荐代表人与实际签字的保荐代表人不一致 （6）在发行人基本信息中填写的最近一期审计基准日与申请文件中显示的审计基准日不一致 （7）诚信档案查询名单未提供可编辑的 Word 版本文件（北交所）

（三）不予受理的情形

存在表 6－1－2 所列情形的，审核机构将不予受理。

表 6－1－2　　不予受理的情形

<table>
<tr><th>上交所</th><th>深交所</th><th>北交所</th></tr>
<tr><td colspan="3">• 发行上市申请文件不齐备且未按要求补正
• 发行人及其控股股东、实际控制人、董事、监事、高级管理人员，保荐机构、承销商、证券服务机构及相关人员因证券违法违规被中国证监会采取认定为不适当人选、限制业务活动、证券市场禁入，被证券交易所、国务院批准的其他全国性证券交易场所采取一定期限内不接受其出具的相关文件，公开认定不适合担任发行人董事、监事、高级管理人员，或者被证券业协会采取认定不适合从事相关业务等相关措施，尚未解除</td></tr>
<tr><td colspan="2">• 法律、行政法规及中国证监会规定的其他情形</td><td>• 保荐机构、证券服务机构及其相关人员不具备相关资质
• 存在尚未实施完毕的股票发行、重大资产重组、可转换为股票的公司债券发行、收购、股票回购等情形
• 法律、行政法规及中国证监会、北交所规定的其他情形</td></tr>
</table>

此外，除上述情形外，上交所、深交所对于转板公司存在尚未实施完毕的股票发行、重大资产重组、股票回购等事项的不予受理。

需要特别注意的是，保荐机构报送的发行上市申请文件在12个月内累计两次被不予受理的，自第二次收到不予受理通知之日起3个月后，方可报送新的发行上市申请文件。

（四）其他事项

1. 申报即担责

发行上市申请文件的内容应当真实、准确、完整，简明清晰，通俗易懂。发行上市审核落实“申报即担责”原则，即发行人及其控股股东、实际控制人、董事、监事和高级管理人员，以及与本次股票发行上市相关的保荐人、证券服务机构及其相关人员，自发行上市申请文件申报之日起即须承担相应的法律责任；同时，未经审核机构的同意，不得对发行上市申请文件进行更改。

2. 及时预披露

注册制以信息披露为核心，要求发行人的主要申请材料及历次问询回复及时向社会公开，供投资者进行价值判断。

交易所受理发行上市申请文件当日，发行人应当在交易所网站预先披露招股说明书、发行保荐书、上市保荐书、审计报告和法律意见书等文件；审核机构受理发行上市申请后至中国证监会作出注册决定前，发行人应当按照相关规定对预先披露的招股说明书、发行保荐书、上市保荐书、审计报告和法律意见书等文件予以更新并披露。

3. 保荐工作底稿和验证版招股说明书备查

申请在主板、科创板、创业板发行上市的，受理后10个工作日内，保荐机构应当以电子文档形式报送保荐工作底稿和验证版招股说明书，供监管备查。申请在北交所发行上市的，受理后10个工作日内，保荐机构应当通过审核系统报送验证版招股说明书，目前尚未要求报送工作底稿。

四、交易所审核环节

（一）审核过程

交易所设有独立的发行上市审核机构对发行人的发行上市申请文件进行审核，出具审核报告；设立科技创新咨询委员会或行业咨询专家库，为板块建设和发行上市审核提供专业咨询和政策建议；设有上市委员会对审核机构出具的审核报告和发行上市申请文件进行审议，形成审议意见。此外，交易所在发行上市审核中，发现发行上市申请文件存在重大疑问且发行人及其保荐人、证券服务机构回复中无法作出合理解释的，可以提请对发行人及其保荐人、证券服务机构进行现场检查，或者对保荐人以及相关证券服务机构进行现场督导。关于现场检查及现场督导的具体内容可以参见本书“第十章 现场检查和现场督导关注要点”。

1. 审核机构审核

（1）问询及回复。交易所发行上市审核机构按照受理的先后顺序进行审核，并自受理之日起 20 个工作日内提出首轮审核问询。发行人、保荐人和证券服务机构在首轮审核问询发出后，对审核问询问题存在疑问的，可以与审核机构进行咨询沟通。咨询沟通具体要求及注意事项参见本节“六、特殊情形处理”之“（五）审核中的监管沟通”相关内容。

发行人及其保荐人、证券服务机构应当按照审核问询要求进行必要的补充调查和核查，及时、逐项回复发行上市审核机构提出的审核问询，相应补充或者修改发行上市申请文件。

首轮审核问询回复后，存在下列情形之一的，发行上市审核机构在收到回复后 10 个工作日内可以继续提出审核问询：①首轮审核问询后，发现新的需要问询事项；②发行人及其保荐人、证券服务机构的回复未能有针对性地回答发行上市审核机构提出的审核问询，或者审核机构就其回复需要继续审核问询；③发行人的信息披露仍未满足中国证监会和交易所规定的要求；④交易所认为需要继续审核问询的其他情形。

交易所发行上市审核机构可以根据需要，就申报企业的科创属性、板块定位、发行上市申请文件中业务与技术相关的问题等，向交易所科技创新咨询委员会或行业咨询专家库进行咨询；科技创新咨询委员会或行业咨询专家库提出的咨询意见可以作为审核机构审核问询的参考。

（2）请示报告程序。根据 2023 年 2 月发布的《监管规则适用指引——发行类第 8 号：股票发行上市注册工作规程》，首发项目首次问询回复后，交易所应当及时对项目“两符合”（是否符合国家产业政策、是否符合拟上市板块定位）情况形成明确意见。交易所认为项目满足“两符合”要求的，应当及时向证监会发行监管部门作专门报告。交易所在中国证监会发行监管部门注册准备会关于“两符合”作出的会议结论解决之后，召开审核中心审议会。

沪、深证券交易所在审核过程中，发现项目涉及“四重大”（项目是否涉及重大敏感事项、重大无先例情况、重大舆情、重大违法线索）事项或其他重要审核事项的，交易所审核中心应当及时向证监会发行监管部门进行请示。涉及重大事项的，应当按照规定履行相关请示报告程序。

（3）审核中心会议审议。审核人员撰写初步审核报告提交审核中心会议审议，审核中心会议由分管审核工作的中心负责人主持，审核部门负责人、审核组长、审核人员、质量控制部负责人及相关人员参会。会议讨论后认为不需要进一步审核问询的，将出具审核报告并提交上市委员会审议。

2. 上市委员会审议

（1）审议形式。上市委员会通过工作会议的形式履行职责。上市委员会召开审议会议，以合议方式进行审议和复审，通过集体讨论对发行上市审核机构出具的审核报告及发行上市申请文件进行审议。

每次审议会议由 5 名委员参加，法律、会计专家至少各 1 名。

（2）会议过程。拟参会委员于上市委会议召开 3 个工作日前提交问询问题清单，上市委秘书处于审议会议召开 2 个工作日前，将经会议召集人汇总后的问询问题告知发行人及其保荐人。

上交所、深交所审议会议召开时，先由审核人员就提交的审核报告和初步审核意见向上市委员会进行汇报，参会委员就审核报告的内容和审核机构提出的初步审核意见发表意见；北交所审议会议召开时，审核人员向委员说明公司的有关情况，并接受委员问询。

参会委员可以在下发问题清单的范围内要求发行人及保荐代表人到会议现场回答（聆讯）；现场回答结束后，会议召集人根据参会委员的意见及讨论情况进行总结，按一致意见或少数服从多数的原则以合议形式形成审议意见。

审议会议全程录音录像，会议结束当日，在交易所网站公布审议结果及问询问题。

（3）审核结果。上市委员会审议时，通过合议形成发行人是否符合发行条件、上市条件和信息披露要求的审议意见；交易所结合上市委员会的审议意见，出具发行人符合发行条件、上市条件和信息披露要求的审核意见或者作出终止发行上市审核的决定。上市委员会认为发行人符合发行条件、上市条件和信息披露要求，但要求发行人补充披露有关信息的，发行人对相关事项补充披露后，交易所出具发行人符合发行条件、上市条件和信息披露要求的审核意见。

发行人存在发行条件、上市条件或者信息披露方面的重大事项有待进一步核实，无法形成审议意见的，经会议合议，上市委员会可以对该发行人的发行上市申请暂缓审议。暂缓审议时间不超过 2 个月，上市委员会再次召开会议审议。对发行人的同一发行上市申请，上市委员会只能暂缓审议一次。

上市委员会审议会议结束后，发行人、保荐人和证券服务机构可以按照有关规定，就审核中关注的重要问题、会后事项和后续工作要求与审核中心、上市委委员沟通，审核中心根据项目审核情况可以主动安排相关沟通。

在上市委员会审议会议结束后 10 个工作日内，沪、深证券交易所要求保荐人汇总补充报送与审核问询回复相关的保荐工作底稿和更新后的验证版招股说明书，北交所仅要求保荐人报送更新后的验证版招股说明书。

3. 向证监会报送审核意见

交易所审核通过的，向中国证监会报送发行人符合发行条件、上市条件和信息披露要求的审核意见、相关审核资料和发行人的发行上市申请文件，依法履行注册程序。

（二）复审与复核

沪、深证券交易所对发行上市申请不予受理或者终止审核的，发行人可以在收到相关文件后5个工作日内申请复审。申请北交所发行上市的发行人对北交所作出的终止发行上市审核的决定有异议的，可以在收到终止审核决定后5个工作日内申请复审；对北交所作出的不予受理决定或复审决定存在异议的，可以按照北交所相关规定申请复核。

发行人申请复审的，应当向审核机构提交复审申请书、保荐人就复审事项出具的意见书、律师事务所就复审事项出具的法律意见书及审核机构规定的其他文件。

交易所在收到复审申请后20个工作日内，召开上市委员会复审会议。上市委员会复审期间，原决定的效力不受影响。

上市委员会复审会议认为申请复审理由成立的，审核机构对发行上市申请予以受理或者重新审核，审核时限自受理之日或重新审核之日起算；复审会议认为申请复审理由不成立的，维持原决定。沪、深证券交易所还规定，上市委员会会议认为发行人不符合发行条件、上市条件或者信息披露要求作出终止发行上市审核的决定后，发行人提出异议申请复审的，参加上市委员会原审议会议的委员不得参加复审会议。

因发行人撤回发行上市申请或者保荐人撤回保荐终止审核的，发行人不得申请复审。

（三）审核时限规定

注册制下的审核节奏公开透明、可预期性强，实务中需注意一些重要的时限规定，妥善安排工作进度。

1. 审核阶段主要时限规定

交易所审核阶段主要的时限规定如下：

（1）审核机构自受理之日起20个工作日内提出首轮审核问询。

（2）申请在上交所、深交所上市的，自受理发行上市申请文件之日起，交易所审核机构审核和中国证监会注册的时间总计不超过3个月；申请北交所上市的，自受理发行上市申请文件之日起2个月内形成审核意见。发行人及其保荐人、证券服务机构回复交易所审核问询的时间不计算在内。发行人及其保荐人、证券服务机构回复审核问询的时间总计不超过3个月。中止审核、请示有权机关、向科技创新咨询委员会咨询/咨询行业专家、落实上市委员会意见、暂缓审议、处理会后事项、实施现场检查或现场督导、进行专项核查，并要求发行人补充、修改申请文件等情形，不计算在前述时限内。

对于北交所上市公司向科创板、创业板转板的情形，上交所、深交所自受理申请文件之日起 2 个月内作出是否同意转板上市的决定（转板公司及其保荐人、证券服务机构回复审核问询的时间不计算在内），转板公司及其保荐机构、证券服务机构回复交易所审核问询的时间总计不超过 3 个月。中止审核、请示有权机关、落实上市委员会意见、暂缓审议、处理会后事项，对转板公司实施现场检查，对保荐人开展现场督导，要求保荐人、证券服务机构对有关事项进行专项核查，并要求转板公司补充、修改申请文件等情形，不计算在前述规定的时限内。

2. 上交所发布的发行上市审核动态对时限的特别说明

（1）法定节假日不计入发行人回复用时。元旦、春节、国庆节等按照国务院规定的全国性节假日放假、调休期间，回复用时相应扣除。

（2）专项核查对发行人回复计时的影响。上交所在发行上市审核中对相关方的投诉举报按照《上海证券交易所信访工作办法》的要求予以处理，并根据需要向发行人及保荐机构、证券服务机构提出核查要求。上交所审核机构因投诉举报、媒体质疑、政策要求等事项启动专项核查的，自核查函发出后次日至确认核查函回复的当日（即核查期间），不计入发行人 3 个月的总回复用时。如上述核查期间与审核问询回复期间重合的，审核问询回复用时正常计算。发行人和保荐机构、证券服务机构应在收到专项核查函后，按规定履行核查义务，同时关注审核问询回复时间，妥善安排问询回复工作。

3. 深交所发布的发行上市审核动态对时限的特别说明

（1）受理环节的节假日计时。在节假日提交成功的申请材料，受理时限将从提交成功之日起第一个工作日起算。

（2）提交问询回复或其他申报文件初稿后至审核机构确认接收之前的计时。深交所根据审核实践，明确保荐人提交问询回复或其他申报文件初稿后至审核机构确认接收之前双方停止计时，审核人员应于收到保荐人提交的问询回复或其他申报文件的 5 个工作日内，形成修改意见并告知保荐人，且原则上只能提出 1 次修改意见。

同时，深交所对保荐人修改审核问询回复时间补充要求如下：

①保荐人原则上应于收到审核机构修改意见后的 10 个工作日内提交符合要求的审核问询回复及相关申报文件；如因核查工作量较大等原因确实无法在 10 个工作日内提交的，发行人和保荐人应提交延期申请，原则上延期不得超过 10 个工作日。

②未按要求提交延期申请或延期理由不充分、不合理的，于审核机构发出修改意见的 10 个工作日次日起恢复发行人端计时；同意延期的，延期后未能在规定时间内提

交符合要求的审核问询回复及相关申报文件的，于延期期满次日起恢复发行人端计时。

五、证监会注册环节

为规范股票发行上市注册工作，2023 年 2 月中国证监会发布了《监管规则适用指引——发行类第 8 号：股票发行上市注册工作规程》，明确规定了对在沪、深证券交易所股票发行上市注册工作的规程，发行存托凭证、在北交所发行股票上市的参照该规程执行。根据该规程规定，证监会发行监管部具体承担交易所股票发行上市的注册职责。证监会在交易所受理项目后，开展注册准备工作。对于交易所审核阶段的项目，发行监管部应当召开注册准备会进行研究；对于交易所提请证监会注册的项目，发行监管部召开注册审议会，基于交易所审核意见，依法履行发行注册程序。

（一）注册准备程序

交易所审核阶段在首次问询回复后，交易所应当及时对项目“两符合”情况形成明确意见，认为项目满足“两符合”要求的，应当及时向发行监管部作专门报告，发行监管部在收到报告后 5 个工作日内召开注册准备会进行研究。交易所在审核过程中，发现项目涉及“四重大”事项或其他重要审核事项的，交易所审核中心应当及时向发行监管部进行请示，发行监管部原则上应当在收到交易所请示后 5 个工作日之内，召开注册准备会研究明确意见。

1. 注册准备会主要讨论以下内容：

（1）项目的“两符合”情况；

（2）项目的“四重大”情况以及交易所在审核过程中的其他请示事项；

（3）其他需要注册准备会讨论的事项。

2. 注册准备会可以作出以下结论：

（1）项目符合或者不符合国家产业政策、拟上市板块定位；

（2）同意或者不同意交易所请示意见；

（3）要求交易所进一步问询或补充材料；

（4）就相关事项征求其他相关单位部门意见；

（5）建议交易所进行现场督导、提请现场检查或专项核查；

（6）其他相关结论。

注册准备会认为项目不满足“两符合”要求的，发行监管部应履行报批程序；注册准备会认为相关事项需要征求其他单位部门意见的，原则上由发行监管部履行后续征求意见程序；注册准备会作出上述（3）（4）（5）（6）结论的，相关事项落实后，发行监管部再次召开注册准备会。

发行监管部应当在 2 个工作日内，将注册准备会会议结论书面通知交易所审核中心。交易所在注册准备会作出的会议结论解决之后，召开审核中心审议会。

证监会依法对交易所审核工作开展监督。发行监管部在交易所审核的同时，对重点项目和随机抽取项目进行重点监督。对于同步监督项目，发行监管部会全程跟进交易所审核进程，通过主要关注以下内容，同步监督交易所审核要求落实情况、审核标准执行情况以及审核责任履行情况：

（1）交易所审核内容有无重大遗漏，审核程序是否符合规定；

（2）发行人在发行上市条件和信息披露要求的重大方面是否符合相关规定；

（3）是否存在“两符合”“四重大”问题。

（二）注册程序

交易所审核通过后，将审核意见、相关审核资料和发行人注册申请文件报送证监会履行注册程序。发行监管部在交易所提交注册申请后 5 个工作日内召开注册审议会，基于交易所审核意见，依法履行发行注册程序。根据项目情况，注册审议会可以作出建议予以注册、不予注册、要求交易所进一步落实、退回交易所补充审核等意见。

中国证监会在 20 个工作日内对发行人的注册申请作出予以注册或者不予注册的决定。在规定的注册期限内，中国证监会发现存在影响发行条件的新增事项的，可以要求交易所进一步问询并就新增事项形成审核意见。发行人根据要求补充、修改注册申请文件，或者中国证监会要求交易所进一步问询，要求保荐人、证券服务机构等对有关事项进行核查，对发行人现场检查，并要求发行人补充、修改申请文件的时间不计算在内；中国证监会退回交易所补充审核后，交易所再次报送的，注册期限重新计算。

中国证监会的予以注册决定，自作出之日起 1 年内有效，发行人应当在注册决定有效期内发行股票，发行时点由发行人自主选择。招股说明书的有效期为 6 个月，自公开发行前最后一次签署之日起算。发行人应当使用有效期内的招股说明书完成发行。

中国证监会作出予以注册决定后、发行人股票上市交易前，发行人应当持续符合发行条件，发现可能影响本次发行的重大事项的，中国证监会可以要求发行人暂缓发行、上市；相关重大事项导致发行人不符合发行条件的，应当撤销注册。中国证监会撤销注册后，股票尚未发行的，发行人应当停止发行；股票已经发行尚未上市的，发行人应当按照发行价并加算银行同期存款利息返还股票持有人。

中国证监会作出不予注册决定的，自决定作出之日起 6 个月后，发行人可以再次提出公开发行股票并上市申请。

六、特殊情形

（一）审核中止与终止

中止审核是审核程序的暂停，待相关事项落实后可申请恢复审核；而终止审核是审核程序的终结，若要继续申请发行上市，需按相关规定重新提交发行上市申请。根据《首次公开发行股票注册管理办法》及《上海证券交易所股票发行上市审核规则》《深圳证券交易所股票发行上市审核规则》《北京证券交易所向不特定合格投资者公开发行股票并上市审核规则》的相关规定如下：

1. 审核中止

出现表6－1－3所列情形之一的，发行人、保荐人和证券服务机构应当及时书面报告交易所或中国证监会，交易所或中国证监会应当中止发行上市审核程序或发行注册程序。其中，对表6－1－3第1项至第5项所列情形，发行人、保荐人和证券服务机构未及时告知交易所的，交易所经核实符合中止审核情形的，将直接中止审核。

表6－1－3　　中止审核情形

序号	中止情形	中止期限
1	发行人及其控股股东、实际控制人涉嫌贪污、贿赂、侵占财产、挪用财产或者破坏社会主义市场经济秩序的犯罪，或者涉嫌欺诈发行、重大信息披露违法或其他涉及国家安全、公共安全、生态安全、生产安全、公众健康安全等领域的重大违法行为，被立案调查或者被司法机关立案侦查，尚未结案	在3个月内消除中止审核的情形
2	发行人的保荐人、证券服务机构被中国证监会依法采取限制业务活动、责令停业整顿、指定其他机构托管，或者接管等监管措施，尚未解除	①发行人根据规定需要更换保荐人或者证券服务机构的，更换后的保荐人或者证券服务机构应当自中止审核之日起3个月内完成尽职调查，重新出具相关文件，并对原保荐人或者证券服务机构出具的文件进行复核，出具复核意见，对差异情况作出说明 ②发行人根据规定无须更换保荐人或者证券服务机构的，保荐人或者证券服务机构应当及时向交易所出具复核报告 ③发行人更换签字保荐代表人或者证券服务机构相关签字人员的，更换后的保荐代表人或者证券服务机构相关人员应当自中止审核之日起1个月内，对原保荐代表人或者证券服务机构相关人员签字的文件进行复核，出具复核意见，对差异情况作出说明
3	发行人的签字保荐代表人、证券服务机构相关签字人员被中国证监会依法采取认定为不适当人选等监管措施或者证券市场禁入的措施，被证券业协会采取认定不适合从事相关业务的纪律处分，尚未解除	
4	保荐人或者签字保荐代表人、证券服务机构或者相关签字人员，被证券交易所、国务院批准的其他全国性证券交易场所实施一定期限内不接受其出具的相关文件的纪律处分，尚未解除	

续表

序号	中止情形	中止期限
5	发行上市申请文件中记载的财务资料已过有效期，需要补充提交	发行人应当在中止审核后 3 个月内补充提交有效文件或者消除主动要求中止审核的相关情形
6	发行人及保荐人主动要求中止审核，理由正当并经交易所同意	
7	中国证监会/交易所规定的其他情形	

中止审核的情形消除或者在规定的时限内完成相关事项后，发行人、保荐人和证券服务机构应当及时提交恢复申请，交易所或中国证监会按照有关规定恢复发行上市审核程序或者发行注册程序。

2. 审核终止

出现下列情形之一的，交易所或中国证监会将终止相应发行上市审核程序或发行注册程序，通知发行人及其保荐人：

（1）发行上市申请文件内容存在重大缺陷，严重影响投资者理解和交易所审核或者发行注册工作；

（2）发行人撤回发行上市申请或者保荐人撤销保荐；

（3）发行人未在规定时限内回复审核问询或者未对发行上市申请文件作出解释说明、补充修改；

（4）发行上市申请文件被认定存在虚假记载、误导性陈述或者重大遗漏；

（5）发行人或者保荐人、证券服务机构阻碍或者拒绝依法实施的现场检查或者现场督导；

（6）发行人及其关联方以不正当手段严重干扰发行上市审核或发行注册工作；

（7）发行人的法人资格终止；

（8）中止审核情形未能在 3 个月内消除，或者未能在规定的时限内完成相关事项；

（9）交易所审核认为发行人不符合板块定位、发行条件、上市条件或者信息披露要求；

（10）发行人注册申请文件中记载的财务资料已过有效期且逾期 3 个月未更新；

（11）中国证监会规定的其他情形。

需要特别注意的是，发行人主动撤回发行申请文件或者保荐人撤销保荐，再次申报没有时间间隔上的要求；交易所认为上市公司不符合发行条件或者信息披露要求，作出终止发行上市审核决定，或者中国证监会作出不予注册决定的，自决定作出之日起 6 个月后，发行人方可再次提出证券发行申请。

（二）重大事项报告与处理

重大事项，是指可能对发行人符合发行条件、上市条件或者信息披露要求产生重大影响的事项。

1. 重大事项报告与处理的要求

发行上市申请受理后至股票上市交易前，发生重大事项的，发行人及其保荐人应当及时向审核机构报告，并按要求更新发行上市申请文件，保荐人、证券服务机构应当持续履行尽职调查职责，并提交专项核查意见。

上市委员会审议会议后至股票上市交易前，发生重大事项的，发行上市审核机构经重新审核后决定是否重新提交上市委员会审议。重新提交上市委员会审议的，应当向中国证监会报告，并按照相关规定办理。

中国证监会作出注册决定后至股票上市交易前，发生重大事项，可能导致发行人不符合发行条件、上市条件或者信息披露要求的，发行人应当暂停发行；已经发行的，暂缓上市。

发行人及其保荐人应当将上述情况及时报告审核机构并作出公告，说明重大事项相关情况及发行人将暂停发行、暂缓上市。审核机构经审核认为相关重大事项导致发行人不符合发行条件、上市条件或者信息披露要求的，将出具明确意见并向中国证监会报告。

2. 未及时报告重大事项被采取工作措施的情形

上交所、深交所发布的发行上市审核动态中通报了一些因未及时报告重大事项而被交易所采取监管措施的案例。如：在项目审核过程中，发行人的实际控制人签订了变更争议解决机制的补充协议事项，但未及时主动向交易所报告；未及时主动向交易所报告发行人申报后受到的环保行政处罚，直至第二轮问询后才报告；对于发行人披露的子公司客户实控人被纪检机关带走协助调查等重大事项，未及时提交专项核查说明；注册阶段，董事会通过现金股利分配预案、利润分配方案对发行人新老股东的利益具有直接影响，未及时向交易所报告。

（三）媒体报道与投诉举报

1. 媒体报道的核查要求

审核机构受理发行上市申请后至股票上市交易前，发行人及其保荐人应当密切关注公共媒体关于发行人的重大报道、市场传闻。相关报道、传闻与发行人信息披露存在重大差异，所涉事项可能对本次发行上市产生重大影响的，发行人及其保荐人应当向审核机构作出解释说明，并按规定履行信息披露义务，保荐人、证券服务机构还应当进行必要的核查并将核查结果向审核机构报告。

2. 投诉举报的核查要求

审核机构收到与发行人本次发行上市相关的投诉举报的，可以就投诉举报涉及的事项向发行人及其保荐人、证券服务机构进行问询，要求发行人及其保荐人向审核机构作出解释说明并按规定履行信息披露义务，要求保荐人、证券服务机构进行必要的核查，并将核查结果向审核机构报告。举报核查报告应当说明核查内容、核查手段、核查过程和核查结论。保荐人、证券服务机构应当在核查结论中明确说明举报事项是否属实，并就举报事项是否对发行人本次发行上市构成障碍发表明确意见。证监会、交易所认为必要的，亦可请证监会派出机构对相关投诉举报等事宜作进一步核实。

（四）在审期间变更中介机构/签字人员的处理

在审期间变更中介机构、签字人员需履行的相关程序及出具的文件，主要依据《监管规则适用指引——发行类第 3 号》的相关规定。

《监管规则适用指引——发行类第 3 号》规定，更换中介机构或签字人员过程中，发行人、保荐机构应当出具专项说明（更换保荐机构的，由更换后保荐机构出具专项说明），变更前后的中介机构或签字人员均应当出具承诺函。如仅涉及签字人员变更的，除变更前后的签字人员外，所属中介机构应当出具承诺函。该指引提供了专项说明及承诺函的模板、专项说明或承诺函应当说明变更原因、变更后中介机构或签字人员的基本情况（从业资格、执业情况）等内容，还应当对变更前后中介机构或签字人员签署的相关文件的真实性、准确性、完整性等事项进行承诺。专项说明或承诺函应当由相关负责人及签字人员签字，发行人或中介机构盖章。

1. 更换保荐机构

（1）基本要求。发行人更换保荐机构的，除保荐机构执业受限等非发行人原因的情形外，需重新履行申报及受理程序。

项目中止审核后，发行人根据规定需要更换保荐人的，更换后的保荐人应当在中止审核之日起 3 个月内完成尽职调查，重新出具文件，并对原保荐人出具的文件进行复核，出具复核意见，对差异情况作出说明。

（2）办理方式。深交所发布的发行审核动态中对项目中止后申请更换保荐机构的情形，要求由发行人和更换后的保荐人出具变更保荐人申请、复核报告和恢复审核申请，并重新出具全套申报文件（含历次反馈意见回复等材料）。具体材料包括：

①变更保荐人材料、发行人及变更前后的保荐人提交更换保荐人申请，并出具专项说明、承诺函；

②恢复审核材料——变更后的保荐人按规定出具复核报告、恢复审查申请；

③全套申报材料（含历次反馈意见及告知函回复）。

2. 更换其他中介机构

发行人更换律师事务所、会计师事务所、资产评估机构，除《首次公开发行股票注册管理办法》第三十条规定的中止情形外，一般不会造成相应发行上市审核程序或者发行注册程序中止。相关中介机构应当做好更换的衔接工作，更换后的中介机构完成尽职调查并出具专业意见后，应当将齐备的文件及时提交发行监管部门，并办理中介机构更换手续。更换后的中介机构承担核查申请文件或出具专业报告真实、准确、完整的责任；被更换的中介机构，不得免除其所辅导或更换前所保证的申请文件或专业报告真实、准确、完整的责任。

当中介机构（保荐人除外）发生变更时，发行人、保荐人应出具专项说明，变更前后的中介机构应出具承诺函。《监管规则适用指引——发行类第 3 号》提供了专项说明和承诺函的模板、专项说明和承诺函要求列明变更原因、变更后中介机构基本情况，以及变更前后中介机构对其所签署的相关文件的真实性、准确性、完整性等事项的承诺。

3. 更换签字人员

发行人更换签字保荐代表人、签字律师、签字会计师、签字资产评估师，除《首次公开发行股票注册管理办法》第三十条规定的中止情形外，一般不会造成相应发行上市审核程序或者发行注册程序中止。相关中介机构应当做好更换的衔接工作，更换后的中介机构签字人员完成尽职调查并出具专业意见后，相关中介机构应当将齐备的文件及时提交发行监管部门，并办理中介机构签字人员更换手续。更换手续完成前，中介机构原签字人员继续承担相应法律责任。

关于更换过程中出具专项说明及承诺函事宜，请参见前述规定。

（五）审核中的监管沟通

除审核静默期外，在申报前及审核过程中，交易所都建立了咨询沟通渠道。

1. 预沟通机制

申报前预沟通的具体要求、注意事项等可以参见本章“第一节审核规则”之“二、提交申请”和“（三）预沟通机制”。

2. 审核静默期

自申请文件受理之日起至首轮审核问询发出前，为审核静默期。在审核静默期内，审核机构不接受该发行人、保荐人、证券服务机构的咨询沟通。

在首轮审核问询发出后，发行人及其保荐人对审核问询存在疑问的，可以通过发行上市审核业务系统进行沟通；确需当面沟通的，可以通过发行上市审核业务系统预约。

3. 业务咨询和项目沟通

静默期后，发行人、保荐人、证券服务机构可以与审核机构进行业务咨询和项目沟通。

（1）咨询沟通方式。咨询沟通方式包括书面沟通、电话沟通以及视频、现场等当面沟通方式。项目沟通一般应选择电话、书面咨询方式进行；问题复杂，难以通过电话、书面咨询解决，确需当面沟通的，可以通过系统预约现场或视频咨询。

（2）咨询沟通范围。对审核问询问题存在疑问需要进一步明确的，或者在审期间发生新情况可能影响发行条件、上市条件的，其他需要沟通的重大疑难事项，都可以申请沟通咨询。无实质性沟通内容，礼节性拜访，打听审核具体进度或安排、内部会议讨论内容以及能否通过等情况的，属于中介机构应当自行核查把关的事项，未按照交易所指南要求提供沟通问题清单的，其他不需要沟通情形等，均不属于沟通咨询范围。

（3）纪律要求。业务咨询沟通全程接受纪检监督，参与业务咨询沟通的人员应严格遵守廉政纪律、工作纪律和保密纪律。交易所对电话沟通全程录音；对视频、现场沟通则安排在指定区域进行并全程录音录像。

第二节　申请文件

注册制的核心是信息披露，发行人是信息披露的第一责任人，交易所通过审核发行上市申请文件督促发行人及其保荐人、证券服务机构真实、准确、完整的披露信息。

一、申请文件的要求及目录

中国证监会发布的《公开发行证券的公司信息披露内容与格式准则第 58 号——首次公开发行股票并上市申请文件》《公开发行证券的公司信息披露内容与格式准则第 47 号——向不特定合格投资者公开发行股票并在北京证券交易所上市申请文件》和上交所、深交所、北交所分别发布的《上海证券交易所发行上市审核业务指南第 2 号——发行上市申请文件》《深圳证券交易所股票发行上市审核业务指南第 2 号——发行上市申请文件受理关注要点》《北京证券交易所向不特定合格投资者公开发行股票并上市业务办理指南第 1 号——申报与审核》，以及上交所、深交所发布的《上海证券交易所科创板发行上市审核规则适用指引第 3 号——转板上市申请文件》《深圳证券交易所创业板发行上市审核业务指引第 4 号——全国中小企业股份转让系统挂牌公司向创业板转板上市申请文件》，对发行上市和转板上市的申请文件制作作出具体规定。

（一）申请文件的要求

信息披露内容与格式准则规定的申请文件目录是对发行申请文件的最低要求，根据审核需要中国证监会和交易所可以要求发行人和中介机构补充文件。如果某些文件对发行人不适用，发行人应作出书面说明。申请文件一经受理，未经中国证监会或者交易所同意，不得改动。

发行人通过交易所发行上市审核业务系统报送电子申请文件，同时应确保申请文件的原始纸质文件已存档。发行人不能提供有关文件原件的，应由发行人律师提供鉴证意见，或由出文单位盖章，以保证与原件一致；如原出文单位不再存续，由承继其职能的单位或作出撤销决定的单位出文证明文件的真实性。

申请文件的原始纸质文件所有需要签名处，应载明签名字样的印刷体，并由签名人亲笔签名，不得以名章、签名章等代替。申请文件的原始纸质文件中需要由发行人律师鉴证的文件，发行人律师应在该文件首页注明"以下第××页至第××页与原件一致"，并签名和签署鉴证日期，律师事务所应在该文件首页加盖公章，并在第××页至第××页侧面以公章加盖骑缝章。

发行人应根据交易所对申请文件的问询及中国证监会对申请文件的反馈问题提供补充、修改材料。保荐人和相关证券服务机构应对相关问题进行尽职调查并补充出具专业意见。交易所审核问询和中国证监会反馈问题的回复是发行上市申请文件的组成部分，发行人及其中介机构应当保证回复的真实、准确、完整。

报送的电子文件应和预留原件一致。发行人律师应对报送的电子文件与预留原件的一致性出具鉴证意见。报送的电子文件和预留原件具有同等的法律效力。

（二）申请文件目录

1. 发行上市申请文件

发行股票并上市申请文件包括招股文件、发行人关于本次发行上市的申请与授权文件、保荐人和证券服务机构关于本次发行上市的文件、发行人的设立文件、与财务会计资料相关的其他文件、关于本次发行上市募集资金运用的文件、其他文件。表 6-2-1 根据《公开发行证券的公司信息披露内容与格式准则第 58 号——首次公开发行股票并上市申请文件》《上海证券交易所发行上市审核业务指南第 2 号——发行上市申请文件》《深圳证券交易所股票发行上市审核业务指南第 2 号——发行上市申请文件受理关注要点》《公开发行证券的公司信息披露内容与格式准则第 47 号——向不特定合格投资者公开发行股票并在北京证券交易所上市申请文件》《北京证券交易所向不特定合格投资者公开发行股票并上市业务办理指南第 1 号——申报与审核》等规则列示了各交易所申请文件目录。红筹企业申请首次公开发行股票或发行存托凭证并在沪、深证券交易所上市，应同时按照《公开发行证券的公司信息披露内容与格式准则第 58 号——首次公开发行股票并上市申请文件》和相关规定制作和报送申请文件。需要注意的是，信息披露内容与格式准则规定的申请文件目录是对发行申请文件的最低要求，实务中可能需要根据项目的具体情况和审核机构的要求进行补充。

表 6－2－1　　发行上市申请文件目录

文件目录	上交所	深交所	北交所
一、招股文件			
1－1 招股说明书（申报稿）	√	√	√
二、发行人关于本次发行上市的申请与授权文件			
2－1 关于本次公开发行股票并上市的申请报告	√	√	√
2－2 董事会有关本次发行并上市的决议	√	√	√
2－3 股东大会有关本次发行并上市的决议	√	√	√
2－4 关于符合板块定位要求的专项说明	√	√	√
2－5 发行人监事会对招股说明书真实性、准确性、完整性的书面审核意见			√
三、保荐人和证券服务机构关于本次发行上市的文件			
3－1 保荐人关于本次发行上市的文件			
3－1－1 关于发行人符合板块定位要求的专项意见	√	√	√（发行人与保荐机构关于符合国家产业政策和北交所定位的专项说明）
3－1－2 发行保荐书	√	√	√
3－1－3 上市保荐书	√	√	√
3－1－4 保荐工作报告	√	√	√
3－1－5 签字保荐代表人在审企业家数说明	√	√	
3－1－6 关于发行人预计市值的分析报告（如适用）	√	√	√
3－1－7 保荐机构相关子公司参与配售的相关文件（如有）	√	√	

续表 1

文件目录	上交所	深交所	北交所
3－2 会计师关于本次发行上市的文件			
3－2－1 财务报告及审计报告	√	√	√
3－2－2 发行人审计报告基准日至招股说明书签署日之间的相关财务报告及审阅报告（如有）	√	√	√
3－2－3 盈利预测报告及审核报告（如有）	√	√	√
3－2－4 内部控制鉴证报告	√	√	√
3－2－5 经注册会计师鉴证的非经常性损益明细表	√	√	√
3－2－6 会计师事务所关于发行人前次募集资金使用情况的报告（如有）			√
3－3 发行人律师关于本次发行上市的文件			
3－3－1 法律意见书	√	√	√
3－3－2 律师工作报告	√	√	√
3－3－3 关于发行人董事、监事、高级管理人员、控股股东和实际控制人在相关文件上签名盖章的真实性的鉴证意见	√	√	√
3－3－4 关于申请电子文件与预留原件一致的鉴证意见	√	√	√
四、发行人的设立文件			
4－1 发行人的企业法人营业执照	√	√	√
4－2 发行人公司章程（草案）	√	√	√
4－3 发行人关于公司设立以来股本演变情况的说明及其董事、监事、高级管理人员的确认意见	√	√	
4－4 商务主管部门出具的外资确认文件（如有）	√	√	
五、与财务会计资料相关的其他文件			
5－1 发行人关于最近三年及一期的纳税情况			
5－1－1 发行人最近三年及一期所得税纳税申报表	√	√	
5－1－2 有关发行人税收优惠、政府补助的证明文件	√	√	
5－1－3 主要税种纳税情况的说明	√	√	
5－1－4 注册会计师对主要税种纳税情况说明出具的意见	√	√	
5－1－5 发行人及其重要子公司或主要经营机构最近三年及一期纳税情况的证明	√	√	
5－2 发行人需报送的财务资料			
5－2－1 最近三年及一期原始财务报表	√	√	
5－2－2 原始财务报表与申报财务报表的差异比较表	√	√	
5－2－3 注册会计师对差异情况出具的意见	√	√	
5－3 发行人设立时和最近三年及一期的资产评估报告（如有）	√	√	
5－4 发行人的历次验资报告或出资证明	√	√	

续表 2

文件目录	上交所	深交所	北交所
5－5 发行人大股东或控股股东最近一年的原始财务报表及审计报告（如有）	√	√	
5－6 发行人控股股东、实际控制人最近一年及一期的财务报告及审计报告（如有）			√
六、关于本次发行上市募集资金运用的文件			
6－1 发行人关于募集资金运用方向的总体安排及其合理性、必要性的说明	√	√	
6－2 募集资金投资项目的审批、核准或备案文件（如有）	√	√	√
6－3 发行人拟收购资产（或股权）的财务报表、资产评估报告及审计报告、盈利预测报告（如有）	√	√	√
6－4 发行人拟收购资产（或股权）的合同或合同草案（如有）	√	√	√
七、其他文件			
7－1 产权和特许经营权证书			
7－1－1 发行人拥有或使用的对其生产经营有重大影响的商标、专利、计算机软件著作权等知识产权以及土地使用权、房屋所有权等产权证书清单（需列明证书所有者或使用者名称、证书号码、权利期限、取得方式、是否及存在何种他项权利等内容）	√	√	
7－1－2 发行人律师就 7－1－1 清单所列产权证书出具的鉴证意见	√	√	
7－1－3 特许经营权证书（如有）	√	√	
7－2 重要合同			
7－2－1 对发行人有重大影响的商标、专利、专有技术等知识产权许可使用协议（如有）	√	√	
7－2－2 重大关联交易协议（如有）	√	√	
7－2－3 重组协议（如有）	√	√	
7－2－4 特别表决权股份等差异化表决安排涉及的协议（如有）	√	√	
7－2－5 高级管理人员、员工配售协议（如有）	√	√	
7－2－6 重要采购合同	√	√	
7－2－7 重要销售合同	√	√	
7－2－8 其他对报告期经营活动、财务状况或未来发展等具有重要影响的已履行、正在履行和将要履行的合同（如有）	√	√	
7－3 特定行业（或企业）的管理部门出具的相关意见（如有）	√	√	√
7－4 承诺事项			

续表 3

文件目录	上交所	深交所	北交所
7－4－1 发行人及其实际控制人、控股股东、持股 5% 以上股东以及发行人董事、监事、高级管理人员等责任主体的重要承诺以及未履行承诺的约束措施	√	√	√
7－4－2 有关消除或避免相关同业竞争的协议以及发行人的控股股东和实际控制人出具的相关承诺	√	√	
7－4－3 发行人董事、监事、高级管理人员对证券发行文件的确认意见以及监事会的书面审核意见	√	√	
7－4－4 发行人控股股东、实际控制人对证券发行文件的确认意见	√	√	
7－4－5 发行人关于申请电子文件与预留原件一致的承诺函	√	√	√
7－4－6 保荐人关于申请电子文件与预留原件一致的承诺函	√	√	√
7－4－7 发行人、保荐人及相关主体保证不影响和干扰审核的承诺函	√	√	√
7－5 说明事项			
7－5－1 发行人关于申请文件不适用情况的说明	√	√	
7－5－2 发行人关于招股说明书不适用情况的说明	√	√	
7－5－3 信息披露豁免申请（如有）	√	√	√
7－6 保荐协议和承销协议	√	√	√（无须提供承销协议）
7－7 股东信息核查	√	√	
7－7－1 发行人关于股东信息披露的专项承诺	√	√	
7－7－2 保荐人关于发行人股东信息披露的专项核查报告	√	√	
7－7－3 律师事务所关于发行人股东信息披露的专项核查报告	√	√	
7－8 历次聘请保荐机构情况的说明其他文件	√	√	
7－9 审核关注要点落实情况表			
7－9－1 保荐人关于首次公开发行审核关注要点落实情况表及行业等相关事项核对表		√	
7－9－2 会计师事务所关于首次公开发行审核关注要点落实情况表		√	
7－9－3 律师事务所关于首次公开发行审核关注要点落实情况表		√	
7－9－4 常见问题的信息披露和核查要求自查表*	√		
7－10 其他文件			
7－10－1 保荐人对本次申请符合受理要求的说明	√	√	√（还包括发行人的说明）
7－10－2 关于财务报表有效期延长的申请		√	

续表 4

文件目录	上交所	深交所	北交所
7-10-3 保荐人关于发行人历史舆情的专项核查报告	√		
7-10-4 存在联合保荐的，提交联合保荐的说明文件	√	√	
7-10-5 存在翻译文件的，提供翻译机构的资质文件	√	√	
7-10-6 报告期内境内二次申报 IPO 的，提交两次申报招股说明书的差异对照表及文字说明	√	√	
7-10-7 辅导验收证明文件			√
7-10-8 中介机构关于证监会系统离职人员入股情况的专项说明			√
7-10-9 公开发行诚信档案查询名单			√

注：* 根据《上海证券交易所发行上市审核业务指南第 4 号——常见问题的信息披露和核查要求自查表》，沪市主板和科创板新申报的首发企业应当提交自查表。

如表 6-2-1 所示，沪、深证券交易所对申请文件的要求由《公开发行证券的公司信息披露内容与格式准则第 58 号——首次公开发行股票并上市申请文件》统一规范，并分别通过《上海证券交易所发行上市审核业务指南第 2 号——发行上市申请文件》《深圳证券交易所股票发行上市审核业务指南第 2 号——发行上市申请文件受理关注要点》规定了关注要点。

北交所对申请文件的要求由《公开发行证券的公司信息披露内容与格式准则第 47 号——向不特定合格投资者公开发行股票并在北京证券交易所上市申请文件》《北京证券交易所向不特定合格投资者公开发行股票并上市业务办理指南第 1 号——申报与审核》规范并较沪、深证券交易所做了较大幅度的简化，比如无须提供纳税情况及原始财务报表等财务资料、发行人关于公司设立以来股本演变情况的说明及其董监高的确认意见、产权和特许经营权、重要合同/协议等相关的申请文件。同时，考虑到申请在北交所公开发行股票并上市的发行人均为在全国股转系统连续挂牌满 12 个月的创新层挂牌公司，申请文件相应增加了对“会计师事务所关于发行人前次募集资金使用情况的报告（如有）”的要求。此外，还有一些细节差异，比如对股东信息披露，北交所要求提供“中介机构关于证监会系统离职人员入股情况的专项说明”，与沪、深证券交易所公司要求提供“发行人股东信息披露的专项承诺以及保荐人、律师出具的股东信息披露的专项核查报告”相比予以简化；沪、深证券交易所要求提供“发行人大股东或控股股东最近一年的原始财务报表及审计报告（如有）”，而北交所要求提供“发行人控股股东、实际控制人最近一年及一期的财务报告及审计报告（如有）”；沪、深证券交易所要求提供“保荐协议和承销协议”，北交所仅要求提供“保荐协议”。

2. 转板上市申请文件

转板上市申请文件包括转板上市文件、转板公司关于本次转板上市的申请与授权文件、保荐人和证券服务机构关于本次转板上市的文件、转板公司的设立文件、与财务会计资料相关的其他文件、其他文件，具体内容如表 6－2－2 所示。

表 6－2－2　　转板上市申请文件目录

申请文件目录	转板科创板	转板创业板
一、转板上市文件		
1－1 转板上市报告书（申报稿）	√	√
二、转板公司关于本次转板上市的申请与授权文件		
2－1 关于本次转板并在科创板/创业板上市的申请报告	√	√
2－2 董事会有关本次转板上市的决议	√	√
2－3 股东大会有关本次转板上市的决议	√	√
2－4 关于符合科创板/创业板定位要求的专项说明	√	√
三、保荐人和证券服务机构关于本次转板上市的文件		
3－1 保荐人关于本次转板上市的文件		
3－1－1 关于转板公司符合科创板/创业板定位要求的专项意见	√	√
3－1－2 转板上市保荐书	√	√
3－1－3 保荐工作报告	√	√
3－1－4 保荐人关于签字保荐代表人申报的在审企业家数等执业情况的说明与承诺	√	√
3－2 会计师关于本次转板上市的文件		
3－2－1 财务报表及审计报告	√	√
3－2－2 转板公司审计报告基准日至转板上市报告书签署日之间的相关财务报表及审阅报告（如有）	√	√
3－2－3 盈利预测报告及审核报告（如有）	√	√
3－2－4 内部控制鉴证报告	√	√
3－2－5 经注册会计师鉴证的非经常性损益明细表	√	√
3－3 转板公司律师关于本次转板上市的文件		
3－3－1 法律意见书	√	√
3－3－2 律师工作报告	√	√
3－3－3 关于转板公司董事、监事、高级管理人员、转板公司控股股东和实际控制人在相关文件上签字盖章的真实性的鉴证意见	√	√
3－3－4 关于申请电子文件与预留原件一致的鉴证意见	√	√
四、转板公司的设立文件		
4－1 转板公司章程	√	√
五、与财务会计资料相关的其他文件		
5－1 转板公司关于最近 3 年及一期的纳税情况及政府补助情况		
5－1－1 转板公司最近 3 年及一期所得税纳税申报表	√	√

续表 1

申请文件目录	转板科创板	转板创业板
5－1－2 有关转板公司税收优惠、政府补助的证明文件	√	√
5－1－3 主要税种纳税情况的说明	√	√
5－1－4 注册会计师对主要税种纳税情况说明出具的意见	√	√
5－1－5 转板公司及其重要子公司或主要经营机构最近三年及一期转板公司纳税情况的证明	√	√
5－2 转板公司需报送的其他财务资料		
5－2－1 最近三年一期定期报告中的财务报表	√	√
5－2－2 最近三年一期定期报告中的财务报表与申报财务报表的差异比较表（如有）	√	√
5－2－3 注册会计师对差异情况出具的意见（如有）	√	√
5－3 转板公司设立时和最近三年及一期的资产评估报告（如有）	√	√
5－4 转板公司大股东或控股股东最近一年及一期的原始财务报表及审计报告（如有）	√	√ （创业板未要求最近一期的）
六、其他文件		
6－1 重要合同		
6－1－1 对转板公司有重大影响的商标、专利、专有技术等知识产权许可使用协议（如有）	√	√
6－1－2 重大关联交易协议（如有）	√	√
6－1－3 重组协议（如有）	√	√
6－1－4 特别表决权股份等差异化表决安排涉及的协议（如有）	√	√
6－1－5 其他重要商务合同（如有）	√	√
6－2 特定行业（或企业）的管理部门出具的相关意见（如有）	√	√
6－3 承诺事项		
6－3－1 转板公司及其实际控制人、控股股东、持股 5% 以上股东以及转板公司董事、监事、高级管理人员等责任主体的重要承诺以及未履行承诺的约束措施	√	√
6－3－2 有关消除或避免同业竞争的协议以及转板公司的控股股东和实际控制人出具的相关承诺	√	√
6－3－3 转板公司全体董事、监事、高级管理人员对转板上市申请文件真实性、准确性、完整性的承诺书	√	√
6－3－4 转板公司控股股东、实际控制人对转板上市报告书的确认意见	√	√
6－3－5 转板公司监事对转板上市报告书的确认意见		√
6－3－6 转板公司关于申请电子文件与预留原件一致的承诺函	√	√
6－3－7 保荐人关于申请电子文件与预留原件一致的承诺函	√	√

续表 2

申请文件目录	转板科创板	转板创业板
6－3－8 转板公司保证不影响和干扰审核的承诺函	√	√
6－4 说明事项		
6－4－1 转板公司关于申请文件不适用情况的说明	√	√
6－4－2 转板公司关于转板上市报告书不适用情况的说明	√	√
6－4－3 信息披露豁免申请（如有）	√	√
6－5 保荐协议	√	√
6－6 其他文件	√	√

二、招股说明书

招股说明书是股票发行阶段信息披露的主要载体，是投资者作出价值判断和投资决策的基本依据，是企业发行上市过程中最核心、最重要的法律文件。

中国证监会发布的《公开发行证券的公司信息披露内容与格式准则第 57 号——招股说明书》（本章简称《招股书格式准则》）、《公开发行证券的公司信息披露内容与格式准则第 46 号——北京证券交易所公司招股说明书》（本章简称《北交所招股书格式准则》）对招股说明书的编制和披露予以了规定。另外，中国证监会针对特殊企业或行业制定了一系列针对性的信息披露编报规则，例如《公开发行证券的公司信息披露编报规则第 3 号——保险公司招股说明书内容与格式特别规定》《公开发行证券的公司信息披露编报规则第 10 号——从事房地产开发业务的公司招股说明书内容与格式特别规定》《公开发行证券的公司信息披露编报规则第 11 号——从事房地产开发业务的公司财务报表附注特别规定》《公开发行证券的公司信息披露编报规则第 23 号——试点红筹企业公开发行存托凭证招股说明书内容与格式指引》《公开发行证券的公司信息披露编报规则第 25 号——从事药品及医疗器械业务的公司招股说明书内容与格式指引》《公开发行证券的公司信息披露编报规则第 26 号——商业银行信息披露特别规定》《关于注册制下提高招股说明书信息披露质量的指导意见》等。特定行业发行人在编写招股说明书时，应当遵守上述内容与格式准则、编报规则，提高招股说明书信息披露质量。

（一）招股说明书信息披露质量的基本原则

招股说明书披露的信息应当真实、准确、完整，简明清晰、通俗、易懂，不得存在虚假记载、误导性陈述或者重大遗漏。

注册制下，招股说明书信息披露质量坚持以下原则：

1. 坚持以投资者需求为导向

招股说明书要满足不同类型投资者多元化需求，既要简明清晰、通俗易懂，方便普通投资者阅读和使用；又要内容丰富、充分详实，满足专业投资者需要。

2. 坚持问题导向

真实、准确、完整是信息披露的底线要求，在真实、准确、完整的基础之上，突出招股说明书信息披露的重大性和针对性，做到简明清晰、通俗易懂。

3. 坚持归位尽责

进一步厘清发行人及中介机构在招股说明书撰写与编制中的职责边界，完善合理信赖制度，督促各自归位尽责，合力提升信息披露质量。

4. 坚持综合施策

通过优化审核问询、完善制度规则、强化监管执法等方式，督促发行人及中介机构主动提高招股说明书信息披露质量，引导投资者在认真阅读招股说明书的基础上审慎作出投资决策。

（二）招股说明书内容与格式

信息披露内容与格式准则的规定是对招股说明书信息披露的最低要求。凡对投资者作出价值判断和投资决策有重大影响的信息，均应披露。发行人作为信息披露的第一责任人，应以投资者投资需求为导向编制招股说明书，为投资者作出价值判断和投资决策提供充分且必要的信息，保证相关信息的内容真实、准确、完整。信息披露事项涉及重要性水平判断的，发行人应结合自身业务特点，区分合同、子公司及参股公司、关联交易、诉讼或仲裁、资源要素等不同事项，披露重要性水平的确定标准和依据。

申请首次公开发行股票并在沪、深证券交易所上市的公司，统一适用《招股书格式准则》的披露要求。《招股书格式准则》包括一般规定和特别规定，一般规定适用于各板块，特别规定则基于各板块不同定位而作出差异化披露要求。沪、深证券交易所公司披露要求与北交所公司有所差异，本节以沪、深证券交易所披露要求作为基准，对招股说明书主要披露内容以及各板块、北交所披露的主要差异情况予以列示。

1. 风险因素

发行人应遵循重要性原则，简明易懂且具逻辑性地披露当前及未来可预见的对发行人构成重大不利影响的直接和间接风险。首先，结合行业特征、自身情况等，针对性、个性化披露实际面临的风险因素。其次，对风险因素作定量分析，对导致风险的变动性因素作敏感性分析。无法定量分析的，应针对性作出定性描述，清晰告知投资者可能发生的最不利情形。再次，应使用恰当标题概括描述具体风险点，精准清晰充分地揭示每项风险因素的具体情形、产生原因、目前发展阶段和对发行人的影响。最后，按方便投资者投资决策原则将风险因素分类为与发行人相关的风险、与行业相关的风险和其他风险。一项风险因素不得描述多个风险。披露风险因素不得包含风险对策、发行人竞争优势及类似表述。

除在风险因素章节披露相关风险提示以外，发行人还应在招股说明书显要位置提示特定板块的投资风险（具体见表6－2－3）。

表6－2－3　　投资风险差异对比

沪、深证券交易所			北交所
主板	科创板	创业板	
—	本次发行股票拟在科创板上市，科创板公司具有研发投入大、经营风险高、业绩不稳定、退市风险高等特点，投资者面临较大的市场风险。投资者应充分了解科创板的投资风险及本公司所披露的风险因素，审慎作出投资决定	本次发行股票拟在创业板上市，创业板公司具有创新投入大、新旧产业融合存在不确定性、尚处于成长期、经营风险高、业绩不稳定、退市风险高等特点，投资者面临较大的市场风险。投资者应充分了解创业板的投资风险及本公司所披露的风险因素，审慎作出投资决定	本次股票发行后拟在北京证券交易所上市，该市场具有较高的投资风险。北京证券交易所主要服务创新型中小企业，上市公司具有经营风险高、业绩不稳定、退市风险高等特点，投资者面临较大的市场风险。投资者应充分了解北京证券交易所市场的投资风险及本公司所披露的风险因素，审慎作出投资决定

2. 发行人基本情况

发行人基本情况章节的披露内容包括：发行人基本情况，设立情况和报告期内的股本和股东变化情况，简要披露成立以来重要事件（含报告期内重大资产重组），在其他证券市场的上市/挂牌情况（如有），股权结构，简要披露重要子公司及对发行人有重大影响的参股公司的情况，列表简要披露其他子公司及参股公司情况，持有发行人5%以上股份或表决权的主要股东及实际控制人的情况，特别表决权股份或类似安排的情况（如有），协议控制架构的具体安排（如有），控股股东、实际控制人报告期内是否存在违法行为，股本有关的情况，董事、监事、高级管理人员及其他核心人员的情况，简要披露申报前已经制定或实施的股权激励或期权激励及相关安排，员工情况等。

沪、深证券交易所不同板块公司对董事、监事、高级管理人员及其他核心人员变动情况披露存在特别规定（具体见表6－2－4）。

表6－2－4　　核心人员变动情况差异对比

科创板	创业板	主板
发行人董事、监事、高级管理人员及其他核心人员最近二年内发生变动的，应以列表方式汇总披露变动情况、原因及影响		发行人董事、监事、高级管理人员及其他核心人员最近三年内发生变动的，应以列表方式汇总披露变动情况、原因及影响

与沪、深证券交易所披露要求相比，北交所披露要求的主要差异是：

（1）北交所未对公司设立情况，协议控制架构的具体安排（如有），董事、监事的提名人，董事、监事、高级管理人员最近三年内发生变动情况，报告期内社会保险和住房公积金缴纳情况等事项做出披露要求。

（2）北交所简化了报告期内股本和股东变化情况等事项的披露要求。

（3）北交所增加了在全国股转系统挂牌期间的情况、发行人控股股东、实际控制人与其他股东签署的特殊投资约定等可能导致股权结构变化的事项等事项的披露要求。

（4）北交所将特别表决权股份或类似安排的情况（如有）归置在“公司治理”章节，控股股东、实际控制人报告期内违法行为归置于“其他重要事项”章节予以披露。

3. 业务与技术

业务与技术章节的披露内容包括：发行人主营业务、主要产品或服务及演变情况，结合所处行业情况披露业务竞争状况、销售情况和主要客户，采购情况和主要供应商，对主要业务有重大影响的主要固定资产、无形资产等资源要素的情况，与他人共享资源要素情况（如有），主要产品或服务的核心技术及技术来源、核心技术的科研实力和成果情况、正在从事的研发项目、核心技术人员和研发人员情况，生产经营涉及的主要环境污染物、主要处理设施及处理能力，境外经营及境外资产情况等。

沪、深证券交易所不同板块对业务和技术披露给予特别规定，具体差异如表 6－2－5 所示。

表 6－2－5　　沪、深证券交易所不同板块公司业务与技术披露特殊规定

<table>
<tr><th>科创板</th><th>创业板</th><th>主板</th></tr>
<tr><td>应披露科研水平、科研人员、科研资金投入等相关信息</td><td>应披露自身的创新、创造、创意特征，针对性披露科技创新、模式创新或者业态创新情况</td><td>应披露业务发展过程和模式成熟度、经营稳定性和行业地位</td></tr>
<tr><td colspan="2">结合行业技术水平和对行业的贡献，披露发行人的技术先进性及具体表征；披露发行人的核心技术在主营业务及产品或服务中的应用和贡献情况；披露核心技术人员、研发人员占员工总数的比例，核心技术人员的学历背景构成，取得的专业资质及重要科研成果和获得奖项情况，对公司研发的具体贡献，发行人对核心技术人员实施的约束激励措施，报告期内核心技术人员的主要变动情况及对发行人的影响</td><td>—</td></tr>
<tr><td>应披露核心技术的科研实力和成果情况，包括获得重要奖项、承担重大科研项目、核心学术期刊发表论文等情况；披露发行人新技术新产品商业化情况</td><td>—</td><td>—</td></tr>
</table>

与沪、深证券交易所披露要求相比，北交所关于业务与技术章节披露要求的主要差异是：

（1）北交所未对保持技术持续创新的机制、技术储备及创新安排，安全生产及污染治理情况、安全生产及环境保护方面受处罚情况、最近三年相关成本费用支出及未来支出情况、是否符合安全生产和环境保护要求（如存在高危险、重污染）等事项做出披露要求。

（2）北交所增加了说明产品（或服务）所使用的主要技术属于原始创新、集成创新或引进消化吸收再创新的情况，产品（或服务）所使用的主要技术外购的相关协议中的权利义务安排（如有）等事项的披露要求。

（3）北交所该章节名称为“业务和技术”。

4. 财务会计信息与管理层分析

（1）财务会计信息与管理层分析章节的披露总体要求。

①发行人应使用投资者可理解的语言，采用定量与定性相结合的方法，清晰披露所有重大财务会计信息，并结合自身业务特点和投资者决策需要，分析重要财务会计信息的构成、来源与变化等情况，保证财务会计信息与业务经营信息的逻辑一致性。同时，发行人应披露与财务会计信息相关的重大事项或重要性水平的判断标准。

②发行人应明确披露对经营成果、资产质量、偿债能力、流动性与持续经营能力、重大资本性支出与资产业务重组等有重大影响的关键因素及影响程度，并分析该等因素对公司未来财务状况和盈利能力可能产生的影响。目前已存在新的趋势或变化的，应分析可能对公司未来财务状况和盈利能力产生重大影响的情况。

（2）财务会计信息与管理层分析章节的披露内容包括：

①报告期的资产负债表、利润表和现金流量表以及会计师事务所的审计意见类型和关键审计事项，与行业相关、与同行业可比公司存在重大差异或对发行人财务状况、经营成果及财务报表理解具有重大影响的会计政策及其关键判断、会计估计及其假设的衡量标准、会计政策及会计估计的具体执行标准及选择依据，报告期非经常性损益的具体内容、金额及对当期经营成果的影响，扣除非经常性损益后的净利润金额，报告期母公司及重要子公司、各主要业务适用的主要税种、税率，报告期的主要财务指标，盈利预测信息情况（如有）。

②以管理层视角，结合“业务与技术”章节中披露的业务、经营模式、技术水平、竞争力等要素披露报告期内取得经营成果的逻辑，披露主要影响项目、事项或因素在数值与结构变动方面的原因、影响程度及风险趋势；结合经营管理政策分析资产质量，披露对发行人存在重大影响的主要资产项目的质量特征、风险状况、变动原因及趋势；分析偿债能力、流动性与持续经营能力；发行人报告期存在重大投资或资本

性支出、重大资产业务重组或股权收购合并等事项的，应分析披露该等重大事项的必要性与基本情况，对发行人生产经营战略、报告期及未来期间经营成果和财务状况的影响；扼要披露资产负债表日后事项、或有事项、其他重要事项以及重大担保、诉讼等事项在招股说明书签署日的进展情况，该等事项对发行人未来财务状况、经营成果及持续经营能力的影响；发行人尚未盈利的，披露未来是否可实现盈利的前瞻性信息及其依据、基础假设等；已境外上市或拟同时境内外上市的，因适用不同会计准则导致财务报告存在差异的，披露差异事项产生原因及差异调节表等事项。

（3）与沪、深证券交易所披露要求相比，北交所披露要求将该部分内容拆分为“财务会计信息”和“管理层讨论与分析”两个章节予以披露，具体内容主要差异如下：

①北交所未对下列事项作出披露要求：存在协议控制架构或类似特殊安排的，其是否纳入合并范围及依据；按税种分项，报告期公司应缴与实缴税额及各期变化原因；报告期末主要对外投资项目情况；已境外上市或拟同时境内外上市公司因适用不同会计准则导致财务报告存在差异事项产生原因及差异调节表等事项。

②北交所增加的披露要求：合并财务报表与母公司财务报表存在显著差异的，应披露母公司财务报表等。

③北交所对发行人尚未盈利或存在累计未弥补亏损的成因、影响及改善措施和发行人尚未盈利的公司、未来是否可实现盈利的前瞻性信息及其依据、基础假设等事项归置在“其他重要事项”章节，本次发行完成前滚存利润的分配安排和已履行的决策程序的披露要求等事项归置在“投资者保护”章节。

5. 募集资金运用与未来发展规划

募集资金运用与未来发展规划章节的披露内容包括：募集资金的投向和使用管理制度，募集资金对发行人主营业务发展的贡献、未来经营战略的影响，募集资金投资项目的确定依据，相关项目实施后是否新增构成重大不利影响的同业竞争、是否对发行人的独立性产生不利影响，募集资金运用情况，其制定的战略规划，报告期内为实现战略目标已采取的措施及实施效果，未来规划采取的措施等事项。

沪、深证券交易所不同板块公司对募集资金投向披露存在特别规定，具体见表 6－2－6。

表 6－2－6　　募集资金投向披露情况差异对比

科创板	创业板	主板
募集资金重点投向科技创新领域的具体安排	募集资金对其业务创新、创造、创意性的支持作用	—

与沪、深证券交易所披露要求相比，北交所披露要求主要差异如下：

（1）北交所披露要求章节名称为“募集资金运用”。

（2）北交所未就募集资金对发行人主营业务发展的贡献、对未来经营战略的影响，募集资金投资项目的确定依据，相关项目实施后是否新增构成重大不利影响的同业竞争、是否对发行人的独立性产生不利影响，制定的战略规划，报告期内为实现战略目标已采取的措施及实施效果、未来规划采取的措施等事项作出披露要求。

（3）北交所增加对报告期内募集资金运用等事项的披露要求。

（4）关于募集资金运用情况披露差异如表6-2-7所示。

表6-2-7　募集资金运用情况披露差异对比

沪、深证券交易所	北交所
第六十七条　发行人应按照重要性原则披露募集资金运用情况，主要包括： （一）募集资金的具体用途，简要分析可行性及与发行人主要业务、核心技术之间的关系 （二）募集资金的运用和管理安排，所筹资金不能满足预计资金使用需求的，应披露缺口部分的资金来源及落实情况 （三）募集资金运用涉及审批、核准或备案程序的，应披露相关程序履行情况 （四）募集资金运用涉及与他人合作的，应披露合作方基本情况、合作方式、各方权利义务关系 （五）募集资金拟用于收购资产的，应披露拟收购资产的内容、定价情况及与发行人主营业务的关系；向实际控制人、控股股东及其关联方收购资产，对被收购资产有效益承诺的，应披露承诺效益无法完成时的补偿责任 （六）募集资金拟用于向其他企业增资或收购其他企业股份的，应披露拟增资或收购企业的基本情况、主要经营情况及财务情况，增资资金折合股份或收购股份定价情况，增资或收购前后持股比例及控制情况，增资或收购行为与发行人业务发展规划的关系 （七）募集资金用于偿还债务的，应披露该项债务的金额、利率和到期日、债务产生原因及用途，对发行人偿债能力、财务状况和财务费用的具体影响	第七十七条　发行人应根据重要性原则披露募集资金运用情况： （一）募集资金拟用于项目建设的，应当说明资金需求和资金投入安排，是否符合国家产业政策和法律、行政法规的规定；并披露所涉及审批或备案程序、土地、房产和环保事项等相关情况 （二）募集资金拟用于购买资产的，应当对标的资产的情况进行说明，并列明收购后对发行人资产质量及持续经营能力的影响、是否构成重大资产重组，如构成，应说明是否符合重大资产重组的有关规定并披露相关信息；募集资金拟用于向发行人控股股东、实际控制人或其关联方收购资产的，如对被收购资产有效益承诺，应披露效益无法完成时的补偿责任 （三）募集资金拟用于补充流动资金的，应当说明主要用途及合理性 （四）募集资金拟用于偿还银行贷款的，应当列明拟偿还贷款的明细情况及贷款的使用情况 （五）募集资金拟用于其他用途的，应当明确披露募集资金用途、资金需求的测算过程及募集资金的投入安排

6. 公司治理与独立性

公司治理与独立性章节的披露内容包括：报告期内发行人公司治理存在的缺陷及改进情况，公司管理层对内部控制完整性、合理性及有效性的自我评估意见以及注册会计师对公司内部控制的鉴证意见，报告期内存在的违法违规行为及受到处罚、监督管理措施、纪律处分或自律监管措施的情况并说明对发行人的影响，报告期内是否存在资金被控股股东、实际控制人及其控制的其他企业占用或者为其提供担保的情况，分析披露发行人具有直接面向市场独立持续经营的能力，与控股股东、实际控制人及其控制的其他企业从事相同、相似业务的情况，关联方、关联关系和关联交易，关联交易的原因、简要披露关联交易的审议程序及独立董事的意见，报告期内关联方变化情况等事项。

沪、深证券交易所不同板块公司对主营业务、控制权、管理团队稳定情况的披露存在特别规定，具体见表 6 - 2 - 8。

表 6 - 2 - 8　　主营业务、控制权、管理团队稳定情况差异对比

科创板	创业板	主板
最近两年内主营业务和董事、高级管理人员均没有发生重大不利变化；发行人的股份权属清晰，不存在导致控制权可能变更的重大权属纠纷，最近两年实际控制人没有发生变更		最近三年内主营业务和董事、高级管理人员均没有发生重大不利变化；发行人的股份权属清晰，不存在导致控制权可能变更的重大权属纠纷，最近三年实际控制人没有发生变更

与沪、深证券交易所披露要求相比，北交所关于公司治理章节披露要求存在适度精简，主要差异如下：

（1）北交所未对报告期内发行人公司治理存在的缺陷及改进情况，发行人具有直接面向市场独立持续经营的能力，关联交易的原因等事项的披露予以要求；对关联交易情况仅要求按照经常性和偶发性分类予以披露，未要求区分重大关联交易和一般关联交易，未要求披露重大关联交易的判断标准及依据。

（2）北交所增加的披露要求：对发行人存在特别表决权股份或者类似安排的，披露“保荐人和发行人律师针对上述事项是否合法合规发表的专业意见”。

（3）北交所披露要求章节名称为“公司治理”。

7. 投资者保护

北交所未设置投资者保护的披露章节，沪、深证券交易所投资者保护章节与北交所投资者保护相关内容的披露差异见表 6 - 2 - 9。

表 6 - 2 - 9　　投资者保护披露要求差异对比

主要内容	沪、深证券交易所	北交所
本次发行完成前滚存利润的分配安排和已履行的决策程序。发行前滚存利润归发行前股东享有的，应披露滚存利润审计和派发情况	√	归置于管理层讨论与分析章节披露，若发行前的滚存利润归发行前的股东享有需作重大事项提示

续表

主要内容	沪、深证券交易所	北交所
本次发行前后股利分配政策差异情况，有关现金分红的股利分配政策、决策程序及监督机制。发行人分红资金主要来源于重要子公司的，应披露子公司分红政策	√	—
发行人存在特别表决权股份等特殊架构的，持有特别表决权的股东应按照所适用的法律以及公司章程行使权利，不得滥用特别表决权，不得损害投资者的合法权益。损害投资者合法权益的，发行人及持有特别表决权的股东应改正，并依法承担对投资者的损害赔偿责任	√	归置于公司治理章节予以披露，同时要求披露保荐人和发行人律师针对上述事项是否合法合规发表的专业意见
尚未盈利企业的控股股东、实际控制人和董事、监事、高级管理人员关于减持股票的特殊安排或承诺	√	—
尚未盈利的发行人应在“投资者保护”中披露核心技术人员关于减持股票的特殊安排或承诺	仅科创板要求披露	—

8. 其他重要事项

其他重要事项披露差异对比见表6-2-10。

表6-2-10　　其他重要事项披露差异对比

主要内容	沪、深证券交易所	北交所
对报告期经营活动、财务状况或未来发展等具有重要影响的已履行、正在履行和将要履行的合同情况	√	归置于业务和技术章节予以披露
对外担保的情况	√	√
对财务状况、经营成果、声誉、业务活动、未来前景等可能产生较大影响的诉讼或仲裁事项，以及控股股东或实际控制人、子公司，发行人董事、监事、高级管理人员和其他核心人员作为一方当事人可能对发行人产生影响的刑事诉讼、重大诉讼或仲裁事项	√	√
尚未盈利或存在累计未弥补亏损的，应披露成因、影响及改善措施	归置于财务会计信息与管理层分析章节予以披露	√
控股股东、实际控制人、董事、监事、高级管理人员报告期内是否存在重大违法行为	（1）控股股东、实际控制人报告期内是否存在重大违法行为归置于发行人基本情况章节予以披露 （2）发行人基本情况章节要求披露董事、监事、高级管理人员最近三年涉及行政处罚、监督管理措施、纪律处分或自律监管措施、被司法机关立案侦查、被中国证监会立案调查情况	√

9. 声明

沪、深证券交易所要求该内容披露章节名称为“声明”，北交所披露章节名称为“声明与承诺”。发行人及其全体董事、监事、高级管理人员、控股股东、实际控制人、保荐人（主承销商）、律师、会计师事务所、资产评估机构、承担验资业务的机构（北交所未做要求）在招股说明书正文后作出相应的声明。

10. 招股说明书附件中关于科创板上市的特别规定

《招股书格式准则》对于拟在科创板上市的发行人在附件中的披露作出了特别规定：发行人应在“附件”中充分披露核心技术人员的重要承诺、未能履行承诺的约束措施以及已触发履行条件承诺事项的履行情况。

特定行业发行人，除执行《招股书格式准则》外，还应执行中国证监会制定的该行业信息披露特别规定。

（三）转板公司上市报告书内容与格式

转板上市报告书相当于转板公司的“招股说明书”，是转板上市最为主要的申请和披露文件。沪、深证券交易所发布的《上海证券交易所科创板发行上市审核规则适用指引第 4 号——转板上市报告书内容与格式》《深圳证券交易所创业板发行上市审核业务指引第 3 号——全国中小企业股份转让系统挂牌公司向创业板转板上市报告书内容与格式》对转板上市报告书披露内容与格式予以了规定，转板公司应当按照转板上市报告书内容与格式的要求，从投资者需求角度出发，围绕与投资者价值判断和投资决策密切相关的信息，进行针对性披露。

转板上市报告书主要内容包括风险因素、转板公司基本情况、业务与技术、公司治理结构与内部控制制度、财务会计信息与管理层分析、投资者保护、其他重要事项、声明等章节。与招股说明书内容与格式准则相比，转板上市报告书对转板公司未要求披露募集资金运用以及未来发展规划情况。

为了方便比较分析，将向科创板转板上市报告书作为比较基准，对转板上市报告书披露要求的主要差异情况予以列示，具体情况如下：

1. 科创板与创业板的板块属性差异表述，以及向创业板转板的公司其业务及其模式具有创新性的应披露其独特性、创新内容及持续创新机制等；

2. 创业板转板上市报告书要求增加披露：限售股情况，核心技术人员的学历背景构成，报告期内核心技术人员的主要变动情况及对转板公司的影响，独立董事对关联交易履行的审议程序是否合法及交易价格是否公允的意见，核心人员最近三年涉及行政处罚、监管措施、纪律处分或自律监管措施、被司法机关立案侦查、被中国证监会立案调查情况的披露等；

3. 创业板转板上市报告书对报告期内履行信息披露义务情况的披露未予以要求。

（四）招股说明书披露存在的主要问题

根据交易所发布的发行上市审核动态以及问询/反馈问题，招股说明书披露存在一些共性的问题，需要在执行过程中予以关注，主要问题包括：

1. 招股说明书中信息披露不全面，针对性不强

对于招股说明书内容与格式准则或审核问答要求披露的内容，存在仅在保荐工作报告中进行说明、未在招股说明书中披露、重要信息披露不完整的情形；招股说明书中遗漏披露股份锁定等承诺事项；对发行人主营业务、主要产品或服务的描述较冗余，未结合企业特点进行精准清晰描述。

2. 招股说明书中风险披露模板化

招股说明书中风险因素章节披露模板化严重，未能结合发行人自身的业务、财务等情况披露相关风险因素；未根据发行人所处行业的细分领域，对其未来发展面临的风险进行全面分析。

3. 招股说明书中关于同行业可比公司的选择依据不明确

招股说明书中对于同行业可比公司的选择存在未披露选择标准、选取标准不客观等问题；在与同行业可比公司毛利率分析时，未充分结合不同公司的产品差异、客户差异、销售模式差异等具体因素分析毛利率差异产生的原因。

4. 招股说明书中豁免信息披露过多影响投资者决策和价值判断

招股说明书中申请豁免披露的信息较多，对投资者作出决策和价值判断构成了障碍或者误导；部分涉军业务的发行人强调保密性要求，招股书存在信息披露过于简单、可读性较差的问题。

三、申请文件的披露

注册制下，按照申报即披露的原则，发行人应及时履行信息披露（见图6－2－1）。

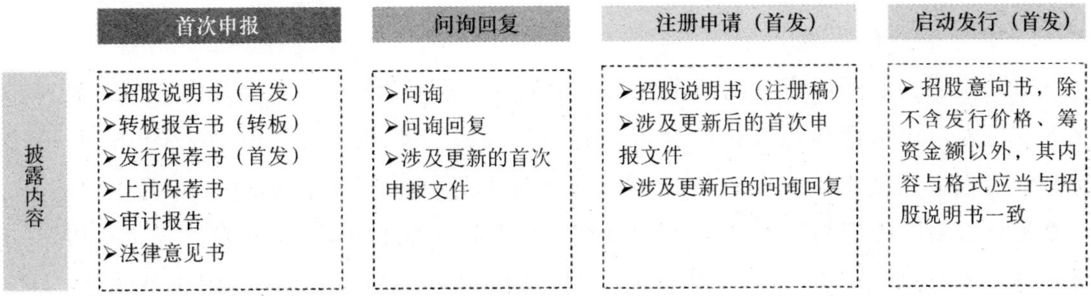

图6－2－1　申请文件披露内容

（一）首次申报

交易所受理发行上市申请文件当日，发行人应当按照交易所的规定在交易所网站预先披露招股说明书、发行保荐书、上市保荐书、审计报告和法律意见书等文件；交易所受理转板申请文件当日，转板公司应当通过交易所网站披露转板报告书、上市保荐书、审计报告、法律意见书等文件。

（二）问询回复

交易所审核机构审核问询的回复是发行上市申请文件的组成部分，发行人及其保荐人、证券服务机构在回复后及时在交易所网站披露问询和回复的内容。

（三）注册申请

上市委员会认为发行人符合发行条件、上市条件和信息披露要求，交易所向中国证监会报送审核意见时，发行人应当将修改后的招股说明书、发行保荐书、上市保荐书、审计报告和法律意见书等文件在中国证监会网站和交易所网站同步公开。

（四）启动发行

发行人在取得中国证监会予以注册决定后，启动股票公开发行前，应当在交易所网站和符合中国证监会规定条件的网站披露招股意向书。发行人披露的招股意向书除不含发行价格、筹资金额以外，其内容与格式应当与招股说明书一致，并与招股说明书具有同等法律效力。

四、申请文件的其他重要事项

（一）财务报告有效期及更新要求

1. 财务报表有效期

招股说明书引用经审计的财务报表在其最近一期截止日后 6 个月内有效，特殊情况下发行人可申请适当延长，但至多不超过 3 个月。举例来说，以 2022 年 6 月 30 日为财务报告审计截止日的在审项目，如未及时更新财报，将于 2023 年 4 月 1 日中止，需要及时更新财务资料。对于以 9 月 30 日为财务基准日的在审企业，应注意以下事项：（1）对于尚未召开上市委会议的项目，财务报告有效期延长时限仍然为 3 个月，发行人应按期提交延期申请，并根据审核进度及时准备年报审计；（2）对于召开完上市委会议的项目，在次年4月30日后，相关申请文件及历轮问询回复需更新年报数据后，方能向证监会提交注册。

2. 在审期间的财务更新要求

尚未提交注册的在审项目更新财务资料时，应同步更新相关申请文件和问询回复（更新部分以楷体加粗）；对于已经提交注册的，审核阶段的问询回复无须同步更新。

发行人更新季报或半年报的，报告期由3年变更为3年一期。在招股说明书“财务会计信息与管理层分析”中，对于资产负债表项目，发行人应对最近一期末与上年末相比发生较大变化的主要会计报表项目进行比较分析，披露变化情况、变化原因及由此可能产生的影响；对于利润表和现金流量表项目，发行人需对主要报表项目的同比变化情况进行比较分析（如上年同期数据未经审计需要注明）。

发行人最近一期（末）主要会计报表项目与上年末或上年同期相比发生重大不利变化、财务状况严重恶化、经营业绩大幅下滑的，应及时向交易所报告，分析是否存在对发行人持续经营能力存在重大不利影响的事项，且对是否符合发行上市条件进行说明，并在重大事项提示和风险因素章节披露相关风险。

此外，申请在科创板、创业板发行上市的，发行人财务报告审计截止日至招股说明书签署日之间超过4个月、7个月的，应当在提交招股说明书（上会稿）前提供发行人初步测算的期间1个季度、2个季度的主要财务数据（或数据区间）。

申请在北交所发行上市的，招股说明书财务报告审计截止日后的信息披露应当比照《北京证券交易所向不特定合格投资者公开发行股票并上市业务规则适用指引1号》的要求。发行人财务报告审计截止日至招股说明书签署日之间超过4个月的，应补充提供经会计师事务所审阅的期间1个季度的财务报表；超过7个月的，应补充提供经会计师事务所审阅的期间2个季度的财务报表。前述经会计师事务所审阅的季度财务报表应当在申报、回复问询等提交申请文件或发行阶段更新招股说明书时提供，提供时需一并完成相关信息披露文件的更新。

3. 提交注册时的财务更新要求

根据《关于首次公开发行股票并上市公司招股说明书财务报告审计截止日后主要财务信息及经营状况信息披露指引（2020年修订）》的规定，发行人应当在提交中国证监会注册的招股说明书中充分披露财务报告审计截止日后的财务信息及主要经营状况。

发行人财务报告审计截止日至招股说明书签署日之间超过4个月的，应补充提供经会计师事务所审阅的期间1个季度的财务报表；超过7个月的，应补充提供经会计师事务所审阅的期间2个季度的财务报表。发行人提供季度经审阅的财务报表的，应在招股说明书管理层分析中以列表方式披露该季度末和上年末、该季度和上年同期及年初至该季度末和上年同期的主要财务信息，包括但不限于：总资产、所有者权益、营业收入、营业利润、利润总额、净利润、归属于母公司股东的净利润、扣除非经常性损益后归属于母公司股东的净利润、经营活动产生的现金流量净额等，并披露纳入非经常性损益的主要项目和金额。

若该季度的主要会计报表项目与财务报告审计截止日或上年同期相比发生较大变化，应披露变化情况、变化原因以及由此可能产生的影响，并在重大事项提示中披露相关风险。发行人应在招股说明书重大事项提示中提醒投资者，发行人已披露财务报告审计截止日后经会计师事务所审阅的主要财务信息（如有）及经营状况。

例如，2023年1月31日后提交注册的，审计截止日为2022年6月30日的发行人应补充提供2022年经审阅的财务报表，招股说明书（注册稿）中应披露2022年末与2021年末的资产权益的同比信息，2022年下半年与2021年下半年、2022年全年与2021年全年的经营成果和现金流量的同比信息，审阅报告也应包括以上口径的同比数据；若主要报表项目与财务报告审计截止日或上年同期相比发生较大变化，应披露变化情况、变化原因以及由此可能产生的影响，并在重大事项提示中披露相关风险。

为向投资者及时提供投资决策和价值判断所需信息，4月30日之后向中国证监会提交注册以及正在履行注册程序的，招股说明书中引用的财务报表应当包括上一年度经审计的财务报表。

此外，招股说明书（注册稿）应在重大事项提示中披露下一报告期业绩预告信息，较上年同期可能发生重大变化的，应分析披露其性质、程度及对持续经营的影响。

4. 注册生效后的财务更新要求

注册生效后，发行人也应按照《关于首次公开发行股票并上市公司招股说明书财务报告审计截止日后主要财务信息及经营状况信息披露指引（2020年修订）》的要求，及时做好财务信息的更新工作。在刊登招股意向书前，如涉及补充提供审阅报告并更新招股说明书信息披露的，应按会后事项履行相关程序。

（二）信息豁免披露申请

发行上市申请文件和对发行上市审核机构审核问询的回复中，拟披露的信息属于国家秘密、商业秘密，披露后可能导致其违反国家有关保密的法律法规或者严重损害公司利益的，在提交发行上市申请文件或问询回复时，发行人及中介机构应当一并提交关于信息豁免披露的专项说明、核查意见，可按程序申请豁免披露。如豁免申请未获得同意，发行人应当补充披露相关信息。

1. 国家秘密

涉及国家秘密或者其他因披露可能导致发行人违反国家有关保密法律法规规定的

信息，原则上可以豁免披露；如要求豁免披露的信息内容较多或者较为重要，可能对投资者的投资决策有重大影响，中介机构应当审慎论证是否符合发行上市的信息披露要求。

涉及国家秘密或者其他因披露可能导致发行人违反国家有关保密法律法规规定的，发行人关于信息豁免披露的申请文件应当逐项说明：

（1）申请豁免披露的信息、认定涉密的依据及理由；

（2）相关信息披露文件是否符合有关保密规定和招股说明书内容与格式准则要求，涉及军工的是否符合《军工企业对外融资特殊财务信息披露管理暂行办法》等相关规定，豁免披露是否对投资者决策判断构成重大障碍；

（3）内部保密制度的制定和执行情况，是否符合《保密法》等相关法律法规的规定，是否存在因违反保密规定受到处罚的情形。

对于发行上市审核注册过程中提出的信息豁免披露或者调整意见，发行人应当相应回复、补充相关文件的内容，有实质性增减的，应当说明调整后的内容是否符合相关规定、是否存在泄密风险。

发行人需提供国家主管部门关于该信息为涉密信息的认定文件。发行人全体董事、监事、高级管理人员出具关于首次公开发行股票并上市的申请文件不存在泄密事项且能够持续履行保密义务的声明，发行人控股股东、实际控制人对其已履行和能够持续履行相关保密义务出具承诺文件。

2. 商业秘密

涉及商业秘密或者其他因披露可能严重损害公司利益的信息，如属于招股说明书内容与格式准则规定应当予以披露的信息，中介机构应当审慎论证是否符合豁免披露的要求。

商业秘密符合下列情形之一，且尚未公开、未泄密的，原则上可以豁免披露：

（1）商业秘密涉及产品核心技术信息；

（2）商业秘密涉及客户、供应商等他人经营信息，且披露该信息可能导致发行人或者他人受到较大国际政治经济形势影响。

商业秘密涉及发行人自身经营信息（如成本、营业收入、利润、毛利率等）、披露后可能损害发行人利益的，如该信息属于招股说明书内容与格式准则、证券期货法律适用意见、监管规则适用指引等中国证监会和交易所相关规则要求披露的信息，原则上不可以豁免披露。

涉及商业秘密或者其他因披露可能严重损害公司利益的，发行人关于信息豁免披露的申请文件应当逐项说明：

（1）申请豁免披露的信息，该信息是否依据内部程序认定为商业秘密，发行人关于商业秘密的管理制度、认定依据、决策程序等；

（2）申请豁免披露的信息是否属于已公开信息或者泄密信息，相关信息披露文件是否符合招股说明书内容与格式准则及相关规定要求，豁免披露是否对投资者决策判断构成重大障碍。

3. 中介机构核查要求

保荐机构、发行人律师应当对发行人将相关信息认定为国家秘密、商业秘密或者因披露可能导致其违反国家有关保密法律法规规定或者严重损害公司利益的依据是否充分进行核查，并对该信息豁免披露符合相关规定、不影响投资者决策判断、不存在泄密风险出具意见明确、依据充分的专项核查报告。申报会计师应当出具对发行人审计范围是否受到限制、审计证据的充分性以及发行人豁免披露的财务信息是否影响投资者决策判断的核查报告。

涉及军工的，中介机构应当说明开展军工涉密业务咨询服务是否符合国防科技工业管理部门等军工涉密业务主管部门的规定。

4. 替代性披露要求

对于豁免披露的信息，发行人应当采取汇总概括、代码或者指数化等替代性方式进行披露，替代方式对投资者作出价值判断及投资决策不应构成重大障碍，并符合《招股书格式准则》的基本要求。中介机构应当就其替代披露方式是否合理，是否对投资者作出价值判断及投资决策存在重大障碍，并符合《招股书格式准则》的基本要求发表明确意见。

（三）自查表/审核关注要点

根据《上海证券交易所发行上市审核业务指南第 4 号——常见问题的信息披露和核查要求自查表》《深圳证券交易所股票发行上市审核业务指南第 3 号——首次公开发行审核关注要点》的相关规定，发行人在提交发行上市申请文件的同时提交自查表/审核关注要点。

1. 自查表

自查表包括关于板块定位相关问题（7 项）、关于合规性相关问题（32 项）、关于财务类相关问题（36 项）和关于行业信息披露及特定类型企业等相关问题（11 项）披露要求，中介机构出具报告的核查要求的落实情况以及对应内容索引章节。

2. 审核关注要点

审核关注要点包括板块定位情况、报告期内的股本和股东变化情况、报告期内重大资产重组情况等共计 43 大项的披露要求以及核查要求的落实情况。

3. 自查表/审核关注要点填报易出现的问题

根据交易所发布的发行上市审核动态，发行人在申报中提交的自查表/审核关注要点存在一些共性的问题，需要在执行过程中予以关注，主要问题包括：

（1）对不适用事项，未按要求对未填报部分进行备注说明；

（2）自查填写相关重要问题，但未在保荐工作报告、律师工作报告等文件中对相关问题的具体情况予以进一步分析或者未发表明确意见；

（3）部分对投资者投资决策较为重要的信息仅在保荐工作报告中说明，未在招股说明书中予以披露；

（4）对资金流水核查执行中存在一定的泛化、专业判断不足的情形。

（四）其他申请文件

根据交易所发布的发行上市审核动态，发行人部分申请文件存在以下主要问题：

1. 关于保荐工作报告。保荐工作报告对于需要核查的问题存在仅说明核查结论，未说明相关核查依据、核查过程、核查手段等情形；

2.《关于发行人符合科创板定位要求的专项意见》文件，未说明相关核查内容、核查方法、核查过程及核查取得的证据；

3.《股东信息披露专项核查报告》文件，未按照《关于科创板落实首发上市企业股东信息披露监管相关事项的通知》的要求进行核查和披露，未按照《关于科创板落实首发上市企业证监会系统离职人员入股监管相关事项的通知》的要求补充相关事项；

4. 保荐人未对关于项目的签字保荐代表人是否符合《证券发行上市保荐业务管理办法》第四条的规定进行说明与承诺，或未对保荐代表人在审项目情形进行说明。

第三节　工作底稿

工作底稿，是指保荐机构及其保荐代表人在从事保荐业务全部过程中获取和编写的、与保荐业务相关的各种重要资料和工作记录的总称。为了规范和指导保荐机构编制、管理证券发行上市保荐业务工作底稿（本章简称“工作底稿”），中国证监会于2009年3月制定并发布了《证券发行上市保荐业务工作底稿指引》（本章简称《底稿指引》），并于2022年5月进行了修订。中国证券业协会于2022年6月发布的了《证券公司首次公开发行股票并上市保荐业务工作底稿目录细则》（本章简称《底稿目录细则》)，将首次公开发行股票并上市保荐业务工作底稿具体目录内容通过自律规则的形式予以明确。

一、工作底稿的基本要求

工作底稿是评价保荐机构及其保荐代表人从事保荐业务是否诚实守信、勤勉尽责的重要依据。保荐机构应当按照《底稿指引》的要求编制证券发行上市保荐业务工作底稿。工作底稿应当真实、准确、完整地反映保荐机构尽职推荐发行人证券发行上市、持续督导发行人履行相关义务所开展的主要工作，并应当成为保荐机构出具发行保荐书、发行保荐工作报告、上市保荐书、发表专项保荐意见以及验证招股说明书的基础。

《底稿指引》是对保荐机构从事证券发行上市保荐业务时编制工作底稿的一般要求，无论指引是否有明确规定，凡对保荐机构及其保荐代表人履行保荐职责有重大影响的文件资料及信息，均应当作为工作底稿予以留存。保荐机构应当在参照指引的基础上，根据发行人的板块、行业、业务、融资类型不同，在不影响保荐业务质量的前提下调整、补充、完善首次公开发行保荐工作底稿。

二、工作底稿的内容及目录

（一）工作底稿的内容

根据修订后的《底稿指引》，工作底稿至少应当包括以下内容：

1. 保荐机构根据有关规定对项目进行立项、内核以及其他相关内部控制工作所形成的文件资料；

2. 保荐机构在尽职调查过程中获取和形成的文件资料；

3. 保荐机构对发行人相关人员进行辅导所形成的文件资料；

4. 保荐机构在协调发行人和证券服务机构时，以定期会议、专题会议以及重大事项临时会议的形式，为发行人分析和解决证券发行上市过程中的主要问题形成的会议资料、会议纪要；

5. 保荐机构、为证券发行上市制作出具有关文件的律师事务所、会计师事务所、资产评估机构等证券服务机构及其签字人员，对发行人与发行上市相关的事项出具的备忘录及专项意见等；

6. 保荐机构根据实际情况，对发行人及其子公司、发行人的控股股东或实际控制人及其子公司等的董事、监事、高级管理人员以及其他人员进行访谈的记录；

7. 保荐机构根据实际情况，对发行人的客户、供应商、开户银行，市场监督、税务、土地、环保、海关等部门、行业主管部门或行业协会以及其他相关机构或部门的相关人员等进行访谈的记录；

8. 发行申请文件、反馈意见的回复、根据审核问询进行核查产生的文件、询价与配售文件以及上市申请和登记的文件；

9. 在持续督导过程中获取的文件资料、出具的保荐意见书及保荐总结报告等相关文件；

10. 保荐代表人为其保荐项目建立的尽职调查工作日志；

11. 保荐机构对所获取资料进行分析、核查、验证所编制的文件资料；

12. 保荐机构在了解、复核其他证券服务机构专业意见的过程中形成的文件资料；

13. 其他对保荐机构及其保荐代表人履行保荐职责有重大影响的文件资料及信息。

发行人子公司对发行人业务经营或财务状况有重大影响的，保荐机构可根据重要性和合理性原则对该子公司单独编制工作底稿。

2022 年 5 月修订的《底稿指引》主要增加了以下内容：

1. 增加对证券服务机构专业意见的相关复核资料；

2. 增加内核阶段工作底稿要求；

3. 增加分析验证过程的相关底稿。

（二）工作底稿的目录编制

2022 年 6 月，中国证券业协会发布的《底稿目录细则》将首次公开发行股票并上市保荐业务工作底稿具体目录内容通过自律规则的形式予以明确，对尽职调查需要关注的事项和尽职调查资料存档要求进行了明确。《底稿目录细则》要求保荐机构应当对工作底稿建立统一目录，且该目录应当便于查阅和核对。

保荐机构可以在参照《底稿目录细则》的基础上，根据发行人的板块、行业、业务类型不同，在不影响首次公开发行并上市业务保荐质量的前提下调整、补充、完善保荐工作底稿目录。对于确实不适用的部分，应当在工作底稿目录中注明“不适用”，并简要说明不适用的原因，但不能删除基础目录。保荐机构可以在不改变实质内容的基础上，根据所申报板块相关规定调整底稿目录主要章节和条目的顺序，以便于对信息披露内容进行验证。对于首次公开发行证券并在主板上市业务以及向不特定合格投资者公开发行股票并在北交所上市业务，保荐机构可根据相关规定，增减具体条款或调整条款表述。

首次公开发行股票并上市业务/向不特定合格投资者公开发行股票并在北交所上市业务保荐工作底稿目录如表 6 - 3 - 1 所示。

表 6-3-1　工作底稿的目录简要内容

底稿目录	主要内容
第一部分 保荐机构尽职调查文件	第一章 发行人基本情况调查
	第二章 业务与技术调查
	第三章 财务会计调查
	第四章 募集资金运用和未来发展规划调查
	第五章 公司治理与独立性调查
	第六章 投资者保护调查
	第七章 风险因素及其他重要事项调查
	第八章 与证券服务机构的协作
第二部分 保荐机构从事保荐业务的记录	第一章 工作执行记录
	第二章 建议书与备忘录
	第三章 访谈提纲及记录
	第四章 对发行人进行现场尽职调查的记录
	第五章 招股说明书验证
第三部分 申请文件及其他文件	第一章 保荐机构内部控制文件
	第二章 辅导文件
	第三章 发行申请文件及反馈意见回复
	第四章 路演、询价、簿记等发行阶段相关文件
	第五章 上市申请文件及证券登记公司文件
	第六章 持续督导文件

三、工作底稿的管理

（一）工作底稿的收集和整理

保荐机构在收集和整理工作底稿时应当注意甄别工作底稿反映内容的真实性、客观性以及有效性，完善有关取证的必要手续。

保荐机构应当在工作底稿中详细记录保荐项目人员配置情况、各人员从事的具体工作，以及相关人员在项目中发挥的作用，明确工作底稿收集整理的责任人员，且保荐机构及相关人员对工作底稿中的未公开披露的信息负有保密责任。

工作底稿应根据项目进展随时收集，分阶段整理。在项目立项前、内核前、申报前、终止或完成后等阶段在电子底稿系统中上传相关工作底稿。工作底稿应当内容完整、格式规范、标识统一、记录清晰，各章节之间应当有明显的分隔标识，不同章节中存在重复的文件资料，可以采用相互引证的方法。保荐机构应当对招股说明书进行验证，并在验证文件与工作底稿之间建立起索引关系。工作底稿应当有调查人员及调查相关人员的签字，并应当符合相关法律法规和监管规定的要求。

工作底稿应进行编号，编号工作应贯穿底稿收集与整理的过程始终，工作底稿编号一般原则：依某项文件在工作底稿目录中首次出现的位置按序编号；如他处也需用此文件，可采用索引方式引证。

（二）工作底稿的审核

保荐机构的业务部门申请启动内核会议审议程序前，应当完成对现场尽职调查阶段工作底稿的获取和归集工作，并提交质量控制部门或团队验收，质量控制部门或团队应当出具明确的验收意见。

保荐机构的质量控制部门或团队应当认真审阅尽职调查工作底稿，对相关专业意见和推荐文件是否依据充分、项目组是否勤勉尽责出具明确验收意见。验收通过的，质量控制部门或团队应当制作项目质量控制报告，列示项目存疑或需关注的问题提请内核会议讨论。验收未通过的，质量控制部门或团队应当要求项目组作出解释或补充相关工作底稿后重新提交验收。工作底稿未验收通过的，不得启动内核会议审议程序。

（三）工作底稿的归档

项目终止或完成后，保荐机构应当在 45 个工作日内完成项目底稿的整理归档工作。持续督导期内，保荐机构应当在持续督导年度工作报告（意见）披露后 30 个工作日内完成相关底稿的归档工作。

保荐机构的质量控制部门或团队应当监督项目组按照相关要求完成工作底稿的整理归档，并对归档工作进行验收。归档后的工作底稿不得进行修改、替换、删除等变更操作。原则上应确保电子底稿内容与纸质底稿内容保持一致，纸质及电子底稿保存期限也应保持一致，且不低于相关法律法规规定的年限。

工作底稿可以纸质文档、电子文档或者其他介质形式的文档留存，其中重要的工作底稿应当采用纸质文档的形式。以纸质以外的其他介质形式存在的工作底稿，应当以可独立保存的形式留存。工作底稿应当至少保存 20 年。

（四）工作底稿的电子化管理

保荐机构应按照中国证券业协会发布的《证券公司投资银行类业务工作底稿电子化管理系统建设指引》等要求建立投资银行类业务工作底稿电子化管理系统（本章简称“底稿系统”），实现对投资银行类业务项目立项、尽职调查、发行承销、后续管理（包括持续督导、受托管理、存续期管理）等作业过程及质量控制、内核、监管审核等流程中所形成的工作底稿的电子化管理。

底稿系统应至少具备以下功能：能够覆盖投资银行各类业务；能够动态反映项目整个生命周期；能够实现业务流程清晰、控制流程完整、底稿管理严格。保荐机构应将底稿系统的有效性评估纳入投资银行类业务内部控制有效性评估，并适时调整完善。

保荐机构应当为其履行过立项程序的每一个投资银行类项目建立独立的工作底稿，且应当覆盖业务的全流程并在底稿系统中全程留痕。例如，底稿系统应具有审阅、添加审核意见、回复意见等功能，并能够保留审核记录。底稿系统中的工作底稿原则上在证券公司本地服务器存储。

保荐机构应建立健全底稿系统功能和管理制度，并在有条件的情况下运用高科技管理手段，提升系统管理和风险控制水平。首先，在组织与制度保障上，保荐机构应建立健全底稿系统的组织管理体系、电子化的相关规章制度、管理制度，明确工作底稿的扫描、上传、存储等规程，还应当指定与投资银行业务部门相分离的部门或团队对底稿系统进行负责。其次，在系统运行上，保荐机构应加强对底稿系统的权限、密码、系统操作日志、底稿文件的管理，做好内部信息隔离及保密工作等以确保底稿系统稳定、安全、高效运行。此外，底稿系统还应具备可扩展性，以适应监管要求的变化、业务范围的增加和数据量的增长等。

底稿系统建成后，保荐机构应分别于向有关单位报送发行、上市等申请文件后 45 个工作日内，以及发行、上市完成后 45 个工作日内，通过底稿系统向协会报送工作底稿目录（申报稿）、对应的文件名和文件校验码，以及工作底稿目录（终稿）、归档后的文件名和文件校验码，以便存档备查。保荐机构应保证报送的工作底稿目录等相关信息真实、准确、完整。

项目一经履行立项程序，无论是否内核、报送、终止，保荐人均须在系统中保留已开展工作的底稿文件及修改、替换、删除等变更痕迹。证监会、证券交易场所另有规定的除外。

第七章　发行与承销

第一节　发行与承销概述

发行与承销环节是募集资金实现的最后一步，核心是定价和配售。随着国内资本市场的发展和成熟，我国证券发行与承销机制也在长期探索中逐步完善。本节主要介绍我国发行与承销机制的历史沿革、制度体系及简要流程。

一、发行与承销机制历史沿革

（一）2005年询价制度实施前

我国证券市场起步较晚，市场环境与境外成熟市场差异较大，受当时经济、社会和法治环境的局限，新股定价机制早期具有浓厚的行政色彩。1993年的《公司法》和1998年的《证券法》均规定，新股发行价格须经证券监管部门批准。2005年询价制度实施前，由于投资者和中介机构等市场主体尚不成熟，市场机制不完善，买方不能对卖方构成有效约束，出于保护投资者目的，首次公开发行股票主要采用限定发行市盈率上限的方式管理发行价格，发行人及主承销商对发行价格没有决定权。这种定价方式对当时市场状况下投资者保护和市场发展发挥了积极作用，但随着市场发展其不足也较突出，其与价格形成机制的市场化要求相距较远，股票一级市场的价格发现功能和资源配置功能发挥不充分。

采用的配售方式包括有限量发售认购证、无限量发售认购证摇号中签、无限量发售申请表与银行储蓄存款挂钩、上网竞价方式、全额预缴款，比例配售、交易所系统网上定价发行、向基金及法人配售、向二级市场投资者配售等方式，其中交易所系统网上定价发行、向二级市场投资者配售方式使用相对较多。

（二）2005 年询价制度实施到 2008 年 9 月新股发行暂停

2004 年修正的《证券法》第二十八条规定，股票发行采取溢价发行的，其发行价格由发行人与承销的证券公司协商确定，取消了新股发行价格须经监管机构核准的规定。同时，随着我国证券市场的发展，尤其是以公募基金为代表的机构投资者队伍不断扩大，机构投资者的研究定价能力和参与确定新股价格的意愿不断增强，具备了以询价方式确定发行价格的条件。

2004 年 12 月中国证监会颁布《关于首次公开发行股票试行询价制度若干问题的通知》并于 2005 年 1 月 1 日实施。该通知规定，首次公开发行股票的公司及其保荐机构应通过向询价对象询价的方式确定股票发行价格，建立了由主承销商选择初步询价对象以及确定价格区间后所有询价对象均可参与网下申购的制度安排，同时对路演推介、询价程序、定价机制、配售、投资价值研究报告撰写等方面进行了规定。

2005 年询价制的实施，实现了由原来的行政主导定价向市场主体主导定价的转变，标志着我国首次公开发行股票市场化定价机制的初步建立。在询价制下，监管部门从单纯核准发行价格过渡到对发行定价过程和市场参与主体行为的监管。

2005 年开始实施的询价制，采用发达市场通行的向合格机构投资者累计投标询价方式确定新股发行价格，从而把市场力量即买卖双方的判断和意向引入发行价格的确定上来，初步实现了不同行业、不同类型公司的差异化定价，向市场化的定价方式迈出了积极的一步。与此同时，为防止发行价格过高，也对部分新股发行最终定价进行必要的窗口指导。

2006 年中国证监会颁布实施《证券发行与承销管理办法》，对询价制度进行了优化调整，规定所有询价对象均可自主选择是否参与初步询价，主承销商不得拒绝询价对象参与初步询价；只有参与初步询价的询价对象才能参与网下申购；首次发行的股票在中小企业板上市的，发行人及其主承销商可以根据初步询价结果确定发行价格，不再进行累计投标询价。

2005 年首次公开发行股票询价制度及 2006 年中国证监会《证券发行与承销管理办法》、上交所《沪市股票上网发行资金申购实施办法》、深交所《资金申购上网定价公开发行股票实施办法》实施后，股票的配售方式确定为向询价对象询价配售与网上定价申购相结合的方式，其中首次公开发行股票数量在 4 亿股以上的，还可以向战略投资者配售股票。

（三）2009 年 6 月—2012 年 11 月新股发行暂停

为进一步健全新股发行体制、强化市场约束机制，2009 年 6 月中国证监会《关于进一步改革和完善新股发行体制改革的指导意见》颁布实施。本次改革的主要措施包括：（1）完善询价和申购的报价约束机制，形成进一步市场化的价格形成机制；（2）优化网上发行机制，将网下网上申购参与对象分开；（3）对网上单个申购账户设定上限，原则上不超过本次网上发行股数的1‰，单个投资者只能使用1个合格账户申购新股；（4）加强新股认购风险提示，提示所有参与人明晰市场风险等措施。上述措施进一步淡化了窗口指导，定价市场化程度进一步提升。

为把发行体制改革向纵深推进，2010年中国证监会发布《关于深化新股发行体制改革的指导意见》，修订《证券发行与承销管理办法》。本次改革的主要措施包括：（1）进一步完善报价申购和配售约束机制。推出了在中小型公司新股发行中，发行人及其主承销商应当根据发行规模和市场情况，合理设定每笔网下配售的配售量，以促进询价对象认真定价。（2）扩大询价对象范围，充实网下机构投资者。主承销商可以自主推荐一定数量的具有较高定价能力和长期投资取向的机构投资者参与网下询价配售。（3）增强定价信息透明度，发行人及其主承销商须披露参与询价的机构的具体报价情况。（4）完善回拨机制和中止发行机制。发行人及其主承销商应当根据发行规模和市场情况，合理设计承销流程，有效管理承销风险。

为健全股票发行和上市交易的基础性制度，推动各市场主体进一步归位尽责，促使新股价格真实反映公司价值，实现一级市场和二级市场均衡协调健康发展，切实保护投资者的合法权益，2012年中国证监会发布《关于进一步深化新股发行体制改革的指导意见》，修订《证券发行与承销管理办法》，规定首次公开发行股票，可以通过向询价对象询价的方式确定股票发行价格，也可以通过发行人与主承销商自主协商直接定价等其他合法可行的方式确定发行价格，发行人应在发行公告中说明本次发行股票的定价方式。在核准批文有效期内，发行人及主承销商可自行选择发行时间窗口；扩大询价对象的范围，主承销商可以自主推荐5～10名投资经验比较丰富的个人投资者参与网下询价配售；提高向网下投资者配售股份比例，建立网下向网上回拨机制；加强对询价、定价过程的监管，承销商应保留询价、定价过程中的相关资料并存档备查；推动部分老股向网下投资者转让，增加新上市公司可流通股份数量。

2009—2012年新股发行出现过“高发行价格、高发行市盈率、高超募”的“三高”现象，破发比例较高，一方面说明市场机制在发挥作用，另一方面也体现出市场主体归位尽责尚存不足。

（四）2013年12月—2019年科创板注册制实施前

2013年底中国证监会发布《关于进一步推进新股发行体制改革的意见》，修订《证券发行与承销管理办法》，引入老股转让、自主配售等机制安排；为促使投资者理性报价，规定确定发行价格须先剔除10%最高报价；要求参与网上申购的投资者须持有一定数量非限售股份等。

因部分原始股东大量转让老股套现及在网下配售存在的不规范行为，2014年3月中国证监会推出完善新股发行改革相关措施并修订《证券发行与承销管理办法》，进一步优化老股转让制度、加强了对网下询价和定价、配售行为的监管。

2015年中国证监会修订《证券发行与承销管理办法》，取消新股申购预先缴款制度，将申购时预先缴款改为确定配售数量后再进行缴款；规定公开发行股票数量在2000万股（含）以下且无老股转让计划的，应当通过直接定价的方式确定发行价格。2016年1月中国证券业协会修订《首次公开发行股票承销业务规范》，规定最高申报价格与最终确定的发行价格相同时，剔除比例可以小于10%，避免出现相同报价中部分投资者被剔除的不公平情形。

2018年中国证监会修订《证券发行与承销管理办法》，规定公开发行股票数量在2000万股（含）以下且无老股转让计划的，可以通过直接定价的方式确定发行价格。

（五）2019年科创板注册制实施后至2023年全面注册制实施前

科创板、创业板及北交所注册制的实施，进一步推进了定价及配售的市场化进程，战略配售及超额配售选择权得到较为广泛的运用，注册制下总体上已经建立了以机构投资者为主体进行询价、定价、配售，由市场供求决定价格的新股发行承销机制。

在定价环节，除公开发行股票并在北交所上市可以采用直接定价或竞价、主板及创业板发行数量2000万股（份）以下（不包括发行人尚未盈利的）且无股东公开发售股份的可以直接定价外，其他均应当通过向网下投资者询价方式确定发行价格。

在配售环节，股票配售方式基本上为向网下投资者询价配售、网上定价申购与战略配售结合的方式。主板及创业板采用直接定价的，全部向网上投资者发售。北交所直接定价和竞价发行的，不安排向询价对象询价配售。

（六）2023年全面注册制实施后

2023年2月17日，中国证监会发布全面实行股票发行注册制相关制度规则，自公布之日起施行。证券交易所、全国中小企业股份转让系统有限责任公司、中国证券登记结算有限责任公司、中国证券金融股份有限公司、中国证券业协会配套制度规则同步发布实施。

全面注册制实施后对新股发行价格、规模等不设任何行政性限制，完善了以机构投资者为主要参与主体的询价、定价、配售等机制，实现新股市场化发行。

证监会规章层面明确定价、配售、发行程序、信息披露和监管处罚等制度的重点问题，各板块统一适用；证券交易所修订了统一的发行承销细则，根据板块定位对网下投资者范围、网上网下回拨比例等制度作出差异化安排；证券业协会制定了承销商、网下投资者发行承销业务自律规则。

全面注册制后，证监会、证券交易所和证券业协会的监管职责边界进一步明确。证监会负责发行承销的总体统筹协调以及对证券交易所监管工作的监督检查和对中国证券业协会的指导；证券交易所负责对发行承销过程实施一线监管，发行人和主承销商应当向证券交易所报送发行承销方案和发行承销总结；证券业协会负责对承销商、网下投资者进行自律管理。

在定价环节，目前注册制下除公开发行股票并在北交所上市可以采用直接定价或竞价、首次公开发行证券发行数量2000万股（份）以下（不包括发行人尚未盈利的）且无股东公开发售股份的可以直接定价外，其他均应当通过向网下投资者询价方式确定发行价格。

在配售环节，股票配售方式基本上为询价配售、网上定价申购与战略配售结合的方式。首次公开发行证券采用直接定价方式的，除保荐人的相关子公司或者保荐人所属证券公司的相关子公司参与发行人证券配售外，全部向网上投资者发售，不能安排向询价对象询价配售及向战略投资者配售。北交所直接定价和竞价发行的，不安排向询价对象询价配售。

二、发行与承销制度体系及简要流程

（一）制度体系

发行与承销方面，我国已建立了法律法规、证监会规章和规范性文件、交易所业务规则和业务指南、证券业协会自律规则等多层次的、完善的制度体系。

1. 法律法规

在法律法规层面上，《公司法》《证券法》对股票定价、配售及承销等方面进行统领性的规范。

《公司法》规定，发起人向社会公开募集股份，应当由依法设立的证券公司承销，签订承销协议；股份的发行，实行公平、公正的原则，同种类的每一股份应当具有同等权利；同次发行的同种类股票，每股的发行条件和价格应当相同，任何单位或者个人所认购的股份，每股应当支付相同价额；股票发行价格可以按票面金额，也可以超过票面金额，但不得低于票面金额；公司发行新股，可以根据公司经营情况和财务状况，确定其作价方案。

《证券法》规定，证券承销业务采取代销或者包销方式；证券公司承销证券，应当同发行人签订代销或者包销协议并载明当事人的名称、住所及法定代表人姓名等内容；证券公司承销证券，不得有进行虚假的或者误导投资者的广告宣传或者其他宣传推介活动、以不正当竞争手段招揽承销业务等行为；股票发行采取溢价发行的，其发行价格由发行人与承销的证券公司协商确定。

2. 证监会规章和规范性文件

《证券公司投资银行类业务内部控制指引》《证券发行与承销管理办法》《首次公开发行股票注册管理办法》《北京证券交易所向不特定合格投资者公开发行股票注册管理办法》等证监会规章和规范性文件对《公司法》及《证券法》发行承销相关要求进行了落实。

《证券公司投资银行类业务内部控制指引》规定，证券公司应当建立健全承销业务制度和决策机制，加强对定价、发行等环节的决策管理，明确具体的操作规程，切实落实承销责任；证券公司应当设立相应的职能部门或团队，专门负责证券发行与承销工作；证券公司应当建立定价配售集体决策机制，以现场、通讯、书面表决等方式对定价配售过程中的重要事项进行集体决策。

《首次公开发行股票注册管理办法》规定，证监会和交易所应当建立对发行承销业务的常态化检查制度。

《证券发行与承销管理办法》作为沪、深证券交易所证券发行承销监管的统领性制度，在定价与配售、证券承销、信息披露等方面进行了总体规范，建立以市场化询价发行定价为主体、以直接定价为补充的定价机制，进一步明确了证监会、交易所和证券业协会的监管职责边界。

《北京证券交易所向不特定合格投资者公开发行股票注册管理办法》对公开发行股票并在北交所上市的发行承销进行了总体规范。

3. 交易所业务规则和业务指南

《上海证券交易所首次公开发行证券发行与承销业务实施细则》《上海证券交易所股票公开发行自律委员会支持全面实行股票发行注册制下企业平稳发行行业倡导建议》《深圳证券交易所首次公开发行证券发行与承销业务实施细则》《深圳证券交易所股票发行规范委员会关于保障全面实行股票发行注册制下新股平稳有序发行的倡议》《北京证券交易所证券发行与承销管理细则》等交易所业务规则和业务指南文件进一步落实了证监会规章和规范性文件的要求，对首次公开发行证券及公开发行股票并在北交所上市的定价与配售、证券承销、信息披露等方面进行了详细的规定。

4. 证券业协会自律规则

《首次公开发行证券承销业务规则》《首次公开发行证券网下投资者管理规则》

《北京证券交易所股票向不特定合格投资者公开发行并上市网下投资者管理特别规定》等证券业协会自律规则，进一步落实了证监会规章和规范性文件的要求，对承销商、网下投资者进行自律管理，对首次公开发行证券及公开发行股票并在北交所上市的路演推介、发行定价、配售、信息披露、投资价值研究报告等方面进行了详细的规定。

（二）简要流程

首次公开发行证券及向不特定合格投资者公开发行股票并在北交所上市主要涉及申请并启动发行、定价和路演、申购与配售、股份登记托管、上市申请及上市等环节，简要流程示意图见图 7－1－1 和图 7－1－2。

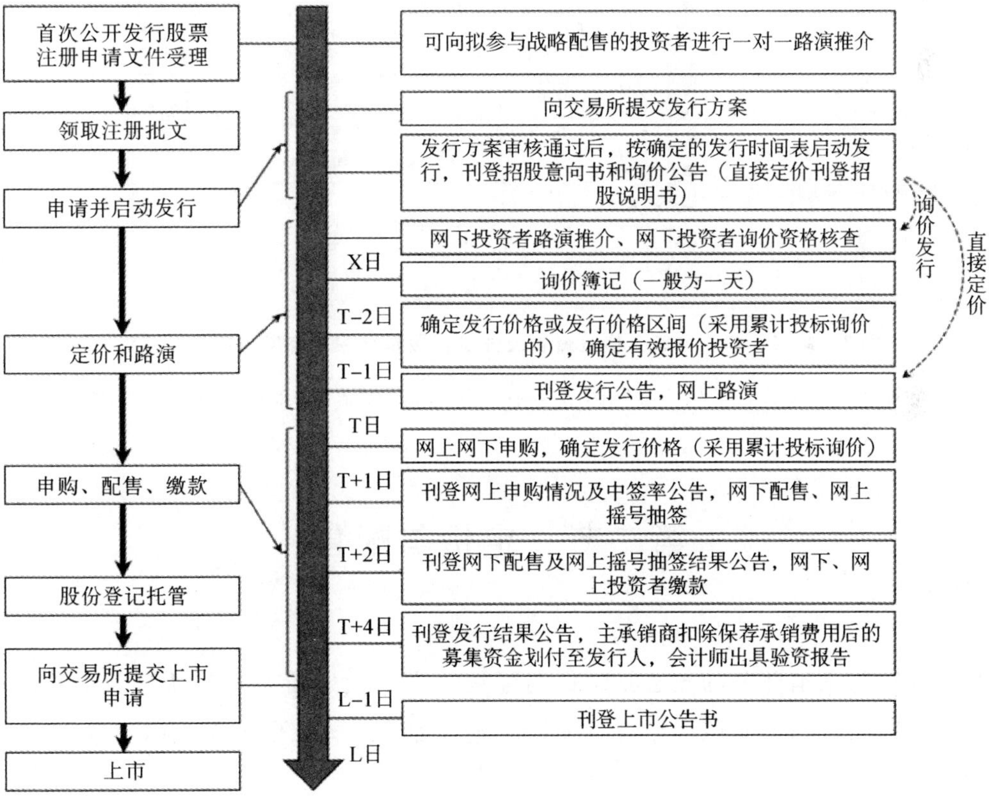

图 7－1－1　沪、深证券交易所首次公开发行证券简要流程

注：X 日为询价日，T 日为申购日，L 日为上市日，加减日期代表往后或往前推算交易日。发行数量 2000 万股（份）以下（不包括发行人尚未盈利的）且无老股转让计划的可以直接定价，采用直接定价的，不再安排向询价对象询价配售。

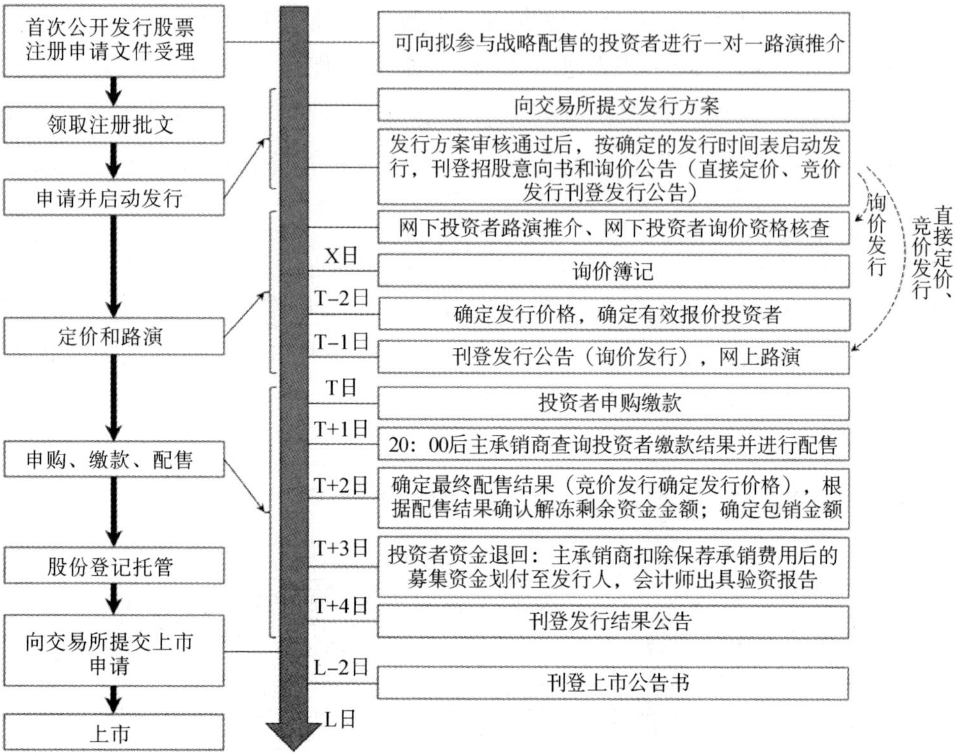

图 7-1-2　向不特定合格投资者公开发行股票并在北交所上市简要流程

注：X 日为询价日，T 日为申购日，L 日为上市日，加减日期代表往后或往前推算交易日。

第二节　定价与配售

股票发行与承销环节的核心是定价与配售，本节就定价及配售所涉及的投资价值研究报告、路演推介、簿记、定价、配售、超额配售选择权等方面的内容进行介绍。

一、投资价值研究报告

根据《首次公开发行证券承销业务规则》，股票首次公开发行采用询价方式确定发行价格的，主承销商应当于招股意向书刊登后的当日向网下投资者提供投资价值研究报告，但不得以任何形式公开披露或变相公开投资价值研究报告或其内容，证监会及交易所另有规定的除外。

根据《北京证券交易所证券发行与承销管理细则》，公开发行股票并在北交所上市采用询价方式的，承销商应当向网下投资者提供投资价值研究报告；采用竞价方式的，承销商应当提供投资价值研究报告并公开披露。投资价值研究报告应当符合中国证券业协会的相关规定。

注册制下，发行定价由市场决定，投资价值研究报告对于投资者判断公司价值有重要的参考意义，高质量的投资价值研究报告有助于定价效率的提升及资本市场价格发现功能的发挥。

（一）内部制度

证券分析师参与撰写投资价值研究报告相关工作，应当参照《发布证券研究报告暂行规定》《发布证券研究报告执业规范》等规则执行，并符合《证券分析师执业行为准则》《证券公司信息隔离墙制度指引》等相关规定。

投资价值研究报告撰写机构应当根据《发布证券研究报告暂行规定》以及《首次公开发行证券承销业务规则》等相关规定制定投资价值研究报告专项内部制度，明确投资价值研究报告撰写要素、质量审核、合规审查等事项的细化标准，以及出具流程等要求，并指定分管研究部门的高级管理人员负责相关工作。

质量审核应当保持审慎原则，参照发行人细分行业、业务与商业模式、公司经营和财务特点等因素制定严格的投资价值研究报告审核标准，明确和细化发行人可比公司选择标准、盈利预测假设条件、估值方法、主要估值参数（包括但不限于无风险收益率、永续增长率、加权平均资本成本）的选择依据。质量审核和合规审查过程中形成的所有工作底稿应当存档备查。

（二）基本原则

撰写投资价值研究报告应当秉承以下原则：

1. 合规、客观、专业、审慎；
2. 资料来源具有权威性；
3. 无虚假记载、误导性陈述或重大遗漏；
4. 主承销商的证券分析师独立撰写投资价值研究报告并署名；
5. 与发行人有关的信息不得超过招股意向书及其他已公开信息的范围；
6. 采用专业、严谨的研究方法和分析逻辑；
7. 基于合理的数据基础和事实依据，审慎提出研究结论；
8. 分析与结论应当保持逻辑一致性；
9. 数据的来源应具有权威性，并注明出处。

（三）跨墙的要求

证券分析师参与撰写投资价值研究报告相关工作，需事先履行跨墙审批手续。

1. 实施跨墙管理时，应当保证跨墙人员的相对稳定，维护跨墙工作流程的严肃性，保证信息隔离制度的有效落实。参与跨墙的证券分析师一经确认，不得随意调整。

跨墙期间，证券分析师应当严格遵守信息保密的要求，将跨墙参与的工作与其他工作有效隔离。

2. 证券分析师可以就投资价值研究报告涉及发行人的相关事实性信息向发行人及投资银行业务部门人员进行真实性、准确性的核实。相关需要核实的事实性内容应提交公司专门负责证券发行与承销的业务部门或团队（以下简称“证券发行与承销部门”）人员，抄送合规审查人员，由证券发行与承销部门人员转给投资银行业务部门人员或发行人进行核实。

证券分析师在进行事实性信息的核实时，不得向发行人及投资银行业务部门人员提供包括估值、盈利预测等投资分析内容的章节。

承销商应当从组织设置、人员职责及工作流程等方面保证证券分析师撰写投资价值研究报告的独立性。参与投资价值研究报告撰写相关人员的薪酬不得与相关项目的业务收入挂钩。

证券分析师应当保持独立性，除对事实性信息的真实性、准确性核实外，证券公司内部相关利益人员和部门、发行人等不得对投资价值研究报告的内容进行评判。

3. 承销商应当对投资价值研究报告事实性信息核实、质量审核、合规审查进行留痕存档管理。

（四）内容要求

投资价值研究报告应当对影响发行人投资价值的因素进行全面分析，至少包括下列内容：

发行人的行业归属、行业政策，发行人与主要竞争者的比较及其在行业中的地位；发行人商业模式、经营状况和发展前景分析；发行人盈利能力和财务状况分析；发行人募集资金投资项目分析；发行人与同行业可比上市公司（如有）的投资价值比较；与发行人相关的风险因素；其他对发行人投资价值有重要影响的因素。

（五）其他注意事项

主承销商不得在刊登招股意向书之前提供投资价值研究报告或泄露报告内容，不得提供承销团以外的机构撰写的投资价值研究报告。

作为保荐人的主承销商的证券分析师应当独立撰写投资价值研究报告并署名。采用联合保荐的，应当至少由其中一家机构的证券分析师撰写投资价值研究报告。承销团其他成员的证券分析师可以根据需要撰写投资价值研究报告，但应保持独立性并署名。

因经营范围限制，作为保荐人的主承销商无法撰写投资价值研究报告的，应委托具有证券投资咨询资格的母公司或子公司撰写投资价值研究报告，双方均应当对投资价值研究报告的内容和质量负责，并采取有效措施做好信息保密工作，同时应当在报告首页承诺本次报告的独立性。

作为保荐人的主承销商无相关资质母公司或子公司的，可委托一家具有证券投资咨询资格和较强研究能力、研究经验的承销团成员独立撰写投资价值研究报告。

二、路演推介

注册制下，定价由市场确定，投资者需在对发行人有深入了解的基础上才能合理报价，路演推介能够促进投资者与股票发行人之间的沟通交流，便于投资者作出明确的价格判断。

（一）基本规定

发行人和主承销商可以采用现场、电话、视频会议、互联网等合法合规的方式进行路演推介。采用公开方式进行路演推介的，应当事先披露举行时间和参加方式。

路演推介期间，发行人和主承销商与投资者任何形式的见面、交谈、沟通，均视为路演推介。

首次公开发行证券及公开发行股票并在北交所上市申请文件受理后至发行人发行申请经交易所审核通过、并获中国证监会同意注册、依法刊登招股意向书前，主承销商不得自行或与发行人共同采取任何公开或变相公开方式进行与证券发行相关的推介活动，也不得通过其他利益关联方或委托他人等方式进行相关活动。

发行人和主承销商采用现场、电话、视频会议、互联网等合法合规的方式进行路演推介时，除发行人、主承销商、投资者及见证律师之外，其他与路演推介工作无关的机构与个人不得进入会议现场，不得参与发行人和主承销商与投资者的沟通交流活动。

主承销商应当以确切的事实为依据，不得夸大宣传或以虚假广告等不正当手段诱导、误导投资者；不得以任何方式发布报价或定价信息；不得阻止符合条件的投资者报价或劝诱投资者报高价；不得口头、书面向投资者或路演参与方透露未公开披露的信息，包括但不限于财务数据、经营状况、重要合同等重大经营信息及可能影响投资者决策的其他重要信息。

主承销商工作人员出现上述情形的，视为相应机构行为。

（二）战略投资者路演推介

首次公开发行证券以及公开发行股票并在北交所上市申请文件受理后，发行人和主承销商可以与拟参与战略配售的投资者进行一对一路演推介，介绍公司、行业基本情况，但路演推介内容不得超出证监会及交易所认可的公开信息披露范围。

路演开始前，发行人和主承销商应当履行事先告知程序，向战略投资者说明路演推介的纪律要求及事后签署路演推介确认书的义务，战略投资者对此无异议的，方可进行路演推介。路演结束后，发行人和主承销商应当与战略投资者签署路演推介确认书，确认路演推介内容符合相关法律法规、监管规定及自律规则的要求。路演推介确认书应由各方分别存档备查。

（三）网下投资者路演推介

向专业从事证券投资的投资者询价是形成股票发行价格的有效方式。采用询价方式确定发行价格的，网下投资者的报价是发行价格形成的重要基础，发行人及主承销商须在网下投资者报价的基础上协商确定发行价格。

招股意向书刊登后，发行人和主承销商可以向网下投资者进行路演推介和询价。发行人和主承销商应当根据项目实际发行情况，预留充裕时间并合理安排路演推介工作。

发行人管理层路演推介时，可以介绍公司、行业及发行方案等与本次发行相关的内容，但路演推介内容不得超出招股意向书及其他已公开信息范围，不得对股票二级市场交易价格作出预测。

证券分析师路演推介应当与发行人路演推介分别进行，帮助网下投资者更好地了解发行人基本面、行业可比公司、发行人盈利预测和估值情况。证券分析师路演推介内容不得超出投资价值研究报告及其他已公开信息范围，不得对股票二级市场交易价格作出预测。主承销商应当采取有效措施保障证券分析师路演推介活动的独立性。鼓励主承销商结合发行人特点，开展多次分析师路演。

主承销商应当对面向两家及两家以上投资者的路演推介过程进行全程录音。主承销商对网下投资者一对一路演推介的，应当记录路演推介的时间、地点、双方参与人及主要内容等，并存档备查。

主承销商应当聘请参与网下发行与承销全程见证的律师事务所在路演推介活动前

对发行人管理层、参与路演的工作人员和证券分析师等进行培训，强调发行人对外宣传资料的口径，包括宣传材料与发行人实际情况的一致性、不允许透露公开资料以外的信息、不允许存在夸张性描述等。主承销商应当要求律师事务所出具培训总结，并督促律师事务所勤勉尽责。

发行人和主承销商的相关路演推介材料应当由律师事务所进行事前审核，确保宣传材料的合法合规性，不能超出相关规定限定的公开信息的内容及范围。主承销商应当要求律师事务所对路演推介材料出具明确审核确认意见。

（四）网上投资者路演推介

发行人和主承销商应当至少采用互联网方式向公众投资者进行公开路演推介，并事先披露举行时间和参加方式。路演时不得屏蔽公众投资者提出的与本次发行相关的问题。路演推介内容不得超出证监会及交易所认可的公开信息披露范围。

发行人和主承销商向公众投资者进行推介时，提供的发行人信息的内容及完整性应与向网下投资者提供的信息保持一致。

三、簿记

根据《首次公开发行证券承销业务规则》，首次公开发行证券通过网下投资者询价方式确定发行价格的，主承销商应当对网下投资者的报价进行簿记建档，记录网下投资者的申购价格和申购数量，并根据簿记建档结果确定发行价格或发行价格区间。主承销商和发行人不得擅自修改网下投资者的报价信息。

鉴于网下投资者申购价格和申购数量信息的敏感性，主承销商应当选定专门的场所用于簿记建档。簿记场所应当与其他业务区域保持相对独立，且具备完善可靠的通讯系统和记录系统，符合安全保密要求。

主承销商应当对簿记现场人员进行严格管理，维持簿记现场秩序，主要包括：

1. 簿记建档开始前，主承销商应当明确簿记现场人员，相关人员进入簿记现场应当签字确认。

2. 簿记建档期间，除主承销商负责本次发行簿记建档的工作人员、合规人员及对本次网下发行进行见证的律师外，任何人员不得进入簿记场所。除簿记场所专用通讯工具外，簿记建档工作人员不得使用任何其他对外通讯工具，不得对外泄露报价信息。簿记建档期间，投资者咨询工作应当集中管理，咨询电话应当全程录音。负责咨询工作的相关人员不得泄露报价信息。

3. 询价期间，簿记场所应当全程录音录像。簿记建档工作人员应当使用簿记专用电脑，其他人员不得携带电脑进入簿记现场，簿记专用电脑上不得安装任何通讯软件。

4. 主承销商应当每年定期对发行簿记工作是否存在违规行为等情况进行自查自纠，对自查发现的问题和隐患及时整改。

公开发行股票并在北交所上市采用向网下投资者询价方式确定发行价格的，因向网下投资者询价是通过交易所交易系统进行的，询价过程中主承销商无法接触网下投资者的申购价格和申购数量信息，因此不须选定专门的场所用于簿记建档。

四、定价

定价是新股发行的核心环节之一，不仅关系到发行人、投资者与承销商等市场主体的切身利益，更关系到资本市场资源配置功能的发挥。

（一）发行定价方式

境内新股定价的方式主要有直接定价、询价定价、竞价定价三种，其中询价定价又分为初步询价直接定价和累计投标询价定价两种方式。各板块目前采用的定价方式见表7－2－1。

表7－2－1　各板块定价方式比较

定价方式 / 板块	直接定价	询价定价（初步询价后直接定价）	询价定价（累计投标询价定价）	竞价定价
主板	√	√	√	×
科创板	√	√	√	×
创业板	√	√	√	×
北交所	√	√	×	√

1. 直接定价

直接定价方式是指承销商与发行人在发行前直接确定发行价格，投资者不参与价格确定过程的一种定价方式。该种方式发行程序简单，较为适合发行规模较小的项目。

首次公开发行证券发行数量2000万股（份）以下且无老股转让计划的，发行人和主承销商可以通过直接定价的方式确定发行价格。发行人尚未盈利的，应当通过向网下投资者询价方式确定发行价格，不得直接定价。

首次公开发行证券通过直接定价方式确定的发行价格对应市盈率不得超过同行业上市公司二级市场平均市盈率；已经或者同时境外发行的，通过直接定价方式确定的发行价格还不得超过发行人境外市场价格。

首次公开发行证券采用直接定价方式的，除参与跟投的保荐人的相关子公司或者保荐人所属证券公司的相关子公司战略配售情形外，全部向网上投资者发行，不进行网下询价和配售。

公开发行股票并在北交所上市可以直接定价发行。采用直接定价方式的，全部向网上投资者发行，不进行网下询价和配售。

采用直接定价方式确定发行价格的，发行人与主承销商应结合发行人所属行业、市场情况、同行业公司估值水平等因素审慎确定发行价格。

2. 询价定价

询价定价方式为目前最为常见的定价方式，是主承销商根据投资者的报价结果并综合公司基本面、市场情况、同行业公司估值水平及承销风险等因素综合确定发行价格的一种方式。

询价定价方式又分为累计投标询价定价和初步询价直接定价两种方式。累计投标询价，是指通过初步询价确定发行价格区间，然后再根据投资者在发行价格区间内申购报价情况结合其他因素最终确定发行价格。初步询价直接定价，是指初步询价结束后不再进行累计投标询价，根据投资者在初步询价阶段的报价结果并综合其他因素直接确定发行价格。

根据《上海证券交易所股票公开发行自律委员会支持全面实行股票发行注册制下企业平稳发行行业倡导建议》及《深圳证券交易所股票发行规范委员会关于保障全面实行股票发行注册制下新股平稳有序发行的倡议》，首次公开发行证券数量低于8 000万股（份）且预计募集资金总额不足15亿元的企业不采用累计投标询价方式确定发行价格。

根据《北京证券交易所证券发行与承销管理细则》，北交所股票公开发行并上市采用询价方式的，应当通过初步询价确定发行价格，不安排累计投标询价。

3. 竞价定价

竞价发行是由投资者以投标竞争的方式来确定发行价格的方式，目前仅公开发行股票并在北交所上市可采用该种定价方式。竞价方式下，全部向网上投资者发行，不进行网下询价和配售。

公开发行股票并在北交所上市采用竞价方式的，定价确定方式如下：

投资者有效申购总量小于或等于网上发行数量且已设置最低申购价格的，发行价格为最低申购价格；未设置最低申购价格的，发行价格为投资者的最低报价。

投资者有效申购总量大于网上发行数量的，发行人和主承销商可以选择下列方式之一确定发行价格：

（1）剔除最高报价部分后，将投资者申购报单按照价格从高到低排序计算累计申购数量，当累计申购数量达到网上发行数量或其一定倍数时，对应的最低申购价格为发行价。报价大于或等于发行价格且未被剔除的投资者为有效报价投资者。

（2）按照事先确定并公告的方法（加权平均价格或算术平均价格）计算申购报单的基准价格，以 0.01 元为一个价格变动单位向基准价格上下扩大价格区间，直至累计申购数量达到网上发行股票数量或其一定倍数，较低的临界价格为发行价格。报价在上下两个临界价格以内（含临界价格）的投资者为有效报价投资者。

（二）定价考虑因素

在新股定价时，考虑因素主要有以下几个方面：

1. 基本面情况、二级市场情绪、同行业可比公司估值、历史价格

对新股进行定价时，需考虑公司的基本面情况、二级市场情绪、同行业可比公司二级市场估值，尤其关注最近发行的同行业可比公司估值定价情况。

公开发行股票并在北交所上市定价时还需考虑历史交易价格或历史发行价格。历史交易价格，是指申请公开发行前 6 个月内最近 20 个有成交的交易日的平均收盘价；历史发行价格，是指申请公开发行前一年内在全国中小企业股份转让系统历次股票发行的价格。

2. 剔除一定比例的最高报价

为了审慎定价，降低部分异常报价对定价的影响，询价及竞价定价方式均设置了高价剔除的安排。

首次公开发行证券、公开发行股票并在北交所上市采用询价方式发行的，高价剔除比例不超过 3%。拟剔除的最高申报价格部分中的最低价格，与确定的发行价格（或者发行价格区间上限）相同时，对该价格的申报可以不剔除，其中公开发行股票并在北交所上市因剔除导致拟申购总量不足的，相应部分可不剔除。

根据《上海证券交易所股票公开发行自律委员会支持全面实行股票发行注册制下企业平稳发行行业倡导建议》及《深圳证券交易所股票发行规范委员会关于保障全面实行股票发行注册制下新股平稳有序发行的倡议》，首次公开发行证券采用询价方式发行的，高价剔除比例不超过 3%，不低于 1%。

公开发行股票并在北交所上市采用竞价发行且采用剔除最高报价方式确定发行价格的，剔除部分不得低于拟申购总量的 5%，因剔除导致拟申购总量不足的，相应部分可不剔除。拟申购总量超过网上发行数量 15 倍的，剔除部分不得低于拟申购总量的 10%。

3. 剔除无效报价和最高报价后的询价（竞价）结果

剔除无效报价和最高报价后的投资者的询价结果为发行人及保荐人（主承销商）定价时最重要的考量因素。

主板、科创板、创业板网下投资者有效报价剔除最高报价部分后所有网下投资者剩余报价的中位数或加权平均数，剔除最高报价后公募基金、社保基金、养老金、年金基金、保险资金和合格境外投资者资金报价中位数和加权平均数（以下简称“四个值”）是定价重要参考依据。

根据《上海证券交易所股票公开发行自律委员会支持全面实行股票发行注册制下企业平稳发行行业倡导建议》及《深圳证券交易所股票发行规范委员会关于保障全面实行股票发行注册制下新股平稳有序发行的倡议》，建议发行人和主承销商综合考虑企业基本面、报价情况、市场与行业环境、承销风险等，审慎评估定价是否超过网下投资者报价“四个值”的孰低值，超过幅度不高于30%。

公开发行股票并在北交所上市网下投资者有效报价剔除最高报价部分后，所有网下投资者剩余报价的中位数或加权平均数、剔除最高报价后投资者的认购倍数等为定价决策提供了重要参考。

4. 承销风险

定价时主承销商及发行人需对发行定价对应的承销风险进行研判，关注认购倍数是否足够、投资者的弃购风险（沪、深证券交易所项目）等。

（三）定价决策

根据《证券公司投资银行类业务内部控制指引》，证券公司应当建立定价配售集体决策机制，对定价配售过程中的重要事项进行集体决策。因此在定价时，主承销商需要履行内部决策程序，通过集体决策确定发行定价。

五、配售

配售是指发行人和主承销商对新发股票进行分配和出售的过程。新股发行中，配售方式包括战略配售、网下配售与网上配售三种。

（一）配售制度安排

根据证监会《证券公司投资银行类业务内部控制指引》，证券公司应该建立定价配售集体决策机制，对定价配售过程中的重要事项进行集体决策。

根据证券业协会《首次公开发行证券承销业务规则》，主承销商应当建立健全组织架构和配售制度，加强配售过程管理，在相关制度中明确对配售工作的要求。配售制度包括决策机制、配售规则和业务流程，以及与配售相关的内部控制制度等。

主承销商可以设置负责配售决策的相关委员会。委员会具体职责应当包括制定战略配售、网上与网下投资者配售工作规则，确定配售原则和方式，履行配售结果审议决策职责，执行配售制度和程序，确保配售过程和结果合法合规。

委员会应当以表决方式对配售相关事宜作出决议。表决结果应当制作书面或电子文件，由参与决策的委员确认，并存档备查。委员会委员应当依照规定履行职责，独立发表意见、行使表决权。

委员会组成人员应当包括合规负责人。主承销商的合规部门应当指派专人对配售制度、配售原则和方式、配售流程以及配售结果，特别是战略投资者和网下投资者的选取标准、配售资格以及是否存在相关法律法规、监管规定及自律规则规定的禁止性情形等进行合规性核查，其他内控部门应当与合规部门共同做好配售过程的内控管理。主承销商合规部门应当对合规性核查事项出具明确意见并提交委员会审议。

主承销商未设置委员会的，应当建立科学合理的集体决策机制。集体决策机制参照委员会的相关要求执行。

（二）战略投资者配售

《证券发行与承销管理办法》《上海证券交易所首次公开发行证券发行与承销业务实施细则》《深圳证券交易所首次公开发行证券发行与承销业务实施细则》《北京证券交易所证券发行与承销管理细则》等制度对战略投资者配售进行了规定。

1. 战略配售股票数量

首次公开发行证券可以实施战略配售。发行证券数量不足 1 亿股（份）的，战略配售证券数量占本次公开发行证券数量的比例应当不超过 20%。发行证券数量 1 亿股（份）以上，不足 4 亿股（份）的，战略配售证券数量占本次公开发行证券数量的比例应当不超过 30%；4 亿股（份）以上的，战略配售证券数量占本次公开发行证券数量的比例应当不超过 50%。

向不特定合格投资者公开发行股票并在北交所上市发行股票数量在 5 000 万股以上的，战略投资者获得配售的股票总量原则上不得超过本次公开发行股票数量的 30%，超过的应当在发行方案中充分说明理由。公开发行股票数量不足 5 000 万股的，战略投资者获得配售的股票总量不得超过本次公开发行股票数量的 20%（见表 7－2－2）。

表 7－2－2　　各板块战略配售数量比较

发行证券数量（股/份）	沪、深证券交易所	北交所
5 000 万以下	不超过 20%	不超过 20%
5 000 万至 1 亿		不超过 30%
1 亿至 4 亿	不超过 30%	
4 亿以上	不超过 50%	

注：上述比例指战略配售证券数量占本次公开发行证券数量的比例。

2. 战略投资者家数

首次公开发行证券数量1亿股（份）以上的，战略投资者应不超过35名；不足1亿股（份）的，战略投资者应不超过10名。向不特定合格投资者公开发行股票并在北交所上市的，战略投资者不得超过10名（见表7－2－3）。

表7－2－3　各板块战略配售数量比较

发行证券数量（股/份）	沪、深证券交易所	北交所
1亿以下	不超过10名	不超过10名
1亿以上	不超过35名	

证券投资基金参与战略配售的，应当以基金管理人的名义作为1名战略投资者参与发行。同一基金管理人仅能以其管理的1只证券投资基金参与本次战略配售。

3. 战略投资者资质要求

参与战略配售的投资者，均应当具备良好的市场声誉和影响力，具有较强资金实力，认可发行人长期投资价值，并按照最终确定的发行价格认购其承诺认购数量的发行人股票。

战略投资者参与股票配售，应当使用自有资金，不得接受他人委托或者委托他人参与，但以公开方式募集设立、主要投资策略包括投资战略配售股票且以封闭方式运作的证券投资基金除外。

4. 战略投资者类型

首次公开发行证券战略配售投资者有以下6种类型：

（1）与发行人经营业务具有战略合作关系或长期合作愿景的大型企业或其下属企业；

（2）具有长期投资意愿的大型保险公司或其下属企业、国家级大型投资基金或其下属企业；

（3）以公开募集方式设立，主要投资策略包括投资战略配售股票，且以封闭方式运作的证券投资基金；

（4）参与跟投的保荐人相关子公司；

（5）发行人的高级管理人员与核心员工参与本次战略配售设立的专项资产管理计划；

（6）符合法律法规、业务规则规定的其他投资者。

向不特定合格投资者公开发行股票并在北交所上市对战略投资者未进行明确分类，符合战略配售投资者资质要求的投资者可参与战略配售。

5. 保荐人相关子公司跟投制度

根据《上海证券交易所首次公开发行证券发行与承销业务实施细则》，科创板试行保荐人相关子公司跟投制度。根据《深圳证券交易所首次公开发行证券发行与承销业务实施细则》，创业板未盈利企业、存在表决权差异安排企业、红筹企业以及发行价格（或者发行价格区间上限）超过“四个值”孰低值的发行人，保荐人相关子公司应当跟投。

创业板发行人为前述规定外的情形、首次公开发行证券并在主板上市、向不特定合格投资者公开发行股票并在北交所上市不实施保荐人相关子公司跟投制度。

跟投具体比例根据发行人首次公开发行证券的规模分档确定：

（1）发行规模不足 10 亿元的，跟投比例为 5%，但不超过 4 000 万元；

（2）发行规模 10 亿元以上、不足 20 亿元的，跟投比例为 4%，但不超过 6 000 万元；

（3）发行规模 20 亿元以上、不足 50 亿元的，跟投比例为 3%，但不超过 1 亿元；

（4）发行规模 50 亿元以上的，跟投比例为 2%，但不超过 10 亿元。

6. 高级管理人员与核心员工参与战略配售

沪深证券交易所规定，发行人的高级管理人员与核心员工可以通过专项资产管理计划参与战略配售，北交所规定，上述人员可通过专项资产管理计划、员工持股计划参与战略配售。获配的股票数量不得超过公开发行股票数量的 10%。

发行人的高级管理人员与核心员工参与战略配售的，应当经发行人董事会审议通过，招股文件和发行公告中披露专项资产管理计划、员工持股计划的具体名称、设立时间、募集资金规模、管理人、实际支配主体以及参与人姓名、职务与持有份额等。

另外，北交所规定，发行人的核心员工参与战略配售的，应当由公司董事会提名，并向全体员工公示和征求意见，由监事会发表明确意见后，经股东大会审议批准。

7. 战略投资者锁定期

战略投资者认购首次公开发行证券的锁定期至少为发行人首次公开发行并上市之日起 12 个月。保荐人相关子公司跟投的，锁定期限为自发行人首次公开发行并上市之日起 24 个月。

向不特定合格投资者公开发行股票并在北交所上市的公开发行股票锁定期至少为发行人公开发行股票上市之日起 6 个月，发行人高级管理人员与核心员工通过专项资产管理计划、员工持股计划等参与战略配售的股票持有期限不得少于 12 个月。

8. 战略投资者核查要求

保荐人及主承销商对战略配售投资者的选取标准、配售资格以及配售禁止性情形进行核查，核查内容至少包括是否存在以下行为：

（1）发行人和主承销商向参与战略配售的投资者承诺上市后股价将上涨，或者股价如果未上涨将由发行人购回证券或者给予任何形式的经济补偿；

（2）主承销商以承诺对承销费用分成、介绍参与其他发行人战略配售等作为条件引入战略投资者；

（3）发行人上市后认购发行人战略投资者管理的证券投资基金及其控股子公司管理的证券投资基金（仅公开发行股票并在北交所上市项目适用）；

（4）发行人承诺在战略投资者获配股份的限售期内，委任与该战略投资者存在关联关系的人员担任发行人的董事、监事及高级管理人员，但发行人的高级管理人员与核心员工设立专项资产管理计划、员工持股计划（公开发行股票并在北交所上市项目）参与战略配售的除外；

（5）战略投资者使用非自有资金认购发行人股票，或者存在接受其他投资者委托或委托其他投资者参与本次战略配售的情形（符合战略配售条件的证券投资基金等主体除外）；

（6）其他直接或间接进行利益输送的行为。

发行人须就上述核查事项出具承诺，保荐人及主承销商负责收集上述核查内容所需要的材料并进行核查。

除了发行人出具相关承诺外，战略投资者也需就以下事项出具承诺函：

（1）其为本次配售证券的实际持有人，不存在受其他投资者委托或委托其他投资者参与本次战略配售的情形（符合战略配售条件的证券投资基金等主体除外）；

（2）其资金来源为自有资金（符合战略配售条件的证券投资基金等主体除外），且符合该资金的投资方向；

（3）不通过任何形式在限售期内转让所持有本次配售的证券；

（4）与发行人或其他利益关系人之间不存在输送不正当利益的行为；

（5）遵守并符合中国证监会、交易所、协会制定的相关规定；

（6）其他需要承诺的内容。

（三）网下投资者配售

1. 总体原则

根据中国证券业协会《首次公开发行证券承销业务规则》，在网下配售时，除满足相关规则确定的基本条件外，发行人和主承销商可以结合项目特点，合理设置配售对象的具体条件。配售对象条件应当在发行公告中事先披露。在网下配售时，主承销商对配售对象进行分类的，应当明确配售对象分类机制，并按照相关规定事先披露。

在网下配售时，发行人和主承销商应当根据证监会及交易所的规定，并结合以下因素确定清晰、明确、合理、可预期的配售原则：

（1）投资者条件，包括投资者类型、独立研究及评估能力、限售期安排和长期持股意愿等；

（2）报价情况，包括投资者报价、报价时间等；

（3）申购情况，包括投资者申购价格、申购数量等；

（4）行为表现，包括历史申购情况、网下投资者与发行人和主承销商的战略合作关系等；

（5）协会对网下投资者的评价结果。

主承销商应当按照事先披露的配售原则和配售方式，在有效申购的网下投资者中审慎选择股票配售对象。

2. 网下投资者类型及发行数量分配（见表 7－2－4 至表 7－2－7）

表 7－2－4　　各板块网下投资者类别比较

主板	科创板、创业板	北交所
证券公司、基金管理公司、保险公司及前述机构资产管理子公司、期货公司、信托公司、财务公司、合格境外投资者、符合一定条件的私募基金管理人等专业机构投资者；符合一定条件在中国境内依法设立的其他法人和组织以及个人投资者	证券公司、基金管理公司、保险公司及前述机构资产管理子公司、期货公司、信托公司、财务公司、合格境外投资者、符合一定条件的私募基金管理人等专业机构投资者	证券公司、基金管理公司、保险公司及前述机构资产管理子公司、期货公司、信托公司、财务公司、合格境外投资者、符合一定条件的私募基金管理人等专业机构投资者；符合一定条件在中国境内依法设立的其他法人和组织以及个人投资者

表 7－2－5　　各板块网下向网上回拨比例比较

<table>
<tr><th>网上有效申购倍数</th><th>主板</th><th>科创板</th><th>创业板</th><th>北交所</th></tr>
<tr><td>不超过 15 倍</td><td rowspan="2">0%</td><td rowspan="2">0%</td><td rowspan="2">0%</td><td>0%</td></tr>
<tr><td>超过 15 倍，不超过 50 倍</td><td>5%</td></tr>
<tr><td>超过 50 倍，不超过 100 倍</td><td>20%</td><td>5%</td><td>10%</td><td rowspan="2">10%</td></tr>
<tr><td>超过 100 倍</td><td>40%</td><td>10%</td><td>20%</td></tr>
</table>

注：（1）比例以公开发行证券数量为基数计算，公开发行证券数量应当扣除战略配售部分计算，主板发行规模在 100 亿元以上的还应当扣除网下限售部分。

（2）科创板、创业板回拨后无限售期的网下发行数量原则上不超过本次公开发行证券数量的 80%、70%。

表 7－2－6　　各板块网下初始发行数量比较

发行后总股本或发行人盈利情况	主板	科创板、创业板	北交所
不超过 4 亿股（份）	不低于 60%	不低于 70%	不低于 60% 且不高于 80%
超过 4 亿股（份）	不低于 70%	不低于 80%	
未盈利发行人	未作特别规定	不低于 80%	

注：比例以公开发行证券数量为基数计算，公开发行证券数量应当扣除战略配售部分计算。

（1）首次公开发行证券。科创板及创业板首次公开发行证券采用询价方式的，应当向证券公司、基金管理公司、期货公司、信托公司、保险公司、财务公司、合格境外投资者和私募基金管理人等专业机构投资者询价。首次公开发行证券并在主板上市的，还应当向其他法人和组织、个人投资者询价。

发行人和主承销商应要求参加网下询价和配售业务的网下投资者指定的配售对象，以项目初步询价开始前两个交易日为基准日，其在项目发行上市所在证券交易所基准日前 20 个交易日（含基准日）的非限售股票和非限售存托凭证总市值的日均值应为 6 000 万元（含）以上。科创和创业等主题封闭运作基金与封闭运作战略配售基金，在该基准日前 20 个交易日（含基准日）的非限售股票和非限售存托凭证总市值的日均值应为 1 000 万元（含）以上。

首次公开发行证券并在主板上市，采用询价方式的，公开发行后总股本不超过 4 亿股（份）的，网下初始发行比例不低于本次公开发行证券数量的 60%；公开发行后总股本超过 4 亿股（份）或者发行人尚未盈利的，网下初始发行比例不低于本次公开发行证券数量的 70%。

首次公开发行证券并在科创板、创业板上市采用询价方式的，公开发行后总股本不超过 4 亿股（份）的，网下初始发行比例不低于本次公开发行证券数量的 70%；公开发行后总股本超过 4 亿股（份）或者发行人尚未盈利的，网下初始发行比例不低于本次公开发行证券数量的 80%。

实施战略配售的，应当扣除战略配售部分后确定网上网下发行比例。

首次公开发行证券采用询价方式的，网上投资者有效申购倍数超过 50 倍且不超过 100 倍的，应当从网下向网上回拨，回拨比例为本次公开发行股票数量（扣除战略配售部分）的 5%（科创板）、10%（创业板）、20%（主板）；网上投资者有效申购倍数超过 100 倍的，回拨比例为本次公开发行股票数量（扣除战略配售部分）的 10%（科创板）、20%（创业板）、40%（主板）；回拨后无限售期的网下发行数量原则上不超过本次公开发行股票数量（扣除战略配售部分）的 80%（科创板）、70%（创业板）。

（2）公开发行股票并在北交所上市。公开发行股票并在北交所上市通过网下询价方式确定股票发行价格的，在中国证券业协会注册并开通北交所网下询价业务权限的证券公司、基金管理公司、信托公司、财务公司、保险公司、合格境外投资者等六类机构投资者，以及符合一定条件的其他机构投资者和个人投资者，可以参与公开发行股票并在北交所上市项目的网下询价和配售业务。

公开发行股票并在北交所上市通过网下询价方式确定股票发行价格的，网下初始发行比例应当不低于 60% 且不高于 80%。有战略配售安排的，应当扣除战略配售部分后确定网上网下发行比例。

网上投资者有效申购倍数超过 15 倍，不超过 50 倍的，应当从网下向网上回拨，回拨比例为本次公开发行数量（扣除战略配售部分）的 5%；网上投资者有效申购倍数超过 50 倍的，回拨比例为本次公开发行数量（扣除战略配售部分）的 10%。

3. 网下投资者禁止配售规定

为强化对配售行为的监管，《证券发行与承销管理办法》及《首次公开发行证券网下投资者管理规则》等相关制度设定了禁止配售的投资者范围，要求发行人和主承销商应当对获得配售的网下投资者进行核查，确保在网下发行中不向下列对象配售股票：

（1）发行人及其股东、实际控制人、董事、监事、高级管理人员和其他员工，发行人及其股东、实际控制人、董事、监事、高级管理人员能够直接或间接实施控制、共同控制或施加重大影响的公司，以及该公司控股股东、控股子公司和控股股东控制的其他子公司。

（2）主承销商及其持股比例 5% 以上的股东，主承销商的董事、监事、高级管理人员和其他员工，主承销商及其持股比例 5% 以上的股东、董事、监事、高级管理人员能够直接或间接实施控制、共同控制或施加重大影响的公司，以及该公司控股股东、控股子公司和控股股东控制的其他子公司。

（3）承销商及其控股股东、董事、监事、高级管理人员和其他员工。

（4）第（1）项、第（2）项、第（3）项所述人士的关系密切的家庭成员，包括配偶、子女及其配偶、父母及配偶的父母、兄弟姐妹及其配偶、配偶的兄弟姐妹、子女配偶的父母。

（5）过去 6 个月内与主承销商存在保荐、承销业务关系的公司及其持股 5% 以上的股东、实际控制人、董事、监事、高级管理人员，或已与主承销商签署保荐、承销业务合同或达成相关意向的公司及其持股 5% 以上的股东、实际控制人、董事、监事、高级管理人员。

（6）通过配售可能导致不当行为或不正当利益的其他自然人、法人和组织。

（7）被列入中国证券业协会公布的首次公开发行证券及北京证券交易所股票公开

发行并上市网下投资者异常名单和限制名单中的网下投资者。

（8）信托资产管理产品，或以博取证券一级、二级市场价差为主要投资目的参与网下询价和配售业务的产品。

（9）本次发行的战略投资者。

第（2）项、第（3）项规定的禁止配售的对象管理的且未参与本次战略配售的公募基金、社保基金、养老金、年金基金除外，但应当符合中国证监会和国务院其他主管部门的有关规定。第（9）项中的证券投资基金管理人管理的未参与战略配售的公募基金、社保基金、养老金、年金基金除外。

4. 网下投资者内部分配

（1）网下投资者分类配售。对网下投资者分类配售的，发行人和主承销商可以根据配售对象的机构类别、产品属性、承诺持有期限等合理设置具体类别，在发行公告中预先披露；同类投资者获得配售的比例应当相同。

公募基金、社保基金、养老金、年金基金、保险资金和合格境外投资者资金的配售比例不得低于其他投资者。

首次公开发行证券，发行人和主承销商应当安排不低于本次网下发行证券数量的70%优先向公募基金、社保基金、养老金、年金基金、保险资金和合格境外投资者资金配售。公募基金、社保基金、养老金、年金基金、保险资金和合格境外投资者资金有效申购不足安排数量的，发行人和主承销商可以向其他符合条件的网下投资者配售剩余部分。

公开发行股票并在北交所上市对网下投资者进行分类配售的，同类投资者获得配售的比例应当相同。公募基金、社保基金、养老金、年金基金、保险资金和合格境外投资者资金的配售比例应当不低于其他投资者。网下投资者可与发行人和主承销商自主约定网下配售股票的持有期限并公开披露。

（2）网下限售安排及二次配售。首次公开发行证券安排网下限售的，发行人和主承销商可以采用摇号限售或者比例限售方式，限售期不低于6个月。采用摇号限售方式的，摇号抽取不低于10%的配售对象账户，网下投资者应当承诺中签账户获配证券限售；采用比例限售方式的，网下投资者应当承诺不低于10%的获配证券数量限售。首次公开发行证券发行规模在100亿元以上的，设置相应限售期的配售对象账户或者获配证券数量的比例不低于70%。

市场发生重大变化的，发行人和主承销商可以要求网下投资者缴纳不超过拟申购金额20%的保证金。要求网下投资者缴纳保证金的，发行人和主承销商应当按照公正、透明的原则，在发行与承销方案中明确收取认购保证金及网下投资者弃购时保证金的处理方式等安排，并在发行公告中披露。

市场发生重大变化，投资者弃购数量占本次公开发行证券数量比例超过 10% 的，发行人和主承销商可以就投资者弃购部分向网下投资者进行二次配售。

安排二次配售的，发行人与主承销商应当在发行与承销方案中约定二次配售的程序、投资者条件和配售原则等。发行人和主承销商应当发布二次配售公告，披露网下机构投资者二次配售及缴款安排。

公开发行股票并在北交所上市未设置网下限售、网下投资者保证金及二次配售的制度安排。

（四）网上投资者

网上投资者是新股投资者中的重要组成部分。适当的安排部分股票向网上投资者配售，有助于提升中小投资者参与首次公开发行证券及公开发行股票并在北交所上市认购的积极性和保护中小投资者合法权益。

《证券发行与承销管理办法》《上海证券交易所首次公开发行证券发行与承销业务实施细则》《深圳证券交易所首次公开发行证券发行与承销业务实施细则》《北京证券交易所证券发行与承销管理细则》《上海市场首次公开发行股票网上发行实施细则》《深圳市场首次公开发行股票网上发行实施细则》等制度对网上投资者配售进行了规定。

1. 网上发行的比例安排

（1）主板：

首次公开发行证券并在主板上市采用询价方式的，公开发行后总股本不超过 4 亿股（份）的，网上初始发行比例不超过本次公开发行证券数量的 40%；公开发行后总股本超过 4 亿股（份），网上初始发行比例不超过本次公开发行证券数量的 30%。实施战略配售的，应当扣除战略配售部分后确定网上网下发行比例。

首次公开发行证券并在主板上市采用询价方式的网上投资者有效申购倍数超过 50 倍且不超过 100 倍的，应当从网下向网上回拨，回拨比例为本次公开发行股票数量（扣除设定限售期的战略投资者部分，本段以下同）的 20%；网上投资者有效申购倍数超过 100 倍的，回拨比例为本次公开发行股票数量的 40%。

首次公开发行证券并在主板上市采用直接定价方式的，全部向网上投资者配售。

（2）科创板及创业板：

首次公开发行证券并在科创板、创业板上市采用询价方式的，公开发行后总股本不超过 4 亿股（份）的，网上初始发行比例不超过本次公开发行证券数量的 30%；公开发行后总股本超过 4 亿股（份）或者发行人尚未盈利的，网上初始发行比例不超过本次公开发行证券数量的 20%。实施战略配售的，应当扣除战略配售部分后确定网上网下发行比例。

首次公开发行证券并在科创板、创业板上市采用询价方式的网上投资者有效申购倍数超过50倍且不超过100倍的，应当从网下向网上回拨，回拨比例为本次公开发行股票数量（扣除设定限售期的战略投资者部分，本段以下同）的5%（科创板）、10%（创业板）；网上投资者有效申购倍数超过100倍的，回拨比例为本次公开发行股票数量的10%（科创板）、20%（创业板）；回拨后无限售期的网下发行数量原则上不超过本次公开发行股票数量的80%（科创板）、70%（创业板）。

首次公开发行证券并在创业板上市采用直接定价方式的，全部向网上投资者配售。首次公开发行证券并在科创板上市采用直接定价方式的，除保荐机构子公司跟投外，剩余部分全部向网上投资者配售。

（3）公开发行股票并在北交所上市：

公开发行股票并在北交所上市采用询价方式的，网上初始发行比例应当不低于20%且不高于40%。有战略投资者配售股票安排的，应当扣除向战略投资者配售部分后确定网上网下发行比例。

网上投资者有效申购倍数超过15倍，不超过50倍的，应当从网下向网上回拨，回拨比例为本次公开发行数量（扣除战略配售部分）的5%；网上投资者有效申购倍数超过50倍的，回拨比例为本次公开发行数量（扣除战略配售部分）的10%。

公开发行股票并在北交所上市采用直接定价、竞价定价方式的，除战略配售部分外，其他部分全部向网上投资者配售。

2. 网上投资者配售方式

（1）首次公开发行证券：

首次公开发行证券采用摇号抽签方式对网上申购进行配售。网上有效申购总量大于网上发行总量时，交易所按照每500股配一个号的规则对有效申购进行统一连续配号，主承销商在公证机构监督下根据总配号量和中签率组织摇号抽签，每一个中签号可认购500股新股。

如网上有效申购数量小于或等于网上发行总量，则无须进行摇号抽签，所有配号都是中签号码，投资者按其有效申购量认购股票。

（2）公开发行股票并在北交所上市：

北交所采用等比例配售方式对网上申购进行配售。网上投资者有效申购总量大于网上发行数量时，根据网上发行数量和有效申购总量的比例计算各投资者获得配售股票的数量。其中不足100股的部分，汇总后按申购数量优先、数量相同的时间优先原则向每个投资者依次配售100股，直至无剩余股票。

如网上有效申购数量小于或等于网上发行总量，则无须进行等比例配售，投资者按其有效申购量认购股票。

六、超额配售选择权

超额配售选择权，又称“绿鞋”，是指发行人授予主承销商的一项选择权，获此授权的主承销商按同一发行价格超额发售不超过公开发行数量 15% 的股份。在本次股票上市之日起 30 个自然日内，主承销商有权根据市场情况，从竞价交易市场购买发行人证券，或者要求发行人增发证券，分配给对此超额发售部分提出认购申请的投资者。通过行使超额配售选择权，可以起到平衡市场供求关系、稳定市价的作用。

（一）基本规定

根据《证券发行与承销管理办法》《上海证券交易所首次公开发行证券发行与承销业务实施细则》《深圳证券交易所首次公开发行证券发行与承销业务实施细则》《北京证券交易所证券发行与承销管理细则》等制度，发行人和主承销商可以在发行方案中采用超额配售选择权。采用超额配售选择权发行数量不得超过首次公开发行或公开发行股票并在北交所上市发行数量的 15%。主承销商采用超额配售选择权，超额配售选择权发行股票数量应少于战略配售投资者获配数量，并应当与参与本次配售并同意作出延期交付股份安排的投资者达成协议。

根据《上海证券交易所股票公开发行自律委员会支持全面实行股票发行注册制下企业平稳发行行业倡导建议》及《深圳证券交易所股票发行规范委员会关于保障全面实行股票发行注册制下新股平稳有序发行的倡议》，建议首次公开发行证券数量低于 8 000 万股（份）且预计募集资金总额不足 15 亿元的发行人不采用超额配售选择权。

（二）实施程序

发行人和主承销商应当审慎评估采用超额配售选择权的可行性、预期目标等，并在首次预先披露的招股说明书中明确是否采用超额配售选择权以及采用超额配售选择权发行证券数量上限。

采用超额配售选择权的，应当在招股意向书和招股说明书中披露超额配售选择权实施方案，包括实施目标、操作策略、可能发生的情形以及预期达到的效果等；在发行公告中披露全额行使超额配售选择权拟发行证券的具体数量。

采用超额配售选择权的主承销商，可以在征集投资者认购意向时，与投资者达成预售拟行使超额配售选择权所对应证券的协议，明确投资者预先付款并同意向其延期交付证券。主承销商应当将延期交付证券的协议报交易所和中国结算公司备案。

采用超额配售选择权的，发行人应授予主承销商超额配售证券并使用超额配售股票募集的资金从二级市场竞价交易购买发行人证券的权利。通过联合主承销商发行证券的，发行人应授予其中 1 家主承销商前述权利。主承销商与发行人签订的承销协议中，应当明确发行人对主承销商采用超额配售选择权的授权，以及获授权的主承销商的相应责任。

获授权的主承销商，应当勤勉尽责，建立独立的投资决策流程及相关防火墙制度，严格执行内部控制制度，有效防范利益输送和利益冲突。

获授权的主承销商应当向中国结算公司申请开立使用超额配售证券募集的资金买入股票的专门账户，并向交易所和中国结算公司提交授权委托书及授权代表的有效签字样本。所涉及的开户、清算、交收等事项，应当按照交易所和中国结算公司相关规则办理。

获授权的主承销商应当将超额配售证券募集的资金存入其在商业银行开设的独立账户。获授权的主承销商在发行人证券上市之日起 30 个自然日内，不得使用该账户资金外的其他资金或者通过他人账户交易发行人证券。

发行人证券在上市之日起 30 个自然日内，北交所项目获授权的主承销商有权从二级市场以不超过发行价的价格竞价交易买入发行人股票；首次公开发行证券项目获授权的主承销商有权使用超额配售证券募集的资金，以《上海证券交易所交易规则》或《深圳证券交易所交易规则》规定的竞价交易方式购买发行人证券，申报买入应符合下列规定：

（1）在开盘集合竞价阶段申报的，申报买入价格不得超过本次发行的发行价，且不得超过即时行情显示的前收盘价格；

（2）发行人证券的市场交易价格低于或者等于发行价格的，可以在连续竞价阶段申报，申报买入价格不得超过本次发行的发行价；

（3）在收盘集合竞价阶段申报的，申报买入价格不得超过本次行的发行价，且不得超过最新成交价格。

主板、科创板、创业板使用超额配售证券募集的资金从二级市场购买发行人证券所产生的费用由主承销商承担。主承销商以竞价交易方式买入的股票不得卖出。

获授权的主承销商未购买发行人股票或者购买发行人股票数量未达到全额行使超额配售选择权拟发行股票数量的，可以要求发行人按照发行价格增发股票。

主承销商以竞价交易方式购买的发行人证券与要求发行人增发的证券之和，不得超过发行公告中披露的全额行使超额配售选择权拟发行证券数量。

获授权的主承销商以竞价交易方式购买的发行人证券应当存入超额配售选择权专门账户。

在超额配售选择权行使期届满或者累计购回证券数量达到采用超额配售选择权发

行证券数量限额的 2 个工作日内，发行人与获授权的主承销商应当披露以下情况：

（1）超额配售选择权行使期届满或者累计购回证券数量达到采用超额配售选择权发行证券数量限额的日期。

（2）超额配售选择权实施情况是否合法、合规，是否符合所披露的有关超额配售选择权的实施方案要求，是否实现预期达到的效果。

（3）因行使超额配售选择权而发行的证券数量；如未行使或部分行使，应当说明买入发行人证券的数量及所支付的总金额、平均价格、最高与最低价格。

（4）发行人本次筹资总金额。

（5）要求披露的其他信息。

主承销商应当在超额配售选择权行使期届满或者累计行使数额达到采用超额配售选择权发行证券数量限额的 5 个工作日内：

（1）根据超额配售选择权行使情况，向发行人支付超额配售证券募集的资金，向同意延期交付证券的投资者交付证券。

（2）向交易所和中国结算公司提出申请并提供相应材料，并将超额配售选择权专门账户上所有的证券和要求发行人增发的证券向同意延期交付证券的投资者交付。

（3）将应付给发行人的资金（如有）支付给发行人，应付资金按以下公式计算：

发行人因行使超额配售选择权的募集资金 = 发行价 ×（超额配售选择权累计行使数量 - 主承销商从二级市场买入发行人证券的数量）- 因行使超额配售选择权而发行证券的承销费用

（4）使用超额配售募集的资金从二级市场购入证券的，应将除购回证券使用的资金及划转给发行人增发证券部分的资金（如有）外的剩余资金及时交付至中国证券投资者保护基金有限责任公司，纳入证券投资者保护基金。

在超额配售选择权行使期届满或者累计购回数量达到采用超额配售选择权发行证券数量限额的 10 个工作日内，获授权的主承销商应当将超额配售选择权的实施情况和使用超额配售证券募集资金买入股票的完整记录报交易所备案。

获授权的主承销商应当保存使用超额配售证券募集资金买入股票的完整记录，保存时间不得少于 10 年，记录应当包括以下信息：

（1）每次申报买入证券的时间、价格与数量；

（2）每次申报买入证券的价格确定情况；

（3）买入证券的每笔成交信息，包括成交时间、成交价格、成交数量等。

（三）超额配售选择权的案例

截至 2023 年 4 月 30 日，注册制下已上市的 518 家科创板企业中有 7 家采用超额配售选择权，注册制下创业板项目尚无采用超额配售选择权的案例。7家采用超额配售选择权的科创板项目均按法规上限15%设置可超额配售的股数，其中中芯国际等5家于上市后全额行使超额配售权，在初始发行数量的基础上增发股票。百济神州、信科移动上市后跌破发行价格，最终由获授权主承销商利用发行超额配售所获得的资金以竞价交易方式从二级市场买入股票，最终发行数量与初始发行数量一致（见表7－2－7）。

表7－2－7　　科创板超额配售选择权实施情况

股票代码	股票简称	上市日期	发行价格（元/股）	可超额配售数量（万股，占初始发行数量的比例）	实施结果
688396. SH	华润微	2020－02－27	12.80	4 394.90（15%）	全额行使
688981. SH	中芯国际	2020－07－16	27.46	25 284.30（15%）	全额行使
688538. SH	和辉光电	2021－05－28	2.65	40 221.65（15%）	全额行使
688425. SH	铁建重工	2021－06－22	2.87	19 277.70（15%）	全额行使
688235. SH	百济神州	2021－12－15	192.60	1 725.80（15%）	未行使
688400. SH	凌云光	2022－07－06	21.93	1 350.00（15%）	全额行使
688387. SH	信科移动	2022－09－26	6.05	10 256.25（15%）	未行使

截至2023年4月30日，2021年11月以来已上市且披露超额配售选择权实施结果公告的120家北交所项目均采用超额配售选择权，其中38家全额行权，增发股数约占初始发行数量的15.00%；12家部分行权，增发股数最低占初始发行数量的2.09%，最高占初始发行数量的13.38%，获授权主承销商在二级市场上购买股票，最终增发股票的数量和购买股票数量之和与超额配售选择权的数量上限相等；70家未行权，在二级市场按可超配配售股数上限全额买入股票（见表7－2－8）。

表7－2－8　　北交所超额配售选择权实施情况

代码	名称	上市日期	发行价格（元/股）	可超额配售数量（万股，约占初始发行数量的比例）	实施结果
836260. BJ	中寰股份	2021－11－15	13.45	127.50（15%）	全额行使
831832. BJ	科达自控	2021－11－15	13.00	270.00（15%）	全额行使
871981. BJ	晶赛科技	2021－11－15	18.32	178.17（15%）	全额行使
870436. BJ	大地电气	2021－11－15	8.68	270.00（15%）	全额行使
833454. BJ	同心传动	2021－11－15	3.95	375.00（15%）	全额行使
832171. BJ	志晟信息	2021－11－15	6.80	217.96（15%）	全额行使
833873. BJ	中设咨询	2021－11－15	4.50	500.70（15%）	全额行使
837092. BJ	汉鑫科技	2021－11－15	16.00	132.00（15%）	全额行使

续表 1

代码	名称	上市日期	发行价格（元/股）	可超额配售数量（万股，约占初始发行数量的比例）	实施结果
839680. BJ	广道高新	2021 - 11 - 15	12. 25	218. 47（15%）	全额行使
832145. BJ	恒合股份	2021 - 11 - 15	8. 00	255. 00（15%）	全额行使
836720. BJ	吉冈精密	2021 - 11 - 24	10. 50	315. 45（15%）	全额行使
871245. BJ	威博液压	2022 - 01 - 06	9. 68	127. 17（15%）	全额行使
870204. BJ	沪江材料	2022 - 01 - 18	18. 68	123. 51（15%）	全额行使
833346. BJ	威贸电子	2022 - 02 - 23	9. 00	308. 93（15%）	部分行使，增发 275. 60 万股，买入 33. 34 万股
871857. BJ	泓禧科技	2022 - 02 - 28	12. 00	240. 00（15%）	未行使
835179. BJ	凯德石英	2022 - 03 - 04	20. 00	22. 00（15%）	未行使
832419. BJ	路斯股份	2022 - 03 - 11	7. 20	195. 65（15%）	未行使
831689. BJ	克莱特	2022 - 03 - 21	10. 80	150. 00（15%）	未行使
873169. BJ	七丰精工	2022 - 04 - 15	6. 00	300. 00（15%）	部分行使，增发 227. 41 万股，买入 72. 59 万股
833580. BJ	科创新材	2022 - 05 - 13	4. 60	300. 00（15%）	全额行使
871970. BJ	大禹生物	2022 - 05 - 18	10. 00	225. 00（15%）	未行使
833533. BJ	骏创科技	2022 - 05 - 24	12. 50	129. 00（15%）	未行使
831167. BJ	鑫汇科	2022 - 05 - 27	15. 21	105. 00（15%）	未行使
838171. BJ	邦德股份	2022 - 06 - 02	7. 00	303. 75（15%）	未行使
873223. BJ	荣亿精密	2022 - 06 - 09	3. 21	568. 50（15%）	全额行使
870299. BJ	灿能电力	2022 - 06 - 10	5. 80	303. 74（15%）	未行使
832491. BJ	奥迪威	2022 - 06 - 14	11. 00	469. 57（15%）	未行使
430564. BJ	天润科技	2022 - 06 - 17	8. 05	275. 42（15%）	未行使
831278. BJ	泰德股份	2022 - 06 - 20	4. 06	375. 00（15%）	未行使
833943. BJ	优机股份	2022 - 06 - 24	7. 00	172. 50（15%）	全额行使
838670. BJ	恒进感应	2022 - 07 - 05	20. 00	255. 00（15%）	未行使
837821. BJ	则成电子	2022 - 07 - 06	10. 80	225. 00（15%）	部分行使，增发 119. 28 万股，买入 105. 72 万股
834639. BJ	晨光电缆	2022 - 07 - 12	4. 30	700. 00（15%）	未行使
834062. BJ	科润智控	2022 - 07 - 13	4. 30	530. 11（15%）	部分行使，增发 238. 38 万股，买入 291. 73 万股
839725. BJ	惠丰钻石	2022 - 07 - 18	28. 18	165. 00（15%）	全额行使
836871. BJ	派特尔	2022 - 07 - 22	5. 60	266. 64（15%）	部分行使，增发 263. 64 万股，买入 3 万股

续表 2

代码	名称	上市日期	发行价格（元/股）	可超额配售数量（万股，约占初始发行数量的比例）	实施结果
835985. BJ	海泰新能	2022 - 08 - 08	9. 05	807. 33（15%）	全额行使
831834. BJ	三维股份	2022 - 08 - 22	5. 20	450. 00（15%）	未行使
831152. BJ	昆工科技	2022 - 09 - 01	5. 80	392. 50（15%）	全额行使
836395. BJ	朗鸿科技	2022 - 09 - 01	17. 00	106. 50（15%）	未行使
836270. BJ	天铭科技	2022 - 09 - 02	18. 96	150. 00（15%）	未行使
839790. BJ	联迪信息	2022 - 09 - 02	8. 00	234. 90（15%）	未行使
835207. BJ	众诚科技	2022 - 09 - 23	7. 00	240. 00（15%）	部分行使，增发 239. 50 万股，买入 0. 50 万股
838971. BJ	天马新材	2022 - 09 - 27	21. 38	216. 10（15%）	未行使
873122. BJ	中纺标	2022 - 09 - 27	8. 00	138. 75（15%）	全额行使
838402. BJ	硅烷科技	2022 - 09 - 28	5. 66	1 173. 48（15%）	全额行使
430685. BJ	新芝生物	2022 - 10 - 10	15. 00	332. 85（15%）	部分行使，增发 273. 59 万股，买入 59. 26 万股
837046. BJ	亿能电力	2022 - 10 - 13	5. 00	225. 00（15%）	全额行使
430476. BJ	海能技术	2022 - 10 - 14	10. 88	150. 00（15%）	未行使
835892. BJ	中科美菱	2022 - 10 - 18	16. 00	362. 74（15%）	未行使
873527. BJ	夜光明	2022 - 10 - 27	10. 99	202. 39（15%）	未行使
430139. BJ	华岭股份	2022 - 10 - 28	13. 50	600. 00（15%）	未行使
871753. BJ	天纺标	2022 - 10 - 31	10. 00	195. 00（15%）	未行使
832876. BJ	慧为智能	2022 - 11 - 09	8. 00	239. 40（15%）	部分行使，增发 34. 07 万股，买入 205. 33 万股
833914. BJ	远航精密	2022 - 11 - 11	16. 20	375. 00（15%）	未行使
873339. BJ	恒太照明	2022 - 11 - 17	6. 28	333. 00（15%）	未行使
870357. BJ	雅葆轩	2022 - 11 - 18	14. 00	204. 00（15%）	未行使
872808. BJ	曙光数创	2022 - 11 - 18	28. 80	118. 50（15%）	部分行使，增发 112 万股，买入 6. 5 万股
871634. BJ	新威凌	2022 - 11 - 24	9. 60	169. 20（15%）	未行使
835237. BJ	力佳科技	2022 - 11 - 25	18. 18	150. 00（15%）	未行使
832662. BJ	方盛股份	2022 - 11 - 28	6. 50	315. 00（15%）	全额行使
872374. BJ	云里物里	2022 - 11 - 29	10. 00	172. 50（15%）	未行使
870199. BJ	倍益康	2022 - 12 - 01	31. 80	169. 50（15%）	未行使
831641. BJ	格利尔	2022 - 12 - 02	9. 60	157. 50（15%）	全额行使
832110. BJ	雷特科技	2022 - 12 - 06	20. 00	90. 00（15%）	未行使

续表 3

代码	名称	上市日期	发行价格（元/股）	可超额配售数量（万股，约占初始发行数量的比例）	实施结果
831087. BJ	秋乐种业	2022－12－07	6. 00	495. 60（15%）	未行使
430300. BJ	辰光医疗	2022－12－07	6. 00	225. 00（15%）	全额行使
836942. BJ	恒立钻具	2022－12－08	14. 20	210. 00（15%）	未行使
870866. BJ	绿亨科技	2022－12－09	8. 00	607. 44（15%）	未行使
833230. BJ	欧康医药	2022－12－09	12. 80	271. 29（15%）	未行使
836414. BJ	欧普泰	2022－12－12	24. 98	90. 00（15%）	未行使
834014. BJ	特瑞斯	2022－12－13	16. 18	315. 00（15%）	未行使
836957. BJ	汉维科技	2022－12－14	6. 50	233. 58（15%）	未行使
833075. BJ	柏星龙	2022－12－14	11. 80	194. 45（15%）	未行使
833171. BJ	国航远洋	2022－12－15	5. 20	1 665. 00（15%）	未行使
833429. BJ	康比特	2022－12－15	8. 00	307. 35（15%）	未行使
838810. BJ	春光药装	2022－12－16	10. 00	240. 00（15%）	未行使
870508. BJ	丰安股份	2022－12－16	10. 00	233. 40（15%）	未行使
830879. BJ	基康仪器	2022－12－20	6. 50	195. 00（15%）	未行使
836807. BJ	奔朗新材	2022－12－20	7. 00	682. 05（15%）	未行使
873305. BJ	九菱科技	2022－12－21	11. 72	168. 00（15%）	未行使
834033. BJ	康普化学	2022－12－21	14. 77	225. 00（15%）	全额行使
430718. BJ	合肥高科	2022－12－22	6. 50	340. 00（15%）	未行使
831526. BJ	凯华材料	2022－12－22	4. 00	270. 00（15%）	全额行使
872190. BJ	雷神科技	2022－12－23	25. 00	187. 50（15%）	未行使
836247. BJ	华密新材	2022－12－23	8. 00	349. 58（15%）	未行使
833781. BJ	瑞奇智造	2022－12－26	7. 93	439. 20（15%）	未行使
873001. BJ	纬达光电	2022－12－27	8. 52	576. 21（15%）	未行使
838227. BJ	美登科技	2022－12－28	25. 00	120. 00（15%）	未行使
831855. BJ	浙江大农	2022－12－29	7. 50	280. 25（15%）	未行使
872351. BJ	华光源海	2022－12－29	8. 00	341. 76（15%）	未行使
872392. BJ	佳合科技	2022－12－30	8. 00	225. 00（15%）	未行使
831195. BJ	三祥科技	2022－12－30	11. 00	213. 45（15%）	未行使
838262. BJ	太湖雪	2022－12－30	15. 00	120. 00（15%）	未行使
834950. BJ	迅安科技	2023－01－11	13. 00	162. 75（15%）	未行使
839371. BJ	欧福蛋业	2023－01－18	2. 50	675. 00（15%）	全额行使
873152. BJ	天宏锂电	2023－01－19	6. 00	285. 40（15%）	全额行使

续表 4

代码	名称	上市日期	发行价格（元/股）	可超额配售数量（万股，约占初始发行数量的比例）	实施结果
430425. BJ	乐创技术	2023-01-30	12.80	135.00（15%）	部分行使，增发 119.2117 万股，买入 15.7883 万股
832023. BJ	田野股份	2023-02-02	3.60	750.00（15%）	部分行使，增发 730.40 万股，买入 19.60 万股
832802. BJ	保丽洁	2023-02-06	7.95	143.26（15%）	全额行使
873167. BJ	新赣江	2023-02-09	9.45	256.13（15%）	全额行使
834407. BJ	驰诚股份	2023-02-16	5.87	150.00（15%）	全额行使
832149. BJ	利尔达	2023-02-17	5.00	297.00（15%）	全额行使
839273. BJ	一致魔芋	2023-02-21	11.38	202.50（15%）	全额行使
831906. BJ	舜宇精工	2023-02-22	11.00	120.00（15%）	全额行使
430478. BJ	峆一药业	2023-02-23	12.62	132.00（15%）	全额行使
834770. BJ	艾能聚	2023-02-28	5.98	300.00（15%）	全额行使
836422. BJ	润普食品	2023-03-01	8.50	300.00（15%）	部分行使，增发 29.4210 万股，买入 270.5790 万股
830974. BJ	凯大催化	2023-03-08	6.26	150.00（15%）	全额行使
872541. BJ	铁大科技	2023-03-10	3.38	450.00（15%）	未行使
835857. BJ	百甲科技	2023-03-14	4.00	567.00（15%）	未行使
833575. BJ	康乐卫士	2023-03-15	42.00	105.00（15%）	未行使
837663. BJ	明阳科技	2023-03-15	11.88	193.50（15%）	未行使
430556. BJ	雅达股份	2023-03-17	3.70	540.00（15%）	未行使
830809. BJ	安达科技	2023-03-23	13.00	750.00（15%）	未行使

第三节　承销机制与信息披露

注册制下，首次公开发行证券及公开发行股票并在北交所上市均须具有证券承销业务资格的证券公司承销。本节主要介绍各板块承销机制的相关规定和信息披露的相关要求。

一、承销机制

（一）承销方式及承销协议

根据《证券法》，证券承销有代销和包销两种方式。证券代销，是指证券公司代发行人发售证券，在承销期结束时，将未售出的证券全部退还给发行人的承销方式。证券包销，是指证券公司将发行人的证券按照协议全部购入或者在承销期结束时将售后剩余证券全部自行购入的承销方式。

证券的代销、包销期限最长不得超过 90 日。证券公司在代销、包销期内，对所代销、包销的证券应当保证先行出售给认购人，证券公司不得为本公司预留所代销的证券和预先购入并留存所包销的证券。

公开发行证券的发行人有权依法自主选择承销的证券公司。主承销商可以由发行人保荐人担任，也可以由发行人保荐人与其他具有保荐业务资格的证券公司共同担任。

发行人向不特定对象发行的证券，法律行政法规规定应当由证券公司承销的，发行人应当同证券公司签订承销协议。证券公司承销证券，应当同发行人签订代销或者包销协议，载明下列事项：

1. 当事人的名称、住所及法定代表人姓名；
2. 代销、包销证券的种类、数量、金额及发行价格；
3. 代销、包销的期限及起止日期；
4. 代销、包销的付款方式及日期；
5. 代销、包销的费用和结算办法；
6. 违约责任；
7. 国务院证券监督管理机构规定的其他事项。

根据《证券发行与承销管理办法》，发行人和主承销商应当签订承销协议，在承销协议中界定双方的权利义务关系，约定明确的承销基数。采用包销方式的，应当明确包销责任；采用代销方式的，应当约定发行失败后的处理措施。

发行人和主承销商签订承销协议中，还应约定明确的承销基数。采用包销方式的，应当明确包销责任；采用代销方式的，应当约定并披露发行失败后的处理措施。股票发行失败后，主承销商应当协助发行人按照发行价并加算银行同期存款利息返还股票认购人。

证券公司实施承销前，应当向证券交易所报送发行与承销方案。

在实践中，首次公开发行证券及公开发行股票并在北交所上市均采用包销方式进行承销。

（二）组建承销团

根据《证券法》，向不特定对象发行证券聘请承销团承销的，承销团应当由主承销和参与承销的证券公司组成。

根据《证券发行与承销管理办法》及《北京证券交易所证券发行与承销管理细则》，证券发行依照法律、行政法规的规定应由承销团承销的，组成承销团的承销商应当签订承销团协议，由主承销商负责组织承销工作。证券发行由两家以上证券公司联合主承销的，所有担任主承销商的证券公司应当共同承担主承销责任，履行相关义务。承销团由 3 家以上承销商组成的，可以设副主承销商，协助主承销商组织承销活动。

证券公司不得以不正当竞争手段招揽承销业务。承销团成员应当按照承销团协议及承销协议的规定进行承销活动，不得进行虚假承销。

（三）发行与承销方案及发行总结

取得中国证监会予以注册的决定后，发行人和主承销商应当及时向交易所报备发行与承销方案。发行与承销方案应当包括发行方案、初步询价公告（如有）、投资价值研究报告（如有）、战略配售方案（如有）、超额配售选择权实施方案（如有）等内容。

交易所收到发行与承销方案后在规定的时间内无异议的，发行人和主承销商可依法刊登招股意向书（说明书），启动发行工作。

在刊登招股意向书之前，承销商应当向协会报送路演推介活动的初步方案。

投资者申购缴款结束后，发行人和主承销商应当聘请具有证券、期货相关业务资格的会计师事务所对申购和募集资金进行验证，并出具验资报告；还应当聘请律师事务所对网下发行过程、配售行为、参与定价和配售的投资者资质条件及其与发行人和承销商的关联关系、资金划拨等事项进行见证，并出具专项法律意见书。

证券上市起 10 个工作日内，主承销商应当将验资报告、专项法律意见书随同承销总结报告等文件一并报交易所；承销商应当向协会报送发行承销总结报告、投资价值研究报告。如本次发行实施了超额配售选择权，则在超额配售选择权实施完成后 10 个工作日内，报送获授权的主承销商超额配售选择权实施情况报告。

（四）中止发行安排

1. 首次公开发行证券

首次公开发行证券项目当出现以下情况时，发行人及主承销商应当采取中止发行的措施：

（1）公开发行股票数量在 4 亿股（含）以下的，剔除最高报价部分后有效报价投资者的数量少于 10 家的；公开发行股票数量在 4 亿股以上的，剔除最高报价部分后有效报价投资者的数量少于 20 家的。

（2）剔除最高报价部分后剩余拟申购总量不足初步询价阶段网下初始发行数量的。

（3）发行人预计发行后总市值不满足其在招股说明书中明确选择的市值与财务指标上市标准的。

（4）发行人和主承销商通过累计投标询价确定发行价格的，未按规定在申购日规定时间内向交易所提交发行价格及网上中签率公告的。

（5）保荐人相关子公司未按照作出的承诺实施跟投的。

（6）发行人和主承销商事先约定并披露的其他中止发行的情形。

扣除最终战略配售数量后，网下和网上投资者缴款认购的股份数量合计不足本次公开发行数量的 70% 时，发行人和主承销商可以中止发行。

2. 公开发行股票并在北交所上市

公开发行并上市的，发行承销过程中出现以下情形之一的，发行人和主承销商应当中止发行：

（1）采用询价方式的，有效报价的网下投资者数量不足 10 家，或网下投资者有效申购数量低于网下初始发行量；

（2）预计发行后无法满足其在招股文件中选择的股票上市标准；

（3）发行价格未在股东大会确定的发行价格区间内或低于股东大会确定的发行底价；

（4）发行人和主承销商事先约定并披露的其他情形；

（5）北交所所认定的其他情形。

所有注册制项目发行承销涉嫌违法违规或者存在异常情形的，中国证监会可以要求交易所对相关事项进行调查处理，或者直接责令发行人和承销商暂停或者中止发行。

中止发行后，在中国证监会同意注册决定的有效期内，经向交易所备案后，发行人和主承销商可择机重启发行。

（五）承销禁止行为

根据新《证券法》，证券公司承销证券，应当对公开发行募集文件的真实性、准确性、完整性进行核查。发现有虚假记载、误导性陈述或者重大遗漏的，不得进行销售活动；已经销售的，必须立即停止销售活动，并采取纠正措施。证券公司承销证券，不得有下列行为：

1. 进行虚假的或者误导投资者的广告宣传或者其他宣传推介活动；

2. 以不正当竞争手段招揽承销业务；

3. 其他违反证券承销业务规定的行为。

证券公司因上述行为给其他证券承销机构或者投资者造成损失的，应当依法承担赔偿责任。

根据《证券发行与承销管理办法》，发行人和承销商及相关人员：不得泄露询价和定价信息；不得劝诱网下投资者抬高报价，不得干扰网下投资者正常报价和申购；不得以提供透支、回扣或者中国证监会认定的其他不正当手段诱使他人申购股票；不得以代持、信托持股等方式谋取不正当利益或向其他相关利益主体输送利益；不得直接或通过其利益相关方向参与认购的投资者提供财务资助或者补偿；不得以自有资金或者变相通过自有资金参与网下配售；不得与网下投资者互相串通，协商报价和配售；不得收取网下投资者回扣或其他相关利益；不得以任何方式操纵发行定价。

根据《北京证券交易所向不特定合格投资者公开发行股票注册管理办法》，发行人、承销机构及相关人员不得存在以下行为：泄露询价或定价信息；以任何方式操纵发行定价；夸大宣传，或以虚假广告等不正当手段诱导、误导投资者；向投资者提供除招股意向书等公开信息以外的公司信息；以提供透支、回扣或者中国证监会认定的其他不正当手段诱使他人申购股票；以代持、信托持股等方式谋取不正当利益或向其他相关利益主体输送利益；直接或通过其利益相关方向参与申购的投资者提供财务资助或者补偿；以自有资金或者变相通过自有资金参与网下配售；与投资者互相串通，协商报价和配售；收取投资者回扣或其他相关利益；中国证监会规定的其他情形。

根据《首次公开发行证券承销业务规则》，承销商及其他知悉报价信息的工作人员不得出现以下行为：投资者报价信息公开披露前泄露投资者报价信息；操纵发行定价；劝诱网下投资者抬高报价，或干扰网下投资者正常报价和申购；以提供透支、回扣或者证监会和交易所认定的其他不正当手段诱使他人申购证券；以代持、信托持股等方式谋取不正当利益或向其他相关利益主体输送利益；直接或通过其利益相关方向参与认购的投资者提供财务资助或者补偿；以自有资金或者变相通过自有资金参与网下投资者配售；与网下投资者互相串通，协商报价和配售；接受投资者的委托为投资者报价；收取网下投资者回扣或其他相关利益；未按事先披露的原则剔除报价和确定有效报价。

二、信息披露

根据《首次公开发行证券承销业务规则》，发行人和主承销商在发行过程中，应当按照中国证监会和交易所的相关规定编制信息披露文件，履行信息披露义务，确保披露的信息真实、准确、完整、及时，无虚假记载、误导性陈述或者重大遗漏。首次公开发行股证券及北交所过程中发布的公告应当由主承销商和发行人共同落款。

首次公开发行证券公开披露的信息应当在交易所网站和符合证监会规定条件的媒体发布，公开发行股票并在北交所上市发行人和主承销商公告的信息应当在符合《证券法》规定的信息披露平台披露。通过其他途径披露信息的，披露内容应当完全一致，且不得早于前项披露时间。

发行人披露的招股意向书除不含发行价格、筹资金额以外，其内容与格式应当与招股说明书一致，并与招股说明书具有同等法律效力。

发行人和主承销商在披露发行市盈率时，应当同时披露发行市盈率的计算方式。在进行市盈率比较分析时，应当合理确定发行人行业归属，并分析说明行业归属的依据。存在多个市盈率口径时，应当充分列示可供选择的比较基准，并按照审慎、充分提示风险的原则选取和披露行业平均市盈率。发行人还可以同时披露市净率等反映发行人所在行业特点的估值指标。

发行人尚未盈利的，可以不披露发行市盈率及与同行业市盈率比较的相关信息，应当披露市销率、市净率等反映发行人所在行业特点的估值指标。

（一）首次公开发行证券信息披露

1. 询价阶段信息披露

招股意向书刊登首日在初步询价公告中披露发行定价方式、定价程序、参与网下询价投资者条件、证券配售原则、配售方式、有效报价的确定方式、中止发行安排、发行时间安排和路演推介相关安排等信息；发行人股东进行老股转让的，还应当披露预计老股转让的数量上限，老股转让股东名称及各自转让老股数量，并明确新股发行与老股转让数量的调整机制。

2. 网上申购前信息披露

网上申购前，应当披露每位网下投资者的详细报价情况，包括投资者名称、申购价格及对应的拟申购数量；剔除最高报价有关情况；剔除最高报价后网下投资者报价的中位数和加权平均数以及公募基金、社保基金、养老金、年金基金、保险资金和合格境外投资者资金报价的中位数和加权平均数；有效报价和发行价格或者价格区间的确定过程；发行价格或者价格区间及对应的市盈率；按照发行价格计算的募集资金情况，所筹资金不能满足使用需求的，还应当披露相关投资风险；网下网上的发行方式和发行数量；回拨机制；中止发行安排；申购缴款要求等。已公告老股转让方案的，还应当披露老股转让和新股发行的确定数量、老股转让股东名称及各自转让老股数量，并提示投资者关注，发行人将不会获得老股转让部分所得资金。

采用询价方式且存在以下情形之一的，应当在网上申购前发布投资风险特别公告，详细说明定价合理性，提示投资者注意投资风险：

（1）发行价格（或者发行价格区间上限）对应市盈率超过同行业上市公司二级市场平均市盈率的；

（2）发行价格（或者发行价格区间上限）超过“四个值”的孰低值的；

（3）发行价格（或者发行价格区间上限）超过境外市场价格的；

（4）发行人尚未盈利的。

3. 网上申购后信息披露

发行完成后，发行人与主承销商应披露发行结果公告。披露获配投资者名称以及每个获配投资者的报价、申购数量和获配数量等，并明确说明自主配售的结果是否符合事先公布的配售原则；对于提供有效报价但未参与申购，或实际申购数量明显少于报价时拟申购量的投资者应当列表公示并着重说明；披露网上、网下投资者获配未缴款金额以及主承销商的包销比例，列表公示获得配售但未足额缴款的网下投资者；披露保荐费用、承销费用、其他中介费用等发行费用信息。

（二）公开发行股票并在北交所上市信息披露

1. 询价阶段信息披露

采用询价方式的，发行人与主承销商应当在询价公告中披露本次发行的定价方式、定价程序、网下投资者条件、股票配售原则及配售方式、有效报价的确定方式、中止发行安排、发行时间安排和路演推介相关安排等信息。

2. 网上申购前信息披露

申购前，发行人与主承销商应当在发行公告中披露发行定价方式、发行股票数量、定价程序、申购缴款要求、股票配售原则及配售方式、中止发行安排、发行时间安排、余股包销安排等信息。

采用直接定价或竞价方式的，还应当披露发行价格及其确定依据、对应的市盈率，发行价格与历史交易价格和历史发行价格的偏离情况及原因。

采用询价方式的，还应当披露网下投资者的详细报价情况，包括参与报价的网下投资者名称、申报的每股价格和对应的拟申购股数，剔除最高报价情况，剔除最高报价部分后网下投资者有效报价的中位数和加权平均数，网下和网上发行股票数量，回拨机制等。

申购前，发行人与主承销商应当披露投资风险特别公告，提示可能存在发行价格过高给投资者带来损失的风险，提醒投资者关注。公告内容应包括：

（1）公开发行并上市的，发行价格超过历史交易价格或历史发行价格 1 倍或超过网下投资者有效报价剔除最高报价部分后的中位数或加权平均数，应披露原因及合理性，并提请投资者关注上述情况；

（2）提请投资者关注投资风险，审慎研判发行定价的合理性，理性作出投资决策；

（3）北交所认为应当公告的其他内容。

股票公开发行采用竞价方式的，发行价格确定后，发行人和主承销商应当披露竞价结果，包括网上发行股票数量、申购数量、确定发行价格的机制、累计认购倍数、最高报价剔除数量、定价过程和发行价格等信息。

3. 网上申购后信息披露

发行完成后，发行人与主承销商应披露发行结果公告，内容应包括：

（1）网上网下投资者申购数量和获配数量；

（2）获配网下投资者名称及其申购数量和获配数量明细；

（3）自主配售的结果是否符合事先公布的配售原则；

（4）投资者提供有效报价但未参与申购、实际申购数量少于询价时拟申购数量和由于申购资金不足导致申购无效的情况；

（5）主承销商的包销情况；

（6）保荐费用、承销费用、其他中介费用等发行费用信息；

（7）北交所认为应当说明的其他情况。

第八章　上市与持续监管

第一节　上市

本节主要介绍发行人完成股票公开发行后向交易所提出股票上市申请、实现股票挂牌上市阶段的相关流程及要求。上市阶段适用的基本业务规则是各交易所发布的股票上市规则，包括《上海证券交易所股票上市规则》《上海证券交易所科创板股票上市规则》《深圳证券交易所股票上市规则》《深圳证券交易所创业板股票上市规则》《北京证券交易所股票上市规则（试行）》等。上市阶段的具体流程、时间节点、提交的上市申请文件参见各交易所发布的业务办理指南，首次公开发行存托凭证的上市业务流程参照适用。

一、上市流程

（一）首发（含北交所上市）流程

1. 流程概述

（1）上交所。根据《上海证券交易所证券发行与承销业务指南第 1 号——首次公开发行股票》，上交所首发新股上市流程见图 8－1－1。

（2）深交所。根据《深圳证券交易所股票发行与承销业务指南第 2 号——首发及转板上市业务办理》，深交所首发新股上市流程见图 8－1－2。

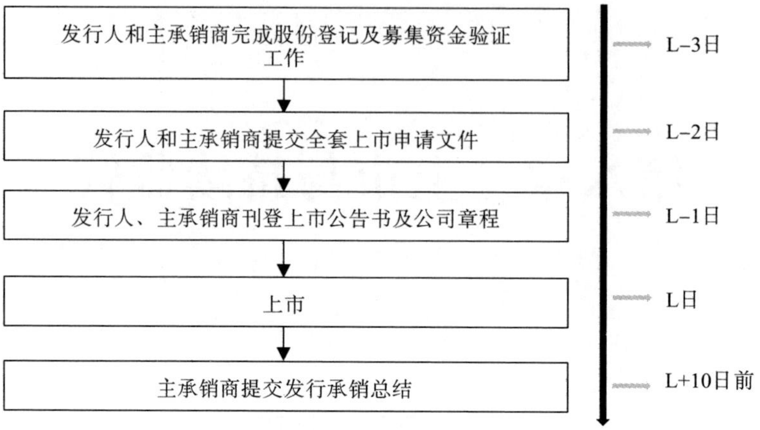

图 8-1-1　上交所首发新股上市流程

注：L 日指新股上市交易首日。

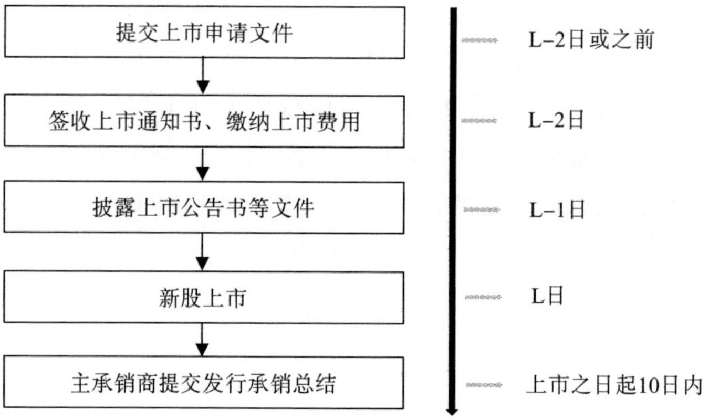

图 8-1-2　深交所首发新股上市流程

注：L 日指新股上市交易首日。

（3）北交所。根据《北京证券交易所向不特定合格投资者公开发行股票并上市业务办理指南第 2 号——发行与上市》，北交所股票上市流程见图 8-1-3。

2. 报送上市申请文件

（1）上交所规定。根据《上海证券交易所证券发行与承销业务指南第 1 号——首次公开发行股票》规定的首发上市流程，在 L-2 日，发行人和主承销商提交全套上市申请文件，需提交的文件及提交方式等见表 8-1-1。

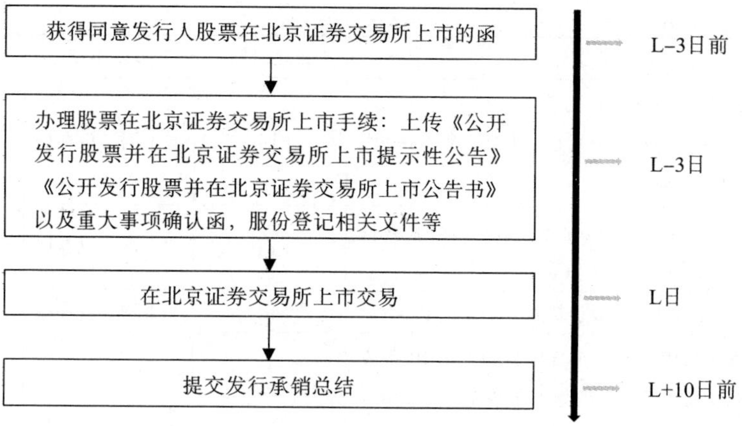

图 8-1-3　北交所股票上市流程

注：L 日指新股上市交易首日

表 8-1-1　上交所要求提交的首发上市全套申请文件

序号	需报送的文件名称	报送时间	披露类型	提交方式
1	《首次公开发行股票主板/科创板上市公告书》	L-2 日 15：00 前	上网、存档	公告
2	《公司章程》	同上	上网、存档	作为《上市公告书》附件提交
3	《首次公开发行股票主板/科创板上市公告书提示性公告》	同上	上网、见报、存档	作为《上市公告书》附件提交
4	首次公开发行结束后发行人全部股票已经中国结算上海分公司托管的证明文件	同上	非上网，仅存档	上市全套文件
5	首次公开发行结束后具有执行证券、期货相关业务资格的会计师事务所出具的验资报告	同上	非上网，仅存档	上市全套文件
6	律师事务所出具的法律意见书	同上	非上网，仅存档	上市全套文件
7	保荐人出具的上市保荐书（附件 2-2）	同上	非上网，仅存档	上市全套文件
8	承销及保荐协议	同上	非上网，仅存档	上市全套文件
9	申请股票上市的董事会和股东大会决议	同上	非上网，仅存档	上市全套文件
10	营业执照复印件及关于及时办理工商登记变更的承诺函	同上	非上网，仅存档	上市全套文件
11	依法经具有执行证券、期货相关业务资格的会计师事务所审计的发行人最近 3 年的财务会计报告	同上	非上网，仅存档	上市全套文件
12	关于控股股东、实际控制人、董事、监事和高级管理人员持有本公司股份的情况证明和《控股股东、实际控制人、董事、监事、高级管理人员声明及承诺书》	同上	非上网，仅存档	上市全套文件

续表

序号	需报送的文件名称	报送时间	披露类型	提交方式
13	发行人拟聘任或者已聘任的董事会秘书的有关资料（简历、关于聘任该董事会秘书的董事会决议、董事会秘书资格证书）	同上	非上网，仅存档	上市全套文件
14	首次公开发行后至上市前按规定新增的财务资料和有关重大事项的说明（如适用）	同上	非上网，仅存档	上市全套文件
15	首次公开发行前已发行股份持有人持股锁定承诺	同上	非上网，仅存档	上市全套文件
16	《上海证券交易所股票上市规则》第 3.1.10 条或《上海证券交易所科创板股票上市规则》第 2.4.4 条所述的承诺函（发行人应当在上市公告书中披露上述承诺）	同上	非上网，仅存档	上市全套文件
17	发行人及其董事、监事、高级管理人员根据《上海证券交易所股票上市规则》第 3.1.8 条或《上海证券交易所科创板股票上市规则》第 2.1.6 条对上市申请文件作出的保证	同上	非上网，仅存档	上市全套文件
18	募集资金专户存储三方监管协议（附件 2 - 3）	同上	非上网，仅存档	上市全套文件
19	上交所要求的其他文件	同上	非上网，仅存档	上市全套文件

（2）深交所规定。根据《深圳证券交易所股票发行与承销业务指南第 2 号——首发及转板上市业务办理》规定的上市流程，主承销商在 L - 2 日报送首发上市申请文件。需提交的文件及要求见表 8 - 1 - 2。

表 8 - 1 - 2　　深交所要求提交的首发上市全套申请文件

序号	需报送的文件名称	备注
1	上市申请书	—
2	申请上市的董事会、股东大会决议	—
3	发行人营业执照复印件及本次股票发行完成后 3 个月内办理完成工商变更登记的承诺	—
4	发行人公司章程（草案）	—
5	依法经会计师事务所审计的发行人最近 3 年的财务会计报告	—
6	发行人拟聘任或已聘任的董事会秘书及证券事务代表的资料。发行人已聘任董事会秘书和证券事务代表的，在提供以下材料的同时应提供董事会聘任书；发行人拟聘任董事会秘书和证券事务代表的，应同时提供包括被推荐人符合《深圳证券交易所股票上市规则》/《深圳证券交易所创业板股票上市规则》任职资格的说明、董事会推荐书	—

续表 1

<table>
<tr><th>序号</th><th>需报送的文件名称</th><th>备注</th></tr>
<tr><td>7</td><td>需报送的承诺与说明</td><td>需报送纸质版原，邮寄至相应的公司管理部门</td></tr>
<tr><td>7－1</td><td>控股股东、实际控制人的承诺书，内容为自发行人股票上市之日起 36 个月内，不转让或者委托他人管理其直接或间接持有的发行人股份，也不由发行人回购其直接或间接持有的股份；其他股东就所持股份作出的锁定承诺</td><td>①如控股股东、实际控制人或者相关股东为法人，需法定代表人签字；②对于创业板，承诺主体还应当包括实际控制人的一致行动人（如有）</td></tr>
<tr><td>7－2</td><td>发行人控股股东、持有发行人股份的董事和高级管理人员承诺书，内容为所持股票在锁定期满后两年内减持的，其减持价格不低于发行价；发行人上市后 6 个月内如公司股票连续 20 个交易日的收盘价均低于发行价，或者上市后 6 个月期末收盘价低于发行价，持有公司股票的锁定期限自动延长至少 6 个月</td><td>—</td></tr>
<tr><td>7－3</td><td>发行人及其控股股东、实际控制人承诺书，内容为发行人存在欺诈发行的，发行人及其控股股东、实际控制人将按规定购回已上市的股份</td><td>—</td></tr>
<tr><td>7－4</td><td>发行人及控股股东、实际控制人、董事、监事、高级管理人员等相关责任主体的承诺书，内容为因发行人招股说明书及其他信息披露资料有虚假记载、误导性陈述或者重大遗漏，致使投资者在证券交易中遭受损失的，将依法赔偿投资者损失</td><td>—</td></tr>
<tr><td>7－5</td><td>保荐人、会计师事务所等证券服务机构承诺书，内容为因其为发行人首次公开发行制作、出具的文件有虚假记载、误导性陈述或者重大遗漏，给投资者造成损失的，将依法赔偿投资者损失</td><td>—</td></tr>
<tr><td>7－6</td><td>红筹企业及其控股股东、实际控制人、董事、监事、高级管理人员等信息披露义务人承诺书，内容为因发行人在境内发行股票并在交易所上市发生的纠纷适用中国法律，并由中国境内有管辖权的人民法院管辖</td><td>—</td></tr>
<tr><td>7－7</td><td>发行人及其控股股东、实际控制人、董事、监事、高级管理人员等责任主体作出公开承诺事项的，应同时提出未能履行承诺时的约束措施说明</td><td>—</td></tr>
<tr><td>7－8</td><td>发行人董事、监事和高级管理人员持有股份情况及《董事（监事、高级管理人员）声明与承诺书》</td><td rowspan="2">①声明与承诺书签订须经律师见证；请注意声明中关于持股情况的项目需填写直接和间接持股股份情况
②模板详见深交所《上市公司自律监管指引第 1 号——主板上市公司规范运作》《上市公司自律监管指引第 2 号——创业板上市公司规范运作》</td></tr>
<tr><td>7－9</td><td>《控股股东、实际控制人声明及承诺书》</td></tr>
</table>

续表 2

序号	需报送的文件名称	备注
7-10	其他承诺事项	—
8	发行人及其控股股东、公司董事及高级管理人员关于稳定公司股价的措施和承诺	—
9	发行人公开发行前持股5%以上股东的持股意向及减持意向说明	—
10	保荐人对保荐代表人的专项授权委托书	—
11	发行人全部股票已经中国结算深圳分公司登记的证明文件	—
12	会计师事务所出具的验资报告	—
13	保荐承销协议	—
14	律师事务所出具的关于股票发行过程合规性的专项法律意见书	—
15	股票发行后至上市前，按规定新增的财务资料和有关重大事项的说明文件（如适用）	—
16	发行人及其董事、监事、高级管理人员保证向交易所提交的上市申请文件内容真实、准确、完整，不存在虚假记载、误导性陈述或重大遗漏的承诺	—
17	涉及国家或国有法人持有公开发行前股份的，需提供国有资产监督管理部门的批复文件（如适用）	—
18	保荐人关于发行人独立董事资格证书核查说明。如独立董事上市前无任职资格证书，公司应当出具承诺书，承诺上市后6个月内现任独立董事取得资格证书，或者改聘其他具有任职资格证书的独立董事	—
19	交易所要求的其他文件	

（3）北交所规定。根据《北京证券交易所向不特定合格投资者公开发行股票并上市业务办理指南第 2 号——发行与上市》，北交所上市阶段主要包括取得上市函以及办理上市手续两个阶段。

①取得同意发行人股票在北京证券交易所上市的函。T+3 日及以后，主承销商需在 BPM 系统“发行承销——上市申请”模块提交上市申请书、更新后的上市保荐书、验资报告、重大事项专项报告（如有）、法律意见书等文件。北交所对上述文件进行审查确认后，向发行人出具同意其股票在北京证券交易所上市的函（见表 8-1-3）。

表 8-1-3　　L-3 日前向北交所提交的文件

序号	需报送的文件名称	披露要求	报送方式	报送时间
1	上市申请书[(2)]	无须披露	BPM 提交	T+3 日及以后[(1)]
2	更新后的上市保荐书	无须披露	BPM 提交	T+3 日及以后
3	验资报告	无须披露	BPM 提交	T+3 日及以后
4	重大事项专项报告（如有）	无须披露	BPM 提交	T+3 日及以后
5	法律意见书	无须披露	BPM 提交	T+3 日及以后
6	保荐机构关于办理完成限售登记及符合相关规定的承诺[(3)]	无须披露	BPM 提交	T+3 日及以后
7	其他文件（如有）	披露/无须披露	BPM 提交	T+3 日及以后

注：(1) T 日指网上网下发行日。

(2) 上市申请书：发行人应根据《北京证券交易所股票上市规则（试行）》逐条分析其是否符合北京证券交易所上市条件，上市申请书应由发行人加盖公章。

(3) 保荐机构关于发行人限售股份符合相关规定的承诺：保荐机构承诺发行人属于《北京证券交易所股票上市规则（试行）》第 2.4.1 条～第 2.4.6 条规定范围的股东所持股份已完成限售登记。

②股票在北京证券交易所上市手续。发行人取得同意其股票在北京证券交易所上市的函后，于 L-3 日 10：00 前，在 BPM 系统“发行承销——北京证券交易所上市公告”模块上传《向不特定合格投资者公开发行股票并在北京证券交易所上市提示性公告》《向不特定合格投资者公开发行股票并在北京证券交易所上市公告书》以及重大事项确认函、中国结算北京分公司出具的股份登记相关文件（见表 8-1-4）。

表 8-1-4　　L-3 日向北交所提交的文件

序号	需报送的文件名称	披露要求	报送方式	报送时间
1	向不特定合格投资者公开发行股票并在北京证券交易所上市提示性公告	披露	BPM 提交	L-3 日 10：00 前
2	向不特定合格投资者公开发行股票并在北京证券交易所上市公告书	披露	BPM 提交	L-3 日 10：00 前
3	重大事项确认函	无须披露	BPM 提交	L-3 日 10：00 前
4	股份登记相关文件	无须披露	BPM 提交	L-3 日 10：00 前
5	其他文件（如有）	披露/无须披露	BPM 提交	L-3 日 10：00 前

3. 上市交易（L 日）

L 日为股票在交易所上市交易日。可提前与交易所安排上市仪式。

4. 报备承销总结文件

各交易所业务办理指南均规定了新股上市日后的 10 个工作日内，主承销商上传承销总结相关文件。需提交的承销总结文件见表 8-1-5。

表 8-1-5　主承销商需提交的上市承销总结阶段文件

序号	需报送的文件名称	上交所	深交所	北交所
1	承销总结报告*	√	√	√
2	战略投资者缴款验资报告（如有）	√	√	×
3	承销团协议（如有）	√	√	×
4	战略投资者认股协议（如有）	√	√	×
5	新股发行数据统计表	×	√	×
6	募集资金验资报告	√（如无更新不用重复提交）	√	×
7	关于股票发行过程合规性的专项法律意见书	√	√	√
8	保荐承销协议（含承销补充协议）	√（如无更新不用重复提交）	×	√
9	承销团协议（如有）	√	×	√
10	超额配售选择权实施情况报告（如有）	√	×	√
11	买入股票完整记录（如有）	√	×	√
12	新股配售经纪佣金验资报告	√	×	×
13	交易所要求的其他文件	√	√	√

注：*深交所规定，主承销商需在承销总结报告中对“用于本次发行的信息披露费用”的列支及披露情况进行核查，并发表合规性意见。

此外，行使超额配售选择权的，各交易所规定在上市后报送超额配售选择权相关文件，文件类型相同，均为超额配售选择权的实施情况以及使用超额配售股票募集资金买入股票的完整记录；报送的时间要求存在差异见表 8-1-6。

表 8-1-6　主承销商报送超额配售选择权相关文件的要求

报送要求	沪、深证券交易所	北交所
报送时间点	全部发行工作完成后 10 个工作日内	超额配售选择权行使期届满或者累计购回股票数量达到超额配售选择权发行股票数量限额的 10 日内

（二）转板上市流程

1. 流程概述

（1）向创业板转板上市流程。根据《深圳证券交易所股票发行与承销业务指南第 2 号——首发及转板上市业务办理》，北交所上市公司向创业板转板上市具体流程见图 8-1-4。

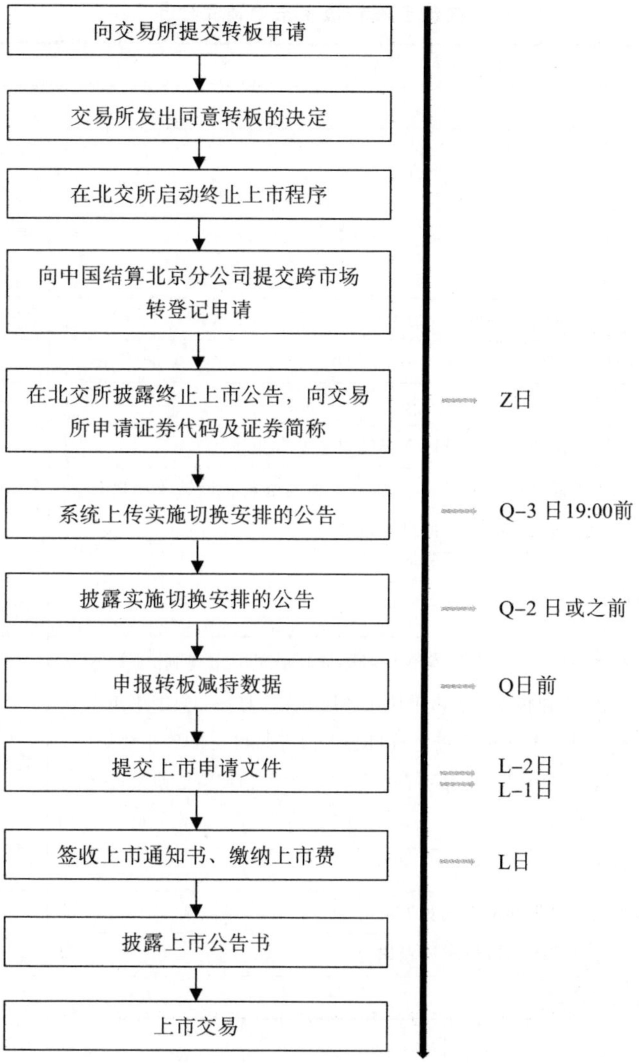

图 8－1－4　向创业板转板上市具体流程

注：Z 日——在北交所终止上市日；Q 日——跨市场转登记切换日；L 日——上市交易首日。

（2）向科创板转板上市流程。根据《北京证券交易所上市公司向上海证券交易所科创板转板办法（试行）》规定，北交所上市公司向科创板转板的上市相关程序及要求参照适用《上海证券交易所科创板股票上市规则》关于首次公开发行股票并上市的相关规定。

2. 报送转板上市申请文件

（1）向创业板转板上市申请文件。根据《深圳证券交易所股票发行与承销业务指南第 2 号——首发及转板上市业务办理》，北交所上市公司向创业板转板上市的申请文件见表 8－1－7。

表 8-1-7　　向创业板转板上市申请文件

序号	需报送的文件名称	备　注
1	上市申请书	—
2	股票基本情况表	请通过保荐业务专区“发行上市——首发上市数据填报”栏目填报和导出电子表格
3	申请上市的董事会、股东大会决议	—
4	公司营业执照复印件	—
5	公司章程（草案）	—
6	依法经会计师事务所审计的发行人最近 3 年的财务会计报告	—
7	公司拟聘任或已聘任的董事会秘书及证券事务代表的资料。发行人已聘任董事会秘书和证券事务代表的，同时应提供董事会聘任书	—
8	需报送的承诺与说明	需报送纸质版原，邮寄至创业板公司管理部
8-1	根据中国证监会有关规定、《深圳证券交易所创业板股票上市规则》、转板办法、《深圳证券交易所创业板发行上市审核业务指引第 3 号——全国中小企业股份转让系统挂牌公司向创业板转板上市报告书内容与格式》等相关规定，本次上市前股东所持股份的限售安排、自愿锁定股份、延长锁定期限以及股东持股及减持意向等承诺	如相关股东为法人，需法定代表人签字
8-2	稳定股价的措施和承诺	—
8-3	股份回购和股份买回的措施和承诺（如有）	—
8-4	对欺诈发行上市的股份回购和股份买回承诺	—
8-5	依法承担赔偿责任的承诺	—
8-6	公司董事、监事和高级管理人员持有股份情况及《董事（监事、高级管理人员）声明与承诺书》	①声明与承诺书签订须经律师见证；请注意声明中关于持股情况的项目需填写直接和间接持股股份情况 ②模板详见深交所《上市公司自律监管指引第 2 号——创业板上市公司规范运作》
8-7	《控股股东、实际控制人声明及承诺书》	
8-8	其他承诺事项	—
9	发行人及其控股股东、公司董事及高级管理人员关于稳定公司股价的措施和承诺	—
10	保荐人对保荐代表人的专项授权委托书	—
11	发行人全部股票已经中国结算深圳分公司登记的证明文件	—

续表

序号	需报送的文件名称	备　注
12	保荐协议	—
13	取得深交所同意转板决定日至上市前，公司按规定新增的财务资料和有关重大事项的说明文件（如适用）	—
14	公司及其董事、监事、高级管理人员保证向交易所提交的上市申请文件内容真实、准确、完整，不存在虚假记载、误导性陈述或重大遗漏的承诺	—
15	保荐人关于公司独立董事资格证书核查说明。如独立董事上市前无任职资格证书，公司应当出具承诺书，承诺上市后6个月内现任独立董事取得资格证书，或者改聘其他具有任职资格证书的独立董事	—
16	交易所要求的其他文件	—

（2）向科创板转板上市申请文件。根据《北京证券交易所上市公司向上海证券交易所科创板转板办法（试行）》规定，北交所上市公司向科创板转板的上市相关程序及要求参照适用《上海证券交易所科创板股票上市规则》关于首次公开发行股票并上市的相关规定。

3. 上市交易（L日）

参加上市仪式。

二、上市环节关注事项

（一）一般事项

上市阶段，交易所重点对申请文件的齐备程度和内容进行审核，材料不齐备的，应当在规定时间内对材料进行一次性补正。

（二）会后事项

1. IPO会后事项处理要求

（1）受理发行上市申请后至股票上市交易前。

根据沪、深证券交易所股票发行上市审核规则，交易所受理发行上市申请后至股票上市交易前，发生重大事项的，发行人及其保荐人应当及时向交易所报告，并按要求更新发行上市申请文件。发行人的保荐人、证券服务机构应当持续履行尽职调查职责，并向交易所提交专项核查意见。

（2）上市委员会审议后至股票上市交易前。

根据沪、深证券交易所股票发行上市审核规则，上市委员会审议会议后至股票上市交易前，发生重大事项，对发行人是否符合发行条件、上市条件或者信息披露要求产生重大影响的，发行上市审核机构经重新审核后决定是否重新提交上市委员会审议。

(3) 中国证监会作出注册决定后至股票上市交易前。

沪、深证券交易所股票发行上市审核规则以及《北京证券交易所向不特定合格投资者公开发行股票注册管理办法》均规定，中国证监会作出注册决定后至股票上市交易前，发生重大事项，可能导致发行人不符合发行条件、上市条件或者信息披露要求的，发行人应当暂停发行；已经发行的，暂缓上市。

交易所发现发行人存在上述情形的，有权要求发行人暂缓上市。发行人及其保荐人应当将上述情况及时报告交易所并作出公告，说明重大事项相关情况及发行人将暂停发行、暂缓上市。

交易所经审核认为相关重大事项导致发行人不符合发行条件、上市条件或者信息披露要求的，将出具明确意见并向中国证监会报告。

2. 转板会后事项处理要求

转板会后事项的处理与首发的要求基本相同。差异在于转板公司不存在发行的情形，因此主要判断会后重大事项是否符合转板条件或信息披露要求。

3. 因会后事项导致核准被撤销的主要情形

在实务中，会后事项通常因媒体质疑以及相关方的投诉举报后被发现，因不符合发行条件、上市条件或信息披露要求，最终导致监管部门撤销首次公开发行股票的核准决定。

此外，已经出现 IPO 项目在上市阶段因国家相关行业政策出现重大变化导致撤销上市核准的情形。该种情形具有一定的行业特殊性，但也提醒行业从业人员应当对国家政策导向可能对发行人最终上市的影响保持密切关注。

目前尚未出现 IPO 项目因发行后无法满足市值上市条件的原因而未能成功上市的案例。但随着全面注册制的实施，股票发行价格将日益市场化，不排除未来可能出现因发行价格严重低于预期，发行人主动终止发行或因无法达到相关市值标准而无法上市的情形，这将对中介机构的定价能力提出更高要求。

三、发行后上市前核准被撤销案例

截至目前，IPO 项目已公开发行但未能成功上市的案例，多因为在发行后的上市阶段发生媒体质疑或相关人员举报等会后事项，经过核查，上述事项表明发行人不符合发行条件、上市条件或信息披露要求，最终导致证监会撤销首次公开发行股票的核准决定。

【案例 8-1】 本案例为发行人 A 在上市前被举报发行文件存在重大虚假陈述，监管部门调查后撤销核准决定。

案例背景： 中国证监会于 2000 年 6 月作出核准发行人 A 股票公开发行申请的决定。发行人 A 随后刊登了招股说明书，7 月完成公开发行 10 000 万股股票，并计划 7 月挂牌上市。挂牌上市前夕，发行人 A 被举报公开募集文件含有重大虚假内容。中国证监会随即作出股票暂缓上市流通的决定，并展开立案调查。

存在问题： 经调查，发行人 A 于 1998 年和 1999 年两年合计虚构电视机生产销售数量 146 万余台，虚构主营业务收入近 35 亿元，虚构主营业务利润 5 亿多元，同时还存在虚开增值税发票等造假行为。由于发行人 A 在股票发行申请和公开募集文件中使用了虚构的会计数据，因此确定发行人 A 申报材料中的财务会计文件存在重大虚假记载。

处理结果： 因发行人 A 股票发行申请及公开募集文件含有虚假记载的问题经证监会查证属实，发行人 A 不符合规定的股票发行上市条件，2002 年 9 月，中国证监会依法撤销对发行人 A 股票公开发行的核准决定，同时依法将该案移送司法机构追究刑事责任。发行人 A 向社会公开发行股票，影响面宽，后续处理工作复杂。对于动用的募集资金，相应处理包括通知发行人 A 股票发行的主承销商、会计师事务所和律师事务所，将其在发行人 A 股票发行上市项目上收取的、出自发行人 A 募股资金的承销费、审计费和律师费退至清退专用账户。

【案例 8-2】 本案例为发行人 B 在证券发行过程中，被媒体质疑并举报资产权属等问题。监管部门调查后撤销股票发行核准决定。

案例背景： 发行人 B 于 2008 年 3 月首发申请过会，7 月完成股票发行之后，所募集的约 5 亿元资金已划至发行人 B 账户。上市前，有媒体质疑发行人 B 涉嫌"资产腾挪、二次上市"，证监会也收到举报。证监会按规定对发行人 B 已募集的资金予以冻结，并会同相关部门组成联合调查组，对发行人 B 展开调查。

存在问题： 调查发现发行人 B 主要存在以下两方面问题：一是发行人 B 与甲公司之间 2002 年的股权交易未按有关要求履行内部决策程序，存在权属纠纷的不确定性，导致其相关资产的形成存在瑕疵；二是招股说明书存在应披露而未披露的信息，包括发行人 B 子公司跟甲公司之间部分借款、甲公司跟发行人 B 部分设备交易以及发行人 B 收购相关股权时所做的一些股权代持安排。

处理结果： 2009 年 4 月，中国证监会决定撤销对发行人 B 首次公开发行股票的核准决定，同时要求发行人 B 按照发行价并加算银行同期存款利息返还证券持有人。

【案例 8-3】 本案例为发行人 C 在发行后，被媒体质疑专利技术到期，经核查后，被证监会撤销核准决定。

案例背景：发行人C于2010年2月获得证监会发审委发行许可，3月公开发行2 000万股。公司股票计划于3月上市交易。

存在问题：公司股票计划上市前一日晚，发行人C发布公告称，接到保荐机构通知，有关监管部门要求保荐机构等中介就媒体报道的专利权终止问题进行核查，公司股票暂缓上市。

处理结果：2010年6月，创业板发审委召开会后事项发审委会议，重新审核发行人C首发申请。发审委审核认为，发行人C招股说明书和申报文件中披露的全部5项专利及2项正在申请专利的法律状态与事实不符，发行人C目前全部产品均使用被终止的4项外观设计专利，50%产品使用被终止的1项实用新型专利，总体上看，5项专利被终止对申请人存在不利影响。因此，发行人C首发核准被撤销。证监会要求按照发行价并加算银行同期存款利息将申购款返还证券持有人。

【案例8-4】本案例为发行人D在股票发行期间被媒体质疑信息披露不实，并被举报虚增收入，最终被撤销首发核准。

案例背景：发行人D于2010年11月取得核准批复，2010年12月完成发行股票1 700万股，并计划于2010年12月在深圳证券交易所上市。

存在问题：股票发行期间，媒体质疑发行人D披露不实，证监会也收到了举报信。举报内容主要包括虚增收入、虚构存货、水电费与生产情况不配比、隐瞒关联方、隐瞒自然人股东身份等。此后，证监会冻结了发行人D已经募集的资金，并按照核查程序要求中介机构对涉及问题进行了核查。发行人D于计划上市前一日晚间公告申请暂缓上市。

处理结果：2011年4月，证监会启动会后事项发审委会议，经审核，发行人D招股说明书未按要求披露下列事项：一是未按规定披露乙公司与公司间的关联方关系和关联交易；二是有3家公司2008年向发行人D采购的黄酒金额超过了招股说明书披露的第五大客户采购金额，招股说明书却未披露这些客户的情况，不符合《首次公开发行股票并上市管理办法》的相关规定。2011年4月，证监会作出撤销发行人D首次公开发行股票行政许可的决定，并要求发行人D按照发行价并加算银行同期存款利息返还证券持有人。

第二节　持续监管

上市公司持续监管是以《证券法》《公司法》等法律为基础，针对企业发行股票、存托凭证及其衍生品种并在交易所上市后，证监会及其派出机构、证券交易所等监管机构围绕公司治理、信息披露、股份减持、重大资产重组、股权激励、退市和重新上市等方面对上市公司以及相关各方行为进行的持续监督管理。持续监管规则体系主要包括证监会发布的上市公司持续监管办法、信息披露管理办法，以及交易所发布的股票上市规则、与规范运作和股份减持等相关的自律监管指引等。监管案例显示，上市公司及相关方在公司治理、持续信息披露、股份减持、股权激励等方面受到的处罚较为集中，是需要规范的重点方面。

一、公司治理

上市公司应当保持健全、有效、透明的治理体系和监督机制，保证股东大会、董事会、监事会规范运作，督促董事、监事和高级管理人员履行忠实、勤勉义务，保障全体股东合法权利，积极履行社会责任，保护利益相关者的基本权益。

（一）股东大会、董事会、监事会

1. 股东大会

上市公司应当完善股东大会运作机制，平等对待全体股东，保障股东依法享有的知情权、查阅权、资产收益权、质询权、建议权、股东大会召集权、提案权、表决权等权利，积极为股东行使权利提供便利，切实保障股东特别是中小股东的合法权益。

上市公司应当在公司章程中规定股东大会的召集、召开和表决等程序，制定股东大会议事规则，并列入公司章程或者作为章程附件。

（1）股东大会的召集。股东大会会议由董事会召集，董事长主持；董事长不能履行职务或者不履行职务的，由副董事长主持；副董事长不能履行职务或者不履行职务的，由半数以上董事共同推举一名董事主持。

董事会不能履行或者不履行召集股东大会会议职责的，监事会应当及时召集和主持；监事会不召集和主持的，连续 90 日以上单独或者合计持有公司 10% 以上股份的股东可以自行召集和主持。

股东大会召集人应当充分、完整披露所有提案的具体内容，以及股东对有关提案作出合理判断所需的全部会议资料。有关提案需要独立董事、监事会（或有）、中介机构等发表意见的，应当作为会议资料的一部分予以披露。此外，根据《公司法》规定，单独或者合计持有公司 3% 以上股份的股东，可以在股东大会召开 10 日前提出临时提案并书面提交董事会；董事会应当在收到提案后 2 日内通知其他股东，并将该临时提案提交股东大会审议。临时提案的内容应当属于股东大会职权范围，并有明确议题和具体决议事项。

(2) 股东大会的召开。根据《上市公司章程指引》规定，股东大会分为年度股东大会和临时股东大会。年度股东大会每年召开一次，应当于上一会计年度结束后的 6 个月内举行。有下列情形之一的，应当在 2 个月内召开临时股东大会：董事人数不足《公司法》规定人数或者公司章程所定人数的 2/3 时；公司未弥补的亏损达实收股本总额 1/3 时；单独或者合计持有公司 10% 以上股份的股东请求时；董事会认为必要时；监事会提议召开时；公司章程规定的其他情形。

发出股东大会通知后，股东大会因故需要取消的，召集人应当在现场会议召开日前至少 2 个交易日公告并说明原因。

(3) 股东大会的表决。股东出席股东大会会议，所持每一股份有一表决权。但是，公司持有的本公司股份没有表决权。公司股东或者其委托代理人在股东大会上投票的，应当对提交表决的议案明确发表同意、反对或者弃权意见。股东大会结束后，上市公司应当及时统计议案的投票表决结果，并披露股东大会决议公告。

根据《公司法》规定，股东大会作出决议，必须经出席会议的股东所持表决权过半数通过，但以下事项必须经出席股东大会的股东所持表决权的 2/3 以上通过：

①修改公司章程；

②增加或者减少注册资本；

③公司合并、分立、解散或变更公司形式；

④公司在一年内购买、出售重大资产或者担保金额超过公司资产总额 30% 的。

除《公司法》规定的上述情形外，根据《深圳证券交易所上市公司自律监管指引第 1 号——主板上市公司规范运作》2. 1. 18、《深圳证券交易所上市公司自律监管指引第 1 号——创业板上市公司规范运作》2. 1. 18 规定，以下事项必须经出席股东大会的股东所持表决权的 2/3 以上通过：

①修改公司章程及其附件（包括股东大会议事规则、董事会议事规则及监事会议事规则）；

②增加或者减少注册资本；

③公司合并、分立、解散或者变更公司形式；

④分拆所属子公司上市；

⑤深交所《股票上市规则》和《创业板股票上市规则》规定的连续 12 个月内购买、出售重大资产或者担保金额超过公司资产总额 30%；

⑥发行股票、可转换公司债券、优先股以及中国证监会认可的其他证券品种；

⑦以减少注册资本为目的回购股份；

⑧重大资产重组；

⑨股权激励计划；

⑩上市公司股东大会决议主动撤回其股票在深交所上市交易、并决定不再在交易所交易或者转而申请在其他交易场所交易或转让；

⑪股东大会以普通决议认定会对公司产生重大影响、需要以特别决议通过的其他事项；

⑫法律法规、深交所相关规定、公司章程或股东大会议事规则规定的其他需要以特别决议通过的事项。

上交所和北交所未在上市公司自律监管指引中明确除《公司法》规定之外的其他特别决议事项。

2. 董事会

董事会应当认真履行有关法律法规和公司章程规定的职责，确保上市公司依法合规运作，公平对待所有股东，并维护其他利益相关者的合法权益。根据《公司法》规定，股份有限公司董事会成员数量为5人至19人，董事会成员中可以有公司职工代表。

（1）董事会的召集和召开。董事长召集和主持董事会会议，检查董事会决议的实施情况。副董事长协助董事长工作，董事长不能履行职务或者不履行职务的，由副董事长履行职务；副董事长不能履行职务或者不履行职务的，由半数以上董事共同推举1名董事履行职务。

董事会每年度至少召开两次会议，每次会议应当于会议召开10日前通知全体董事和监事。

代表1/10以上表决权的股东、1/3以上董事或者监事会，可以提议召开董事会临时会议。董事长应当自接到提议后10日内，召集和主持董事会会议。董事会召开临时会议，可以另定召集董事会的通知方式和通知时限。

董事会会议应有过半数的董事出席方可举行。董事会作出决议，必须经全体董事的过半数通过。董事会决议的表决，实行一人一票。

董事会会议记录应当真实、准确、完整，充分反映与会人员对所审议事项提出的意见，出席会议的董事、董事会秘书和记录人员应当在会议记录上签名。董事会会议记录应当妥善保存。

（2）董事会的职权行使。上市公司董事会各项法定职权应当由董事会集体行使，不得授权他人行使，不得以公司章程、股东大会决议等方式加以变更或者剥夺。

公司章程规定的董事会其他职权，涉及重大事项的，应当进行集体决策，不得授予董事长、总经理等其他主体行使。

董事会授权董事长在董事会闭会期间行使董事会部分职权的，应当在公司章程中明确规定授权的原则和具体内容。

（3）董事会专门委员会。董事会专门委员会包括审计委员会、战略委员会、提名委员会、薪酬与考核委员会。其中，科创板、创业板上市规则仅要求设立审计委员会，未对其他专门委员会作出规定；上交所主板、深交所主板、创业板要求设立审计委员会，并规定董事会可以根据需要设立战略委员会、提名委员会、薪酬与考核委员会；北交所鼓励上市公司设立上述专门委员会，未作强制要求。

董事会专门委员会成员全部由董事组成，其中审计委员会、提名委员会、薪酬与考核委员会中独立董事应当占多数并担任召集人，审计委员会的召集人应当为会计专业人士。

3. 监事会

上市公司监事会依法检查公司财务，监督董事、高级管理人员履行职责的合法合规性，行使公司章程规定的其他职权，维护公司及股东的合法权益。

根据《公司法》规定，股份有限公司设监事会，其成员不得少于 3 人。监事会设主席 1 人，可以设副主席，由全体监事过半数选举产生。监事会应当包括股东代表和适当比例的公司职工代表，其中职工代表的比例不得低于 1/3，具体比例由公司章程规定。董事、高级管理人员不得兼任监事。

（1）监事会的召集和召开。监事会每 6 个月至少召开一次会议，监事可以提议召开临时监事会会议。监事会主席召集和主持监事会会议；监事会主席不能履行职务或者不履行职务的，由监事会副主席召集和主持监事会会议；监事会副主席不能履行职务或者不履行职务的，由半数以上监事共同推举 1 名监事召集和主持监事会会议。

上市公司应当制定监事会议事规则，并列入公司章程或者作为章程附件，报股东大会批准，确保监事会有效履行职责。

监事会决议的表决，实行一人一票。监事会决议应当经半数以上监事通过。

监事会应当对所议事项的决定形成会议记录，会议记录应当真实、准确、完整，充分反映与会人员对所审议事项提出的意见，出席会议的监事和记录人员应当在会议记录上签字。监事会会议记录应当妥善保存。

（2）监事会的职权行使：

监事会应当对董事会编制的定期报告进行审核并提出书面审核意见，书面审核意见应当说明报告编制和审核程序是否符合相关规定，内容是否真实、准确、完整。

监事会依法检查公司财务，监督董事、高级管理人员在财务会计报告编制过程中的行为，必要时可以聘请中介机构提供专业意见。董事、高级管理人员应当如实向监事会提供有关情况和资料，不得妨碍监事会行使职权。

监事发现上市公司或者董事、监事、高级管理人员、股东、实际控制人等存在与财务会计报告相关的欺诈、舞弊行为及其他可能导致重大错报的情形时，应当要求相关方立即纠正或者停止，并及时向董事会、监事会报告，提请董事会、监事会进行核查，必要时应当向交易所报告。

（二）董事、监事、高级管理人员

上市公司董事、监事和高级管理人员应当遵守法律法规、证券交易所相关规定及公司章程，在公司章程、股东大会或者董事会授权范围内，忠实、勤勉、谨慎履职，并严格履行其作出的各项承诺。

1. 任职要求

《公司法》明确规定，存在下列情形之一的，不得担任公司的董事、监事、高级管理人员：

（1）无民事行为能力或者限制民事行为能力；

（2）因贪污、贿赂、侵占财产、挪用财产或者破坏社会主义市场经济秩序，被判处刑罚，执行期满未逾5年，或者因犯罪被剥夺政治权利，执行期满未逾5年；

（3）担任破产清算的公司、企业的董事或者厂长、经理，对该公司、企业的破产负有个人责任的，自该公司、企业破产清算完结之日起未逾3年；

（4）担任因违法被吊销营业执照、责令关闭的公司、企业的法定代表人，并负有个人责任的，自该公司、企业被吊销营业执照之日起未逾3年；

（5）个人所负数额较大的债务到期未清偿。

除《公司法》规定的禁止情形外，各交易所规定了不得被提名担任董事、监事、高级管理人员的情形，并规定了不绝对禁止，但应当披露相关信息的情形。详见表8-2-1。

表8-2-1　各板块董事、监事、高级管理人员任职的禁止情形

<table>
<tr><th>情形</th><th>深交所主板、创业板</th><th>上交所主板</th><th>科创板</th><th>北交所</th></tr>
<tr><td>禁止情形</td><td colspan="2">1.《公司法》规定不得担任董事、监事、高级管理人员的情形；
2. 被中国证监会采取不得担任上市公司董事、监事、高级管理人员的市场禁入措施，期限尚未届满；
3. 被证券交易所公开认定为不适合担任上市公司董事、监事和高级管理人员，期限尚未届满；
4. 法律法规、交易所规定的其他情形</td><td>1.《公司法》规定不得担任董事、监事、高级管理人员的情形；
2. 最近3年曾受证券交易所公开谴责或者2次以上通报批评；
3. 交易所规定的其他情形</td><td>1.《公司法》规定不得担任董事、监事和高级管理人员的情形；
2. 被中国证监会及其派出机构采取证券市场禁入措施或者认定为不适当人选，期限尚未届满；
3. 被证券交易所或者全国股转公司认定其不适合担任公司董事、监事、高级管理人员，期限尚未届满；
4. 中国证监会和交易所规定的其他情形</td></tr>
</table>

续表

情形	深交所主板、创业板	上交所主板	科创板	北交所
不绝对禁止，需披露相关情况	最近 36 个月内受到中国证监会行政处罚			
	最近 36 个月内受到证券交易所公开谴责或者 3 次以上通报批评	最近 36 个月内受到证券交易所公开谴责或者 2 次以上通报批评	—	最近 3 年内受到证券交易所或者全国股转公司公开谴责或者 3 次以上通报批评
	—	—	被中国证监会采取证券市场禁入措施，期限尚未届满；被证券交易所公开认定为不适合担任公司董事，期限尚未届满	—
	因涉嫌犯罪被司法机关立案侦查或者涉嫌违法违规被中国证监会立案调查，尚未有明确结论意见	—	—	因涉嫌犯罪被司法机关立案侦查或者涉嫌违法违规被中国证监会及其派出机构立案调查，尚未有明确结论意见
	被中国证监会在证券期货市场违法失信信息公开查询平台公示或者被人民法院纳入失信被执行人名单	—	—	—
不绝对禁止情形下的披露要求	应当披露该候选人具体情形、拟聘请该候选人的原因以及是否影响公司规范运作	在任董事、监事、高级管理人员出现上述不绝对禁止情形之一，董事会、监事会认为其继续担任董事、监事、高级管理人员职务对公司经营有重要作用的，可以提名其为下一届候选人，并应当充分披露提名理由	在任董事出现上述不绝对禁止情形之一，董事会认为该董事继续担任相应职务对公司经营有重要作用的，可以提名其为下一届董事候选人，并应充分披露提名理由。 监事、高级管理人员参照执行	应当披露该候选人具体情形、拟聘请该候选人的原因以及是否影响公司规范运作，并提示相关风险

法规依据：《公司法》第一百四十六条、《深圳证券交易所上市公司自律监管指引第 2 号——创业板上市公司规范运作》3.2.3、《深圳证券交易所上市公司自律监管指引第 2 号——主板上市公司规范运作》3.2.2、《上海证券交易所上市公司自律监管指引第 1 号——规范运作》3.2.2 和 3.2.3、《上海证券交易所科创板上市公司自律监管指引第 1 号——规范运作》4.2.1 和 4.2.2、《北京证券交易所股票上市规则（试行）》4.2.2 和 4.2.4。

注 1：“—”表示交易所未规定相应情形。

注 2：各交易所另外规定了不得担任董事会秘书和独立董事的情形，详见本节关于董事会秘书和独立董事任职资格部分的内容。

2. 独立董事

独立董事是指不在上市公司担任除董事外的其他职务，并与其所受聘的上市公司及其主要股东不存在可能妨碍其进行独立客观判断的关系的董事。上市公司独立董事制度是中国特色现代企业制度的重要组成部分，是资本市场基础制度的重要内容。根据《公司法》《上市公司独立董事规则》等规定，上市公司应当建立独立董事制度。上市公司董事会成员中应当至少包括1/3独立董事。

2023年4月，国务院办公厅印发《关于上市公司独立董事制度改革的意见》，从明确独立董事职责定位、优化独立董事履职方式、强化独立董事任职管理、改善独立董事选任制度、加强独立董事履职保障、严格独立董事履职情况监督管理、健全独立董事责任约束机制、完善协同高效的内外部监督体系等八个方面提出改革措施，进一步优化上市公司独立董事制度。中国证监会同时公布了《上市公司独立董事管理办法（征求意见稿）》，进一步细化了独立董事制度改革各环节的细化要求。因该规则尚未正式发布，如无特别说明，该部分按照原法规内容梳理独立董事方面的规定。

（1）独立董事的职责。上市公司独立董事应当独立、公正地履行职责，按时出席董事会会议，了解上市公司的生产经营和运作情况，主动调查、获取作出决策所需要的情况和资料，督促公司、公司董事会规范运作，维护公司利益及中小股东合法权益。独立董事应当重点关注公司的关联交易、对外担保、募集资金使用、社会公众股股东保护、重大资产重组、重大投融资活动、董事和高级管理人员的薪酬、利润分配和信息披露等事项。独立董事应当向公司股东大会提交年度述职报告，对其履行职责的情况进行说明。

独立董事除应当具有《公司法》和其他相关法律、法规赋予董事的职权外，上市公司还应当赋予独立董事以下特别职权：

①重大关联交易（指上市公司拟与关联人达成的总额高于300万元或高于上市公司最近经审计净资产值的5%的关联交易）应由独立董事事前认可；独立董事作出判断前，可以聘请中介机构出具独立财务顾问报告，作为其判断的依据。

②向董事会提议聘用或解聘会计师事务所。

③向董事会提请召开临时股东大会。

④提议召开董事会。

⑤在股东大会召开前公开向股东征集投票权。

⑥独立聘请外部审计机构和咨询机构，对公司的具体事项进行审计和咨询。

独立董事行使上述第①项至第⑤项职权，应当取得全体独立董事的1/2以上同意；行使第⑥项职权，应当经全体独立董事同意。第①②项事项应由1/3以上独立董事同意后，方可提交董事会讨论。

上市公司独立董事上述提议未被采纳或上述职权不能正常行使，上市公司应将有关情况予以披露。

（2）任职要求。担任独立董事应当具备担任上市公司董事的资格，符合独立性要求，具备上市公司运作的基本知识，熟悉相关法律、行政法规、规章及规则，具有 5 年以上法律、经济或者其他履行独立董事职责所必需的工作经验。

独立董事及拟担任独立董事的人士应当依照规定参加中国证监会及其授权机构所组织的培训。

上市公司应当在公司章程中明确，聘任适当人员担任独立董事，其中至少包括 1 名会计专业人士。

以会计专业人士身份被提名为独立董事候选人的，应当具备较丰富的会计专业知识和经验，并至少符合下列条件之一：①具有注册会计师资格；②具有会计、审计或者财务管理专业的高级职称、副教授及以上职称或者博士学位；③具有经济管理方面高级职称，且在会计、审计或者财务管理等专业岗位有 5 年以上全职工作经验。

（3）独立性要求。独立董事必须具有独立性，应当独立履行职责，不受上市公司主要股东、实际控制人或者其他与上市公司存在利害关系的单位或个人的影响。独立董事原则上最多在 5 家上市公司兼任独立董事，并确保有足够的时间和精力有效地履行独立董事的职责。

为保持独立董事的独立性，存在表 8－2－2 情形的，不得担任或被提名为独立董事。

表 8－2－2　　因独立性问题不得担任独立董事的情形

主要情形	上交所	深交所	北交所
1. 在上市公司或者其附属企业任职的人员及其直系亲属和主要社会关系	√	√	√
2. 直接或者间接持有上市公司已发行股份 1% 以上或者是上市公司前 10 名股东中的自然人股东及其直系亲属	√	√	√
3. 在直接或者间接持有上市公司已发行股份 5% 以上的股东单位或者在上市公司前 5 名股东单位任职的人员及其直系亲属	√	√	√
4. 在上市公司控股股东、实际控制人及其附属企业任职的人员	不含“控股股东”	√	√
5. 为上市公司及其控股股东、实际控制人或者其各自的附属企业提供财务、法律、咨询等服务的人员，包括提供服务的中介机构的项目组全体人员、各级复核人员、在报告上签字的人员、合伙人及主要负责人	不含“实际控制人”	√	√

续表

主要情形	上交所	深交所	北交所
6. 在与上市公司及其控股股东、实际控制人或者其各自的附属企业具有重大业务往来的单位担任董事、监事和高级管理人员，或者在该业务往来单位的控股股东单位担任董事、监事和高级管理人员	不含“实际控制人”	√	√
7. 最近 12 个月内曾经具有前六项所列举情形之一的人员	√	√	√
8. 其他认定不具备独立性的情形	√	√	√

（4）发表独立意见的情形。独立董事应当对上市公司重大事项发表独立意见，意见类型包括同意、保留意见及其理由、反对意见及其理由和无法发表意见及其障碍，所发表的意见应当明确、清楚。重大事项具体如表 8－2－3 所示。

表 8－2－3　　各板块需独立董事发表意见的情形

<table>
<tr><th>重大事项</th><th>上交所主板</th><th>科创板</th><th>深交所</th><th>北交所</th></tr>
<tr><td>1. 提名、任免董事</td><td>√</td><td>√</td><td>√</td><td>√</td></tr>
<tr><td>2. 聘任、解聘高级管理人员</td><td>√</td><td>√</td><td>√</td><td>√</td></tr>
<tr><td>3. 董事、高级管理人员的薪酬</td><td>√</td><td>√</td><td>√</td><td>√</td></tr>
<tr><td>4. 聘用、解聘会计师事务所</td><td>√</td><td>√</td><td>√</td><td>√</td></tr>
<tr><td>5. 因会计准则变更以外的原因作出会计政策、会计估计变更或重大会计差错更正</td><td>√</td><td>√</td><td>√</td><td>√</td></tr>
<tr><td>6. 公司的财务会计报告、内部控制被会计师事务所出具非标准无保留审计意见</td><td>√</td><td>不含“内部控制”</td><td>√</td><td>不含“内部控制”</td></tr>
<tr><td>7. 内部控制评价报告</td><td>√</td><td>—</td><td>√</td><td>—</td></tr>
<tr><td>8. 相关方变更承诺的方案</td><td>√</td><td>√</td><td>√</td><td>√</td></tr>
<tr><td>9. 优先股发行对公司各类股东权益的影响</td><td>√</td><td>√</td><td>√</td><td>—</td></tr>
<tr><td>10. 制定利润分配政策、利润分配方案及现金分红方案</td><td>√</td><td>多一项“资本公积金转增股本方案”，尤其要关注是否损害中小投资者合法权益</td><td colspan="2">公司现金分红政策的制定、调整、决策程序、执行情况及信息披露，以及利润分配政策是否损害中小投资者合法权益</td></tr>
<tr><td>11. 需要披露的关联交易、提供担保（不含对合并报表范围内子公司提供担保）、委托理财、提供财务资助、募集资金使用、股票及其衍生品种投资等重大事项</td><td>√</td><td>多一项“开展新业务”</td><td>√</td><td>√</td></tr>
</table>

续表

重大事项	上交所主板	科创板	深交所	北交所
12. 重大资产重组方案、管理层收购、股权激励计划、员工持股计划、回购股份方案、上市公司关联人以资抵债方案	√	不含“管理层收购和上市公司关联人以资抵债方案”	不含“员工持股计划”	不含“管理层收购和上市公司关联人以资抵债方案”
13. 公司拟决定其股票不再在本交易所交易	√	√	√	从北交所退市、申请转板或向境外其他证券交易所申请股票上市
14. 独立董事认为有可能损害中小股东合法权益的事项	√	√	√	√
15. 董事因故无法对定期报告形成决议	—	—	—	√
16. 法律法规、交易所相关规定等要求的其他事项	√	√	√	√

注：“—”表示交易所未规定相应情形。

3. 董事会秘书

董事长应当保证董事会秘书的知情权，不得以任何形式阻挠其依法行使职权。董事长在接到重大事件的报告后，应当立即敦促董事会秘书及时履行信息披露义务。

（1）董事会秘书的职责。董事会秘书对上市公司和董事会负责，履行如下职责：

①负责公司信息披露事务，协调公司信息披露工作，组织制定公司信息披露事务管理制度，督促公司及相关信息披露义务人遵守信息披露相关规定。

②负责组织和协调公司投资者关系管理，协调公司与证券监管机构、投资者及实际控制人、中介机构、媒体等之间的信息沟通。

③筹备组织董事会会议和股东大会会议，参加股东大会、董事会、监事会及高级管理人员相关会议，负责董事会会议记录工作并签字。

④负责公司信息披露的保密工作，在未公开重大信息泄露时，立即向交易所报告并披露。

⑤关注有关公司的传闻或媒体报道并主动求证真实情况，督促公司相关主体及时回复交易所问询。

⑥组织董事、监事和高级管理人员就相关法律法规、交易所相关规定进行培训，协助前述人员了解各自在信息披露中的职责。

⑦督促董事、监事和高级管理人员遵守法律法规、交易所相关规定和公司章程，切实履行其所作出的承诺；在知悉公司、董事、监事和高级管理人员作出或者可能作

出违反有关规定的决议时，应当予以提醒并立即如实向交易所报告。

⑧负责公司股票及其衍生品种变动管理事务。

⑨法律法规和交易所要求履行的其他职责。

科创板公司董事会秘书还负责“协助董事会建立健全公司内部控制制度，积极推动公司避免同业竞争、减少并规范关联交易事项、建立健全激励约束机制以及承担社会责任”和“协助董事会制定公司资本市场发展战略，协助筹划或者实施再融资或者并购重组事务”等。

（2）董事会秘书的任职资格。上市公司董事会秘书应当具备履行职责所必需的财务、管理、法律等专业知识，具有良好的职业道德和个人品质。创业板要求董事会秘书应当由上市公司董事、副总经理、财务负责人或者公司章程规定的其他高级管理人员担任。科创板要求担任科创板公司董事会秘书应具备履行职责所必需的工作经验和上交所认可的董事会秘书资格证书。

具有下列情形之一的人士不得担任董事会秘书：

①不得担任上市公司董事、监事或者高级管理人员的情形；

②最近 3 年受到过中国证监会行政处罚；

③最近 3 年受到过证券交易所公开谴责或者 3 次以上通报批评；

④本公司现任监事；

⑤交易所认定不适合担任董事会秘书的其他情形。

针对上述第②项，科创板规定为“最近 3 年曾受中国证监会行政处罚，或者被中国证监会采取市场禁入措施，期限尚未届满”。

另外，科创板规定“曾被证券交易所公开认定为不适合担任科创公司董事会秘书”的人员不得担任科创公司董事会秘书。创业板规定，拟聘任董事会秘书因涉嫌犯罪被司法机关立案侦查或者涉嫌违法违规被中国证监会立案调查，尚未有明确结论意见的，上市公司应当及时披露拟聘任该人士的原因以及是否存在影响上市公司规范运作的情形，并提示相关风险。

（3）董事会秘书空缺期间的处理方式。上市公司应当在首次公开发行的股票上市后 3 个月内或者原任董事会秘书离职后 3 个月内聘任董事会秘书。

上交所主板、深交所和北交所规定，上市公司董事会秘书空缺期间，董事会应当及时指定 1 名董事或者高级管理人员代行董事会秘书的职责并向交易所报告，同时尽快确定董事会秘书的人选。公司指定代行董事会秘书职责的人员之前，由公司董事长代行董事会秘书职责。《科创板上市规则》规定，董事会秘书空缺期间，上市公司应当及时指定一名董事或者高级管理人员代行董事会秘书职责。

公司董事会秘书空缺时间超过 3 个月的，董事长（《科创板上市规则》4. 2. 8 规定为“法定代表人”）应当代行董事会秘书职责。上交所主板和深交所主板均规定在 6 个月内完成董事会秘书的聘任工作。

（4）解聘董事会秘书的情形。上市公司解聘董事会秘书应当有充分的理由，不得无故将其解聘。董事会秘书被解聘或者辞职时，公司应当及时向交易所报告，说明原因并公告。董事会秘书可以就被公司不当解聘或者与辞职有关的情况，向交易所提交个人陈述报告。

董事会秘书具有下列情形之一的，上市公司应当自相关事实发生之日起 1 个月内将其解聘：

①出现禁止担任董事会秘书的任何一种情形；

②连续 3 个月以上不能履行职责；

③在履行职责时出现重大错误或者疏漏，给公司、投资者造成重大损失；

④违反法律法规、交易所相关规定和公司章程等，给公司、投资者造成重大损失。

科创板规定“连续 3 年未参加董事会秘书后续培训”的董事会秘书会在事实发生之日起 1 个月内被解聘。

（5）红筹公司聘任信息披露境内代表。红筹公司应当在境内设立证券事务机构，并聘任信息披露境内代表，负责办理公司股票或者存托凭证上市期间的信息披露和监管联络事宜。信息披露境内代表应当具备境内科创公司董事会秘书的相应任职能力，熟悉境内信息披露规定和要求，并能够熟练使用中文。

红筹公司应当建立与境内投资者、监管机构及交易所的有效沟通渠道，按照规定保障境内投资者的合法权益，保持与境内监管机构及交易所的畅通联系。

（三）控股股东、实际控制人

上市公司控股股东和实际控制人应当遵守诚实信用原则，依法行使股东权利、履行股东义务，维护公司独立性，不得隐瞒其控股股东、实际控制人身份，逃避相关义务和责任；不得滥用股东权利、控制地位损害上市公司和其他股东的合法权益；不得利用对公司的控制地位牟取非法利益。

对控股股东、实际控制人的持续监管主要侧重信息披露和维护上市公司独立性两个大的方面，要求控股股东和实际控制人应当配合上市公司的信息披露相关工作并维护上市公司的独立性，采取切实措施保障上市公司的独立。

1. 信息披露

（1）控股股东和实际控制人应当配合上市公司的信息披露工作和内幕信息知情人登记工作，不得向上市公司隐瞒或者要求、协助公司隐瞒重要信息；

（2）控股股东和实际控制人应当配合交易所、公司完成与信息披露相关的问询、调查以及查证工作；

（3）控股股东和实际控制人应当对其知悉的上市公司未披露的重大信息予以保密，不得提前泄露，不得利用该信息从事内幕交易、操纵市场等行为牟取利益；

（4）控股股东和实际控制人在境内外同时发行证券及其衍生品种的，在境外市场披露涉及上市公司的重大信息的，应当同时通过上市公司在境内市场披露。

上市公司无控股股东和实际控制人的，公司第一大股东及其实际控制人应当参照适用股票上市规则和自律监管指引关于控股股东和实际控制人的规定。

2. 独立性

各交易所规定，控股股东、实际控制人应当维护上市公司的独立性，采取切实措施保障公司资产完整、人员独立、财务独立、机构独立和业务独立。

控股股东、实际控制人依照法律法规或者有权机关授权履行国有资本出资人职责的，从其规定。

各交易所目前对控股股东、实际控制人维护上市公司独立性方面的规定基本相同。以下以《上海证券交易所上市公司自律监管指引第 1 号——规范运作》的规定为例进行具体说明。

（1）资产完整。控股股东、实际控制人应当维护上市公司资产完整，不得通过以下方式影响公司资产的完整性：

①与生产型公司共用与生产经营有关的生产系统、辅助生产系统和配套设施；

②与非生产型公司共用与经营有关的业务体系及相关资产；

③以显失公平的方式与公司共用商标、专利、非专利技术等；

④以无偿或者以明显不公平的条件占有、使用、收益或者处分公司的资产；

⑤未按照法律规定及合同约定及时办理投入或者转让给公司资产的过户手续；

⑥法律法规、交易所相关规定或者认定的其他情形。

（2）人员独立。控股股东、实际控制人应当维护上市公司人员独立，不得通过以下方式影响公司人员的独立性：

①通过行使提案权、表决权等相关规定及公司章程规定的股东权利以外的方式，影响公司人事任免或者限制公司董事、监事和高级管理人员履行职责；

②聘任公司高级管理人员在控股股东、实际控制人或者其控制的企业担任除董事、监事以外的其他行政职务；

③要求公司人员为其无偿提供服务；

④向公司高级管理人员支付薪金或者其他报酬；

⑤指使公司董事、监事和高级管理人员以及其他在上市公司任职的人员实施损害公司利益的决策或者行为；

⑥法律法规、交易所相关规定或者认定的其他情形。

(3) 财务独立。控股股东、实际控制人应当维护上市公司财务独立，不得通过以下方式影响公司财务的独立性：

①与公司共用或者借用公司银行账户等金融类账户，或者将公司资金以任何方式存入控股股东、实际控制人及其关联人控制的账户；

②通过各种方式非经营性占用公司资金；

③要求公司违法违规提供担保；

④将公司财务核算体系纳入控股股东、实际控制人管理系统之内，如共用财务会计核算系统或者控股股东、实际控制人可以通过财务会计核算系统直接查询公司经营情况、财务状况等信息；

⑤法律法规、交易所相关规定或者认定的其他情形。

上市公司控股股东、实际控制人及其他关联人不得以下列方式占用公司资金：

①要求公司为其垫付、承担工资、福利、保险、广告等费用、成本和其他支出；

②要求公司有偿或者无偿、直接或者间接拆借资金给其使用（含委托贷款)；

③要求公司委托其进行投资活动；

④要求公司为其开具没有真实交易背景的商业承兑汇票，以及在没有商品和劳务对价情况下或者明显有悖商业逻辑情况下以采购款、资产转让款、预付款等方式提供资金；

⑤要求公司代其偿还债务；

⑥法律法规、交易所相关规定或者认定的其他情形。

控股股东、实际控制人及其他关联人不得以“期间占用、期末归还”或者“小金额、多批次”等形式占用公司资金。

(4) 机构独立。控股股东、实际控制人应当维护上市公司机构独立，支持公司董事会、监事会、业务经营部门或者其他机构及其人员的独立运作，不得干预公司机构的设立、调整或者撤销，或者对公司董事会、监事会和其他机构及其人员行使职权进行限制或者施加其他不正当影响。

(5) 业务独立。控股股东、实际控制人应当维护上市公司业务独立，支持并配合公司建立独立的生产经营模式，不得与公司在业务范围、业务性质、客户对象、产品可替代性等方面存在可能损害公司利益的竞争，不得利用其对公司的控制地位，牟取属于公司的商业机会。控股股东、实际控制人应当采取措施，避免或者消除与公司的同业竞争。

控股股东、实际控制人与上市公司发生关联交易，应当遵循平等、自愿、等价、有偿的原则，并签署书面协议，不得要求公司与其进行显失公平的关联交易，不得要求公司无偿或者以明显不公平的条件为其提供商品、服务或者其他资产，不得通过任何方式影响公司的独立决策，不得通过欺诈、虚假陈述或者其他不正当行为等方式损害公司和中小股东的合法权益。

3. 行为规范

上市公司持续监管中针对控股股东、实际控制人的行为规范主要要求其应当履行做出的承诺；维持控制权稳定；履行信息披露和保密义务；不得通过关联交易、资产重组、对外投资、担保、利润分配和其他方式直接或者间接侵占上市公司资金、资产，损害公司及其他股东的利益；应当配合上市公司通过网络投票、累积投票、征集投票权等方式保障其他股东的提案权、表决权等权利，不得以任何理由或方式限制、阻挠其他股东合法权利的行使。控股股东、实际控制人提出议案时应当充分考虑并说明议案对公司和中小股东利益的影响。

（四）内部控制

各交易所目前对上市公司内容控制方面的要求基本相同。以下以《上海证券交易所上市公司自律监管指引第 1 号——规范运作》为例进行具体说明。

1. 内部控制制度

上市公司应当完善内部控制制度，确保董事会、监事会和股东大会等机构合法运作和科学决策，建立有效的激励约束机制，树立风险防范意识，培育良好的企业精神和内部控制文化，创造全体职工充分了解并履行职责的环境。董事会应当对公司内部控制制度的制定和有效执行负责。

上市公司的内部控制制度应当涵盖经营活动的所有环节，包括销货及收款、采购及付款、存货管理、固定资产管理、货币资金管理、担保与融资、投资管理、研发管理、人力资源管理等环节。

除涵盖经营活动各个环节外，公司的内部控制制度还应当包括各方面专项管理制度，包括印章使用管理、票据领用管理、预算管理、资产管理、职务授权及代理制度、信息系统管理与信息披露管理制度等。

2. 内部审计部门

上市公司应当设立内部审计部门，对内部控制制度的建立和实施、财务信息的真实性和完整性等情况进行检查监督。内部审计部门应当保持独立性，不得置于财务部门的领导之下，或者与财务部门合署办公。内部审计部门对董事会审计委员会负责，向审计委员会报告工作。

上市公司应当根据自身经营特点和实际状况，制定公司内部控制自查制度和年度内部控制自查计划。除法律法规另有规定外，内部审计部门至少每半年对下列事项进行一次检查，出具检查报告并提交审计委员会：

（1）公司募集资金使用、提供担保、关联交易、证券投资与衍生品交易、提供财务资助、购买或者出售资产、对外投资等重大事件的实施情况；

（2）公司大额资金往来以及与董事、监事、高级管理人员、控股股东、实际控制人及其关联人资金往来情况。

上市公司内部审计部门应当至少每季度向审计委员会报告一次，内容包括但不限于内部审计计划的执行情况以及内部审计工作中发现的问题；每一年度结束后向审计委员会提交内部审计工作报告（科创板要求年度和半年度结束后）。

3. 内部控制评价

审计委员会应当根据内部审计部门提交的内部审计报告及相关资料，对公司内部控制有效性出具书面的评估意见，并向董事会报告。

上市公司董事会或者其审计委员会应当根据内部审计部门出具的评价报告及相关资料，出具年度内部控制自我评价报告。董事会应当在审议年度报告等事项的同时，对公司内部控制评价报告形成决议。公司应当在披露年度报告的同时，披露年度内部控制评价报告，并同时披露会计师事务所出具的内部控制审计报告。

董事会或者审计委员会认为公司内部控制存在重大缺陷或者重大风险的，或者保荐人、会计师事务所指出公司内部控制有效性存在重大缺陷的，董事会应当及时向交易所报告并予以披露。公司应当在公告中披露内部控制存在的重大缺陷或者重大风险、已经或者可能导致的后果，以及已采取或者拟采取的措施。

如会计师事务所对上市公司内部控制有效性出具非标准审计报告，或者指出公司非财务报告内部控制存在重大缺陷的，公司董事会、监事会应当针对所涉及事项作出专项说明。

（五）表决权差异化安排

在尊重企业公司治理实践做法的同时，各交易所股票上市规则在“公司治理”中专设一节，对表决权差异安排进行规范，明确了特别表决权的设置、行使、转让、表决权数量相同的情况、特别表决权的披露要求以及需要监事会或独立董事出具专项意见的事项等，从而保障普通表决权股东权利，强化内外部监督机制。

1. 特别表决权的设置

上市公司设置表决权差异安排的，应当在公司章程中规定特别表决权股份的持有人资格、特别表决权股份拥有的表决权数量与普通股份拥有的表决权数量的比例安排、持有人所持特别表决权股份能够参与表决的股东大会事项范围、特别表决权股份锁定安排及转让限制、特别表决权股份与普通股份的转换情形等事项。公司章程有关上述事项的规定，应当符合交易所的有关规定。

2. 特别表决权的披露要求

上市公司具有表决权差异安排的，各交易所的披露规定略有差异，但均要求披露该安排下保护投资者合法权益有关措施的实施情况。

《上海证券交易所股票上市规则》第 4.6.12 条和第《科创板股票上市规则》第 4.5.11 条均规定，公司具有表决权差异安排的，应当在定期报告中披露特别表决权的实施和安排情况，以及该等安排下保护投资者合法权益有关措施的实施情况。特别表决权安排发生重大变化或调整的，应当及时披露。

《深圳证券交易所股票上市规则》第 4.6.11 条和《创业板股票上市规则》第 4.4.10 条均规定，上市公司具有表决权差异安排的，应当在定期报告中披露该等安排在报告期内的实施、股份变动、表决权恢复及行使情况等，特别是风险、公司治理等信息，以及该等安排下保护投资者合法权益有关措施的实施情况。

《北京证券交易所股票上市规则（试行）》第 4.4.11 条规定，存在特别表决权股份的上市公司应当在年度报告、中期报告中披露表决权差异安排的运行情况、特别表决权股份的变动情况以及投资者保护措施的落实情况等。

（六）重点规范事项

相关规则针对上市公司提供财务资助、提供担保、募集资金管理、承诺及承诺履行情况、利润分配和资本公积金转增股本等重点规范事项进行了明确规定。

1. 提供财务资助

上市公司应当建立健全有关财务资助的内部控制制度，在公司章程或者公司其他规章制度中明确股东大会、董事会审批提供财务资助的审批权限、审议程序以及违反审批权限、审议程序的责任追究机制，采取充分、有效的风险防范措施。各交易所明确规定了上市公司不得提供财务资助的情形，具体如下：

（1）上市公司不得为上市规则规定的关联人提供资金等财务资助，但向非由公司控股股东、实际控制人控制的关联参股公司提供财务资助，且该参股公司的其他股东按出资比例提供同等条件财务资助的情形除外。

（2）上市公司对控股子公司、参股公司提供财务资助的，该公司的其他股东原则上应当按出资比例提供同等条件的财务资助。如其他股东未能以同等条件或者出资比例向该公司提供财务资助的，应当说明原因以及上市公司利益未受到损害的理由，上市公司是否已要求上述其他股东提供相应担保。

2. 提供担保

上市公司应当在公司章程中明确股东大会、董事会关于提供担保事项的审批权限，以及违反审批权限和审议程序的责任追究机制，并严格执行提供担保审议程序。未经董事会或者股东大会审议通过，公司不得提供担保。上市公司向其控股子公司、合营或者联营企业提供担保需遵守交易所自律监管指引中规定。

3. 募集资金管理

（1）募集资金存储。上市公司应当将募集资金存放于经董事会批准设立的专项账户集中管理，不得将募集资金存放在实际控制人、控股股东等关联方下属的财务公司。募集资金专项账户不得存放非募集资金或用作其他用途，应当专户专用。可注销的情形：商业银行三次未及时向保荐机构出具对账单或者通知专户大额支取情况，以及存在未配合保荐机构查询与调查专户资料情形的，公司可以终止协议并注销该募集资金专户。

上市公司应当在募集资金到位后 1 个月内与保荐机构、存放募集资金的商业银行签订《三方监管协议》。

《三方监管协议》应当约定：

①商业银行每月向公司出具银行对账单，并抄送保荐机构；

②保荐机构可以随时到商业银行查询专户资料；

③上市公司应当将募集资金集中存放于募集资金专户；

④公司、商业银行、保荐机构或者独立财务顾问的权利、义务及违约责任。

（2）募集资金使用。

①原则性规定：募集资金原则上应当用于上市公司主营业务，除金融类企业外，募集资金不得用于证券投资、衍生品交易等高风险投资或者为他人提供财务资助，也不得直接或者间接投资于以买卖有价证券为主要业务的公司。上市公司不得将募集资金用于质押、委托贷款或者其他变相改变募集资金用途的投资。

②现金管理：上市公司可以对暂时闲置的募集资金进行现金管理，应经董事会审议通过，独立董事、监事会、保荐机构发表同意意见。其投资的产品必须符合以下条件：A. 安全性高，满足保本要求，产品发行主体能够提供保本承诺；B. 流动性好，不得影响募集资金投资计划正常进行；C. 投资产品的期限不得超过 12 个月（仅深交所主板和创业板适用）。

③补充流动资金：上市公司以闲置募集资金暂时用于补充流动资金的，应经董事会审议通过，独立董事、监事会、保荐机构发表同意意见。并应当符合如下要求：A. 不得变相改变募集资金用途或者影响募集资金投资计划的正常进行；B. 已归还前次用于暂时补充流动资金的募集资金；C. 单次补充流动资金时间不得超过 12 个月；D. 不使用闲置募集资金直接或者间接进行证券投资、衍生品交易等高风险投资。

④置换预先投入募投项目：上市公司以自筹资金预先投入募投项目的，可以在募

集资金到账后 6 个月内，以募集资金置换自筹资金。置换事项应当经上市公司董事会审议通过，会计师事务所出具鉴证报告，并由独立董事、监事会、保荐机构发表明确同意意见。

（3）募集资金变更。上市公司应当审慎使用募集资金，保证募集资金的使用与发行申请文件的承诺相一致，不得随意改变募集资金的投向。上市公司应当真实、准确、完整地披露募集资金的实际使用情况。出现严重影响募集资金投资计划正常进行的情形时，应当及时公告。

上市公司存在表 8－2－4 情形的，视为募集资金用途变更，应当在董事会审议通过后及时公告，并履行股东大会审议程序。

表 8－2－4　各板块构成募集资金用途变更的情形

主要情形	上交所主板	深交所主板	科创板	创业板	北交所
1. 取消或者终止原募集资金项目，实施新项目	√	√	√ 增加“补充流动资金”	√	√
2. 变更募集资金投资项目实施主体（不包括上市公司及全资子公司之间进行变更）	√	√	不包括上市公司及全资或控股子公司之间进行变更	√	√
3. 变更募集资金投资项目实施方式	√	√	√	√	√
4. 交易所认定为募集资金用途变更的其他情形	√	√	√	√	√

4. 承诺及其履行情况

上市公司及相关信息披露义务人应当严格遵守中国证监会和交易所相关规定，履行其作出的各项公开承诺，采取有效措施确保承诺的履行，不得擅自变更或者解除。从实务来看，上市公司及相关信息披露义务人因未履行公开承诺被证监会及派出机构采取行政监管措施或被交易所采取自律监管措施的案例非常集中。

5. 利润分配和资本公积金转增股本

上市公司制定利润分配政策时，应当按照相关规定及公司章程履行决策程序。董事会应当就股东回报事宜进行专项研究论证，制定明确、清晰的股东回报规划，并详细说明规划安排的依据和理由等情况。

上市公司应当在公司章程中明确现金分红相对于股票股利在利润分配方式中的优先顺序。具备现金分红条件的，应当采用现金分红方式进行利润分配。

（七）典型案例

【案例 8－5】该案例为上交所主板上市公司及实际控制人在规范运作、信息披露方面违规，有关责任人在职责履行方面违规，受到上海证券交易所纪律处分。

案例背景：A 公司为上交所主板上市公司，其实际控制人之一李某成未在公司担任董事和其他任何职务，存在未按照公司规定直接参与公司重大决策、经营管理和人事任免的情形。此外，2022 年 4 月 29 日，该上市公司披露 2021 年年度报告、2022 年第一季度报告称，除时任财务总监程某外，公司董事会、监事会及董事、监事、高级管理人员保证年度、季度报告内容的真实、准确、完整，不存在虚假记载、误导性陈述或重大遗漏，并承担个别和连带的法律责任。时任财务总监程某未按相关规定签署相关定期报告的书面确认意见，也未就定期报告发表明确、充分、具体的异议并陈述理由。直至 2022 年 5 月 12 日，程某才在年度报告事项的监管工作函回复公告中披露，其未签署定期报告原因并补签书面确认意见，保证公司 2021 年年度报告、2022 年第一季度报告中所披露的信息真实、准确、完整。

存在问题：

①公司内部控制存在重大缺陷，且未如实披露。根据行政监管措施查明的事实，公司实际控制人李某成违规干预公司生产经营管理及财务、会计活动，公司与控股股东、实际控制人未能实行财务分开、业务独立，反映出公司在公司治理和内部控制独立性上存在重大缺陷，但公司未在 2021 年年度报告和 2021 年度内部控制评价报告中如实披露。

②时任财务总监无法保证公司 2021 年年度报告内容的真实、准确、完整，但未按规定在书面确认意见中发表意见并陈述理由。

被采取的措施：2022 年 6 月，上海证券交易所出具《上海证券交易所纪律处分决定书》，对 A 公司实际控制人李某成、时任财务总监程某予以公开谴责，对 A 公司和时任董事长兼总经理李某、时任董事会秘书邓某予以通报批评。

【案例 8－6】该案例为深交所主板上市公司当年度可供分配利润不足以派发现金红利，但未能审慎决策从而导致处罚。具体如下：

案例背景：B 公司为深交所主板上市公司，其于 2022 年 4 月 13 日披露的《第五届董事会第二十二次会议决议公告》显示，公司召开董事会审议通过了《关于公司 2021 年度利润分配的预案》，拟以实施权益分派股权登记日登记的总股本为基数，向全体股东每 10 股派发现金红利 1.00 元（含税），以截至 2021 年 12 月 31 日公司的总股本计算，合计拟派发现金红利约 1 亿元（含税）。

存在问题：公司 2021 年年度报告显示，期末母公司可供分配利润为－4.54 亿元，现金分红金额大于可供分配利润金额。

经深交所提醒督促，公司于 2022 年 4 月 21 日披露《第五届董事会第二十三次会议决议公告》称，公司暂不满足进行利润分配的条件，决议取消原拟提交公司 2021 年年度股东大会审议的《关于公司 2021 年度利润分配的预案》，2021 年度利润分配预案更改为不派发现金红利、不送红股、不以公积金转增股本。

被采取的措施： B 公司被深圳证券交易所出具监管函。

【案例 8－7】 该案例为深交所主板上市公司控股股东的一致行动人未履行公开承诺，违规减持股票超过公开承诺比例。具体如下：

案例背景： 孙某为上市公司 C 控股股东、现任董事长的一致行动人，截至 2023 年 1 月 15 日，孙某持有上市公司 C 股票 160 余万股，占公司总股本的 0.61%。2023 年 1 月 16 日至 2023 年 1 月 31 日，孙某通过集中竞价交易方式减持上市公司 C 股票，减持比例为孙某本次减持前所持股份的 100%。

存在问题： 上述行为违反了孙某在公司首次公开发行股份时作出的"本人的关联自然人在发行人 C 担任董事、监事和高级管理人员期间，每年转让的股份不超过本人持有公司股份总数的 25%"承诺，违反了《上市公司监管指引第 4 号——上市公司及其相关方承诺》（证监会公告〔2022〕16 号）第十二条的规定，违反了深圳证券交易所《股票上市规则（2022 年修订）》第 1.4 条、第 2.1 条、第 3.4.1 条的规定。

被采取的措施： 当地证监局决定对孙某采取出具警示函的行政监管措施，并记入证券期货市场诚信档案；深圳证券交易所上市公司管理一部对孙某发出监管函。

二、信息披露

上市公司持续信息披露的规则主要包括《上市公司信息披露管理办法》《上海证券交易所股票上市规则》《深圳证券交易所股票上市规则》《上海证券交易所科创板股票上市规则》《深圳证券交易所创业板股票上市规则》和《北京证券交易所股票上市规则（试行）》《科创板上市公司持续监管办法（试行）》《创业板上市公司持续监管办法（试行）》和《北京证券交易所上市公司持续监管办法（试行）》等。

（一）信息披露原则

发行人是信息披露的第一责任人。信息披露义务人应当及时依法履行信息披露义务，披露的信息应当真实、准确、完整，简明清晰、通俗易懂，不得有虚假记载、误导性陈述或者重大遗漏。上市公司的董事、监事、高级管理人员应当忠实、勤勉地履行职责，保证披露信息的真实、准确、完整，信息披露及时、公平。

1. 真实性原则。上市公司及相关信息披露义务人披露信息，应当以客观事实或者具有事实基础的判断和意见为依据，如实反映实际情况，不得有虚假记载。

2. 准确性原则。上市公司及相关信息披露义务人披露信息，应当客观，使用明确、贴切的语言和文字，不得夸大其词，不得有误导性陈述；应当使用事实描述性的语言，简洁明了、逻辑清晰、语言浅白、易于理解，不得含有宣传、广告、恭维、诋毁等性质的词句；公司披露预测性信息及其他涉及公司未来经营和财务状况等信息，应当合理、谨慎、客观。

3. 完整性原则。上市公司及相关信息披露义务人披露信息，应当内容完整，充分披露对公司股票及其衍生品种交易价格有较大影响的信息，揭示可能产生的重大风险，不得有选择地披露部分信息，不得有重大遗漏。信息披露文件材料应当齐备，格式符合规定要求。

4. 及时性原则。上市公司及相关信息披露义务人应当在规则规定的期限内披露重大信息，不得有意选择披露时点。

5. 公平性原则。信息披露义务人披露的信息应当同时向所有投资者披露，不得提前向任何单位和个人泄露；任何单位和个人不得非法要求信息披露义务人提供依法需要披露但尚未披露的信息；证券及其衍生品种同时在境内境外公开发行、交易的，其信息披露义务人在境外市场披露的信息，应当同时在境内市场披露。

除依法需要披露的信息之外，信息披露义务人可以自愿披露与投资者作出价值判断和投资决策有关的信息。信息披露义务人自愿披露的信息也应当遵循上述原则，并保持信息披露的持续性和一致性，不得进行选择性披露，不得利用自愿披露的信息不当影响公司证券及其衍生品种交易价格，不得利用自愿性信息披露从事市场操纵等违法违规行为。

（二）信息披露方式

依法披露的信息，应当在证券交易所的网站和符合中国证监会规定条件的媒体发布，同时将其置备于上市公司住所、证券交易所，供社会公众查阅。信息披露文件的全文应当在证券交易所的网站和符合中国证监会规定条件的报刊依法开办的网站披露，定期报告、收购报告书等信息披露文件的摘要应当在证券交易所的网站和符合中国证监会规定条件的报刊披露。

信息披露义务人不得以新闻发布或者答记者问等任何形式代替应当履行的报告、公告义务，不得以定期报告形式代替应当履行的临时报告义务。

（三）信息披露文件

信息披露文件包括定期报告、临时报告、招股说明书、募集说明书、上市公告书、收购报告书等。下面重点介绍定期报告、临时报告的相关要求。

1. 定期报告

上市公司应当披露的定期报告包括年度报告、半年度报告和季度报告。

（1）定期报告的披露时间。年度报告应当在每个会计年度结束之日起 4 个月内披露，半年度报告应当在每个会计年度的上半年结束之日起 2 个月内披露，季度报告应当在每个会计年度前 3 个月、前 9 个月结束后 1 个月内披露。公司第一季度季度报告的披露时间不得早于上一年度的年度报告披露时间。

（2）定期报告的内容。凡是对投资者作出价值判断和投资决策有重大影响的信息，均应当披露。中期报告应当记载以下内容：公司基本情况；主要会计数据和财务指标；公司股票、债券发行及变动情况、股东总数、公司前十大股东持股情况，控股股东及实际控制人发生变化的情况；管理层讨论与分析；报告期内重大诉讼、仲裁等重大事件及对公司的影响；财务会计报告；中国证监会规定的其他事项。年度报告除应记载上述内容外，还应当记载：报告期末股票、债券总额，持股 5% 以上股东、控股股东及实际控制人情况，董事、监事、高级管理人员的任职情况、持股变动情况、年度报酬情况，董事会报告，报告期内重大事件及对公司的影响等。

（3）上市公司董监高异议声明制度。定期报告内容应当经上市公司董事会审议通过。未经董事会审议通过的定期报告不得披露。公司董事、高级管理人员应当对定期报告签署书面确认意见，监事会应当对定期报告进行审核并提出书面审核意见，说明董事会的编制和审议程序是否符合法律、行政法规和中国证监会的规定，报告的内容是否能够真实、准确、完整地反映上市公司的实际情况。董事、监事无法保证定期报告内容的真实性、准确性、完整性或者有异议的，应当在董事会或者监事会审议、审核定期报告时投反对票或者弃权票。

董事、监事和高级管理人员无法保证定期报告内容的真实性、准确性、完整性或者有异议的，应当在书面确认意见中发表意见并陈述理由，上市公司应当披露。上市公司不予披露的，董事、监事和高级管理人员可以直接申请披露。

2. 临时报告

发生可能对上市公司证券及其衍生品种交易价格产生较大影响的重大事件，投资者尚未得知时，上市公司应当立即披露，说明事件的起因、目前的状态和可能产生的影响。重大事件包括：

（1）《证券法》第八十条第二款规定的重大事件。

（2）公司发生大额赔偿责任。

（3）公司计提大额资产减值准备。

（4）公司出现股东权益为负值。

（5）公司主要债务人出现资不抵债或者进入破产程序，公司对相应债权未提取足额坏账准备。

（6）新公布的法律、行政法规、规章、行业政策可能对公司产生重大影响。

（7）公司开展股权激励、回购股份、重大资产重组、资产分拆上市或者挂牌。

（8）法院裁决禁止控股股东转让其所持股份；任一股东所持公司 5% 以上股份被质押、冻结、司法拍卖、托管、设定信托或者被依法限制表决权等，或者出现被强制过户风险。

（9）主要资产被查封、扣押或者冻结；主要银行账户被冻结。

（10）上市公司预计经营业绩发生亏损或者发生大幅变动。

（11）主要或者全部业务陷入停顿。

（12）获得对当期损益产生重大影响的额外收益，可能对公司的资产、负债、权益或者经营成果产生重要影响。

（13）聘任或者解聘为公司审计的会计师事务所。

（14）会计政策、会计估计重大自主变更。

（15）因前期已披露的信息存在差错、未按规定披露或者虚假记载，被有关机关责令改正或者经董事会决定进行更正。

（16）公司或者其控股股东、实际控制人、董事、监事、高级管理人员受到刑事处罚，涉嫌违法违规被中国证监会立案调查或者受到中国证监会行政处罚，或者受到其他有权机关重大行政处罚。

（17）公司的控股股东、实际控制人、董事、监事、高级管理人员涉嫌严重违纪违法或者职务犯罪被纪检监察机关采取留置措施且影响其履行职责。

（18）除董事长或者经理外的公司其他董事、监事、高级管理人员因身体、工作安排等原因无法正常履行职责达到或者预计达到 3 个月以上，或者因涉嫌违法违规被有权机关采取强制措施且影响其履行职责。

（19）中国证监会规定的其他事项。

上市公司应当在最先发生的以下任一时点，及时履行重大事件的信息披露义务：

（1）董事会或者监事会就该重大事件形成决议时；

（2）有关各方就该重大事件签署意向书或者协议时；

（3）董事、监事或者高级管理人员知悉该重大事件发生时。

在上述时点之前出现下列情形之一的，上市公司应当及时披露相关事项的现状、可能影响事件进展的风险因素：

（1）该重大事件难以保密；

（2）该重大事件已经泄露或者市场出现传闻；

（3）公司证券及其衍生品种出现异常交易情况。

（四）典型案例

【案例 8－8】该案例为创业板上市公司第一大股东股票被司法冻结，未及时告知上市公司董事会导致受到处罚，具体如下：

案例背景：甲投资中心（有限合伙）为上市公司第一大股东，持有公司 20.67% 的股份。2021 年 12 月 31 日，甲投资中心持有的上市公司 15 424 558 股股票被司法冻结，占所持公司股份的 46.04%，占公司总股本的 9.52%。

存在问题：甲投资中心在 2022 年 1 月 4 日知悉上述信息，但直至 2022 年 1 月 24 日才书面告知上市公司董事会，导致相关信息直至 2022 年 1 月 25 日才披露。

被采取的措施：2022 年 3 月，上市公司第一大股东甲投资中心被当地证监局出具警示函。

三、锁定期与股份减持

（一）锁定期

1. 首发前持有的股份的锁定期

对于上市公司股东首次公开发行股票前所持有的股份，相关规则规定了锁定期要求，这部分股份在锁定期届满后才能在二级市场上流通。在锁定期内，这部分股份在股本结构里面体现为“有限售条件股份”。

（1）上市公司全体股东。根据《公司法》第 141 条规定，公司首次公开发行股份前已发行的股份，自公司股票在证券交易所上市交易之日起 1 年内不得转让。

（2）上市公司控股股东、实际控制人。沪、深证券交易所规定，上市公司控股股东、实际控制人自公司股票上市之日起 36 个月内，不得转让或者委托他人管理其直接和间接持有的首发前股份，也不得提议由上市公司回购该部分股份；但转让双方存在控制关系或者受同一实际控制人控制的，自发行人股票上市之日起 12 个月后，可豁免上述规定。

北交所规定，上市公司控股股东、实际控制人及其亲属，自公司首次公开发行并上市之日起 12 个月，不得转让或委托他人代为管理。

（3）上市公司董监高。根据《公司法》第 141 条规定，公司董事、监事、高级管理人员应当向公司申报所持有的本公司的股份及其变动情况，在任职期间每年转让的股份不得超过其所持有本公司股份总数的 25%；所持本公司股份自公司股票上市交易之日起 1 年内不得转让。上述人员离职后半年内，不得转让其所持有的本公司股份。

（4）上市公司核心技术人员。核心技术人员为科创板的特殊要求。根据《上海证券交易所科创板股票上市规则》，科创板上市公司核心技术人员自公司股票上市之日起 12 个月内和离职后 6 个月内不得转让本公司首发前股份；自所持首发前股份限售期满之日起 4 年内，每年转让的首发前股份不得超过上市时所持公司首发前股份总数的 25%，减持比例可以累积使用。

（5）上市公司创业投资基金股东。在中国证券投资基金业协会备案的创业投资基金，其所投资符合条件的企业上市后，通过证券交易所集中竞价交易减持其持有的发行人首次公开发行前发行的股份，适用下列比例限制：

①截至发行人首次公开发行上市日，投资期限不满 36 个月的，在 3 个月内减持股份的总数不得超过公司股份总数的 1%；

②截至发行人首次公开发行上市日，投资期限在 36 个月以上但不满 48 个月的，在 2 个月内减持股份的总数不得超过公司股份总数的 1%；

③截至发行人首次公开发行上市日，投资期限在 48 个月以上但不满 60 个月的，在 1 个月内减持股份的总数不得超过公司股份总数的 1%；

④截至发行人首次公开发行上市日，投资期限在 60 个月以上的，减持股份总数不再受比例限制。

投资期限自创业投资基金投资该首次公开发行企业金额累计达到 300 万元之日或者投资金额累计达到投资该首次公开发行企业总投资额 50% 之日开始计算。

（6）公司上市时未盈利的特殊规定。为维护上市公司中小股东利益，科创板、创业板和北交所针对上市时公司未盈利的情形，要求其控股股东、实际控制人、董事、监事、高级管理人员适当延长首次公开发行并上市前的股份锁定期。公司上市时未盈利的，相关主体减持首次公开发行前股份的具体要求详见表 8－2－5。

表 8－2－5　　公司上市时未盈利，首次公开发行前股份减持的规定

减持主体	具体要求	
	科创板、创业板	北交所
控股股东、实际控制人	（1）在公司实现盈利前，科创板、创业板上市公司控股股东、实际控制人锁定期为 3 个完整会计年度	北交所上市公司控股股东、实际控制人锁定期为自上市之日起 2 个完整会计年度内
	（2）自公司股票上市之日起第 4 个会计年度和第 5 个会计年度内，科创板、创业板上市公司控股股东、实际控制人每年减持的首发前股份不得超过公司股份总数的 2%，并应当符合交易所发布的减持细则关于减持股份的相关规定	北交所无对后续年度的限制

续表

减持主体	具体要求	
	科创板、创业板	北交所
董监高及核心技术人员	(1) 公司上市时未盈利的，在公司实现盈利前，科创板、创业板上市公司董事、监事、高级管理人员锁定期为3个完整会计年度	北交所上市公司董事、监事、高级管理人员锁定期为2个完整会计年度
	(2) 公司上市时未盈利的，在公司实现盈利前，科创板上市公司核心技术人员锁定期为3个完整会计年度；创业板无上述限制	北交所无对核心技术人员的限制
	(3) 董事、监事、高级管理人员及核心技术人员在上述期间离职的，仍需遵循上述锁定期的规定	
实现盈利后	公司实现盈利后，控股股东、实际控制人、董监高及核心技术人员可以自当年年度报告披露后次日起减持首发前股份，但应当遵守证监会及交易所其他规定	

2. 首发股票网上和网下发行股份的锁定期

各交易所均规定，首次公开发行股票网上发行的股票无流通限制及锁定安排，自发行股票在交易所上市交易之日起即可流通。

根据《深圳证券交易所首次公开发行证券发行与承销业务实施细则》第二十六条和《上海证券交易所首次公开发行证券发行与承销业务实施细则》第二十八条规定，网下发行投资者可自愿设定锁定期。除自愿设定锁定期以及沪、深证券交易所下列安排网下限售情形外，网下发行其他股份不设锁定期，自上市之日起即可流通交易：

首次公开发行证券安排网下限售的，发行人和主承销商可以采用摇号限售或比例限售方式，限售期不低于6个月。采用摇号限售方式的，摇号抽取不低于10%的配售对象账户，网下投资者应当承诺中签账户获配证券限售；采用比例限售方式的，网下投资者应当承诺不低于10%的获配证券数量限售。首次公开发行规模在100亿元以上的，设置相应限售期的配售对象账户或获配证券数量的比例不低于70%。北交所未规定自愿设定锁定期以及安排网下限售情形。

3. 战略投资者获配股票的锁定期

沪、深证券交易所规定的战略投资者的持有期限均为不少于12个月，持有期自本次发行的股票在交易所上市之日起计算。根据《北京证券交易所证券发行与承销管理细则》第三十四条规定，战略投资者获得配售的股票持有期限应当不少于6个月。各板块均规定，发行人高级管理人员与核心员工可以通过专项资产管理计划、员工持股计划等参与战略配售，获配的股票持有期限不得少于12个月。保荐机构相关子公司参与科创板和创业板跟投的，锁定期为24个月。

（二）股份减持

上市公司股东减持股份制度是资本市场重要的基础性制度，也是二级市场证券交易中受到高度关注的重要问题。为规范二级市场的股份减持行为，维护资本市场秩序，保护投资者合法权益，《上市公司股东、董监高减持股份的若干规定》（以下简称《减持规定》），沪、深证券交易所《上市公司股东及董事、监事、高级管理人员减持股份实施细则》（以下简称《减持细则》），各板块股票上市规则，《北京证券交易所上市公司持续监管指引第 8 号——股份减持和持股管理》等规则均就上市公司减持股份行为作出具体规定。《减持规定》及配套《减持细则》《北京证券交易所上市公司持续监管指引第 8 号——股份减持和持股管理》本着问题导向、突出重点的思路，着眼于管住"关键少数"，主要规范以下三类市场主体的减持行为：一是上市公司大股东，即控股股东和持股 5% 以上股东，但大股东减持通过集中竞价交易买入的股份除外；二是上市公司特定股东，即持有特定股份（即首次公开发行前股票）[①] 的股东；三是上市公司董监高。这三类股东的突出特点是具有持股优势、信息优势和持股成本优势。对其减持如不做必要的、有效的限制，极易影响上市公司稳健经营，破坏市场公平，损害中小投资者利益，因此需要予以特别规范。

1. 上市公司大股东减持

控股股东和持股 5% 以上股东的减持行为，一直是监管关注的重点。《减持规定》及配套《减持细则》对大股东减持主要作了如下规范：

一是合理划分限制减持的股份类型。为鼓励大股东增持股份，《减持细则》对其通过沪、深证券交易所集中竞价交易买入股票的减持不作限制；同样，《北京证券交易所上市公司持续监管指引第 8 号——股份减持和持股管理》对大股东通过北交所或全国中小企业股份转让系统竞价或做市交易买入本公司股份的减持不作限制。此外，根据《上市公司证券发行注册管理办法》，通过向特定对象发行股票取得的上市公司股份，其减持不再适用《上市公司股东、董监高减持股份的若干规定》的有关规定。除上述情形外，大股东减持所持有的其他任何股份，包括公司 IPO 前股份、配股，以及通过大宗交易、协议转让、司法过户、继承等取得的股份，均须遵守《减持细则》《北京证券交易所上市公司持续监管指引第 8 号——股份减持和持股管理》的规定。

二是限制减持数量。大股东集中减持，可能对股票二级市场交易价格带来冲击，故要求沪、深证券交易所上市公司的大股东在任意连续 90 日内，通过竞价交易减持股份的数量不得超过总股本的 1%，通过大宗交易减持股份的数量不得超过总股本的 2%，合计不得超过 3%。北交所上市公司大股东可以在 3 个月内通过交易所集中竞价减持股份的总数超过公司股份总数 1%，但应当在首次卖出的 30 个交易日前预先披露

---

① 根据《减持规定》及配套《减持细则》，特定股东包括除大股东以外持有首次公开发行前股份和上市公司非公开发行股份的股东，但根据《上市公司证券发行注册管理办法》，通过向特定对象发行股票取得的上市公司股份，其减持不再适用《上市公司股东、董监高减持股份的若干规定》的有关规定。

减持计划。

三是防范规避行为。对于沪、深证券交易所上市公司大股东通过大宗交易"过桥减持"的，新增受让方在6个月内不得转让的限制；对大股东通过一致行动人分散减持的，明确大股东与其一致行动人的持股合并计算，并共同遵守减持数量限制、共用相关减持额度。

四是细化披露要求。在减持的事前、事中、事后，须披露相关信息。具体包括：在减持实施的15日前公告减持计划，披露减持股份的数量、来源、原因、时间区间、价格区间等信息；在减持时间或数量过半时，公告减持进展；在减持实施完毕后，公告减持结果。上述信息披露要求，同样适用于上市公司董监高。

五是禁止存在特定违法违规情形的大股东减持股份。为强化证券市场监管、震慑违法违规行为，《减持细则》《北京证券交易所上市公司持续监管指引第8号——股份减持和持股管理》禁止存在特定违法违规情形的大股东减持股份。禁止情形包括两种：一是上市公司或大股东因涉嫌证券期货违法犯罪被立案调查或侦查期间，行政处罚、刑事判决作出后6个月内，大股东不得减持股份；二是大股东被交易所公开谴责后3个月内不得减持股份。

2. 上市公司特定股东减持

上市公司特定股东，指的是大股东以外持有首次公开发行前股份的股东。针对该类特定股东的减持规定，主要适用于沪、深证券交易所上市公司。《减持规定》及配套《减持细则》主要作了如下规范：

一是特定股份减持须遵守减持数量限制。持有特定股份的股东，无论其持股比例，在任意连续90日内，通过竞价交易减持的解禁限售股不得超过总股本的1%，通过大宗交易减持的解禁限售股不得超过总股本的2%，合计不得超过3%。

二是需注意，上述特定股份，除了股东通过IPO直接取得的股份外，还包括在上述股份解除限售前，股东通过非交易过户取得的股份。但股份解除限售后，股东通过任何方式取得的上述股份，不再视为特定股份，股东减持该股份不受上述限制。

3. 上市公司董监高减持

上市公司董监高是公司的高级管理人员，对公司负有忠实、勤勉义务，关系到公司内部治理和经营稳定。《公司法》规定董监高在任职期间内每年减持股份不得超过其所持股份的25%，离职后半年内不得减持股份，其主要考虑就是将董监高利益与公司利益适度绑定，防范其提前减持全部股票。实践中，个别公司董监高为了尽早减持股份，在任期届满前辞去职务，背离了其对公司的基本义务，有违公司全体股东对其的信赖。

针对这一情况，《减持细则》有针对性地对沪、深证券交易所上市公司董监高减持作了限制性的安排，要求沪、深证券交易所上市公司董监高在任期届满前离职的，仍按其原任期时间，适用《公司法》规定的减持比例要求。也就是说，如果公司董监高在 3 年任期的第一年辞职，其不仅在离职半年内不得减持股份，在剩余未满任期及其后的半年内也还应遵守每年减持不得超过 25% 的比例要求。

此外，针对存在特定违法违规情形的董监高，《减持细则》《北京证券交易所上市公司持续监管指引第 8 号——股份减持和持股管理》规定，董监高因涉及证券期货违法犯罪被立案调查或侦查期间，行政处罚、刑事判决作出后 6 个月内的，不得减持股份；董监高被交易所公开谴责后 3 个月内不得减持股份。

上市公司股东及董监高对持股比例、持股期限、减持方式、减持价格等作出承诺的，应当严格履行所作出的承诺，同时严格遵守法律法规和交易所业务规则，自觉维护证券市场秩序；认真履行信息披露义务，积极配合上市公司做好信息披露工作。

（三）典型案例

【案例 8－9】 该案例为上市公司 A 股东通过集中竞价交易减持公司股份时，未按承诺向交易所备案减持计划及公告。具体如下：

案例背景： 依据上市公司 A 披露的《首次公开发行股票招股说明书》及相关文件，2016 年 3 月、2017 年 3 月，企业甲与公司实际控制人之一签署《投票委托书》与补充协议，约定企业甲不可撤销地将其所持有公司全部股权所对应的表决权委托给该实际控制人行使。同时，企业甲在 2018 年公司 IPO 以及上市公司 2018 年、2019 年、2020 年年报中均承诺，通过集中竞价交易减持公司股份时，应履行在首次卖出股份的 15 个交易日前向证券交易所报告备案减持计划、公告等相关程序；在出售公司股份的 5 个交易日前书面通知实际控制人，并配合实际控制人开展与减持相关的信息披露义务。

存在问题： 2021 年 5 月 10 日，企业甲所持上市公司股票禁售期满解禁。2021 年 5 月 14 日至 6 月 8 日，企业甲通过集中竞价交易减持上市公司股份合计 17 249 686 股，占总股本的 0.6962%，减持价格 143.49～176.88 元/股，减持金额 28.94 亿元，减持后持股比例降至 0.1419%。企业甲通过证券交易所集中竞价交易减持首次公开发行前股份，未能按其前期作出的承诺提前 15 个交易日向证券交易所报告备案减持计划及公告，未能预先披露减持计划，直至 2021 年 6 月 12 日才就相关股份买卖情况履行信息披露义务，违规减持股份金额巨大、情节严重。企业甲的执行事务合伙人公司乙及其执行董事暨总经理陈某是企业甲的信息披露及相关减持行为的具体责任人，对上述违规行为负有主要责任。

被采取的措施： 2022 年 5 月，针对企业甲违反公开承诺、减持大额股份未履行相关信息披露义务等行为，中国证监会对企业甲采取责令改正，给予警告并处以罚款2亿元的行政处罚；上交所出具纪律处分决定书，对上市公司股东企业甲、股东执行事务合伙人公司乙及其执行董事暨总经理陈某予以公开谴责。

【案例8-10】 该案例为持有深交所主板上市公司5%以上股份的股东在上市公司B处于立案调查期间违规减持股份的情形。具体如下：

案例背景： 2022年3月1日，上市公司B公司因涉嫌存在信息披露违法违规被中国证监会立案调查。2022年6月16日至8月31日，在B公司处于立案调查期间，甲公司作为持股5%以上股东，通过司法拍卖等方式被动减持B公司7 535.66万股，占总股本的5.41%。

存在问题： 甲集团作为持股5%以上股东，在上市公司被立案调查期间通过司法拍卖等方式被动减持上市公司股票数量占上市公司总股本的5.41%，违反了限制期买卖股票的规定。

被采取的措施： 深交所对原控股股东、持股5%以上股东甲集团有限公司及其关联方乙公司给予通报批评的处分。

四、股权激励

股权激励是指上市公司以本公司股票为标的，对其董事、高级管理人员及其他员工进行的长期性激励。为进一步促进上市公司建立健全激励与约束机制，证监会专门制定了《上市公司股权激励管理办法》，科创板、创业板和北交所在股票上市规则中亦针对股权激励设置专门章节予以规范。

上市公司实行股权激励，应当符合法律、行政法规、规范性文件和公司章程的规定，有利于上市公司的持续发展，不得损害上市公司利益。上市公司的董事、监事和高级管理人员在实行股权激励中应当诚实守信，勤勉尽责，维护公司和全体股东的利益。

（一）上市公司股权激励

1. 股权激励方式

常见的股权激励方式包括限制性股票、股票期权。

（1）限制性股票。限制性股票是指激励对象按照股权激励计划规定的条件，获得的转让等部分权利受到限制的本公司股票。

上市公司在授予激励对象限制性股票时，应当确定授予价格或授予价格的确定方法。授予价格不得低于股票票面金额，且原则上不得低于下列价格较高者：

①股权激励计划草案公布前 1 个交易日公司股票交易均价的 50%；

②股权激励计划草案公布前 20 个交易日、前 60 个交易日或者前 120 个交易日的公司股票交易均价之一的 50%。

上市公司采用其他方法确定限制性股票授予价格的，应当在股权激励计划中对定价依据及定价方式作出说明。若低于上述价格，科创板、创业板和北交所上市公司还应当聘请独立财务顾问对股权激励计划的可行性、相关定价依据和定价方法的合理性、是否有利于公司持续发展、是否损害股东利益等发表意见。

限制性股票授予日与首次解除限售日之间的间隔不得少于 12 个月。在限制性股票有效期内，上市公司应当规定分期解除限售，每期时限不得少于 12 个月，各期解除限售的比例不得超过激励对象获授限制性股票总额的 50%。

（2）股票期权。股票期权是指上市公司授予激励对象在未来一定期限内以预先确定的条件购买本公司一定数量股份的权利。

上市公司在授予激励对象股票期权时，应当确定行权价格或者行权价格的确定方法。行权价格不得低于股票票面金额，且原则上不得低于下列价格较高者：

①股权激励计划草案公布前 1 个交易日的公司股票交易均价；

②股权激励计划草案公布前 20 个交易日、前 60 个交易日或者前 120 个交易日的公司股票交易均价之一。

上市公司采用其他方法确定限制性股票授予价格的，应当在股权激励计划中对定价依据及定价方式作出说明。

股票期权授权日与获授股票期权首次可行权日之间的间隔不得少于 12 个月。在股票期权有效期内，上市公司应当规定激励对象分期行权，每期时限不得少于 12 个月，后一行权期的起算日不得早于前一行权期的届满日。每期可行权的股票期权比例不得超过激励对象获授股票期权总额的 50%。

2. 股权激励对象

根据《上市公司股权激励管理办法》及科创板、创业板、北交所股票上市规则，上市公司股权激励对象应符合如下要求：

（1）激励对象可以包括上市公司的董事、高级管理人员、核心技术人员或者核心业务人员，以及公司认为应当激励的对公司经营业绩和未来发展有直接影响的其他员工。

（2）激励对象不应当包括独立董事和监事。

（3）外籍员工任职上市公司董事、高级管理人员、核心技术人员或者核心业务人员的，可以成为激励对象。

（4）单独或合计持有上市公司 5% 以上股份的股东、上市公司实际控制人及其配偶、父母、子女，不得成为主板上市公司的激励对象；但上述主体在上市公司担任董事、高级管理人员、核心技术人员或者核心业务人员的，可以成为科创板、创业板、北交所上市公司的激励对象，上市公司应当充分说明前述人员成为激励对象的必要性、合理性。

（5）下列人员不得成为激励对象：

①最近12个月内被证券交易所认定为不适当人选；

②最近12个月内被中国证监会及其派出机构认定为不适当人选；

③最近12个月内因重大违法违规行为被中国证监会及其派出机构行政处罚或者采取市场禁入措施；

④具有《公司法》规定的不得担任公司董事、高级管理人员情形的；

⑤法律法规规定不得参与上市公司股权激励的；

⑥中国证监会认定的其他情形。

3. 股权激励规模

主板上市公司全部在有效期内的股权激励计划所涉及的标的股票总数累计不得超过公司股本总额的10%，科创板和创业板上市公司的上述比例为20%，北交所上市公司的上述比例为30%。

此外，非经股东大会特别决议批准，任何一名激励对象通过全部在有效期内的股权激励计划获授的本公司股票，累计不得超过公司股本总额的1%。

4. 不得实施股权激励的情形

根据《上市公司股权激励管理办法》，上市公司具有下列情形之一的，不得实行股权激励：

（1）最近一个会计年度财务会计报告被注册会计师出具否定意见或者无法表示意见的审计报告；

（2）最近一个会计年度财务报告内部控制被注册会计师出具否定意见或无法表示意见的审计报告；

（3）上市后最近36个月内出现过未按法律法规、公司章程、公开承诺进行利润分配的情形；

（4）法律法规规定不得实行股权激励的；

（5）中国证监会认定的其他情形。

（二）申报前制定、上市后实施的期权激励计划

“股权清晰”是发行人申请首次公开发行股票的条件之一。因股票期权的行权条件达成情况、行权数量等均具有一定的不确定性，因此，在注册制推出之前，出于审

慎考虑，A 股拟上市公司通常不存在首发申报前制定并准备在上市后实施的期权激励计划。

2018 年 6 月 6 日，证监会公布并试行的《关于试点创新企业实施员工持股计划和期权激励的指引》，首次明确提出纳入试点的创新企业可以设置“上市前制定、上市后实施的期权激励计划”。随后，科创板和创业板明确允许发行人存在申报前制定的期权激励计划，并在原《科创板股票发行上市审核问答》（已废止）和原《深圳证券交易所创业板股票首次公开发行上市审核问答》（已废止）中，针对上述期权激励计划相关事项进行了详细解答。

证监会《首次公开发行股票注册管理办法)》第四十四条规定：“发行人存在申报前制定、上市后实施的期权激励计划的，应当符合中国证监会和交易所的规定，并充分披露有关信息。”《〈首次公开发行股票注册管理办法〉第十二条、第十三条、第三十一条、第四十四条、第四十五条和〈公开发行证券的公司信息披露内容与格式准则第 57 号——招股说明书〉第七条有关规定的适用意见——证券期货法律适用意见第 17 号》对于《首次公开发行股票注册管理办法》第四十四条规定的“期权激励计划”的理解与适用进行了详细阐述。

总体而言，拟上市企业实施期权激励计划的基本要求、信息披露和中介机构核查要求如下：

1. 期权激励对象

激励对象应当符合相关上市板块股票上市规则相关规定，即可以包括公司的董事、高级管理人员、核心技术人员或者核心业务人员，以及公司认为应当激励的对公司经营业绩和未来发展有直接影响的其他员工，独立董事和监事除外。单独或合计持有公司 5% 以上股份的股东、公司实际控制人及其配偶、父母、子女以及公司外籍员工，在公司担任董事、高级管理人员、核心技术人员或者核心业务人员的，可以成为激励对象。

2. 期权激励规模

发行人全部在有效期内的期权激励计划所对应股票数量占上市前总股本的比例原则上不得超过 15%，且不得设置预留权益。

3. 期权行权价格

期权的行权价格由股东自行商定确定，但原则上不应低于最近 1 年经审计的净资产或评估值。

4. 信息披露要求

发行人应在招股说明书中充分披露期权激励计划的有关信息：

（1）期权激励计划的基本内容、制定计划履行的决策程序、目前的执行情况；

（2）期权行权价格的确定原则，以及和最近1年经审计的净资产或评估值的差异与原因；

（3）期权激励计划对公司经营状况、财务状况、控制权变化等方面的影响；

（4）涉及股份支付费用的会计处理等。

（三）典型案例

【案例8－11】 该案例为创业板公司向不得作为激励对象的人员进行股权激励，且未按规定回购注销上述激励对象尚未解除限售的限制性股票。具体如下：

案例背景： 2016年12月，上市公司A召开股东大会审议通过《关于公司〈2016年限制性股票激励计划（草案）〉及其摘要的议案》。2017年1月，上市公司A披露《关于2016年限制性股票首次授予登记完成的公告》，向赵某、宋某、陈某等激励对象授予了限制性股票。

存在问题： 在上述限制性股票激励计划实施过程中，赵某于2017年4月18日至2018年4月17日曾任公司监事，宋某、陈某分别于2017年4月18日、2019年1月4日起担任公司监事，出现《上市公司股权激励管理办法》第八条规定的不得成为激励对象的情形。

2017年12月、2018年12月，上市公司A分别披露限制性股票激励计划第一个、第二个解除限售期解除限售条件成就公告，披露赵某、宋某满足第一个、第二个解除限售期解除限售条件，该信息披露不真实、不准确；上市公司A于2018年12月披露陈某满足第二个解除限售期解除限售条件，但在其于2019年1月4日担任监事时未及时补充披露其已不满足解除限售条件。

上市公司A未按规定回购注销上述激励对象尚未解除限售的限制性股票，为赵某、宋某办理了第一个解除限售期的解除限售，解除限售数量分别为14.40万股、8万股，于2018年1月22日上市流通；为赵某、宋某、陈某办理了第二个解除限售期的解除限售，解除限售数量分别为10.8万股、6万股、4.8万股，于2019年1月21日上市流通。

被采取的措施： 深交所对上市公司A及相关人员出具监管函，要求及时整改，按照相关规定尽快收回激励对象所得收益并回购注销其尚未解除限售的限制性股票，要求激励对象充分重视上述问题，吸取教训，及时整改，杜绝上述问题的再次发生。

五、其他事项

（一）社会责任

根据沪、深证券交易所和北交所股票上市规则，企业社会责任相关要求主要包括将履行社会责任融入发展战略和公司治理过程、要求按规定披露履行社会责任的情况、损害公共利益可能会被强制退市三个方面。

1. 在公司治理过程中纳入社会责任要求

（1）保护环境。上市公司应当将生态环保要求融入发展战略和公司治理过程，并根据自身生产经营特点和实际情况，履行下列环境保护责任：

①遵守环境保护法律法规与行业标准；

②制订执行公司环境保护计划；

③高效使用能源、水资源、原材料等自然资源；

④合规处置污染物；

⑤建设运行有效的污染防治设施；

⑥足额缴纳环境保护相关税费；

⑦保障供应链环境安全；

⑧其他应当履行的环境保护责任事项。

（2）保障产品安全。上市公司应当根据自身生产经营模式，履行下列生产及产品安全保障责任：

①遵守产品安全法律法规与行业标准；

②建立安全可靠的生产环境和生产流程；

③建立产品质量安全保障机制与产品安全事故应急方案；

④其他应当履行的生产与产品安全责任。

（3）保障员工权益。上市公司应当根据员工构成情况，履行下列员工权益保障责任：

①建立员工聘用解雇、薪酬福利、社会保险、工作时间等管理制度及违规处理措施；

②建立防范职业性危害的工作环境与配套安全措施；

③开展必要的员工知识和职业技能培训；

④其他应当履行的员工权益保护责任。

2. 按规定披露履行社会责任的情况

上市公司应当积极承担社会责任，维护社会公共利益，并披露保护环境、保障产品安全、维护员工与其他利益相关者合法权益等履行社会责任的情况。

上市公司应当在年度报告中披露履行社会责任的情况，并视情况编制和披露社会责任报告、可持续发展报告、环境责任报告等文件。出现违背社会责任重大事项时应当充分评估潜在影响并及时披露，说明原因和解决方案。

3. 严重损害社会公共利益可致强制退市

上市公司若涉及国家安全、公共安全、生态安全、生产安全和公众健康安全等领域的违法行为，情节恶劣，严重损害国家利益、社会公共利益，或者严重影响上市地位，交易所可能会终止股票上市。

（二）退市

1. 退市制度

健全上市公司退市机制是全面深化资本市场改革的重要制度安排，是强化上市公司优胜劣汰、提高上市公司质量、保护投资者的重要措施。近期中央深改委审议通过的《健全上市公司退市机制实施方案》以及《国务院关于进一步提高上市公司质量的意见》《中华人民共和国国民经济和社会发展第十四个五年规划和 2035 年远景目标纲要》等文件均就完善退市制度提出明确要求。《证券法》第 48 条第一款规定，上市交易的证券，有证券交易所规定的终止上市情形的，由证券交易所按照业务规则终止其上市交易。上交所、深交所、北交所在股票上市规则中设置了退市专章，详细规定了退市类型、听证与复核、退市整理期等核心内容。

2. 退市类型及案例

根据现行退市制度，退市可分为强制退市和主动退市。

其中，可引发上市公司强制退市的情形主要有四大类：

第一类为重大违法强制退市，如上市公司欺诈发行、重大信息披露违法等。科创板股票 * ST 紫晶和 * ST 泽达因欺诈发行、财务造假等严重损害投资者利益行为，被实施重大违法强制退市，将成为科创板首批退市公司。根据股票上市规则，两公司股票因欺诈发行退市后不得申请重新上市。

第二类为交易类强制退市，如包括累计股票成交量低于一定指标，股票收盘价、市值、股东数量持续低于一定指标等。退市案例有深交所创业板的神雾环保和深交所原中小板的中弘股份等。中弘股份是首家因股票收盘价连续低于面值被强制终止上市的公司，而神雾环保为创业板首家因股票收盘价连续低于面值被强制终止上市的公司。

第三类为财务类强制退市，如上市公司明显丧失持续经营能力，财务指标不符合上市交易标准等。退市案例有深交所主板的康得新退市等。康得新为第一家同时触及财务类和重大违法类终止上市情形而退市的公司，因财务类终止上市的时点早于重大违法强制退市时点，因此深交所按照先触及先适用的原则，对康得新股票做出终止上市的决定。

第四类为规范类强制退市，包括公司在信息披露、定期报告发布、公司股本总额或股权分布发生变化等方面触及相关合规指标等。退市案例有暴风集团，其是创业板第一家因未在法定期限披露年报被强制退市的公司。

2022 年以来，退市多元化特点尤其明显，四类强制退市案例均有出现。预测在全面注册制背景下，强制退市将进入新常态，对投资者保护制度的落实将成为保障退市制度改革顺利推行的关键。

（三）投资者保护

上市公司及其控股股东、实际控制人应当充分保障中小股东的提案权、表决权、董事提名权等权利，不得以任何理由限制、阻挠其合法权利的行使。

1. 投资者保护制度

（1）公开征集股东权利制度。公开征集股东权利，是指符合条件的主体公开请求不特定的上市公司股东委托其代为出席股东大会，并代为行使提案权、表决权等股东权利的行为。作为股东权利行使的一种方式，该制度有利于保护中小投资者合法权益，完善上市公司治理。

根据《证券法》规定，上市公司董事会、独立董事、持有 1% 以上有表决权股份的股东或者依照法律、行政法规或者国务院证券监督管理机构的规定设立的投资者保护机构，可以作为征集人，自行或者委托证券公司、证券服务机构，公开请求上市公司股东委托其代为出席股东大会，并代为行使提案权、表决权等股东权利。

（2）中小投资者合法权益保护制度。上市公司及其控股股东、实际控制人应当：

①保障中小投资者知情权。上市公司依法公开披露信息前，不得非法对他人提供相关信息。上市公司控股股东、实际控制人在信息披露文件中的承诺须具体可操作，特别是应当就赔偿或者补偿责任作出明确承诺并切实履行。上市公司应当明确接受投资者问询的时间和方式，健全舆论反应机制。

②完善中小投资者投票等机制。上市公司股东大会应当包括网络投票方式。积极推行累积投票制选举董事、监事。上市公司应当通过官方网站等渠道，公开其指定的邮箱、通信地址、联系电话或电子化系统等，接收公开征集相关文件，并确保畅通有效。

③建立中小投资者单独计票机制。上市公司股东大会审议影响中小投资者利益的

重大事项时，对中小投资者表决应当单独计票。单独计票结果应当及时公开披露，并报送证券监管部门。

④保障中小投资者依法行使权利。健全利益冲突回避、杜绝同业竞争和关联交易公平处理制度。上市公司控股股东、实际控制人不得限制或者阻挠中小投资者行使合法权利，不得损害公司和中小投资者的权益。健全公开发行公司债券持有人会议制度和受托管理制度。基金管理人须为基金份额持有人行使投票权提供便利，鼓励中小投资者参加持有人大会。

2. 投资者保护典型案例

2023 年 5 月 15 日，证监会网站发布投资者保护十大典型案例。该次发布的十大典型案例不仅仅局限于民事纠纷，还包括行政处罚案、司法重整案、稽查执法与风险化解同步推进案例和股东业绩承诺案等。其中，民事赔偿案件涉及 2 个全国首例。鲜某操纵证券市场民事侵权赔偿案，是全国首例落实民事赔偿责任优先的证券侵权案件。投保机构股东代位诉讼某上市公司董监高损害公司利益案，是全国首例由投保机构提起的股东代位诉讼，也是上市公司因证券欺诈被判令承担民事赔偿责任后，全国首例投保机构提起的向公司董监高追偿的案件。

第九章　持续督导

第一节　持续督导概述

《证券发行上市保荐业务管理办法》规定，发行人证券上市后，保荐机构应当持续督导发行人履行规范运作、信守承诺、信息披露等义务。持续督导是完善上市公司治理结构、提高上市公司质量的重要手段。2021 年以来，监管层面持续加大对持续督导期间保荐机构未勤勉尽责的情形的惩罚力度，相关监管案例不断增加，重保荐轻督导的情况有望得到改善。本节主要针对首次公开发行股票以及股票向不特定合格投资者公开发行并在北交所上市之后的持续督导工作，介绍持续督导期间以及执业规范等内容。

一、持续督导规则体系

中国证监会发布的《证券发行上市保荐业务管理办法》原则性地规定了持续督导工作相关要求，中国证券业协会发布的《证券公司保荐业务规则》细化了证券公司开展持续督导的工作要求。交易所发布的《上海证券交易所股票上市规则（2023 年 2 月修订)》《上海证券交易所科创板股票上市规则》（本章简称《科创板股票上市规则》)、《深圳证券交易所股票上市规则（2023 年修订)》《深圳证券交易所创业板股票上市规则》（本章简称《创业板股票上市规则》)、《北京证券交易所证券发行上市保荐业务管理细则》《北京证券交易所股票上市规则（试行)》（本章简称《北交所股票上市规则》)、《上海证券交易所上市公司自律监管指引第 11 号——持续督导》《深圳证券交易所上市公司自律监管指引第 13 号——保荐业务》等业务规则和监管指引，详细规定了持续督导工作的具体内容及要求。

二、持续督导期间

（一）一般规定

根据《证券发行上市保荐业务管理办法》，持续督导的期间由证券交易所规定。

根据各交易所股票上市规则，对于在主板首发上市的企业，持续督导期间为证券上市当年剩余时间及其后 2 个完整会计年度；在创业板、科创板和北交所上市的，持续督导期间为证券上市当年剩余时间及其后 3 个完整会计年度。持续督导的期间自证券上市之日起计算。

（二）转板企业持续督导期间的规定

北交所上市公司向科创板和创业板转板的，保荐机构持续督导期间为公司股票在转板上市当年剩余时间及其后 2 个完整会计年度；转板公司提交转板申请时已在北交所连续上市满两年的，持续督导期间为公司股票在科创板或创业板上市当年剩余时间以及其后 1 个完整会计年度。转板公司在北交所上市前，已在全国股转系统原精选层挂牌的，原精选层挂牌时间和北交所上市时间合并计算。

（三）延长持续督导期间的情形

根据《证券发行上市保荐业务管理办法》，持续督导期限届满，如有尚未完结的持续督导工作，保荐机构应当继续完成。

募集资金尚未使用完毕的，保荐机构应继续履行募集资金相关的持续督导职责。

在持续督导期间，上市公司出现交易所规定情形之一的，交易所可以视情况要求保荐机构延长持续督导期间。

1. 上交所规定

上交所要求延长持续督导期间的情形包括：

（1）募集资金未全部使用完毕；

（2）可转换公司债券、分离交易的可转换公司债券的转股、换股、行权尚未完成；

（3）上市公司或相关当事人承诺事项未完全履行；

（4）其他尚未完结的事项。

存在上述事项之一的，保荐机构应当继续履行持续督导义务，直至相关事项全部完成。

上交所上述规定为尚未完结的持续督导工作的主要情形，可视为各交易所规定延长持续督导期间的一般情形。

2. 深交所特殊规定

除一般情形之外，深交所要求延长持续督导期间的情形还包括：

（1）上市公司在规范运作、公司治理、内部控制等方面存在重大缺陷或者较大风险的；

（2）上市公司受到证监会行政处罚或者深交所公开谴责的；

（3）上市公司连续两年信息披露考核结果为 D 的；

（4）交易所认定的其他事项。

存在上述事项之一的，保荐机构持续督导时间应延长至相关违规行为已经得到纠正、重大风险已经消除时，且不少于上述情形发生当年剩余时间及其后 1 个完整的会计年度。

3. 北交所特殊规定

除一般情形之外，北交所要求延长持续督导期间的情形还包括：

（1）上市公司在规范运作、公司治理、内部控制等方面存在重大缺陷或者重大风险的；

（2）上市公司受到证监会行政处罚或者北交所公开谴责的；

（3）交易所认定的其他情形。

存在上述事项之一的，保荐机构持续督导时间应延长至相关违规行为已经得到纠正、重大风险已经消除时，且不少于上述情形发生当年剩余时间及其后 1 个完整的会计年度。

（四）变更持续督导机构后的持续督导时间

在持续督导期间因发行证券等原因，另行聘请的保荐机构应当完成原保荐机构未完成的督导工作。保荐人被撤销保荐业务资格的，上市公司应当在 1 个月内另行聘请保荐人。因原保荐机构被撤销保荐机构资格而另行聘请保荐机构的，另行聘请的保荐机构督导时间不得少于 1 个完整会计年度。

（五）退市企业重新上市的持续督导时间

退市公司重新上市后，其保荐人应当在公司重新上市后当年及其后的 2 个完整会计年度内履行持续督导职责。

三、持续督导的执业规范

保荐机构应当持续督导发行人履行规范运作、信守承诺、信息披露等义务，审阅发行人信息披露文件及向证监会、证券交易所提交的其他文件，并承担监管规定及保荐协议约定的各项其他工作。

（一）持续督导方案

保荐机构及其保荐代表人应当按照法律法规、监管规定、自律规则等要求，针对发行人的具体情况，确定证券发行上市后持续督导的内容，制定持续督导工作计划和实施方案，就持续督导工作的主要内容、重点、实施方式、步骤作出完整、有效的安排。

（二）持续督导机构和人员

1. 人员配置

持续督导工作开始前，保荐机构应明确参与持续督导工作的人员，相关人员应至少包括2名保荐代表人。

2. 保荐人变更

除再次发行或撤销资格等中国证监会和交易所规定情形外，上市公司原则上不得变更履行持续督导职责的保荐机构。另行聘请的保荐机构应当完成原保荐机构未完成的持续督导工作。在持续督导期间内，保荐人发生变更的，原保荐人应当配合做好交接工作。原保荐人在发生变更的5个交易日内向继任保荐人提交以下文件（已公开披露的文件除外），并向交易所报告。需要提交的文件见表9－1－1。

表9－1－1　　变更保荐人需要提交的文件

提交文件类型	上交所	深交所	北交所
1. 深交所：现场检查报告、专项检查报告和保荐工作报告 上交所：在持续督导期间向中国证监会、本所等监管部门报送的函件、现场检查报告、工作报告书等资料	√	√	×
2. 向证券监管机构报送的与上市公司相关的其他报告	√	√	√
3. 上市公司或相关当事人存在的问题、风险以及需重点关注事项的书面说明文件	√	×	√
4. 其他需要移交的文件	√	√	√

法规依据：《深圳证券交易所上市公司自律监管指引第13号——保荐业务》第十条、《上海证券交易所上市公司自律监管指引第11号——持续督导》第十条、《北京证券交易所证券发行上市保荐业务管理细则》第四十二条。

（三）内控要求

保荐机构应建立健全针对持续督导工作的内部控制体系。保荐机构就持续督导工作出具的专业意见，应当履行完整的内部控制程序。

（四）工作方式

保荐机构应当通过日常沟通、定期回访、调阅资料、列席股东大会等方式，持续关注并充分了解上市公司的经营运作等情况。保荐人应当通过日常沟通、定期回访、现场检查、尽职调查等方式开展持续督导工作。

（五）工作底稿

保荐机构应当就持续督导工作形成相关工作底稿，工作底稿应当真实、准确、完整地反映保荐机构、保荐代表人履行持续督导职责所开展的主要工作，并作为出具相关意见或者报告的基础。对工作底稿的相关内控要求，参见本书第六章中的相关内容。

第二节　保荐机构的督导职责

股票发行上市后，保荐机构应严格依法履行持续督导职责，通过保荐机构的持续督导工作，督促发行人履行有关上市公司规范运行、信守承诺和信息披露等义务，在公司治理结构、内部控制制度、信息披露质量、公司及控股股东承诺、募集资金使用等多个方面符合资本市场的基本要求，提升上市公司质量。

一、持续关注重点事项

持续督导机构应该持续关注上市公司的生产经营情况、公司规范运作和治理情况、财务状况、承诺事项履行情况、股票交易异常波动、受到的监管措施以及已经发生或者可能发生的重大事件及其影响。

（一）上市公司运作情况

根据《科创板股票上市规则》第 3.2.5 条规定，保荐机构及其保荐代表人应当持续关注上市公司运作，对上市公司及其业务有充分了解；通过日常沟通、定期回访、调阅资料、列席股东大会等方式，关注上市公司日常经营和股票交易情况，有效识别并督促上市公司披露重大风险或者重大负面事项。

《深圳证券交易所上市公司自律监管指引第13号——保荐业务》第二十二条对保荐机构及其保荐代表人应当主动、持续关注的前述事项进行了细化，具体包括：

（1）经营环境和业务变化情况，包括行业发展前景、国家产业政策或者法规的变化、经营模式的转型、主营业务的变更、产品或者服务品种结构的变化等；

（2）股权变动情况，包括控股股东及实际控制人变更、有限售条件股份的期限及变动情况等；

（3）管理层重大变化情况，包括重要管理人员的变化、管理结构的变化等；

（4）采购和销售变化情况，包括市场开发情况、采购和销售渠道、采购和销售模式的变化、市场占有率的变化、主要原材料或者主导产品价格的变化、重大客户和重要资产的变化等；

（5）核心技术变化情况，包括技术的先进性和成熟性的变化、新产品开发和试制等；

（6）财务状况，包括会计政策的稳健性、债务结构的合理性、经营业绩的稳定性等；

（7）保荐人和保荐代表人认为需要关注的其他事项。

上述事项发生重大变化时，如达到信息披露标准，保荐机构和保荐代表人应当督促上市公司及时履行信息披露义务。

（二）持续信息披露

1. 关注持续信息披露信息的时间节点和职责界定

保荐机构和保荐代表人应当督导上市公司建立健全并有效执行信息披露制度，及时审阅信息披露文件及其他相关文件，并有充分理由确信上市公司向交易所提交的文件不存在虚假记载、误导性陈述或者重大遗漏。

针对信息披露文件，沪、深证券交易所和北交所均规定，保荐机构和保荐代表人可以对上市公司的信息披露文件事前审阅。未进行事前审阅的，应当在上市公司履行信息披露义务后及时完成对有关文件的审阅工作，发现问题的应当及时督促上市公司更正或者补充。上市公司拒不配合的，应当及时向交易所报告，并发布风险揭示公告。

针对其他文件，深交所、北交所规定，保荐机构和保荐代表人应当对上市公司向中国证监会、交易所提交的其他文件进行事前审阅，发现问题的及时督促上市公司更正或者补充；上交所未强制要求事前审阅，仅规定“可以”进行事前审阅。

2. 关注持续信息披露的重点

关联交易、违规担保等与公司规范运作与治理相关的事项，是风险高发点，也是保荐机构及其保荐代表人在审阅信息披露时应当关注的重点。

实操建议要点：①持续关注关联交易的审议程序是否合规且履行了相应的信息披露义务；②持续关注关联交易价格是否公允；③持续关注是否存在关联交易非关联化的情形；④持续关注对外担保审议程序是否合规且履行了相应的信息披露义务；⑤持续关注被担保方是否不存在财务状况恶化、到期不清偿被担保债务等情形；⑥持续关注被担保债务到期后如继续提供担保，是否重新履行了相应的审批程序和披露义务。

（三）承诺事项履行情况

根据《证券发行上市保荐业务管理办法》，保荐机构及其保荐代表人应当持续关注募集资金的专户存储、投资项目的实施等承诺事项。

1. 募集资金的专户存储

与募集资金管理相关的监管要求详见第八章“持续监管”中“公司治理”之“重点规范事项”方面的相关内容。

应重点关注如下：

（1）募集资金应当设立专户储存，并在募集资金到位后与公司及存放募集资金的商业银行签订三方监管协议。

（2）上市公司 1 次或 12 个月以内累计从募集资金专户支取金额或比例超过相应标准的，上市公司应当及时通知保荐机构。

其中，上交所规定的支取标准是：上市公司 1 次或 12 个月以内累计从募集资金专户支取的金额超过 5 000 万元且达到发行募集资金总额扣除发行费用后的净额的 20%（即 5 000 万元和募集资金净额 20% 的孰高值）。

深交所规定的支取标准是：上市公司 1 次或者 12 个月内累计从专户中支取的金额超过 5 000 万元或者达到募集资金净额的 20%（即 5 000 万元和募集资金净额 20% 的孰低值）。

实务建议：

（1）按月取得银行对账单。对账单要求含有交易对方名称，便于核查资金去向。

（2）直接从募集资金监管银行取得对账单。因三方监管协议签订时已要求监管银行有义务每月将对账单发送公司并抄送保荐机构，且约定了保荐代表人有权随时到监管银行查询募集资金专户资料（实践中存在监管机构对保荐机构/财务顾问等未直接从监管银行调取对账单导致未发现募集资金使用出现问题的处罚案例。）

（3）取得对账单后，应认真核对对账单相关信息，关注是否存在账户冻结、质押等受限情况。实践中发现，部分银行对账单中在页面最下方等不明显位置显示有“冻结金额”，但持续督导项目组未及时发现的情况。

另外，实践中发现，部分银行账户存在募集资金冻结，但是对账单中未显示相关信息，而在银行函证时显示有冻结的情况。因此，建议保荐机构在出具年度募集资金核查意见时，通过访谈或取得企业盖章说明等方式核实募集资金账户资金受限情况，并可以取得会计师事务所针对募集资金专户的银行询证函核对备查。

（4）如存在闲置募集资金进行现金管理并开设了理财专户的，应按月取得理财专户的对账单，关注投资产品有无质押、理财专户中有无存放非募集资金、有无从理财专户中直接支付使用募集资金等不规范情形。

2. 投资项目的实施

实务建议：募投项目涉及在建工程的，应通过与上市公司相关人员沟通、取得工程建设合同、查询在建工程财务账簿、实地观察等方法，关注在建工程建设情况、是否存在长期停工或建设期超长的情况及原因、建设进度与建设支出是否相匹配、是否达到转固条件、预计转固时间、是否需要计提减值准备等。

3. 上市公司及控股股东、实际控制人的承诺履行情况

沪、深证券交易所和北交所均规定，保荐机构及其保荐代表人应当持续关注上市公司及控股股东、实际控制人等履行承诺的情况。上市公司及控股股东、实际控制人等未履行承诺事项的，保荐机构和保荐代表人应当及时向交易所报告，并督促相关当事人制订整改计划并及时履行信息披露义务。

实务建议：应关注上市公司及控股股东、实际控制人承诺的内容和有效期，如同业竞争和关联交易的承诺一般为长期有效；与此同时，针对性核查上市公司及控股股东、实际控制人的承诺履行及其披露情况，关注信息披露义务是否及时履行，若没有及时履行，督促上市公司尽快整改。

（四）重大事件和市场传闻

保荐机构应当关注社交媒体（上交所表述为“社交媒体”，深交所表述为“公共传媒”）关于上市公司的报道和传闻，及时针对市场传闻进行核查。经核查后发现上市公司存在应当披露未披露的重大事项或与披露的信息与事实不符的，保荐机构应当及时督促上市公司如实披露或予以澄清。上市公司不予披露或澄清的，上交所要求保荐机构应当及时向交易所报告。北交所的规定为保荐机构及其保荐代表人应当关注公司日常经营、证券交易和媒体报道等情况，督促公司履行相应信息披露义务。

（五）股票交易异常波动

股票交易异常波动是上市公司应当核查、披露的重大事项。保荐机构应按照各交

易所上市相关规则，关注上市公司股票交易异常波动情况，督促上市公司按照规定履行核查、信息披露义务。

（六）行政处罚、纪律处分等情况

《上海证券交易所上市公司自律监管指引第 11 号——持续督导》第二十一条规定，保荐人应当关注上市公司或其控股股东、实际控制人、董事、监事、高级管理人员受到中国证监会行政处罚、交易所监管措施或者纪律处分的情况，并督促其完善内部控制制度，采取措施予以纠正。

《深圳证券交易所上市公司自律监管指引第 13 号——保荐业务》第二十五条规定，上市公司或者其控股股东、实际控制人、董事、监事、高级管理人员受到中国证监会行政处罚或者交易所纪律处分的，保荐人和保荐代表人应当重点关注违规事项相关的内部控制制度、违规事项持续状况及解决措施。

二、发表核查意见

持续督导期间，若上市公司出现需要核查的重大事项，持续督导机构应当及时履行持续督导职责，进行核查并发表核查意见，出具独立/专项核查报告等文件。

（一）上交所要求发表核查意见的情形

1. 一般规定

（1）募集资金使用情况。根据《上海证券交易所上市公司自律监管指引第 1 号——规范运作》第 6.3.10 条规定，上市公司将募集资金用作以下事项时，应当经董事会审议通过，并由独立董事、监事会以及保荐人发表明确同意意见：

①以募集资金置换预先已投入募集资金投资项目的自筹资金；

②使用暂时闲置的募集资金进行现金管理；

③使用暂时闲置的募集资金暂时补充流动资金；

④变更募集资金用途；

⑤超募资金用于在建项目及新项目。

（2）限售股份上市流通。根据《上海证券交易所股票上市规则》第 12.2.7 条规定，保荐人应当对上市公司募集资金使用情况、限售股票及其衍生品种解除限售进行核查并发表专项意见。《科创板股票上市规则》第 2.3.2 条第二款规定，上市公司应当披露股东履行限售承诺的情况，保荐机构、证券服务机构应当发表意见并披露。

（3）提供财务资助。根据《上海证券交易所上市公司自律监管指引第 1 号——规范运作》第 6.1.3 条规定，保荐人应当对财务资助事项的合法合规性、公允性及存在的风险等发表意见。第 6.1.3 条规定，资助对象为上市公司合并报表范围内，且该控股子公司其他股东中不包含上市公司的控股股东、实际控制人及其关联人的除外。

（4）关联交易和对外担保。根据《上海证券交易所股票上市规则》第 12.2.7 条规定，持续督导期间，保荐人应当按照交易所相关规定对发行人、上市公司的相关披露事项进行核查并发表专项意见。实务中，保荐人需要对上交所主板上市公司的关联交易和对外担保（对合并范围内的子公司提供担保除外）发表专项说明和独立意见。保荐人也需要对科创板公司的关联交易和对外担保发表意见。

（5）股份冻结和质押事项。根据《上海证券交易所股票上市规则》第 12.2.8 条和《上海证券交易所科创板股票上市规则》第 3.2.9 条规定，控股股东、实际控制人及其一致行动人出现下列情形的，保荐人及其保荐代表人应当就相关事项对上市公司控制权稳定和日常经营的影响、是否存在侵害上市公司利益的情形以及其他未披露重大风险发表意见并披露：

①所持上市公司股份被司法冻结；

②质押上市公司股份比例超过所持股份 80% 或者被强制平仓的；

③交易所或保荐人认为应当发表意见的其他情形。

2. 主板特别规定

《上海证券交易所股票上市规则》第 3.1.6 条第二款规定，保荐机构应当识别并督促上市公司披露对公司持续经营能力、核心竞争力或者控制权稳定有重大不利影响的风险或者负面事项，并发表意见。

第 4.6.13 条规定，上市公司具有表决权差异安排的，持续督导期内，保荐人应当对上市公司特别表决权事项履行持续督导义务，在年度保荐工作报告中对规定的事项发表意见。

3. 科创板特别规定

《科创板股票上市规则》第 3.2.7 条规定，科创板上市公司日常经营出现下列情形的，保荐机构、保荐代表人应当就相关事项对公司经营的影响以及是否存在其他未披露重大风险发表意见并披露：

（1）主要业务停滞或出现可能导致主要业务停滞的重大风险事件；

（2）资产被查封、扣押或冻结；

（3）未能清偿到期债务；

（4）实际控制人、董事长、总经理、财务负责人或核心技术人员涉嫌犯罪被司法机关采取强制措施；

（5）涉及关联交易、为他人提供担保等重大事项；

（6）交易所或者保荐机构认为应当发表意见的其他情形。

《科创板股票上市规则》第 3.2.8 条规定，科创板上市公司业务和技术出现下列情形的，保荐机构、保荐代表人应当就相关事项对公司核心竞争力和日常经营的影响，以及是否存在其他未披露重大风险发表意见并披露：

（1）主要原材料供应或者产品销售出现重大不利变化；

（2）核心技术人员离职；

（3）核心知识产权、特许经营权或者核心技术许可丧失、不能续期或者出现重大纠纷；

（4）主要产品研发失败；

（5）核心竞争力丧失竞争优势或者市场出现具有明显优势的竞争者；

（6）交易所或者保荐机构认为应当发表意见的其他情形。

《科创板股票上市规则》第 3.2.15 条第二款规定，上市公司未实现盈利、业绩由盈转亏、营业收入与上年同期相比下降 50% 以上或者其他主要财务指标异常的，保荐机构应当在持续督导跟踪报告显著位置就上市公司是否存在重大风险发表结论性意见。

《科创板股票上市规则》第 3.2.5 条规定，保荐机构、保荐代表人应当核实上市公司重大风险披露是否真实、准确、完整。披露内容存在虚假记载、误导性陈述或者重大遗漏的，保荐机构、保荐代表人应当发表意见予以说明。

（二）深交所要求发表核查意见的情形

1. 一般规定

《深圳证券交易所上市公司自律监管指引第 13 号——保荐业务》第二十七条规定，保荐机构应当对深交所上市公司（含主板和创业板）披露的下列事项发表专项意见：

（1）募集资金使用情况；

（2）限售股份上市流通；

（3）关联交易；

（4）对外担保（对合并范围内的子公司提供担保除外）；

（5）委托理财；

（6）提供财务资助（对合并范围内的子公司提供财务资助除外）；

（7）风险投资、套期保值等业务；

（8）控股股东或第一大股东及其一致行动人存在平仓风险或被强制过户风险；

（9）交易所或者保荐机构认为需要发表专项意见的其他事项。

根据《深圳证券交易所上市公司自律监管指引第 1 号——主板上市公司规范运

作》和《深圳证券交易所上市公司自律监管指引第2号——创业板上市公司规范运作》规定，主板和创业板上市公司出现如下事项的，保荐机构应当发表核查意见：

（1）上市公司募集资金存放与使用情况被会计师事务所出具了“保留结论”“否定结论”或者“无法提出结论”鉴证结论的，保荐机构还应当在其核查报告中认真分析会计师事务所提出上述鉴证结论的原因，并提出明确的核查意见。

（2）保荐机构应当对内部控制自我评价报告进行核查，并出具核查意见。

《深圳证券交易所股票上市规则》第4.6.13条和《创业板股票上市规则》第4.4.13条均规定，上市公司具有表决权差异安排的，持续督导期内，保荐人应当对上市公司特别表决权事项履行持续督导义务，在年度保荐工作报告中对监事发表专项意见的事项发表意见。发现股东存在滥用特别表决权或者其他损害投资者合法权益情形时，应当及时督促相关股东改正，并向交易所报告。

2. 创业板特殊规定

《创业板股票上市规则》第3.2.5条规定，创业板上市公司日常经营出现以下情形的，保荐机构应当就相关事项对公司日常经营以及是否存在其他未披露重大风险发表意见并披露：

（1）主要业务停滞或者出现可能导致主要业务停滞的重大风险事件；

（2）主要资产被查封、扣押或冻结；

（3）未清偿到期重大债务；

（4）控股股东、实际控制人、董事、监事或者高级管理人员涉嫌犯罪被司法机关采取强制措施；

（5）交易所或者保荐机构认为应当发表意见的其他情形。

《创业板股票上市规则》第3.2.6条规定，创业板上市公司出现下列使公司的核心竞争力面临重大风险情形的，保荐机构应当就相关事项对公司核心竞争力和日常经营的影响以及是否存在其他未披露重大风险发表意见并披露：

（1）公司核心技术团队或者关键技术人员等对公司核心竞争力有重大影响的人员辞职或者发生较大变动；

（2）公司在用的核心商标、专利、专有技术、特许经营权等重要资产或者核心技术许可到期、出现重大纠纷、被限制使用或者发生其他重大不利变化；

（3）主要产品、核心技术、关键设备、经营模式等面临被替代或者被淘汰的风险；

（4）重要研发项目研发失败、终止、未获有关部门批准，或者公司放弃对重要核心技术项目的继续投资或者控制权；

（5）交易所或者保荐机构认为应当发表意见的其他情形。

《深圳证券交易所上市公司自律监管指引第 2 号——创业板上市公司规范运作》第 7. 3. 7 条规定，上市公司签署重大合同，合同金额占公司最近 1 个会计年度经审计主营业务收入或者总资产 100% 以上，且绝对金额超过 2 亿元的，保荐机构应当对公司和交易对方的履约能力出具专项意见。

（三）北交所要求发表核查意见的情形

《北京证券交易所证券发行上市保荐业务管理细则》第二十七条规定，上市公司出现下列情形之一的，保荐机构应督促发行人按规定履行信息披露义务，就信息披露是否真实、准确、完整，对公司经营的影响，以及是否存在其他未披露重大风险等内容发表意见，并于上市公司披露公告时在符合《证券法》规定的信息披露平台予以披露：

（1）关联交易；

（2）对外担保；

（3）变更募集资金用途；

（4）主要业务停滞或出现可能导致主要业务停滞的重大风险事件；

（5）公司经营业绩异常波动；

（6）控股股东、实际控制人及其一致行动人所持股份被司法冻结且可能导致控制权发生变动；

（7）控股股东、实际控制人及其一致行动人质押公司股份比例超过所持股份的 80% 或者被强制处置；

（8）北交所或保荐机构认为需要发表意见的其他事项。

保荐机构及其保荐代表人无法履行前款所述职责的，应当在符合《证券法》规定的信息披露平台披露尚待核实的事项及预计发表意见的时间，并充分提示风险。

针对特别表决权事项，《北交所股票上市规则》第 4. 4. 10 条规定，保荐机构等中介机构在为上市公司提供服务的过程中发现特别表决权股东直接或者间接占用公司资金、资产以及利用控制地位损害其他股东权益等情形的，应当及时告知上市公司，并向北交所报告。

三、保荐机构现场核查

近年来，监管部门持续加强对保荐机构持续督导的监管，加大对持续督导未履职尽责情况的处罚力度。投行从业人员要及时掌握法律法规的最新变化和要求，重视持续督导工作，降低执业风险。现场检查工作是直观有效了解和观察上市公司治理、内部控制、关联交易、对外担保、生产经营等情况的重要方式，投行人员应在现场检查工作中以审慎严谨的态度对上市公司实际运行情况进行认真检查。

（一）定期现场核查

根据《上海证券交易所上市公司自律监管指引第 11 号——持续督导》及《深圳证券交易所上市公司自律监管指引第 13 号——保荐业务》等规定，保荐机构应当制定对上市公司的现场检查工作计划，明确现场检查工作要求，确保现场检查工作质量。

1. 检查频率

（1）全面定期现场检查频率：

《上海证券交易所上市公司自律监管指引第 11 号——持续督导》规定，每年定期现场检查不应少于一次，负责该项目的两名保荐代表人至少应当有一人参加现场检查。

《深圳证券交易所上市公司自律监管指引第 13 号——保荐业务》规定，每年定期现场检查不应少于一次，持续督导时间不满 3 个月的除外。在持续督导期间，上市公司上一年度信息披露工作考核结果为 C 或者 D 的，保荐机构应当至少每半年对上市公司进行一次定期现场检查。

北交所未规定全面的定期现场检查要求，仅规定了募集资金定期现场检查的要求。

（2）募集资金定期现场检查频率：

针对沪、深证券交易所上市公司，《上市公司监管指引第 2 号——上市公司募集资金管理和使用的监管要求》规定，应当至少每半年对上市公司募集资金的存放与使用情况进行一次募集资金现场检查。

针对北交所上市公司，《北京证券交易所证券发行上市保荐业务管理细则》第二十五条规定，保荐机构及其保荐代表人应当按照中国证监会和北交所有关规定做好募集资金使用的督导、核查工作，每年就上市公司募集资金存放和使用情况至少进行一次现场核查，出具核查报告，并在上市公司披露年度报告时一并披露。

2. 定期现场检查的内容

（1）上交所规定。保荐机构定期现场检查的内容包括但不限于以下事项：

①公司治理和内部控制情况；

②信息披露情况；

③公司的独立性以及与控股股东、实际控制人及其他关联方资金往来情况；

④募集资金使用情况；

⑤关联交易、对外担保、重大对外投资情况；

⑥经营状况；

⑦保荐机构认为应当予以现场检查的其他事项。

(2) 深交所规定。保荐机构定期现场检查内容至少包括:

①公司治理和内部控制情况、“三会” 运作情况;

②控股股东、实际控制人持股变化情况;

③独立性以及与控股股东、实际控制人及其他关联方资金往来情况;

④信息披露情况;

⑤募集资金使用情况;

⑥大额资金往来情况;

⑦关联交易、对外担保、重大对外投资情况;

⑧业绩大幅波动的合理性;

⑨公司及股东承诺履行情况;

⑩现金分红制度的执行情况;

⑪保荐机构认为应予以现场检查的其他事项。

(二) 专项现场核查

1. 一般规定

在持续督导期间,上市公司或相关当事人出现特定情形时,保荐机构应自知悉或应当知悉之日起 15 日内或在交易所要求的期限内,对上市公司进行专项现场核查。

专项现场核查至少应有 1 名保荐代表人参加,保荐机构及其保荐代表人在实施现场核查前应当制定工作计划,工作计划至少应包括核查内容、工作进度、人员安排和具体事项的核查方案。

2. 上交所要求专项现场核查的情形

根据《上海证券交易所上市公司自律监管指引第 11 号——持续督导》《上海证券交易所股票上市规则》规定,对于上交所主板上市公司,在持续督导期内,保荐人及其保荐代表人应当重点关注上市公司是否存在如下事项:

(1) 存在重大财务造假嫌疑;

(2) 控股股东、实际控制人及其关联人涉嫌资金占用;

(3) 可能存在重大违规担保;

(4) 控股股东、实际控制人及其关联人、董事、监事或者高级管理人员涉嫌侵占上市公司利益;

(5) 资金往来或者现金流存在重大异常;

(6) 上交所或者保荐机构认为应当进行现场核查的其他事项。

出现上述情形的,保荐机构及其保荐代表人应当督促公司核实并披露,同时应当自知道或者应当知道之日起 15 日内按规定进行专项现场核查。公司未及时披露的，保荐机构应当及时向上交所报告。

根据《上海证券交易所科创板股票上市规则》规定，上交所科创板上市公司出现以下情形之一的，保荐机构、保荐代表人应当自知道或者应当知道之日起 15 日内进行专项现场核查：

（1）存在重大财务造假嫌疑；

（2）控股股东、实际控制人、董事、监事或者高级管理人员涉嫌侵占上市公司利益；

（3）可能存在重大违规担保；

（4）资金往来或者现金流存在重大异常；

（5）上交所或者保荐机构认为应当进行现场核查的其他事项。

保荐机构进行现场核查的，应当就核查情况、提请上市公司及投资者关注的问题、本次现场核查结论等事项出具现场核查报告，并在现场核查结束后 15 个交易日内披露。

另外，根据《上海证券交易所科创板股票上市规则》第 3.1.6 条规定，保荐机构在持续督导期间，应当履行下列持续督导职责：“（四）对上市公司存在的可能严重影响公司或者投资者合法权益的事项开展专项核查，并出具现场核查报告。”

3. 深交所要求专项现场核查的情形

根据《深圳证券交易所上市公司自律监管指引第 13 号——保荐业务》第二十九条规定，深交所主板上市公司出现以下情形之一的，保荐机构和保荐代表人在知悉或者应当知悉之日起 15 日内或者交易所规定的期限内就相关事项进行专项现场检查：

（1）控股股东、实际控制人或其他关联方非经营性占用上市公司资金；

（2）违规为他人提供担保；

（3）违规使用募集资金；

（4）违规进行证券投资等风险投资、套期保值业务等；

（5）关联交易显失公允或未履行审批程序和信息披露义务；

（6）应交易所要求的其他情形。

保荐人应当在现场检查结束后的 10 个交易日内以书面方式告知上市公司现场检查结果及提请公司注意的事项，并对存在的问题提出整改建议。保荐人应当在现场检查结束后的 10 个交易日内完成现场检查报告，并报送交易所备案。

根据《创业板股票上市规则》，创业板上市公司出现下列情形之一的，保荐机构和保荐代表人应当在知悉或者理应知悉之日起 15 日内进行专项现场核查：

（1）存在重大财务造假嫌疑；

（2）控股股东、实际控制人、董事、监事或者高级管理人员涉嫌侵占上市公司利益；

（3）可能存在重大违规担保；

（4）资金往来或者现金流存在重大异常；

（5）交易所或者保荐机构认为应当进行现场核查的其他事项。

保荐机构进行现场核查的，应当告知上市公司现场核查结果及提请公司注意的事项，并在现场核查结束后 10 个交易日内披露现场核查报告。

4. 北交所要求专项现场核查的情形

根据《北京证券交易所证券发行上市保荐业务管理细则》第二十八条规定，上市公司出现下列情形之一的，保荐机构及其保荐代表人应自知道或应当知道之日起 15 个工作日内进行专项现场核查：

（1）未在规定期限内披露年度报告或中期报告；

（2）控股股东、实际控制人或其他关联方涉嫌违规占用或转移上市公司的资金、资产及其他资源；

（3）关联交易显失公允或未履行审议程序和信息披露义务；

（4）违规使用募集资金；

（5）违规为他人提供担保或借款；

（6）上市公司及其董事、监事、高级管理人员、控股股东、实际控制人涉嫌重大违法违规；

（7）存在重大财务造假嫌疑；

（8）交易所或保荐机构认为应当进行核查的其他情形。

四、对上市公司的培训

根据《深圳证券交易所上市公司自律监管指引第 13 号——保荐业务》，保荐机构每年应当对上市公司相关人员进行定期培训，出现特定情形的，应当进行专门培训。上交所和北交所法规未明文规定相关培训要求。持续督导工作小组在培训结束后 10 个交易日内完成培训情况报告，并报送深圳证券交易所备案。

（一）定期培训

根据《深圳证券交易所上市公司自律监管指引第 13 号——保荐业务》，保荐机构应当至少每年对上市公司董事、监事、高级管理人员、中层以上管理人员及上市公司控股股东和实际控制人等相关人员进行一次培训，培训内容包括但不限于股票上市规则、交易所发布的细则、指引、通知、办法、备忘录等相关规定以及上市公司违规案例等。持续督导工作小组对上市公司相关人员的定期培训工作可在现场检查时进行。

（二）专门培训

根据《深圳证券交易所上市公司自律监管指引第13号——保荐业务》，上市公司出现以下情形之一的，保荐机构应当在10个交易日内对上市公司董事、监事、高级管理人员、中层以上管理人员及上市公司控股股东和实际控制人等相关人员进行专门培训：

1. 实际控制人发生变更的；
2. 受到中国证监会行政处罚或者交易所通报批评、公开谴责处分的；
3. 信息披露工作考核结果为D的；
4. 交易所要求培训的其他情形。

（三）培训底稿

实务中，建议保荐机构进行上述培训时留存培训报告、培训课件、培训人员签到表、培训会议现场照片作为工作底稿。

五、出具持续督导报告

《深圳证券交易所上市公司自律监管指引第13号——保荐业务》第十六条规定，保荐人出具专项意见、现场检查报告、年度保荐工作报告、跟踪报告、保荐工作总结报告书等持续督导文件后，应当在2个交易日内告知上市公司，由上市公司及时通过深交所业务专区提交深交所网站和符合中国证监会规定条件的媒体披露；同时，上市公司还应当在其公司网站及时披露上述文件，但披露时间不得先于符合条件媒体。

（一）年度保荐工作报告/持续督导报告书/持续督导跟踪报告

沪、深证券交易所主板规定保荐机构应提交年度保荐工作报告/持续督导年度报告书；对于创业板和科创板上市公司，保荐机构需要提交半年度和年度持续督导跟踪报告。北交所未规定提交年度类的持续督导报告。

1. 沪深主板

根据《上海证券交易所上市公司自律监管指引第11号——持续督导》第二十九条规定，上市公司年度报告披露后5个交易日内，保荐机构应当向交易所报送《持续督导年度报告书》。该法条在实务中适用于上交所主板。

根据《深圳证券交易所上市公司自律监管指引第 13 号——保荐业务》第四十二条，保荐机构应在主板上市公司披露年度报告之日起的 10 个交易日内，按照指引规定的内容与格式向交易所报送年度保荐工作报告，持续督导期开始之日至该年度结束不满 3 个月的除外。

2. 创业板和科创板

根据《科创板股票上市规则》第 3.2.15 条规定，保荐机构应当在上市公司年度报告、半年度报告披露之日起 15 个交易日内，披露持续督导跟踪报告。

根据《深圳证券交易所上市公司自律监管指引第 13 号——保荐业务》第四十二条规定，创业板上市公司的保荐机构应当在公司披露年度报告、半年度报告后 15 个交易日内按照指引规定的内容与格式向交易所报送并在符合条件媒体披露跟踪报告。

（二）保荐工作总结报告

根据《证券发行上市保荐业务管理办法》第五十条，持续督导工作结束后，保荐机构应当在发行人公告年度报告之日起的 10 个工作日内向中国证监会、证券交易所报送保荐总结报告书。保荐机构的法定代表人和相关保荐代表人应当在保荐总结报告书上签字。保荐总结报告书应当包括下列内容：

1. 发行人的基本情况；
2. 保荐工作概述；
3. 履行保荐职责期间发生的重大事项及处理情况；
4. 对发行人配合保荐工作情况的说明及评价；
5. 对证券服务机构参与证券发行上市相关工作情况的说明及评价；
6. 中国证监会、证券交易所要求的其他事项。

（三）现场检查/核查报告

1. 现场检查/核查报告

（1）一般规定：

沪、深证券交易所规定，保荐机构以书面方式将现场检查结果及提请公司注意的事项告知上市公司，并对存在的问题提出整改建议。

北交所规定，保荐机构、保荐代表人应当同时将核查结果、整改建议（如有）以书面方式告知上市公司，并督促上市公司就整改情况向北交所报告。

（2）出具时间：

保荐机构应当出具现场核查报告，并报交易所备案。针对上交所主板上市公司，《上海证券交易所上市公司自律监管指引第 11 号——持续督导》第二十八条规定，保荐机构在现场检查结束后的5个工作日内，完成《现场检查报告》并报送交易所备案；《深圳证券交易所上市公司自律监管指引第13号——保荐业务》规定，现场检查结束后的10个交易日内完成并报交易所备案；《北京证券交易所证券发行上市保荐业务管理细则》规定，现场核查结束后15个工作日内在符合《证券法》规定的信息披露平台披露。《科创板上市规则》第3.2.13条规定，保荐机构进行现场核查的，应当就核查情况、提请上市公司及投资者关注的问题、本次现场核查结论等事项出具现场核查报告，并在现场核查结束后15个交易日内披露。

2. 募集资金专项核查报告

保荐人出具的募集资金专项核查报告于上市公司披露年度报告时向交易所提交，同时在交易所网站披露。

六、典型案例

（一）信息披露案例

【案例9-1】该案例为保荐代表人未有效督促北交所上市公司建立健全并有效执行信息披露制度、履行信息披露义务。

案例介绍：A公司为北交所上市公司，甲公司为其控股股东。2021年8月至2022年3月，甲公司通过A公司向第三方背书银行承兑汇票、委托第三方理财的方式累计占用A公司资金3.56亿元，日占用最高余额为2.77亿元。A公司于2022年4月29日在《2021年年度报告》及《董事会关于控股股东关联方非经营性资金占用自查报告及整改方案》中对上述事项补充披露。A公司于2021年8月至2022年3月购买大额委托理财，其中委托乙基金管理有限公司理财资金2.65亿元，委托丙融资租赁（云南）有限公司理财资金0.12亿元，乙基金管理有限公司并未在基金业协会取得备案。A公司上述购买大额委托理财未及时履行信息披露义务。

存在问题：

（1）保荐代表人未有效督促公司建立健全并有效执行信息披露制度，履行信息披露义务。保荐代表人未能督导公司建立健全并有效执行信息披露制度，且在2022年1月核查发现违规行为后未有效督促公司补充履行信息披露义务。

（2）保荐代表人未及时向交易所报告重大事项，发布风险提示公告。2022年1月，保荐机构在核查过程中关注到公司自2021年8月起多次购买理财产品，对于理财产品是否属于低风险理财产品提出质疑，要求公司提供理财产品的相关详细资料，公司未及时配合；2022年1月至3月，公司仍存在新增大额委托理财情形，保荐机构于

2022年3月24日向公司发送《关于上市公司A进一步加强公司治理和信息披露的督导函》，保荐代表人在发现理财存疑事项且公司长时间未配合提供相应材料的情况下，未审慎判断重大风险，未及时披露风险提示公告或向北京证券交易所报告。

（3）保荐代表人出具核查报告存在不真实、不准确。2022年1月，保荐机构核查发现公司2021年度大额理财事项存疑且未披露，保荐代表人向北京证券交易所提交的《关于上市公司A之公司治理专项核查报告》未涉及上述相关事项，未能真实反映A公司在信息披露、资金占用等方面存在的问题，出具的核查报告和意见存在不真实、不准确。

被采取的措施：北京证券交易所给予持续督导保荐代表人通报批评的纪律处分。

【案例9－2】该案例为保荐代表人未持续关注发行人募集资金的专户存储、投资项目的实施等承诺事项的问题。

案例介绍：2021年2月，上市公司B公司使用GMP改造二期扩建项目专户中募集资金716.93万元支付土地资源交易中心三个地块购置保证金。与保荐机构在《上市公司B变更部分募集资金投资项目建设地点及主要建设内容的公告》中的“购置土地的费用由公司自有资金承担”描述不符。

存在问题：该募集资金用途变更未履行相应审议程序，也未及时进行披露。保荐机构及保荐代表人存在未持续关注发行人募集资金的专户存储、投资项目的实施等承诺事项的问题。

被采取的措施：当地证监局对保荐机构及保荐代表人出具警示函。

（二）内部控制持续督导相关案例

【案例9－3】该案例为保荐代表人未发现上交所主板上市公司控股股东及其关联方资金占用、募投项目未及时由在建工程结转至固定资产、伪造部分客户验收单据的违规事项。

案例介绍：C公司为上交所主板上市公司。当地证监局在对C公司现场检查中关注到，其2017年度、2018年度和2019年度持续督导的保荐代表人，未勤勉尽责充分履行审慎的核查程序，存在以下问题：

未发现C公司2017年、2018年和2019年1—5月均存在控股股东及关联方资金占用，且未履行审议程序并予以信息披露的情况；未发现C公司与控股股东丁公司及其关联方等资金往来未在账面真实反映，导致相关期间财务报告信息披露不真实、不准确的情况；未发现C公司募投项目、相关新建厂房和办公楼未及时由在建工程结转至固定资产，导致相关期间财务报告信息披露不真实、不准确；未发现C公司存在伪造部分客户验收单据的情况。

上述情况导致《关于C公司持续督导期间2017年度持续督导年度报告》《关于对C公司进行2017年度现场检查的报告》《关于C公司持续督导期间2018年度持续督导年度报告》和《关于对C公司进行2018年度现场检查的报告》未能反映C公司在财务管理、信息披露和内部控制等方面存在的问题。

被采取的措施：当地证监局对持续督导的保荐代表人出具警示函，上交所对持续督导保荐代表人予以通报批评。

【案例9-4】该案例为深交所主板上市公司擅自改变首次公开发行股票所募集资金的用途，保荐机构未勤勉尽责履行充分核查程序，出具的文件存在虚假记载、误导性陈述。

案例介绍：D公司首次公开发行股票并上市后，保荐机构对D公司2015年度至2017年半年度的首次公开发行股票募集资金存放和使用情况进行持续督导。持续督导工作存在以下问题：

（1）持续督导工作底稿中存有对D公司银行账户2015年度余额的银行询证函，但无发函、收函的快递单或现场跟函记录。经查，相关银行均无保荐机构的函证记录，保荐机构对上述银行询证函未保持合理控制。

（2）2015年至2017年上半年，保荐机构及保荐代表人未从D公司募集资金专户开户银行获取对账单，而是从D公司获取对账单，对D公司一次性或12个月内累计金额超过1 000万元的资金支取也未从募集资金专户银行获取支出清单，未发现上市公司D募集资金银行存款专户存在虚假记载。

（3）保荐机构及保荐代表人在2015年度、2016年度《募集资金存放与使用情况的核查意见》中所出具的"对募集资金进行了专户存放和专项使用，不存在变相改变募集资金用途和损害股东利益的情形，不存在违规使用募集资金的情况"的意见存在虚假记载。

当地证监局对保荐机构及持续督导保荐代表人采取出具警示函的监督管理措施，并记入证券期货市场诚信档案。

（三）现场检查相关案例

【案例9-5】该案例为保荐代表人未按规定执行充分、必要的现场检查程序，导致未及时发现和纠正上市公司募集资金使用和管理相关违规行为，出具的募集资金专项核查报告与实际情况不符。具体情况如下：

案例介绍：E公司为上交所主板上市公司。根据保荐代表人2019年4月23日出具的《关于E公司2018年度募集资金使用与存放情况专项核查报告》，E公司不存在变相改变募集资金用途和损害股东利益的情况，不存在违规使用募集资金的情形。

根据保荐机构 2019 年 12 月 20 日披露的《保荐机构关于 E 公司 2019 年募集资金使用专项现场检查报告》，2018 年至 2019 年，E 公司在未履行审议程序和披露义务的情况下，违规将闲置募集资金暂时用于补充流动资金，截至目前，公司尚未归还的违规使用募集资金余额累计达 2.99 亿元。

根据该现场检查报告，保荐代表人在进行 2018 年度募集资金现场检查时，仅查阅了公司提供的银行对账单及相关合同、发票、记账凭证、银行转款凭证等，未到商业银行核查募集资金专户资料并与公司提供资料进行对比，导致未及时发现公司因伪造银行对账单导致募集资金被违规挪用的违规情形。同时，保荐代表人于 2018 年仅进行了一次现场检查，违反了至少每半年度对募集资金存放使用情况进行现场检查的法定要求。

被采取的措施：上海证券交易所对该项目保荐代表人予以通报批评。

第三部分

实 务 篇

第十章　现场检查和现场督导关注要点

第一节　现场检查和现场督导概述

现场检查始于2014年，是指针对申请在境内证券交易所首次公开发行股票或存托凭证并上市的企业，由中国证监会及其派出机构和交易所作为检查机构，在检查对象的生产、经营、管理场所以及其他相关场所，采取一定方式对其信息披露质量及中介机构执业质量进行监督检查的行为。现场督导是针对交易所上市审核中发现的影响发行、上市条件判断和发行上市申请文件信息披露质量的问题，由交易所根据需要对保荐机构以及相关证券服务机构执业质量进行现场监督和核查的行为。本节主要介绍现场检查、现场督导制度的设立背景、具体内容，并比较二者的区别及共通之处。

一、现场检查概述

2014年以来，证监会持续对首发企业开展现场检查，对于推动各方归位尽责、提高信息披露质量发挥了积极作用。自2017年下半年起，沪、深证券交易所开始承担证监会派发的首发企业现场检查工作职能，并逐步成为常态化检查机构。截至2023年4月30日，已组织完成对首发企业信息披露质量抽查的抽签工作共37轮，抽取检查对象企业共199家。

（一）现场检查制度的设立背景

2014年4月23日，证监会发布《关于组织对首发企业信息披露质量进行抽查的通知》（发行监管函〔2014〕147号），从规则层面正式明确对申请首次公开发行股票的企业，将在上发审会前对发行人信息披露质量进行抽查，以推动各方进一步归位尽责，共同促进首发信息披露质量的提高。

为贯彻落实新《证券法》精神，做好配套制度建设，证监会在总结首发企业现场检查实践经验的基础上，于 2021 年 1 月 29 日发布了《首发企业现场检查规定》，规范了首发企业现场检查的基本要求、标准、流程以及后续处理工作，明确了现场检查涉及单位和人员的权利义务，压实了发行人和中介机构责任，并加强了对检查人员的监督，明确证券交易所各板块的首发企业均予以适用。

证监会相关负责人答记者问时表示，开展首发企业现场检查的必要性体现在：

一是首发企业现场检查是严格实施 IPO 各环节全链条监管的重要举措。目前，IPO 审核工作主要通过提出问题、企业及中介机构回答问题等书面方式开展。对首发企业实施现场检查，可以通过查阅调取相关基础材料，深入发行人现场开展穿透式重点检查，是对书面审核工作的必要补充，有助于提升审核的针对性和有效性，能够对相关违法违规行为起到强大的震慑作用，从源头上净化 IPO 市场环境。

二是首发企业现场检查是督促中介机构勤勉尽责、审慎执业，发挥资本市场“看门人”作用的重要抓手。目前，部分中介机构仍然存在职业操守欠缺、合规意识淡薄等问题。首发企业现场检查能够针对性地发现中介机构执业过程中存在的问题，通过加大对现场检查中发现问题的处罚力度，压实中介机构责任，不断提升中介机构职业道德水平及守法合规意识，营造守法诚信的道德环境，夯实资本市场诚信基础。

三是首发企业现场检查是落实以信息披露为核心的证券发行制度，不断提升信息披露质量的重要手段。开展首发企业现场检查，有助于严格落实发行人信息披露第一责任，全面提升公司规范治理水平及信息披露质量，不断推动资本市场高质量发展。

（二）现场检查的对象及方式

检查对象的确定包括问题导向和随机抽取两种方式。问题导向的检查对象由中国证监会注册部门或交易所审核部门确定。在发行上市审核和注册阶段，首发企业存在与发行条件、上市条件和信息披露要求相关的重大疑问或异常，且未能提供合理解释、影响审核判断的，可以列为检查对象。

实施现场检查时，检查组可以根据需要采取以下检查方式：

1. 查看检查对象的生产、经营、管理场所及其他相关场所，获取有关工商等资料；

2. 获取有关资金流水，生产、销售、仓储记录，会计凭证，会计账簿，财务报表等文件资料；

3. 就主要业务循环和会计信息系统进行穿行测试；

4. 问询检查对象控股股东和实际控制人、董事、监事、高级管理人员以及销售、采购、生产、仓储、财务等相关人员；

5. 走访检查对象重要客户及供应商等有关单位和人员，核实相关信息；

6. 核查中介机构工作底稿，询问有关人员、进行现场取证等；

7. 检查组认为必要的其他方式。

二、现场督导概述

（一）现场督导制度的设立背景

现场督导是交易所贯彻注册制理念开展的监管创新，是发行审核机制的有机组成部分，也是交易所开门办审核的重要举措。“督”是手段，意在查看、监督保荐核查工作是否做到位，是否需要采取纠正手段进行补充核查；“导”是目的，旨在指引、传导和启发，即向市场传导监管的核查理念。

1. 制度的建立

2021 年 2 月 3 日，上交所发布《上海证券交易所科创板发行上市审核规则适用指引第 1 号——保荐业务现场督导》。据上交所介绍，现场督导于 2019 年 6 月开始启动，是科创板试点注册制中，落实以信息披露为核心、把好上市企业“入口关”的积极探索和具体措施。上交所相关负责人表示，现场督导一方面传递了压严压实保荐机构把关责任的明确导向，督促保荐机构履行好核查把关职责，引导其把尽职调查主体责任和牵头核查把关责任扛起来；另一方面，与审核问询形成联动，丰富了审核把关的手段，形成了有效监管威慑，在一定程度上抑制了发行人和中介机构的“闯关”冲动。

同年 4 月 30 日，深交所发布《创业板发行上市审核业务指引第 1 号——保荐业务现场督导》。据深交所介绍，指引结合创业板注册制试点实践，推进现场督导工作制度化、规范化，以市场主体需求为导向，首先明确督导适用范围、督导方式、督导时长、结果运用等市场关注焦点，健全完善市场基础制度，推动构建稳定、可预期的市场环境。其次，抓住“关键少数”，盯紧中介机构执业质量。通过监督检查保荐人、证券服务机构执业情况，提高发行人的信息披露质量，督促保荐人、证券服务机构切实履行核查把关责任。另外，坚持问题和风险导向，体现重要性、精准性和专业性。聚焦影响发行上市条件的重要事项，提升监管精准度和靶向性，确保现场督导客观、公正、独立、高效。

2. 制度的完善

为了稳步推进全面实行股票发行注册制，2023 年 2 月 17 日，上海证券交易所和深圳证券交易所发布了《上海证券交易所发行上市审核规则适用指引第 3 号——现场督导》和《深圳证券交易所股票发行上市审核业务指引第 4 号——保荐业务现场督导》。与前述文件相比，修订内容主要体现在：

（1）将保荐业务现场督导的相关规则从科创板和创业板扩大至沪、深证券交易所全市场板块。

（2）明确可对会计师事务所等证券服务机构实施现场督导。

（3）考虑到仅通过核查工作底稿等方式开展督导工作，难以查清相关问题，适当延伸现场督导的核查边界，增加督导组在必要时可以对督导对象的补充核查工作进行现场监督的规定，在必要时可以对保荐人督导过程中的整改情况或投行业务内控执行情况进行检查。

（4）对于督导组进场前即撤回的项目，明确了一定情况下继续现场督导，对于督导组进场后撤回的项目，将继续完成现场督导。

（5）增加对执业质量存在问题的保荐人启动现场督导的规定。

（二）现场督导的具体内容

根据《上海证券交易所发行上市审核规则适用指引第 3 号——现场督导》和《深圳证券交易所股票发行上市审核业务指引第 4 号——保荐业务现场督导》，保荐业务现场督导主要内容见表 10－1－1。

表 10－1－1　　　　保荐业务现场督导主要内容

要点		内容
对象及重点内容	对象	保荐机构以及相关证券服务机构
	重点内容	结合发行上市审核中发现的问题，重点对保荐机构、证券服务机构尽职调查方案是否合理、尽职调查程序是否恰当、证据资料是否充分可靠、尽职调查结论是否审慎客观等情况进行监督核查。必要时，督导组可以对督导对象的补充核查工作进行现场监督
督导对象确定方式		（1）发行条件、信息披露等存在重大疑问且未能予以充分说明，影响审核判断的 （2）对影响审核判断重要事项的核查程序不充分，核查结论存在明显疑问的 （3）交易所审核认为不符合发行条件、上市条件、重组条件，或者信息披露要求而作出终止审核决定之日起 12 个月内重新申报且相关问题仍然存在的 （4）申报项目撤否率高且执业质量评价低的（深交所表述为一定情况下可以按照一定比例抽取保荐人保荐的项目） （5）其他
督导程序	督导小组构成	不少于 2 人，可以根据需要，聘请外部专业机构及其人员参与现场督导工作（与现场检查相同）
	提前通知	交易所原则上在现场督导进场日 3 个工作日前，向保荐机构发出现场督导通知书，如遇紧急情况或者有证据表明提前通知保荐机构可能影响现场督导效果的情况下，交易所可以不提前通知，直接进场开展现场督导并出具现场督导通知书
	时长	原则上在进场后 2 周内完成，但在保荐机构无法及时提供相关文件资料、不配合或者项目情况复杂等特殊情况下可以适当延长

续表

要点		内容
督导方式及对象人员	主要方式	（1）现场询问 （2）调阅、复制、记录、提取保荐工作底稿、证券服务机构相关工作底稿 （3）核对有关证据材料 （4）访谈有关对象 （5）要求保荐机构、证券服务机构补充核查 （6）督导组认为必要的其他方式
	接受询问人员	保荐机构的保荐业务负责人、内核负责人，保荐业务部门和质控部门负责人，项目保荐代表人等相关人员
督导后的处理	继续推进	经过现场督导，发行人及保荐机构、证券服务机构对相关问题作出合理解释或者说明，且未发现异常情况的，在发行人和保荐机构、证券服务机构对发行上市申请文件进行补充、修改后，交易所继续推进审核程序
	监管工作措施	发现保荐机构、证券服务机构存在履职不到位、执业不规范等情形的，交易所将采取监管工作函、谈话提醒等监管工作措施，要求其进行整改
	自律监管措施或纪律处分	发现因保荐机构、证券服务机构未能勤勉尽责，导致发行人信息披露资料不符合真实、准确、完整要求，或者存在其他违规行为的，交易所视情节轻重，给予相应监管措施或者实施纪律处分
	报证监会查处	发现发行人、保荐机构、证券服务机构等涉嫌证券违法行为的，交易所将依法报中国证监会查处
对保荐机构及其人员的影响		现场督导中发现的保荐机构执业质量问题，将纳入保荐机构执业质量评价。保荐机构在多个现场督导项目中均存在执业质量问题或者拒不配合现场督导的，将按照相关规定从重处理
		保荐机构保荐的项目因执业质量问题被交易所采取监管措施或者纪律处分的，保荐机构应当对项目保荐代表人等责任人员进行内部问责，并将问责情况报告交易所
		保荐人应当对交易所现场督导发现的执业质量问题及时进行整改。交易所在必要时可以对其整改情况及投行业务内部控制执行情况进行检查
主动撤回	适用范围	发行人、保荐机构在交易所发出现场督导书面通知后、实施现场督导前或者现场督导过程中撤回发行上市申请或者撤销保荐的
	现场督导前撤回	交易所发出现场督导通知书后、实施现场督导前撤回申请的，交易所将视情况实施现场督导
	再报再督导	发行人撤回发行上市申请或者保荐机构撤销保荐，该项目在撤回发行上市申请后 12 个月内重新申报的，交易所在受理后将启动现场督导
	进场后撤回将继续完成督导	督导组进场后，发行人撤回发行上市申请或者保荐人撤销保荐的，将继续完成现场督导
与现场检查衔接		交易所在发行上市审核中，发现发行人存在与发行条件、上市条件和信息披露要求相关的重大疑问或异常，且未能提供合理解释、影响审核判断的，将按照中国证监会《首发企业现场检查规定》等有关规定提请实施现场检查

三、现场检查与现场督导的比较

（一）现场检查与现场督导的区别

根据相关规定及监管实践情况，现场检查与现场督导主要区别见表 10－1－2。

表 10－1－2　　现场检查与现场督导主要区别

比较项目	现场检查	现场督导
检查机构	中国证监会及其派出机构和交易所	沪、深证券交易所
检查对象不同	针对申请在境内证券交易所首次公开发行股票或存托凭证并上市的企业，同时围绕检查对象存在的相关问题对中介机构执业质量进行延伸检查，就中介机构履职尽责情况发表意见	中介机构为主
检查时长不同	1 个月左右	原则上在进场后 2 周内完成
检查进场地点不同	发行人现场	主要在保荐机构现场，可以对相关证券服务机构实施现场督导
关注要点不同	问题导向和随机抽取	以问题和风险为导向
实施方式不同	（1）查看检查对象的生产、经营、管理场所及其他相关场所，获取有关工商等资料 （2）获取有关资金流水，生产、销售、仓储记录，会计凭证，会计账簿，财务报表等文件资料 （3）就主要业务循环和会计信息系统进行穿行测试 （4）问询检查对象控股股东和实际控制人、董事、监事、高级管理人员以及销售、采购、生产、仓储、财务等相关人员 （5）走访检查对象重要客户及供应商等有关单位和人员，核实相关信息 （6）核查中介机构工作底稿，询问有关人员、进行现场取证等 （7）检查组认为必要的其他方式	（1）现场询问 （2）调阅、复制、记录、提取保荐工作底稿、证券服务机构相关工作底稿 （3）核对有关证据材料 （4）访谈有关对象 （5）要求保荐人、证券服务机构补充核查 （6）督导组认为必要的其他方式

（二）现场检查与现场督导的共通之处

据证监会主席易会满 2020 年 10 月 15 日在第十三届全国人民代表大会常务委员会

第二十二次会议上所作《国务院关于股票发行注册制改革有关工作情况的报告》，要综合运用多要素校验、现场督导、现场检查、监管执法等多种方式，落实信息披露责任，提高信息披露质量。无论现场检查还是现场督导，二者具有共通之处，其主要目的均为更好地实现信息披露的真实、准确、完整，把好资本市场入口关，从源头提高上市公司质量。从监管思路看，均以理解业务为核心，识别企业风险，着力关注重大异常、矛盾和差异。

根据接受现场检查、现场督导企业的监管问询回复披露、交易所自律监管措施和纪律处分情况、证监会行政监管措施和行政处罚情况，可将监管关注重点问题大致归纳为执业质量问题、财务真实性问题、信息披露问题等。从监管尺度看，现场督导与现场检查均聚焦重大风险、严打财务造假行为。

第二节　执业质量问题

保荐人应当诚实守信、勤勉尽责，对发行上市申请文件和信息披露资料进行全面核查验证，关注尽职调查程序的合规性，尽职调查过程中保持职业谨慎性。保荐人应当制定并严格执行内部控制制度，切实发挥质量控制、内核等机制对保荐项目尽职调查和发行上市申请文件制作的把关作用。本节主要分析现场检查和现场督导中常见的尽职调查程序合规性、职业谨慎性、保荐人内部控制等方面问题。

一、尽调程序合规性

保荐人实施尽调的手段包括问询、函证、盘点、走访、流水核查等。《保荐人尽职调查工作准则》《中国注册会计师审计准则》《监管规则适用指引——发行类第5号》等规则，规定了实施相关尽调手段的具体要求。

例如，当实施函证程序时，保荐人应当对询证函保持控制，主要包括以下方面：选择恰当的方法以确定样本规模和选取样本项目；核实被询证者的名称、地址以及被询证者直接向保荐人回函的地址等信息；独立发出询证函并予以跟进，必要时再次向被询证者寄发询证函。在未回函的情况下，保荐人应当实施替代程序以获取相关、可靠的尽职调查证据。对于回函不符的应当调查不符事项，以确定是否表明存在错报。

在核查存货情况时，保荐人在合理信赖会计师监盘工作的基础上，应结合原材料及产品特性、生产需求、存货库存时间长短，实地抽盘大额存货，确认存货计价的准确性，核查是否存在大量积压或冷背情况。发行人存在大额异地存放或由第三方保管或控制的存货的，可采取函证、实地检查等适当的方式进行确认或抽盘。发行人存货具有一定特殊性的，如其性质、价值、数量难以判断的，在确保外部专家胜任能力和独立性的基础上，可以合理采用外部专家意见，并对外部专家意见履行审慎关注和必要复核程序。

在实施走访程序时，应当选择恰当的方法以确定走访对象，核实走访对象身份信息，对走访过程及内容予以记录并形成工作底稿；走访内容与其他尽职调查程序获取的证据存在矛盾时应予核查；利用第三方机构的工作时，应评估其是否具备专业胜任能力，并复核其工作成果。

在开展流水核查时，保荐人应当充分评估发行人所处经营环境、行业类型、业务流程、规范运作水平、主要财务数据水平及变动趋势等因素，确定发行人相关资金流水核查的具体程序和异常标准，以合理保证发行人财务报表不存在重大错报风险。保荐人应勤勉尽责，采用可靠手段获取核查资料，在确定核查范围、实施核查程序方面保持应有的职业谨慎。在符合银行账户查询相关法律法规的前提下，资金流水核查范围除发行人银行账户资金流水以外，结合发行人实际情况，还可能包括控股股东、实际控制人、发行人主要关联方、董事、监事、高管、关键岗位人员等开立或控制的银行账户资金流水，以及与上述银行账户发生异常往来的发行人关联方及员工开立或控制的银行账户资金流水。

相关现场检查及督导案例如下：

【案例 10－1】发行人 A 主要从事汽车车身成形系统、总装系统的研发、生产、销售，于 2019 年 12 月首次申报科创板，2020 年 8 月主动撤回其首次申报，于 2020 年 9 月更换保荐机构后再次申报科创板。

1. 函证核查程序不规范

经现场督导查明，保荐人在首次申报和首轮审核问询回复时对境内主要客户分别实施了函证程序。其中，首次申报时保荐人函证内容包括含税销售额和应收账款余额。根据函证结果，2016 年末、2017 年末、2018 年末和 2019 年 6 月末的回函不符金额占发函金额比例分别为 62.28%、4.02%、21.74% 和 22.00%，回函不符金额占比较高。首轮审核问询回复时，保荐人再次函证的内容包括开票金额、回款金额、合同金额和终验年度，但并未包含应收账款余额。根据再次函证结果，2017 年末、2018 年末和 2019 年末的回函不符金额占发函金额比例分别为 0、3.67% 和 3.37%，回函不符比例明显降低。首轮审核问询回复时，保荐人未函证应收账款余额且未充分说明理由。保荐人函证核查内容不充分，可能导致相关回函无法真实、准确反映发行人与客户之间的交易情况。

根据上交所监管措施决定书，发行人 A 的保荐代表人未能规范执行函证程序，履行相关保荐职责不到位。此外，相关保荐代表人还存在未充分关注影响发行人境外子公司收入确认的重要因素和境内收入确认相关异常情况，对研发投入相关内部控制情况未予以充分关注并进行审慎核查，也未能对发行人收入及研发相关财务数据等信息披露进行充分核查验证等情形。基于上述事实，上交所对首次申报的保荐代表人予以监管警示的监管措施。

2. 销售、采购、存货核查工作不规范

经再次现场督导发现，保荐人部分尽职调查工作开展情况与披露内容存在差异：

（1）销售与采购业务函证底稿不完整，部分核查情况与披露情况不一致。根据首轮审核问询回复，针对发行人 2017 年至 2020 年第一季度的销售业务和采购业务，保荐人独立执行了函证核查程序，通过快递公司寄发函证，对境外客户和供应商采用邮寄或电子邮件两种形式发出函证，回函均由保荐人及申报会计师收取。现场督导发现，保荐工作底稿中未见发出快递单、未回函函证的发出留底件及相关替代程序底稿、供应商回函差异分析底稿等，无法印证已披露的核查情况。现场督导过程中，保荐人补充提供的材料显示，存在保荐人与申报会计师、发行人律师联合发函，部分客户和供应商仅向申报会计师回函而未向保荐人回函等情况，与首轮审核问询回复披露的独立执行函证工作等情况存在差异。

（2）境外存货相关核查情况与披露情况不一致。根据首轮审核问询回复，保荐人对申报会计师报告期内已执行的存货监盘情况进行复核，对境外存货实施了包括函证确认主要项目进度、对未回函客户执行替代测试程序等核查程序。现场督导发现，保荐工作底稿中未见对申报会计师部分境外在产品监盘情况的复核底稿、对部分境外在产品进行函证确认的核查底稿和对未回函客户的替代程序底稿等，无法印证已披露的核查情况。此外，首轮审核问询回复披露，保荐人采用监盘与函证相结合的方式对 2020 年末发行人境外在产品进行了核查，核查比例为 65.77%。现场督导发现，保荐人实际核查比例为 55.45%，低于首轮审核问询回复中披露的核查比例，且其向发行人境外子公司客户确认在产品的相关函证程序设计存在瑕疵。

根据上交所监管措施决定书，保荐人对发行人销售、采购、存货的核查工作不规范，部分工作底稿缺失，部分核查工作开展情况与公开披露情况不一致。上述行为不符合《保荐人尽职调查工作准则》等相关执业规定。此外，保荐人还存在对研发投入相关核查不审慎的问题。基于上述事实和情节，上交所对再次申报的相关保荐人及其保荐代表人予以监管警示的监管措施。

【案例 10－2】 发行人 B 主要从事标准化生鲜餐饮食材的研发、销售及配送服务，是生鲜餐饮食材品牌供应商，产品主要为速冻海水深加工和初加工产品，于 2020 年 7

月申报创业板。

补充 2020 年半年报申报时，保荐机构、申报会计师根据发行人深加工产品经销商客户具有高度分散的特点，聘请第三方机构对于发行人经销商终端销售情况进行了实地核查。

现场督导发现，关于中介机构聘请第三方机构对发行人经销商终端的核查，存在以下问题：

（1）补充 2020 年半年报申报时，中介机构聘请第三方机构对发行人经销商终端销售情况进行了实地核查。第三方机构对发行人 28 个省份的 609 家经销商终端客户进行走访，对 25 家主要经销商的库存进行盘点，合计用时仅 12 天，且 130 多名走访人员绝大多数为临时招募，结算方式为按走访家数付费。

（2）保荐人在首次申报时未对发行人经销商终端销售进行走访；保荐人及经办会计师均未对第三方机构的资质、独立性和走访人员的专业胜任能力进行评估，仅保留了第三方机构终端核查的报告及扫描版底稿，未见执行复核程序的记录。

针对现场督导中发现的上述问题，在第二轮审核问询中，深交所要求保荐机构、申报会计师补充说明第三方机构的相关情况、本次收费金额及定价依据；本项目走访人员的相关情况，是否具备财会背景和胜任能力，如何对其工作的开展进行计划和监督，如何复核其工作成果；相关核查工作是否流于形式；要求保荐机构、申报会计师的内核或质控部门，就项目团队执行的程序、获取的证据、发表的核查结论进行复核，相关结论是否具备充分、客观的证据予以支持，结论是否清晰、准确，项目团队的核查工作是否客观谨慎、勤勉尽责。

二、职业谨慎性

保荐人在尽职调查过程中应保持职业谨慎性，发现存在相互矛盾的尽职调查证据、获取的尽职调查证据可靠性存疑、明显不合商业情理的交易或安排、其他表明可能存在舞弊的情况时，应予以充分关注并核查。

【案例 10－3】发行人 A 主要从事以动漫 IP 为核心的动漫电视电影等内容产品的制作和发行，以及基于动漫 IP 的动漫玩具及其他产品、品牌形象授权等多元衍生业务的经营。发行人 A 于 2020 年 7 月申报创业板。

现场督导发现，发行人 A 实际控制人存在多笔通过 POS 机消费的大额异常资金支付情形，保荐代表人未对前述情形保持充分关注并予以审慎核查：

（1）根据发行人《招股说明书（申报稿）》及有关审核问询回复，保荐代表人已按照证监会《首发业务若干问题解答》的要求对发行人实际控制人之一古某账户的资金流水进行了核查，认为不存在大额资金往来较多且无合理解释、频繁大额存取现等情形。

（2）现场督导发现，报告期内古某账户资金流水中存在 36 笔通过 POS 机消费的大额资金支付，合计 560.78 万元多笔支付具有金额、日期相近且为异地消费、交易对手方多为零售批发店等特点，与个人一般消费习惯不符。保荐代表人未对实际控制人账户大额异常资金流水保持充分关注并予以审慎核查。

根据深交所监管函，发行人 A 相关保荐代表人履行保荐职责不到位，深交所对保荐代表人采取书面警示的监管措施。

【案例 10-4】 发行人 B 主要从事“磁控胶囊胃镜系统”机器人的自主研发、生产、销售及服务，于 2019 年 3 月申报科创板。

现场督导发现，保荐代表人在尽职调查中未能全面获取并核查发行人实际控制人之一吉某在报告期内的资金流水情况。督导组进场前，保荐代表人仅调取了上述实际控制人 1 个银行账户的资金流水情况，且该账户资金流水规模较小。资金流水明细显示，该实际控制人还存在另一银行账户。经现场督导督促，保荐代表人对吉某的其他银行账户进行补充核查后发现，报告期内吉某与第一大客户某高级管理人员存在大额资金往来。其中，该高级管理人员曾于 2016 年 5 月 3 日向吉某转账 1 150 万元，并备注“1% 股权款”。保荐代表人遗漏对发行人实际控制人相关银行账户的核查，导致未能充分关注到发行人实际控制人与第一大客户高级管理人员大额资金往来等异常情况。

根据上交所监管措施决定书，发行人与重要客户之间是否存在相关利益安排、实际控制人与重要客户之间是否存在异常资金往来等情况，系影响发行人业务是否独立、是否具备持续经营能力等审核判断的重要因素，也是影响投资者投资决策的重要信息。发行人 B 的相关保荐代表人直接负责对发行人的尽职调查工作，履行相关保荐职责不到位，在多轮审核问询要求说明并核查的情况下，仍未充分关注增资过程中发行人第一大客户所作的采购承诺及合作安排，导致《招股说明书（申报稿）》相关信息披露不规范、问询回复意见与实际情况不符；遗漏对实际控制人重要银行账户流水情况的核查，未能充分关注到发行人实际控制人与第一大客户高级管理人员存在资金流水的异常，相关核查不到位。上交所于 2020 年 5 月对相关保荐代表人予以监管警示。

三、保荐人内部控制

根据《证券公司投资银行类业务内部控制指引》，证券公司应当构建清晰、合理的投资银行类业务内部控制组织架构，建立分工合理、权责明确、相互制衡、有效监督的三道内部控制防线：

（1）项目组、业务部门为内部控制的第一道防线，项目组应当诚实守信、勤勉尽责开展执业活动，业务部门应当加强对业务人员的管理，确保其规范执业；

（2）质量控制为内部控制的第二道防线，应当对投资银行类业务风险实施过程管理和控制，及时发现、制止和纠正项目执行过程中的问题；

（3）内核、合规、风险管理等部门或机构为内部控制的第三道防线，应当通过介入主要业务环节、把控关键风险节点，实现公司层面对投资银行类业务风险的整体管控。

发行上市审核机构审核问询的回复是发行上市申请文件的组成部分，发行人及其保荐人、证券服务机构应当保证回复的真实、准确、完整，保荐人质量控制、内核部门应对问询回复进行复核，对外报送前应当履行内核程序。保荐人在项目通过内核后对申报材料进行删改后再报送交易所的，属于违规行为；保荐人可以对申报材料个别文字表述进行修订，但不应有实质性变动，如有实质性变动，需要重新履行内核程序。

保荐人对项目进行立项、内核以及其他相关内部管理工作所形成的文件资料，内核会议形成的表决意见，以及对内核意见答复、落实所形成的文件资料均系保荐业务工作底稿的必备内容，应保证其真实、准确、完整。保荐人应在保荐工作报告中，全面记载尽职推荐发行人的主要工作过程，详细说明尽职推荐过程中发现的发行人存在的主要问题及解决情况，充分揭示发行人面临的主要风险。

【案例 10－5】 发行人 A 主要从事 LED 照明产品的研发、设计、制造、销售及服务，于 2020 年 6 月首次申报创业板。

现场督导发现，保荐人存在报送的工作底稿中部分文件与保荐人投行业务管理系统中对应文件的内容不一致等情形；保荐人报送的工作底稿对投行业务管理系统立项和内核流程中的《立项审核反馈意见回复》《内核会议纪要及意见》《内核会后事项落实回复》进行了删减与修改，其中《内核会后事项落实回复》修改较多，删减了项目组对实际控制人与员工股东资金往来、发行人定价机制与销售费用率及海外销售的核查两个问题的回复。

深交所在第三轮审核问询中，就现场督导发现的前述问题，要求保荐人就项目执行过程中是否严格遵守依法制定的业务规则和行业自律规范的要求，是否严格执行内部控制制度，是否能有效保证执业质量等进行说明，并对发行上市申请文件和信息披露资料进行全面核查验证，对发行人是否符合发行条件、上市条件和信息披露要求作出专业判断、审慎发表意见，切实遵守《创业板首次公开发行股票注册管理办法（试行）》第七条的规定。

历经交易所五轮问询后，由于发行人 A 于 2021 年 9 月 28 日主动撤回了上市申请，深交所决定对其终止审核。2022 年 5 月 1 日，发行人 A 再次提交上市申请，目前已通过上市委会议审议。

【案例 10－6】 发行人 B 主要从事数码喷印功能性材料的研发、生产和销售，于 2020 年 9 月首次申报创业板。

现场督导发现，保荐人投资银行项目管理部（履行质量控制职能）总经理同时担任项目保荐代表人，未严格按照《证券公司投资银行类业务内部控制指引》第三十二条的规定，在复核项目“申请辅导验收”和“股东信息查询”流程时进行回避，存在利益冲突。保荐人在该项目立项、质控程序对项目组成员、质控负责人的利益冲突审查不充分，质控负责人未严格执行回避管理规定。

2021 年 12 月，在提交第四轮审核问询回复一周后，发行人 B 主动撤回了发行上市申请文件，深交所对其发行上市审核予以终止。根据监管函，深交所于 2022 年 6 月对发行人 B 的保荐代表人予以监管警示。

第三节　财务真实性

发行人会计基础工作应当规范，财务报表的编制和披露应当符合企业会计准则和相关信息披露规则的规定，在所有重大方面公允地反映发行人的财务状况、经营成果和现金流量。本节主要分析现场检查和现场督导中常见的与财务真实性相关的收入与客户、成本与供应商、期间费用等问题。

一、收入与客户

收入是发行人利润的来源，直接关系到发行人的财务状况和经营成果，应重点关注收入确认方法的合理性，具体确认依据充分性、时点的准确性、销售及客户的真实性。

根据《保荐人尽职调查工作准则》，保荐人应结合发行人的业务模式、交易惯例、销售合同关键条款、同行业可比公司收入确认政策等核查发行人确认收入的具体标准以及实际会计核算中该行业收入确认的一般原则，判断收入确认具体标准是否符合会计准则的要求；如发行人的收入确认政策与同行业可比公司存在较大差异的，应核查该差异产生的原因及对发行人的影响。

根据《保荐人尽职调查工作准则》，保荐人可以合理信赖会计师的函证工作结果，但应结合客户性质、规模、回款等情况及销售模式等因素，对主要客户通过实地走访、访谈、追查销货合同、销货发票、产品出库单、运输单、银行进账单或补充函证等方法对销售业务发生的真实性和准确性进一步核查。保荐人应分析对主要客户销售的商业合理性，关注是否存在会计期末销售收入异常增长的情况，关注主要客户是否发生重大变化，关注主要客户是否为发行人前员工、业务高度依赖发行人的客户、既是客户又是供应商、名称相似、注册地址相近、工商登记电话或邮箱相同、成立时间较短的主要客户等特殊情形，关注上述主体是否与发行人及关联方存在潜在关联关系，与发行人及关联方是否存在异常资金流转。

【案例 10-7】 发行人 A 公司主要从事离子交换膜及组件、电渗析相关设备的研发、生产、销售及技术服务，于 2022 年 6 月申报创业板，现场督导发现发行人涉嫌存在收入跨期的情形：

（1）发行人涉嫌提前确认收入。发行人客户较为集中，单个项目合同金额较高，2021 年第四季度收入占全年收入近五成。2021 年 12 月底，发行人确认对甲公司（当年第一大客户）某项目 5 000 余万元的收入，占发行人全年收入约 22%。

现场督导发现，发行人涉嫌将对甲公司上述项目 2022 年的收入提前至 2021 年确认：一是发行人依据甲公司 2021 年底验收通过的工程项目验收单确认收入，但发行人 OA 系统相关工作资料显示，截至 2021 年底，该项目未达到可验收标准仍处于调试阶段；项目营销资料备注为“配合验收，实际未验收”。二是发行人与甲公司的销售合同约定，验收合格后次月甲公司即应支付设备结算款，但甲公司迟至 2022 年 3 月才开始付款。三是发行人内部制度规定，验收交付后的项目由售后部门负责跟踪服务，但发行人 OA 系统相关记录显示，该项目直至 2022 年 5 月才由工程技术部移交至售后服务部。

（2）发行人涉嫌推迟确认收入。发行人作为分包商，为乙公司（2020 年第一大客户）某项目提供专业设备及安装调试服务，发行人于 2020 年 8 月确认对乙公司近 4 000 万元的项目收入。

现场督导发现，发行人涉嫌将对乙公司上述项目应当于 2018 年确认的收入推迟至 2020 年确认：一是发行人已于 2018 年取得乙公司出具的项目验收单，显示 2018 年 12 月该项目验收通过，且发行人 OA 系统显示，验收后项目进度变更为“保障运行”。但发行人在 2020 年 12 月冲销了该笔收入，改为 2020 年 8 月重新确认。二是发行人该项目主要材料出库时间均在 2018 年。三是乙公司 2018 年年报披露，该项目已于当年整体完成验收，进入试运行阶段。

除客户甲公司、乙公司以外，发行人对另外 5 家客户的收入确认亦涉嫌跨期。经保荐人补充核查并测算，对涉嫌跨期的收入进行调整后，发行人 2020 年、2021 年净利润累计约为 3 000 万元，低于其申报选择的上市标准。

发行人已于 2022 年 12 月撤回上市申请。

【案例 10－8】 发行人 B 主要从事汽车车身成形系统以及总装系统的研发、生产、销售，于 2019 年 12 月申报科创板，2020 年 8 月主动撤回其首次申报，于 2020 年 9 月更换保荐机构后再次申报科创板。

现场督导发现，发行人存在项目基础资料不一致、项目完工后仍大额领料、向客户支付大额款项等收入确认相关的异常情况，保荐人对收入确认相关事项核查不到位。

（1）未充分关注影响发行人境外收入确认的重要因素，对重要境外子公司相关核查不到位。

现场督导发现，发行人境外子公司甲公司单一项目下存在多个订单，在所有订单均达到完成状态时，确认了该项目的收入。甲公司 2019 年第一大项目收入 1.89 亿元，不同资料显示该项目下的订单数量存在不一致的情形，原属于该项目下的部分订单被调整到报告期内尚未完成的其他项目，涉及金额 162.08 万英镑。但保荐人未能提供有效资料说明其对甲公司项目管理的规范性及各项目下订单的完整性予以充分关注，也无法对上述订单调整事项作出合理解释。

（2）未充分关注境内收入确认相关异常情况。

现场督导发现，发行人境内收入确认过程中存在部分异常情况，具体表现为：一是发行人部分项目的技术协议明确约定，项目应当交付使用一段时间才能进行终验，并在终验后确认收入。但部分项目收入确认当月仍存在大额领料情况。二是发行人存在向部分客户大额付款的情况，金额分别为 2 200 万元和 300 万元。但保荐人未充分关注上述与收入确认相关的异常情况，未能提供有效材料说明上述异常情况产生的原因、合理性及对收入确认的影响。

根据上交所监管措施决定书，上交所于 2021 年 4 月对保荐代表人予以监管警示。

【案例 10－9】 发行人 C 主要从事水环境治理综合服务，于 2019 年 4 月首次申报科创板。

现场督导发现，发行人 C 的保荐代表人存在以下保荐职责履行不到位的情形：

（1）未审慎核查发行人水污染治理装备的收入确认相关事项。《招股说明书（申报稿）》及审核问询回复披露，发行人报告期各期水污染治理装备业务收入占主营业务收入比例分别为 41.63%、67.99%、77.84% 和 51.58%，其水污染治理装备在设备安装调试完成并取得客户签章的安装调试完成确认单时确认收入。安装调试完成之后，公司水污染治理装备即进入自动运行状态，售后无须对设备进行调试、调整。

而现场督导发现，安装调试完成确认单签署之时，发行人设备是否已达到合同约定的可使用状态存在不确定性，具体表现为：一是多数合同包含对发行人设备出水水质的要求，约定水质检测合格且客户对进水、出水水质无异议时，为设备检验合格，而发行人据以确认收入的安装调试完成确认单中并未包含水质检测信息。二是报告期内发行人因产品质量问题与部分客户存在诉讼及仲裁纠纷，客户最终并未支付发行人货款。三是部分应收账款函证的发函金额与客户确认的金额存在较大差异，主要原因为发行人与客户对于产品风险报酬转移时点和付款条件理解不一致。四是发行人部分合同约定安装调试单签署之后仍存在试运行期间，试运行期间由发行人负责相关设备的保管工作。

保荐代表人未能保持应有的职业审慎态度，未对水质检测条款是否实质上影响设备可使用状态及收入确认条件进行深入核查分析，也未能充分关注试运行期间、产品质量纠纷及客户对产品风险报酬转移时点理解差异等异常情况，仅以发行人设备安装调试完成后即进入可使用状态为由，认为取得客户签章的安装调试完成确认单时已满足收入确认的实质条件，对相关收入确认的论证依据不充分。

（2）未充分关注 BOT 项目建造合同收入确认的异常情况。《招股说明书（申报稿）》及审核问询回复披露，报告期内，发行人 BOT 项目建造合同均于竣工时一次性确认收入。BOT 模式下水污染治理装备的会计处理为：项目公司采购设备且发行人发货后，计入存货科目核算，在发行人承建的项目工程竣工验收时一次性确认建造合同收入，即 BOT 模式下水污染治理装备不单独确认收入。

经现场督导查明，发行人对 BOT 模式下项目公司采购的水污染治理装备，在设备调试运行正常时，根据项目公司盖章确认的验收单据确认收入。该种处理方式与《招股说明书（申报稿）》披露的“于项目竣工验收时一次性确认收入”不一致。

保荐代表人未充分关注发行人《招股说明书（申报稿）》披露的 BOT 模式下销售设备收入确认方式与实际情况存在的上述差异，也未进行进一步核查验证。

（3）未充分关注业务收入划分及会计处理的准确性。

《招股说明书（申报稿）》披露，发行人的主营业务包括水污染治理装备和水环境整体解决方案，两者在业务实质及收入确认时点上存在差异。水污染治理装备业务一般为成套污水处理装备销售项目，部分项目包含零星附属土建工程，在设备安装调试完成并取得客户签章的安装调试完成确认单时确认收入。水环境整体解决方案业务一般为工程式污水处理项目，根据预计项目工期和合同金额，按照完工百分比法或于竣工时一次确认收入。

经现场督导查明，发行人水污染治理装备销售合同中，部分含有土建施工条款，且土建部分金额占合同总金额的比重较高，个别合同中土建部分金额占比高达 65.36%。发行人将个别土建部分金额占比较高的合同划分为设备销售合同，并按设备销售的收入确认原则进行了会计处理。保荐代表人未充分关注该类业务收入划分及相应会计处理的准确性。

根据上交所监管措施决定书，发行人C相关保荐代表人履行相关保荐职责不到位，未严格按照相关执业规范对发行人存在的收入确认异常情况、业务收入划分及会计处理准确性等情况予以充分关注和审慎判断，被上交所采取监管警示的监管措施。

二、成本与供应商

成本对发行人经营成果具有重大影响，应重点关注成本核算的准确性、采购及供应商的真实性。

根据《保荐人尽职调查工作准则》，保荐人应根据发行人的生产流程，搜集相应的业务管理文件，了解发行人生产经营各环节成本核算方法和步骤，核查发行人报告期成本核算的方法是否保持一致。

根据《保荐人尽职调查工作准则》，保荐人应对采购是否异常进行调查，关注报告期主要供应商及采购额的变化情况，关注报告期内新增或注销的供应商情况；关注主要供应商是否为发行人前员工、业务高度依赖发行人的供应商；关注是否存在名称相似、注册地址相近、工商登记电话或邮箱相同、成立时间较短、采购规模和供应商生产能力及行业地位不匹配等特殊情形；关注上述主体是否与发行人及关联方存在潜在关联关系，与发行人及关联方是否存在异常资金流转。

【案例10－10】发行人A主要从事肉类休闲食品的研发、生产与销售，于2020年9月申报创业板。

经现场督导查明，发行人A的保荐代表人存在以下违规行为：

（1）未充分关注发行人部分产成品返工导致生产成本核算不准确的情形。发行人在问询回复中披露，报告期内生产和原材料的记录与财务数据中原料出库和产成品入库记录相匹配，成本核算完整、准确。而现场督导发现，发行人存在将部分产成品返工重新进入生产线的情形，并按照一定比例还原为各原辅料，导致生产成本核算不准确。

（2）未充分关注发行人领料单信息缺失的情形。《招股说明书（申报稿）》显示，发行人产品追溯方面，对原料肉与原辅料编制进货批号，对同一生产时间批次产品编制生产批号，实现采购、生产、销售全流程追溯。现场督导发现，发行人领料单信息缺失，无法追溯每个供应商、每批次原料肉对应的生产耗用情况，无法准确核查期末存货库龄信息。保荐代表人未充分关注发行人领料单信息缺失情形，相关信息披露与实际情况不符。

根据深交所处分决定书，发行人A的相关保荐代表人未能按照《保荐人尽职调查工作准则》等执业规范的要求，对发行人成本核算进行充分核查。此外，保荐代表人还存在未能对发行人采购业务内部控制及供应商、资金流水、在建工程、销售收入等进行充分核查，对上述方面存在的多项异常情形未能保持充分关注并审慎核查，核查程序执行不到位，发表核查意见不准确等情形。

鉴于上述违规事实和情节，深交所于2022年3月对发行人A的相关保荐代表人给予通报批评的处分。

【案例10－11】发行人B主要从事以变频用变压器为核心的各式特种变压器、电抗器的研发、生产与销售及配套产品的销售，于2020年6月申报创业板。

现场督导发现，发行人B在成本核查方面存在以下问题：

（1）未严格执行披露的成本归集核算方法。《招股说明书》披露，2018年7月后，发行人生产过程中按照单台产品生产订单的产品BOM清单进行领料，领料时根据单台产品BOM清单用量进行发料，月末将完工产品BOM清单领用材料合计与实际领料差异按照单台产品BOM清单直接材料标准用量权重进行分摊。

现场督导发现，发行人实际按照单台产品生产订单的工单发料单而非BOM清单进行领料。

（2）未能将原材料相关账实差异准确分摊至对应的产品。由于发行人的BOM清单用量并不准确，与实际生产用量存在一定差异，需在每月末对材料进行实物盘点，与财务系统账面结存数量进行核对，并将核对差异进行分摊。因此在具体分摊时，发行人实际并非将完工产品BOM清单领用材料合计与实际领料差异按照单台产品BOM清单直接材料标准用量权重进行分摊，而是在月末对原材料账面结存数量与实物盘点数量的差异按照单台产品应发数量权重进行分摊（以下简称“账实差异分摊”）。

现场督导发现，由于部分月份未进行盘点、部分同类物料编码未统一、差异分摊的分配主体仅为母公司而未包括子公司、对部分月份盘点的账实差异未及时进行分摊等人为操作错误，发行人在账实差异分摊中，未能将相关差异准确分摊至对应的产品。

（3）发行人实际成本核算状况与披露内容不一致。申报材料披露，“不断优化设计水平，提升设计效率，加快产品交付速度，并形成准确材料用量并降低材料用量，提高产品成本的控制能力”，“可以实现成本按照单台产品清晰归类，产品成本确认与计量具有完整性与合规性”。

发行人实际成本核算状况与披露内容不一致。

发行人在第三轮审核问询回复中，针对成本核查问题予以回复：发行人报告期内的实际差异分摊过程未按披露的成本归集方法严格执行，导致未能将账实差异准确分摊至对应的产品，但因公司采用高度定制化的生产模式，公司根据客户订单组织生产，公司各报告期完工产品未实现销售的比例较低，从而对报告期各期成本、净利润等财务数据影响较小。

2021 年 9 月，发行人 B 通过深交所创业板上市委审议，并于 2022 年 2 月注册生效。

三、期间费用

期间费用是指不产生经济利益的，或者即使能够产生经济利益但不符合或者不再符合资产确认条件的支出，或企业发生的交易事项导致其承担了一项负债而又不确认为一项资产的支出，包括销售费用、管理费用、研发费用、财务费用，应重点关注费用的合规性、归集准确性、完整性。

根据《首次公开发行股票注册管理办法》等，发行人的生产经营符合法律、行政法规规定，符合国家产业政策；发行人的内部控制制度健全且被有效执行，能够合理保证财务报告的可靠性、生产经营的合法性、营运的效率与效果。保荐人应重点关注发行人销售费用的合规性，核查是否存在商业贿赂等违法经营的情况。

根据《保荐人尽职调查工作准则》，保荐人应分析研发费用的归集是否准确完整、研发费用是否与成本混淆；如报告期内存在研发投入资本化的，应核查资本化的具体研发项目、依据、时间、金额以及是否符合会计准则的规定。

根据《保荐人尽职调查工作准则》《监管规则适用指引——发行类第 5 号》，保荐人应结合发行人实际情况，考虑对控股股东、实际控制人、发行人主要关联方、董事、监事、高管、关键岗位人员等开立或控制的银行账户资金流水，以及与上述银行账户发生异常往来的发行人关联方及员工开立或控制的银行账户资金流水进行核查，关注是否存在为发行人在体外承担成本费用的情况。

【案例 10－12】发行人 A 主要为煤炭等高危行业提供以自主软件为主的安全生产监测及管理整体解决方案，于 2019 年 11 月申报科创板。

根据发行人 A 第三轮审核问询函的回复，现场督导发现，发行人报告期市场推广服务费存在以下问题：

（1）未明确约定服务商提供的具体服务事项等内容。

现场督导发现，项目服务费合同多为格式合同，未明确约定供应商提供服务的具体事项等内容。

（2）部分服务商存在规模较小、成立时间较短等情形。

部分外包服务商存在个体工商户、注册资本 10 万元以下、社保缴纳人数少于 3 人以及成立时间较短等情形。

科创板上市审核中心在审核问询中重点关注了以下事项：

根据发行人披露，发行人业务主要采用项目服务商模式，项目服务商起到协调客户和发行人关系、顺利推进项目并回款等职能。报告期内发行人向项目服务商支付的项目服务费金额分别为 1 411.94 万元、2 769.52 万元、5 743.10 万元。发行人项目服务费一般以项目毛利率、所属区域的市场竞争情况、市场成熟度和项目实施复杂度为依据确定费用，项目服务费与销售合同金额之间不具有稳定的量化关系。审核重点关注：通过项目服务商协助销售的商业合理性以及与最终达成销售交易价格的关系，相关内控制度是否健全有效，是否存在商业贿赂、利益输送或体外资金循环的情形。

2020 年 9 月 1 日，经上交所科创板上市委审议，上市委认为：发行人未能充分、准确披露项目服务商所提供服务的内容、项目服务费的计费标准及确定方式，与项目服务商合作的相关内部控制不够健全，不符合《科创板首次公开发行股票注册管理办法（试行)》第五条、第十一条的规定；不符合《上海证券交易所科创板股票发行上市审核规则》第十五条、第二十八条的规定。结合科创板上市委员会审议意见，上交所决定对发行人 A 首次公开发行股票并在科创板上市申请予以终止审核。

【案例 10－13】发行人 B 主要从事创新生物药自主研发和产业化，于 2020 年 2 月申报科创板。

2020 年 7 月 31 日，发行人 B 通过科创板上市委审议。同年 8 月，发行人 B 向证监会提交注册稿。申请注册期间，发行人 B 在注册阶段经历了证监会现场检查及三轮问询。

根据发行人 B 注册阶段的第三轮问询问题，现场检查中查阅了发行人相关内部控制制度、部分会计凭证、发行人 20 名销售人员的部分资金流水和微信、支付宝账单、发行人学术推广会议资料等原始材料。经检查发现存在以下问题：

（1）销售费用相关原始单据存在缺失或异常。部分会计凭证入账的原始单据不齐备；部分销售费用报销凭证的原始单据分别存在一项或多项异常情况，如原始单据中笔迹不一致、餐饮费开票单位与会议地点不在同一城市或距离超出合理范围、酒店场租费用与网络查询价格差异较大等费用报销的合理性存在异常的情况；销售费用支付单据提供比例较低，且部分支付单据存在异常，如 9 场会议餐饮费、2 场会议交通费 POS 单据的商品编号、终端编号、批次号、凭证号、授权号、参考号等信息完全一致等情况；发行人向学术推广会中讲课人员支付的劳务费为销售人员现金支付，且销售人员报销费用与流水记录不匹配；少数凭证存在跨期；少数凭证未按照公司报销管理规定的要求履行适当审批；报告期内，部分发行人参与会议未能提供有效的参会证明，如主办方招商函或合同、沟通记录、带发行人标识或产品展板的照片等材料。

（2）部分销售人员疑似存在购买发票的情况。2018—2019 年，销售人员靳某通过微信向名为“开票某某”的对手方转账共计 4.98 万元；销售人员孙某向其他销售人员邢某等转账共计 19.11 万元，流水摘要为“会议加税点”“税点结清”等内容。

2021 年 9 月，发行人 B 已主动要求撤回注册申请。

【案例 10 - 14】 发行人 C 主要从事粉末涂料用聚酯树脂的研发、生产和销售，于 2020 年 5 月申报科创板。

根据发行人 C 第三轮审核问询回复，经现场督导发现，保荐机构关于研发费用核查存在以下问题：

（1）现场督导组抽查的“木纹转印专用聚酯树脂”小样测试记录最早两笔分别为 2018 年 9 月 3 日和 9 月 5 日，但 ERP 中，该项目最早一批领料记录为 2018 年 9 月 6 日，并且仅为各小料。保荐机构说明，系由于发行人使用前次研发所剩的少量余料开展试验，但保荐机构未提供研发余料使用管理的相关资料。

（2）保荐机构未提供研发中试和大试投入产出、试验参数等相关资料，未提供试制品管理相关资料。保荐机构说明，发行人未保存关于试制品的数量、批号记录、试验参数等相关信息；试制品的客户反馈主要为电话形式，发行人未保留相关反馈记录。

（3）保荐机构未提供试制品赠送相关的出入库记录、物流信息等资料。此外，发行人销售发货量与物流整体承运重量间的差异较小，即试制品的运输未见物流记录。

（4）现场督导发现，研发形成的有形物品数量和价值可能较大，可以用于后续研发，也可以通过回炉等方式用于生产，保荐机构未提供相关有形物品的数量和使用资料。

（5）现场督导组针对发行人研发成果，抽样 4 个项目，保荐机构仅提供了新产品研发需求申请、项目立项文件、小试记录、试验转生产资料交接单，未提供其他相关控制点的内部资料。

2021 年 1 月，发行人 C 已主动撤回其发行上市申请。

四、其他

（一）财务规范性

根据《首次公开发行股票注册管理办法》等，发行人会计基础工作规范，财务报表的编制符合企业会计准则和相关会计制度的规定。根据《监管规则适用指引——发行类第 5 号》，发行人申请上市成为公众公司，需要建立、完善并严格实施相关财务内部控制制度，保护中小投资者合法权益，在财务内控方面存在上述不规范情形的，应通过中介机构上市辅导完成整改或纠正（如收回资金、结束不当行为等措施）和建立健全相关内控制度，从内控制度上禁止相关不规范情形的持续发生。

【案例 10－15】 发行人 A 主要从事信息安全产品与高安全定制化软件产品及配套服务的研发、销售，并提供军用软件测评服务和信息安全系统集成服务，于 2019 年 5 月申报科创板。

经现场督导发现，发行人 A 的保荐代表人未充分关注发行人内部控制存在的缺陷及风险，相关核查工作不到位，具体情况如下：

（1）发行人报告期内存在会计基础工作不规范、内部控制制度执行不到位等问题，主要表现为：一是发行人内部控制流程文件不全。除保留发货申请单外，无发货记录、客户沟通记录、软件刻录记录、软件维护记录、售后记录、序列号管控清单等内部业务资料；2016 年确认收入的验收单主要系后补；部分发货申请单中列示的序列号数量与合同约定的软件销售数量无法匹配。二是发行人合同管理存在一定缺陷。甲公司系发行人 2016 年前五大客户之一，而发行人与该客户签订的合同上对方签章名称为“乙公司”，与客户实际名称不一致，发行人在合同管理中对此未予关注。三是实际控制人替发行人代垫业务费用。2016 年，发行人实际控制人通过其个人账户或授意公司财务负责人通过个人账户向两家客户的股东和监事合计转账 84. 38 万元，作为发行人业务介绍费，但该笔款项发行人未进行会计处理。四是发行人人工工时分配表填写内容与实际情况不符。主要原因系公司前期未及时规范填报工时，后期通过回忆复原后补充统计，涉及项目 11 个，涉及成本及研发费用金额 211. 42 万元。

（2）保荐代表人在尽职调查过程中，未能对发行人用以判断业务收入确认的内部业务资料、合同签署情况等予以全面核查，也未能对合同印章与实际客户不一致、实际控制人代垫费用、人工工时分配表内容存在与实际情况不符等异常情况予以充分关注，对发行人内部控制制度的健全性和实施的有效性未能进行全面、充分的核查。同时，保荐代表人在首轮问询关于内部控制制度建设、执行情况及有效性等多个问询回复中，发表的核查意见并未结合发行人报告期内上述相关内部控制缺陷及风险，作出的结论性意见依据不充分，导致相关信息披露不准确。保荐代表人的上述行为不符合《保荐人尽职调查工作准则》等相关规定。

根据上交所监管措施决定书，上交所于 2020 年 4 月对保荐代表人予以监管警示。

【案例 10－16】 发行人 B 主要从事蛋鸡饲料的研发、生产及销售，蛋鸡育种、扩繁及雏鸡销售，于 2020 年 9 月申报创业板。

根据发行人 B 第三轮审核问询回复，经现场督导发现，发行人存在发行人及其子公司财务人员混同、岗位分离失效等会计基础不规范、内部控制不健全的情形。

现场督导发现，发行人存在出纳编制会计凭证的情形，发行人母公司及子公司共 22 家主体全部会计凭证中制单人为出纳的比例为 74. 97%，审核人与记账人为同一人的会计凭证数占总会计凭证数比例为 98. 26%，发行人还存在会计人员从事出纳工作的情形，会计与出纳岗位存在混同。发行人会计凭证制单与审核岗位存在混同，存在会计凭证制单人与审核人为同一人的情形，发行人全部会计凭证中制单人与审核人为同一人的占比为13.79%，其中发行人母公司以及4个子公司的占比超过30%。发行人销售业务不相容岗位存在混同，在265个销售与收款细节测试样本中，存在170个样本销售订单的制单人、审批人与出库单的制单人、签字人（也即实际出库操作人）均为同一人，占比64.15%。发行人采购业务不相容岗位存在混同，在112个采购与付款细节测试样本中，存在111个样本采购订单制单人与审批人为同一人，占比99.11%；45个样本采购入库单制单人与审批人为同一人，占比40.18%。

针对现场督导发现的上述问题，在第三轮审核问询中，深交所要求发行人说明上述人员混同的原因及相关内部控制的有效性等，并要求保荐人、申报会计师的内核或质控部门就项目团队执行的程序、获取的证据、发表的核查结论进行复核，说明相关结论是否具备充分、客观的证据予以支持，结论是否清晰、准确，项目团队是否客观谨慎、勤勉尽责。

【案例10-17】 发行人C主要从事以电脑散热器为核心的电脑硬件产品的研发、生产及销售，于2020年9月申报创业板。

根据发行人C第二轮审核问询回复，经现场检查发现，关于发行人会计基础工作规范性，存在以下问题：

（1）发行人部分记账凭证缺乏附件。

（2）发行人财务电子账套数据未按经审计数进行审计调整和差错更正，内控制度未有效得到执行，相关中介机构未及时督导发行人进行审计调整。其中，涉及资产负债表科目19个，涉及利润表科目12个。会计师出具的审计报表数据和企业电子账套报表数据差异明细达467页。

（3）2020年，发行人对历史上因个人卡结算而导致的会计差错进行了更正，部分会计差错更正存在错误。

针对现场检查发现的上述问题，在第二轮审核问询中，深交所要求发行人说明会计基础工作规范性情况、审计调整及会计差错更正具体情况，要求保荐人、申报会计师说明对发行人各科目凭证抽查情况，在记账凭证缺乏附件的情况下，对相关账目真实性的核查方式及核查结论，说明发行人会计基础工作是否规范，内部控制制度是否有效且被有效执行，能否合理保证财务报告的可靠性。

2022年3月29日，经深交所创业板上市委审议，发行人C会计差错较多，涉及范围较广，报告期内发行人C内部控制制度未能得到有效执行。此外，发行人C还存在外销收入增长及原材料采购成本的合理性等信息披露不够充分、合理等问题，深交所对发行人C的发行上市申请予以终止审核。

（二）资产减值损失

根据《保荐人尽职调查工作准则》，保荐人应对发行人应收款项坏账准备、存货跌价准备、固定资产及在建工程减值、商誉减值等计提是否充分予以核查。

【案例 10－18】 发行人 D 主要从事为电动工具、消费电子等领域产品提供智能、安全、精密的关键功能零部件，于 2020 年 9 月申报科创板。

根据发行人 D 第三轮审核问询回复，经现场检查发现，发行人报告期各期末对甲公司销售的相关产品结存余额分别为 17.15 万元、150.56 万元、104.57 万元，由于给予甲公司产品让利，发行人没有按照客户对产品进行存货减值测试，导致报告期对相关产品少计提存货跌价准备分别为 5.06 万元、65.44 万元、33.72 万元。

发行人在问询回复中披露，2021 年 6 月 30 日，发行人对期末结存的甲公司定制化产品，按照该等存货的估计售价减去估计的销售费用和相关税费后的金额确定了其可变现净值，按成本与可变现净值孰低的原则，计提存货跌价准备 49.07 万元。

（三）长期资产

根据《保荐人尽职调查工作准则》，保荐人应通过询问、实地观察等方法，核查固定资产的使用状况、在建工程的施工进度，确认固定资产的使用状态是否良好，在建工程是否达到结转固定资产的条件，了解是否存在已长期停工或长期无进展的在建工程、长期未使用的固定资产等情况；对照无形资产的有关协议、资料，了解重要无形资产的取得方式、入账依据、初始金额、摊销年限及确定依据、账面价值及剩余摊销年限，分析无形资产减值测试的计提方法是否合理、提取数额是否充分。

【案例 10－19】 发行人 E 主要从事水环境治理综合服务，于 2019 年 4 月首次申报科创板。

现场督导发现，发行人 E 的保荐代表人未审慎核查 BOT 项目无形资产确认时点，具体情况如下：

（1）《招股说明书（申报稿）》及审核问询回复披露，报告期末，发行人因实施 BOT 项目形成无形资产的特许经营权高达 1.54 亿元，并披露其会计处理为：BOT 项目在达到预定可使用状态并且取得竣工决算报告时，将在建工程转入无形资产核算。

（2）经现场督导查明，发行人以项目公司自行编制的竣工决算报告为依据，将在建工程余额结转至无形资产，且竣工决算报告时间早于 BOT 项目工程环保验收时间、政府认可的正式运营时间。

保荐代表人未能审慎核查竣工决算报告出具时点相关无形资产是否达到预定可使用状态的实质性要求、发行人在环保验收等后续节点是否仍存在进一步投入的可能性等影响会计处理的关键因素，未能充分说明以取得项目公司自行编制的竣工决算报告时间确认相关无形资产的合理性。

根据上交所监管措施决定书，上交所于2020年4月对发行人E的保荐代表人予以监管警示。

第四节　信息披露问题

股票发行审核以信息披露为中心，保荐机构应当严格履行法定职责，遵守业务规则和行业规范，对发行人的申请文件和信息披露资料进行审慎核查，并确保发行人的申请文件和招股说明书等信息披露资料真实、准确、完整、及时。现场检查和现场督导过程中，信息披露问题是重点关注问题，本节主要分析现场检查和现场督导中常见的业务和技术、关联方和关联交易、财务信息披露等方面问题。

一、业务和技术相关信息披露

根据《保荐人尽职调查工作准则》，保荐机构应通过收集行业杂志、行业分析报告、主要竞争对手信息、行业专家意见、行业协会意见以及访谈发行人管理层等方法，注重行业信息和数据的及时性及发行人所处细分行业的针对性，了解发行人所属行业的市场环境、市场容量、市场细分、市场化程度、进入壁垒、供求状况、竞争状况、行业利润水平和未来变动情况，判断行业的发展前景及行业发展的有利和不利因素。

【案例10－20】发行人A主要从事包装专用设备的研发、生产和销售，于2020年5月申报科创板。

现场督导发现，发行人未在督导前披露融资租赁业务模式相关信息，未将融资租赁公司的付款披露为第三方回款，未将与融资租赁公司、终端客户签订的《三方购买合同》披露为重大合同，关注信息披露是否存在重大遗漏。发行人存在通过8家融资租赁公司销售设备的情况，2017年度、2018年度和2019年度发行人采用该模式销售收入及其占比逐年上升，且2018年度和2019年度该模式新增客户收入占比较高；发行人未在招股说明书和首轮问询回复中披露融资租赁业务模式信息，未将与融资租赁公司、终端客户签订的《三方购买合同》披露为重大合同。

针对现场督导发现的上述问题，在第三轮审核问询中，上交所重点关注发行人未在招股说明书和首轮问询回复中披露融资租赁业务模式相关信息的原因，以及信息披露是否存在重大遗漏。

2021 年 1 月，发行人 A 主动撤回科创板的发行上市申请，并于 2021 年 6 月向创业板递交 IPO 申请。创业板首轮审核问询函回复显示，发行人未在前次申报招股说明书中披露融资租赁业务模式信息，未将融资租赁公司的付款披露为第三方回款，未将与融资租赁公司、终端客户签订的《三方购买合同》披露为重大合同。而此次申报创业板，已对与平安租赁的合作模式进行整改并在招股说明书“第八节 财务会计信息与管理层分析”之“十三、公司财务状况分析”及“十六、融资租赁模式”对融资租赁涉及的第三方回款、融资租赁的具体业务流程、内部控制与风险管理措施、合同的主要约定、收入确认政策、实现销售情况以及与平安租赁的合作情况进行了披露。

2022 年 5 月，发行人 A 通过深交所创业板上市委审议，并于 2022 年 9 月注册生效。

【案例 10 - 21】发行人 B 主要从事变频调速一体机、专用变频器、特种电机、电气控制及供电产品等工业自动化领域电气传动与控制设备的研发、设计、生产、销售和维修服务，于 2020 年 5 月申报科创板。

保荐业务现场督导期间，保荐机构选取了煤炭开采设备制造行业的 12 家公司进行对比，相关公司 2018 年、2019 年主营业务收入增速（剔除发生重组的公司）平均值分别为 28.30% 和 12.17%，2017—2019 年毛利率平均值为 31.32%、33.71% 和 33.49%，均显著低于发行人。

现场督导发现，2017—2019 年，发行人研发人员年薪平均值分别为 15.03 万元、16.66 万元和 15.78 万元；油气钻采领域研发项目中研发团队中无油气钻采相关背景的专业人员或从业人员，核心技术关联度较高的生产设备合计 1 554.31 万元，设备购入前，发行人主要通过人工以及其他相对落后设备实现生产。

针对现场督导发现的上述问题，在第三轮审核问询中，上交所重点关注：（1）发行人研发投入产生的回报较高但研发人员工资水平一般的问题，要求说明公司研发投入高回报的原因及合理性；（2）重点关注油气钻采领域研发团队中无相关背景的专业人员，要求说明相关业务高增速及研发投入高回报的原因及合理性。

2020 年 12 月，发行人 B 已主动撤回其科创板发行上市申请，上交所决定终止其发行上市审核。

二、关联方和关联交易

关联方和关联交易遗漏是发行人的舞弊手段之一，投行人员要充分利用银行流水核查，通过公开信息查询等手段强化关联方及关联交易事项核查，保持高度警惕。根据《保荐人尽职调查工作准则》，保荐机构在对发行人独立情况开展尽调过程中，应关注是否存在关联交易非关联化的情况。对于缺乏明显商业理由的交易，实质与形式明显不符的交易，交易价格、条件、形式等明显异常或显失公允的交易，与报告期内的非关联化的关联方持续发生的交易，与非正常业务关系单位或个人发生的偶发性或重大交易等，应当予以重点关注，分析是否为虚构的交易、是否实质上是关联交易，调查交易背后是否还有其他安排。报告期内由关联方变为非关联方的，应比照关联交易的要求持续关注与原关联方的后续交易情况，以及相关资产、人员的去向，关注已转让资产或业务的受让方的基本情况、股权转让是否真实、转让价格是否公允、受让方与发行人及其主要客户和供应商是否存在特殊关系等，核查非关联化的真实性。

【案例 10－22】发行人 A 主要从事特殊钢材料的研发、生产和销售，于 2019 年 4 月申报科创板。

甲公司等资质供应商为发行人主要供应商。现场督导发现，与发行人的废钢交易中，资质供应商的主要作用是解决发行人税务合规性，降低采购成本，并不承担信用、废钢质量或价格波动等风险，因此很可能仅为名义供应商。发行人废钢的实际供应商很可能是资质供应商的供应商（自然人）。如将供应商穿透披露为自然人，发行人供应商信息披露情况将发生重大变化。

发行人说明：税务方面，本地区针对向自然人采购废钢开具收购发票有开票总规模的控制。与甲公司进行合作，可以取得合规的增值税专用发票。成本方面，公司在 2016 年初开始寻求有补助政策地区的资质公司进行合作，甲公司作为安徽最大的再生资源公司且有补助政策，经协商达成合作意向。各资质供应商属于实质供应商，不属于名义供应商；与资质供应商签订的合同真实并有效执行，各资质供应商实质性承担供应商的义务和责任。上述相关信息进行了补充披露。

2019 年 11 月，发行人 A 通过上交所科创板上市委审议，并于 2020 年 1 月注册生效。

【案例 10－23】发行人 B 主要从事汽车空调管路和燃油分配管等汽车零部件产品的研发、生产与销售，于 2020 年 6 月申报上交所主板。

现场检查发现，发行人在首次公开发行股票并上市过程中，存在未披露发行人的关联自然人委托他人持有供应商大比例股权情形、未披露发行人与委托持股的供应商发生大额采购及房屋租赁等关联交易情形等问题。上述行为违反了《首次公开发行股票并上市管理办法》第四条、第二十三条、第二十五条的规定，构成《首次公开发行股票并上市管理办法》第五十五条规定所述行为。

证监会对发行人 B 采取出具警示函的行政监管措施。

【案例 10－24】发行人 C 主要从事压缩机主机的自主研发设计、生产，空气压缩机整机以及配套设备的研发、生产与销售，于 2016 年 12 月申报主板。

现场检查发现，2017 年 1—6 月，实际控制人向发行人支取备用金 293.13 万元，发行人未作为关联交易进行披露。

证监会对发行人 C 采取出具警示函的行政监管措施。

2020 年 7 月，发行人 C 申报创业板。首轮问询中，监管关注前次 IPO 申报的简要过程，撤回申请的原因；警示函所涉及的信息披露问题在本次申报中的整改和修正情况，发行人资金内控制度的有效性；警示函涉及事项是否整改完成，是否对本次发行上市构成法律障碍。

2020 年 12 月，发行人 C 通过深交所创业板上市委审议，并于 2021 年 5 月注册生效。

三、财务信息披露

财务信息相关涉及内容多，也是容易出现信息披露错误的地方，投行人员执行业务过程中，特别是在尽职调查和制作相关材料过程中需要保持高度的谨慎。

【案例 10－25】发行人 A 主要从事变频调速一体机、专用变频器、特种电机、电气控制及供电产品等工业自动化领域电气传动与控制设备的研发、设计、生产、销售和维修服务，于 2020 年 5 月申报科创板。

保荐业务现场督导期间，保荐机构说明，发行人收入确认依据主要为设备送货单、客户验收单、对账记录。督导发现，2017—2019 年发行人以设备送货单确认收入的比例分别为 38.36%、50.06%、60.5%，设备送货单仅有验收人签名，无客户盖章；客户验收内容主要为产品数量、型号、外观、合格证等。根据保荐机构对报告期各期前十大客户（共计 22 个客户）合同条款的梳理，仅 3 个客户未在合同中约定发行人负有安装调试或指导安装调试义务。根据大部分合同约定，质保期起算时间与产品验收相关。督导发现，发行人收入确认与设备安装调试时点差异较大，但保荐机构未提供所销设备的调试时间等资料。保荐机构说明，发行人无法获知产品准确的安装调试时间。同时，督导发现，终端客户在采购更新改造设备之外，会采购部分备机，但保荐机构未提供发行人备机销售资料。

针对现场督导发现的上述问题，在第三轮审核问询中，上交所要求发行人说明：(1) 在申报材料及首轮问询回复中未明确披露以设备送货单作为收入确认依据，仅披露“收入确认时点为取得验收单，或双方就产品验收入库对账无误”是否存在误导及信息披露不实；(2) 报告期内以设备送货单确认收入的比例不断增长的原因，是否存在原本以验收单、对账记录确认收入，后期改为以设备送货单确认收入的情况，明确披露报告期内以各类依据确认收入的具体收入确认政策，是否发生过改变；（3）报告期各期下游客户采购备机的具体情况，与销量的匹配性，备机销售会计核算的准确性；（4）设备送货单签字人是否能代表客户进行风险报酬或控制权转移的确认，结合销售合同具体条款说明各类产品风险报酬转移的时点是否准确；（5）大部分合同存在安装调试条款，报告期内收入确认与设备安装调试时点差异较大，且质保期起算时间与产品验收相关，请说明公司是否存在获得设备送货单后的合同履约义务，以设备送货单确认收入是否存在提前确认收入的情形，收入确认的时点是否准确；（6）量化分析若已调试完毕或最终验收确认收入对报告期内收入的影响，公司的收入确认政策是否合理。

2020 年 12 月，发行人 A 已主动撤回其科创板发行上市申请，上交所决定终止其发行上市审核。

【案例 10－26】 发行人 B 主要从事农业工程及水利等其他涉农工程的全过程工程咨询服务，具体包括工程勘察、工程设计、规划咨询、测绘、监理等，于 2020 年 6 月首次申报创业板。

现场督导发现，发行人收入确认相关信息披露存在不准确情形，包括：（1）发行人首次申报时披露勘察设计业务合同属于单项履约义务；问询回复时修改披露为多个履约义务。督导组进场后，发行人再次修改披露认为勘察设计合同中的三个阶段不满足单项履约义务的确认条件，各阶段应整体作为单项履约义务。（2）发行人首次申报时披露，在新收入准则下，勘察设计业务采用时段法确认收入；问询回复时修改披露为时点法确认收入。督导组进场后，发行人再次修改披露，认为勘察设计业务属于在某一时段内的履约义务，采用时段法确认收入。

现场督导结束后，深交所向发行人 B 发出二轮审核问询意见。但鉴于发行人 B 完成三季报及首轮问询函回复的更新后，累计回复时长已达 74 天，项目剩余问询回复时间较少。考虑到二次问询回复时间较为紧张，且公司计划针对深交所督导组的关注问题进行整改。经与监管机构沟通后，决定撤回发行申请后再行申报。2021 年 3 月 16 日，发行人 B 向深交所递交了撤回首次申报的申请。2021 年 3 月 18 日，深交所终止了对发行人 B 首次公开发行并在创业板上市的审核。

2021 年 6 月，发行人 B 再次申报创业板，在二次申报的首轮问询中，深交所对前次现场督导发现的问题予以了重点关注。2022 年 8 月，发行人 B 再次撤回发行上市申请。

【案例 10－27】 发行人 C 主要从事机械设备全寿命周期管理的专业化服务，为煤炭生产企业提供备品配件供应管理、维修与再制造、全寿命周期专业化总包服务、二手设备租售等综合后市场服务，并为机械设备生产商提供流体连接件产品。发行人 C

于 2020 年 6 月申报创业板。

现场督导发现，发行人与原材料采购相关的信息披露不准确。发行人披露的原材料采购总额与督导期间提供的原材料采购总额存在较大差异，差异金额分别为 2 974.80 万元、9 842.73 万元、5 941.06 万元和 2 002.31 万元，差异率分别为 11.85%、23.36%、16.07% 和 14.00%。

在第三轮审核问询中，深交所重点关注了发行人出现前述较大差异的原因及合理性、发行人会计核算基础是否规范，相关内部控制是否健全、有效，并要求保荐人和申报会计师发表明确意见。

经核查，保荐人和申报会计师认为：

（1）发行人披露的原材料采购总额与督导期间提供的原材料采购总额存在较大差异的主要原因为统计口径差别，次要原因为统计错误。

（2）上述披露数据差异对发行人已披露的原材料采购总额及“其他”项采购额产生影响，对主要原材料项目采购额无影响。

（3）发行人会计基础工作规范，财务报表的编制和披露符合企业会计准则和相关信息披露规则的规定，在所有重大方面公允地反映了公司的财务状况、经营成果和现金流量；发行人内部控制制度健全且被有效执行，能够合理保证公司运行效率、合法合规和财务报告的可靠性，并由注册会计师出具无保留意见的审计报告和内部控制鉴证报告，符合《创业板首次公开发行股票注册管理办法（试行）》第二章“发行条件”第十一条的规定。

2021 年 1 月，深交所决定对发行人 C 予以终止审核。

【案例 10-28】发行人 D 主要从事以变频用变压器为核心的各式特种变压器、电抗器的研发、生产与销售及配套产品的销售，于 2020 年 6 月申报创业板。

现场督导发现，保荐机构关于在建工程的核查存在以下问题：

（1）关于在建工程合同外洽商工程的信息披露。申报材料披露，在建工程合同外 80 项洽商工程增加结算金额 1 770.05 万元，并将具体构成明细以表格形式进行了披露。

现场督导发现，80 项洽商工程增加结算金额实际应为 1 102.09 万元，与其披露的增加结算金额 1 770.05 万元存在 37.74% 的差异。申报材料披露的增加结算金额 1 770.05 万元实际还包括土建及安装部分增加 653.35 万元、临时电缆及验收整改项目增加金额 14.61 万元。此外，洽商工程增加的结算金额构成明细披露不准确。

（2）关于保荐人对在建工程的核查程序。现场督导发现，保荐人取得的在建工程借方发生额明细账不完整。

针对现场督导发现的上述问题，在第三轮审核问询中，深交所重点关注了发行人在建工程合同外洽商工程的信息披露不准确的原因，增加的在建工程对应的项目内容、开工与竣工时间、投资规模、累计投入资金、转入固定资产的内容、时间、金额，相关会计核算是否准确；是否存在其他无关成本费用混入在建工程情形，并要求保荐人、申报会计师说明在建工程前期核查时针对上述事项是否予以了关注并审慎核查。

在第三轮审核问询回复中，发行人披露，其在建工程合同外洽商工程信息披露不准确，且经核实，信息披露不准确的原因为统计计算错误，另 80 项洽商工程为部分洽商增加工程描述，并披露了重新核实后的在建工程合同外洽商工程增加结算的具体内容。

2021 年 9 月，发行人 D 通过深交所创业板上市委审议，并于 2022 年 2 月注册生效。

四、其他信息披露问题

投行从业人员应避免出现信息披露前后不一致、当披露不披露、披露出现错误等问题。

【案例 10－29】发行人 A 主要从事数码喷印功能性材料的研发、生产和销售，于 2020 年 9 月申报创业板。

申请文件及问询回复显示，报告期内，公司个人卡收付款仅在 2018 年存在个人卡收款 83.46 万元，主要为通过出纳个人卡支付员工的报销款和离职人员工资；个人卡付款 48.01 万元，系子公司甲的员工个人卡代收货款。

现场督导发现，子公司甲的法定代表人姚某存在大额资金存取情形，与招股说明书个人卡收付款相关信息披露不一致，招股说明书个人卡收付款相关信息披露存在遗漏。

在第四轮审核问询中，深交所要求发行人说明姚某存在大额资金存取的具体内容。发行人在审核问询回复中表明：

（1）经核查，姚某个人银行账户存在与子公司客户回款、子公司客户实际控制人相关的大额资金往来，发行人将上述资金往来分为两部分：一是个人卡收款相关资金往来；二是与客户实际控制人货款押金相关往来。

（2）个人卡收款相关资金往来：报告期内，个人卡收款主要发生在 2017 年、2018 年。上述个人卡回款原因为：子公司甲个别客户因自身原因向姚某支付现金货款，为便于操作，其本人未逐一进行存现，通过其个人银行账户资金将客户回款对应的款项转账支付至子公司甲银行账户。公司在首次申报时已将上述 2017 年度、2018 年度存在的个人卡收款情况在招股说明书披露，个人卡收付情况与招股说明书个人卡收付款相关信息披露不存在不一致的情形，招股说明书个人卡收付款相关信息披露不存在遗漏。

（3）与客户实际控制人货款押金相关往来：报告期内，姚某上述收支为退还或收取部分客户实际控制人个人支付的货款押金，收取货款押金的行为主要系姚某出于保障货款回款安全性、应对客户不回款情况下公司追责而进行的安排。在实际操作时，姚某收到押金后才会向客户发货，收到客户回款后或客户计划支付货款时，才会退回押金，上述押金只会退回，不会进入发行人或子公司账户，不属于个人卡收款，且该行为属于姚某的个人行为，并非公司特意安排。截至问询回复出具之日，姚某已经退还了全部货款押金。报告期内，涉及客户实际控制人支付的货物押金金额较小，不属于个人卡收款，相关资金不涉及发行人资金体外循环或用于代垫发行人成本费用，且未因货款、押金发生任何纠纷。

综上所述，发行人认为，甲公司法定代表人姚某存在大额资金存取不属于个人卡，故无须在招股书和保荐工作报告中披露，发行人信息披露不存在遗漏。

2021 年 12 月，在提交第四轮审核问询回复一周后，发行人 A 公司主动撤回了发行上市申请文件，深交所对其发行上市审核予以终止。

【案例 10－30】发行人 B 主要从事新型显示、大规模集成电路、电子元器件领域用功能膜材料的研发、生产和销售，于 2019 年 12 月申报创业板。

现场督导发现，甲公司向发行人销售的价格，明显低于销售给其他客户的价格，且甲公司销售给其他客户的价格，明显高于发行人反馈回复中披露的甲公司销售给其他客户的价格。如甲公司向其他客户销售 PM10－50 单价为 15.00 元/KG，向发行人销售单价为 11.49 元/KG，披露的甲公司向发行人之外的其他客户销售单价为 11.12 元/KG，差异较大。同时，发行人披露，2018 年甲公司未销售 GM13A75 产品给发行人以外的客户，但现场督导发现保荐人工作底稿中收集了甲公司向其他客户销售 GM13A75 产品的订单。发行人披露的信息与原始销售订单明显不符。

在第四轮审核问询中，深交所要求发行人就上述披露事项与底稿内容不一致的情况说明原因。

发行人在第四轮审核问询回复中表明：

（1）甲公司系上市公司子公司，其根据其自身实际经营情况，向公司出具了相关书面说明，相关交易履行了关联交易的决策程序，且原材料价格差异具有其合理原因，总体差异率不大。根据甲公司提供的书面说明，甲公司型号为 PM10－50 产品 2017 年度销售给其他客户的平均销售价格为 11.12 元/KG（含税）。公司 2017 年度从甲公司采购的该型号产品平均采购价格为 11.31 元/KG（含税）。

（2）甲公司销售给个别客户的销售价格较高，经访谈，由于该类客户从甲公司采购量较小，价格相对较高，且并非全部为长年客户，对其销售价格不具备可比性。

（3）公司2018年度开始向甲公司采购GM13A－75产品，金额为179.45万元，由于金额较小，前期反馈意见回复中未对该型号的原材料进行比价分析。此外，公司并未直接披露“2018年甲公司未销售GM13A－75产品给发行人以外的客户”的内容。

综上所述，发行人认为上述披露事项与底稿内容不一致具有合理原因。

2020年12月，发行人B主动撤回其发行上市申请，创业板对其发行上市审核予以终止。

【案例10－31】发行人C主要从事氢燃料电池发动机系统研发及产业化，于2019年6月申报科创板。

审核问询回复中，发行人披露“发行人建立了研发项目工时核算制度”，现场督导发现，发行人未有工时核算制度，对于研发项目工时核算制度的具体载体，保荐机构未回答，仅说明了工时核算流程。

审核问询回复中，发行人披露“发行人每日对每个研发人员花费在不同项目上的工时按照小时进行记录”。现场督导发现，发行人工时统计底层资料为月度汇总工时统计表，自下而上的工时上报制度在2016年至2019年3月末尚未形成体系，目前仍以口头沟通及反馈为主。

发行人及保荐机构反馈意见显示：报告期内，发行人已经实际建立并有效执行了上述工时登记及成本分摊核算体系，员工逐日的考勤明细表及逐月的工时登记表齐备，每月的研发员工薪酬及费用分摊表计算逻辑合理、数据准确，与各研发项目账面分摊的员工成本不存在重大差异。

针对现场督导发现的上述问题，上交所要求发行人说明在问询回复中“发行人建立了研发项目工时核算制度”“发行人每日对每个研发人员花费在不同项目上的工时按照小时进行记录”是否符合发行人的实际情况，所披露的信息是否真实、准确、完整，是否符合注册办法的相关规定。

为避免误解，发行人已在问询回复中进一步完善相关表述为“发行人建立了研发项目工时核算体系，逐月对每个研发人员花费在不同项目上的工时按照小时进行记录”，发行人对于研发人员工时登记及核算制度的描述，与实际执行情况不存在重大差异，具备应有的真实、准确及完整性。

2020年4月，发行人C通过科创板上市委审议，并已于2020年7月注册生效。

【案例10－32】发行人D主要从事机械设备全寿命周期管理的专业化服务，为煤炭生产企业提供备品配件供应管理、维修与再制造、全寿命周期专业化总包服务、二手设备租售等综合后市场服务，并为机械设备生产商提供流体连接件产品。发行人D于2020年6月申报创业板。

发行人在成立之初承接了甲公司售后服务处的职能，甲公司将其售后服务团队全部转到发行人处，甲公司对发行人的业务演变与发展起到了重要作用。截至目前，发行人的生产经营均为租赁场地，其中向甲公司的关联租赁占总租赁面积的比例为47.61%。在前期审核过程中，两轮审核问询均对发行人的独立性进行了关注，审核问询回复及保荐人出具的核查结论显示，发行人与甲公司之间不存在其他未披露的合作约定或利益安排。

保荐业务现场督导发现：

（1）甲公司存在向发行人派驻财务人员的情形。甲公司 2013 年至今向发行人派驻财务人员李某，李某在发行人财务系统中拥有账号和权限，对发行人的会计凭证进行复核，而凭证复核系发行人会计核算的必要环节。在历次问询回复中均未披露甲公司向发行人派驻财务人员。

（2）发行人对持续通过甲公司子公司获取维修业务披露不准确。发行人招股说明书及问询回复披露，甲公司的子公司乙公司 2015 年与丙公司签订了维修服务框架协议。乙公司 2017 年停止经营后，为了维护客户关系，将其与丙公司框架协议下的业务订单转交给发行人继续实施。经查，乙公司 2015 年至 2019 年每年均与丙公司签订框架协议，并根据框架协议签订当年具体维修合同。其中 2017 年至 2019 年将已取得或新取得的上述合同转交给发行人实施，各期金额分别为 490.68 万元、1 194.98 万元和 1 415.24 万元，占发行人当期营业收入的比例分别为 1.09%、1.90% 和 2.29%。发行人报告期内从乙公司承接的丙公司业务并非 2015 年框架协议下的存量项目，而是 2017 年至 2019 年各年框架协议下的新增项目。发行人在招股说明书及问询回复中对上述情况的披露不准确。

经创业板上市委审议，发行人与甲公司之间存在关联销售和关联采购，部分业务存在依赖甲公司的情形，发行人未充分说明排除甲公司影响后，发行人是否仍具有面向市场独立获取订单的能力；发行人为甲公司客户提供免费质保期服务，未充分说明该项业务的商业合理性及对独立性的影响；甲公司向发行人派驻财务人员，发行人未合理解释该事项对财务独立性的影响。

2021 年 1 月，深交所决定对发行人 D 予以终止审核。

第五节　其他问题

除执质量问题、财务真实性问题、信息披露问题等问题以外，现场检查和现场督导中常见问题还包括股权清晰、业务合规、内部控制等问题。

一、股权清晰

投行从业人员在股权尽调过程中，需要结合资金流水核查进行专业判断，对于核查结果存在异样的，要进一步调查是否存在股权代持、潜在纠纷等情况。

【案例 10-33】 发行人 A 主要从事网络通信设备相关产品的研发、设计、生产与销售，于 2020 年 11 月申报创业板。

现场督导发现发行人员工收到分红款或股权转让款后存在大额取现情况，监管关注员工是否为代实际控制人持有股权，受实际控制人支配的股东所持发行人的股份权属是否清晰。

申请文件、问询回复及现场督导发现：

（1）2016 年 7—8 月，发行人员工 6 人拟通过员工持股平台入股发行人，为筹集资金，6 人向银行借款共计 1 200 万元，合同约定结息日为每月 20 日，月利率为 6.2145‰，扣除保证金后获得的贷款总额为 1 080 万元。实际控制人及一致行动人控制的他人银行账户在 2017 年 1 月至 2018 年 2 月，存在每个月 20 日前后向 6 人或其配偶转账约 1.2 万元的情况，保荐人补充核查后认为，前述转账系蒋某代郭某向 6 人就产生的银行借款利息提供的借款。

（2）2019 年 8 月，上述借款到期后，实际控制人郭某给予 6 人合计借款 1 045 万元，用于偿还上述银行借款本金。2019 年 11 月，蒋某以 1 元/份额购买其他 5 人部分股权。

（3）现场督导发现，6 人收到分红款或股权转让款后存在大额取现的异常情形。

监管关注 6 人通过持股平台持股发行人股份是否实际为代发行人实际控制人郭某持有，受实际控制人支配的股东所持发行人的股份权属是否清晰。

2022 年 2 月，深交所决定对发行人 A 予以终止审核。

【案例 10-34】 发行人 B 主要从事户外休闲娱乐兼具短途交通代步功能的汽动车、电动车及其配件、用品研发、生产和销售，于 2020 年 6 月申报创业板。

现场督导发现，发行人实际控制人及其妹妹对发行人的出资均直接来源于其父母控制的甲公司，监管关注发行人股权稳定性是否符合发行上市条件。

现场督导发现，发行人实际控制人曹某涛及其妹妹曹某淑对发行人的出资均直接来源于甲公司。监管关注曹某涛持有发行人股权是否存在被强制执行的风险，发行人股权稳定性是否符合发行上市条件，发行人是否已根据《创业板首次公开发行股票注册管理办法（试行）》的相关规定，充分揭示可能对公司核心竞争力、经营稳定性以及未来发展产生重大不利影响的风险因素。

深交所创业板上市委员会 2021 年第六十三次审议会议暂缓了发行人 B 的上市审议，上市委会议要求发行人 B 就其实控人资金来源、实控人认定准确性和合理性等问题进行进一步说明：

（1）说明将甲公司与曹某涛及曹某淑的部分资金往来认定为曹某涛的爷爷对其二人赠予的依据是否充分。

（2）结合甲公司及其实际控制人负债、对外担保及具体解决情况，说明甲公司直接或间接将资金转给曹某涛、曹某淑兄妹，同时将部分资产及业务转给发行人，是否具有逃避债务或担保责任的意图，发行人是否因甲公司及其实际控制人相关债务及担保纠纷受到影响。

（3）说明仅将曹某涛认定为发行人实际控制人的准确性和合理性。

根据更新后的招股说明书，上述问题的回复如下：

（1）鉴于上述曹某涛的爷爷等人资金与甲公司存在混同情形，且甲公司相关人员均确认曹某涛的爷爷所支付给曹某涛的前述资金系曹某涛的爷爷基于其作为家族族长支持长孙创业意志而对曹某涛的赠与，是家族资产的一种分配。

（2）根据甲公司截至 2020 年 12 月 31 日债权人回复的询证函及相关会议纪要，甲公司截至 2020 年 12 月 31 日的债权人中，无异议的债权人对甲公司享有债权金额占全体债权人对甲公司享有债权总金额的比例为 82.4918%。

甲公司经营状况良好，并无资不抵债的情况，甲公司对其债务有足额的清偿能力甲公司。

（3）曹某涛的出资来源合法，系其真实出资，并非代第三方持有发行人股份，其所持发行人股份权属清晰；通过对公司章程、协议或其他安排以及发行人股东大会（股东出席会议情况、表决过程、审议结果、董事提名和任命等）、董事会（重大决策的提议和表决过程等）、监事会及发行人经营管理的实际运作情况进行核查，本着实事求是的原则，在尊重企业实际情况的基础上，并经发行人全体股东确认，发行人认定曹某涛为公司实际控制人符合发行人实际情况，具有合理性，发行人实际控制人的认定真实、准确、完整。

2022 年 6 月，发行人 B 通过深交所创业板上市委审议，并于 2022 年 11 月注册生效。

二、业务合规

投行人员在尽调过程中，需要注意发行人的生产经营是否符合法律、行政法规和公司章程的规定，充分关注发行人是否取得生产经营所需的全部资质、证照，并查看是否均在有效期内。

【案例 10 – 35】发行人 A 主要从事为互联网用户提供互联网数字阅读服务以及围绕其展开的版权运营和增值服务，于 2019 年 5 月申报创业板。

现场督导发现甲公司（注：甲公司为发行人 A 报告期最后两年第一大客户，发行人 A 为甲公司提供数字内容、运营支撑及产品技术支撑）通过“阳光书城”自主开展数字阅读服务业务，按照《网络出版服务管理规定》的相关规定，甲公司应取得“网络出版服务许可证”，但其并未取得。另外，发行人在实际运营过程中对于传统纸质书籍在上架前未予审核，部分已经审核的上架书籍在系统仍然显示未经审核，审核系统有效性不完善。发行人含有“免费”字样的产品均设有免费专区或限时免费专区，向用户提供免费阅读服务，但在免费专区除提供免费阅读服务外，还设有小编推荐栏目推荐付费作品。此外，“西瓜免费小说”调整运营策略，增加付费阅读服务时未及时删除“全站免费”的宣传语，存在服务的价格与实际情况不符的情形。

2021 年 12 月，发行人 A 主动撤回其发行上市申请，创业板对其发行上市审核予以终止。

【案例 10 – 36】发行人 B 主要从事掩膜版的研发、生产和销售，于 2021 年 6 月申报科创板。

现场检查发现发行人控股子公司存在采购处于竞业限制期人员技术服务的情况；通过论证该等服务采购虽违反竞业限制义务但需承担损害赔偿的潜在风险较小，且违反禁止转职协议所引发的赔偿责任承担主体非发行人进行了回复。

根据申报材料和现场检查：2018 年发行人 B 的控股子公司采购 3 位韩国人员的技术服务，由其为 B 的控股子公司提供高世代线建设过程中的人员培训、设备安装调试等服务；3 位韩国人员与 B 的控股子公司签订聘用合同，实际为发行人 B 提供服务，上述人员曾任职于韩国知名掩膜版企业，与原单位签署了竞业限制条款，在禁止转职期内（自离职后 1 年）不能在同行业公司工作。

发行人及保荐机构回复称：根据韩国律师出具的《法律意见书》，发行人 3 位韩国员工在离职 1 年内通过 B 的控股子公司实质为发行人 B 提供服务的行为存在违反竞业限制义务而需承担损害赔偿的潜在风险，但该风险较小，且发行人 B 不是禁止转职协议的协议主体，因此不会承担 3 名韩国员工违反禁止转职协议所引发的赔偿责任。3 名韩国员工侵害原公司商业秘密的可能性不大，违反保密条款以及韩国反不正当竞争法的风险也较小。

2022 年 4 月，发行人 B 通过上交所科创板上市委审议，并于 2022 年 7 月注册生效。

【案例 10 - 37】 发行人 C 主要从事变频调速一体机、专用变频器、特种电机、电气控制及供电产品等工业自动化领域电气传动与控制设备的研发、设计、生产、销售和维修服务，于 2020 年 5 月申报科创板。

现场督导认为保荐机构未提供充分证据以核查发行人是否通过高额代理费从事商业贿赂、代理模式实现销售收入的真实性以及代理商是否存在代为承担成本费用的情形。

2020 年 12 月，发行人 C 已主动撤回其科创板发行上市申请，上交所决定终止其发行上市审核。

三、内部控制

投行人员从事业务过程中，需要留意发行人的内控是否有效，例如，检查公章管理制度及执行情况，对比相关公章是否一致。

相关现场检查及督导案例如下：

【案例 10 - 38】 发行人 A 主要从事网络通信设备相关产品的研发、设计、生产与销售，于 2020 年 11 月申报创业板。现场督导发现，发行人拥有两种样式的公章且在实际使用中存在两种公章混用的情况，关注公章使用的内部控制是否健全有效。

现场督导发现，发行人拥有两种样式的公章，包括铜钢材质的公章一枚（印章一）和光敏公章一式二枚（印章二）；发行人将印章一用于日常业务运营，印章二用于 IPO 申报事项。发行人在实际使用中存在两种公章混用的情况。关注发行人专为 IPO 申报事项刻制公章的原因，两款公章效力是否一致，结合公章混用的情况说明公章使用的内部控制是否健全有效。

2022 年 2 月，深交所决定对发行人 A 予以终止审核。

【案例 10 - 39】 发行人 B 主要从事社会安全系统解决方案设计实施、软硬件设计开发、产品销售及运维服务业务，于 2020 年 5 月申报科创板。

现场督导发现，甲公司（注：发行人主要客户）的函证回复公章与销售合同、验收报告不一致，其中函证上的公章无编码。发行人通过确认询证函回函印章系其公司设立时根据公安部门要求依法刻制的公章，并确认询证函上的印章由甲公司加盖并认可其效力进行回复。

发行人及保荐机构回复意见显示：经核查，保荐机构及发行人律师认为，甲公司向发行人寄回的询证函回函印章系由甲公司加盖，甲公司认可该印章的效力并确认该印章系其甲公司设立时根据公安部门要求依法刻制的公章；甲公司向发行人寄回询证函的意思表示有效，询证函回函确认了甲公司对双方之间债权债务的金额与发行人认定一致，双方对因交易行为所形成的债权债务金额不存在异议，甲公司相关询证函回函用章与销售合同、验收报告不一致不影响询证函回函的有效性；为进一步确认询证函的有效性，容诚会计师对甲公司进行了再次发函，甲公司对询证函进行再次回函确认，新的询证函回函加盖了甲公司经备案的公章，且新的询证函回函与前次询证函回函的内容一致。

2020 年 9 月，发行人 B 通过上交所科创板上市委审议，并于 2021 年 1 月注册生效。

第十一章　发行审核与注册重点关注事项

第一节　板块定位

全面注册制改革后，主板、科创板、创业板及北交所等各市场板块定位明晰、突出特色、错位发展，进一步夯实多层次资本市场体系，提升支持科技创新、服务实体经济的能力。在企业申请股票发行上市过程中，板块定位是发行审核和注册的重点关注事项。本节主要梳理板块定位相关的审核关注要点，为发行人以及中介机构更准确把握各板块定位提供参考。

一、主板定位及审核关注要点

根据2023年2月17日全面实行股票发行注册制相关文件，沪深主板突出大盘蓝筹特色，重点支持业务模式成熟、经营业绩稳定、规模较大、具有行业代表性的优质企业。

发行人生产经营符合法律、行政法规的规定，符合国家产业政策。

全面注册制实施之后，主板的审核要点可参考证监会发布的监管规则适用指引。

二、科创板定位及审核关注要点

（一）科创板定位的具体要求

发行人申请首次公开发行股票并在科创板上市，应当符合科创板定位，面向世界科技前沿、面向经济主战场、面向国家重大需求。优先支持符合国家战略，拥有关键核心技术，科技创新能力突出，主要依靠核心技术开展生产经营，具有稳定的商业模式，市场认可度高，社会形象良好，具有较强成长性的企业。

申报科创板发行上市的发行人，应当属于下列行业领域的高新技术产业和战略性新兴产业：

1. 新一代信息技术领域，主要包括半导体和集成电路、电子信息、下一代信息网络、人工智能、大数据、云计算、软件、互联网、物联网和智能硬件等；

2. 高端装备领域，主要包括智能制造、航空航天、先进轨道交通、海洋工程装备及相关服务等；

3. 新材料领域，主要包括先进钢铁材料、先进有色金属材料、先进石化化工新材料、先进无机非金属材料、高性能复合材料、前沿新材料及相关服务等；

4. 新能源领域，主要包括先进核电、大型风电、高效光电光热、高效储能及相关服务等；

5. 节能环保领域，主要包括高效节能产品及设备、先进环保技术装备、先进环保产品、资源循环利用、新能源汽车整车、新能源汽车关键零部件、动力电池及相关服务等；

6. 生物医药领域，主要包括生物制品、高端化学药、高端医疗设备与器械及相关服务等；

7. 符合科创板定位的其他领域。

同时，科创板实行行业负面清单制度，限制金融科技、模式创新企业在科创板发行上市。禁止房地产和主要从事金融、投资类业务的企业在科创板发行上市。

科创板定位中具体科创属性的认定标准及注意事项，可参见本书第三章第二节相关内容。

（二）审核关注要点

根据《上海证券交易所科创板企业发行上市申报及推荐暂行规定》（本章简称《科创板申报暂行规定》），交易所在发行上市审核中，按照实质重于形式的原则，着重从以下方面关注发行人的自我评估是否客观，保荐机构的核查把关是否充分并作出综合判断：

1. 发行人是否符合科创板支持方向；

2. 发行人的行业领域是否属于《科创属性评价指引（试行）》和《科创板申报暂行规定》所列行业领域；

3. 发行人的科创属性是否符合《科创属性评价指引（试行）》和《科创板申报暂行规定》所列相关指标或情形要求；

4. 发行人是否具有突出的科技创新能力；

5. 交易所规定的其他要求。

保荐机构应当围绕科创板定位，对发行人自我评估涉及的相关事项进行尽职调查，重点对发行人科创属性认定的依据是否真实、客观、合理，以及申请文件中的相关信息披露进行核查把关，并按照《科创板申报暂行规定》所附示范格式的要求，出具《关于发行人符合科创板定位要求的专项意见》，说明具体的核查内容、核查过程等，同时在上市保荐书中说明核查结论及依据。

（三）典型案例

【案例 11-1】

案例背景：发行人 A 公司于 2020 年 5 月申请上交所科创板上市。招股说明书披露，A 公司自 2002 年成立以来，持续专注、聚焦于新型、安全、高效的矿物微量元素研发、生产、推广与销售，不断推动行业的技术升级和产品变革，为全球客户提供高品质的矿物微量元素平衡营养方案，促进畜禽养殖业的绿色发展，推动中国高端矿物微量元素在全球的广泛应用。根据《上市公司行业分类指引（2012 年修订）》行业目录及行业分类原则，A 公司所处行业属于“C 制造业”之“C14 食品制造业”。根据国家市场监督管理总局、国家标准化管理委员会发布的《国民经济行业分类》（GB/T 4754-2017），A 公司所处行业属于食品及饲料添加剂制造（C1495）。A 公司在申报文件中认定其属于科创板“生物医药”行业，并多次修改行业归属及科创属性指标。

审核问题：首轮及二轮问询关于“发行人技术”中均关注 A 公司“科创指标”。上市委会议提出问询的主要问题中有关科创板定位的问题，请 A 公司进一步说明：（1）A 公司认为其属于科创板“生物医药”行业的具体理由及依据；（2）请 A 公司代表结合 A 公司在审核期间，修改关于自身行业属性、专利数量等表述的情况，说明 A 公司是否已按照注册制的要求，对自身科创板定位进行合理的评价，相关信息披露是否充分、准确。请保荐代表人发表明确意见。

审核结果：科创板上市委员会审议认为，A 公司的行业归属和多项科创属性指标，包括研发投入和发明专利数量等信息披露前后不一致，相关信息披露未能达到注册制的要求，不符合《科创板首次公开发行股票注册管理办法（试行）》第五条、第十一条、第三十四条和第三十九条的规定；不符合《上海证券交易所科创板股票发行上市审核规则》第五条、第二十八条的规定。上交所向 A 公司出具了终止审核的决定。

【案例 11-2】

案例背景：B 公司于 2020 年 6 月申请上交所科创板上市。招股说明书披露，B 公司是一家面向建筑、市政、交通、国土、文旅等行业专业提供远程智能监管整体解决方案的物联网高新技术企业。根据《上市公司行业分类指引（2012 年修订)》，B 公司所属行业为“软件和信息技术服务业（I65)”。根据国家统计局发布的《国民经济行业分类（GB/T 4754－2017)》，B 公司所属行业为“软件和信息技术服务业（I65)”下的“信息系统集成和物联网技术服务（I653)”。B 公司的技术、产品及服务属于物联网技术在行业领域的创新应用。B 公司通过安装在现场的各类终端传感设备，如全景成像测距摄像机、生物识别及控制设备、环境侦测设备、高清摄像机、倾角传感器等，将监测对象如建筑施工现场、施工工人、山体、坝体、桥体、危房等图像、位置、距离信息，通过运营商的通讯网络传输，并在 B 公司 HCC 工程云平台中进行大数据分析，提供建设施工现场的远程智能监管、重点危险源位移和沉降的实时在线检测、报警联动、安全防范等，实现了“高效、节能、安全、环保”的“管、控、营”一体化。

审核问题：公开信息显示，(1) B 公司披露的公开转让说明书和 2017 年年报显示，B 公司所属行业为软件和信息技术服务业。B 公司 2017 年年报按产品收入分为四类，包括远程视频智能监控服务收入、硬件销售收入、软件销售收入、硬件售后服务费收入。招股说明书在论证符合科创板定位时，认为 B 公司属于“新一代信息技术产业”下的“物联网”行业，收入分类为远程智能监控系统服务、设备销售和系统集成；同时也属于“1. 新一代信息技术产业”中的“1.3 新兴软件和新型信息技术服务”下的“1.3.4 新型信息技术服务”下的“6532＊物联网技术服务”，属于“软件和信息技术服务业（I65)”下的“信息系统集成和物联网技术服务（I653)”。(2) 同行业可比公司新视野（833828)、广联达（002410）所属行业为软件和信息技术服务业务，科创板申报企业品茗股份所属行业为“1. 新一代信息技术产业”之“1.3 新兴软件和新型信息技术服务”之“1.3.1 新兴软件开发”之“6513＊应用软件开发”，属于“软件和信息技术服务业（I65)”下的“软件开发（I651)”。(3) 招股说明书多处披露物联网行业、物联网赋能下的智慧城市、智慧工地、5G 技术等相关行业概况和发展概况。

请 B 公司说明：(1) 结合产品的应用、公开信息披露文件、同行业可比公司对自身业务的分类情况，分析 B 公司行业定位属于“新一代信息技术产业”下的“物联网”依据的充分性；(2) 结合同行业可比公司产品构成、行业通用划分依据等，说明变更所属行业是否有利于增强信息披露文件的可读性，是否能够直观、准确地反映公司产品结构、业务构成、经营模式，与可比公司的分类标准是否一致，并充分说明本次申报变更所属行业、采取不同划分标准、披露内容的具体原因及合理性；(3) 结合前述事项，说明将自身定位于“物联网”的合理性，B 公司是否属于软件行业，是否符合《科创板申报暂行规定》第四条第一款中的“软件企业最近 3 年累计研发投入占最近 3 年累计营业收入比例 10% 以上”的要求。

审核结果：科创板上市委员会审议会议的现场问询问题及进一步落实事项中，均与 B 公司业务实质与物联网定位、专利等科创属性有关，本次审议结果为暂缓审议。

科创板上市委员会对该项目进行了再次审议，审议认为，B 公司对其物联网业务实质、核心技术及技术先进性的信息披露不充分、不准确，不符合《科创板首次公开发行股票注册管理办法（试行）》第五条、第三十四条及第三十九条的规定，不符合《上海证券交易所科创板股票上市审核规则》第十五条、第十九条及第二十八条的规定。上交所出具了终止审核的决定。

【案例 11－3】

案例背景：C 公司于 2021 年 6 月申请上交所科创板上市，2022 年 1 月注册生效。招股说明书披露，C 公司主要从事特种分子筛及催化新材料产品的研发、生产、销售及化工技术、化工工艺服务。C 公司主要产品为特种分子筛及催化剂、非分子筛催化剂、催化应用工艺及化工技术服务三大类，应用领域包括环境保护、能源化工等多个行业，其中特种分子筛及催化剂为 C 公司报告期内的主要收入来源。C 公司所属行业为战略性新兴产业，根据国家统计局发布的《战略性新兴产业分类（2018）》，工业催化剂、机动车尾气净化催化剂均为重点产品。根据《上市公司行业分类指引（2012 年修订）》，C 公司属于化学原料和化学制品制造业（C26）。根据《国民经济行业分类》国家标准（GB/T 4754－2017），细分行业为化学试剂和助剂制造（代码为 C2661），指各种化学试剂、催化剂及专用助剂的生产活动。

审核问题：首轮问询问题中“关于核心技术及科创板定位”，请 C 公司说明：（1）C 公司主要产品分子筛对应的《战略性新兴产业分类（2018）》的具体产业分类名称；（2）C 公司各类催化剂产品对应国民经济行业分类中“2661＊化学试剂和助剂制造”的具体类型；（3）结合前述情况及 C 公司分子筛产品的收入占比情况，分析 C 公司是否属于《科创板申报暂行规定》第三条中的“新材料——先进石化化工新材料”领域。

审核结果：C 公司结合自身产品的实际应用领域、产品性能特点、具体用途、与产业目录及分类进行比对，以及分子筛产品的收入占比等，在回复中详细分析了 C 公司产品的产业分类，所属行业属于战略性新兴产业，符合科创板行业定位。科创板上市委员会对该项目进行审议，审议结果：符合发行条件、上市条件和信息披露要求。

三、创业板定位及审核关注要点

（一）创业板定位的具体要求

创业板定位于深入贯彻创新驱动发展战略，适应发展更多依靠创新、创造、创意的大趋势，主要服务成长型创新创业企业，并支持传统产业与新技术、新产业、新业态、新模式深度融合，即创业板注册制改革后明确“三创四新”的板块定位，提升对科技创新企业发展的支持力度。

同时，创业板实行行业负面清单制度，属于上市公司行业分类相关规定中下列行业的企业，原则上不支持其申报在创业板发行上市，但与互联网、大数据、云计算、自动化、人工智能、新能源等新技术、新产业、新业态、新模式深度融合的创新创业企业除外：

1. 农林牧渔业；
2. 采矿业；
3. 酒、饮料和精制茶制造业；
4. 纺织业；
5. 黑色金属冶炼和压延加工业；
6. 电力、热力、燃气及水生产和供应业；
7. 建筑业；
8. 交通运输、仓储和邮政业；
9. 住宿和餐饮业；
10. 金融业；
11. 房地产业；
12. 居民服务、修理和其他服务业。

禁止产能过剩行业、《产业结构调整指导目录》中的淘汰类行业，以及从事学前教育、学科类培训、类金融业务的企业在创业板发行上市。

交易所支持和鼓励符合下列标准之一的成长型创新创业企业申报在创业板发行上市：

（1）最近三年研发投入复合增长率不低于15%，最近一年研发投入金额不低于1 000万元，且最近三年营业收入复合增长率不低于20%；

（2）最近三年累计研发投入金额不低于5 000万元，且最近三年营业收入复合增长率不低于20%；

（3）属于制造业优化升级、现代服务业或者数字经济等现代产业体系领域，且最近三年营业收入复合增长率不低于 30%。

最近一年营业收入金额达到 3 亿元的企业，或者按照《关于开展创新企业境内发行股票或存托凭证试点的若干意见》等相关规则申报创业板的已境外上市红筹企业，不适用前款规定的营业收入复合增长率要求。

（二）审核关注要点

审核中会关注发行人业务是否符合板块行业定位，是否实质属于负面清单中的行业，是否符合交易所支持和鼓励的成长型创新创业企业的财务指标。根据《深圳证券交易所创业板企业发行上市申报及推荐暂行规定（2022 年 12 月修订）》，交易所发行上市审核中，对发行人的业务模式、核心技术、研发优势等情况予以重点关注。

保荐人应当围绕创业板定位，对发行人自我评估中涉及的事项进行尽职调查，重点对发行人认定属于成长型创新创业企业的判断依据是否真实、客观、合理，以及申请文件中的相关信息披露情况进行核查把关，并按照交易所要求出具《关于发行人符合创业板定位要求的专项意见》。专项意见中应说明具体的核查内容、核查过程等，同时在上市保荐书中说明核查结论及依据。保荐人核查时，应当按照实质重于形式的原则，对发行人是否符合创业板定位进行综合判断，避免简单根据相关数量指标、发行人业务涉及互联网与传统产业简单结合等情形得出发行人符合创业板定位的结论。

（三）典型案例

【案例 11－4】

案例背景： A 公司于 2020 年 7 月申请深交所创业板上市，招股说明书披露，A 公司的主要业务是致力于地基基础及既有建筑维护改造的设计和施工。招股说明书披露，按照《上市公司行业分类指引（2012 年修订）》，A 公司主营业务属于“E48 土木工程建筑业”。A 公司自主研发形成一系列核心技术并成功运用于主营业务，如预应力管桩搅拌水泥土复合支护技术、格栅式地下连续墙支护技术等。截至 2019 年底，A 公司在保护期内的专利为 34 项，其中发明专利为 19 项。A 公司实现传统业务与新技术的深度融合：A 公司运用的多项技术，如“地基基础和地下空间工程技术”“钢筋与混凝土技术”和“绿色施工技术”等在 38 个项目中运用，占报告期总营业收入的 22.03%。A 公司实现传统业务与新业态深度融合，积极开展对既有建筑的隔震加固、结构补强、整体移位、纠偏、顶升/迫降、地下空间开发利用和文物保护等业务，推出“既有建筑维护改造”这一新业态，报告期内完成相关项目 47 个、实现收入 24 076.16 万元，占报告期营业收入的 17.81%。

审核问题：在审核问询中重点关注了A公司是否符合创业板定位。根据申报材料，A公司所属证监会行业为“土木工程建筑业”，属于《深圳证券交易所创业板企业发行上市申报及推荐暂行规定》规定的原则上不支持在创业板发行上市的行业之“（七）建筑业”。关注A公司是否适应发展更多依靠创新、创造、创意的大趋势，是否与新技术、新产业、新业态、新模式深度融合。首轮问询“关于创业板定位”的问题包括：（1）A公司披露“预应力管桩搅拌水泥土复合支护技术、格栅式地下连续墙支护技术”核心技术是否为同行业公司或房地产行业所普遍掌握，是否具有独创性和先进性；（2）招股书披露“实现传统业务与新技术的深度融合，推出‘既有建筑维护改造’这一新业态”是否准确。上市委会议提出问询的主要问题包括：（1）结合建筑业企业运用《建筑业10项新技术（2017版）》在列新技术开展业务的情况，说明A公司掌握并熟练运用行业通用技术属于传统产业与新技术深度融合的理由；（2）结合既有建筑维护改造业务的特点、合同签订及对应收入确认情况，说明既有建筑维护改造业务属于新业态的理由，以及相关业务收入占比持续下降的原因。

审核结果：上市委员会审议认为，A公司所处行业为“土木工程建筑业”，属于《深圳证券交易所创业板企业发行上市申报及推荐暂行规定》第四条规定的原则上不支持在创业板发行上市的行业。A公司未能充分证明掌握并熟练运用行业通用技术属于传统产业与新技术深度融合，也未能充分证明既有建筑维护改造业务属于新业态。同时，招股说明书披露的新技术、新业态相关业务收入占比、毛利占比分别从2017年度的51.94%、60.24%下降到2020年1—6月的24.94%、29.30%。综上所述，会议认为，A公司不符合《创业板首次公开发行股票注册管理办法（试行）》第三条、《深圳证券交易所创业板股票发行上市审核规则》第三条、《深圳证券交易所创业板企业发行上市申报及推荐暂行规定》第二条及第四条的规定。创业板上市委员会审议认为A公司不符合发行条件、上市条件和信息披露要求。深交所发出终止审核决定。

【案例11-5】

案例背景：B公司于2020年7月申请深交所创业板上市。招股说明书披露，B公司主营业务为标准化生鲜餐饮食材的研发、销售及配送服务，是生鲜餐饮食材品牌供应商。产品主要为速冻海水深加工和初加工产品。B公司主营业务本质是提供品牌化食材供应商（链）服务，将传统产业与新技术、新业态、新模式深度融合。B公司重点聚焦在产品研发、品牌和渠道管理、冷链配送等核心竞争力环节，并逐步完善、加强质量控制和信息系统管理。B公司的主营业务为标准化生鲜餐饮食材的研发、销售及配送服务，是生鲜餐饮食材品牌供应商，提供品牌化食材供应商（链）服务。根据《上市公司行业分类指引（2012年修订）》，B公司属于“L72商务服务业”。根据《国民经济行业分类（GB/T 4754-2017）》，B公司属于“7224-供应链管理服务”。

审核问题：在审核问询中重点关注了 B 公司是否符合创业板定位。关注 B 公司的创新、创造、创意特征，业务是否具有成长性，研发投入及研发转化能力、创新能力，是否符合成长型创新创业企业的创业板定位。（1）B 公司关于创业板定位的依据及论证存在瑕疵。招股说明书“公司业务的创新、创造、创意特征”中披露，B 公司实现了传统产业与互联网的深度融合，借助于互联网管理工具、冷链物流管理工具实现全流程管控。现场督导发现，B 公司目前仅对自有工厂和部分大连代工厂商通过在线质量管理平台（Z 网）进行管控，管控工厂产量分别占其 2018 年至 2020 年 1—6 月总产量的 74.84%、79.08% 和 71.64%，尚未做到全流程管控。（2）第三轮问询问题关于“行业定位和分类”：前次审核问询回复显示，B 公司从食品经销转型为品牌化餐饮食材供应链模式；B 公司证监会行业分类为商务服务业；B 公司选取的同行业上市公司安井食品系农副食品加工业，同行业 IPO 申报公司千味央厨系食品制造业。要求 B 公司结合自身经营模式，同行业可比公司、上市公司中商务服务业企业情况，上市公司中主要供应链公司情况，补充说明 B 公司属于供应链模式、商务服务业分类的准确性。

审核结果：上市委会议审议认为，B 公司未能充分说明其“三创四新”特征，以及是否符合成长型创新创业企业的创业板定位要求；B 公司不符合《创业板首次公开发行股票注册管理办法（试行）》第三条、第六条、第十一条以及《深圳证券交易所创业板股票发行上市审核规则》第三条、第十八条、第二十八条的规定。创业板上市委员会审议认为 B 公司不符合发行条件、上市条件和信息披露要求。深交所发出终止审核决定。

【案例 11-6】

案例背景：C 公司于 2021 年 6 月申请深交所创业板上市。《招股说明书》披露，C 公司主要致力于汽车轻量化领域铝合金零部件的研发、生产和销售，主要产品为涡轮增压器精密压气机壳组件，并开发了新能源汽车电机壳体、变速箱壳体等精密零部件产品，主要应用于汽车动力系统领域。按照《国民经济行业分类（GB/T 4754-2017）》规定，C 公司所处行业属于“汽车制造业（C36）”中的“汽车零部件及配件制造（C3670）”，对应《上市公司行业分类指引（2012 年修订）》项下的“汽车制造业（C36）”。

审核问题：首轮问询中要求 C 公司：（1）结合同行业可比公司及可比产品情况，发行人产品及使用材质特点，发行人产品和服务的实质内容等，说明发行人所属行业分类为“汽车制造业（C36）”的原因，相关行业分类是否准确，是否符合《上市公司行业分类指引（2012 年修订）》的分类原则；（2）结合自身主营业务范围、知识产权、核心竞争力及与同行业公司对比情况等，围绕创新、创造、创意的生产经营特点及成长性等情况，充分披露发行人是否符合《创业板首次公开发行股票注册管理办法（试行）》第三条、《深圳证券交易所创业板股票发行上市审核规则》第十九条的规定。

在首轮问询回复中，C公司说明主要产品为涡轮增压器精密压气机壳组件，材质为铝合金，属于涡轮增压器的关键零部件，论证同行业公司与C公司业务具备一定的相似性与可比性，同时进一步补充披露自身的创新、创造、创意特征，科技创新、模式创新、业态创新和新旧产业融合情况。

二轮问询中进一步要求C公司：（1）结合与某同行业公司在同类产品及其相关知识产权、核心技术等方面对比情况，说明C公司在核心技术、质量控制等方面的科技创新性或先进性体现，专利、核心技术、产品质量之间的对应关系；结合上述情况，说明C公司是否主要依靠创新、创造或创意开展生产经营。（2）结合与某同行业公司在研发能力方面对比情况，C公司研发投入的具体内容和分类情况，研发费用中职工薪酬的具体内容和分类情况等，说明C公司与同行业可比公司相比是否具备较强的研发能力。（3）C公司取得相关客户奖项或其他奖项的评级等级及权威性，报告期内未取得相关客户奖项的原因。（4）结合上述情况，以及研发投入、核心技术团队、核心技术、核心竞争力等情况，量化分析发行人创新、创造或创意特征，全面更新完善创业板定位相关表述。

在二轮问询回复中，C公司：（1）论证将核心技术广泛应用于生产经营，积极推动科技创新与汽车关键零部件制造产业的深度融合，主要依靠创新、创造或创意开展生产经营。（2）论证研发费用符合其目前的经营规模及研发项目特点，研发投入最终体现于经营成果，核心技术水平主要体现于产品生产工艺，发明专利数量、研发金额等量化指标并非反映C公司行业技术先进性的唯一因素，C公司具备较强的研发能力。（3）说明未取得主要客户奖项的原因主要系客户一般2年进行一次活动评选，2020年以来因为新冠疫情等因素导致未召开供应商大会。在此期间，C公司对主要客户的供货保持稳定，交货质量得到了客户高度认可，退换货率极低，论证未获得客户奖项并未对C公司的核心竞争力产生不利影响。（4）进一步补充披露C公司自身的创新、创造、创意特征，科技创新、模式创新、业态创新和新旧产业融合情况，完善创业板定位相关表述。

三轮问询中进一步要求C公司：（1）结合发明专利数量与同行业可比公司对比情况、研发投入及新产品开发情况、核心技术的先进性指标等，进一步说明主要产品和技术的创新性情况，是否具备持续研发能力，并充分揭示相关风险和不利因素；（2）结合所处行业及下游主要客户特点、未来发展趋势及主要影响因素，C公司与主要竞争对手的市场竞争情况，业绩成长性指标等，进一步说明业务成长性情况，是否存在未来业绩大幅下滑的风险。结合上述情况，简要说明业务发展是否存在重大不确定性，相关依据是否充分，并揭示相关风险和不利因素。

在三轮问询回复中，C 公司：（1）对比自身与同行业可比公司的发明专利数量，论证相较于同行业可比公司，C 公司经营规模较小，整体专利权的数量亦较少，但核心技术能够有效提高生产效率、降低产品不良率并维持核心产品的成本和质量优势，核心技术优势在其全球涡轮增压器压气机壳领域维持较高的行业地位和市场规模等经营成果中得到充分体现。（2）结合研发投入与同行业公司的对比情况、主要的研发项目完成情况及其研发成果、对应取得定点信情况、在研项目情况等，论证发行人的研发战略布局足以支撑发行人未来业绩的发展。（3）进一步论证主要产品和技术的创新性和成长性主要体现在适应了汽车工业节能减排大趋势、汽车轻量化零部件行业拥有巨大的市场空间，C 公司在汽车轻量化零部件方面已经积累了丰富经验，得到国内外知名客户认可，新产品开发潜力明显等方面，并进一步揭示新产品技术开发相关风险和不利因素。（4）论证虽然受宏观经济波动、上游原材料供应、下游市场变化、新冠疫情冲击，以及自身的技术研发能力、新产品产业化等内部因素影响，C 公司面临一定的业绩下滑风险，但从业务发展角度，C 公司凭借主营产品较高的市场地位、良好的客户关系、优秀的新产品研发能力以及新项目定点信储备作为稳固的业务发展支撑，未来业务具备良好的发展潜力，并进一步补充披露相关风险。

审核结果：上市委会议审议认为，C 公司符合发行条件、上市条件和信息披露要求。

四、北交所定位及审核关注要点

（一）北交所定位的具体要求

从新三板基础层、创新层，到北交所，是一个层层递进的市场结构。北交所向不特定合格投资者公开发行股票并上市的重要条件之一即为“发行人为在全国股转系统连续挂牌满 12 个月的创新层挂牌公司”。北交所主要服务创新型中小企业，特别是支持“专精特新”（专业化、精细化、特色化、新颖化）企业上市，提高科技发展及创新水平，打造成为服务创新型中小企业的主阵地。

北交所实行负面清单制度，除了金融业、房地产业、从事学前教育、学科类培训等业务企业以及产能过剩行业（产能过剩行业的认定以国务院主管部门的规定为准）、《产业结构调整指导目录》中规定的淘汰类行业外，对拟上市企业所属行业无其他限制。

（二）审核关注要点

北交所实行行业负面清单制度，审核中主要关注企业是否属于负面清单中的行业，比如是否属于《产业结构调整指导目录》中的限制类、淘汰类产业，是否属于落后产能等。

（三）典型案例

【案例 11－7】

案例背景： A 公司于 2021 年 6 月申请北交所上市。《招股说明书》披露，A 公司的主营业务为化妆品的研发、生产和销售，所处的行业为化妆品制造行业，根据国家统计局发布的《国民经济行业分类》（GB/T 4754－2017），以及全国股转公司发布的《挂牌公司管理型行业分类指引》，A 公司所处的行业属于日用化学产品制造（C268），细分行业为化妆品制造行业（C2682）。根据中国证监会颁布的《上市公司行业分类指引（2012 年修订）》，A 公司所处的行业为“化学原料和化学制品制造业（C26）”。根据全国股转公司发布的《挂牌公司投资型行业分类指引》，A 公司所处的行业为“14 日常消费品”之“1412　家庭与个人用品”之“141211　个人用品”之“14121110 个人用品”。

审核问题： 根据公开发行说明书，A 公司所处的行业为“化学原料和化学制品制造业（C26）”，主营业务为化妆品的研发、生产和销售，生产过程中产生废气、废水、固体废物和噪声等污染物。北交所首轮问询问题关注公司“生产经营是否符合国家产业政策和环保监管要求”。具体如下：

（1）A 公司生产的产品是否属于《“高污染、高环境风险”产品名录（2017 年版）》中规定的高污染、高环境风险产品，如 A 公司生产的产品涉及名录中的高污染、高环境风险产品，请说明相关产品所产生的收入及占 A 公司主营业务收入的比例，是否为 A 公司生产的主要产品；如 A 公司生产名录中的相关产品，请明确未来压降计划。（2）A 公司的生产经营是否符合国家产业政策，是否纳入相应产业规划布局，生产经营和募投项目是否属于《产业结构调整指导目录（2019 年本）》中的限制类、淘汰类产业，是否属于落后产能，请按照业务或产品进行分类说明。

A 公司首轮问询回复情况如下：（1）A 公司对生产的主要产品与《国民经济行业分类》（GB/T 4754－2017）进行了对比，得出公司所处的行业以及细分行业。通过查阅《环境保护综合名录（2017 年版）》附件一、“高污染、高环境风险”产品名录（2017 年版）所列示的细分行业以及所列示的高污染、高环境风险产品，对比分析认为 A 公司生产的产品均不属于前述规定中的高污染、高环境风险产品。（2）经比对，

A 公司认为其主营业务未列入《产业结构调整指导目录（2019 年本）》中的鼓励类、限制类或淘汰类产业，根据《促进产业结构调整暂行规定》属于允许类。（3）A 公司根据《国务院关于进一步加强淘汰落后产能工作的通知》（国发〔2010〕7 号）、《关于印发淘汰落后产能工作考核实施方案的通知》（工信部联产业〔2011〕46 号）等规范性文件列示的国家 16 个淘汰落后和过剩产能行业，根据工业和信息化部公布的《工业行业淘汰落后和过剩产能企业名单》，A 公司对比分析认为，A 公司生产经营和募投项目不属于落后产能。

审核结果：上述问题在 A 公司提交首轮问询回复后，北交所在后续下发的二轮、三轮问询函中未再针对前述相关的“产业目录、业务或产品的分类”进行问询。A 公司于 2022 年 3 月提交了撤回审核申请，北交所对该项目终止审核。

第二节　财务问题[①]

为适应全面实行注册制改革，增强审核工作透明度，统一审核理念和执行尺度，促进发行审核工作公开透明，提高首发企业信息披露质量，证监会等监管部门进一步总结试点注册制以来实践经验，将目前主板、科创板、创业板与首发业务财务审核相关的审核问答予以整合，形成《监管规则适用指引——发行类第 5 号》（本章简称《适用指引第 5 号》）等监管文件。本节结合监管文件及 IPO 执业实践情况，聚焦首发企业具有共性的财务会计问题，围绕适用情形、核查要求、信息披露及典型案例四个维度进行剖析，帮助拟上市企业和投行从业人员建立系统的核查和整改思路。需说明的是，财务数据真实性等问题是贯穿财务核查的基本原则，关系到财务问题的各个方面且原则清晰，本书将不作单独介绍，发行人与中介机构应秉承“红线”思维，恪守从业操守，杜绝调节收入、虚增业绩等违法违规行为。

一、财务内控规范性

（一）适用情形

发行人申请上市成为公众公司，需要建立、完善并严格实施相关财务内部控制制

---

① 本节案例均选自沪深证券交易所相关发行上市审核动态。

度，保护中小投资者合法权益，在财务内控方面存在不规范情形的，应通过中介机构上市辅导完成整改（如收回资金、结束不当行为等措施）和建立健全相关内控制度，从内控制度上禁止相关不规范情形的持续发生。

部分发行人在提交申报材料的审计截止日前存在财务内控不规范情形，如：

1. 无真实业务支持情况下，通过供应商等取得银行贷款或为客户提供银行贷款资金走账通道（简称“转贷”行为）；

2. 向关联方或供应商开具无真实交易背景的商业票据，通过票据贴现后获取银行融资；

3. 与关联方或第三方直接进行资金拆借；

4. 频繁通过关联方或第三方收付款项，金额较大且缺乏商业合理性；

5. 利用个人账户对外收付款项；

6. 出借公司账户为他人收付款项；

7. 违反内部资金管理规定对外支付大额款项、大额现金借支、挪用资金；

8. 被关联方以借款、代偿债务、代垫款项或者其他方式占用资金；

9. 存在账外账；

10. 在销售、采购、研发、存货管理等重要业务循环中存在内控重大缺陷。

发行人存在上述情形的，中介机构应考虑是否影响财务内控健全有效。发行人确有特殊客观原因，认为不属于财务内控不规范情形的，须提供充分合理性证据，如外销业务因外汇管制等原因确有必要通过关联方或第三方代收货款，且不存在审计范围受到限制的情形；连续 12 个月内银行贷款受托支付累计金额与相关采购或销售（同一交易对手或同一业务）累计金额基本一致或匹配等；与参股公司（非受实际控制人控制）的其他股东同比例提供资金。

首次申报审计截止日后，发行人原则上不能存在上述内控不规范和不能有效执行的情形。

（二）核查要求

1. 中介机构应根据有关情形发生的原因及性质、时间及频率、金额及比例等因素，综合判断是否对内控制度有效性构成重大不利影响。

2. 中介机构应对发行人有关行为违反法律法规、规章制度情况进行认定，判断是否属于舞弊行为，是否构成重大违法违规，是否存在被处罚情形或风险，是否满足相关发行条件。

3. 中介机构应对发行人有关行为进行完整核查，验证相关资金来源或去向，充分关注相关会计核算是否真实、准确，与相关方资金往来的实际流向和使用情况，判断是否通过体外资金循环粉饰业绩或虚构业绩。

4. 中介机构应关注发行人是否已通过收回资金、纠正不当行为、改进制度、加强内控等方式积极整改，是否已针对性建立内控制度并有效执行，且未发生新的不合规行为；有关行为是否存在后续影响，是否存在重大风险隐患。发行人已完成整改的，中介机构应结合对此前不规范情形的轻重或影响程度的判断，全面核查、测试，说明测试样本量是否足够支撑其意见，并确认发行人整改后的内控制度是否已合理、正常运行并持续有效，不存在影响发行条件的情形。

5. 中介机构应关注发行人的财务内控是否持续符合规范要求，能够合理保证公司运行效率、合法合规和财务报告的可靠性，不影响发行条件及信息披露质量。

（三）信息披露

发行人应根据重要性原则，充分披露报告期内的财务内控不规范行为，如相关交易形成原因、资金流向和用途、违反有关法律法规具体情况及后果、后续可能影响的承担机制，并结合财务内控重大缺陷的认定标准披露有关行为是否构成重大缺陷、整改措施、相关内控建立及运行情况等。

审计截止日为经审计的最近一期资产负债表日。

（四）典型案例

【案例11－8】首次申报审计截止日后，发行人A公司存在新增转贷行为。首次申报时，A公司尚有大额转贷余额未予清理。保荐代表人未对前述事项进行充分、审慎核查，也未通过上市辅导督促A公司整改、纠正。另外，首次申报审计截止日后，A公司还存在增资扩股引入新股东的情形，保荐代表人也未督促其按照有关规定于申报前增加一期审计。交易所对项目保荐代表人予以监管警示。

二、资金流水核查

（一）适用情形

保荐机构及申报会计师应当充分评估发行人所处经营环境、行业类型、业务流程、规范运作水平、主要财务数据水平及变动趋势等因素，确定发行人相关资金流水核查的具体程序和异常标准，以合理保证发行人财务报表不存在重大错报风险。发行人及其控股股东、实际控制人、董事、监事、高管等相关人员应按照诚实信用原则，向中介机构提供完整的银行账户信息，配合中介机构核查资金流水。中介机构应勤勉尽责，采用可靠手段获取核查资料，在确定核查范围、实施核查程序方面保持应有的职业谨慎。在符合银行账户查询相关法律法规的前提下，资金流水核查范围除发行人银行账户资金流水以外，结合发行人实际情况，还可能包括控股股东、实际控制人、发行人主要关联方、董事、监事、高管、关键岗位人员等开立或控制的银行账户资金流水，以及与上述银行账户发生异常往来的发行人关联方及员工开立或控制的银行账户资金流水。

（二）核查要求

1. 根据《适用指引第5号》，保荐机构和申报会计师在资金流水核查中，应结合重要性原则和支持核查结论需要，重点核查报告期内发生的以下事项：

（1）发行人资金管理相关内部控制制度是否存在较大缺陷。

（2）是否存在银行账户不受发行人控制或未在发行人财务核算中全面反映的情况，是否存在发行人银行开户数量等与业务需要不符的情况。

（3）发行人大额资金往来是否存在重大异常，是否与公司经营活动、资产购置、对外投资等不相匹配。

（4）发行人与控股股东、实际控制人、董事、监事、高管、关键岗位人员等是否存在异常大额资金往来。

（5）发行人是否存在大额或频繁取现的情形，是否无合理解释；发行人同一账户或不同账户之间，是否存在金额、日期相近的异常大额资金进出的情形，是否无合理解释。

（6）发行人是否存在大额购买无实物形态资产或服务（如商标、专利技术、咨询服务等）的情形，如存在，相关交易的商业合理性是否存在疑问。

（7）发行人实际控制人个人账户大额资金往来较多且无合理解释，或者频繁出现大额存现、取现情形。

（8）控股股东、实际控制人、董事、监事、高管、关键岗位人员是否从发行人获得大额现金分红款、薪酬或资产转让款、转让发行人股权获得大额股权转让款，主要资金流向或用途存在重大异常。

（9）控股股东、实际控制人、董事、监事、高管、关键岗位人员与发行人关联方、客户、供应商是否存在异常大额资金往来。

（10）是否存在关联方代发行人收取客户款项或支付供应商款项的情形。

2. 发行人在报告期内存在以下情形的，保荐机构和申报会计师应考虑是否需要扩大资金流水核查范围：

（1）发行人备用金、对外付款等资金管理存在重大不规范情形；

（2）发行人毛利率、期间费用率、销售净利率等指标各期存在较大异常变化，或者与同行业公司存在重大不一致；

（3）发行人经销模式占比较高或大幅高于同行业公司，且经销毛利率存在较大异常；

（4）发行人将部分生产环节委托其他方进行加工的，且委托加工费用大幅变动，或者单位成本、毛利率大幅异于同行业；

（5）发行人采购总额中进口占比较高或者销售总额中出口占比较高，且对应的采购单价、销售单价、境外供应商或客户资质存在较大异常；

（6）发行人重大购销交易、对外投资或大额收付款，在商业合理性方面存在疑问；

（7）董事、监事、高管、关键岗位人员薪酬水平发生重大变化；

（8）其他异常情况。

此外，根据《适用指引第 5 号》，保荐机构及申报会计师应将上述资金流水的核查范围、资金流水核查重要性水平确定方法和依据，异常标准及确定依据、核查程序、核查证据编制形成工作底稿，在核查中受到的限制及所采取的替代措施应一并书面记录。保荐机构及申报会计师还应结合上述资金流水核查情况，就发行人内部控制是否健全有效、是否存在体外资金循环形成销售回款、承担成本费用的情形发表明确核查意见。

（三）信息披露

目前，监管规定对于资金流水及核查情况尚无明确的信息披露要求，实务中，通常是在问询回复阶段，发行人及中介机构就其核查范围、核查标准、核查过程及核查结论进行答复并披露。

（四）典型案例

【案例 11－9】首次申报时，发行人 A 公司的保荐人及申报会计师对实际控制人大额资金往来情况进行核查并发表肯定意见。保荐工作报告显示“在资金流水核查中，重点核查了报告期内实际控制人个人账户大额资金往来较多且无合理解释，或者频繁出现大额存现、取现情形”，申报会计师专项核查报告显示“对 5 万元以上大额交易访谈并取得支持性证据”，并认为大额资金流水有合理用途，不存在异常资金往来。现场督导发现，报告期内 A 公司实际控制人存在获取大额资金后，通过发行人员工、其他股东及其他自然人的账户取现的情形，累计取现金额达 3 000 余万元，保荐人和申报会计师未取得其中 2 000 余万元资金去向的流水凭证，未能有效证明大额资金的取现用途，也未在有关工作报告中对该事项予以说明，导致保荐工作报告及专项核查意见中所记载的核查情况不准确，作出相关核查结论不审慎。

交易所对保荐人、会计师事务所出具监管工作函。

三、研发支出资本化

（一）适用情形

根据《适用指引第 5 号》等法规要求，研究阶段的支出，应于发生时计入当期损益；开发阶段的支出，在同时满足会计准则列明的条件时，才能按规定确认为无形资产。

初始确认和计量时，发行人应结合研发支出资本化相关内控制度的健全性和有效性，逐条具体分析进行资本化的开发支出是否同时满足会计准则规定的条件。后续计量时，相关无形资产的预计使用寿命和摊销方法应符合会计准则规定，按规定进行减值测试并足额计提减值准备。

（二）核查要求

中介机构应从研究开发项目的立项与验收、研究阶段及开发阶段划分、资本化条件确定、费用归集及会计核算和相关信息披露等方面，关注发行人研究开发活动和财务报告流程相关内部控制是否健全有效并一贯执行，对发行人研发支出资本化相关会计处理的合规性、谨慎性和一贯性发表核查意见：

1. 研发支出成本费用归集范围是否恰当，研发支出是否真实、准确，是否与相关研发活动相关。

2. 研究阶段和开发阶段划分是否合理，是否与研发流程相联系，是否遵循正常研发活动的周期及行业惯例并一贯运用，是否完整、准确披露研究阶段与开发阶段划分依据。

3. 研发支出资本化条件是否均已满足，是否具有内外部证据支持。应重点从技术可行性，预期产生经济利益方式，技术、财务资源和其他资源支持等方面进行关注。

4. 是否为申请高新技术企业认定及企业所得税费用加计扣除等目的虚增研发支出。

5. 研发支出资本化的会计处理与同行业可比公司是否存在重大差异及差异的合理性。

（三）信息披露

发行人应根据重要性原则，在招股说明书中披露：

1. 研发支出资本化相关会计政策，与资本化相关研发项目的研究内容、进度、成果、完成时间（或预计完成时间）、经济利益产生方式（或预计产生方式）、当期和累计资本化金额、主要支出构成，以及资本化的起始时点和确定依据等。

2. 与研发支出资本化相关的无形资产的预计使用寿命、摊销方法、减值等情况，并说明是否符合相关规定，研发支出资本化时点是否与同行业可比公司存在重大差异及合理性。发行人应结合研发项目推进和研究成果运用可能发生的内外部不利变化、与研发支出资本化相关的无形资产规模等因素，充分披露相关无形资产的减值风险及对公司未来业绩可能产生的不利影响。

（四）典型案例

【案例 11－10】

案例背景：发行人 A 主要从事高端五轴联动数控机床及其关键功能部件、高档数控系统的研发、生产、销售及服务。A 公司研发项目主要是五轴联动数控机床整机，为航空、航天、燃机、军工等领域提供国产的高端装备或高档数控系统的验证，其中承担的国家科技重大专项占比较高。无形资产确认的时点为研发样机制造成功并达到了预定可使用状态。相关无形资产为非专利技术。

发行人 B 研发管线涵盖多个疫苗品种，其产品包括一类生物制品和非一类生物制品。B 公司申报时，对于一类生物制品，在获得药物监管机构的新药批准文件时作为进入开发阶段的时点，满足无形资产确认的五项条件时将研发费用予以资本化；对于非一类生物制品，在实质开展临床试验时作为进入开发阶段的时点，满足无形资产确认的五项条件时将研发费用予以资本化。审核过程中，公司将非一类生物制品的资本化时点调整为“在实质开展Ⅲ期临床试验时作为进入开发阶段的时点，满足无形资产确认的五项条件时予以资本化”。

发行人 C 为采用 Fabless 模式的半导体芯片设计企业，研发支出的主要构成为人工薪酬。C 公司报告期前未对研发支出予以资本化处理，首次申报审计截止日后制定了研发支出会计核算的内部控制制度，明确了研发支出资本化的具体标准，并将该标准追溯适用于报告期内的研发项目、部分进行了资本化处理，对净利润影响重大。C 公司披露仅允许开发难度在中等及以上的研发项目资本化。现场督导发现，报告期内部分研发项目流程性文件中未定义项目难度，部分开发难度为易的项目也进行了资本化处理，实际执行情况与内控制度和信息披露不一致。对于研发人员薪酬，中介机构未充分核查获取研发工时填报、分摊、审批等流程性文件。

案例分析：综合考虑自身行业特点和相关内部控制有效性来判断是否符合资本化条件。

对发行人 A，在分析研发支出资本化处理的合理性时，对前述三个要点分别进行了关注：

（1）研究阶段与开发阶段的划分。A 公司将“概念与可行性论证”“方案设计”“设计模拟测试及知识产权申报”作为研究阶段，将“制造及测试”“制造成功”及“结项”作为开发阶段，基本符合准则中两个阶段的定义；公司以设计制造方案通过内外部专家组评审为阶段划分节点，具有可验证的客观证据。

（2）资本化条件的认定。A 公司的资本化研发项目均经具备权威性和独立性的外部专家评审，开发阶段未曾发生方案重大调整，已结项项目在制造阶段成功率为100%，能够证明技术上的可行性。公司国拨项目有政府课题补助支持、成果具有明确用途，自研项目具有良好市场前景、预计未来收益足够覆盖研发成本，能够证明产品存在市场。A 公司设立了完备的内控制度，对于研发活动的支出单独核算，研发支出能够可靠计量。此外，其他研发支出资本化条件也未见明显异常。

（3）相关依据的可靠性。A 公司研发项目的阶段划分有专家评审报告为依据，技术上的可行性有资本化项目历史方案调整和成功率情况为证明，项目的市场前景根据相关产品在手订单情况、研究成果交付情况等可以印证，支出计量的可靠性可通过“料、工、费”记录进行核查。在中介机构对相关情况进行核查并发表明确意见的基础上，审核中可以认可 A 公司研发支出资本化相关会计处理。

对发行人 B，审核中重点关注其非一类生物制品的研发在实质开展临床试验时点是否符合资本化条件，尤其是在技术上是否具有完成该无形资产的可行性。生物医药公司研发资本化条件的判断应充分考虑其具体研发产品的开发风险。对于发行人的非一类预防用生物制品，主要关注到：（1）生物制品免疫人群为健康人群，同时生物制品有效成分为蛋白质独特结构，整体研发难度、研发周期、研发费用远远高于化学仿制药，根据发行人申报材料，预防用非一类生物制品从开始临床一期到成功上市的成功率为54.0%。（2）根据发行人申报时的监管政策，非一类预防用生物制品的注册监管要求较高。与化学药的差异化监管要求不同，非一类预防用生物制品评审注册环节仍要求提供全面的药学研究资料。（3）从同行业可比公司看，发行人采用的资本化政策早于同行业可比公司水平。审核中，公司参考生物医药行业上市公司会计处理方式，结合公司研究与开发活动的实际情况，将非一类生物制品的研发资本化时点进行了调整。

对发行人 C，审核中重点关注其研发支出资本化相关内部控制是否健全、有效，主要包括以下三点：（1）将新制定的资本化标准适用于过往项目，会计处理缺乏原始证据支撑。发行人审计截止日后明确以开发难易程度判断研发支出资本化条件，报表报出和审计报告出具时研发支出资本化处理缺乏内控依据；报告期最近一年明确项目难易程度的划分标准，此前的项目在执行中并未区分难易程度，资本化条件的判断缺乏原始依据，事后划分具有随意性。（2）资本化条件的执行情况与内控制度表述不一致。发行人内控制度规定仅允许开发难度在中等及以上的项目资本化，但报告期内有难度为易的新产品开发项目进行了资本化。资本化标准执行情况与内部控制制度不一致，相关内部控制有效性存疑。（3）中介机构未充分核查研发支出归集的准确性。现场督导时，中介机构未能提供发行人研发人员工时填报、分摊、审批等流程性文件，表明未充分关注研发支出归集相关内控制度的执行有效性，开发支出计量的可靠性存疑。综上所述，审核认为 C 公司研发支出资本化相关内控健全有效的依据不充分。

审核中对研发支出资本化问题，通常关注开发阶段的划分是否准确、资本化条件的判断是否准确以及相关内控是否完善。发行人 A 作为装备制造企业，从外部专家评审、项目方案后续情况和研发产品的市场需求等方面论证了公司的研发资本化符合各项条件，结合相关内部控制情况，审核认可公司的研发支出资本化的会计处理。发行人 B 作为生物医药企业，在论证研发资本化条件时，需要结合研发项目类型充分考虑其获批上市的可能性，在获批上市仍有较大不确定性的情况下，原则上认为不满足完成无形资产在技术上具有可行性的条件。发行人 C 与研发支出资本化相关的内部控制执行存在瑕疵，相关原始依据不完整，原则上认为不满足无形资产开发阶段支出能够可靠计量的条件。

四、会计政策、会计估计变更或会计差错更正

（一）适用情形

1. 申报前会计政策、会计估计变更和差错更正

发行人在申报前进行审计调整的，申报会计师应按要求对发行人编制的申报财务报表与原始财务报表的差异比较表出具鉴证报告并说明审计调整原因。

报告期内发行人会计政策和会计估计应保持一致，不得随意变更，如变更应符合会计准则的规定，并履行必要的审批程序。

2. 申报后会计政策、会计估计变更

发行人申报后存在会计政策、会计估计变更事项的，相关变更事项应符合专业审慎原则，与同行业上市公司不存在重大差异，不存在影响发行人会计基础工作规范性及内控有效性情形。在此基础上，发行人应提交更新后的财务报告。

3. 申报后差错更正

发行人申报后出现会计差错更正事项的，保荐机构及申报会计师应重点核查相关方面并发表明确意见。

（二）核查要求

《适用指引第 5 号》针对申报前后的会计政策、会计估计变更和差错更正事项，提出了不同的核查要求，具体包括：

1. 申报前会计政策、会计估计变更和差错更正

（1）保荐机构应核查审计调整的合理性与合规性。

（2）保荐机构及申报会计师应关注发行人变更会计政策或会计估计是否有充分、合理的理由及依据。无充分、合理的证据证明会计政策或会计估计变更的合理性，或者未经批准擅自变更会计政策或会计估计的，或者连续、反复自行变更会计政策或会计估计的，视为滥用会计政策或会计估计。

2. 申报后会计政策、会计估计变更

保荐机构及申报会计师应重点核查以下方面并发表明确意见：

（1）变更事项的时间、内容和范围，对发行人的影响；

（2）变更事项的性质、内容、原因及依据，是否合规，是否符合审慎原则，变更后发行人会计政策、会计估计与同行业上市公司是否存在重大差异；

（3）发行人是否滥用会计政策或者会计估计；

（4）变更事项是否反映发行人会计基础工作薄弱或内控缺失；

（5）变更事项是否已准确、充分披露。

3. 申报后差错更正

发行人申报后出现会计差错更正事项的，保荐机构及申报会计师应重点核查以下方面并发表明确意见：

（1）差错更正事项的时间、内容和范围，对发行人的影响。

（2）差错更正事项的性质、原因及依据，是否合规，是否符合审慎原则。

（3）差错更正事项是否因会计基础薄弱、内控重大缺陷、盈余操纵、未及时进行审计调整的重大会计核算疏漏、滥用会计政策或者会计估计以及恶意隐瞒或舞弊行为，是否反映发行人会计基础工作薄弱或内控缺失。

（4）差错更正事项是否已准确、充分披露。

（三）信息披露

根据《公开发行证券的公司信息披露内容与格式准则第 57 号——招股说明书》

（本章简称《招股书格式准则》）第五十三条，发行人报告期存在重大会计政策变更、会计估计变更、会计差错更正的，应披露变更或更正的具体内容、原因及对发行人财务状况和经营成果的影响。

（四）典型案例

【案例11-11】

案例背景：发行人A2018年末将销售承担安装质量保证的产品收入确认原则由原“由客户签收后取得客户签收单时确认收入的实现”修改为“在按合同约定向客户提供产品，由客户签收且根据合同约定完成对由客户组装成的整件检验合格后确认收入的实现”。发行人申报时，认为上述调整属于会计政策变更。

发行人B对应收账款的坏账计提划分为组合1和组合2，组合2为收购海外企业W的应收账款，其余应收账款为组合1，并采用不同的坏账计提方法。发行人国内外业务、客户等方面具有高度相似性。审核期间，发行人统一了国内外的坏账准备计提政策，并对海外公司应收账款坏账计提进行了会计调账。对于上述会计调账，发行人认为属于会计政策变更。

案例分析：根据《企业会计准则》，企业采用的会计政策，在每一会计期间和前后各期应当保持一致，不得随意变更。但是，满足下列条件之一的，可以变更会计政策：（1）法律、行政法规或者国家统一的会计制度等要求变更。（2）会计政策变更能够提供更可靠、更相关的会计信息。前期差错，是指由于没有运用或错误运用下列两种信息，而对前期财务报表造成省略漏或错报：（1）编报前期财务报表时预期能够取得并加以考虑的可靠信息。（2）前期财务报告批准报出时能够取得的可靠信息。

发行人A自2014年开始该业务，客户参与散件的组装工作，公司负责指导并开具合格证，未开具合格证产品无法投入使用，发行人对组装后的成品整件质量承担全部责任。发行人的经营和内部环境并未发生变化，企业在从事该业务时，即应合理评估业务活动及实质，对于收入确认时点作出准确判断。审核中，发行人将该会计调账的性质更正为会计差错更正。

发行人B除收购W企业外，还收购了另外2家从事相同业务的海外企业，但对于上述2家企业发行人统一了坏账计提政策。发行人在编制合并财务报表时，母子公司会计政策应当一致，如不一致应当对子公司财务报表予以调整。此外，发行人国内国外业务具有一致性和客户相似性。发行人应当在初始收购时即予以充分的考虑，并采用适当的坏账准备计提政策。审核中，发行人将该调账事项认定为会计差错更正。

五、第三方回款的核查和披露要求

（一）适用情形

第三方回款通常指发行人销售回款的支付方（如银行汇款的汇款方、银行承兑汇票或商业承兑汇票的出票方或背书转让方）与签订经济合同的往来客户（或实际交易对手）不一致。

（二）核查要求

发行人报告期存在第三方回款的，保荐机构及申报会计师通常应重点核查以下方面：

1. 第三方回款的真实性，是否虚构交易或调节账龄。中介机构需核查的内容包括但不限于：抽样选取不一致业务的明细样本和银行对账单回款记录，追查至相关业务合同、业务执行记录及资金流水凭证，获取相关客户代付款确认依据，以核实委托付款的真实性、代付金额的准确性及付款方和委托方之间的关系，说明合同签约方和付款方不一致的合理原因及第三方回款统计明细记录的完整性，并对第三方回款所对应营业收入的真实性发表明确意见。

2. 第三方回款有关收入占营业收入的比例，相关金额及比例是否处于合理范围。

3. 第三方回款的原因、必要性及商业合理性，是否与经营模式相关、符合行业经营特点，是否能够区分不同类别的第三方回款。与经营模式相关、符合行业经营特点的第三方回款情况包括但不限于：①客户为个体工商户或自然人，通过家庭约定由直系亲属代为支付货款；②客户为自然人控制的企业，该企业的法定代表人、实际控制人代为支付货款；③客户所属集团通过集团财务公司或指定相关公司代客户统一对外付款；④政府采购项目指定财政部门或专门部门统一付款；⑤通过应收账款保理、供应链物流等合规方式或渠道完成付款；⑥境外客户指定付款。

4. 发行人及其实际控制人、董事、监事、高管或其他关联方与第三方回款的支付方是否存在关联关系或其他利益安排。

5. 境外销售涉及境外第三方回款的，第三方代付的商业合理性或合规性。

6. 是否因第三方回款导致货款归属纠纷。

7. 合同明确约定第三方付款的，该交易安排是否合理。

8. 资金流、实物流与合同约定及商业实质是否一致，第三方回款是否具有可验证性，是否影响销售循环内部控制有效性的认定。

（三）信息披露

目前，监管规定对于第三方回款尚无明确的信息披露要求，实务中，通常是在问询回复阶段，发行人及中介机构就第三方回款的涉及金额、商业背景、核查情况、核查结论等内容进行答复并披露。

六、增资或转让股份形成的股份支付

（一）适用情形

1. 具体适用情形

发行人向职工（含持股平台）、顾问、客户、供应商及其他利益相关方等新增股份，以及主要股东及其关联方向职工（含持股平台）、客户、供应商及其他利益相关方等转让股份，发行人应根据重要性水平，依据实质重于形式原则，对相关协议、交易安排及实际执行情况进行综合判断，并进行相应会计处理。有充分证据支持属于同一次股权激励方案、决策程序、相关协议而实施的股份支付，原则上一并考虑适用。

（1）实际控制人/老股东增资。解决股份代持等规范措施导致股份变动，家族内部财产分割、继承、赠予等非交易行为导致股份变动，资产重组、业务并购、转换持股方式、向老股东同比例配售新股等导致股份变动，有充分证据支持相关股份获取与发行人获得其服务无关的，不适用《企业会计准则第 11 号——股份支付》。

为发行人提供服务的实际控制人/老股东以低于股份公允价值的价格增资入股，且超过其原持股比例而获得的新增股份，应属于股份支付。如果增资协议约定，所有股东均有权按各自原持股比例获得新增股份，但股东之间转让新增股份受让权且构成集团内股份支付，导致实际控制人/老股东超过其原持股比例获得的新增股份，也属于股份支付。实际控制人/老股东原持股比例，应按照相关股东直接持有与穿透控股平台后间接持有的股份比例合并计算。

（2）顾问或实际控制人/老股东亲友获取股份。发行人的顾问或实际控制人/老股东亲友（以下简称“当事人”）以低于股份公允价值的价格取得股份，应综合考虑发行人是否获取当事人及其关联方的服务。

发行人获取当事人及其关联方服务的，应构成股份支付。

实际控制人/老股东亲友未向发行人提供服务，但通过增资取得发行人股份的，应考虑是否实际构成发行人或其他股东向实际控制人/老股东亲友让予利益，从而构成对实际控制人/老股东的股权激励。

（3）客户、供应商获取股份。发行人客户、供应商入股的，应综合考虑购销交易公允性、入股价格公允性等因素判断。

购销交易价格与第三方交易价格、同类商品市场价等相比不存在重大差异，且发行人未从此类客户、供应商获取其他利益的，一般不构成股份支付。

购销交易价格显著低于/高于第三方交易价格、同类商品市场价等可比价格的：（1）客户、供应商入股价格未显著低于同期财务投资者入股价格的，一般不构成股份支付；（2）客户、供应商入股价格显著低于同期财务投资者入股价格的，需要考虑此类情形是否构成股份支付；是否显著低于同期财务投资者入股价格，应综合考虑与价格公允性相关的各项因素。

2. 确定公允价值应考虑因素

确定公允价值，应综合考虑以下因素：（1）入股时期、业绩基础与变动预期、市场环境变化；（2）行业特点，同行业并购重组市盈率、市净率水平；（3）股份支付实施或发生当年市盈率、市净率等指标；（4）熟悉情况并按公平原则自愿交易的各方最近达成的入股价格或股权转让价格，如近期合理的外部投资者入股价，但要避免采用难以证明公允性的外部投资者入股价；（5）采用恰当的估值技术确定公允价值，但要避免采取有争议的、结果显失公平的估值技术或公允价值确定方法，如明显增长预期下按照成本法评估的净资产或账面净资产。判断价格是否公允应考虑与某次交易价格是否一致，是否处于股权公允价值的合理区间范围内。

3. 确定等待期应考虑因素

股份立即授予或转让完成且没有明确约定等待期等限制条件的，股份支付费用原则上应一次性计入发生当期，并作为偶发事项计入非经常性损益。设定等待期的股份支付，股份支付费用应采用恰当方法在等待期内分摊，并计入经常性损益。

发行人应结合股权激励方案及相关决议、入股协议、服务合同、发行人回购权的期限、回购价格等有关等待期的约定及实际执行情况，综合判断相关约定是否实质上构成隐含的可行权条件，即职工是否必须完成一段时间的服务或完成相关业绩方可真正获得股权激励对应的经济利益。

发行人在股权激励方案中没有明确约定等待期，但约定一旦职工离职或存在其他情形（例如职工考核不达标等非市场业绩条件），发行人、实际控制人或其指定人员有权回购其所持股份或在职工持股平台所持有财产份额的，应考虑此类条款或实际执行情况是否构成实质性的等待期，尤其关注回购价格影响。回购价格公允，回购仅是股权归属安排的，职工在授予日已获得相关利益，原则上不认定存在等待期，股份支付费用无须分摊。回购价格不公允或尚未明确约定的，表明职工在授予日不能确定获得相关利益，只有满足特定条件后才能获得相关利益，应考虑是否构成等待期。

（1）发行人的回购权存在特定期限。发行人对于职工离职时相关股份的回购权存在特定期限，例如固定期限届满前、公司上市前或上市后一定期间等，无证据支持相关回购价格公允的，一般应将回购权存续期间认定为等待期。

（2）发行人的回购权没有特定期限，且回购价格不公允。发行人的回购权没有特定期限或约定职工任意时间离职时发行人均有权回购其权益，且回购价格与公允价值存在较大差异的，例如职工仅享有持有期间的分红权、回购价格是原始出资额或原始出资额加定期利息等，发行人应结合回购价格等分析职工实际取得的经济利益，判断该事项应适用职工薪酬准则还是股份支付准则。

（3）发行人的回购权没有特定期限，且回购价格及定价基础均未明确约定。发行人的回购权没有特定期限，且回购价格及定价基础均未明确约定的，应考虑相关安排的商业合理性。发行人应在申报前根据股权激励的目的和商业实质对相关条款予以规范，明确回购权期限及回购价格。

（二）核查要求

保荐机构及申报会计师应对发行人的股份变动是否适用《企业会计准则第 11 号——股份支付》进行核查，并对以下问题发表明确意见：股份支付相关安排是否具有商业合理性；股份支付相关权益工具公允价值的计量方法及结果是否合理，与同期可比公司估值是否存在重大差异；与股权所有权或收益权等相关的限制性条件是否真实、可行，相关约定是否实质上构成隐含的可行权条件，等待期的判断是否准确，等待期各年/期确认的职工服务成本或费用是否准确；发行人股份支付相关会计处理是否符合规定。

（三）信息披露

发行人应根据重要性原则，在招股说明书中披露股份支付的形成原因、具体对象、权益工具的数量及确定依据、权益工具的公允价值及确认方法、职工持有份额/股份转让的具体安排等。

（四）典型案例

【案例 11－12】关于等待期的确定。

案例背景：发行人 A 对核心人员进行股权激励，协议中约定：在授予日至上市前，若激励对象正常离职，必须以规定价格转让其所持持股平台财产份额，授予后 1 年内离职的转让价格为原始出资额，超过 1 年的参照公司净资产值定价；在上市后禁售期内，激励对象离职需参照公司净资产值确定转让对价，转让持股平台份额；禁售期满后，激励对象可参照减持之日公司股票交易价格转让持股平台财产份额。报告期内，激励对象离职均按上述条款实际执行，退出价格不公允。申报时公司认为离职条款不构成公司对服务期的明确约定，授予后股份支付费用一次性计入当期损益。

发行人 B 对员工实施股权激励，协议中约定员工任何时间离职，均应将激励股权转让给实际控制人或其指定的其他人员，价格由双方协商确定。自授予至今，共计 5 名被激励员工因个人原因离职并退出股权，退出价格经协商确定为授予时的原价，退出价格不公允。申报时，公司认定股权激励不存在服务期，一次性确认股权激励费用。

案例解析：实践中，对于等待期的确定，发行人应结合股权激励方案及相关决议、入股协议、服务合同、发行人回购权的期限、回购价格等有关等待期的约定及实际执行情况，综合判断相关约定是否实质上构成隐含的可行权条件，即职工是否必须完成一段时间的服务或完成相关业绩方可真正获得股权激励对应的经济利益。

发行人在股权激励方案中没有明确约定等待期，但约定一旦职工离职或存在其他情形（例如职工考核不达标等非市场业绩条件），发行人、实际控制人或其指定人员有权回购其所持股份或在职工持股平台所持有财产份额的，应考虑此类条款或实际执行情况是否构成实质性的等待期，尤其关注回购价格影响。回购价格公允，回购仅是股权归属安排的，职工在授予日已获得相关利益，原则上不认定存在等待期，股份支付费用无须分摊。回购价格不公允或尚未明确约定的，表明职工在授予日不能确定获得相关利益，只有满足特定条件后才能获得相关利益，应考虑是否构成等待期。

发行人的回购权没有特定期限，且回购价格及定价基础均未明确约定的，应考虑相关安排的商业合理性。发行人应根据股权激励的目的和商业实质对相关条款予以规范，明确回购权期限及回购价格。

对发行人 A，虽然未明确约定服务期限，但根据约定，激励对象在禁售期满前一旦离职，需以原始出资价格或参照公司净资产值定价转让所持持股平台份额。实际执行过程中，退出价格显著低于同期公允价值。退出的被激励对象未能获得股份增值的市场化收益，在授予日不能确定获得相关利益，应考虑此类条款或实际执行情况是否构成实质性的等待期。审核过程中，发行人 A 对前期财务报表进行了会计差错更正，将授予日至上市后禁售期满认定为等待期，并对股权激励费用予以分摊。目前，发行人已发行上市。

对发行人 B，协议约定离职员工转让股权以协商方式确定价格、未明确约定协商定价基准，亦未约定回购权的期限。但从实际执行来看，离职员工均按照原价转让，不具有公允性，反映可能实质上存在隐含的可行权条件。审核过程中，发行人 B 对激励方案予以补充及明确，约定在授予日至上市后 3 年内离职需要以出资额或出资金额加上同期存款利息转让股权，之后可按市场价格转让等。根据上述协议，B 公司对前期财务报表进行差错更正，以授予日至预计上市日后 3 年认定为等待期，并对股权激励费用予以分摊。目前，发行人已发行上市。

【案例 11－13】 关于公允价值的确定。

案例背景： 2018 年 7 月，发行人 C 聘请的评估机构出具《评估报告》，确定截至 2018 年 6 月 30 日公司股东全部权益评估价值为 3.63 亿元。2018 年 11 月，发行人员工认购发行人新股，认购价格对应公司估值为 3.24 亿元。申报时，公司认定员工增资价格参考《评估报告》并经实际控制人与参与人员协商拟定，入股价格公允，不属于股份支付。但根据公司 2019 年 4 月提交的首发上市申请材料，公司预计首次公开发行后市值为 19.95 亿元。

发行人 D 公司对员工实施股权激励，由于不存在相近期间合理的外部投资者入股价作为参考，公司在确认股份支付公允价值时，主要参考了以下两方面的因素：一是股权价值评估值。公司在前次股权激励时，以 2018 年 8 月 31 日为评估基准日对公司股权价值进行了评估，评估值对应 2018 年度净利润 PE 值为 11.56 倍。二是可比公司股权收购时的 PE 倍数。2018—2019 年上市公司收购可比公司的 PE 值在 13～14 倍之间，平均值为 13.52 倍。公司认为股权激励时点与前次股权评估时间间隔不长，市场环境未发生重大变化，参考同期上市公司收购行业可比公司的市盈率倍数，确定公司公允价值 PE 倍数为 13.5 倍。

案例分析： 发行人 C 虽然股权激励前后不存在外部投资者入股，但其确定的股份支付价值低于前期公司权益评估水平，且与随后首发上市申报材料里的预计市值差异较大。审核过程中，公司根据同时期上市公司并购新三板同行业企业的平均收购市盈率，重新确定股份支付的公允价值，并补充确认了股份支付费用。目前，发行人已发行上市。

发行人 D 在确定股权激励公允价值评估方法时，在前期股权价值评估基础上，以同时期上市公司收购可比公司的市盈率水平作为参考，合理考虑了公司业绩和市场环境变化和行业特点，确定的股份支付公允价值具有合理性。目前，发行人已发行上市。

七、应收款项减值

（一）核查要求

根据《适用指引第 5 号》，就资产应收款项测试和计提事项，保荐机构及申报会计师应对发行人应收款项包括但不限于以下事项进行核查并发表明确意见：

1. 根据预期信用损失模型，发行人可依据包括客户类型、商业模式、付款方式、回款周期、历史逾期、违约风险、时间损失、账龄结构等因素形成的显著差异，对应收款项划分不同组合分别进行减值测试。

2. 发行人评估预期信用损失，应考虑所有合理且有依据的信息，包括前瞻性信息，并说明预期信用损失的确定方法和相关参数的确定依据。

3. 如果对某些单项或某些组合应收款项不计提坏账准备，发行人应充分说明并详细论证未计提的依据和原因，是否存在确凿证据，是否存在信用风险，账龄结构是否与收款周期一致，是否考虑前瞻性信息，不应仅以欠款方为关联方客户、优质客户、政府工程客户或历史上未发生实际损失等理由而不计提坏账准备。

4. 发行人重要客户以现金、银行转账以外方式回款的，应清晰披露回款方式。

5. 发行人应清晰说明应收账款账龄的起算时点，分析披露的账龄情况与实际是否相符；应收账款初始确认后又转为商业承兑汇票结算的或应收票据初始确认后又转为应收账款结算的，发行人应连续计算账龄并评估预期信用损失；应收账款保理业务，如为有追索权债权转让，发行人应根据原有账龄评估预期信用损失。

6. 发行人应参考同行业上市公司确定合理的应收账款坏账准备计提政策；计提比例与同行业上市公司存在显著差异的，应在招股说明书中披露具体原因。

（二）信息披露

根据《招股书格式准则》第五十九条第（一）款，发行人应结合应收款项主要构成、账龄结构、预期信用损失的确定方法、信用政策、主要债务人等因素，分析披露报告期应收款项的变动原因及期后回款进度，说明是否存在较大坏账风险；应收款项坏账准备计提比例明显低于同行业可比公司的，应分析披露具体原因。

（三）典型案例

【案例 11 - 14】

案例背景：2019 年末，A 公司对 B 公司应收账款账面原值为 8 000 万元，因 B 公司出现经营困难，A 公司对该项应收账款按照 20% 的比例确认了预计信用损失（坏账准备）。2019 年 12 月，A 公司与 B 公司签订了《抵债协议》，约定以 B 公司的货物冲抵应收账款。2020 年 1 月，A 公司收到全部抵债货物，在财务报表报出日 2020 年 3 月 31 日前仅实现了少量对外销售，销售情况不如预期。在实务中，应如何计量该项应收账款的预期信用损失？

案例分析：从会计准则规定来看，按照《企业会计准则第 22 号——金融工具确认和计量》和应用指南，应收账款的预期信用损失是以违约概率为权重的、金融工具现金流缺口（即应收账款合同现金流量与预期收到的现金流量之间的差额）现值的加权平均值，确定时要考虑关于过去事项、当前状况以及未来经济状况预测的信息。从实务操作来看，本案例中，在计量该项应收账款的预期信用损失时应考虑以下事项：

（1）《抵债协议》对预期信用损失计量的影响。A 公司在 2019 年 12 月签署《抵债协议》，且在财务报表报出日前收到了抵债货物，因此，该项应收账款预期收到的现金流量将由抵债货物的未来变现情况决定，而不再仅仅受制于 B 公司的偿债能力，确认预期信用损失的关键因素发生改变。

（2）对抵债货物未来现金流量的确认和判断是否准确、合理和谨慎，应重点分析 A 公司对抵债货物的具体用途，判断 A 公司是否具备变现或使用抵债货物的技术、渠道和能力，并综合市场价格、供需关系、技术参数、滞销和减值可能性等因素，评估和预计抵债货物的未来现金流量。

（3）预期信用损失计量的具体过程是否准确、合规，包括所选取重要参数如折现率和概率加权属性是否合理，在分析未来现金流量时采集和适用的特定信息是否充分，预期信用损失测算是否准确，根据测算的预期信用损失结果判断坏账准备计提是否充分，如测算的预期信用损失高于 20%，那么 A 公司对该项应收账款所确认的坏账准备可能是不充分的。在问询回复中，发行人结合抵债货物的实际销售金额及毛利率水平、抵债货物对应在手订单情况、市场供需关系等，谨慎论证了抵债货物出售、自用或滞销的概率以及各概率下的预计未来现金流量等，在单项金融资产层面补充确认了该项应收账款的预期跌价损失并进行了风险提示。

八、尚未盈利或最近一期存在累计未弥补亏损

（一）核查要求

发行人尚未盈利或最近一期存在累计未弥补亏损的，中介机构应充分核查尚未盈利或最近一期存在累计未弥补亏损的原因，并就其是否影响发行人持续经营能力发表意见。

（二）信息披露

1. 原因分析

发行人应结合行业特点和公司情况，针对性量化分析披露尚未盈利或最近一期存在累计未弥补亏损的成因，是否符合投入产出规律，是否具有商业合理性，是否属于行业普遍现象。对行业共性因素，应结合所属行业情况、竞争状况、发展态势以及同行业可比公司经营情况等，具体分析披露行业因素对公司盈利的影响。对公司特有因

素，应结合公司的投资、研发、生产、销售等情况，具体分析披露有关因素对公司盈利的影响，相关因素在报告期内的变化情况、发展趋势，相关因素与报告期内盈利变动的匹配关系。

2. 影响分析

发行人应充分披露尚未盈利或最近一期存在累计未弥补亏损对公司现金流、业务拓展、人才吸引、团队稳定、研发投入、战略投入、生产经营可持续性等方面的影响。尚未盈利的发行人应充分披露尚未盈利对公司经营的影响，是否对未来持续经营能力产生重大不利影响。

3. 趋势分析

尚未盈利的发行人应谨慎估计并客观披露与未来业绩相关的前瞻性信息，包括原因分析中有关因素的发展趋势、达到盈亏平衡状态主要经营要素需达到的水平、未来是否可实现盈利以及其他有利于投资者对公司盈利趋势形成合理预期的信息。披露前瞻性信息时，应披露预测相关假设基础，并声明假设的数据基础及相关预测具有重大不确定性，提醒投资者谨慎使用。

4. 风险因素

尚未盈利的发行人，应结合自身情况针对性地充分披露相关风险因素，如未来一定期间无法盈利风险，收入无法按计划增长风险，研发失败风险，产品或服务无法得到客户认同风险，资金状况、业务拓展、人才引进、团队稳定、研发投入等方面受到限制或影响的风险等。预期未盈利状态仍将持续存在的，发行人还应结合《上市规则》的具体条款分析触发退市条件的可能性，并充分披露相关风险。

最近一期存在累计未弥补亏损的，发行人应披露累计未弥补亏损及其成因对公司未来盈利能力、分红政策影响等。

5. 投资者保护措施及承诺

尚未盈利或最近一期存在累计未弥补亏损的发行人，应披露依法落实保护投资者合法权益规定的各项措施；应披露本次发行前累计未弥补亏损是否由新老股东共同承担以及已履行的决策程序。尚未盈利企业应披露其控股股东、实际控制人和董事、监事、高管、核心技术人员按照相关规定作出的关于减持股份的特殊安排或承诺。

九、通过互联网开展业务相关信息系统核查

（一）适用情形

部分发行人，如电商、互联网信息服务、互联网营销企业等，其业务主要通过互

联网开展。此类企业，报告期任意一期通过互联网取得的营业收入占比或毛利占比超过 30%，原则上，保荐机构及申报会计师应对该类企业通过互联网开展业务的信息系统可靠性分别进行专项核查并发表明确核查意见。

（二）核查要求

发行人应向保荐机构及申报会计师完整提供报告期应用的信息系统情况，包括系统名称、开发人、基本架构、主要功能、应用方式、各层级数据浏览或修改权限等；应向保荐机构及申报会计师核查信息系统数据开放足够权限，为其核查信息系统提供充分条件。

1. 对于直接向用户收取费用的此类企业，如互联网线上销售、互联网信息服务、互联网游戏等，保荐机构及申报会计师的核查应包括但不限于以下方面：①经营数据的完整性和准确性，是否存在被篡改的风险，与财务数据是否一致；②用户真实性与变动合理性，包括新增用户的地域分布与数量、留存用户的数量、活跃用户数量、月活用户数量、单次访问时长与访问时间段等，系统数据与第三方统计平台数据是否一致；③用户行为核查，包括但不限于登录 IP 或 MAC 地址信息、充值与消费的情况、重点产品消费或销售情况、僵尸用户情况等，用户充值、消耗或消费的时间分布是否合理，重点用户充值或消费是否合理；④系统收款或交易金额与第三方支付渠道交易金额是否一致，是否存在自充值或刷单情况；⑤平均用户收入、平均付费用户收入等数值的变动趋势是否合理；⑥业务系统记录与计算虚拟钱包（如有）的充值、消费数据是否准确；⑦互联网数据中心（IDC）或带宽费用的核查情况，与访问量是否匹配；⑧获客成本、获客渠道是否合理，变动是否存在异常。

2. 对用户消费占整体收入比较低，主要通过展示或用户点击转化收入的此类企业，如用户点击广告后向广告主或广告代理商收取费用的企业，保荐机构及申报会计师的核查应包括但不限于以下方面：①经营数据的完整性和准确性，是否存在被篡改的风险，与财务数据是否一致；②不同平台用户占比是否符合商业逻辑与产品定位；③推广投入效果情况，获客成本是否合理；④用户行为真实性核查，应用软件的下载或激活的用户数量、新增和活跃的用户是否真实，是否存在购买虚假用户流量或虚构流量情况；⑤广告投放的真实性，是否存在与广告商串通进行虚假交易；⑥用户的广告浏览行为是否存在明显异常。

如因核查范围受限、历史数据丢失、信息系统缺陷、涉及商业秘密等原因，导致无法获取全部或部分运营数据，无法进行充分核查的，保荐机构及申报会计师应考虑该等情况是否存在异常并就信息系统可靠性审慎发表核查意见；同时，对该等事项是否构成本次发行上市的实质性障碍发表核查意见。

此外，发行人主要经营活动并非直接通过互联网开展，但其客户主要通过互联网销售发行人产品或服务，如发行人该类业务营业收入占比或毛利占比超过30%，保荐机构及申报会计师应核查该类客户向发行人传输交易信息、相关数据的方式、内容，并以可靠方式从发行人获取该等数据，核查该等数据与发行人销售、物流等数据是否存在差异，互联网终端客户情况（如消费者数量、集中度、地域分布、消费频率、单次消费金额分布等）是否存在异常。对无法取得客户相关交易数据的，保荐机构及申报会计师应充分核查原因并谨慎评估该情况对发表核查意见的影响。

（三）信息披露

目前，监管规定对于通过互联网开展业务相关信息系统核查尚无明确的信息披露要求，实务中，通常是在问询回复阶段，发行人及中介机构就核查内容、核查方式和核查结论等内容进行答复并披露。

第三节 法律问题

《首次公开发行股票注册管理办法》（本章简称《首发注册办法》）规定，发行人应当业务完整，具有直接面向市场独立持续经营的能力，不存在对发行人构成重大不利影响的同业竞争，不存在严重影响独立性或者显失公平的关联交易；股份权属清晰，不存在导致控制权可能变更的重大权属纠纷；不存在涉及主要资产、核心技术、商标等的重大权属纠纷，重大偿债风险，重大担保、诉讼、仲裁等或有事项。本节按照重要性原则，选取与股权清晰稳定、独立持续经营能力密切相关的十二个问题，围绕适用情形、核查要求、信息披露及典型案例四个维度进行剖析。

一、对赌协议等类似安排

（一）相关规定

对赌协议，又称估值调整协议，是指投资方与融资方在达成股权性融资协议时，为解决交易双方对目标公司未来发展的不确定性、信息不对称以及代理成本而设计的包含了股权回购、金钱补偿等对未来目标公司的估值进行调整的协议。对赌协议产生的根源在于企业未来盈利能力的不确定性，目的是尽可能地实现投资交易的合理和公平。通过条款的设计，对赌协议可以有效保护投资人利益。所以，对赌协议实际上是一种财务工具，是对企业估值的调整，是带有附加条件的价值评估方式。

鉴于对赌协议对发行人股权结构稳定和公众股东权益保障的影响，证监会给出了明确的处理意见，在《监管规则适用指引——发行类第 4 号》（本章简称《适用指引第 4 号》）中有规定，具体如下：

投资机构在投资发行人时约定对赌协议等类似安排的，保荐机构及发行人律师、申报会计师应当重点就以下事项核查并发表明确核查意见：一是发行人是否为对赌协议当事人；二是对赌协议是否存在可能导致公司控制权变化的约定；三是对赌协议是否与市值挂钩；四是对赌协议是否存在严重影响发行人持续经营能力或者其他严重影响投资者权益的情形。存在上述情形的，保荐机构、发行人律师、申报会计师应当审慎论证是否符合股权清晰稳定、会计处理规范等方面的要求，不符合相关要求的对赌协议原则上应在申报前解除。

发行人应当在招股说明书中披露对赌协议的具体内容、对发行人可能存在的影响等，并进行风险提示。

解除对赌协议应关注以下方面：

（1）约定"自始无效"，对回售责任"自始无效"相关协议签订日在财务报告出具日之前的，可视为发行人在报告期内对该笔对赌不存在股份回购义务，发行人收到的相关投资款在报告期内可确认为权益工具；对回售责任"自始无效"相关协议签订日在财务报告出具日之后的，需补充提供协议签订后最新一期经审计的财务报告。

（2）未约定"自始无效"的，发行人收到的相关投资款在对赌安排终止前应作为金融工具核算。

（二）实务分析

在实务中，考虑到对赌协议的存在会影响发行人的股权清晰等情况，企业在拟上市申报前通常需要区分对赌协议的签署方进行处理，一般而言，根据对赌协议签署方的不同，对赌协议主要可分为两种类型：一是投资方与发行人签署的对赌协议；二是投资方与发行人股东签署的对赌协议。

1. 投资方与发行人签署的对赌协议

《企业会计准则第 37 号——金融工具列报（2017 年修订）》规定，如果企业不能无条件地避免交付现金或其他金融资产来履行一项合同义务（如不能无条件避免地赎回、强制付息），则符合金融负债的定义。

中国证监会《监管规则适用指引——会计类第 1 号》明确了附回售条款股权投资的确认与分类。若投资方与被投资方约定，如被投资方未能满足特定目标，投资方有权要求按照成本加年化收益率的对价将该股权回售给被投资方，从被投资方角度来看，由于被投资方存在无法避免地向投资方交付现金的合同义务，应分类为金融负债进行会计处理。

结合实务，如投资方与发行人本身之间存在股份回购等条款（如存在未能满足特定目标情形下，投资方有权要求发行人回购股份），属于《监管规则适用指引——会计类第 1 号》规定的情形，则发行人存在不能无条件避免地向投资方交付现金的义务，此时，在发行人账面上，投资方对发行人的投资应分类为金融负债。

综上所述，根据相关会计准则的规定，发行人账面需要确认金融负债，不仅对发行人经营业绩和财务状况带来负面影响，而且对于在报告期初签订了对赌条款，后又进行股改的发行人而言，如不解除且未认定为金融负债，还可能影响发行人的股改净资产，进一步导致发行人股改存在瑕疵。因此，发行人一般在申报前采取与投资方签订补充协议的方式约定终止相关对赌条款并确认条款自始无效；同时，发行人最新一期审计报告必须覆盖自始无效确认文件的签署日，这是目前实务中的通行做法，也是《适用指引第 4 号》的要求。

2. 投资方与发行人股东签署的对赌协议

发行人股东对投资者的补偿承诺不违反法律法规的禁止性规定，是有效的。在合同约定的补偿条件成立的情况下，根据合同当事人意思自治、诚实信用的原则，引资者（发行人股东）应信守承诺，投资者应当得到约定的补偿。

针对发行人股东与投资者约定的补偿承诺情形，应结合《适用指引第 4 号》的要求进行分析论证。

不论对赌协议是否解除，按照 IPO 相关法规的要求，均需要在相关申报文件中对“对赌协议的具体内容”“对发行人可能存在的影响”等方面做充分核查说明。

在注册制的背景下，监管机构对于带有对赌协议的上市企业审核中会基于实际情况与市场需求，指导向不严重影响发行人持续经营能力、投资者权益等方向良性发展，具体而言，在 IPO 过程中，对于对赌协议的处理原则如下：

（1）发行人本身不能成为对赌方，如属于，需通过签署补充协议的方式予以彻底终止且自始无效，同时，发行人最新一期审计报告必须覆盖自始无效确认文件的签署日；

（2）就注册制下整体的情况来看，大部分企业倾向于申报前彻底解除且约定对赌协议自始无效；

（3）如未解除，则需就对赌协议符合《适用指引第 4 号》的要求逐条进行充分的解释；

（4）对附有恢复条件解除的情况，需详细披露如下内容：对赌协议的风险提示、对赌协议的详细内容条款、解除及恢复条件、最关键的是要根据《适用指引第 4 号》

的要求逐条充分论述。

（三）信息披露

《适用指引第 4 号》规定，发行人应当在招股说明书中披露对赌协议的具体内容、对发行人可能存在的影响等，并进行风险提示。

（四）典型案例

【案例 11 - 15】

本案例中 A 公司作为对赌协议当事人，与各投资方的对赌安排已全部解除并约定自始无效；同时，约定各投资方与实际控制人及实际控制人控制的企业之间的对赌安排中止，仅当 A 公司本次申请被撤回或上交所驳回或终止审核或被证监会决定不予注册时，相关权利恢复效力，并通过解释符合相关规定并保留部分对赌条款。具体情形如下：

案例背景： A 公司与投资方曾约定在 A 公司未能在 2022 年 12 月 31 日前实现合格的首次公开发行等情形下，投资方有权要求 A 公司进行回购。此外，还约定了领售权、股权转让限制、优先认购权、反稀释权、最惠国待遇、优先清算权等特殊权利条款。2021 年 9 月，A 公司、实际控制人分别与全体股东签署了《股东特殊权利终止协议》，约定与 A 公司相关的股东特殊权利条款自始无效且不得恢复效力或追溯法律义务或要求 A 公司履行任何义务或承担任何责任，但如在 2022 年 12 月 31 日 A 公司未能实现合格的首发上市，与实际控制人及其控制的企业相关的股东特殊权利、义务及相关条款自动恢复效力。

审核问题： 请 A 公司全面梳理 A 公司或实际控制人及其他相关方对外签署的协议，重点结合报告期内增资、投资协议、公司章程等的具体内容，说明特殊权益的清理与存续情况；清理的，请进一步说明清理时间、清理过程、清理效力，是否存在应披露未披露的其他事项；存续的，请进一步说明是否符合审核问答的规定，上市后是否持续有效，并提供充分依据和理由；请说明自动恢复效力条款对本次发行上市的影响，是否构成本次发行上市实质障碍。

处理方式： A 公司通过论证不同情形下对赌协议中的约定已符合相关监管要求，被监管机构认可并顺利上市，具体解释如下所示：

（1）针对投资方与 A 公司作为签署主体的对赌约定，进行彻底清理，与 A 公司相关的全部股东特殊权利、义务对 A 公司自始无效且不得恢复效力或追溯法律义务或要求 A 公司履行任何义务或承担任何责任。

（2）针对投资方与 A 公司实际控制人及其控制的企业作为签署主体的对赌约定，

约定全部股东特殊权利、义务，自A公司收到上交所关于发行人本次申请在科创板发行上市的受理通知之日/《股东特殊权利终止协议》签署之日起中止，在上交所受理、审核、发行、上市期间及上市后，该等条款不再对实际控制人及其控制的企业具有任何法律约束力。如A公司本次申请被撤回或上交所驳回或终止审核或被证监会决定不予注册，则自前述情形发生之日（以最早发生者为准）起，与实际控制人及其控制的企业相关的股东特殊权利、义务及相关条款自动恢复效力。

（3）针对上述情形，逐项论证符合监管问答的各项规定，即A公司不作为对赌协议当事人、对赌协议不存在可能导致A公司控制权变化的约定、对赌协议不与市值挂钩、对赌协议不存在严重影响A公司持续经营能力或者其他严重影响投资者权益的情形。

（4）针对对赌协议不存在可能导致A公司控制权变化的约定，各投资方承诺：如A公司未能实现合格的首发非因实际控制人及其控制的企业故意或重大过失导致，将不谋求改变A公司现有的控制权及控制结构，不改变A公司现有的董事会、经理层、核心技术团队的现有结构，并持续支持、推动A公司的健康发展。故在上述情况下，触发对赌安排约定的创始人的股份回购条款并进而导致A公司控制权变化的概率极低，不存在本次发行、上市的重大法律障碍。

二、实际控制人

《〈首次公开发行股票注册管理办法〉第十二条、第十三条、第三十一条、第四十四条、第四十五条和〈公开发行证券的公司信息披露内容与格式准则第57号——招股说明书〉第七条有关规定的适用意见——证券期货法律适用意见第17号》（以下简称《证券期货法律适用意见第17号》）对实际控制人的认定进行了原则性的规定。

（一）实际控制人的认定

1. 认定原则

实际控制人是指拥有公司控制权、能够实际支配公司行为的主体。发行人应当在招股说明书中披露公司控制权的归属、公司的股权及控制结构，并真实、准确、完整地披露公司控制权或者股权及控制结构可能存在的不稳定性及其对公司的持续经营能力的潜在影响和风险。

在确定公司控制权归属时，应当本着实事求是的原则，尊重企业的实际情况，以发行人自身的认定为主，由发行人股东予以确认。保荐机构、发行人律师应通过对公司章程、协议或其他安排以及发行人股东大会（股东出席会议情况、表决过程、审议结果、董事提名和任命等）、董事会（重大决策的提议和表决过程等）、监事会及发行人经营管理的实际运作情况的核查对实际控制人认定发表明确意见。

在实务中，针对实际控制人的认定一般通过以下几个方面来考察：

（1）股东大会表决权，实际控制人应能直接或间接支配相关股份的表决，能够对发行人股东大会决议产生重大影响；

（2）董事提名权，实际控制人应能提名董事会多数成员（独立董事除外）；

（3）实际控制人能对最近三年（科创板与创业板为两年）的股东大会决议，以及董事会重大决策产生重大影响，且上述情况未发生明显变化，共同实际控制人（若有）最近三年（科创板与创业板为两年）内应保持决策一致，且在未来一定期间内具有合理机制保证共同实际控制人在决策上保持一致；

（4）在日常经营管理方面，实际控制人能直接参与公司重大经营事项或对上述事项施加重大影响。

2. 股权较为分散但存在单一股东控制比例达到30%的情形

发行人股权较为分散但存在单一股东控制比例达到30%的情形的，若无相反的证据，原则上应当将该股东认定为控股股东或者实际控制人。存在下列情形之一的，保荐机构、发行人律师应当进一步说明是否通过实际控制人认定规避发行条件或者监管并发表专项意见：

（1）公司认定存在实际控制人，但其他持股比例较高的股东与实际控制人持股比例接近；

（2）公司认定无实际控制人，但第一大股东持股接近30%，其他股东比例不高且较为分散。

保荐机构及发行人律师应当重点关注最近36个月（主板）或者24个月（科创板、创业板）内公司控制权是否发生变化。涉嫌为满足发行条件而调整实际控制人认定范围的，应当从严把握，审慎进行核查及信息披露。

发行人及中介机构通常不应以股东间存在代持关系、表决权让与协议、一致行动协议等为由，认定公司控制权未发生变动。实际控制人为单名自然人或者有亲属关系的多名自然人，实际控制人去世导致股权变动，股份受让人为继承人的，通常不视为公司控制权发生变更。其他多名自然人为实际控制人，实际控制人之一去世的，保荐机构及发行人律师应当结合股权结构、去世自然人在股东大会或者董事会决策中的作用、对发行人持续经营的影响等因素综合判断公司控制权是否发生变更。

3. 存在共同实际控制人的情形

发行人主张多人共同拥有公司控制权的，应当符合以下条件：

（1）每人都必须直接持有公司股份或者间接支配公司股份的表决权；

（2）发行人公司治理结构健全、运行良好，多人共同拥有公司控制权的情况不影响发行人的规范运作；

（3）多人共同拥有公司控制权的情况，一般应当通过公司章程、协议或者其他安排予以明确。公司章程、协议或者其他安排必须合法有效、权利义务清晰、责任明确，并对发生意见分歧或者纠纷时的解决机制作出安排。该情况在最近 36 个月（主板）或者 24 个月（科创板、创业板）内且在首发后的可预期期限内是稳定、有效存在的，共同拥有公司控制权的多人没有出现重大变更；

（4）根据发行人的具体情况认为发行人应当符合的其他条件。

法定或者约定形成的一致行动关系并不必然导致多人共同拥有公司控制权，发行人及中介机构不应为扩大履行实际控制人义务的主体范围或者满足发行条件而作出违背事实的认定。主张通过一致行动协议共同拥有公司控制权但无第一大股东为纯财务投资人等合理理由的，一般不能排除第一大股东为共同控制人。共同控制人签署一致行动协议的，应当在协议中明确发生意见分歧或者纠纷时的解决机制。

在实务中，共同控制人签署一致行动协议常会采取以下几种约定方式来明确发生意见分歧或纠纷时的解决机制，如表 11－3－1 所示。

表 11－3－1　　　共同控制人签署一致行动协议的常见约定情形

争议解决机制	相关案例
各方对同一事项不能达成一致意见时，应以其中一位实际控制人的意见为准	纵横股份（688070. SH）
以表决权数达到协议各方合计所持股数 1/2 以上的表决意见为各方共同一致的对外意见，如各方在行使表决权或提案权前经充分沟通后，对有关公司经营发展等重大事项未能达成一致意见的，则协议各方必须按其持股比例对事项进行表决，表决同意或者反对以作出最终意见，不得放弃表决（即弃权）	米奥会展（300795. SZ）
表决事项达不成一致意见，以各方合计持有股份总数的 2/3 以上的意见作为各方最终意见，否则签约各方同意不再向股东（大）会提出议案	中创物流（603967. SH）
不能达成一致的，研发、技术事项以某一名实际控制人的意见为准，其余事项均以另一名实际控制人的意见为准	奥普特（688686. SH）
如各方在事先共同协商的过程中不能达成一致意见，则均应当投反对票	苏交科（300284. SZ）

同时，在实务中，也存在签署一致行动协议，但并未认定共同控制的情形，类似情形中，与实际控制人签署一致行动协议的其他各方在协议中明确就公司重大经营事项与实际控制人保持一致，同时出具不谋求控制权的承诺，论述其无法决定公司经营方针和重大投资决策。如同兴环保（003027. SZ）。

此外，实际控制人的配偶、直系亲属，如持有公司股份达到 5% 以上或者虽未达到 5% 但是担任公司董事、高级管理人员并在公司经营决策中发挥重要作用，保荐机构、发行人律师应当说明上述主体是否为共同实际控制人。

如果发行人最近 36 个月（主板）或者 24 个月（科创板、创业板）内持有、实际支配公司股份表决权比例最高的主体发生变化，且变化前后的主体不属于同一实际控制人，视为公司控制权发生变更。发行人最近 36 个月（主板）或者 24 个月（科创板、创业板）内持有、实际支配公司股份表决权比例最高的主体存在重大不确定性的，比照前述规定执行。

（二）实际控制人的变更

1. 一般情形

发行人不存在拥有公司控制权的主体或者公司控制权的归属难以判断，如果符合以下情形，可视为公司控制权没有发生变更：

（1）发行人的股权及控制结构、经营管理层和主营业务在首发前 36 个月（主板）或者 24 个月（科创板、创业板）内没有发生重大变化；

（2）发行人的股权及控制结构不影响公司治理有效性；

（3）发行人及其保荐机构和律师能够提供证据充分证明公司控制权没有发生变更。

相关股东采取股份锁定等有利于公司股权及控制结构稳定措施的，可将该等情形作为判断公司控制权没有发生变更的重要因素。

2. 实际控制人去世

实际控制人为单名自然人或有亲属关系的多名自然人，实际控制人去世导致股权变动，股份受让人为继承人的，通常不视为公司控制权发生变更。其他多名自然人为实际控制人，实际控制人之一去世的，保荐机构及发行人律师应结合股权结构、去世自然人在股东大会或董事会决策中的作用、对发行人持续经营的影响等因素综合判断。

3. 持股比例最高者发生变化

如果发行人最近 36 个月（主板）或者 24 个月（科创板与创业板）内持有、实际支配公司股份表决权比例最高的人发生变化，且变化前后的股东不属于同一实际控制人，视为公司控制权发生变更。在实务中，共同控制的情况下，持股比例最高的人发生变化并不必然构成实际控制人的变更，主要可通过以下两个角度进行论述：A. 虽然实际支配公司股份表决权比例最高的人发生变动，但变更前后的股东属于“同一实际控制人”，即将共同控制的几人认定为同一实际控制人；B. 通过一致行动协议、表决权委托等方式证明实际支配公司表决权比例最高的人未变化。

发行人最近 36 个月（主板）或者 24 个月（科创板与创业板）内持有、实际支配公司股份表决权比例最高的人存在重大不确定性的，比照前款规定执行。

4. 国有股权无偿划转或者重组等导致发行人控股股东发生变更

因国有资产监督管理需要，国务院或者省级人民政府国有资产监督管理机构无偿划转直属国有控股企业的国有股权或者对该等企业进行重组等导致发行人控股股东发生变更的，如果符合以下情形，可视为公司控制权没有发生变更：

（1）有关国有股权无偿划转或者重组等属于国有资产监督管理的整体性调整，经国务院国有资产监督管理机构或者省级人民政府按照相关程序决策通过，且发行人能够提供有关决策或者批复文件；

（2）发行人与原控股股东不存在构成重大不利影响的同业竞争或者大量的关联交易，没有故意规避《首发注册办法》规定的其他发行条件；

（3）有关国有股权无偿划转或者重组等对发行人的经营管理层、主营业务和独立性没有重大不利影响。按照国有资产监督管理的整体性调整，国务院国有资产监督管理机构直属国有企业与地方国有企业之间无偿划转国有股权或者重组等导致发行人控股股东发生变更的，比照前款规定执行，但是应当经国务院国有资产监督管理机构批准并提交相关批复文件。不属于前两款规定情形的国有股权无偿划转或者重组等导致发行人控股股东发生变更的，视为公司控制权发生变更。

5. 实际控制人认定中涉及股权代持的情形

实际控制人认定中涉及股权代持情况的，发行人、相关股东应说明存在代持的原因，并提供支持性证据。对于存在代持关系但不影响发行条件的，发行人应在招股说明书中如实披露，保荐机构、发行人律师应出具明确的核查意见。如经查实，股东之间知晓代持关系的存在，且对代持关系没有异议、代持的股东之间没有纠纷和争议，则应将代持股份还原至实际持有人。

发行人及中介机构通常不应以股东间存在代持关系、表决权让与协议、一致行动协议等为由，认定公司控制权未发生变动。

（三）信息披露

《招股书格式准则》关于实际控制人的信息披露规定“第三十二条 发行人应披露持有发行人百分之五以上股份或表决权的主要股东及实际控制人的基本情况”，主要包括：

1. 控股股东、实际控制人的基本情况。控股股东、实际控制人为法人的，应披露成立时间、注册资本、实收资本、注册地和主要生产经营地、股东构成、主营业务及其与发行人主营业务的关系、最近一年及一期末的总资产和净资产、最近一年及一期的营业收入和净利润，并标明财务数据是否经过审计及审计机构名称；控股股东、实际控制人为自然人的，应披露国籍、是否拥有永久境外居留权、身份证号码；控股股东、实际控制人为合伙企业等非法人组织的，应披露出资人构成、出资比例及实际控制人；

2. 控股股东和实际控制人直接或间接持有发行人的股份是否存在被质押、冻结或发生诉讼纠纷等情形，上述情形产生的原因及对发行人可能产生的影响；

3. 实际控制人应披露至最终的国有控股主体、集体组织、自然人等；

4. 无控股股东、实际控制人的，应参照本条对发行人控股股东及实际控制人的要求披露对发行人有重大影响的股东情况；

5. 其他持有发行人 5% 以上股份或表决权的主要股东的基本情况。主要股东为法人的，应披露成立时间、注册资本、实收资本、注册地和主要生产经营地、股东构成、主营业务及其与发行人主营业务的关系；主要股东为自然人的，应披露国籍、是否拥有永久境外居留权、身份证号码；主要股东为合伙企业等非法人组织的，应披露出资人构成、出资比例。

（四）典型案例

[**案例 11－16**] 本案例为发行人股权结构分散，第一大股东持股比例低于 30%，但仍认定为实际控制人的案例。具体情形如下：

案例背景：发行人股份较为分散，实际控制人马某直接和间接持有公司 18.00% 的股份。报告期内，马某持有发行人股份从未超过 30.00%，公司第二大股东李某持有发行人 12.17% 的股份，梁某持有发行人 5.68% 的股份，甲公司持有发行人 5.63% 的股份。

审核问询：将马某认定为公司实际控制人的具体依据，马某实施实际控制权的具体方式，报告期内马某执行的决策程序、结果与公司章程、股东大会、董事会等是否一致。

案例处理方式：发行人主要从以下几个方面论述实际控制人的认定标准：（1）马某作为公司创始人、技术带头人对公司的历史发展贡献；（2）在业务经营、发展规划、重要人事任命、战略与发展委员会、股东大会、董事会等层面的重大影响；（3）其他 5% 以上股东均为财务投资人，且已出具不谋求公司控制权的承诺函；（4）不存在通过实际控制人的认定规避监管的情形。

综合以上几个方面，结合相关规则的认定原则，发行人论述认定马某为公司实际控制人具备合理性。

[案例 11－17] 本案例为发行人存在共同控制，且共同控制方持股比例发生变动，最终被认定为实际控制人未发生变化的案例。具体情形如下：

案例背景：2020 年 4 月各方签署的《共同控制及一致行动协议》，王某某、房某某、林某等 10 人为发行人的共同控制人。

审核问询：披露《共同控制及一致行动协议》的有效期、重大事项的范围及内容约定是否清晰、最近 2 年支配公司股份表决权最高的人是否发生变动。

案例处理方式：（1）按要求补充披露了《共同控制及一致行动协议》的有效期、重大事项的范围及内容约定；（2）最近 2 年支配公司股份表决权最高的人未发生变动。

[案例 11－18] 本案例为发行人第一大股东持股比例高于 30%，认定为无实际控制人的案例。具体情形如下：

案例背景：发行人无控股股东、实际控制人，其前三大股东分别为甲公司、乙公司和丙公司，分别持有 32.01%、19.53% 和 12.41% 的股份。

审核问询：结合甲公司持有发行人 32.01% 的表决权、与第二大股东持股比例的差距超 10%，分析未认定甲公司实际控制发行人是否符合相关规定。

案例处理方式：发行人主要从以下几个方面论述无实际控制人状态：（1）甲公司可实际支配的发行人股权表决权无法控制公司股东（大）会；（2）报告期内，甲公司仅提名 1 名董事，占董事会席位数的比例较低，甲公司依其可实际支配的公司股权表决权无法决定公司董事会半数以上董事选任，也无法控制公司董事会；（3）不存在通过实际控制人认定，规避股份锁定、同业竞争等条件；（4）5% 以上股东及其一致行动人均已承诺不谋求公司控制权。

综合以上几个方面，结合相关规则的认定原则，发行人论述不存在控股股东、实际控制人具备合理性。

[案例 11－19] 本案例为发行人无控股股东、实际控制人的案例。具体情形如下：

案例背景：公司股权较为分散，第一大股东甲公司持股比例 17%，第二大股东乙公司持股比例 15.76%，各股东提名的董事人数均低于董事总人数的 1/2，且公司主要股东之间无关联关系、一致行动关系。发行人无控股股东、实际控制人。

审核问询：结合发行人股权结构、董事提名委派、高管聘任、重大事项决策、业务经营等具体情况，说明认定发行人无控股股东、实际控制人的依据是否充分，是否符合实际情况。

案例处理方式： 发行人从股权结构、董事提名委派、高管聘任、重大事项决策、业务经营等方面，论述发行人无控股股东、实际控制人的依据及合理性：（1）在股权结构层面，发行人论述第一大股东甲公司与第二大股东乙公司持股比例相近，且二者无关联关系、一致行动关系，报告期内，发行人股东持股比例较为分散，未有单一股东控制有表决权的股份数量超过发行人已发行普通股总数30%的情形；（2）在董事提名委派层面，发行人论述任一股东提名的董事人数均未达到董事会成员总数的1/2，不存在股东通过实际支配发行人股份表决权决定董事会半数以上成员的任免的情形；（3）在高管聘任情况层面，发行人论述高级管理人员均由董事会过半数审议通过，不存在单一股东控制公司高管选聘的情形；（4）在重大事项决策和经营业务层面，发行人论述《公司章程》规定公司的重大事项决策及重大的业务经营决策均需履行相应的董事会、股东大会审议程序，结合前述分析，主要股东均无法通过股东大会、董事会实际支配或者决定发行人的重大事项决策和业务经营。

三、同业竞争

（一）适用情形

根据《首发注册办法》第十二条规定，发行人“与控股股东、实际控制人及其控制的其他企业间不存在对发行人构成重大不利影响的同业竞争”。《证券期货法律适用意见第17号》中关于《首发注册办法》第十二条“构成重大不利影响的同业竞争”的理解与适用，针对同业竞争的相关规定如表11－3－2所示。

表11－3－2　　同业竞争相关规定

类型	相关规定
总体判断原则	同业竞争的“同业”是指竞争方从事与发行人主营业务相同或者相似的业务。核查认定该相同或者相似的业务是否与发行人构成“竞争”时，应当按照实质重于形式的原则，结合相关企业历史沿革、资产、人员、主营业务（包括但不限于产品服务的具体特点、技术、商标商号、客户、供应商等）等方面与发行人的关系，以及业务是否有替代性、竞争性、是否有利益冲突、是否在同一市场范围内销售等，论证是否与发行人构成竞争；不能简单以产品销售地域不同、产品的档次不同等认定不构成同业竞争。 对于控股股东、实际控制人控制的与发行人从事相同或者相似业务的企业，发行人还应当结合目前自身业务和关联方业务的经营情况、未来发展战略等，在招股说明书中披露未来对于相关资产、业务的安排，以及避免上市后出现构成重大不利影响的同业竞争的措施

续表

类型	相关规定
主体界定	中介机构应当针对发行人控股股东、实际控制人及其近亲属全资或者控股的企业进行核查。 如果发行人控股股东、实际控制人是自然人，其配偶及夫妻双方的父母、子女控制的企业与发行人存在竞争关系的，应当认定为构成同业竞争。 发行人控股股东、实际控制人的其他亲属及其控制的企业与发行人存在竞争关系的，应当充分披露前述相关企业在历史沿革、资产、人员、业务、技术、财务等方面对发行人独立性的影响，报告期内交易或者资金往来，销售渠道、主要客户及供应商重叠等情况，以及发行人未来有无收购安排
竞争程度	竞争方的同类收入或者毛利占发行人主营业务收入或者毛利的比例达 30% 以上的，如无充分相反证据，原则上应当认定为构成重大不利影响的同业竞争

（二）规范要求

1. 同业竞争的具体核查要求

根据《证券期货法律适用意见第 17 号》，中介机构应当针对发行人控股股东、实际控制人及其近亲属全资或者控股的企业进行核查。

如果发行人控股股东、实际控制人是自然人，其配偶及夫妻双方的父母、子女控制的企业与发行人存在竞争关系的，应当认定为构成同业竞争。

发行人控股股东、实际控制人的其他亲属及其控制的企业与发行人存在竞争关系的，应当充分披露前述相关企业在历史沿革、资产、人员、业务、技术、财务等方面对发行人独立性的影响，报告期内交易或者资金往来，销售渠道、主要客户及供应商重叠等情况，以及发行人未来有无收购安排。

2. 同业竞争的处理方式

针对存在同业竞争情形的，在实务中常采取如下处理方式：

（1）收购合并，将存在同业竞争的关联方资产装入拟上市公司/上市公司主体中；

（2）实际转让给无关联关系的第三方；

（3）承诺协议，主要存在于上市之后规范运作过程中，承诺不以任何方式直接或间接地从事或参与和上市公司竞争的任何业务活动。

（三）信息披露

《招股书格式准则》关于同业竞争的信息披露规定发行人应结合公司主营业务、生产经营规模、财务状况、技术条件、管理能力、发展目标等情况，披露募集资金投资项目的确定依据，披露相关项目实施后是否新增构成重大不利影响的同业竞争，是否对发行人的独立性产生不利影响。

发行人的业务独立于控股股东、实际控制人及其控制的其他企业，与控股股东、实际控制人及其控制的其他企业不存在对发行人构成重大不利影响的同业竞争，以及严重影响独立性或者显失公平的关联交易。

发行人应披露与投资者保护相关的承诺。应充分披露发行人、股东、实际控制人、发行人的董事、监事、高级管理人员以及本次发行的保荐人及证券服务机构等作出的重要承诺、未能履行承诺的约束措施以及已触发履行条件承诺事项的履行情况。承诺事项主要包括：控股股东、实际控制人避免新增同业竞争的承诺等。

根据《证券期货法律适用意见第 17 号》规定，对于控股股东、实际控制人控制的与发行人从事相同或者相似业务的企业，发行人还应当结合目前自身业务和关联方业务的经营情况、未来发展战略等，在招股说明书中披露未来对于相关资产、业务的安排，以及避免上市后出现构成重大不利影响的同业竞争的措施。

发行人控股股东、实际控制人的其他亲属及其控制的企业与发行人存在竞争关系的，应当充分披露前述相关企业在历史沿革、资产、人员、业务、技术、财务等方面对发行人独立性的影响，报告期内交易或者资金往来，销售渠道、主要客户及供应商重叠等情况，以及发行人未来有无收购安排。

（四）典型案例

【案例 11－20】

案例背景：发行人实际控制人控制的其他企业中，甲、乙两家公司均为发行人所属集团丙公司下属的医药平台，从事药物的研发、生产与销售业务，且甲、乙两家公司的某产品为丙公司下属医药相关主体的主要产品，且与发行人的产品均属于生物药。报告期内，甲、乙两家公司的相关产品销售收入远高于发行人产品销售收入。同时，发行人与上述公司在销售渠道、原材料采购和任职人员方面存在重叠。

审核问询：请发行人补充说明发行人与甲公司、乙公司均从事药物的研发、生产与销售业务，且相关产品均属于生物药的情况下，发行人仅以“医药细分领域不同”“适应症不存在重合”认为发行人与甲公司、乙公司不属于同类或相似业务的依据是否充分，请发行人对照《上海证券交易所科创板股票发行上市审核问答》问题 4 的相关规定，详细分析发行人与控股股东、实际控制人及其控制的其他企业间是否存在对发行人构成重大不利影响的同业竞争。

处理方式：

（1）进一步补充在经营场所、产品定位等方面的差异。发行人在“医药细分领域不同”“适应症不存在重合”的基础上，进一步补充说明发行人与竞争方在主要经营场所相互独立、产品覆盖终端科室不存在重叠、业务定位、产品类别方面存在显著差异等情况，更细致地论证了发行人在业务定位与产品类别上均与实际控制人控制的其他医药相关主体存在显著差异。

（2）论证不存在重大不利影响的竞争关系。不存在发行人与实际控制人控制的其他医药相关主体之间竞品收入或毛利占发行人同类业务收入或毛利的比例达 30% 以上的情形。

（3）承认存在销售渠道、原材料采购和任职人员重叠的基础上，论述发行人与其他医药主体之间不存在共享采购渠道或销售渠道的情形，论证了发行人业务体系的完整性和采购销售渠道的独立性。

（4）针对在研产品存在交叉可能导致的不利影响，发行人实际控制人出具了《关于避免同业竞争的承诺函》、相关主体出具了《关于委托生产及/或销售的承诺》，以避免潜在的同业竞争。

四、关联方及关联交易

（一）认定标准

1. 关联方的认定标准

根据《公司法》对关联关系的定义，关联关系是指公司控股股东、实际控制人、董事、监事、高级管理人员与其直接或者间接控制的企业之间的关系，以及可能导致公司利益转移的其他关系。《上海证券交易所股票上市规则（2023 年 2 月修订）》《上海证券交易所科创板股票上市规则（2020 年 12 月修订）》《深圳证券交易所创业板股票上市规则（2023 年修订）》《企业会计准则第 36 号——关联方披露》和 2021 年修订发布的《上市公司信息披露管理办法》等法规规则均对关联方定义进行了界定。

在审核实践中，主板、科创板、创业板对关联方认定总体基本相同，但存在个别差异情况。发行人的关联人，指具有下列情形之一的自然人、法人或其他组织，如表 11－3－3 所示。

2. 关联交易的认定标准

关联交易，是指公司或其控股子公司与关联方之间发生的转移资源或者义务的事项。

《上海证券交易所股票上市规则（2023 年 2 月修订）》第六章第三节、《深圳证券交易所股票上市规则（2023 年修订）》第六章第三节、《上海证券交易所科创板股票上市规则（2020 年 12 月修订）》第七章第二节、《深圳证券交易所创业板股票上市规则（2023 年修订）》第七章第二节、《企业会计准则第 36 号——关联方披露》第三章第八条等法规规则均列举了关联交易事项，具体包括：①购买原材料、燃料、动力，

表 11－3－3　　各板块对关联方的认定标准

<table>
<tr><th>类型</th><th>主板</th><th>创业板</th><th>科创板</th></tr>
<tr><td rowspan="4">关联法人</td><td>直接或者间接控制上市公司的法人（或者其他组织）</td><td>直接或者间接控制上市公司的法人或者其他组织</td><td rowspan="9">（1）直接或者间接控制上市公司的自然人、法人或其他组织
（2）直接或间接持有上市公司5%以上股份的自然人
（3）上市公司董事、监事或高级管理人员
（4）与（1）（2）（3）所述关联自然人关系密切的家庭成员，包括配偶、年满18周岁的子女及其配偶、父母及配偶的父母、兄弟姐妹及其配偶、配偶的兄弟姐妹、子女配偶的父母
（5）直接持有上市公司5%以上股份的法人或其他组织
（6）直接或间接控制上市公司的法人或其他组织的董事、监事、高级管理人员或其他主要负责人
（7）由（1）~（6）所列关联法人或关联自然人直接或者间接控制的，或者由前述关联自然人（独立董事除外）担任董事、高级管理人员的法人或其他组织，但上市公司及其控股子公司除外
（8）间接持有上市公司5%以上股份的法人或其他组织
（9）中国证监会、交易所或者上市公司根据实质重于形式原则认定的其他与上市公司有特殊关系，可能导致上市公司利益对其倾斜的自然人、法人或其他组织
在交易发生之日前12个月内，或相关交易协议生效或安排实施后12个月内，具有前述所列情形之一的法人、其他组织或自然人，视同上市公司的关联方
上市公司与（1）所列法人或其他组织直接或间接控制的法人或其他组织受同一国有资产监督管理机构控制的，不因此而形成关联关系，但该法人或其他组织的法定代表人、总经理、负责人或者</td></tr>
<tr><td>由前项所述法人（或者其他组织）直接或者间接控制的除上市公司、控股子公司及控制的其他主体以外的法人（或者其他组织）（此处深主板不包含“及控制的其他主体”）
注：上市公司与法人（或者其他组织）受同一国有资产管理机构控制而形成该项所述情形的，不因此构成关联关系，但其法定代表人、董事长、总经理或者半数以上的董事兼任上市公司董事、监事或者高级管理人员的除外</td><td>由前项所述法人直接或者间接控制的除上市公司及其控股子公司以外的法人或者其他组织
注：上市公司与法人受同一国有资产管理机构控制而该项所述情形的，不因此构成关联关系，但该法人的董事长、经理或者半数以上的董事属于上市公司董事、监事或者高级管理人员的除外</td></tr>
<tr><td>关联自然人直接或者间接控制的，或者担任董事（不含同为双方的独立董事）、高级管理人员的，除上市公司、控股子公司及控制的其他主体以外的法人（或者其他组织）（此处深主板不包含“及控制的其他主体”）</td><td>关联自然人直接或者间接控制的，或者担任董事（独立董事除外）、高级管理人员的，除上市公司及其控股子公司以外的法人或者其他组织</td></tr>
<tr><td>持有上市公司5%以上股份的法人（或者其他组织）及其一致行动人</td><td>持有上市公司5%以上股份的法人或者一致行动人</td></tr>
<tr><td rowspan="5">关联自然人</td><td>直接或者间接持有上市公司5%以上股份的自然人</td><td>直接或者间接持有上市公司5%以上股份的自然人</td></tr>
<tr><td>上市公司董事、监事和高级管理人员</td><td>上市公司董事、监事及高级管理人员</td></tr>
<tr><td>直接或者间接地控制上市公司的法人（或者其他组织）的董事、监事和高级管理人员</td><td>直接或者间接控制上市公司的法人或者其他组织的董事、监事及高级管理人员</td></tr>
<tr><td>与关联自然人第（一）项、第（二）项所述人士的关系密切的家庭成员</td><td>与关联自然人第（一）项、第（三）项所述人士的关系密切的家庭成员，包括配偶、父母、配偶的父母、兄弟姐妹及其配偶、年满18周岁的子女及其配偶、配偶的兄弟姐妹和子女配偶的父母</td></tr>
<tr><td>✓</td><td>✓</td></tr>
</table>

续表

类型	主板	创业板	科创板
视同关联人	在过去12个月内或者相关协议或者安排生效后的12个月内，存在上述情形之一的法人（或者其他组织）、自然人，为上市公司的关联人	因与上市公司或者其关联人签署协议或者作出安排，在协议或者安排生效后，或者在未来12个月内，具有上述规定情形之一的；在过去12个月内，曾经具有上述规定情形之一的	半数以上董事兼任上市公司董事、监事或者高级管理人员的除外
	中国证监会、交易所或者上市公司根据实质重于形式的原则，认定其他与上市公司有特殊关系，可能或者已经造成上市公司对其利益倾斜的法人（或者其他组织）或者自然人为上市公司的关联人	中国证监会、交易所或者上市公司根据实质重于形式的原则认定的其他与上市公司有特殊关系，可能造成上市公司对其利益倾斜的法人或者其他组织、自然人	

销售产品、商品，提供或者接受劳务，委托或者受托销售，在关联人财务公司存贷款，与关联人共同投资，购买或者出售资产，对外投资，提供财务资助，提供担保，租入或者租出资产，委托或者受托管理资产和业务，赠与或者受赠资产，债权、债务重组，签订许可使用协议，转让或者受让研究与开发项目，放弃权利等。除上述列举事项外，其他通过约定可能引致资源或者义务转移的事项也应视为关联交易。

（二）关注要点

关联交易直接关系到发行人业务开展的独立性与业绩的真实性，是审核中的重点关注事项。在实务中，审核主要关注以下几个方面：

1. 关联方及关联交易的认定是否准确完整，是否存在关联交易非关联化的情形。在实务中，中介机构通常需要结合关联方签署的调查表、公开信息检索、银行流水核查等方式验证关联方范围的完整性以及关联交易非关联化的情形。

2. 关联交易的必要性与合理性。在实务中，中介机构通常需要结合发行人的商业逻辑及业务实质（如地域便利、长期合作等原因）、关联交易的性质（如为经常性/偶发性）、交易内容、发生时间等论证关联交易的必要性与合理性。

3. 关联交易的公允性。在实务中，中介机构通常需要通过与可比市场公允价格、第三方市场价格、关联方与其他交易方的价格以及与自产成本等对比论证关联交易的公允性。

4. 关联交易的真实性。在实务中，中介机构通常需要通过检查与交易相关的原始资料验证交易的真实性，包括双方签订的合同、发货单、出库单、物流单、验收单、发票、银行流水、记账凭证等。

5. 关联交易的金额以及对发行人经营独立性的影响。通过核查关联交易发生金额、占整个同类交易金额的比重（尤其是控股股东、实际控制人及其控制的企业与发行人之间的关联交易）来论证关联交易对发行人经营独立性的影响。

6. 关联交易的未来趋势。在实务中，发行人应在报告期内逐步完善关联交易相关的内控措施，建立健全关联交易管理制度，完善公司治理结构，并披露关联交易未来的发展趋势；实际控制人、控股股东需出具减少或者避免关联交易的承诺等。

（三）信息披露

《适用指引第 4 号》对发行人报告期内关联交易的信息披露要求进行了较为明确的规定：

中介机构在尽职调查过程中，应当尊重企业合法合理、正常公允且确实有必要的经营行为，如存在关联交易的，应就交易的合法性、必要性、合理性及公允性，以及关联方认定，关联交易履行的程序等事项，基于谨慎原则进行核查，同时请发行人予以充分信息披露。具体如下：

1. 关于关联方认定。发行人应当按照《公司法》《企业会计准则》和中国证监会、证券交易所的相关规定认定并披露关联方。

2. 关于关联交易的必要性、合理性和公允性。发行人应披露关联交易的交易内容、交易金额、交易背景以及相关交易与发行人主营业务之间的关系；还应结合可比市场公允价格、第三方市场价格、关联方与其他交易方的价格等，说明并摘要披露关联交易的公允性，是否存在对发行人或关联方的利益输送。

对于控股股东、实际控制人与发行人之间关联交易对应的营业收入、成本费用或利润总额占发行人相应指标的比例较高（如达到 30%）的，发行人应结合相关关联方的财务状况和经营情况、关联交易产生的营业收入、利润总额合理性等，充分说明并摘要披露关联交易是否影响发行人的经营独立性、是否构成对控股股东或实际控制人的依赖，是否存在通过关联交易调节发行人收入利润或成本费用、对发行人利益输送的情形；此外，发行人还应披露未来减少与控股股东、实际控制人发生关联交易的具体措施。

3. 关于关联交易的决策程序。发行人应当披露章程对关联交易决策程序的规定，已发生关联交易的决策过程是否与章程相符，关联股东或董事在审议相关交易时是否回避，以及独立董事和监事会成员是否发表不同意见等。

4. 关于关联方和关联交易的核查。保荐机构及发行人律师应对发行人的关联方认定，发行人关联交易信息披露的完整性，关联交易的必要性、合理性和公允性，关联交易是否影响发行人的独立性、是否可能对发行人产生重大不利影响，以及是否已履行关联交易决策程序等进行充分核查并发表意见。

（四）典型案例

【案例 11－21】 发行人 A 公司的副总经理詹某于报告期内离职，离职后 1 年内仍视为发行人关联方，并披露关联交易。具体情况如下：

案例背景： 报告期内，发行人 A 公司原副总经理詹某离职。詹某亲属曾担任甲公司、乙公司、丙公司的董事、高级管理人员。发行人与甲公司、乙公司、丙公司存在交易。

审核问询： 上交所问询，持续披露与原关联方的关联交易情况及发行人与关联方在关联关系终止前后对于同类产品或服务的交易方式、交易价格和信用政策是否存在差异及差异原因。

处理方式：（1）詹某于 2018 年 4 月离职，发行人将 2018 年 4 月至 2019 年 4 月与甲公司、乙公司和丙公司发生的交易视同关联交易，并在招股说明书中予以披露，2019 年 5 月起不再视同为发行人的关联方；（2）上述由关联方变为非关联方的情形，发行人比照关联交易的要求持续披露与原关联方的后续交易情况，以及詹某及其亲属的任职去向等；（3）披露关联关系终止前后对于同类产品或服务的交易方式、交易价格和信用政策的差异情况及差异原因，论述交易的合理性。该项目后获审核通过。

【案例 11－22】 发行人 B 公司的第一大客户为其关联方，且关联交易金额占营业收入的比重超过 50%。具体情况如下：

案例背景： 发行人 B 公司主要从事模拟芯片的研发、生产和销售，其主要客户甲公司为其关联方，2018 年、2019 年发行人向甲公司销售商品及提供服务的金额为 169.75 万元和 17 343.71 万元，分别占营业收入比例为 1.49% 和 57.13%。2020 年 1—6 月，发行人预计向甲公司的销售收入同比增长超过 300%，而其他业务同比增长约 80%。

审核问询： 上交所问询，要求说明短期内关联交易金额和占比大幅增加的原因及其合理性，2019 年向该重要客户销售产品的收入确认时间，关于产品定价、毛利率、信用政策、收付款政策、返利政策等主要条款是否与其他直销客户一致，相关交易价格是否公允，是否存在潜在利益安排。

处理方式：（1）论证虽然公司 2019 年与甲公司的关联交易占比超过 50%，且公司 2019 年业绩高速增长基本上仅来源于对甲公司的销售，但甲公司系一家知名的信息与通信基础设施提供商，其特殊的背景和地位为公司提供了足够的背书，一方面甲公司不会帮助公司作假冲业绩，另一方面公司能与甲公司合作亦证明了其实力。(2) 结合公司与甲公司的合作历程，阐述 2019 年关联交易金额和占比大幅增长的商业逻辑。2016 年公司开始与甲公司建立合作关系，2016 年至 2018 年提供开发和初试的服务，2018 年产品获得甲公司认可而开始被其采购，2019 年甲公司向公司的采购开始放量。(3) 论证公司向甲公司销售的产品定价、信用政策、收付款政策等主要条款与重要无关联直销客户相比无明显差异。(4) 论证公司通过公平、公正的方式获取甲公司的订单，向甲公司销售的产品总体毛利率与重要无关联直销客户基本一致，相关交易价格公允，不存在潜在利益安排。该项目后获审核通过。

五、境外控制架构

（一）相关规定

《适用指引第 4 号》明确要求：实际控制人实现控制的条线存在境外控制架构的，保荐机构和发行人律师应当对发行人设置此类架构的原因、合法性及合理性、持股的真实性、是否存在委托持股、信托持股、是否有各种影响控股权的约定、股东的出资来源等问题进行核查，说明发行人控股股东和受控股股东、实际控制人支配的股东所持发行人的股份权属是否清晰，以及发行人如何确保其公司治理和内控的有效性，并发表明确意见。

（二）实务分析

发行人的控股股东、实际控制人持股层次复杂且设立在境外，特别是国际避税区（如开曼群岛、英属维尔京群岛等）常面临具体持股层级、持股比例难以核查的情形，如境外的信息相对有限、中介机构难以从公开渠道验证持股结构的完整性、持股主体间如存在其他特殊利益安排不易核查等，可能造成因信息披露不全面、不充分，进而导致投资者对发行人控制结构稳定性、治理结构有效性等的判断依据不足。

在实务中，针对该类型股权结构的核查和信息披露主要包含以下几个层面：

1. 境外股权架构的真实性，包含境外股权架构出资的真实性，是否存在代持等其他影响控制权的相关约定；针对该事项，中介机构通常通过以下方式开展核查：核查境外架构设立时出资的资金凭证或资金流水，聘请独立第三方机构如当地律师与境外主体所在地工商部门进行沟通，就股权结构进行确认等。

2. 境外股权架构形成的合理性，包含设置此类架构的原因和动机，是否具有充分的商业合理性或历史原因等。如发行人实际控制人为境外人士，发行人原计划在境外上市，外资企业可享受一定的税收优惠政策等。针对该事项，中介机构通常通过以下方式开展核查：核查实际控制人的身份证件、查阅当地税收优惠政策、访谈发行人主要人员等。

3. 境外股权架构形成的合规性，包含设置此类架构是否有履行相应的外汇审批程序，控股股东等境外主体是否存在违法违规行为，是否存在涉税风险。针对该事项，中介机构通常通过以下方式开展核查：查阅相关审批文件及合规证明，分析相关外汇、税收政策及规定，聘请独立第三方机构如当地律师对境外主体所在地的主管部门进行沟通、就境外主体的合法合规性进一步核查并发表意见等。

4. 发行人实际控制人通过境外股权架构对发行人实现控制的有效性，通常会基于前述3项的核查，并结合对公司日常治理及决策、内部控制程序等方面的核查，对控股股东和受控股股东、实际控制人支配的股东所持发行人的股份权属是否清晰，是否能够实现有效的控制，以及发行人如何确保其公司治理和内控的有效性发表明确意见。

此外，除控股股东和受控股股东、实际控制人支配的股东应特别关注该问题、做好核查工作及信息披露外，若发行人其他股东存在此类情形的，亦应予以合理关注。

（三）典型案例

【案例11-23】 本案例中，发行人实际控制人通过多层境外持股结构对发行人形成控制，具体情况如下：

案例背景： 发行人实际控制人郭某和K某系父子关系，分别持有甲公司（境外设立）70%、30%股权。甲公司持有乙公司（境外设立）100%股权，乙公司持有丙公司（境内设立）51%股权。丙公司持有发行人54.2%的股份。

审核问询： 深交所问询，要求说明：（1）发行人境外股东与发行人之间是否存在协议控制架构；（2）分析并披露多层股权架构对发行人控制权稳定的影响，发行人实际控制人是否存在无法控制相关境外持股主体的情形。

处理方式：（1）发行人论证关于持股架构设置的合理性，实际控制人郭某和K某均系外籍人士，其二人通过设立前述境外主体投资丙公司，系基于商业惯例并结合其外籍身份实际情况为向中国境内投资所做的考虑，在境外投资架构的搭建过程中其充分考虑境外不同司法辖区营商环境，采用较为常见的BVI、香港的境外投资结构，以尽可能地享受境外不同司法辖区各自差异化优势的营商环境。

（2）中介机构经查阅境外主体公司章程、境外律师出具的法律意见书等资料，论证发行人不存在实际控制人无法控制相关境内外持股主体的情形。

（3）发行人及中介机构论证境外架构设置不会对发行人产生重大不利影响：发行人已制定《公司章程》《股东大会议事规则》《董事会议事规则》《监事会议事规则》

等完善的公司治理制度，已建立符合《公司法》《证券法》等法律、法规要求的公司治理结构和运行有效的内控制度，能够确保公司治理和内控的有效性，前述境外架构设置不会对其产生重大不利影响。

（4）中介机构针对持股真实性、资金来源合理合法、股份权属清晰发表意见。

该项目后获审核通过。

六、共同投资行为

（一）相关规定

《公司法》第 148 条要求，董事、高级管理人员未经股东会或者股东大会同意，不得利用职务便利为自己或者他人谋取属于公司的商业机会，自营或者为他人经营与所任职公司同类的业务。

《适用指引第 4 号》对共同投资行为的披露与核查进行了规定，要求发行人如存在与其控股股东、实际控制人、董事、监事、高级管理人员及其亲属直接或者间接共同设立公司情形，发行人及中介机构应主要披露及核查以下事项：

（1）发行人应当披露相关公司的基本情况，包括但不限于公司名称、成立时间、注册资本、住所、经营范围、股权结构、最近一年及一期主要财务数据及简要历史沿革。

（2）中介机构应当核查发行人与上述主体共同设立公司的背景、原因和必要性，说明发行人出资是否合法合规、出资价格是否公允。

（3）如发行人与共同设立的公司存在业务或资金往来的，还应当披露相关交易的交易内容、交易金额、交易背景以及相关交易与发行人主营业务之间的关系。中介机构应当核查相关交易的真实性、合法性、必要性、合理性及公允性，是否存在损害发行人利益的行为。

（4）如公司共同投资方为董事、高级管理人员及其近亲属，中介机构应核查说明公司是否符合《公司法》相关规定，即董事、高级管理人员未经股东会或者股东大会同意，不得利用职务便利为自己或者他人谋取属于公司的商业机会，自营或者为他人经营与所任职公司同类的业务。

（二）关注要点

控股股东、实际控制人或董事、监事、高级管理人员作为发行人的主要关联方，均对发行人的经营决策和经营成果拥有不同程度的影响力。基于该影响力，若发行人与上述主体或人员及其亲属（以下简称“相关方”）有共同投资行为，可能存在发行人与共同投资方之间的利益输送、商业机会让渡以及利益冲突等。在实务中，上述情形在审核中的关注重点如下：

1. 共同投资行为的真实性、合法性、必要性、合理性及公允性

由于沪深证券交易所股票上市规则均将“关联双方共同投资”认定为关联交易事项的一种。因此，作为关联交易，共同投资行为的缘由及过程的合理性、必要性、合法性和公允性需要得到充分说明和论证。在实务中，中介机构通常需要：（1）通过现场走访共同投资企业、访谈发行人及共同投资方等方式，结合发行人经营的商业逻辑对发行人与相关方共同投资的背景、原因和必要性进行核查；

（2）通过取得出资凭证、相关工商登记文件、共同投资企业的相关财务资料对发行人出资的合法合规性、出资的真实性、出资价格的公允性进行核查。

2. 因共同投资行为导致的潜在利益输送情形

监管重点关注与发行人存在业务或资金往来的共同投资企业，发行人需要对相关业务或资金往来的交易内容、交易金额、交易背景以及相关交易与发行人主营业务之间的关系进行披露；同时，相关交易的真实性、合法性、必要性、合理性及公允性亦需要重点说明，以及是否存在损害发行人利益的行为。在实务中，中介机构通常需要：（1）通过现场走访共同投资企业、访谈发行人等方式，结合发行人经营的商业逻辑对发行人与共同投资企业之间的交易必要性、合理性进行核查；（2）通过对比第三方价格等方式，对交易定价的公允性进行核查；（3）通过执行穿行测试、核查资金流水等方式，对交易定价的真实性、合法性进行核查。

3. 董事及高级管理人员的适格性以及发行人内控制度的有效性

由于发行人董事、高级管理人员对发行人的经营决策和经营成果拥有不同程度的影响力，亦需要关注董事、高级管理人员是否存在未经股东会或者股东大会同意，利用职务便利为自己或者他人谋取属于公司的商业机会，自营或者为他人经营与所任职公司同类的业务的情形。在实务中，中介机构通常需要通过查阅发行人关联交易的内部决策程序等文件，对发行人相关内控程序的有效性、董事及高级管理人员的适格性进行核查。

4. 共同投资行为的重要性程度

由于共同投资行为可能导致潜在的利益输送，在实务中通常需要结合发行人与共同投资方对共同投资企业的持股比例、发行人与共同投资企业之间的交易规模判断共同投资行为的重要性程度。在个别情形下，相关方通过共同投资企业损害发行人利益或进行不当利益输送的可能性较低；或共同投资行为对发行人能造成的潜在影响程度较低，则共同投资行为对发行人影响较小，该类情形包括但不限于：（1）发行人与共

同投资方中均无法对共同投资企业实施控制或施加重大影响，该共同投资企业中存在其他第三方股东能够对该企业的经营决策进行控制或施加重大影响；（2）共同投资企业的经营规模较小、发行人与共同投资企业之间的交易规模较小或在发行人主营业务中重要性较低。

（三）典型案例

【案例 11－24】本案例中，发行人 A 公司与关联方共同出资设立公司，并在未来可能发生潜在的关联交易。具体如下：

案例背景：2019 年 1 月，发行人 A 公司与其关联方乙公司、关联方丙公司共同出资设立甲公司，注册资本为 10 000 万元。其中，发行人认缴 2 000 万元，占注册资本的 20.00%；乙公司认缴 2 900 万元，占注册资本的 29%；丙公司认缴 5 100 万元，占注册资本的 51.00%。甲公司正在筹建骨科医院，提供配套服务。

审核问询：上交所问询，要求说明：（1）与关联方乙公司、丙公司共同投资参股甲公司的原因和商业必要性、与发行人业务的关联性；（2）甲公司筹建骨科医院的进程，未来是否会存在潜在的关联交易。发行人 A 与关联方乙公司及丙公司共同投资是否可能构成对关联方的利益输送。

处理方式：（1）论证关联方参股的原因和商业必要性：与关联方共同投资参股甲公司，是为了在智能医疗器械创新中心内建设以开展骨科手术机器人手术为特色的骨科医院。参考国际同行和医疗器械巨头的成熟经验，发行人未来发展战略是成长为“机器人＋耗材＋服务”业务模式的综合服务商。因此，发行人参股甲公司，有助于推进发行人战略发展，是对发行人服务板块业务发展的重要补充，具备商业必要性。

（2）论证发行人与关联方乙公司、丙公司共同投资均系各方基于市场判断和战略规划做出的投资决策，均是基于公允合理的市场条件，不构成对关联方的利益输送。

（3）针对可能发生关联交易（甲公司筹建的骨科医院所需的骨科手术机器人需要发行人采购，发行人需要租用骨科医院的场地、设备开展临床培训、手术观摩等服务活动），发行人论证其制定了关联交易管理制度等内控制度，对关联交易严格执行相应的审议和审批程序，不会构成对关联方的利益输送。

该项目后获审核通过。

【案例 11－25】本案例中，发行人存在与其实际控制人的共同投资行为。具体如下：

案例背景：发行人的实际控制人甲公司持有乙公司 92.65% 的股权。2017 年 1 月，发行人与 2 名自然人共同出资设立丙公司。2020 年 2 月，乙公司受让他人持有的丙公司股权，从而与发行人共同持有丙公司股权，其中，发行人持有丙公司股权 70%，乙公司持有丙公司股权28.8%。

审核问询：深交所问询，要求按照《深圳证券交易所创业板股票首次公开发行上市审核问答》问题20的要求，披露相关事项及中介机构核查结论。

处理方式：（1）论证发行人与乙公司共同持有丙公司股权的合理性和必要性：国内物联网智能家居行业前景较好，发行人拟通过设立丙公司，与具有丰富的智能家居行业市场推广经验的人才和物联网技术专业人才合作，将主营业务适时向智能家居领域进行拓展。2020年初，因丙公司经营状况未达预期，部分丙公司自然人股东拟退出但未找到合适的受让方，经各方协商一致后确定由乙公司受让该部分股权。因丙公司尚未盈利，本次转让价格为每1元注册资本定价1元。

（2）验证发行人向丙公司出资合法合规，出资价格公允。

（3）论述丙公司与发行人之间开展交易的必要性与合理性。丙公司系发行人开展智能家居业务的实施主体，与发行人之间存在的业务往来及资金往来主要是日常采购销售、经营办公费用以及资金拆借等，真实发生，具有合理的交易背景和必要性，按照市场化原则协商定价，交易价格公允，不存在损害发行人利益的行为。

（4）论述丙公司在发行人业务体系内的定位未发生变化，不存在获取属于发行人的商业机会或经营发行人同类业务的情形。乙公司已出具承诺，将严格按照《公司法》的规定和《丙公司章程》的约定，行使股东权利，履行股东义务；乙公司股东中的发行人董事、高级管理人员也已出具承诺，未经发行人股东大会同意，不利用职务便利为自己或者他人谋取属于发行人的商业机会，自营或者为他人经营与发行人同类的业务的情形，符合《公司法》第148条的规定。

该项目后获审核通过。

七、发行人为或曾为公众公司

（一）相关规定

《适用指引第4号》就公众公司、H股公司或境外分拆、退市公司申请IPO的核查和信息披露要求做了原则性规定，具体如表11-3-4所示。

表11-3-4　公众公司、H股公司或境外分拆、退市公司申请IPO核查要求

适用情形	披露要求
曾为或现为新三板挂牌公司、境外上市公司（包括涉及境外退市或境外上市公司资产出售）	应说明并简要披露其在挂牌或上市过程中，以及挂牌或上市期间在信息披露、股权交易、董事会或股东大会决策等方面的合法合规性，披露摘牌或退市程序的合法合规性（如有），是否存在受到处罚的情形

续表

适用情形	披露要求
涉及境外退市或境外上市公司资产出售	应披露相关外汇流转及使用的合法合规性
新三板挂牌公司的股东中包含被认定为不适格股东	应合并披露相关持股比例，合计持股比例较高的，应披露原因及其对发行人生产经营的影响

（二）实务分析

对于曾为或现为新三板挂牌公司、H 股公司，或者涉及境外分拆、退市的发行人，该类公司作为或曾作为公众公司，需根据挂牌或上市地要求履行信息披露义务，并满足相应合规要求及二级市场交易制度等，而该类信息往往与发行人申请 A 股上市应披露的信息存在重叠。故而，在审核中，上述情形会增加审核对其在其他资本市场运作状况的关注，主要涉及前后信息披露的一致性、公司治理的合法合规性、摘牌或退市程序的合法合规性、外汇监管及股东的适格性等。

针对前后信息披露的一致性，在实务中，中介机构通常会开展对发行人以往披露的信息的核查，结合发行人目前的情形以判断信息披露的差异及原因，差异常见为不同上市地会计政策处理方式的不同、会计政策的变更、会计差错、信息披露差错等，公众公司在发现上述信息差异后，需要先在已挂牌市场上披露更正公告以维持与 IPO 申请文件披露信息的一致性，说明前期差错更正事项的性质及原因、更正事项对公司财务状况和经营成果的影响及更正后的财务指标。若存在无法追溯重述的情况，应当说明该事实和原因以及对前期差错开始进行更正的时点、具体更正情况。

针对公司治理的合法合规性、摘牌或退市程序的合法合规性，在实务中，中介机构通常会结合发行人在公众公司期间的内控制度、决策文件、公众公司挂牌市场的相关规定、公众公司挂牌、摘牌或退市时期间的处罚情况综合分析，涉及境外挂牌的情形，中介机构还会取得境外第三方中介机构如境外律师对发行人挂牌、摘牌或退市期间的合法合规性的核查意见。

针对外汇监管及股东的适格性，在实务中，中介机构通常会结合外汇管理相关规定对发行人挂牌、摘牌或退市中外汇流转情况进行分析，并查询外汇部门对发行人及股东的处罚记录，同时开展股东核查，以综合判断外汇监管及股东的适格性。

（三）典型案例

【案例 11－26】本案例中，发行人 A 公司申请科创板上市时系新三板挂牌公司以及 H 股公司。具体情况如下：

案例背景：2015 年 8 月，A 公司股票正式在股转系统挂牌并公开转让，挂牌期间，A 公司未受到过股转公司的处罚。2018 年 12 月，A 公司完成首次公开发行 H 股并在香港联交所挂牌上市，在香港联交所挂牌上市期间，A 公司未受到过香港联交所和香港证券及期货事务监察委员会的处罚。2019 年 9 月，A 公司向上交所科创板提交 IPO 申请。

审核问询：上交所问询，要求说明本次发行上市申请文件与港股上市申请文件、持续信息披露文件、新三板公开转让说明书等挂牌申请文件、挂牌期间信息披露等公开信息是否存在差异的部分或重大会计差错更正、会计调整或变更等事项；逐条说明资产管理产品、契约型私募投资基金等类型股东是否符合《上海证券交易所科创板股票发行上市审核问答（二）》问题 9 和《首发业务若干问题解答》问题 22 的相关要求。

处理方式：（1）发行人 A 公司逐一列示了本次发行上市申请文件与港股上市申请文件、持续信息披露文件、新三板公开转让说明书等挂牌申请文件、挂牌期间信息披露等公开信息的差异情况，其中针对与新三板披露的财务信息差异相对较大的解释为相关调整系公司管理层严格审慎自查后的决定，需要补充披露的更正或调整均按照香港联交所及股转公司的相关规定履行了信息披露义务，发行人在新三板挂牌过程及挂牌期间，未因信息披露、股权交易、董事会或股东大会决策等事项被股转系统或中国证监会采取监管措施或行政处罚的通知。

（2）申报会计师对公司内部控制制度的相关情况进行了审核，并认为公司截至基准日在所有重大方面是有效的，并论证发行人在股票挂牌期间披露的信息与本次申请文件和财务报告披露的内容不存在重大差异。

（3）中介机构通过相关股东及人员提供备案资料、出具承诺等方式逐条分析新三板挂牌期间形成的资产管理产品、契约型私募投资基金等类型股东符合《科创板审核问答（二）》问题 9 的相关要求，同时通过公开网站搜索、聘请境外律师及合规顾问出具书面确认等方式逐条分析符合《首发业务若干问题解答》问题 22 的相关要求。

该项目后获审核通过。

【案例 11－27】本案例中，甲公司在美国纽交所挂牌上市，分拆其子公司 B 公司在科创板上市。具体情况如下：

案例背景：甲公司为一家持股型公司，于 2007 年 11 月在开曼群岛成立，2010 年 10 月 7 日在纽约证券交易所上市。甲公司除持有三家子公司股权外，并无其他实质性的经营业务。B 公司为甲公司的子公司之一。2020 年 9 月，B 公司向上交所科创板提交 IPO 申请。

审核问询：上交所问询，要求披露：（1）甲公司主营业务及业务开展情况、在美国上市的具体情况；（2）甲公司在纽交所上市后是否涉及任何政府调查、诉讼、仲裁或行政处罚，是否因本次发行上市而受到美国证券交易委员会和纽交所的任何问询；(3) 甲公司分拆发行人在科创板上市是否履行了法定审批程序，是否取得了相关政府监管机构以及纽交所的批准、授权、同意，或履行通知、备案等程序；(4) 甲公司分拆发行人在科创板上市是否充分履行了纽交所相关信息披露义务；(5) 本次发行上市对甲公司中小投资者的具体影响，相关股东之间是否存在纠纷或者潜在纠纷；(6) 发行人本次信息披露与美国甲公司上市申请文件及上市后的信息披露是否存在差异，差异原因及合理性，并要求保荐机构、发行人律师就本次分拆上市事宜是否符合目前的监管政策、监管要求发表明确意见。

处理方式：(1) 发行人针对上述问询补充披露了以下内容：甲公司上市方式、上市的业务、从事生产经营的主体及与发行人的关系；甲公司在纽约证券交易所上市后的合法合规情况，未曾涉及任何政府调查、行政处罚、诉讼或仲裁，且并未因发行人本次公开发行并上市而受到美国证券交易委员会或纽交所的任何问询；甲公司已就发行人本次公开发行并上市履行了必要的内部审批流程和信息披露程序，无须取得美国证券监管机构或开曼群岛相关政府监管机构的批准、授权或同意，也无须履行通知、备案等程序；甲公司已经按照美国联邦证券法律规定和纽约证券交易所规则等相关法律法规就发行人本次公开发行并上市目前的进展充分履行了其披露义务；发行人本次发行上市不会对甲公司中小投资者的合法权益造成重大不利影响。甲公司未因发行人本次发行上市受到投资者针对甲公司向任何法院、政府或行政机构提起任何未决、预期或潜在的法律行动、程序或诉讼；论述发行人本次信息披露与甲公司上市申请文件及上市后的信息披露的差异情况，并论证信息差异系基于客观存在的合理原因而产生。

(2) 保荐机构和发行人律师就上述事项履行相应的核查程序：包含取得境外律师出具的关于甲公司的确认意见、取得甲公司的相关董事会决议文件，查阅《1933 年美国证券法》《1934 年美国证券交易法》及《纽约证券交易所上市公司手册》，并登录网站查阅相关信息披露文件，分析甲公司本次分拆发行人在科创板上市履行了法定审批程序，取得了相关政府监管机构以及纽约证券交易所的批准、授权、同意，或履行通知、备案等程序，履行了信息披露义务等。

该项目后获审核通过。

八、股权激励或员工持股计划

（一）相关规定

根据《上市公司股权激励管理办法》，股权激励是指公司以本公司股票为标的，对其董事、高级管理人员及其他员工进行的长期性激励。其中，常见的股权激励方式包括限制性股票、股票期权。根据《关于上市公司实施员工持股计划试点的指导意见》，员工持股计划是指公司根据员工意愿，通过合法方式使员工获得本公司股票并长期持有，股份权益按约定分配给员工的制度安排。员工持股计划的参加对象为公司员工，包括管理层人员。

2018 年 6 月，中国证监会发布《关于试点创新企业实施员工持股计划和期权激励的指引》明确允许试点企业上市前实施员工持股计划，允许首发申报前制定且准备上市后实施的期权激励计划。

根据《证券法》《证券期货法律适用意见第 17 号》《适用指引第 5 号》之 5－1"增资或转让股份形成的股份支付"等规定，主板、创业板和科创板对发行人在首发申报前实施员工持股计划的基本要求、信息披露要求和中介机构核查要求一致，具体如表 11－3－5 所示。

表 11－3－5　　　　首发申报前实施员工持股计划的相关规定

项目	具体要求
员工持股计划的实施范围	发行人首发申报前实施员工持股计划的，原则上应当全部由公司员工构成，体现增强公司凝聚力、维护公司长期稳定发展的导向，建立健全激励约束长效机制，有利于兼顾员工与公司长远利益，为公司持续发展夯实基础
员工持股计划的基本要求	（1）发行人应当严格按照法律、行政法规、规章及规范性文件要求履行决策程序，并遵循公司自主决定、员工自愿参加的原则，不得以摊派、强行分配等方式强制实施员工持股计划 （2）参与持股计划的员工，与其他投资者权益平等，盈亏自负，风险自担，不得利用知悉公司相关信息的优势，侵害其他投资者合法权益。员工入股应当主要以货币出资，并按约定及时足额缴纳。按照国家有关法律法规，员工以科技成果出资入股的，应当提供所有权属证明并依法评估作价，及时办理财产权转移手续 （3）发行人实施员工持股计划，可以通过公司制企业、合伙制企业、资产管理计划等持股平台间接持股，并建立健全持股在平台内部的流转、退出机制，以及所持发行人股权的管理机制。参与持股计划的员工因离职、退休、死亡等原因离开公司的，其所持股份权益应当按照员工持股计划章程或者协议约定的方式处置
员工持股计划计算股东人数的原则	（1）依法以公司制企业、合伙制企业、资产管理计划等持股平台实施的员工持股计划，在计算公司股东人数时，员工人数不计算在内 （2）参与员工持股计划时为公司员工，离职后按照员工持股计划章程或者协议约定等仍持有员工持股计划权益的人员，可不视为外部人员 （3）新《证券法》施行之前（即 2020 年 3 月 1 日之前）设立的员工持股计划，参与人包括少量外部人员的，可不做清理。在计算公司股东人数时，公司员工人数不计算在内，外部人员按实际人数穿透计算

续表

项目	具体要求
发行人信息披露要求	发行人应当在招股说明书中充分披露： （1）员工持股计划的人员构成 （2）人员离职后的股份处理 （3）股份锁定期等内容
中介机构核查要求	保荐机构及发行人律师的重点核查内容： （1）员工持股计划的设立背景 （2）员工持股计划的具体人员构成 （3）员工持股计划的价格公允性 （4）员工持股计划章程或协议约定情况 （5）员工减持承诺情况 （6）员工持股计划的规范运行情况 （7）员工持股计划的备案情况 （8）员工持股计划实施是否合法合规，是否存在损害发行人利益的情形
存在职工持股会或者工会持股情形	考虑到发行条件对发行人股权清晰、控制权稳定的要求，发行人控股股东或者实际控制人存在职工持股会或者工会持股情形的，应当予以清理 对于间接股东存在职工持股会或者工会持股情形的，如不涉及发行人实际控制人控制的各级主体，发行人不需要清理，但应当予以充分披露 对于职工持股会或者工会持有发行人子公司股份，经保荐机构、发行人律师核查后认为不构成发行人重大违法行为的，发行人不需要清理，但应当予以充分披露

（二）实务分析

从上市公司的相关法律法规角度看，员工持股计划具有普惠性，参与员工人数相对较多，可以不设置具体的考核与实施条件，通常以公司制企业、合伙制企业、资产管理计划等持股平台实施员工持股计划。而股权激励计划的激励对象主要为董事、高级管理人员、核心的业务和技术人员等，一般会设置服务期限、公司业绩指标、个人绩效指标等条件，通常以公司制企业、合伙制企业或激励对象直接持股等方式实施股权激励计划。在实务中，申报前实施的股权激励计划和员工持股计划并没有非常明确的界限，目标都是对核心员工的激励。

在实务中，监管机构针对申报前实施股权激励计划和员工持股计划会要求发行人按照相关法规和监管指引的要求充分披露相关信息，其中，重点关注的问题包括激励对象的合规性、股份支付费用的确定依据及合理性等。

1. 激励对象的合规性

审核的关注要点包括激励对象是否为公司员工及任职情况，是否存在股份代持的情形，是否包含独立董事等不符合公司治理要求的激励对象等。中介机构通常需要通过以下方式核查受激励对象的身份及股权代持情形：（1）针对受激励对象的背景、任职经历等进行访谈；（2）取得发行人的人员工资表、受激励对象签署的关于其不存在股份代持、不存在违法违规等情况的调查表、出资凭证等；（3）走访发行人主要客户、供应商，并结合公开信息检索，核查受激励对象中是否存在发行人客户、在供应商中任职的情形；（4）核查发行人及其控股股东、实际控制人、董事、监事、高管、关键岗位人员的资金流水，核查受激励对象的股权代持情形。

2. 股份支付费用的确定依据及合理性

如何确定股份支付的公允价值是审核的重点，关注要点包括：（1）发行人股份的公允价格确定依据是否充分。在实务中，中介机构通常需要结合发行人的净资产情况、盈利情况、近期合理的外部投资人的估值等确定公允价值；（2）发行人股份支付费用的会计处理是否合理，包括是否在服务期内分摊和是否作为经常性损益等。在实务中，中介机构通常需要结合股权激励和员工持股计划的协议及会计准则进行确定。

（三）信息披露

《适用指引第 5 号》之 5－1“增资或转让股份形成的股份支付”规定，发行人应根据重要性原则，在招股说明书中披露股份支付的形成原因、具体对象、权益工具的数量及确定依据、权益工具的公允价值及确认方法、职工持有份额/股份转让的具体安排等。

同时，《证券期货法律适用意见第 17 号》指出，发行人应当在招股说明书中充分披露员工持股计划的人员构成、人员离职后的股份处理、股份锁定期等内容。

（四）典型案例

【案例 11－28】

案例背景：2015 年 9 月，发行人 A 公司以每股 4.24 元的价格向员工持股平台定向发行 375 万股股票。除实际控制人赵某外，股票锁定期为 2 年，锁定期内离职或被解职的被授予人，公司有权以初始投资成本回购其持有的股票，或要求被授予人以与初始投资成本相等的对价转让给公司指定的合伙企业其他合伙人或公司的其他核心管理人员；上述计划中离职员工的股权被转让给其他员工，形成新的股权激励，锁定期均为 2 年。

审核问询：上交所首轮问询，请发行人说明报告期各期股份支付费用的计算过程，相关会计处理是否符合企业会计准则的规定；第二轮问询进一步就股份支付授予日的具体时点，股份支付费用在授予当年及报告期各期的分摊标准、依据及计算过程，是否符合企业会计准则的规定。

处理方式：发行人论述股份支付的计算过程，并与《企业会计准则》《首发业务若干问题解答》的规定进行比较：

（1）根据《企业会计准则第 11 号——股份支付》第六条，等待期是指可行权条件得到满足的期间。对于可行权条件为规定服务期间的股份支付，等待期为授予日至可行权日的期间。可行权日是指可行权条件得到满足、职工和其他方具有从企业取得权益工具或现金的权利的日期。根据《首发业务若干问题解答》问题 26：对设定服务期的股份支付，股份支付费用应采用恰当的方法在服务期内分摊，并计入经常性损益，发行人及中介机构应结合股权激励方案及相关决议、入股协议、服务合同等有关服务期的条款约定，充分论证服务期认定的依据及合理性。

（2）本案例中，发行人确定股份支付的公允价值参考在新三板挂牌期间的股权转让价格；对于未约定锁定期的限制性股票，在授予日按照权益工具的公允价值将取得的服务一次性计入费用，同时增加资本公积；对于存在 2 年锁定期的限制性股票，在锁定期的每个资产负债表日，公司以对可行权限制性股票数量的最佳估计数为基础，按照授予日权益工具的公允价值，将当期取得的服务计入当期费用，同时增加资本公积。关于锁定期内股份支付费用的具体计算，分别按照各自适用的锁定期时间计算应计入当期的股份支付费用。

该项目后获审核通过。

九、发行人的股东核查要求

《首次公开发行股票注册管理办法》要求发行人股份权属清晰，不存在导致控股权可能变更的重大权属纠纷。为明确发行人股东核查及信息披露的具体要求，中国证监会制定了《监管规则适用指引——关于申请首发上市企业股东信息披露》，要求申请首次公开发行股票或存托凭证的发行人应当按照该指引，充分做好股东信息披露等相关工作。此外，证监会等监管部门进一步总结了试点注册制以来的实践经验，在《监管规则适用指引——发行类第 2 号》《适用指引 4 号》，对发行人股东核查过程中的常见情形及其核查规范要求作出了详细指引。

（一）关于股东核查的基本要求

《监管规则适用指引——关于申请首发上市企业股东信息披露》规定，申请首次公开发行股票或存托凭证的发行人应当按照以下要求，充分做好股东信息披露等相关工作。

1. 发行人应当真实、准确、完整地披露股东信息，发行人历史沿革中存在股份代持等情形的，应当在提交申请前依法解除，并在招股说明书中披露形成原因、演变情况、解除过程、是否存在纠纷或潜在纠纷等。

2. 发行人在提交申报材料时应当出具专项承诺，说明发行人股东是否存在以下情形，并将该承诺对外披露：

①法律法规规定禁止持股的主体直接或间接持有发行人股份；

②本次发行的中介机构或其负责人、高级管理人员、经办人员直接或间接持有发行人股份；

③以发行人股权进行不当利益输送。

3. 发行人及其股东应当及时向中介机构提供真实、准确、完整的资料，积极和全面配合中介机构开展尽职调查，依法履行信息披露义务。

4. 保荐机构、证券服务机构等中介机构应当勤勉尽责，依照要求对发行人披露的股东信息进行核查。中介机构发表核查意见不能简单以相关机构或者个人承诺作为依据，应当全面深入核查包括但不限于股东入股协议、交易对价、资金来源、支付方式等客观证据，保证所出具的文件真实、准确、完整。

5. 发行人在全国中小企业股份转让系统挂牌、境外证券交易所上市交易期间通过集合竞价、连续竞价交易方式增加的股东，以及因继承、执行法院判决或仲裁裁决、执行国家法规政策要求或由省级及以上人民政府主导取得发行人股份的股东，可以申请豁免《监管规则适用指引——关于申请首发上市企业股东信息披露》的核查和股份锁定要求。

6. 发行人股东存在涉嫌违规入股、入股交易价格明显异常等情形的，证监会和证券交易所可以要求相关股东报告其基本情况、入股背景等，并就反洗钱管理、反腐败要求等方面征求有关部门意见，共同加强监管。

（二）股东核查的常见情形

1. 历史上自然人股东人数较多

《适用指引4号》之4-1“历史上自然人股东人数较多的核查要求”规定如下：

对于历史沿革涉及较多自然人股东的发行人，保荐机构、发行人律师应当核查历史上自然人股东入股、退股（含工会、职工持股会清理等事项）是否按照当时有效的法律法规履行了相应程序，入股或股权转让协议、款项收付凭证、工商登记资料等法律文件是否齐备，并抽取一定比例的股东进行访谈，就相关自然人股东股权变动的真实性、所履行程序的合法性，是否存在委托持股或信托持股情形，是否存在争议或潜在纠纷发表明确意见。对于存在争议或潜在纠纷的，保荐机构、发行人律师应对相关纠纷对发行人股权清晰稳定的影响发表明确意见。发行人以定向募集方式设立股份公司的，中介机构应以有权部门就发行人历史沿革的合规性、是否存在争议或潜在纠纷等事项的意见作为其发表意见的依据。

2. 入股交易价格明显异常

发行人的自然人股东入股交易价格明显异常的，中介机构应当核查该股东基本情况、入股背景等信息，说明是否存在《监管规则适用指引——关于申请首发上市企业股东信息披露》中第一、第二项的情形。发行人应当说明该自然人股东基本情况。

发行人股东的股权架构为两层以上且为无实际经营业务的公司或有限合伙企业的，如该股东入股交易价格明显异常，中介机构应当对该股东层层穿透核查到最终持有人，说明是否存在《监管规则适用指引——关于申请首发上市企业股东信息披露》中第一、第二项的情形。最终持有人为自然人的，发行人应当说明自然人基本情况。

根据《关于股东信息核查中“最终持有人”的理解与适用》，除自然人外，“最终持有人”还包括以下类型：上市公司（含境外上市公司）、新三板挂牌公司等公众公司，或穿透核查至国有控股或管理主体（含事业单位、国有主体控制的产业基金等）、集体所有制企业、境外政府投资基金、大学捐赠基金、养老基金、公益基金以及公募资产管理产品。除此之外的外资股东，如果中介机构能以适当核查方式确认外资股东的出资人不存在境内主体，并充分认证该外资股东入股发行人的价格不存在明显异常，可将该外资股东视为“最终持有人”。

同时，根据上海证券交易所和深圳证券交易所《关于进一步规范股东穿透核查的通知》，股东穿透核查应当把握好重要性原则，避免免责式、简单化的核查。对于持股较少、不涉及违法违规“造富”等情形的，保荐机构会同发行人律师实事求是发表意见后，可不穿透核查。持股较少可结合持股数量、比例等因素综合判断。原则上，直接或间接持有发行人股份数量少于 10 万股或持股比例低于 0.01% 的，可认定为持股较少。

3. 申报前引入新股东

发行人提交申请前 12 个月内新增股东的，应当在招股说明书中充分披露新增股东的基本情况、入股原因、入股价格及定价依据，新股东与发行人其他股东、董事、监事、高级管理人员是否存在关联关系，新股东与本次发行的中介机构及其负责人、高级管理人员、经办人员是否存在关联关系，新增股东是否存在股份代持情形。上述新增股东应当承诺所持新增股份自取得之日起 36 个月内不得转让。

《适用指引 4 号》细化了申报前引入新股东的相关要求，具体如下：

对 IPO 申报前 12 个月通过增资或股权转让产生的新股东，保荐机构、发行人律师应按照《监管规则适用指引——关于申请首发上市企业股东信息披露》（发行人提交申请前12个月内新增股东的，应当在招股说明书中充分披露新增股东的基本情况、入股原因、入股价格及定价依据，新股东与发行人其他股东、董事、监事、高级管理人员是否存在关联关系，新股东与本次发行的中介机构及其负责人、高级管理人员、经办人员是否存在关联关系，新增股东是否存在股份代持情形。上述新增股东应当承诺所持新增股份自取得之日起36个月内不得转让）《监管规则适用指引——发行类第2号》的相关要求进行核查。发行人在招股说明书信息披露时，除满足招股说明书信息披露准则的要求外，如新股东为法人，应披露其股权结构及实际控制人；如为自然人，应披露其基本信息；如为合伙企业，应披露合伙企业的普通合伙人及其实际控制人、有限合伙人的基本信息。最近一年末资产负债表日后增资扩股引入新股东的，申报前须增加一期审计。

红筹企业，是指注册地在境外、主要经营活动在境内的企业，拆除红筹架构以境内企业为主体申请上市，如该境内企业直接股东原持有红筹企业股权、持有境内企业股权比例为根据红筹企业持股比例转换而来，且该股东自持有红筹企业股权之日至IPO申报时点满12个月，原则上不视为新股东。

发行人直接股东如以持有发行人重要子公司（置换时资产、营业收入或利润占比超过50%）股权置换为发行人股权的，如该股东自持有子公司股权之日至IPO申报时点满12个月，原则上不视为新股东。

4. 证监会系统离职人员入股

证监会系统离职人员入股行为的核查规定主要为《监管规则适用指引——发行类第2号》，主要内容为：

一是明确不当入股情形。证监会系统离职人员存在利用原职务影响谋取投资机会、入股过程存在利益输送、在入股禁止期内入股、作为不适格股东入股、入股资金来源违法违规等情形的属于不当入股。

二是强化中介机构核查责任。中介机构开展股东信息核查过程中，应全面核查是否存在《指引》规范的离职人员入股情况，判断是否属于不当入股情形。属于不当入股情形的，应当予以清理。发行人和中介机构提交发行上市（挂牌）申请文件时，应就证监会系统离职人员有关核查情况作出专项说明。提交发行上市（挂牌）申请后，发现不当入股情况或出现重大媒体质疑的，中介机构应及时核查并报告。

三是强化审核监督，建立独立复核制度。对涉及离职人员入股的发行上市（挂牌）审核过程进行复核，确保审核过程公平公正、依法合规。发现违法违纪线索的，移交有关部门处理。

5. 资产管理产品、契约型私募投资基金等金融产品投资发行人

关于资产管理产品、契约型私募投资基金投资发行人的核查及披露要求，详见本

书第十一章第三节法律问题之“十一、资产管理产品、契约型私募投资基金等类型股东”。

6. 股权质押、冻结或发生诉讼仲裁

关于股权质押、冻结或发生诉讼仲裁，详见本书第三章第一节主板之“二、发行条件/（三）稳定性条件/2. 关于控股股东、实际控制人支配的发行人股权出现质押、冻结或诉讼仲裁的处理”。

（三）典型案例

[**案例 11－29**] 本案例中，发行人 A 公司存在未进行穿透的外资股东。

案例背景： 发行人 A 公司的股东甲、乙、丙公司分别存在未进行穿透的外资股东丁、戊、己公司。

审核问询： 请保荐机构、发行人律师说明对发行人外资股东停止穿透的核查依据，股东核查工作是否落实《监管规则适用指引——关于申请首发上市企业股东信息披露》等规定。

处理方式：（1）论证甲公司、乙公司的外资股东的出资人不存在境内主体且入股发行人的价格不存在明显异常，认定为“最终持有人”停止穿透。通过关键词网络搜索查询甲公司、乙公司的外资股东丁公司、戊公司是否存在出资人为境内主体的纪录，查询结果未显示存在相关纪录；根据丁公司、戊公司书面确认，其出资人不存在境内主体；已充分论证外资股东入股发行人的价格不存在明显异常；核实甲公司、乙公司亦为具有实际经营业务、非主要以持有发行人股权为目的的机构，且不涉及违法违规“造富”的情形。

（2）论证丙公司的外资股东“持股较少”，无需穿透核查。丙公司的外资股东己公司为间接出资人，其间接持有发行人股份数量少于 10 万股或持股比例低于 0.01%，属于《上海证券交易所关于进一步规范股东穿透核查的通知》所规定的“持股较少”的股东。丙公司入股发行人的价格不存在明显异常，不涉及违法违规“造富”等情形。

该项目后获审核通过。

十、发行人及其控股股东、实际控制人的合法合规性

（一）相关规定

《证券法》规定，首次公开发行新股的条件之一为“发行人及其控股股东、实际

控制人最近三年不存在贪污、贿赂、侵占财产、挪用财产或者破坏社会主义市场经济秩序的刑事犯罪”。《首次公开发行股票注册管理办法》进一步要求发行人及其控股股东、实际控制人“不存在欺诈发行、重大信息披露违法或者其他涉及国家安全、公共安全、生态安全、生产安全、公共健康安全等领域的重大违法行为。”发行人及其控股股东、实际控制人的合法合规是公开发行新股的重要条件，也是上市审核的重点。

根据《证券期货法律适用意见第 17 号》之三“关于《首次公开发行股票注册管理办法》第十三条‘国家安全、公共安全、生态安全、生产安全、公众健康安全等领域的重大违法行为’的理解与适用”规定：

1. 涉及国家安全、公共安全、生态安全、生产安全、公众健康安全等领域的重大违法行为，是指发行人及其控股股东、实际控制人违反相关领域法律、行政法规或者规章，受到刑事处罚或者情节严重行政处罚的行为。有以下情形之一且中介机构出具明确核查结论的，可以不认定为重大违法行为：

（1）违法行为轻微、罚款数额较小；

（2）相关处罚依据未认定该行为属于情节严重的情形；

（3）有权机关证明该行为不属于重大违法。

违法行为导致严重环境污染、重大人员伤亡或者社会影响恶劣等并被处罚的，不适用上述规定。

2. 发行人合并报表范围内的各级子公司，如对发行人主营业务收入或者净利润不具有重要影响（占比不超过 5%），其违法行为可不视为发行人本身存在重大违法行为，但相关违法行为导致严重环境污染、重大人员伤亡或者社会影响恶劣等的除外。如被处罚主体为发行人收购而来，且相关处罚于发行人收购完成之前已执行完毕，原则上不视为发行人存在重大违法行为。但发行人主营业务收入和净利润主要来源于被处罚主体或者相关违法行为导致严重环境污染、重大人员伤亡或者社会影响恶劣等的除外。

3. 最近 3 年从刑罚执行完毕或者行政处罚执行完毕之日起计算 36 个月。

4. 保荐机构和发行人律师应当对发行人及其控股股东、实际控制人是否存在上述事项进行核查，并对是否构成重大违法行为及发行上市的法律障碍发表明确意见。

（二）实务分析

在实务中，关于发行人及其控股股东、实际控制人的合法合规性，审核重点关注两个方面：一是发行人生产经营符合法律、法规的要求，已经取得开展各项业务经营所必需的业务资质、许可及审批，不存在违规经营或超资质经营的情形，不存在违法违规行为及被行政处罚的风险，不存在重大违法违规行为或者被行政处罚、刑事犯罪的风险；二是控股股东、实际控制人及董监高作为上市公司“关键少数”的适格性。关于是否合规经营或存在重大违法风险，重点在于分析判断生产经营的方方面面是否符合行业政策、行业监管法律法规；关于是否具有适格性，重点在于把握相关方是否存在重大违法行为。

针对已存在违法行为的情形，审核中通常会重点关注：

1. 该违法行为是否属于重大违法行为，重大违法行为包含：(1) 最近三年内，因贪污、贿赂、侵占财产、挪用财产或者破坏社会主义市场经济秩序的刑事犯罪；(2) 涉及欺诈发行、重大信息披露违法或者其他涉及国家安全、公共安全、生态安全、生产安全、公众健康安全等领域的重大违法行为。

在实务中，论述违法行为不构成 IPO 发行条件的障碍，通常也会围绕上述两个维度展开，说明违法行为不属于上述两种情形，同时论述违法行为显著轻微、罚款金额较小；相关处罚依据未认定该行为属于情节严重；必要时会取得有权机关证明违法行为不属于重大违法行为。

2. 如为发行人子公司的违法行为，通常会关注：(1) 该子公司对发行人主营业务收入和净利润是否具有重要影响，若该子公司对发行人主营业务收入和净利润不具有重要影响（如占比不超过 5%），可通过说明该子公司不属于发行人的重要子公司，相关违法行为未导致严重环境污染、重大人员伤亡或者社会影响恶劣等，以论述违法行为。(2) 如被处罚主体为发行人收购而来，且相关处罚于发行人收购完成之前作出，该处罚主体又不属于发行人的主要收入及利润来源主体，相关违法行为未导致严重环境污染、重大人员伤亡或者社会影响恶劣等，可论述该违法行为不视为发行人本身存在重大违法行为。

（三）信息披露

《招股书格式准则》关于发行人及其控股股东、实际控制人的违法违规情形的信息披露相关规定：

发行人应披露报告期内存在的违法违规行为及受到处罚、监督管理措施、纪律处分或自律监管措施的情况，并说明对发行人的影响。

发行人可汇总或分类披露情节显著轻微的违法违规行为及受到处罚、监督管理措施、纪律处分或自律监管措施的情况。

发行人应披露董事、监事、高级管理人员及其他核心人员的简要情况，主要包括：最近 3 年涉及行政处罚、监督管理措施、纪律处分或自律监管措施、被司法机关立案侦查、被中国证监会立案调查情况。

（四）典型案例

【案例 11－30】 本案例中，发行人 A 公司实际控制人于 2016 年受到地方证监局的处罚，于 2017 年受到深交所的公开谴责。

案例背景： 2016 年 8 月 18 日，某监管局下发《行政处罚决定书》，A 公司实际控制人施某参与认购甲公司 2014 年 6 月非公开发行股份，其实际合计持有上市公司已发行的股份达到 5% 以上，未按规定披露信息，同时存在短线交易违法行为，依据当时的《证券法》第一百九十三条、第一百九十五条规定，决定对施某信息披露义务违法行为责令改正、处以警告、并处罚款 38 万元；对其短线交易违法行为处以警告、并处罚款 6 万元。2017 年 2 月 28 日，深圳证券交易所下发《关于对施某给予公开谴责处分的公告》，鉴于施某认购甲公司股份未及时履行信息披露义务并存在短线交易、违规减持的违法行为，决定对施某给予公开谴责的处分，记入该所诚信档案，并向社会公布。2020 年 5 月，A 公司向上交所提交上市申请。

审核问询： 请发行人 A 公司说明前述事项对发行人的影响，发行人是否符合《科创板首次公开发行股票注册管理办法（试行）》第 13 条的规定。

处理方式：（1）论证上述事项未对发行人构成重大不利影响，说明 2016 年 10 月，施某已辞去发行人董事职务；自 2016 年 10 月起，施某未在发行人担任任何职务；报告期内，发行人股东大会、董事会、管理层严格按照《公司章程》及相关治理制度的要求规范运行，施某所涉相关违法行为未对发行人的法人治理结构运行和日常生产经营造成重大不利影响；发行人董事、监事和高级管理人员不存在最近 3 年内受到中国证监会行政处罚，或者因涉嫌犯罪被司法机关立案侦查或者涉嫌违法违规被中国证监会立案调查，尚未有明确结论意见等情形。

（2）论证上述事项未对发行人本次发行上市构成实质法律障碍，说明实际控制人施某所涉行政处罚已在报告期前结案完毕，发行人符合《公司法》《证券法》《科创板首次公开发行股票注册管理办法（试行）》（现已被《首发注册办法》替代）及《上海证券交易所科创板股票上市规则》规定的首次公开发行股票并在科创板上市的相关规定，前述事项不会对发行人本次发行上市构成实质法律障碍。发行人实际控制人施某因信息披露及短线交易违法违规行为受到证监局的行政处罚及交易所的纪律处分，不属于最近 3 年内贪污、贿赂、侵占财产、挪用财产或者破坏社会主义市场经济秩序的刑事犯罪，或欺诈发行、重大信息披露违法或者其他涉及国家安全、公共安全、生态安全、生产安全、公众健康安全等领域的重大违法行为。

该项目后获审核通过。

十一、资产管理产品、契约型私募投资基金等类型股东

（一）相关规定

《适用指引第 4 号》之 4－4 对资产管理产品、契约型私募投资基金等类型股东信息的核查和信息披露做了原则性规定，银行非保本理财产品，资金信托，证券公司、证券公司子公司、基金管理公司、基金管理子公司、期货公司、期货公司子公司、保险资产管理机构、金融资产投资公司发行的资产管理产品等《关于规范金融机构资产管理业务的指导意见》（银发〔2018〕106 号）规定的产品（以下统称“资产管理产品”），以及契约型私募投资基金，直接持有发行人股份的，中介机构和发行人应从以下方面核查披露相关信息：

1. 中介机构应核查确认公司控股股东、实际控制人、第一大股东不属于资产管理产品、契约型私募投资基金。

2. 资产管理产品、契约型私募投资基金为发行人股东的，中介机构应核查确认该股东依法设立并有效存续，已纳入国家金融监管部门有效监管，并已按照规定履行审批、备案或报告程序，其管理人也已依法注册登记。

3. 发行人应当按照首发信息披露准则的要求对资产管理产品、契约型私募投资基金股东进行信息披露。通过协议转让、特定事项协议转让和大宗交易方式形成的资产管理产品、契约型私募投资基金股东，中介机构应对控股股东、实际控制人、董事、监事、高级管理人员及其近亲属，本次发行的中介机构及其负责人、高级管理人员、经办人员是否直接或间接在该等资产管理产品、契约型私募投资基金中持有权益进行核查并发表明确意见。

4. 中介机构应核查确认资产管理产品、契约型私募投资基金已作出合理安排，可确保符合现行锁定期和减持规则要求。

（二）实务分析

历史上资产管理产品、契约型私募投资基金等类型股东可能存在业务发展不规范、多层嵌套、刚性兑付、规避金融监管和宏观调控等问题，往往难以符合 IPO 审核“股权清晰、股权结构稳定”的要求。因此，在相当长一段时间，拟 IPO 企业需要对资产管理产品、契约型私募投资基金等类型股东进行清理规范。

目前资产管理产品、契约型私募投资基金等类型股东的审核主要关注四个方面：一是保证上市公司控制权清晰稳定；二是资产管理产品、契约型私募投资基金等类型

股东自身符合相关金融监管要求；三是披露全部相关利益安排；四是符合锁定和减持要求。2021 年 2 月 5 日中国证监会发布《监管规则适用指引——关于申请首发上市企业股东信息披露》对股份代持、入股价格异常、穿透核查、违规入股等情况的核查和披露提出更高要求，其中资产管理产品、契约型私募投资基金等类型股东是关注重点之一。

在实务中，常见核查方式包括对全部在册股东进行访谈，取得股东书面确认函、产品合同、权益人信息表、出资证明和银行流水等资料，核验相关资料并关注是否存在反面证据。披露内容包括资产管理产品、契约型私募投资基金等类型股东构成、基金/信托计划管理人注册登记和纳入有效监管情况、关联方是否直接或间接持股、锁定期和减持安排等具体信息。

（三）典型案例

【案例 11－31】 本案例为发行人在新三板挂牌期间存在资产管理产品、契约型私募投资基金等类型股东的情况。具体情形如下：

案例背景： 发行人股票自 2019 年 2 月 20 日起在股转系统暂停转让，在挂牌期间曾形成资产管理产品、契约型私募投资基金等类型股东的情形，其中，发行人的控股股东、实际控制人、第一大股东不属于资产管理产品、契约型私募投资基金等类型股东，发行人的 18 家资产管理产品、契约型私募投资基金等类型股东均已根据相关法律法规规定，办理了私募投资基金备案登记或基金专户产品备案登记；其管理人均已根据相关法律法规规定，办理了私募投资基金管理人登记手续，或取得了中国证券监督管理委员会核发的从事特定客户资产管理业务或受托投资管理业务的批复。

审核问题： 上交所问询发行人是否存在资产管理产品、契约型私募投资基金等类型股东。如，是否按照《上海证券交易所科创板股票发行上市审核问答（二）》的要求进行核查和披露。

处理方式： 发行人解释了其资产管理产品、契约型私募投资基金等类型股东符合《上海证券交易所科创板股票发行上市审核问答（二）》的要求，具体如下：

（1）发行人的控股股东、实际控制人、第一大股东不属于资产管理产品、契约型私募投资基金等类型股东。

（2）发行人的资产管理产品、契约型私募投资基金等类型股东依法设立并有效存续，已纳入国家金融监管部门有效监管，并已按照规定履行审批、备案或报告程序，其管理人也已依法注册登记。

（3）发行人的资产管理产品、契约型私募投资基金等类型股东中，已有 16 家作出了过渡期安排，并出具了书面承诺，承诺其按照《关于规范金融机构资产管理业务的指导意见》要求进行整改。发行人的所有资产管理产品、契约型私募投资基金等类型股东持股比例合计 1.0705%。发行人的资产管理产品、契约型私募投资基金等类型股东持股数量较少，且尚未获取到有关过渡期安排方面资料的 1 家三类股东合计持股比例 0.00025%，持股数量及比例极小。因此，发行人资产管理产品、契约型私募投资基金等类型股东的过渡期安排对发行人的生产经营、股权稳定、实际控制人等事项均无重大影响。

（4）控股股东、实际控制人，董事、监事、高级管理人员及其近亲属，本次发行的中介机构及其签字人员未直接或间接在资产管理产品、契约型私募投资基金等类型股东中持有权益。

（5）发行人资产管理产品、契约型私募投资基金等类型股东已作出合理安排，可确保符合现行锁定期和减持规则要求。

该项目后获审核通过。

十二、发行人诉讼或仲裁事项

（一）相关规定

针对发行人的诉讼或仲裁事项的审核要求，《适用指引第 4 号》之 4－9“诉讼或仲裁”作出明确规定：

1. 发行人应当在招股说明书中披露对股权结构、生产经营、财务状况、未来发展等可能产生较大影响的诉讼或仲裁事项，包括案件受理情况和基本案情，诉讼或仲裁请求，判决、裁决结果及执行情况，诉讼或仲裁事项对发行人的影响等。如诉讼或仲裁事项可能对发行人产生重大影响，应当充分披露发行人涉及诉讼或仲裁的有关风险。

2. 保荐机构、发行人律师应当全面核查报告期内发生或虽在报告期外发生但仍对发行人产生较大影响的诉讼或仲裁的相关情况，包括案件受理情况和基本案情，诉讼或仲裁请求，判决、裁决结果及执行情况，诉讼或仲裁事项对发行人的影响等。

发行人提交首发申请至上市期间，保荐机构、发行人律师应当持续关注发行人诉讼或仲裁的进展情况、发行人是否新发生诉讼或仲裁事项。发行人诉讼或仲裁的重大进展情况以及新发生的对股权结构、生产经营、财务状况、未来发展等可能产生较大影响的诉讼或仲裁事项，应当及时补充披露。

3. 发行人控股股东、实际控制人、控股子公司、董事、监事、高级管理人员和核心技术人员涉及的重大诉讼或仲裁事项比照上述标准执行。

4. 涉及主要产品、核心商标、专利、技术等方面的诉讼或仲裁可能对发行人生产经营造成重大影响，或者诉讼、仲裁有可能导致发行人实际控制人变更，或者其他可能导致发行人不符合发行条件的情形，保荐机构和发行人律师应在提出明确依据的基础上，充分论证该等诉讼、仲裁事项是否构成本次发行的法律障碍并审慎发表意见。

（二）实务分析

1. 诉讼或仲裁披露标准的认定

在实务中，对股权结构、生产经营、财务状况、未来发展等可能产生较大影响的诉讼或仲裁事项的认定标准一般包含如下几条：

（1）披露标准比照主板、创业板及科创板的《股票上市规则》，上市公司（含子公司）重大诉讼、仲裁事项应当及时履行信息披露义务，有关“重大”的标准如表11－3－6所示。

表11－3－6　　各板块对于重大诉讼、仲裁事项的认定

<table>
<tr><th>板块</th><th>主板</th><th>创业板</th><th>科创板</th></tr>
<tr><td>涉案金额</td><td colspan="2">占公司最近一期经审计净资产绝对值10%以上，且绝对金额超过1 000万元</td><td>超过1 000万元，且占公司最近一期经审计总资产或者市值的1%以上</td></tr>
<tr><td rowspan="3">其他标准</td><td colspan="3">股东大会、董事会决议被申请撤销或者宣告无效的</td></tr>
<tr><td>证券纠纷代表人诉讼</td><td>交易所认为有必要的其他情形</td><td rowspan="2">董事会认为可能对公司控制权稳定、生产经营或股票交易价格产生较大影响的</td></tr>
<tr><td>可能对公司股票及其衍生品种交易价格产生较大影响的</td><td>可能对公司生产经营、控制权稳定、公司股票及其衍生品种交易价格或者投资决策产生较大影响的</td></tr>
</table>

（2）虽不满足上述标准，但是会对发行人的生产经营造成重大不利影响，如主要产品、核心商标、专利、技术等方面的诉讼或仲裁；可能导致发行人实际控制人变更，或者其他可能导致发行人不符合发行条件的情形的诉讼或仲裁。

在实务中，中介机构往往需要对诉讼或仲裁的重要性程度进行分析，以判断该事项对IPO是否构成实质性影响，具体如下：

①如果发行人出现股权发生诉讼仲裁等不确定性事项的，不必然构成IPO的实质性障碍，关键要看是否影响实际控制权的清晰和稳定。当受限的股份达到一定比例，且持有人及发行人明显不具备解决能力，导致发行人实际控制权的认定困难、实际控制权发生转移，或对实际控制权的影响难以确定的，则构成IPO的实质性障碍；如果股份受限的情形不影响实际控制权，并且正在实施或存在比较有效且可预期的解决措施，在做到如实、充分的披露后，对上市审核的影响较为有限。

②如果发行人出现资产发生诉讼仲裁的，应围绕发行人的持续经营能力进行如下分析，包含：相关资产的具体应用情况，是否涉及发行人的主要产品生产，以及报告期内相关产品收入、利润占比等；相关资产与发行人生产经营的关系，对发行人生产经营的重要性，是否涉及发行人的核心技术，涉及的纠纷是否已经影响发行人正常使用相关资产等；分析并测算出现不利结果后对发行人财务状况的影响，包括但不限于出现不利结果的风险大小、不利结果下潜在的赔偿金额，以及未来无法继续使用相关资产后对发行人主营业务收入、利润及核心竞争力、持续经营能力的影响，是否存在发行人无法继续生产经营特定业务，或丧失市场竞争优势等情形；发行人是否建立了相应的内控制度避免未来继续发生类似的资产权属纠纷，相关内控制度是否有效等。

③结合纠纷产生的原因、争议的焦点、最新进展、发行人胜诉率等因素，分析论证：相关诉讼是否为发行人主观恶意造成；是否已得到有效解决，或者是否在可预见时间内能够得到有效解决；相关事项的会计处理是否准确，是否已计提预计负债等。

2. 核查信息披露完整性

在实务中，中介机构通常会通过查阅相关诉讼文件、公开检索诉讼相关资料、走访法院等仲裁机关、获取发行人及控股股东、实际控制人、控股子公司、董事、监事、高级管理人员和核心技术人员的征信报告等方式，核查诉讼或仲裁披露的完整性。

（三）信息披露

根据《招股书格式准则》规定，发行人应披露对财务状况、经营成果、声誉、业务活动、未来前景等可能产生较大影响的诉讼或仲裁事项，以及控股股东或实际控制人、子公司，发行人董事、监事、高级管理人员和其他核心人员作为一方当事人可能对发行人产生影响的刑事诉讼、重大诉讼或仲裁事项，主要包括：（1）案件受理情况和基本案情；（2）诉讼或仲裁请求；（3）判决、裁决结果及执行情况；（4）诉讼、仲裁案件对发行人的影响。

（四）典型案例

【案例11－32】

案例背景：发行人于2020年4月申报上交所科创板。2020年6月，甲公司起诉发行人产品侵犯其5项专利，请求法院判令发行人立即停止制造、销售、许诺销售侵害其涉案发明专利权的产品，并立即销毁库存被诉侵权产品及专用模具，支付涉案专利临时保护期使用费及维权合理开支合计2 000万元。

审核问题：上交所在问询中要求补充披露相关案件最新进展、涉诉技术的研发过程、报告期内涉诉专利使用情况、涉诉专利相关产品及其收入和毛利占比、涉诉案件潜在赔偿金额，以及不利诉讼后果对核心技术、在研技术、产品销售、经营成果、业绩以及财务状况可能造成的不利影响，诉讼结果是否会对持续经营产生重大不利影响等。

处理方式：该项诉讼贯穿发行人科创板 IPO 审核全过程，上交所在每一轮审核问询及后续证监会注册环节均对该问题进行了重点关注。对此，发行人披露了涉诉案件最新进展，从相关技术来源、产品应用场景和技术路线、相关技术特征等方面详细分析论述了其全系列产品未侵犯原告专利技术，并聘请专业机构出具了相关鉴定意见。同时，从相关专利的重要性程度、潜在赔偿金额、不利后果下对财务指标的影响等方面说明涉诉案件不会对其造成重大不利影响，并在此基础上补充细化了“重大事项提示”和“风险因素”披露内容。

从发行人的回复情况来看，核心的两点在于：一是分析说明涉诉案件产生不利后果的风险较小；二是对不利后果进行“压力测试”，论述不利后果下不会对其造成重大不利影响。在此基础上，明确涉诉案件不会对其持续经营造成不利影响的结论。

该项目后获审核通过。

附　录

附录　本书涉及的主要规则汇总表

一、法律法规政策文件

序号	规则名称	发布日期或最新修订日期	发布机关
1	《中华人民共和国证券法》	2019 年 12 月 28 日	全国人大常委会
2	《中华人民共和国公司法》	2018 年 10 月 26 日	全国人大常委会
3	《中华人民共和国刑法》	2020 年 12 月 26 日	全国人大常委会
4	《关于依法从严打击证券违法活动的意见》	2021 年 7 月 6 日	中共中央办公厅 国务院办公厅
5	《国务院关于进一步提高上市公司质量的意见》	2020 年 10 月 5 日	国务院

二、司法解释及文件

序号	规则名称	发布日期或最新修订日期	发布机关
6	《最高人民法院关于审理证券市场虚假陈述侵权民事赔偿案件的若干规定》	2022 年 1 月 21 日	最高人民法院
7	《关于为设立科创板并试点注册制改革提供司法保障的若干意见》	2021 年 3 月 24 日	最高人民法院
8	《关于为创业板改革并试点注册制提供司法保障的若干意见》	2020 年 8 月 8 日	最高人民法院
9	《关于为深化新三板改革、设立北京证券交易所提供司法保障的若干意见》	2022 年 6 月 23 日	最高人民法院

三、业务监管规则

序号	规则名称	发布日期或最新修订日期	发布机关
10	《关于在上海证券交易所设立科创板并试点注册制的实施意见》	2019 年 1 月 28 日	中国证监会
11	《首次公开发行股票注册管理办法》	2023 年 2 月 17 日	中国证监会
12	《北京证券交易所向不特定合格投资者公开发行股票注册管理办法》	2023 年 2 月 17 日	中国证监会

续表

序号	规则名称	发布日期或最新修订日期	发布机关
13	《科创属性评价指引（试行）》	2022 年 12 月 30 日	中国证监会
14	《证券发行上市保荐业务管理办法》	2023 年 2 月 17 日	中国证监会
15	《首发企业现场检查规定》	2021 年 1 月 29 日	中国证监会
16	《首次公开发行股票并上市辅导监管规定》	2021 年 9 月 30 日	中国证监会
17	《保荐人尽职调查工作准则》	2022 年 5 月 27 日	中国证监会
18	《保荐创新企业境内发行股票或存托凭证尽职调查工作实施规定》	2018 年 6 月 6 日	中国证监会
19	《证券发行上市保荐业务工作底稿指引》	2022 年 5 月 27 日	中国证监会
20	《北京证券交易所证券发行上市保荐业务管理细则》	2023 年 2 月 17 日	北京证券交易所
21	《证券公司保荐业务规则》	2022 年 9 月 2 日	中国证券业协会
22	《证券公司投行业务质量评价办法（试行）》	2022 年 12 月 2 日	中国证券业协会
23	《证券公司投资银行类业务工作底稿电子化管理系统建设指引》	2020 年 2 月 28 日	中国证券业协会
24	《证券公司首次公开发行股票并上市保荐业务工作底稿目录细则》	2022 年 6 月 17 日	中国证券业协会
25	《证券业务示范实践第 3 号——保荐人尽职调查》	2022 年 6 月 17 日	中国证券业协会
26	《中国证监会关于北京证券交易所上市公司转板的指导意见》	2022 年 1 月 7 日	中国证监会
27	《北京证券交易所上市公司向上海证券交易所科创板转板办法（试行）》	2022 年 3 月 4 日	上海证券交易所
28	《深圳证券交易所关于北京证券交易所上市公司向创业板转板办法（试行）》	2022 年 3 月 4 日	深圳证券交易所
29	《北京证券交易所上市公司持续监管指引第 7 号——转板》	2022 年 3 月 4 日	北京证券交易所
30	《〈首次公开发行股票注册管理办法〉第十二条、第十三条、第三十一条、第四十四条、第四十五条和〈公开发行证券的公司信息披露内容与格式准则第 57 号——招股说明书〉第七条有关规定的适用意见——证券期货法律适用意见第 17 号》	2023 年 2 月 17 日	中国证监会
31	《监管规则适用指引——会计类第 1 号》	2020 年 11 月 13 日	中国证监会
32	《监管规则适用指引——机构类第 1 号》	2021 年 11 月 26 日	中国证监会
33	《监管规则适用指引——发行类第 2 号》	2021 年 5 月 28 日	中国证监会
34	《监管规则适用指引——发行类第 3 号》	2023 年 2 月 17 日	中国证监会
35	《监管规则适用指引——发行类第 4 号》	2023 年 2 月 17 日	中国证监会
36	《监管规则适用指引——发行类第 5 号》	2023 年 2 月 17 日	中国证监会
37	《监管规则适用指引——发行类第 8 号：股票发行上市注册工作规程》	2023 年 2 月 17 日	中国证监会
38	《监管规则适用指引——关于申请首发上市企业股东信息披露》	2021 年 2 月 5 日	中国证监会
39	《发行监管问答——关于申请首发企业执行新收入准则相关事项的问答》	2020 年 1 月 16 日	中国证监会

四、机构及人员管理

序号	规则名称	发布日期或最新修订日期	发布机关
40	《证券公司投资银行类业务内部控制指引》	2018 年 3 月 23 日	中国证监会
41	《关于注册制下督促证券公司从事投行业务归位尽责的指导意见》	2021 年 7 月 9 日	中国证监会
42	《证券公司分类监管规定》	2022 年 7 月 10 日	中国证监会
43	《证券期货经营机构及其工作人员廉洁从业规定》	2022 年 8 月 12 日	中国证监会
44	《关于加强证券公司在投资银行类业务中聘请第三方等廉洁从业风险防控的意见》	2018 年 6 月 27 日	中国证监会
45	《关于加强注册制下中介机构廉洁从业监管的意见》	2022 年 5 月 31 日	中国证监会
46	《证券经营机构及其工作人员廉洁从业实施细则》	2020 年 3 月 12 日	中国证券业协会
47	《证券基金经营机构董事、监事、高级管理人员及从业人员监督管理办法》	2022 年 2 月 18 日	中国证监会
48	《证券公司董事、监事、高级管理人员及从业人员管理规则》	2022 年 5 月 10 日	中国证券业协会

五、信息披露相关要求

序号	规则名称	发布日期或最新修订日期	发布机关
49	《关于注册制下提高招股说明书信息披露质量的指导意见》	2022 年 1 月 28 日	中国证监会
50	《公开发行证券的公司信息披露编报规则第 3 号——保险公司招股说明书内容与格式特别规定》	2006 年 12 月 8 日	中国证监会
51	《公开发行证券的公司信息披露编报规则第 4 号——保险公司信息披露特别规定》	2022 年 1 月 5 日	中国证监会
52	《公开发行证券的公司信息披露编报规则第 5 号——证券公司招股说明书内容与格式特别规定》	2000 年 11 月 2 日	中国证监会
53	《公开发行证券的公司信息披露编报规则第 9 号——净资产收益率和每股收益的计算及披露》	2010 年 1 月 11 日	中国证监会
54	《公开发行证券公司信息披露编报规则第 10 号——从事房地产开发业务的公司招股说明书内容与格式特别规定》	2001 年 2 月 6 日	中国证监会
55	《公开发行证券公司信息披露编报规则第 12 号——公开发行证券的法律意见书和律师工作报告》	2001 年 3 月 1 日	中国证监会
56	《公开发行证券的公司信息披露编报规则第 14 号——非标准审计意见及其涉及事项的处理》	2020 年 3 月 20 日	中国证监会
57	《公开发行证券的公司信息披露编报规则第 15 号——财务报告的一般规定》	2014 年 12 月 25 日	中国证监会

续表

序号	规则名称	发布日期或最新修订日期	发布机关
58	《公开发行证券的公司信息披露编报规则第 19 号——财务信息的更正及相关披露》	2020 年 3 月 20 日	中国证监会
59	《公开发行证券的公司信息披露编报规则第 21 号——年度内部控制评价报告的一般规定》	2014 年 1 月 3 日	中国证监会
60	《公开发行证券的公司信息披露编报规则第 22 号——创新试点红筹企业财务报告信息特别规定》	2020 年 3 月 20 日	中国证监会
61	《公开发行证券的公司信息披露编报规则第 23 号——试点红筹企业公开发行存托凭证招股说明书内容与格式指引》	2020 年 3 月 20 日	中国证监会
62	《公开发行证券的公司信息披露编报规则第 24 号——注册制下创新试点红筹企业财务报告信息特别规定》	2020 年 4 月 28 日	中国证监会
63	《公开发行证券的公司信息披露编报规则第 25 号——从事药品及医疗器械业务的公司招股说明书内容与格式指引》	2022 年 7 月 29 日	中国证监会
64	《公开发行证券的公司信息披露编报规则第 26 号——商业银行信息披露特别规定》	2022 年 1 月 5 日	中国证监会
65	《公开发行证券的公司信息披露内容与格式准则第 57 号——招股说明书》	2023 年 2 月 17 日	中国证监会
66	《公开发行证券的公司信息披露内容与格式准则第 2 号——年度报告的内容与格式》	2021 年 6 月 28 日	中国证监会
67	《公开发行证券的公司信息披露内容与格式准则第 3 号——半年度报告的内容与格式》	2021 年 6 月 28 日	中国证监会
68	《公开发行证券的公司信息披露内容与格式准则第 5 号——公司股份变动报告的内容与格式》	2022 年 1 月 5 日	中国证监会
69	《公开发行证券的公司信息披露内容与格式准则第 58 号——首次公开发行股票并上市申请文件》	2023 年 2 月 17 日	中国证监会
70	《公开发行证券的公司信息披露内容与格式准则第 15 号——权益变动报告书》	2020 年 3 月 20 日	中国证监会
71	《公开发行证券的公司信息披露内容与格式准则第 21 号——证券公司公开发行债券募集说明书》	2003 年 8 月 29 日	中国证监会
72	《公开发行证券的公司信息披露内容与格式准则第 40 号——试点红筹企业公开发行存托凭证并上市申请文件》	2023 年 2 月 17 日	中国证监会
73	《公开发行证券的公司信息披露内容与格式准则第 46 号——北京证券交易所公司招股说明书》	2023 年 2 月 17 日	中国证监会
74	《公开发行证券的公司信息披露内容与格式准则第 47 号——向不特定合格投资者公开发行股票并在北京证券交易所上市申请文件》	2023 年 2 月 17 日	中国证监会

六、交易所审核相关规则

序号	规则名称	发布日期或最新修订日期	发布机关
75	《上海证券交易所股票发行上市审核规则》	2023 年 2 月 17 日	上海证券交易所
76	《深圳证券交易所股票发行上市审核规则》	2023 年 2 月 17 日	深圳证券交易所
77	《北京证券交易所向不特定合格投资者公开发行股票并上市审核规则》	2023 年 2 月 17 日	北京证券交易所
78	《上海证券交易所科创板企业发行上市申报及推荐暂行规定》	2022 年 12 月 30 日	上海证券交易所
79	《深圳证券交易所创业板企业发行上市申报及推荐暂行规定》	2022 年 12 月 30 日	深圳证券交易所
80	《上海证券交易所发行上市审核规则适用指引第 1 号——申请文件受理》	2023 年 2 月 17 日	上海证券交易所
81	《上海证券交易所发行上市审核规则适用指引第 2 号——上市保荐书内容与格式》	2023 年 2 月 17 日	上海证券交易所
82	《上海证券交易所发行上市审核规则适用指引第 3 号——现场督导》	2023 年 2 月 17 日	上海证券交易所
83	《上海证券交易所发行上市审核规则适用指引第 4 号——创新试点红筹企业财务报告信息披露》	2023 年 2 月 17 日	上海证券交易所
84	《上海证券交易所科创板发行上市审核规则适用指引第 3 号——转板上市申请文件》	2021 年 7 月 23 日	上海证券交易所
85	《上海证券交易所科创板发行上市审核规则适用指引第 4 号——转板上市报告书内容与格式》	2021 年 7 月 23 日	上海证券交易所
86	《上海证券交易所科创板发行上市审核规则适用指引第 6 号——转板上市股份相关事项》	2021 年 7 月 23 日	上海证券交易所
87	《上海证券交易所科创板发行上市审核规则适用指引第 7 号——医疗器械企业适用第五套上市标准》	2022 年 6 月 10 日	上海证券交易所
88	《上海证券交易所发行上市审核业务指南第 1 号——审核系统业务办理》	2023 年 2 月 17 日	上海证券交易所
89	《上海证券交易所发行上市审核业务指南第 2 号——发行上市申请文件》	2023 年 2 月 17 日	上海证券交易所
90	《上海证券交易所发行上市审核业务指南第 3 号——业务咨询沟通》	2023 年 2 月 17 日	上海证券交易所
91	《上海证券交易所发行上市审核业务指南第 4 号——常见问题的信息披露和核查要求自查表》	2023 年 3 月 17 日	上海证券交易所
92	《深圳证券交易所股票发行上市审核业务指引第 1 号——申请文件受理》	2023 年 2 月 17 日	深圳证券交易所

续表

序号	规则名称	发布日期或最新修订日期	发布机关
93	《深圳证券交易所股票发行上市审核业务指引第 2 号——上市保荐书内容与格式》	2023 年 2 月 17 日	深圳证券交易所
94	《深圳证券交易所股票发行上市审核业务指引第 3 号——创新试点红筹企业财务报告信息披露》	2023 年 2 月 17 日	深圳证券交易所
95	《深圳证券交易所股票发行上市审核业务指引第 4 号——保荐业务现场督导》	2023 年 2 月 17 日	深圳证券交易所
96	《深圳证券交易所创业板发行上市审核业务指引第 3 号——全国中小企业股份转让系统挂牌公司向创业板转板上市报告书内容与格式》	2021 年 7 月 23 日	深圳证券交易所
97	《深圳证券交易所创业板发行上市审核业务指引第 4 号——全国中小企业股份转让系统挂牌公司向创业板转板上市申请文件》	2021 年 7 月 23 日	深圳证券交易所
98	《深圳证券交易所创业板发行上市审核业务指引第 5 号——转板上市股份相关事项》	2021 年 7 月 23 日	深圳证券交易所
99	《深圳证券交易所股票发行上市审核业务指南第 1 号——业务咨询沟通》	2023 年 2 月 17 日	深圳证券交易所
100	《深圳证券交易所股票发行上市审核业务指南第 2 号——发行上市申请文件受理关注要点》	2023 年 2 月 17 日	深圳证券交易所
101	《北京证券交易所向不特定合格投资者公开发行股票并上市业务规则适用指引第 1 号》	2023 年 2 月 17 日	北京证券交易所
102	《上海证券交易所科创板股票公开发行自律委员会促进科创板初期企业平稳发行行业倡导建议》	2019 年 6 月 8 日	上海证券交易所科创板股票公开发行自律委员会
103	《深交所理事会创业板股票发行规范委员会关于进一步保障创业板规范发行的倡议》	2020 年 7 月 10 日	深交所理事会创业板股票发行规范委员会
104	《上海证券交易所科创板股票公开发行自律委员会促进科创板股票发行承销规则修订实施平稳过渡行业倡导建议》	2021 年 9 月 18 日	上海证券交易所科创板股票公开发行自律委员会
105	《创业板股票发行规范委员会关于促进新股博弈均衡、保障发行平稳有序的倡议》	2021 年 9 月 18 日	深交所理事会创业板股票发行规范委员会

七、发行承销规则

序号	规则名称	发布日期或最新修订日期	发布机关
106	《证券发行与承销管理办法》	2023 年 2 月 17 日	中国证监会
107	《创业板首次公开发行证券发行与承销特别规定》	2021 年 9 月 18 日	中国证监会
108	《上海证券交易所首次公开发行证券发行与承销业务实施细则》	2023 年 2 月 17 日	上海证券交易所
109	《上海市场首次公开发行股票网上发行实施细则》	2023 年 2 月 17 日	上海证券交易所
110	《上海市场首次公开发行股票网下发行实施细则》	2023 年 2 月 17 日	上海证券交易所
111	《深圳证券交易所首次公开发行证券发行与承销业务实施细则》	2023 年 2 月 17 日	深圳证券交易所
112	《深圳市场首次公开发行股票网上发行实施细则》	2018 年 6 月 15 日	深圳证券交易所
113	《深圳市场首次公开发行股票网下发行实施细则》	2023 年 2 月 17 日	深圳证券交易所
114	《北京证券交易所证券发行与承销管理细则》	2023 年 2 月 17 日	北京证券交易所
115	《北京证券交易所股票向不特定合格投资者公开发行与承销业务实施细则》	2023 年 2 月 17 日	北京证券交易所
116	《首次公开发行证券承销业务规则》	2023 年 2 月 17 日	中国证券业协会
117	《首次公开发行证券网下投资者管理规则》	2023 年 2 月 17 日	中国证券业协会
118	《北京证券交易所股票向不特定合格投资者公开发行并上市网下投资者管理特别规定》	2023 年 2 月 17 日	中国证券业协会

八、持续督导规则

序号	规则名称	发布日期或最新修订日期	发布机关
119	《上市公司章程指引》	2022 年 1 月 5 日	中国证监会
120	《上市公司股东大会规则》	2022 年 1 月 5 日	中国证监会
121	《上市公司信息披露管理办法》	2021 年 3 月 18 日	中国证监会
122	《上市公司独立董事规则》	2022 年 1 月 5 日	中国证监会
123	《上市公司治理准则》	2018 年 9 月 30 日	中国证监会
124	《上市公司重大资产重组管理办法》	2023 年 2 月 17 日	中国证监会
125	《上市公司股份回购规则》	2022 年 1 月 5 日	中国证监会
126	《上市公司股权激励管理办法》	2018 年 8 月 15 日	中国证监会
127	《关于试点创新企业实施员工持股计划和期权激励的指引》	2018 年 6 月 6 日	中国证监会
128	《上市公司董事、监事和高级管理人员所持本公司股份及其变动管理规则》	2022 年 1 月 5 日	中国证监会
129	《上市公司股东、董监高减持股份的若干规定》	2017 年 5 月 26 日	中国证监会
130	《上市公司创业投资基金股东减持股份的特别规定》	2020 年 3 月 6 日	中国证监会

续表

序号	规则名称	发布日期或最新修订日期	发布机关
131	《科创板上市公司持续监管办法（试行）》	2019 年 3 月 1 日	中国证监会
132	《创业板上市公司持续监管办法（试行）》	2020 年 6 月 12 日	中国证监会
133	《北京证券交易所上市公司持续监管办法（试行）》	2021 年 10 月 30 日	中国证监会
134	《创新企业境内发行股票或存托凭证上市后持续监管实施办法（试行）》	2018 年 6 月 14 日	中国证监会
135	《上海证券交易所股票上市规则》	2023 年 2 月 17 日	上海证券交易所
136	《上海证券交易所科创板股票上市规则》	2020 年 12 月 31 日	上海证券交易所
137	《深圳证券交易所股票上市规则》	2023 年 2 月 17 日	深圳证券交易所
138	《深圳证券交易所创业板股票上市规则》	2023 年 2 月 17 日	深圳证券交易所
139	《北京证券交易所股票上市规则（试行）》	2021 年 10 月 30 日	北京证券交易所
140	《上海证券交易所上市公司股东及董事、监事、高级管理人员减持股份实施细则》	2017 年 5 月 27 日	上海证券交易所
141	《深圳证券交易所上市公司股东及董事、监事、高级管理人员减持股份实施细则》	2017 年 5 月 27 日	深圳证券交易所
142	《上海证券交易所上市公司自律监管指引第 11 号——持续督导》	2022 年 1 月 7 日	上海证券交易所
143	《深圳证券交易所上市公司自律监管指引第 13 号——保荐业务》	2022 年 1 月 7 日	深圳证券交易所

后　记

《全面注册制下投行 IPO 业务规则解读及实务》由中国证券业协会组织 9 家行业机构共同编写，分为理念篇、规则篇、实务篇三个部分，共十一章。各章节编写分工如下：第一章注册制概述、第二章业务监管，由中国国际金融股份有限公司负责撰写；第三章发行上市条件，由中国银河证券股份有限公司负责撰写；第四章辅导，由国泰君安证券股份有限公司负责撰写；第五章尽职调查，由中信建投证券股份有限公司负责撰写；第六章推荐与申报，由华泰联合证券有限责任公司负责撰写；第七章发行与承销，由招商证券股份有限公司负责撰写；第八章上市与持续监管、第九章持续督导，由东北证券股份有限公司负责撰写；第十章现场检查和现场督导关注要点，由广发证券股份有限公司负责撰写；第十一章发行审核与注册重点关注事项，由中信证券股份有限公司负责撰写。中国国际金融股份有限公司统筹具体编写工作，负责对全书内容统稿。

本书的编写工作得到了证券监管部门的指导，得到了中国证券业协会投资银行专业委员会的大力支持。在此表示衷心的感谢！

在本书编辑出版过程中，中国财政经济出版社做了大量工作，在此一并表示感谢！

中国证券业协会

2023 年 7 月